遂昌年鉴

2014

中共遂昌县委
遂昌县人民政府 主办

《遂昌年鉴》编纂委员会 编

方志出版社
Publishing House of Local Records

图书在版编目（CIP）数据

遂昌年鉴。2014/《遂昌年鉴》编纂委员会编，—北京：方志出版社，2018.4

ISBN 978-7-5144-3052-3

Ⅰ.①遂… Ⅱ.①遂… Ⅲ.①遂昌县-2014-年鉴Ⅳ.①Z525.54

中国版本图书馆CIP数据核字(2018)第077928号

遂昌年鉴（2014）

编　　者：《遂昌年鉴》编纂委员会
责任编辑：罗　滔

出 版 人：冀祥德
出 版 者：**方志出版社**
地　　址：北京市朝阳区潘家园东里9号（国家方志馆4层）
邮　　编：100021
网　　址：http://www.fzph.org
发　　行：方志出版社图书经销中心
　　　　　电话（010）67110500
经　　销：各地新华书店
印　　刷：遂昌县日日彩印厂

开　　本：889×1194　　1/16
印　　张：26
字　　数：656千字
版　　次：2018年4月第1版　　2018年4月第1次印刷
印　　数：001～850册

ISBN 978-7-5144-3052-3　　定　价：180.00元

《遂昌年鉴》编纂委员会

主　任：沈世山

副主任：孙培莲　李建霞　杨朝晖

委　员：傅准卫（县委办）　吴建华（县府办）
孟晓明（县府办）　周黎平（县委组织部）
徐春球（县委宣传部）　潘光明（县发改局）
方建雄（县财政局）　蓝飞鹏（县史志办）
江海仁（县统计局）　肖陈明（县档案局）

办公室主任：蓝飞鹏（兼）

办公室副主任：王俊杰

《遂昌年鉴》编辑部

主　审：孙培莲　李建霞

主　编：蓝飞鹏

副主编：王俊杰　王　兴

编　辑：李新民　纪　红　张先林　罗兆荣　唐少景　夏小菲

编　务：翁　婕

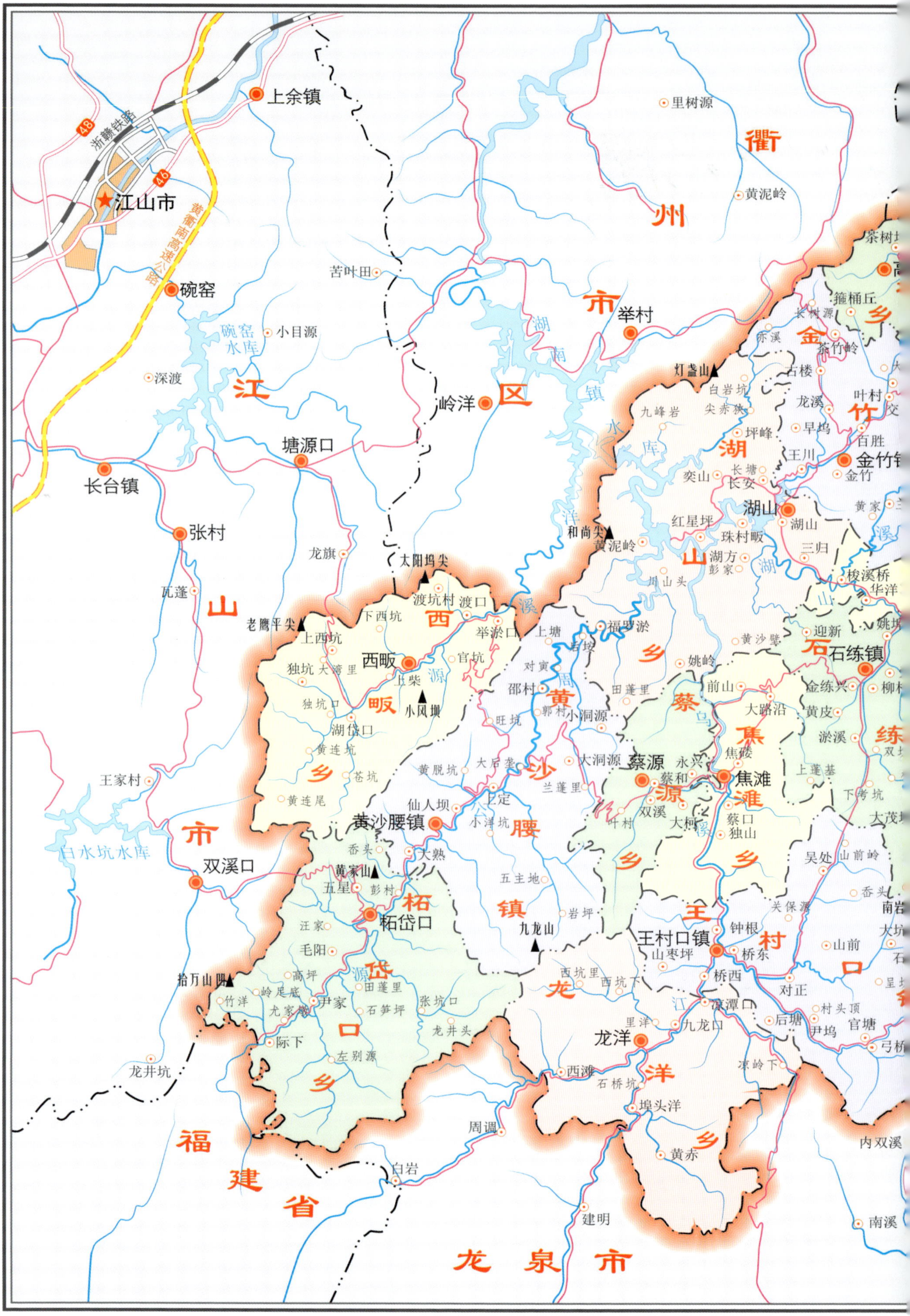

上余镇
浙赣铁路
48
46
江山市
黄衢南高速公路
碗窑
苦叶田
小目源
碗窑水库
深渡
江
岭洋
区
举村
市
湖南镇水库
衢
州
里树源
黄泥岭
塘源口
长台镇
张村
龙旗
山
太阳坞尖
老鹰平尖
西
畈
乡
下西坑
上西坑
渡坑村
渡口
举淤口
西畈
官坑
独坑
大湾里
上柴
源
小凤坝
独坑口
湖岱口
黄连坑
苍坑
黄连尾
王家村
白水坑水库
市
双溪口
黄沙腰镇
仙人坝
香头
大熟
黄家山
五星
彭村
柘
岱
口
乡
柘岱口
汪家
毛阳
高坪
田蓬里
拾万山阴
竹洋
岭足底
尹家
允家坑
石笋坪
张坑口
际下
龙井头
左别源
龙井坑
福
建
省
周调
白岩
龙
泉
市
建明
黄
沙
腰
镇
上塘
对寅
邵村
郭村
旺坑
黄脱坑
大启垄
上定
小洋坑
大洞源
小洞源
兰蓬里
五主地
岩坪
九龙山
福罗淤
田蓬里
蔡
源
乡
蔡源
蔡和
双溪
叶村
乌溪
和尚尖
黄泥岭
湖
山
乡
灯盏山
白岩坑
九峰岩
尖赤岗
坪峰
长塘
长安
奕山
湖山
红星坪
珠村畈
湖方
彭家
排山头
姚岭
黄沙壁
前山
大路沿
焦
滩
乡
焦滩
焦楼
永兴
大柯
蔡口
独山
王
村
口
镇
王村口镇
山枣坪
钟根
桥东
桥西
凉潭口
西坑里
西坑下
江
九龙口
里洋
龙洋
龙
洋
乡
西滩
石桥坑
埠头洋
黄赤
凉岭下
后塘
对正
尹坞
官塘
村头顶
金
竹
镇
亦溪
古楼
龙溪
早坞
王川
长树源
箍桶丘
茶竹岭
茶树
叶村
百胜
金竹镇
金竹
黄家
湖山
三归
梭溪桥
华洋
石
练
镇
迎新
石练镇
金练兴
柳村
黄皮
淤溪
上蓬基
下考坑
大茂
吴处
山前岭
香头
关保源
南岩
大坑
山前
内双溪
南溪

遂昌县政区图

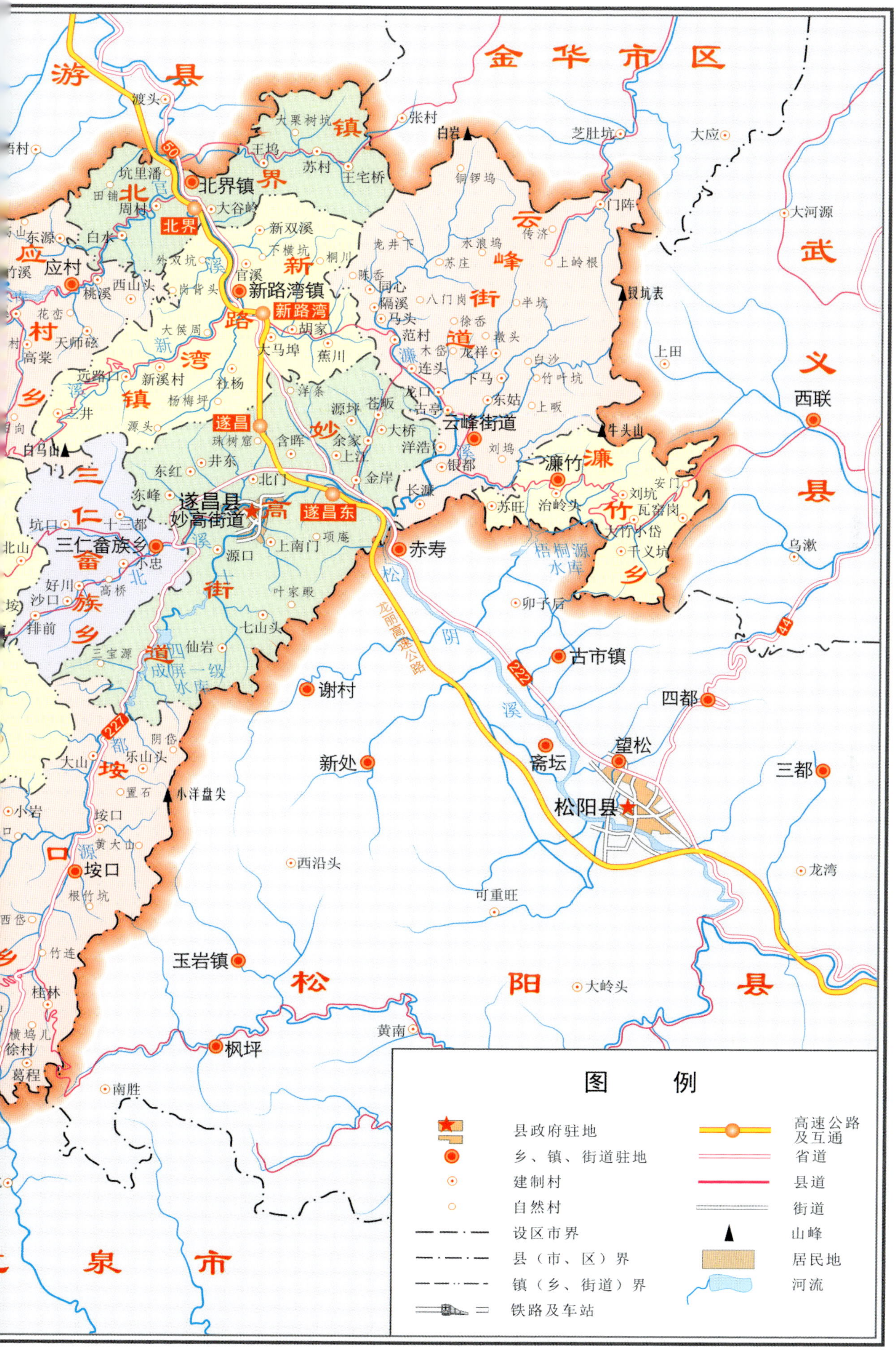

金华市区
游县
武义县
松阳县
泉市
北界镇
新路湾镇
云峰街道
妙高街道
遂昌县
濂竹乡
三仁畲族乡
应村乡
垵口乡
古市镇
谢村
新处
斋坛
望松
四都
三都
松阳县
赤寿
玉岩镇
枫坪
黄南
南胜
西沿头
可重旺
大岭头
龙湾
西联
乌漱
卯子辰
上田
大河源
大应
芝肚坑
张村
白岩
门阵
银坑表
牛头山
白马山
小洋盘尖
渡头
大栗树坑
王坞
苏村
王宅桥
坑里潘
田铺
周村
大谷岭
白水
东源
应村
竹溪
桃溪
西山头
新双溪
不横坑
外双坑
官溪
岗背头
桐川
陈香
同心
隔溪
马头
范村
八门岗
徐岙
撇头
半坑
龙井下
水浪坞
苏庄
传济
上岭根
铜锣坞
木岱
龙祥
连头
白沙
竹叶坑
下马
东姑
上畈
龙口
古亭
大桥
洋浩
银都
刘坞
长濂
金岸
苍畈
源坪
余家
上江
洋条
蕉川
胡家
大马埠
杜杨
大侯周
新溪村
远路口
杨梅坪
源头
天师弦
高棠
花峦
上井
珠树窟
含晖
井东
东红
北门
东峰
十三都
坑口
北山
小忠
好川
沙口
高桥
排前
三宝源
源口
上南门
项庵
叶家殿
七山头
仙岩
成屏一级水库
阴岱
乐山头
大山
置石
小岩
垵口
黄大山
根竹坑
西岱
竹连
桂林
横坞儿
徐村
葛程
安门
刘坑
瓦窑岗
治岭头
苏旺
大竹小岱
千义坑
梧桐源水库
濂竹
北界
新路湾
遂昌
遂昌东
龙丽高速公路
松阴溪
50
222
227
44
图例
县政府驻地
乡、镇、街道驻地
建制村
自然村
设区市界
县（市、区）界
镇（乡、街道）界
铁路及车站
高速公路及互通
省道
县道
街道
山峰
居民地
河流

遂昌县城区图

梅溪农民新村
梅缘路
梅溪庵
新庵
北门桥
县民政局
妙高镇
妇幼保健所
北勃村
公园路桥
飞鹤桥
银都宾馆
县人民医院
牡丹亭
县第三中学
实验小学
交通局
建设局
环保局
经贸局
教育局
东范幼儿园
气象局
遂昌县
遂昌大厦
遂昌宾馆
遂昌二中
遗爱亭
妙高山公园
樟树岗
妙高山
中医院
青云小区
下南门桥
鲤鱼山
上南门桥
瓦窑山
体育场
县体育馆
镇中心小学
行政办公大楼
县职业技术学校
王家垅子
丁村
遂昌中学
荷花滩桥
吴乐桥
广济骨伤科医院
凯恩·兴南花园
三官堂
石龙头
翻身村
吴乐
上南门农民新村
大毛头
安居
岭头岗
孟坞
浮桥头
叶坦村
叶坦桥
将军桥
人民公园
龙潭桥
龙潭
龙潭小区
龙潭嘉城
安居小区
太和路
上石马小区
锦江之星大酒店
广达·月亮湾
茗月山庄
户村
上官碧桥

遂昌县城鸟瞰图

编 辑 说 明

一、《遂昌年鉴》是中共遂昌县委、遂昌县人民政府主办的综合性县情年刊，是集资料、信息和知识于一体的大型工具书，旨在如实记载遂昌县区域自然、政治、经济、文化、社会等各方面情况，为各级党政机关、研究部门和社会各界人士了解、研究和宣传遂昌，提供比较全面、翔实、系统的信息资料，并为遂昌县逐年积累历史资料。

二、本书以马克思列宁主义、毛泽东思想、邓小平理论、“三个代表”重要思想、科学发展观、习近平新时代中国特色社会主义思想为指导，坚持辩证唯物主义和历史唯物主义的立场、观点和方法，紧紧围绕遂昌县委、县政府中心工作，旨在全面、真实、准确地记述2013年遂昌县政治、经济、文化、社会和生态建设各方面的情况。

三、本书框架由卷首、正文、卷尾三个部分组成，除特载、专记等类目收录综合性文章外，其余均采用类目、分目、条目三个层次记录，并以条目为主。卷首设特载、专记、大事记、县情总述、机构名录五个栏目；正文设中共遂昌县委等21个栏目；卷末设附录。全书约702千字。

四、本书所载内容由遂昌县各有关部门、单位指定专人撰写，经供稿单位审核后由《遂昌年鉴》编辑部定稿刊印，具有权威性。收录范围以遂昌县行政区划为界，收录时间原则上以2013年1月1日至12月31日为限。全书力求体现时代特点，突出地方特色。

五、本书所刊数据，均由各供稿单位提供，凡遇到数据来源、统计方法有疑或口径不一的，以统计部门为准。根据图书出版要求，文中“亩”“公里”“公斤”分别换算成“公顷（平方米）”“千米”“千克”，个别情况例外。根据行文需要，《遂昌年鉴》对单位名称采用全称和简称并用的方法，第一次出现采用全称，之后适用简称。

六、本书各供稿单位撰稿人员的姓名，附在所提供文字稿的后面。部分单位只提供年度总结，由编辑人员整理成稿的，后面署单位名称。特载、大事记和附录不署名。县情总述等综合性内容，由年鉴编辑部汇编成稿，后面署“史志办”。

七、《遂昌年鉴》的编纂出版工作得到全县各机关、单位的大力支持，众多供稿人员和编辑人员通力合作，为之付出了艰辛劳动，使本书得以顺利出版，借此表示感谢。由于编辑人手紧缺，缺乏经验，仓促成书，水平有限，多有疏漏或不足之处，敬请广大读者批评指正。

2013年8月5日，市委书记王永康（右二）在遂昌视察农家乐

2013年3月22日，市委副书记、市长黄志平（前排右二）在遂昌调研低丘缓坡开发项目

2013年2月27日，县委书记杜兴林（右二）到西部乡镇调研三农工作

2013年5月7日，县委副书记、县长何卫宁（前右）到妙高街道督查三改一拆工作

2013年7月3日，县人大常委会主任毛建华（中）到石练镇调研重点项目建设

2013年9月9日，县政协主席尹建中（中）到育才小学看望慰问教职工

3月5—8日，遂昌县第十五届人民代表大会第二次会议召开

3月3—7日，政协第八届遂昌县委员会第二次会议召开

目 录

遂昌县人民代表大会

遂昌县人民政府

政协遂昌县委员会

民主党派　社会团体

法 治

军 事

农村建设

工　业

商贸 旅游

金融 财税

交通 电讯

科学技术

文体 传媒

教　育

卫　生

综合监管

城市建设与管理

社会民生

乡镇 街道

社会新闻

人物 先进

外地媒体看遂昌

附　录

特　载

中共遂昌县委工作报告

坚持绿水青山就是金山银山 加快建设山区科学发展示范区

——在县委十四届七次全体（扩大）会议暨全县经济工作会议上的报告

（2014年1月13日）

中共遂昌县委书记　杜兴林

同志们：

这次县委全会是县委常委会决定召开的。会议的主要任务是：深入学习贯彻党的十八届三中全会、省委十三届四次全会、市委三届六次全会和中央、省、市经济工作会议精神，回顾总结2013年主要工作，研究部署2014年目标任务，审议通过《中共遂昌县委关于深化改革创新建设美丽遂昌的决定》。

下面，我代表县委常委会向全会作报告。

一、关于县委十四届五次全会以来的主要工作

县委十四届五次全会以来，县委团结带领全县干部群众，按照"城市拉开框架，承担发展责任；乡村增收为本，坚定生态之路"的工作主线，狠抓"项目建设年、产业提升年、基层关爱年"三大工作载体，经济社会各项事业取得了新成效。预计全年完成地区生产总值84亿元，增长10%左右；工业总产值213亿元，增长20%；固定资产投资40.6亿元，增长25.5%；财政总收入9.25亿元，增长10.4%；地方财政收入5.52亿元，增长18.1%；全社会消费品零售总额33.5亿元，增长16%；城镇居民人均可支配收入30300元，增长10%；农村居民人均纯收入10200元，增长13%。

1.以"项目建设年"为抓手，全力扩大有效投资，县域发展基础进一步夯实。项目是县域发展的主载体，常委会领导带头包干负责重点项目，统筹推进项目建设和招商引资、城市建设和乡村发展。一是重点项目超额完成。3个省"411"重大项目、11个省重点项目、15个市重点项目、26个县重点项目均超额完成年度计划。低丘缓坡开发、全民健身中心等重点项目进展顺利，峡湖金公路、大溪坝电站等难点项目取得突破，新增4个中央投资水利项目，衢宁铁路、清水源水库等项目前期取得实质性进展。二是招商引资走在前列。县委坚持响鼓用重锤敲，建立经合办（招商局），大力改革招商机制，投资环境得到全面优化，各项招商指标均创历史新高、居全市前茅，全年新增招商引资项目63个，实际利用内资33.6亿元、外资800万美元，浙商回归实际到位资金9.6亿元，遂昌—诸暨产业园顺利通过首批省级山海协作产业园评审。三是"三城"组团框架展现。全力推进东城、新城建设，低丘缓坡开发累计完成场平3645亩，北门桥头至三墩桥道路拓宽工程扎实推进，城市文化综合体、人防指挥核心工程等开工建设，城市框架初步拉开。全力推进老城改造提升，抓好城市建设"六个一"工程、"五个最美"创建等，率先完成"三改一拆"三年任务，城市形象较快改善。四是美丽乡村示范引领。"六边三化三美"累计投入资金1.18亿元，启动2个农家乐综合体和5个历史文化村落保护利用项目，完成首批10个中心村建设，完成垦造耕地

4368亩，农家乐“高坪模式”受到省市领导高度肯定，大田村、坑口村入选全国美丽乡村创建试点村，我县荣获全省“千村示范、万村整治”工作先进单位。

2.以“产业提升年”为抓手，全力推进创新驱动，经济转型步伐进一步加快。县委出台《关于全面实施创新驱动发展战略加快建设山区科学发展示范区的决定》，实施多项产业提升行动计划，全县创业创新氛围明显提升。一是城市经济迎难而上。全力实施工业企业培育“1210”工程，持续开展“双服务”活动，建立竹产业院士专家工作站、企协应急转贷周转金，凯恩特材等高新技术企业逆势而上，元立集团入选首批符合《钢铁行业规范条件》名单，新宏60万吨、新恒40万吨产能生产线投入生产，金属制品产业集群再次列入省块状经济转型升级示范区试点，规上工业增加值增幅位居全省三类县前列。加大金融、房地产、商贸物流等扶持力度，富民村镇银行顺利开业，房地产投资增幅达343%，个转企完成年度任务的482%。二是乡村经济持续红火。着力推进旅游综合改革试点和“中国最佳旅游服务县”创建，旅游委员会、湖山景区开发管委会成功获批，遂昌金矿创5A工程扎实推进，黄金谷生态漂流、汤沐园水上乐园、九龙山原始森林景区等建成开放，发布全国首份县级游客满意度调查报告，荣获“浙江省年度旅游发展十佳县”，实现旅游综合收入46亿元。启动原生态精品现代农业“5522”工程，大力培育农业主导产业和特色产业，进一步健全质量监管、生产溯源、诚信联保等规范管理体系，原生态精品农业成为全市样板，预计实现农业总产值15.7亿元。三是电子商务助推转型。大力推进“电商换市”，成功运行淘宝网“特色中国—遂昌馆”，联合中国社科院、阿里研究中心发布“遂昌模式”研究报告，建设农村电子商务服务站74个，网络销售增长70%以上，农产品销售难问题得到有效解决，我县被评为“浙江省电子商务示范县”。

3.以“基层关爱年”为抓手，全力办好民生实事，群众幸福指数进一步提升。县委始终坚持资源向基层倾斜，切实解决群众反映强烈的热点难点问题，不断加强生态、社会和党的建设，做到守土有责、守土负责、守土尽责。一是环境质量继续领先。启动建设“中国最洁净乡村”，率先开展洁净家园行动日、村级垃圾分类试点等行动。以“治水”为突破口推进转型升级，强力整治石材加工、造纸化工等行业环境污染，列入全省首批循环经济示范县创建。我县生态环境状况指数提升至全省第四位，顺利通过国家级生态县考核验收，入选第六批全国生态文明建设试点地区。二是民生事业持续进步。全年民生支出12.89亿元，占总支出72.3%，一批重大教育项目顺利推进，高考、中考成绩取得历史性突破，职业教育发展考核获全省一等奖。医改“回头看”取得实效，“五保合一”大社保体系逐步健全，人口计生工作继续走在前列。大力发展特色文化，建成24个农村文化礼堂，举办亚非国际当代艺术展等活动，好川文化遗址列入全国重点文物保护单位。三是平安创建积极有为。全面落实维护稳定领导责任制，实行信访源头责任倒查追究办法、社会稳定等级预警机制，严厉打击违法犯罪活动，提升推广应村“民事村了”工作法，“求和”大调解覆盖城乡。强力整治重点行业、重点领域安全隐患，安全生产各项指标明显下降，平安县创建有望实现“九连贯”。四是党的建设创新推进。坚持“有激情、敢担当、能负重”的用人导向，创新开展“应知应会”测试，加大干部“双向挂职”力度，大幅提高乡镇（街道）干部待遇。扎实开展基层组织建设，基本完成村级组织换届选举，创新扶持村集体发展物业经济，建成“党建百里示范长廊”。启动新一轮勤廉创建工作，积极探索便民服务中心政企共建，行政审批提速率达91.77%，电子政务绩效评估位居全国百强试点县第13位。严格执行中央“八项规定”，切实转变工作作风，严肃查处违纪违法行为，“勤廉遂昌”品牌进一步打响。

同志们，2013年我们付出多多，收获多多，科学地处理好了政府与市场、发展与保护、管理与服务、坚守与改革、当前与长远、显性政绩与隐性政绩等关系，交出了比较满意的经济、平安、生态三张报表。在充分肯定成绩的同时，我们也要在比较中找不足、在学习中找差距。**一是**经济工作要警惕马太效应，谨记强者恒强、弱者愈弱。放眼全市，第一集团已经遥遥领先，第二集团中龙泉部分发展指标已反超遂昌。审视自身，乡村经济总量有限，城市经济结构不优，城镇化进程明显滞后。**二是**社会发展要强化底线思维，坚持以人为本、为民解忧。社会治理方面，各种思想文化相互激荡、矛盾相互交织、诉求相互碰撞。民生需求方面，城乡公共服务供需还不平衡，偏远山区群众致富难、上学难、就医难、转移难等问题需下大力气解决。**三是**党员干部要直面作风顽疾，敢于自我革新、动真碰硬。少数干部缺乏大局意识、责任意识和担当意识，存在不想干、不敢干、干不了的情况；少数干部作风漂浮、综合素质不高，依法履职、高效履职能力不足；一些部门协调配合意识不强，制度执行不彻底、刚性不足等等。面对成绩与不足，我们既不能妄自尊大，更不能妄自菲薄，而是要激发起更强大的不服输的劲头、敢于直面挑战的勇气和干事创业的决心。遂昌真是到了我要干的关键时刻，再不能犹豫、不能推诿、不能等待！

二、深入学习贯彻党的十八届三中全会精神，进一步明确2014年工作总体要求

2014年，是全面深化改革的开局之年，做好今年的工作，对于加快转型跨越，推动强县富民，全力建设山区科学发展示范区具有十分重要的意义。

1.坚持“绿水青山就是金山银山”。这是习近平总书记提出的战略思想，也是新一届中央领导集体的重要执政理念。省委夏宝龙书记在专题研究丽水工作会议时指出，丽水要把“绿水青山就是金山银山”作为战略指导思想，并提出不考核丽水的GDP和工业总产值，这对我们的发展提出了更高要求。贯彻落实这一指导思想，关键要坚守“三个底线”：一要坚守发展质量底线，不考核GDP不等于不要发展，关键是要在弱化速度、弱化考核的基础上更加强化质量、效益和转型升级；二要坚守生态指数底线，保护生态是发展的根本前提，工业、农业、现代服务业都必须是生态的，绝不能以破坏环境质量为代价；三要坚守平安建设底线，稳定的发展环境是实现“绿水青山就是金山银山”的基础，任何时候都要坚持一手抓经济建设，一手抓平安建设。

2.坚持“改革是最大红利”。党的十八届三中全会作出了全面深化改革的重大决定，确定了改革时间表和路线图。此次全会从务实的角度，提出遂昌要推进五大改革试点和五个领域体制机制创新，力求在重点领域和关键环节取得突破。全县上下要积极对接和推进上级改革项目，力争获得更多试点机会，核心是要围绕“三个导向”抓改革：一要围绕发展导向抓改革，突出经济领域改革牵引作用，大力推进低丘缓坡开发利用等重要试点,切实提升经济发展动力；二要围绕民生导向抓改革，坚持群众怎么想，我们就怎么干，通过改革积极回应群众对教育、社保、医疗、住房、生态环境等民生领域的关切；三要围绕问题导向抓改革，坚持有什么问题就解决什么问题，什么问题突出就着重解决什么问题，强化底层探索，鼓励大胆创新，激发全社会创业活力。

3.坚持“一切从实际出发”。如何走好“绿水青山就是金山银山”绿色生态发展之路，我们要从遂昌实际出发，清醒认识当前所处的“三个阶段”，更加科学有效地推进山区科学发展示范区建设：一是处于战略引领阶段。遂昌发展近期看城市经济，长远看工业经济，根本在于生态发展，核心是实现居民、企业、政府“三个增收”，必须坚持既定战略不动摇，一以贯之、一贯到底地抓好战略实施各项举措。二是处于资本推动阶段。资本是发展的核心要素，要千方百计促进资本与县域发展蓝图有效结合，全力扩大有效投资，切实提升发展后劲。三是处于协调推进阶段。全面协调可持续是科学发展的基本要求，要统筹推进城市与乡村、生态与产业、经济与社会协调发展，加快建设美丽遂昌。

基于以上分析和判断，县委提出2014年全县工作的总体要求是：**深入学习贯彻党的十八届三中全会精神，坚持“绿水青山就是金山银山”战略指导思想，深化“目标强县富民、空间东进西拓、产业扬长补短、民生与时俱进、社会和谐幸福、发展科学持续”战略路径，按照作风保证、资本推动、协调推进的总体要求，全力抓好“一三五”年度重点工作，加快建设山区科学发展示范区**。建议经济社会发展的主要预期目标为：生产总值增长9.5%；工业总产值增长15%；固定资产投资增长20%；财政总收入增长8%；地方财政收入增长8%；全社会消费品零售总额增长13%；城镇居民可支配收入增长10%；农村居民人均纯收入增长12%；各项约束性指标达到国家要求。

三、坚持作风保证、资本推动、协调推进，全力抓好“一三五”年度重点工作

（一）坚持作风保证，着力抓好“执行力锻造年”，全力打造县域发展新环境

干部队伍是能否实现“绿水青山就是金山银山”的决定性因素。我们认为，干部差别不在能力，关键在责任、作风和状态，县委研究决定，2014年强力开展“执行力锻造年”十大行动计划，每位干部和每个团队都将面临层层考核、处处监督、时时问政。一要明确目标。即改善政务环境，提升政务效率；高举发展导向，体现奖优罚劣；打造责任团队，共创激情事业。二要明确载体。要以党的群众路线教育实践活动为主载体，严格落实好“照镜子、正衣冠、洗洗澡、治治病”的总要求，以整风精神推进“执行力锻造年”活动。三要明确行动。一是完善科学决策制度。建立每月党政联席会议制度，一事一议，议必决、决必行、行必果，着力破解疑难复杂问题。二是改革项目推进机制。建立项目推进无缝对接机制，国土、财政、统征、发改、招商、行政审批等部门为固定成员，协调解决项目要素保障问题。三是改革行政审批制度。加快转变政府职能，抓好行政审批制度改革，落实“非禁即入”原则，着力破除玻璃门、弹簧门、旋转门。深化审批中介改革，加强公共资源交易管理，进一步优化发展环境。四是改革考核机制。将个人利益与团队责任紧紧捆绑，正面激励与负面倒逼并举，突出精细化、指标化、绩效化要求，津补贴分配向乡镇、重点部门倾斜。五是建立巡查督办制度。加大正风肃纪力度，组建以人大、政协和退居二线领导干部为主的巡查督办组，开展“你点我访纠四风”活动，不定期进行暗访、督查、督办，力止慵懒散奢作风。六是完善不实作风惩戒制度。坚决严惩不实作风，发现一人次作风问题的，该同志上重点项目一线接受教育；一年内查到三次作风问题的，人员调走、单位缩编。七是实施干部强制交流制度。在强化科学考核的基础上，对考核落后、评价最差的部门，强制要求最差科室干部交流到乡镇进行锻炼，切实解决“中梗阻”问题。八是实施群众问政制度。以项目推进和行政服务为核心，开展“群众问政进行时”活动，将明察暗访情况制作成电视片，组织相关单位集体观看、集体讨论、集体评议。九是建立通报制度。县委、县政府对县域发展中的正反典型事例及时进行通报，作为年度考核的重要依据，营造务实高效的工作氛围。十是建立记功制度。县委县政府每年评选1至3名有突出贡献的干部，授予三等功，符合干部任用选拔条例的予以重用，树立克难攻坚、激情干事的标杆。

（二）坚持资本推动，着力实现“三个突破”，切实增强县域发展新动力

1.做好上争项目的文章，力争在项目建设上有新突破。要准确把握上级政策导向，进一步强化上争项目的激励措施，调动乡镇部门的积极性，力争在交通、治水、生态保护、产业发展、民生设施等领域有更多项目列入省市重点项目盘子，争取获得更多的资金、土地指标等要素支持。要全面提升项目推进速度，实行项目领办包干制，并集中要素向优质项目、进度快项目倾斜，最大程度实现有效投入有效产出、集中投入集中产出。

要突出抓好重点项目建设，加快衢宁铁路遂昌段、清水源水库、228 省道遂昌段等重大项目前期工作，加快低丘缓坡开发利用、石材加工园区、石坑坪水库、乌溪江大桥等在建项目进度，启动制水厂 4 万吨每日扩容建设工程、连直线云峰段改建等重大项目。

2.做好外引资金的文章，力争在招商引资上有新突破。招商引资是实现资本推动的重中之重，必须坚定“有舍才有得”的理念，强势推进招商引资“一号工程”。要进一步加强招商机制建设，成立招商委员会，落实目标责任制，建立和完善选商、保障和约束机制，切实提高项目资金到位率、合同履约率和亩产贡献率。要高度重视市场在资源配置中的决定性作用，深入研究拉动民间投资的举措，全力抓“浙商回归”“山海协作”“名企对接”等工作，积极引进金属制品、装备制造、高新技术产业、农业、旅游等方面的大企业、大项目，鼓励民间资本投资学校、医院、文化、体育、养老事业。加大招才引智力度，做好遂商资源库、专业人才库等“五库”建设，力争引进“国千”“省千”“绿谷精英”等高端人才与团队。

3.做好内聚活力的文章，力争在改革创新上有新突破。强劲活力来自于改革创新。要深入推进低丘缓坡开发利用试点，进一步优化规划布局，加强开发动态监管，加快推进场平和基础设施建设。要深入推进山海协作共建产业园试点，积极完善“共建、共管、共享、共赢”的产业园发展模式。要深入开展省旅游综合改革试点，研究旅游管理机构设置，加快投融资、产品开发和营销机制创新。要深入推进农村金融改革试点，积极探索农房、农地等涉农物权抵押贷款，推动中小企业金融产品创新，提升金融机构服务地方发展能力。要深入推进扶贫改革试验，以创新社区管理方式和完善“山海协作”机制为突破，加强产业扶持、金融扶贫和结对帮扶，促进低收入农户和村级集体增收。

（三）坚持协调推进，着力实施“五美共建”，不断开创县域发展新局面

1.以推进新型城镇化为核心，加快建设美丽县城。要坚持把“以人为核心的城镇化”作为根本方向，以城乡一体为目标、产城互动为路径、“三城”组团为重点，大力推进“县城、中心镇、中心村”三位一体空间布局。**一要**加快城市平台建设。全力加快新城发展，推进龙板山区块、古院区块基础设施建设，完善毛田、洋浩区块市政设施配套功能，为城市产业发展和人口集聚创造新平台。全面启动城市更新，扎实推进荷花滩、上溪滩、东桥路、园丁路等改造工程。全新优化城市形象，深化城市建设“六个一”工程，实施街道形象提升改造工程，推进“无违建县”、省级园林城市创建。**二要**推动城市产业转型。坚持走新型工业化道路，深入实施“1210”工程，推进金属制品产业集群转型升级，抓好“个转企、小升规、规改股、股上市”，进一步扩大市场主体总量。深入实施创新驱动发展战略，推进“四换三名”工程，支持高新技术企业发展壮大，推动科技人才工作再上新台阶。大力发展总部经济、夜间经济，推动金融、商贸物流、房地产等城市三产加快发展。推动实施电子商务发展战略规划，推进电子商务集聚园区、信息网等基础建设，发挥电子商务开拓市场、带动产业、扩大就业功能。**三要**促进城镇人口集聚。落实强镇扩权实施意见，积极破解土地、资金等要素制约。加快石练、金竹中心镇发展壮大，推进中部、西部、北部其他乡镇集镇建设，优化产业与人口发展环境。加快农民异地转移，推进腾龙小区二期、云峰安置小区、爱丰小区、金竹小区二期等项目建设。

2.以促进农民持续增收为核心，加快建设美丽乡村。小康不小康，关键看老乡，增加农民收入是实现“三个增收”的难点所在，要紧紧围绕创业创新促增收，积极推动乡村经济提升发展。**一要**以乡村旅游促增收。全力推进金矿国家矿山公园创 5A、汤沐园创 4A、高坪新村创 3A 工程，启动古院高等级酒店、旅游商品展示展销中心等一批新建项目，力争湖山温泉小镇、白马山森林养生度假区等项目落地，全力谋划三墩旅游综合体项目。继续推进“中国最佳旅游服务县”创建工作，积极探索度假经济、避暑经济、养生（养老）经济发展模式，力争实现旅游综合收入55亿元。**二要**以生态农业促增收。全面实施产业培育“5522”工程，支持土地合理流转，推动主导产业和特色产业扩量提质，打造生态化、精品化、电商化的现代农业示范基地。大力发展观光农业、设施农业、智慧农业，加快绿色农产品加工园区建设，形成农业“接二连三”发展态势，全力提升“原生态”县域品牌，增强农产品市场竞争力，力争实现农业总产值16.5亿元。**三要**以项目建设促增收。全面开展一事一议财政奖补政策转型升级促进美丽乡村建设试点，积极申报全国农村综合改革标准化试点，按照效率优先、重点突破、充分竞争的思路，把资金集中投向积极性高、操作能力强的村庄，力争“六边三化三美”、农家乐综合体、历史文化村落保护利用再创省市典型。进一步完善“美丽乡村项目大家建”模式，鼓励群众投工投劳参与项目建设，切实发挥项目促增收的作用。

3.以彰显自然人文和谐为核心，加快建设美丽生态。生态是遂昌的“立县之本、富民之基、幸福之源、永续之根”，要协调推进自然生态保护利用和人文生态持续优化，为实现“绿水青山就是金山银山”提供根本支撑。**一要**建最洁净乡村。加强农村环保设施建设，深化村级垃圾分类处理试点工作，培育一批洁净乡村示范村。坚持“五水共治、治污先行”，全面推行“河长制”，推进农村污水治理、县城污水处理厂二期、三溪综合治理等项目，加强饮用水水源、出境水域等重点区域水质监测，打造水环境最佳县。加强生态公益林建设，严格垦造耕地后续管护。开展绿色创建、洁净创建活动，不断提高公众生态环保意识，确保县域生态环境全省领先。**二要**育最特色文化。着力深化汤显祖文化资政育人功能研究和汤公文化的整体塑造，举办“2014中国·遂昌汤显祖文化节”。着力完善城乡公共文化服务体系，建设10个农村文化礼堂，推广广场舞、文化刷墙等特色活动。着力推动文化产业发展，加快竹炭休闲养生基地、汤显祖国际文化交流中心、大柘民俗文化产业园等建设，进一步延伸文化产业价值链。**三要**做最美遂昌人。积极培育和践行社会主义核心价值观，大力开展微笑志愿服务、孝道文化节、邻居节、道德模范评选、公共文明指数测评等工作，着力提升城乡群众的文明素养，打响“五行遂昌，一诺千金”县域品牌。

4.以提升社会保障能力为核心，加快建设美丽生活。要坚持民生为本,千方百计解决好事关群众切身利益的实际问题，建立更加公平可持续的社会保障制度，真正为百姓提供稳定的民生预期。一要完善教育保障体系。教育是最大的民生，要加快梅溪小学、第二中学、遂昌中学、乡镇幼儿园等新扩建项目，深入开展“钱瓯名师”、幼儿教师、青年教师培养工作，推进省教育基本均衡化县、省教育现代化县、省体育强县创建，确保教育质量稳步提升。二要完善卫生保障体系。深化医疗卫生体制改革，实施县乡村卫生一体化综合管理改革试点，加强卫技人才培养，提升县域医疗质量和服务水平。启动省卫生应急工作示范县创建，不断提高卫生应急能力。推进民营医院项目建设。坚持计划生育基本国策，关注和促进计生家庭发展。三要完善社会基本保障体系。积极推进社保扩面，加强社保基金监管。规范最低生活保障、医疗救助、社会救助制度。加快养老中心项目建设，积极推进“四位一体”养老服务体系建设。开展职业技能“订单式”“对接式”“储备式”培训，积极创建充分就业县。四要完善社会稳定保障体系。围绕平安县创建，进一步完善重大决策社会稳定风险评估制度，健全重大不稳定问题排查化解和挂牌督办机制，突出社会治理创新和基层基础建设，切实加强安全生产责任落实和隐患治理，努力减少不稳定因素。

5.以贯彻党的群众路线为核心，加快建设美丽事业。党的事业是最美丽的事业。要深入学习贯彻党的十八届三中全会精神，扎实开展党的群众路线教育实践活动，全面提升党建工作科学化水平。**一要**构筑宣传新高地。要牢牢把握宣传思想工作主动权，抓好各级全会精神和党的群众路线教育实践活动宣传工作。全县各单位要全面开展“我的责任我担当，遂昌发展我在先”主题教育活动，树立“遂昌不会落后，因为有我！”的自觉自信。各新闻媒体要围绕“讲遂昌真故事、播遂昌好声音、展遂昌新形象”，全力营造浓厚的舆论氛围，引导全县人民建设家园、创业增收。**二要**打造实干党组织。要坚持练好腿功量民情，组织党员干部走百村进万户，倾听群众的意见建议，深入开展整改工作，确保教育实践活动不走过场。要进一步明确“有激情、敢担当、能负重”的用人导向，加强在“三重”工作中考核选拔干部力度，对不适宜担任现职的干部坚决予以调整。继续实施“应知应会”常态化测试，不断提高干部综合素质。积极推进党建百里示范长廊、百个党建示范点、百个后进党支部整顿转化等“十百工程”，打造基层党建品牌。**三要**营造发展好风气。加强党内法规制度落实，严格按党章和民主集中制办事，用制度管权管事管人。要严格执行中央“八项规定”、省委“28条办法”，以踏石留印、抓铁有痕的劲头解决“四风”问题，确保转作风持续推进。要坚决查处领导干部违纪违法案件，着力查办严重损害群众利益和工程建设领域腐败案件。要深入推进勤廉创建，继续巩固提升村级便民服务中心、村监会标准化建设，努力打造勤廉遂昌。**四要**凝聚干事正能量。充分发挥县委总揽全局、协调四方的领导核心作用，大力支持人大、政府、政协依法履职、发挥作用，进一步加强统战、党管武装、党管人才工作，充分发挥老干部以及工青妇团等人民团体的作用，不断增进各方共识，努力在全县上下形成心往一处想、劲往一处使的正能量，合力推动遂昌各项事业又好又快发展。

同志们，空谈误国，实干兴邦，要实现“绿水青山就是金山银山”，只有干在实处，才能走在前列。让我们紧密团结在以习近平同志为总书记的党中央周围，在省委、市委的坚强领导下，激情引领，破壁图新，苦干实干，为加快建设生态良好、生产发展、生活富裕的山区科学发展示范区而不懈努力！

遂昌县人大常委会工作报告

——在遂昌县第十五届人民代表大会第三次会议上

（2014年3月13日）

遂昌县人大常委会主任　毛建华

各位代表：

我受遂昌县第十五届人民代表大会常务委员会的委托，向大会报告工作，请予审议。

2013年工作回顾

2013年，县人大常委会在中共遂昌县委的领导下，在省、市人大常委会的正确指导下，认真贯彻落实党的十八大和十八届三中全会精神，围绕县委“城市拉开框架，承担发展责任；乡村增收为本，坚定生态之路”的工作主线，紧扣中心，关注民生，突出重点，优化服务，求真务实，认真履行宪法和法律赋予的各项职责，较好地完成了县十五届人大二次会议确定的目标任务。一年来，共召开常委会会议8次，听取和审议“一府两院”专项工作报告43个，作出决议决定16项，审议意见6项，并对审议意见落实情况进行跟踪监督，有效地发挥了地方国家权力机关的作用，为推动县域经济社会科学发展和民主法治建设做出了积极贡献。

一、紧扣中心，服务大局，工作监督再出成效

县人大常委会始终把科学发展作为履职的头等要务，着眼于县委决策、政府重点工作和群众关注的热点开展各项履职活动，助推经济社会发展。

*围绕主题，推动经济发展。*一是高度关注“十二五”规划纲要实施。听取和审议了“十二五”规划纲要实施情况中期评估的报告。在审议过程中，各工委全面参与，分别调研和审议了“十二

五”旅游、水利、科技、妇女、儿童5个专项规划的实施情况。规划实施以来，总体进展顺利，规划纲要提出的30项主要指标中，13项约束性指标全部达标，12项预期性指标高于预期或符合要求，针对地区生产总值、外贸出口总额、研发经费支出占生产总值比重、高新技术产业增加值比重、人才数量5项指标低于预期的现状，要求县政府进一步加大工作力度，确保规划目标任务顺利完成。二是重视工业经济发展。组织常委会组成人员对入园企业达产达效情况、县东城区空间拓展及工业项目落地情况进行视察，并听取县政府关于入园企业谋求转型跨越、力促达产达效和东城区空间拓展及工业项目落地情况的报告。听取了质量强县与质量安全工作情况的报告。三是继续关注“三农”问题。听取关于扶贫工作的报告、农产品营销情况的报告，组织常委会组成人员对我县竹产业发展情况进行专题视察并审议相关报告，要求县政府进一步密切竹产业一、二、三产的关联度，拓展产业面，延长产业链；进一步增加竹笋加工业的科技投入，引导、扶持加工企业科技创新；进一步加快竹林道路建设，提高补助标准；规范产业发展，避免无序竞争；竹林开发经营要重视生态环境保护。

*重视保障，促进科学理财。*常委会高度关注资金保障，认真审查财政预算和经济发展计划，进一步督促审计监督。认真听取县政府关于上半年国民经济和社会发展计划执行情况和下半年工作安排的报告，审查批准2012年县财政收支决算和2013年度政府债务收支计划，听取和审议县审计局代表县政府所作的《关于遂昌县2012年度财政预算的审计报告》，要求政府规范预算管理，强化预算约束并提高资金使用效率。

*注重生态，推动环境优化。*常委会始终坚持生态是“立县之本”的理念，高度重视生态文明建设。开展洁净乡村建设和畜禽养殖污染整治视察并提出要求：一是尽早启动区域性垃圾填埋场建设，落实乡镇有机垃圾、建筑垃圾就近填埋场地，改变垃圾进城现状；二是加快畜禽养殖污染治理，划定禁养区、限养区、适养区，纳入土地利用规划；三是尽快出台养殖污染治理政策，对现有养殖场整改一批、拆除一批、迁建一批，新建养殖场实行“四远离”；四是洁净乡村建设与农业面源污染治理、旅游景区环境提升、农村排污设施建设、水生态治理等有机结合，整合资源、形成合力、齐抓共管。听取“三溪”水生态修复工程实施情况的报告，开展了城市更新项目前期视察。

*切合热点，促进民生改善。*常委会围绕全县人民群众的愿望和要求，始终把保障和改善民生摆在更加突出的位置，努力推动解决人民群众最关心、最直接、最现实的利益问题。一是促进教育事业发展。听取和审议县政府关于实施教育质量提升行动计划情况的报告，建议引入竞争机制，促进均衡发展。关注梅溪小学、金岸小学等教育设施建设的建设进度。二是推进医药卫生事业发展。听取县政府关于乡村卫生管理一体化工作的报告、关于药品监管工作情况的报告，为老百姓的药品安全提供保障，推进我县医疗卫生服务体系建设，推进城乡医疗卫生服务水平不断提高。三是推动科技、人口、民侨事业发展。听取县政府关于科技特派员工作情况的报告、关于国家孕前优生健康检查项目实施情况的报告和关于民族宗教工作情况的报告，贯彻科技强县战略，推进科技服务于“三农”、企业的水平，促进人口与计划生育工作水平。

*加强跟踪，提高审议实效。*常委会注重提高人大监督的效果，对审计工作、特扶项目、学生接送安全、生态县创建、民政局工作评议、加强检察机关法律监督工作的决定等形成审议意见，要求县政府和司法机关采取有力措施，限期办理，认真加以落实。为确保审议不走过场、不流于形式，县人大常委会对落实情况进行跟踪监督并进行满意度测评。县十五届人大常委会第14次会议审议了遂昌县住房公积金运行和政策执行情况的报告，针对我县机关事业单位住房公积金缴存标准较低的现状提出了审议意见，根据县人大常委

会的审议意见，县政府对住房公积金的缴存标准进行了调整。

注重效果，开展工作评议。根据相关法律法规和《遂昌县人民代表大会常务委员会评议“一府两院”工作办法（试行）》的规定，2013 年 9 月开始开展了对县国土局工作评议，制订了《遂昌县人大常委会关于对县国土资源局开展工作评议的实施方案》，向审计局部署了对县国土局开展审计的决定，召开了对县国土局开展工作评议的动员大会，分两个调查组深入国土局机关及基层国土所、全县 20 个乡镇（街道）、部分企业、部分村进行调查，召开相关座谈会 10 个，采取听、看、查、问等形式，广泛征求和收集社会各界对我县国土工作的意见和建议。发放调查问卷 161 份，对意见和建议进行归类汇总，归类汇总出意见和建议 72 条。专题召开了对国土局的工作评议会议，对国土局工作进行了满意度测评，测评结果为基本满意。县人大常委会对评议工作作出评议意见，在肯定其成绩的同时，更指出一些亟待解决和改进的问题，要求县国土局认真整改，于 2014 年 6 月底前将整改情况向县人大常委会报告。

二、突出重点，注重规范，法治进程稳步推进

常委会始终把推进民主法治建设作为根本任务，切实加大监督力度，坚持以法治促发展，以法治促和谐。

关注热点，开展执法检查。饮用水安全事关人民群众生命健康，事关社会发展稳定大局，一直是人民群众关注的热点。从 4 月下旬开始，县人大常委会按照省、市人大饮用水水源保护执法检查的统一部署，制订了实施方案，组织常委会组成人员现场视察了县城供排水公司、饮用水源保护区的相关项目，以及群众反响比较强烈的应村水库、北界镇水厂等，召开了座谈会。6 月下旬常委会听取和审议了我县饮用水水源保护相关法律法规贯彻实施情况的报告和相关工委的调研报告，提出了进一步加强保护的审议意见，结合重点建议办理，加强跟踪督查，积极参加县政府有关饮用水水源保护活动、审议意见办理责任分解落实会议等，提出指导性意见。12 月下旬常委会对饮用水水源保护执法检查审议意见落实情况进行了满意度测评。

创新机制，强化司法监督。坚持公正司法，是维护社会公平正义的重要保障。一年来，常委会采取多种形式，督促司法机关严格执法、公正司法。一是加强对法院审判活动的监督。探索涉及县人大代表案件的监督协调机制，建立相关制度，要求县人民法院每年向县人大常委会提交一份关于人大代表案件审理和执行情况的专题报告，以便县人大加强对人大代表履职行为的监督和管理。两次组织县人大代表参加旁听活动，让代表对审判工作有了更全面的了解，也促进法官业务素质的提高。二是开展行政执法办案质量检查。为进一步提高行政执法机关依法行政能力和执法办案水平，推进“法治遂昌”建设，对我县住房和城乡建设局、食品药品监督管理局行政处罚案件进行了办案质量执法检查。三是继续抓好规范性文件的备案审查工作。全年受理审查县政府报备的规范性文件 37 件，根据市人大法工委和市政府法制办的部署，开展了规范性文件备案工作自查，并接受市检查组的检查。

依法办事，规范人事任免。县人大常委会坚持党管干部与依法任免国家机关工作人员相统一的原则，严格执行任免程序。组织任前法律知识考试，增强拟任人员的民主法制意识。为任命的干部颁发任命书，对任命的干部提出履职要求，增强任命干部的使命感和责任感。一年来，县人大常委会依法任免国家机关工作人员 34 人次。

关注诉求，完善信访工作。积极配合县委、县政府做好信访、维稳工作，完善常委会领导下访接访制度，认真接待群众来信来访，一年来共处理群众来信 55 件，接待群众来访 107 批次，做到真心接待、细心倾听、耐心解惑、用心督办，切实维护好人民群众的民主权利和合法利益，为维护社会稳定做出了积极贡献。

三、优化服务，拓宽渠道，代表工作增添活力

常委会始终把做好代表工作作为发挥职能、联系群众的基础，尊重代表的主体地位，优化服务，拓宽平台，使代表作用得到有效发挥。

密切联系，优化服务保障水平。一是加强代表培训工作，组织代表参加各级培训，不断给代表“充电”。二是支持乡镇（街道）人大依法履行法定职权，努力帮助乡镇（街道）人大解决工作中的困难和问题，指导乡镇人大依法开展县人大代表的增补选工作，补选县人大代表8名，增选县人大代表2名。指导乡镇人大主席团开好年度例会，依法补选缺额的16个乡镇的人大主席、正副乡镇长共33人。三是继续实行常委会领导联系乡镇（街道）人大工作。召开了乡镇（街道）人大主席（工委主任）联席会议， 继续邀请乡镇人大主席和县人大代表列席县人大常委会会议。

建立平台，丰富代表履职活动。一是代表主题活动有声有色。按照省、市人大的要求组织各级人大代表开展了“关心母亲河溪，查找水污染源，恪尽代表职责”主题活动，结合我县实际制定了活动的实施方案，在活动中共发动各级人大代表1009人，发放倡议书1500份，参与活动1500人次，发现水污染源23处，有的通过边查找边整改已得到改善，最后上报到县人大代表工委的有9条建议，现已全部提交相关政府部门研究落实办理。继续深入开展“洁净乡村、代表作表率”和“三改一拆、代表作表率”活动。二是闭会期间活动有序进行。全县22个代表小组全年活动85次，大部分代表小组做到每季度活动一次，活动内容丰富，学习了相关法律法规和党的十八大、十八届三中全会精神，视察了县、乡（镇）重点工程，听取了政府及职能部门的工作汇报等。11月，组织市人大代表遂昌中心组赴景宁县考察了畲乡民俗文化建设及城市发展规划，进一步拓宽了代表的视野，提升了履职水平。三是网络履职平台发挥作用。为进一步提高代表的履职水平及效率，根据省、市人大常委会的要求，今年完成了浙江省人大代表履职服务平台的建设，共注册会员987人，大大地方便了代表的履职和学习，拓宽了代表知政知情渠道。

注重“三抓”，增强建议办理实效。关于代表议案、建议的办理，常委会认真抓好三项工作：一是抓整理，县十五届人大二次会议共收到代表议案、建议184 件，根据相关要求，县人大常委会主任会议把收到的议案一并归为建议并确定重点建议5件。二是抓交办，对人代会期间收到的建议，县人大常委会及时交由政府相关部门研究办理。三是抓督办，将建议分工至各工委和联系部门，落实领办制度，由政府相关领导领衔办理。对确定的重点建议，由县人大常委会领导分工督办，对办理的进度、办理结果等进行跟踪检查。县十五届人大常委会第16次会议专题听取了县政府关于建议办理情况的报告，184件建议均已办结，办理结果满意率为100%，落实率为35%。

四、夯实基础，与时俱进，自身建设明显提升

常委会始终把提升自身建设作为强基固本之策和依法履职的重要前提，崇尚学习，完善制度，改进作风，树立良好形象。

坚持学习，提升工作水平。以创建学习型机关为重要抓手，坚持集中学习和自学相结合的方式，加强政治理论、法律法规和人大知识的学习，提升自身素质。特别是党的十八届三中全会召开以来，机关干部认真学习《中共中央关于全面深化改革若干重大问题的决定》等，增强责任意识和进取意识，努力提高工作水平，推进人大机关工作再上新台阶。

完善制度，健全履职机制。以规范履职、提高工作效率为最终目的，继续实行乡镇人大主席和县人大代表列席县人大常委会会议制度和县人大代表会前视察等，进一步完善了机关财务管理制度、车辆管理办法和宣传信息考核办法，使常委会及其机关的工作进一步规范化、程序化、制度化。

创新方法，促进作风改变。以落实“中央八

项规定”和省委“六条禁令”为有利契机，密切联系群众，深入基层倾听群众呼声，注重说实话、办实事，首次开展了行政执法办案质量检查和五年规划纲要实施情况中期审议。在听取工作报告、开展执法检查前，组织专题调研或视察，为常委会的审议提供翔实的情况报告，使常委会的审议更具针对性和实效性。

加强宣传，扩大社会影响。以电视台、省市县人大网站、报刊等媒体为主要阵地，建立经常性联系，加强信息队伍建设，注重学习培训，完善激励机制，进一步探索、拓宽人大宣传的途径和形式，深化对人民代表大会制度、人大工作和人大代表在经济社会发展各项事业中发挥作用、执行职务情况的宣传报道，努力开创人大工作的新局面。

各位代表，过去的一年，县人大常委会各项工作取得了新的成绩，这是县委正确领导、常委会组成人员和全体人大代表共同努力的结果，也是“一府两院”积极配合、社会各界大力支持的结果。在此，我谨代表县十五届人大常委会表示衷心的感谢！

回顾一年的工作，看到成绩的同时，我们也清醒地认识到人大常委会的工作同宪法和法律赋予的职责，与党和人民群众的要求还有差距，主要表现在：监督的深度和广度还不够，代表综合素质、履职水平有待进一步提高，常委会自身建设还不能完全适应新形势发展的要求。这些不足，我们将高度重视，认真研究，在今后的工作中加以改进。

2014年的主要工作

2014年是全面深化改革的开局之年，我县的人大工作也将进入一个新的发展阶段。县人大常委会工作的总体要求是：在中共遂昌县委的领导下，深入贯彻党的十八大和十八届三中全会精神，坚持“绿水青山就是金山银山”战略指导思想，深化“目标强县富民、空间东进西拓、产业扬长补短、民生与时俱进、社会和谐幸福、发展科学持续”战略路径，围绕县委的工作重点，凝聚发展合力，依法履行职能，努力开创人大工作新局面。围绕这一总体要求，今年常委会工作的主要任务是：

一、抓住重点，注重落实，力求监督工作有新成效

紧紧围绕县委中心工作，抓重点，重民生，促民主，不断改进监督方式，加大监督力度，进一步提高监督实效。

紧扣发展主题加强监督。进一步完善计划和预算的审查办法和制度，强化监督措施，继续探索审查监督计划、预算的工作程序、内容和方法，扩大审计监督范围，使预算全过程都纳入依法监督运行的轨道。主要完成经济发展计划、预算审查、决算审查批准、审议同级财政审计工作、半年计划和预算执行情况、政府投资和重点项目建设情况等。结合计划预算的审查监督工作，围绕经济运行中的热点、难点问题，如国有资产管理、工业经济结构调整、招商引资工作、企业达产达效等方面进行调查研究，开展工作监督。将继续把农民增收，新农村建设作为监督农业农村工作的重点。督促政府加大强农惠农富农的政策力度，重点对茶产业发展情况、高效节水灌溉设施建设情况、滩坑移民安置及后续扶持情况、特种养殖情况进行监督，促进农业产业提质增效，并培育新的经济增长点。对中心村建设情况进行监督，助推美丽乡村建设。

紧扣民生民意加强监督。关注民生，体恤民情，针对老百姓普遍关注的社会保障问题及管理情况，对全县社会保障管理工作进行评议，促进民生保障和社会和谐发展。继续关注教育工作，对教育质量提升行动计划落实情况实施跟踪监督，听取和审议关于学前教育工作情况的报告，继续关注遂昌第二中学、梅溪小学等教育设施建设的进展情况。听取关于文体设施建设、疾病预防控制、防震减灾、“增进计生关爱，促进家庭幸福”等工作情况的报告，推进民族宗教侨务等工作不断取得进步。为实现“绿水青山就是金山银山”，针对城乡建设、生态平衡、环境质量、环境基础设施建设等方面存在的突出矛盾和问题加强调研。配合省、市人大搞好乌溪江上游生活污染和农业面源污染问题调查研究，根据省、市、县“五水共治”的要求，围绕我县治污水重点工程实施、县城饮用水扩容改造及备用水源建设等工作强化监督。继续对保障房建设和分配管理工作进行跟踪监督。跟踪监督县国土资源局评议整改工作，听取旅游项目建设落地情况、农村公路养护和安保设施建设情况的报告。听取古院新区建设及城市更新实施情况的报告。

紧扣民主法治加强监督。听取县公安局关于加强和创新社会管理工作的汇报，听取和审议县检察院关于反渎职侵权工作的汇报，听取县司法局关于社区矫正工作的汇报。开展行政执法办案质量检查，继续做好规范性文件备案审查工作，支持、配合司法机关各项重点工作，继续组织常委会学法活动和干部任前法律知识考试。坚持把信访工作与人大监督工作紧密结合，坚持常委会领导下基层接访的制度，加大对重点信访件的督办力度，督促有关部门解决好人民群众反映的突出问题，维护社会和谐稳定。

二、密切联系，注重实效，力求代表工作有新进展

进一步发挥代表主体作用，重培训，建平台，强联系，抓督办，探索代表工作新机制，激发代表活力，增强履职实效。

抓培训，力促代表“能作为”。针对代表议案、建议质量不高的问题，组织人大代表参加各级培训，在议案、建议反映问题的把握上加强指导，增强议案、建议的规范性和可操作性。同时努力提高代表的综合素质，使人大代表具备履职的条件和能力。

抓平台，力促代表“可作为”。一是积极协助各代表小组开展闭会期间的活动。做好市人大代表遂昌中心组开展活动的有关工作，指导县人大代表小组开展活动，进一步提高代表小组活动质量。二是继续做好接待代表的有关工作。为加强县人大常委会领导同人大代表的联系，更广泛地听取群众呼声和意见，更好地发挥县人大代表作用，安排常委会领导下基层面对面听取代表意见和建议。三是认真扎实抓好代表视察工作。2014年拟对事关农民增收的主导产业、生态建设、重点工程建设等工作的完成情况进行视察，督促政府把实事办好、好事办实。四是做好届中县人大代表的述职工作。代表向选区选民总结汇报两年来的履职情况及下一步履职的整改措施。平台的落实，让代表履职活动可以更加有序。

抓联系，力促代表“愿作为”。一是依法指导乡镇人大开好人代会，依法补选缺额的政府班子领导。二是及时召开乡镇（街道）人大主席（工委主任）联席会议，指导安排各阶段人大工作，掌握工作动态，总结和交流人大工作经验。三是继续邀请乡镇人大主席和人大代表列席县人大常委会会议。四是加强人大工作队伍建设，要坚持按照求真务实、清廉高效的要求，以会代训，努力加强人大工作队伍建设，不断提高业务素质和驾驭本职工作的能力。联系的加强，能让代表融入人大这个大家庭，愿意在良好的氛围中有所作为。

抓督办，力促代表“有作为”。对大会收到的议案、建议及时整理，交县政府办理，加强对承办单位的监督和检查。在办理中，不仅要注重办结率和满意率，更要注重落实率，着力抓承办大户，抓重点建议，抓不满意件，责成承办单位在解决实际问题上下功夫，真正提高代表议案、建议的办理质量和落实率，使代表关注的问题能真正得到解决，让代表真正做到“有作为”。

三、求真务实，注重学习，力求自身建设有新提高

以党的群众路线教育实践活动为契机，讲学习，严制度，抓作风，促宣传，进一步提升人大工作的总体水平。

重视学习，提高自身素质。认真组织学习党的十八届三中全会精神，组织开展好党的群众路线教育实践活动，继续坚持常委会学法活动，把业务培训和法律学习有机结合，树立自觉自信，营造良好氛围，努力提高工作水平，推进人大工作再上新台阶。

立足实际，强化制度建设。根据监督法规定的基本原则、监督途径和监督方式，积极探索监督形式和内容的有机统一，监督与接受监督的有机统一，提高监督的力度和实效。严格执行中央“八项规定”和省委“六条禁令”，强化制度建设，使常委会及其机关的工作进一步规范化、程序化、制度化。

勇于革新，狠抓作风建设。党的十八届三中全会作出了全面深化改革的重大决定，机关干部要坚决反对“四风”，达到“照镜子、正衣冠、洗洗澡、治治病”的要求，积极按照县委“执行力锻造年”活动，针对改革发展的重点、难点、热点问题开展监督。同时，每位常委会领导都领办一项重点项目，共同促进遂昌经济发展。要进一步密切与人民群众的联系，把人民群众的愿望和要求作为人大监督工作的重点，使人大工作更好地反映和维护人民群众的根本利益。

加强宣传，扩大对外交流。以纪念人民代表大会制度建立60周年为契机，充分发挥主流媒体的作用，加强人大制度和人大工作的宣传，不断深化全社会对人大制度的认识。

各位代表，时代赋予我们的使命光荣而艰巨，人民寄予我们的期望殷切而厚重，让我们在中共遂昌县委的坚强领导下，坚持“绿水青山就是金山银山”的战略指导思想，团结和依靠全县人民，坚定信心，求真务实，锐意进取，为加快建设“生态良好、生产发展、生活富裕”的山区科学发展示范区而努力奋斗！

政府工作报告

——在遂昌县第十五届人民代表大会第三次会议上

（2014年3月12日）

遂昌县人民政府县长　何卫宁

各位代表：

现在，我代表县人民政府向大会作工作报告，请予审议，并请县政协委员和其他列席人员提出意见。

2013年政府工作回顾

2013年是全县上下凝心聚力应对挑战、破难攻坚推进发展的一年。县政府在上级党委政府和中共遂昌县委的坚强领导下，在县人大和县政协的监督支持下，以科学发展观为统领，深入实施“经营山水、统筹城乡，全面建设长三角休闲旅游名城”发展战略，加快转型跨越，推动强县富民，全力建设山区科学发展示范区，较好地完成了县十五届人大二次会议确定的各项目标任务。全县实现生产总值84.54亿元，增长10.1%；工业总产值215.05亿元，增长21.4%；农业总产值15.75亿元，增长6.3%；财政总收入9.25亿元，其中地方财政收入5.52亿元，分别增长10.4%和18.1%；固定资产投资40.64亿元，增长25.5%；社会消费品零售总额33.65亿元，增长16.5%；外贸自营出口总额1.32亿美元，增长19.1%；城镇居民人均可支配收入30370元，农村居民人均纯收入10224元，分别增长10.3%和12.9%；城镇登记失业率3.01%；人口自然增长率2.38‰。

一年来，我们主要做了以下工作：

一、持续夯实发展基础，县域发展后劲不断增强

空间平台有效拓展。《遂昌县域总体规划（2006—2020）》获省政府批复，规划中心城区面积100.5平方公里、人口规模15万人。抢抓低丘缓坡综合开发利用机遇，加快城市东进西拓步伐，累计完成投资7.29亿元。加快遂昌—诸暨山海协作共建产业园建设，通过全省首批山海协作产业园评审。破解交通制约，峡湖金公路实现通车，遂江线列入省道规划，龙游至遂昌至龙泉公路升格为国道，衢宁铁路项目建议书获国家发改委批复。

发展环境逐步优化。深化行政审批制度改革，推行投资项目审批代办制，审批提速率91.8%。推进招商体制改革，实际利用内资27.80亿元、外资800万美元，分别完成年度任务的163.5%和

228.5%，浙商回归实际到位资金6.33亿元，荣获全市招商引资考核特等奖。深化重点建设项目县领导包干负责制，26个县重点建设项目完成投资16.71亿元，完成年度计划的112.5%。中国建筑五金产业基地等3个项目列入省扩大有效投资"411"重大项目建设行动计划，汤显祖文化国际交流中心等3个项目列入省重大产业项目，成功争取全国第五批小农水重点县等项目，共向上争取资金8.29亿元，增长11.2%。

创业氛围日益浓厚。建立淘宝网首个县级馆"特色中国·遂昌馆"，建成农村电子商务服务站100个，实现销售额3.02亿元，增长51%，举办中国农产品电子商务高峰论坛，发布农村电子商务"遂昌模式"研究报告，成为全省首批电子商务示范县和中国社科院信息化研究中心调研基地。建成高坪、长濂农家乐综合体，全县农家乐接待游客196.4万人次，经营收入1.89亿元，分别增长34.5 %和35.5%。实施创新驱动战略，深化与浙江大学、浙江农林大学县校合作，新增1家院士工作站，规上工业增加值增长22.4%，在全省三类县中位列第一。

二、持续推动城市集聚，城乡统筹格局不断优化

三城组团发展步伐加快。完善城市新区建设规划，启动旧城改造规划编制。东城工业平台推进迅速，龙板山区块一期A地块场平工程基本完成，洋浩区块五条主干道基本成型，新开发工业用地1500亩，出让786亩。新城建设步伐加快，古院区块一期场平工程完工，北门桥头至三墩桥道路拓宽工程路基建设顺利推进，城市文化综合体、1208人防工程一期等项目开工建设。老城形象逐步提升，溪边路道路工程完工，完成凯恩路南段修缮，东桥路实现通车。完成城市基础设施投资4.94亿元，增长120%。

特色山城建设扎实推进。实施城市建设"六个一"工程，全民健身中心主体工程完工，夜市步行街建成开业，汤公园对外开放。推进城市美化亮化绿化，完成眠牛山等山体游步道建设。大力推进"三改一拆"，完成"三改"任务119.70万平方米、"一拆"任务67.68万平方米，在全市率先完成三年目标任务。加强城市交通治堵，新增公共停车位322个，开发利用地下空间1.2万平方米。推进金融业、房地产业、建筑业发展，富民村镇银行挂牌营业，房地产投资增长315.7%，建筑业产值增长47.8%。

美丽乡村建设全面升级。深化"六边三化三美""双清"等行动，开展农村垃圾分类处理试点，打造"洁净乡村"升级版。推进"812"土地整治工程，完成垦造耕地4368亩、农村土地综合整治120亩、高标准基本农田建设2.3万亩。完成农村河道整治50.07公里、山塘综合整治59座。加强中心镇和中心村建设，石练绿色农产品加工园区开工建设，蕉川、柘溪上村、周村3个中心村建设加快推进。全年异地转移农民2243人，特扶项目三年规划目标基本完成。大田村、坑口村入选全国美丽乡村创建试点村。

三、持续推动产业融合，转型升级步伐不断加快

现代农业特色明显。实施原生态精品现代农业"5522"工程，实现茶产值4.82亿元、竹产值12亿元、山地蔬菜产值1.76亿元，百合、三叶青、西红花等中药材产业初具规模。建成农产品质量检测中心，新增省级农业龙头企业1家、市级示范性农民专业合作社3家、家庭农场41家，北界红提园等4个特色农业精品园通过省级验收。流转森林2.83万亩，林权抵押贷款余额达3.72亿元，成为省集体林权制度改革模范县。

工业经济稳步提升。实现工业增加值34.92亿元，增长15.2%。完成工业投资18.14亿元，增长18.9%，新宏年产60万吨金属制品生产线、新恒年产40万吨热镀锌板材生产线一期等项目建成投产。实施"1210工程"，元立集团入选工信部首批符合《钢铁行业规范条件》名单，金属制品产业集群再次列入省块状经济转型升级示范区试点，凯恩特材投资2.53亿元生产线改造项目顺利推进。扶持中小企业发展，实现"个转企"424

户，完成年度任务的482%。设立企协应急转贷周转金，完成转贷业务217笔，累计转贷资金5.95亿元。

休闲旅游快速发展。打响“五行遂昌，一诺千金”县域品牌，接待国内外游客991.28万人次，实现旅游综合收入46.45亿元，按可比口径分别增长27.2%和31.1%，门票收入5161万元。建立重大旅游项目联席会议制度，遂昌金矿国家矿山公园创建国家AAAAA级旅游景区全面提速，汤沐园水上乐园、黄金谷生态漂流等项目建成营业，九龙山原始森林景区对外开放。在全国率先发布县级游客满意度调查报告，启动旅游贡献度调查试点，获浙江省年度旅游发展十佳县，省旅游经济强县复核被评为优秀。

四、持续促进民生改善，群众幸福指数不断提升

生态环境保持领先。深入实施“811”生态文明建设推进行动，生态文明建设综合评价总指数位列全省第一。强化森林资源保护，完成森林抚育14.6万亩，荣获省平安林区县称号。深化“四位一体”河道管理机制，在全市率先开展农村环境连片整治和地表水环境、空气质量、生活污水监测。开展石材加工、采砂制砂、造纸化工等行业整治，关停淘汰企业9家，提升改造企业40家。举办“健康生活，绿色发展”论坛，生态环境状况指数提升至全省第四位，创成国家级生态县并列入第六批全国生态文明建设试点县。

社会事业持续进步。全年民生支出12.89亿元，增长17.5%，占当年新增财政支出的74.9%。推进“3527”学校布局调整，完成金岸小学扩建工程并投入使用，梅溪小学主体工程结顶，高考第一批重点上线人数达130人，中考成绩位居全市前列，职业教育发展考核获全省一等奖。开展“欢乐桃溪”等13个乡村节庆文化活动和5场大型群众文化活动，建成24个农村文化礼堂，好川遗址列入全国重点文物保护单位。推进“五保合一”大社保体系建设，城乡居民养老保险参保率98.5%，医疗保险参保率98.4%，“五保”“三无”人员集中供养率95%。深化医疗卫生体制改革，人口计生、移民等工作走在全市前列。

平安建设态势平稳。深化“平安遂昌”创建，平安建设有望实现“九连贯”。深化领导干部大下访大接访大包案工作，办理信访件937件。完善大调解工作机制，总结推广应村“民事村了”工作法，求和人民调解工作室实现全覆盖，调解率达98.2%。应急联动指挥中心建成投入使用，“96345”社会公共服务中心开通运行。推进食品安全监管体制改革，实施千万学生饮食放心和交通安全保障工程。安全生产形势保持稳定。国防后备力量建设扎实推进。

在推进经济社会发展的同时，更加注重政府自身建设。主动接受人大和政协监督，办理人大建议184件、政协提案124件。完善政府工作规则，坚持政府常务会议制度化、县长工作例会常态化、县长办公会议专题化，推出西部乡镇例会制度和北部乡镇区域协调发展机制。开展“聚焦落实力”活动，乌溪江干流大溪坝电站下闸发电，金岸马路市场实现入市还道，云峰石材加工整治及濂溪治理等项目加快推进。推出县域统筹发展物业经济模式，转变集体经济薄弱村35个。深化全国政务公开和政务服务试点工作，在全国104个试点县政府网站绩效评估中位列第13名。坚持依法行政，抓好政府规范性文件“三统一”和备案审查等工作。深化“勤廉遂昌”建设，严肃查处违纪违法行为。严格落实中央“八项规定”和省委“六个严禁”，全县“三公”经费支出下降15%。

各位代表，过去一年成绩来之不易，是全县上下齐心协力、奋力拼搏的结果。在此，我代表县人民政府，向奋斗在各个领域的广大干部群众、人大代表、政协委员、驻遂部队、民主党派、工商联、人民团体、社会各界人士、在遂投资者和建设者，以及所有关心支持遂昌发展的朋友们，表示衷心的感谢和崇高的敬意！

在总结成绩的同时，我们也清醒地认识到，我县经济社会发展还存在不少困难和问题。一是产业结构矛盾突出。产业层次总体不高，三次产业比例不够合理，规上企业数量偏少，县域经济竞争力不强。二是投资结构有待优化。缺乏战略性项目支撑，民间投资占比偏低、活力不强，部分招商引资项目落地难、投产慢，发展要素制约严重。三是城镇化步伐亟需加快。城市功能布局不完善，基础设施建设历史欠账较多，城镇集聚效应和辐射带动作用有待增强。四是三项收入增长乏力。财政收入增长后劲不足，部分企业经营困难、效益下滑，农民增收压力加大。五是干部工作激情、执行能力尚需加强。一些干部缺乏创新精神和担当意识，落实决策能力、操作到位能力不强，行政效率需要进一步提高。同时，受国际国内宏观形势等因素影响，生产总值、城乡居民人均收入指标未实现预期目标，屠宰场迁建项目因政策处理和历史遗留问题复杂等原因还在推进当中。对于这些问题，我们将始终保持清醒，采取更加有效管用的办法认真研究加以解决。

2014年总体要求和主要任务

2014年是贯彻落实党的十八届三中全会精神、全面深化改革的开局之年。我们必须坚持“稳中有进”工作总基调，认真贯彻县委《关于深化改革创新建设美丽遂昌的决定》，把改革创新贯穿于经济社会发展各个领域和各个环节，加快转型跨越强县富民进程。今年政府工作的总体要求是：深入学习贯彻党的十八届三中全会精神，坚持“绿水青山就是金山银山”的绿色生态发展理念，深化“目标强县富民、空间东进西拓、产业扬长补短、民生与时俱进、社会和谐幸福、发展科学持续”战略路径，按照作风保证、资本推动、协调推进的总体要求，深化改革创新，打造“五美遂昌”，加快建设山区科学发展示范区。

综合实际考虑，今年经济社会发展主要预期目标为：地区生产总值增长9.5%；工业增加值增长12%以上；农业总产值增长6%；地方财政收入增长8%；固定资产投资增长20%以上；社会消费品零售总额增长13%；外贸自营出口总额增长5%；城镇居民人均可支配收入增长10%；农村居民人均纯收入增长12%；城镇登记失业率控制在4%以内；人口自然增长率控制在5‰以内；各项约束性指标达到国家要求。

实现上述目标，我们要突出抓好五方面工作。

一、着眼生态文明导向，释放山区后发优势 更加突出生态环境优势，坚定担当生态屏障责任，建设“生态良好、生产发展、生活富裕”的秀美家园。

全面开展“五水共治”。以“十大工程”为载体，实施“清水洁流”行动计划，打造“中国水环境最佳县”。全面推行“河长制”，彻底消灭黑河、臭河、垃圾河。加强县城三溪综合治理，实现三溪水质明显好转。深化濂溪综合整治，切实改变“白河”现象。实施城市截污纳管和农村生活污水治理工程，深化畜禽养殖业综合整治，建立重点污染企业刷卡排污制度，确保县域出境水质稳定达标。推进全国第五批小农水重点县、规模化节水灌溉示范县等项目建设，实施城镇防洪排涝和引水净水工程。加强饮用水源水环境保护，加快遂昌县供水工程、石坑坪水库、桐川水库等项目建设，深化清水源水库等项目前期，保障城乡饮用水安全。推进生态示范河道建设，有效整治河道违占违建现象，建设生态堰坝和亲水休闲景观设施，打造天蓝、地绿、水清、流洁的美丽遂昌。

提升生态环境质量。开展全国生态文明建设试点县建设，以生态修复倒逼经济转型升级。深化农村面源污染治理，努力降低农药、化肥对土壤和水环境的影响，发展生态循环农业。深化石材加工、制砂、造纸、化工等行业专项整治，实行最严格的环境准入和最有力的源头保护制度，加大生态环境保护考核和责任追究力度。节约集约使用能源，探索排污权、碳排放权有偿使用制度。完成垃圾填埋场二期工程，加快污水处理厂二期建设。

加快生态强县进程。按照重点生态功能区的定位，立足山区“原生态”优势，加快推进国家可持续发展实验区建设。加强绿化造林和生态公益林保护，完成12万亩森林抚育任务。大力发展生态经济，推进循环经济和低碳经济建设。推动生态与文化、旅游融合发展，传承和提升乡村文明，加快十八里翠国家水利风景区等项目建设。将整个县域作为生态公园来打造，探索创建遂昌国家公园。

二、着眼绿色发展路径，经营一方绿水青山

更加突出产业融合发展方向，推动生态经济化、经济生态化，实现生态优势向现实生产力转化。

统筹三次产业招商。坚定招商引资“一号工程”，合同引进内资40亿元，实际到位20亿元；合同引进外资800万美元，实际到位550万美元；引进大项目8个。加快招商体制改革，建立选商、保障和约束机制，切实提高项目资金到位率、合同履约率和亩产贡献率。统筹推进一、二、三产招商，积极引进金属制品、装备制造、电子、高新技术产业以及农业和旅游等方面的大企业、大项目。狠抓项目落地，实行重点项目领办包干制，全力推进项目建设提质提速。加大招才引智力度，积极引进“国千”“省千”“绿谷精英”等高端人才和团队，加大本土特色人才培育力度，探索建立高层次人才疗休养基地。

壮大现代生态农业。推动原生态精品农业扩面提效，完成农业总产值16.7亿元。深化农业“两区”建设，落实米袋子、菜篮子工程，新建粮食生产功能区8500亩、主导产业示范区2个、特色农业精品园3个，做大茶叶、竹业、山地蔬菜、干水果、中药材等特色产业，创建生态精品农业示范县。提高农业产业化水平，培育农业龙头企业5家、农业合作社10家以上、家庭农场（林场）30个。加强景观农业、创意农业建设。完善农产品质量安全检测和质量追溯体系，推进农业产业标准化建设，开展无公害农产品、绿色食品、有机食品“三品”认证。提高土地资源利用效率，积极申报国土资源节约集约模范县。完成垦造耕地4000亩，强化后续耕种和管护。支持土地向专业大户、农业合作社和家庭农场流转。加强农技队伍建设，提高服务“三农”水平。

发展新型生态工业。集聚集约发展工业，完成工业总产值240亿元以上。加快东城龙板山、洋浩等区块场平工程和市政配套设施建设，开发工业用地1500亩，出让600亩。全面提升工业园区发展水平，力争遂昌—诸暨山海协作共建产业园建设走在全省前列。支持元立、凯恩等骨干企业做大做强，扶持中小微企业发展，推进电镀中心、中小企业孵化园、计量公共检测平台等配套项目建设。大力发展优势产业和战略性新兴产业，努力培育和引进高新技术企业、科技型企业。提高投资强度，完成制造业投资10.61亿元，新开工项目10个，新增规上企业8家。推进企业家队伍建设，引导企业加快建立现代企业制度。突出“亩产税收”导向，建立“亩产综合效益”为核心的评价机制，将要素配置向重点扶持类企业倾斜。加强危困企业帮扶，营造“合力扶工”氛围。

提升休闲养生旅游。将旅游业作为战略性第一支柱产业和引领性产业来培育，深化省旅游综合改革试点，接待游客1100万人次，实现旅游综合收入55亿元。提升景区核心吸引力，加快遂昌金矿国家矿山公园AAAAA级旅游景区和省级黄金旅游度假区创建，启动汤沐园AAAA级和高坪乡村旅游AAA级旅游景区创建，扎实推进千佛山景区三期工程等项目前期。加快乡村旅游转型升级，丰富旅游产品，推进三墩旅游综合体、湖山温泉小镇等项目落地，启动古院新区大酒店、大柘民俗文化产业园等项目建设。大力发展养生（养老）产业，加快推进养生（养老）项目建设，着力培育食养、药养、水养、体养、文养“五养”特色品牌，力争养生（养老）产业发展走在全市乃至全省前列。深化“智慧旅游”营销，大力拓展自驾游、避暑游、文化游市场，围绕“吃住行游购娱养”七要素，加强服务配套设施和景区基础设施建设，创建“中国最佳旅游服务县”。

培育现代服务业。培育壮大三产服务业，大力发展总部经济、夜间经济，推进商贸综合体、物流中心建设。加强房地产市场监测预警，引进优质房地产企业，探索旅游房产、养生（养老）房产开发，扶持建筑业健康发展。推进全国首批一事一议财政奖补促进美丽乡村建设试点，打响“淘宝第一县”品牌。全面实施“2510”工程，加快电子商务创业园区建设，实现农村电子商务服务站全覆盖，完成电子商务销售额5亿元，打造浙西南最大的农特产品网上交易平台。

三、着眼城乡一体发展，加快新型城镇化建设

更加突出以人为本和城市带动，全力推进新型城镇化建设，促进旅游名城与美丽乡村比翼齐飞。

*加快美丽县城建设。*扎实推进新城建设，加快古院区块一期工程、城市文化综合体、安置小区等项目建设；促进东城产城一体化发展，加快连直线（云峰段）公路改建工程、东城供水工程、龙板山区块一期工程等项目建设，深化衢宁铁路（遂昌段）项目前期；大力推进城市更新，启动荷花滩、上溪滩、东桥路和园丁路延伸段（吴乐畈）拆迁改造工程，开展街道立面改造和示范街建设。加强城市综合管理，集中力量整治市容市貌。加快推进城市建设“六个一”工程，深化“三改一拆”行动，开展“无违建县”创建。深化交通治堵，加大停车场建设和地下空间开发力度，加快公交体制改革和公共自行车项目建设。将汤显祖文化、山水和旅游元素融入城市建设，创建省级园林城市。

*推进特色集镇建设。*完善城镇功能布局，大力培育产业强镇、旅游名镇和特色集镇，推进西部、北部乡镇区域协同发展。加强中心镇建设，加快石练爱丰小区、农家乐精品一条街和金竹小区二期等项目建设。完成王村口至老虎跳公路改建工程，加快乌溪江大桥等项目建设，深化遂江线项目前期，着力改善中、西部水陆交通条件。加强水网、电网、信息网等基础设施建设，完善教育、文化、医疗等服务网络。

*深化美丽乡村建设。*深化“六边三化三美”行动，推进农村垃圾分类处理和集镇保洁站试点，创建“中国最洁净乡村”。开展“活力遂昌”文化刷墙和“寻找鲜花盛开的乡村、农户、田园”活动，推进美丽乡村风景线建设。完成农民异地转移2000人，推进腾龙小区二期建设，开展大中型水库移民避险解困试点。启动5个中心村培育，深化历史文化村落保护利用，推进湖山龙珠岗新村、焦滩独山新村和龙洋九龙口等小区建设。新建美丽乡村精品村8个、样板户700户。

四、着眼民生事业进步，促进社会和谐幸福

更加突出保障和改善民生，顺应群众对美好生活的向往和追求，努力实现发展成果惠及全县人民。

*促进群众持续增收。*推进农家乐提质扩面，加快大田、红星坪等农家乐综合体建设，建成省级特色村、特色点各1个，接待游客250万人次，实现经营收入2.5亿元。大力发展来料加工，实现加工费2亿元。深化林权抵押贷款，积极开展农村住房和农村土地经营权抵押贷款，拓宽农民融资渠道。实施新一轮特扶项目，促进低收入农户增收和扶贫重点村加快发展，大力发展村级集体经济。培育产业带头人队伍，引导大学生、外出务工人员回乡创业。

*发展社会公共事业。*强化创新驱动，深化县校合作和法人科技特派员制度。开展省教育现代化县创建，完成省义务教育发展基本均衡县评估，梅溪小学投入使用，加快遂昌第二中学建设。实施县、乡、村卫生一体化综合管理改革试点，启动省卫生应急工作示范县创建，推进民办社会事业项目建设。强化人口计生目标管理，实施“单独两孩”政策。丰富群众文化活动，举办汤显祖文化节，新建10个以上农村文化礼堂，创建省文化先进县和体育强县。加强统计工作，开展第三次经济普查。支持工会、共青团、妇联、关工委、老促会、老龄委、红十字会、慈善总会、文联、工商联、残联、侨联等组织开展工作，推进档案、科协、气象、通信、电大、供销、人防、地方志等工作再上新台阶。

*提升社会管理水平。*强化资源整合和服务共

享，提升便民服务中心和社区服务功能，推进“96345”社会公共服务中心高效运行。健全大社保体系、社会救助体系和养老服务体系，提高“五保”和“三无”人员供养水平，加快县养老中心一期工程建设，新增75个农村社区居家养老服务照料中心。加强职业技能培训，创建新山区充分就业县。以争创“十连贯”为目标，深化“平安遂昌”建设。推进农村“天网”视频系统建设，完善社会治安防控体系。落实安全生产责任制，确保安全生产三项指标零增长。加强市场监管，完善食品药品安全监管机制，保持物价基本稳定。加强国防建设，争创第六轮全省双拥模范县。全力办好县政府十件实事。

五、着眼服务水平提升，营造健康发展环境

更加突出政府自身改革，一以贯之狠抓勤政、善政、廉政，营造动力强劲、活力迸发的发展氛围。

激发改革创新活力。坚持改革志向，既要坚定近年来走出的山区发展路径，更要勇于推陈出新探索加快发展新途径，既要认准生态文化等山区优势所在，更要善于抢抓政策机遇引进要素资源。坚持市场取向，发挥市场机制力量，积极培育更多市场主体，使企业真正成为投资和创新的主体；鼓励行业组织健康发展，推广电子商务“遂昌模式”，推行政府购买服务；整合行政资源，搭建更加便捷高效的服务市场平台；完善市场管理，建立公平开放、良性竞争的市场环境。坚持问题导向，逐步化解群众密切关注的民生问题，加快破解产业转型、项目建设、城镇化等发展问题，持续推动城乡居民、企业和财政增收。坚持民本方向，全力拓宽城乡居民增收渠道，深入推进农村金融改革试点，搭建政银企深度合作平台。坚持共赢正向，打开山门促开放搞活，转变观念促包容发展，鼓励浙商来遂昌投资兴业，积极引进城市工商资本，唤醒沉睡民间资本，保护投资者合法权益。

转变干部干事作风。深入开展党的群众路线教育实践活动，以更加扎实的工作作风、更加突出的活动成果，推动政府工作取得令群众更加满意的成效。转变政府职能，推进机构改革，优化编制资源配置，健全完善用工管理制度。强化责任主体意识和法治思维，多管齐下推进重点项目建设和难点焦点问题解决。整合执法主体，建立权责统一、权威高效的行政执法体制，探索城市管理综合执法机制。开展“执行力锻造年”活动，打造担当负责、雷厉风行、坚决果断的“狮子型”干部队伍，适应县域发展换挡提速竞争要求。树立“遂昌不会落后，因为有我”的理念，强化部门服务意识，增强推动发展能力，严惩“不作为”和“乱作为”行为，让全社会感受到市场环境、创业条件、干部作风在日趋好转。关心关爱干部，建立健全干部考核激励机制，加强村干部教育培训，形成“比学赶创、争先进位”的良好干事氛围。

提升政府行政形象。深化法治政府建设，完善规范性文件、重大决策合法性审查机制，强化政府行政合同管理，完善法律顾问制度。加快行政审批制度改革,推行审批代办、并联审批和网上审批，规范中介服务，加强招投标管理。完善公共财政运行机制，集中财力办大事，提高财政资金绩效，推进国有资产整合盘活专项行动，深化公共机构节能。推动政务公开，发挥政府网站、政务微博、群众问政作用，做到问计于民、惠政于民。严格落实中央“八项规定”和省委“六个严禁”，坚决反对“四风”，做到令行禁止、取信于民。传承良好民风，倡导社会正能量，持续打造“一诺千金”品牌。深化党风廉政建设和反腐败工作，加强行政监察和审计监督，强化审计结果运用。坚持勤俭办一切事业，“三公”经费预算支出削减30%。

各位代表，全面深化改革的号角已经吹响，遂昌加快发展的态势正在形成。我们要紧密团结在以习近平同志为总书记的党中央周围，在县委的坚强领导下，紧紧团结和依靠全县人民，锐意改革，勇于担当，激情创业，为加快建设山区科学发展示范区而奋斗！

政协遂昌县常委会工作报告

——在政协第八届遂昌县委员会第三次会议上

（2014年3月10日）

遂昌县政协主席　尹建中

各位委员：

我受政协第八届遂昌县委员会常务委员会的委托，向大会作工作报告，请予审议，并请会议列席人员提出意见。

2013年工作回顾

2013年是全县上下凝心聚力应对挑战、破难攻坚推进发展的一年。一年来，在中共遂昌县委的领导下，县政协常委会深入贯彻落实党的十八大和十八届三中全会精神，坚持科学发展观，牢牢把握团结民主两大主题，紧紧依靠和团结带领全体政协委员，自觉围绕中心，认真履行政治协商、民主监督、参政议政三大职能，求真务实，开拓创新，较好地完成了县政协八届二次会议确定的各项工作任务，为加快建设山区科学发展示范区做出了积极贡献。

一、认真开展政治协商，助推科学发展

常委会认真贯彻落实县委关于加快转型跨越、推进强县富民的一系列重大部署，精心选择议题，开展政治协商，积极建言献策，全力助推山区科学发展示范区建设。

全体会议广泛协商。八届二次全会期间，委员们以强烈的责任感和使命感围绕各项报告进行深入讨论，积极发表意见建议，与县党政领导坦诚交流、共谋发展。12位委员就工业经济转型升级、提升茶产业竞争力、中心镇培育、文教卫社会事业发展等方面作了大会发言。县党政领导对委员建言献策高度关注，并作了重要批示，县政府于会后及时对大会发言进行了集中交办。有25条建议被相关职能部门采纳，15条建议被列入下步实施计划，促成了相关问题的解决。如大会发言《深度挖掘餐饮文化，助推旅游转型升级》所提建议被有关部门采纳，助推了遂昌餐饮文化提升系列主题活动的开展以及餐饮文化与旅游产业的进一步融合。

常委会议专题协商。精选事关经济社会发展的重大问题，深入调研，充分协商。高度关注工业经济转型升级和低丘缓坡开发建设工作，以龙板山区块开发与招商引资工作为切入点，深入分析当前龙板山区块开发和招商引资工作中存在的问题，从明确发展定位、创新招商理念、改革体制机制等方面提出翔实的建议。持续关注旅游业健康发展，抓住旅游业转型升级的关键环节—业态选择进行分析，提出把旅游业培育为县域支柱产业、以市场需求为导向选择业态、“1+4”旅游综合体布局、乡村旅游差异化发展等建议，县政府主要领导作出重要批示。针对我县养老事业发展滞后的现状，就加大养老服务体系建设保障力度、加快养老机构建设步伐、强化养老服务规范管理、加强养老服务队伍建设等方面提出具体建议，县政府出台的《加快推进养老服务事业发展的实施意见》吸收了部分协商建议。围绕打造“中国最洁净乡村”的目标要求，为破解日益严峻的垃圾处理难问题，从编制规划、完善设施、开展垃圾分类试点、探索长效机制等方面提出有效的建议，并提出三个方案供决策参考，县政府主要领导作出重要批示，各乡镇街道开展了垃圾分类试点。

主席会议重点协商。主席会议成员经常深入乡镇街道部门，进村入企，调查研究，对经济社会发展中的一些重大问题听取意见建议，开展协商讨论，提出一系列操作性强、具前瞻性的建议。如对群众关心、各界关注的医改工作开展“回头看”，走访了医卫部门和乡镇街道，发放调查问卷，全面客观分析评估医改工作成效、经验和存在问题，从优化医疗资源配置、强化公共卫生服务、完善体制机制、加强医德文化建设等方面提出翔实的改进意见和建议，县政府和相关部门及时采纳有关建议，出台了有关政策，乡村卫生一体化综合管理改革力度加大，医疗卫生体制机制得到进一步完善，惠民便民举措进一步丰富。对城市化和新农村建设进程下日益紧迫的古建筑保护开发问题高度关注，建议在长濂村建设古民居

文化街区项目并市场化运作，达到保护古建筑、完善旅游业态和拉动有效投资的多重目的。县政府采纳了该建议，启动了项目。主席会议还对竹炭园区从二产向三产作规划调整、三墩桥区块开发等问题进行协商讨论，提出切合实际的一系列意见和建议。

此外，各专委会在配合完成常委会议、主席会议调研任务的同时，组织委员深入开展调研视察活动，积极开展对口协商，主动提出意见建议。

二、切实加强民主监督，推动工作落实

常委会围绕县委、县政府重大决策部署、重点工作和焦点问题，组织开展多种形式的民主监督活动，提出针对性的意见建议，推进了决策部署的落实、工作的改进和问题的有效解决。

开展专项监督。常委会就农产品质量安全监管工作和“三改一拆”工作推进情况开展了专项民主监督。对农产品质量安全监管工作，组织委员实地视察了府前中心菜市场、西源头生态蔬菜基地，召开专题座谈会，提出进一步增强农产品质量安全意识、加强检验检测工作、推广农业标准化工作、落实市场主体职责等方面意见和建议。对“三改一拆”工作，组织委员视察了龙谷路二期延伸段建设、城中村改造等情况，提出“三改一拆”要与城市建设、产业结构调整、新农村建设等相结合，做到疏堵有序，标本兼治，从源头上遏制违法建筑等有效建议。

开展专项视察。常委会就乌溪江水电开发项目推进、中心镇建设、寄宿制学校学生生活状况和文化特色村（镇）建设等开展了专项视察，提出富有针对性的意见和建议。对乌溪江水电开发项目推进情况，分析了问题原因，提出了解决方案和建议。对中心镇建设，提出要明晰中心镇培育概念、增强有效投资力度、破解人才紧缺难题、建立投融资机制、扩大管理权限等建议。在视察部分中小学校，实地了解学校热水供应、营养餐和学生往返交通等情况后，建议相关部门、单位要加强联动，进一步关注学生营养，加强卫生监管，注重安全细节，营造“学得开心、吃得放心、住得舒心、行的安心”的学习生活环境。视察文化特色村（镇）建设后，提出要注重规划、发挥特色、提高品位，加大古建筑和非物质文化遗产保护力度、传承历史文化，融入乡村休闲旅游大环境、带动产业发展和群众致富等建议。

听取情况通报。常委会适时听取了县政府关于经济运行情况、农业工作、教育工作、提案办理工作进展情况通报，提出改进意见。就经济运行情况，常委会提出要坚定发展信心，进一步解放思想，开放大气地推进经济建设；要以培育块状经济集群的目标取向开展招商引资工作，注重引资和引智相结合，积极扩大有效投资；有关部门要协同推进，抓好项目落地等意见。就农业工作，提出要进一步提高农业组织化程度、加强农产品营销平台建设等建议；就教育工作，提出要加强科学性、整体性、前瞻性，强化校园安保工作，注重师资队伍建设等建议；就提案办理工作，提出要加强办前协商和跟踪反馈，承诺解决的提案，要抓紧组织实施，确保落到实处；对取得新进展、新成效的提案，要及时反馈等意见。

开展民主测评。继续发挥委员担任行风监督员的作用，组织委员对领导干部选任工作，县政府十件实事完成情况，部门服务项目、企业、群众情况，乡镇部门工作任务完成情况和行风作风建设等进行测评；参加法院重大案件旁听、检察院、看守所开放日活动和移民项目建设视察等活动，提出改进建议。

三、积极主动参政议政，服务科学决策

常委会围绕经济社会发展和群众反映集中的热点、难点问题，通过调研考察、举办论坛、深化提案工作、反映社情民意等形式，广集民智，群策群力，全年共报送调研报告12份、协商纪要7份，反映社情民意信息40多篇，为党政科学决策提供了有益参考。

举办政协论坛，献计城市建设。城市建设与百姓的生活息息相关，更影响着县域经济未来的发展。城市建设是遂昌发展中的短板，全县上下对城市建设非常关注。常委会在八届二次会议期

间举办了“城市发展”政协论坛，围绕“城市功能布局调整、城市文化、人文关怀、城市经济”四个篇章提出前瞻性、建设性的意见和建议，委员们与党政领导、职能部门交流互动，凝聚共识，探求良策。县党政主要领导发表了即兴讲话，充分肯定了论坛的立意高度、新颖形式、建言深度。常委会组成人员还考察了福建省泰宁县的城市建设情况，认真学习了该县城市建设的成功做法和经验模式，进一步增强了加快我县城市建设的紧迫感，并就树立先进理念、坚持刚性规划、健全工作机制、实行科学有效管理等方面提出建议。

*深化提案工作，提高议政成效。*提案是委员参政议政的有效载体。常委会积极做好政情通报，加强指导培训，加大跟踪督办力度，着力提高提案质量和提案办理质量，切实发挥提案工作的议政作用。选择《发展产业，促进农民收入持续普遍增长的建议》《加快城市新区建设，拓展城市发展空间的建设》《加快县城停车场建设》《尽快办理石练园区部分企业“两证”的建议》四件提案为重点提案进行督办，并形成专题协商纪要，县委、县政府主要领导作了重要批示，推动了相关问题解决。截至2013年11月底，124件提案全部办复完毕，委员对办理结果表示满意或基本满意。

*反映社情民意，传递各界呼声。*深入了解社情，积极反映民意。《“八项规定”的贯彻落实要细致、到位》等信息被市政协采纳，《开展爱护鸟类活动、促进国家级生态县创建》《解决养禽户燃眉之急，加强动物疫病防控队伍建设》《厉行节约，减少使用一次性纸杯》等信息，县领导作出重要批示；关于完善医疗救助制度、规范中介收费、加强PM2.5预防治理、中小学生开展劳动实践、重视亲水休闲道建设、加强市政工程管理等信息，有关部门认真办理并及时反馈，相关问题已得到较好解决。

四、汇聚各方力量，增进社会和谐

常委会进一步发挥独特优势，认真做好团结联谊、凝聚人心、汇集智慧的工作，为构建“和谐遂昌”营造良好氛围。

*注重团结包容，加强沟通合作。*加强与工商联、工青妇、科协等政协参加单位的沟通合作，为他们发挥作用提供平台、创造条件。在政协全委会议、常委会议等重要会议中，重点安排政协参加单位、民主党派和无党派人士代表发言，提出意见建议。高度重视、优先选择民主党派、人民团体和界别提交的团体提案作为重点提案进行办理，营造了民主和谐、合作共事的政治氛围。

*广泛联谊交流，汇聚各方力量。*配合省、市政协来我县开展困难群众医疗救助工作、乡村休闲旅游、养生（养老）基地建设、古民居保护与利用情况、美丽乡村建设工作等有关调研视察活动，提出促进我县发展的建议，为争取上级政策支持助力。组织委员积极参加市政协组织的书画展、摄影赛等各类联谊活动，增进相互了解沟通。加强走访联络，调动在外遂昌籍知名人士宣传家乡、建设家乡的积极性。通过与省内外兄弟县、市、区政协的来往交流，学习外地先进经验，拓宽政协工作的视野。

*深入基层一线，接地气办实事。*引导委员发挥自身优势，深入基层一线开展调查研究、为民办实事和送服务等公益活动。主席会议成员带头示范，做好联系企业、联系乡镇、联系村（社区）及联系项目工作，深入了解情况，主动参与项目政策处理、指导村级组织换届选举工作、参加洁净乡村活动等，帮助排忧解难。委员们立足岗位、建功立业，并发挥专业特长，积极送科技、送文化、送医疗下乡，捐资助学、结对帮扶。探索开展了政协委员进社区活动，组织部分委员深入腾龙社区，详细了解农民异地转移安置后的生产生活情况和现实困难，认真听取和反映群众关于垃圾处理、增设监控设施、开通公交线路等建议。

*加强文史工作，服务历史与发展。*坚持按照“三亲”原则做好文史工作，编辑出版了第十六辑县政协文史资料《奋蹄集》，回顾总结了我县财税改革历程，深入分析产业发展和项目建设对县域经济利益的深远影响和强大推力；协助市政

协征集交通史料29篇，着手征集水利史料。

五、强化自身建设，提升工作水平

常委会坚持推进政协工作制度化、规范化、程序化建设，努力提高工作水平，增强政协工作活力。

*树立委员意识，发挥主体作用。*完善学习机制，通过给委员订阅资料、组织多层次的培训交流学习、搭建网络学习园地、情况通报等形式，帮助委员知情明政；完善活动机制，以专委会为依托，分界别或活动小组开展调研、视察和对口协商等活动，促进委员认真履职；完善激励机制，通过制度奖励和宣传激励，激发委员履职热情；开展走访委员活动，加强沟通联系，引导全体委员践行“爱遂昌、勤学习、善思考、有责任、讲奉献”的履职理念，共同塑造政协队伍良好形象。

*树立创新意识，提升服务水平。*切实加强工作计划性，全会后及时确定了年度重点工作安排，并实行项目化管理，明确分管领导、责任专委会及完成时限。同时，讲求灵活性，根据党政阶段性工作重点，适时调整工作安排，认真完成党委点题任务，提高履职的针对性和实效性。及时梳理重要会议讨论情况，坚持政协全会讨论记录整理专报、探索开展政协常委会会议专报、专题会议纪要专报。严格执行中央八项规定、省委六个严禁和县委纪律作风有关要求，改进机关工作作风，加强统筹协调和密切配合，不断提高服务和保障水平。

*加强宣传工作，扩大政协影响。*加强与《联谊报》、县广播电视台、《钱瓯遂昌》等媒体的沟通联系，充分利用《遂昌政协》简报、政协网站等阵地，全面反映政协履职成果和特色工作，报道委员立足岗位、认真履职，积极投身经济社会各方面建设的风采，进一步扩大政协工作的社会影响力。

各位委员，过去一年，县政协工作取得了较好的成绩，这是县委正确领导、县人大和县政府及社会各界大力支持的结果，是全体政协委员、政协各参加单位共同努力的结果。在此，我代表县政协常委会，向关心、支持政协工作，为政协事业发展做出贡献的同志们、朋友们表示衷心的感谢并致以崇高的敬意！

肯定成绩的同时也清醒地看到，与党的要求和群众的期望相比，我们的工作还存在许多不足。主要是履职制度和机制还不够健全，推进协商民主的形式和举措还不够丰富，委员的界别作用有待进一步发挥，反映社情民意工作有待加强，政协机关的服务保障水平还需进一步提升等。这些问题有待于在今后的工作中进一步加以解决。

2014年工作思路

2014年是贯彻落实十八届三中全会精神、全面深化改革的开局之年，也是全面完成“十二五”规划至关重要的一年。我们要以科学发展观为指导，紧紧围绕县委十四届七次全会提出的目标，善谋良策、多做实事、增添“正能量”，加强履职创新，增强履职成效，为加快建设“生态良好、生产发展、生活富裕”的山区科学发展示范区发挥积极作用。

一、深入学习贯彻党的十八届三中全会精神，切实增强做好政协工作的责任感和使命感

十八届三中全会指出，协商民主是我国社会主义民主政治的特有形式和独特优势，是党的群众路线在政治领域的重要体现。提出要推进协商民主广泛多层制度化发展，发挥人民政协作为协商民主重要渠道作用。十八届三中全会作出这一重大战略决策，对于我们增强自觉自信，健全协商民主制度，推进政协事业发展，具有极其重大的指导意义。我们要把学习贯彻十八届三中全会精神作为当前和今后一个时期的重要政治任务来抓，积极开展主题鲜明、形式多样的学习活动，在深刻领会科学内涵，联系实际推动工作上下功夫，牢牢把握政协工作的政治方向，增强做好政协工作的使命感，引导政协参加单位和政协委员融入县域深化改革的大局中，树立“遂昌不会落后，因为有我”的责任感，认真履职，积极作为，多做贡献。

二、发挥协商民主重要渠道作用，助推县域

全面深化改革的新实践

按照县委十四届七次全会提出的“坚持绿水青山就是金山银山，加快建设山区科学发展示范区”的奋斗目标，充分发挥政协作为协商民主重要渠道作用，团结各党派团体和各界人士主动融入我县经济社会全面深化改革的大局中，积极参政议政，以实际行动发挥政协协商民主在助推全局工作中的重要作用。遵循“目标强县富民、空间东进西拓、产业扬长补短、民生与时俱进、社会和谐幸福、发展科学持续”的战略路径，将助推深化改革这一主题贯彻落实到政协工作的各个环节，围绕“五美共建”“五水共治”，精心选择课题，深入调查研究，善谋良策，提精建议，为县委、县政府科学决策提供有价值的参考意见。围绕“执行力锻造年”，加大民主监督力度，通过对重点领域、重大项目、民生实事推进情况进行视察、听取情况通报，配合做好帮办、督办工作，助推党政重要决策、重点工作的落实和推进。深化提案工作，加强日常指导，扩大提案源头数量，严格审查把关，确保提案质量；发挥领导领办督办、承办单位的主体作用，加强跟踪督办服务，切实提高提案办理质量和发挥好政协委员的“话语权”。

三、发挥独特优势，为营造和谐氛围增添正能量

充分发挥政协联系各界的优势，广泛宣传加快建设山区科学发展示范区的目标取向、重要任务和具体举措，切实把各党派团体和各界人士的思想、行动、智慧统一到县委、县政府的决策部署上来，为经济发展和社会和谐增加“正能量”。加强与党派团体和无党派人士的联系与合作，积极营造“知无不言、言无不尽”的民主氛围。进一步发挥专委会基础作用，突出界别意识，加强界别工作指导，开展界别与职能部门的对口协商，通过界别及其委员的履职，反映界别声音，扩大公民有序政治参与。加强社情民意工作，引导委员深入了解人民群众的新期盼和新需要，及时反映改革进程中出现的新矛盾和新问题，促使各项改革更加科学合理，更加体现民心民意，为县委、县政府决策部署凝聚最广泛的群众基础。创设平台，充分发挥驻遂省、市政协委员的作用，在更高层面上为县域发展鼓与呼。继续加强与在外遂昌籍知名人士的联络，从不同渠道为县域发展献智出力，支持家乡建设。发挥委员专业特长，组织委员进社区、入乡村，开展送文化、送科技、送医疗下乡，举办法律、卫生、农业科技知识讲座等活动，积极服务基层、服务群众。

四、以一线作风加强履职创新，不断开创政协工作新局面

要按照十八届三中全会及全省政协工作会议精神，树立“一线”意识，勇于改革创新，不断开创政协工作新局面。要总结政协工作的有效经验，健全协商体制机制，规范专题协商、对口协商、界别协商、提案办理协商的内容、程序、载体，增强协商密度，提高协商成效。积极探索民主监督的方法和形式，进一步发挥民主监督的作用。健全委员履职的学习、管理、激励、反馈等服务机制，不断拓展委员履职平台；加强委员走访联络，密切政协组织与委员之间的联系，营造良好的履职氛围。以开展党的群众路线教育实践活动为契机，全面深化政协机关思想政治、作风、制度和组织建设，进一步提高政协机关的服务水平和保障能力。

各位委员，站在全面深化改革的新起点上，政协必将迎来更为广阔的履职空间。让我们以党的十八大和十八届三中全会精神为引领，在中共遂昌县委的领导下，解放思想、振奋精神、凝心聚力、奋发有为，不断开创政协工作的新局面，为加快建设山区科学发展示范区做出更大的贡献！

专　　记

“三改一拆”专项行动

【概况】2013年，遂昌县强势推进“三改一拆”专项行动，按照“拆出发展新空间，改出城市新形象”目标要求，围绕“违章建筑拆除、‘两违’查处、重点区域集中整治、‘无违建’县创建”四个方面工作重点，突出“加强领导、全民参与、拆改同步、健全机制、创新方法”五项工作举措，以抓铁有痕、踏石留印的力度，全面推行网格化管理模式，全力打好“三改一拆”攻坚战，为创建“无违建”县迈出了坚实的步伐。

【“三改一拆”任务超额完成】4月，对全县“两违”情况进行网格化清查、地毯式排摸，建立了翔实完备的基础信息数据库。5月，通过“万方拆违”、“双万拆违”、重点点位拆违等专项行动，先后开展市政园林处、老制刷厂、古院区块、钓鱼岭点、老火柴厂、水阁区块、公园路桥头、龙谷路延伸段、南尖岩、金岸马路市场等20多次专项拆违行动。同时，对行政事业公营单位“两违”情况进行分类处置，第一批2012年1月6日后抢建的违法建筑进行集中拆除。

蔡源乡、柘岱口乡于9月先后完成三年“一拆”确保任务、力争任务。因部署周密、方法得当、措施有力，遂昌县于5月18日在全市率先完成年度拆违力争10万平方米的任务，于11月19日在全市率先完成三年“一拆”40万平方米、“三改”55万平方米的总任务，赢得先机。至12月底，全县的拆违面积累计达到67.68万平方米，完成市下达三年任务的169.21%，列全市第一，“三改”总面积119.7万平方米。

【“两违”案件查处取得突破】遂昌县以“三改一拆”为契机，从住宅类“两违”查处入手，落实长效管理，做到治旧控新。年初，县政府把“‘两违’查处率低于80%的单位将一票否决”列入责任状，强势推进“两违”查处。县“三改一拆”办下发专门文件，成立由县“三改一拆”办、国土、建设、乡镇（街道）等部门组成的联合工作组，倒排进度，共同推进“两违”查处工作。11月底，针对各乡镇查处工作不平衡情况，县“三改一拆”办组织督查组，深入各乡镇专项督查，督促靠后乡镇切实加快进度。至12月底，住宅类“两违”查处2291宗，总进度89.47%，20个乡镇（街道）查处率均达到80%以上，收缴处罚款1423.46万元，“两违”查处工作取得了突破性进展。特别是12月底，对群众反响强烈、违建面积大的两宗典型违建进行了处置。对云峰街道张某户违建采取没收回购，予以公示，该户共需交纳金额177万多元；对王村口镇石笋头村韦某户违建采取拆除部分违建加没收回购的办法，为确保拆违工作万无一失，还特聘请温州专业拆违公司实施。

【重点区域整治基本到位】全县梳理了一批重点区域集中整治对象，明确以各乡镇（街道）为责任主体，县国土、建设等部门与乡镇（街道）加强配合、齐抓共管，形成合力。同时，结合“六边三化三美”“双清”“无违建县”创建等行动，坚持与交通治堵、洁净乡村建设、历史文化村落保护利用和重点功能区块开发等工作紧密结合起来，相互推动、相互促进。全县依法拆除涉河违章建筑6018平方米，落实河道保洁总长1996千米，清除河障、种植物等1.2万立方米；拆除公路沿线广告牌73块、计4700多平方米，拆除公路沿线违章建筑8000多平方米。石练、大柘、云峰、蔡源等乡镇对主要街道的乱搭乱建全面清场，为集镇建设腾出空间；云峰大顺小区违章建筑拆除后土地拍出1.3万元/平方米，土地价值大大提升。通过各乡镇（街道）重点区域集中整治，逐步实现全县“河道更加美丽、公路更加通畅、景区更加有序、民生更多实惠”的目标。

【“无违建”县创建全面启动】遂昌在调研的基础上制定了《遂昌县创建“无违建县”工作实施方案》，指导全县工作。9月，省政府顾问王建满到遂昌调研指导“无违建”创建工作，对遂昌县工作给予肯定。县主要领导多次到创建试点乡镇蔡源、焦滩等乡镇调研指导工作，召开相关部门会议研究部署工作。县政协组织委员视察监督“无违建”县创建工作，进一步形成社会合力。县“三改一拆”办加强对蔡源、焦滩等乡镇创建工作的指导和督查，同时，联合国土、建设、林业、农业、农办等部门，想方设法破解创建工作中遇到的规划与建设难统一、土地指标紧缺与农民建房刚性需求矛盾等五大疑难问题。

【全社会参与，形成工作合力】建立县、乡镇（街道）、村（社区）三级网格管理模式。一是领导重视，亲力亲为。县委书记、县长深入“三改一拆”办、乡镇（街道）、社区调研，召集“三改一拆”相关会议，研究部署工作，多次对“三改一拆”作出重要批示；分管副县长亲临重点区域拆违现场，坐镇指挥；副县以上领导定期到乡镇（街道）、社区调研督导“三改一拆”工作。二是督查严厉，机制保障。两办下发了《关于组织开展“三改一拆”工作专项督查的通知》。根据文件要求，县领导、各部门经常对各乡镇（街道）、工业园区“三改一拆”工作开展督查指导工作。同时，“三改一拆”工作列入全县重点工作综合督查内容。三是加强协作，齐抓共管。出台了《遂昌县查处违法建设部门联动工作制度》，明确各部门职责，形成推进合力。组织、宣传、纪委、国土、建设、公安、水利、交通、电力等部门在有效制止和查处违法建筑行为、大型拆除违章建筑活动过程中，积极主动配合县“三改一拆”办，合力推进了全县“三改一拆”工作的开展。

【立体式宣传，营造舆论声势】新闻媒体在重要版面和时段开设“‘三改一拆’在行动”专题专栏，形成了覆盖电视、报纸、网络、短信、简报、宣传窗、农民信箱等七大平台立体式宣传格局，着力营造浓厚的舆论氛围。至12月底，县电视台共播出160条相关新闻，其中116条被市台录用；报社在《钱瓯遂昌》上共发出稿件图片168篇，其中41篇被市级报刊录用。同时，开设了《他山之石》栏目，对兄弟县市在“三改一拆”工作中积累的先进经验、典型做法进行宣传报道。利用标语、横幅、宣传车等进行广泛宣传，在县城主要街道悬挂横幅174条。全年“三改一拆”工作制作了宣传册2本、专题宣传橱窗1期和专题片14个，编发工作简报37期，制作展板8块。

【拆改建同步，统筹协调推进】坚持“拆、改、建”并重，注重“拆、管、用”结合，及时制定改建方案，以拆带建、优化空间。遂昌县利用拆后土地，建成市政园林处、老制刷厂、司法局后面、北街农办后面等9个停车场，新增停车位297个。这一做法被省简报宣传报道（第57期）。老火柴厂拆除后及时改建成农贸市场，于10月初投入使用。南溪东侧旧厂区改造、全民健身中心、妙高街道古院村城中村改造等项目全面实施。各乡镇（街道）也及时对拆除后的空地充分利用，及时改造成休闲公园、健身场地、农贸市场等惠民设施，真正做到拆改成果由人民共享。

【全方位管理，健全保障机制】成立了以县长为组长的“三改一拆”行动领导小组，下设办公室。各乡镇（街道）、工业园区、相关部门也及时成立领导小组。制定出台《遂昌县组织开展“三改一拆”三年行动实施方案》《遂昌县拆除违法建筑专项行动工作方案》《遂昌县“三改一拆”行动违法用地违法建设行为处理实施意见（代拟稿）》《遂昌县旧厂区、旧住宅区、城中村改造具体措施》《遂昌县“两违”查处工作指导意见》等相关文件。从各部门抽调精干人员80多人，经整合，有50多名抽调人员合署办公。并及时拨付100万元工作经费。制定出台了《遂昌县“三改一拆”工作领导联系督导制度》《关于严明全县“三改一拆”工作纪律的通知》《关于印发违反“三改一拆”工作纪律预警约谈办法的通知》等文件。

【多举措创新，力求工作实效】遂昌县想方设法出实招、亮新法，力求工作取得实效。如：将行政事业单位人员考录、干部提拔、村级组织换届选举等工作与落实“三改一拆”情况挂钩；组织全县乡镇（街道）干部进行“三改一拆”应知应会考试；将全县7000多名财政供养人员的房产情况到7个社区进行公示，接受群众监督；编写《遂昌县“三改一拆”行动社会稳定风险评估报告》，并要求各乡镇在实施重大拆违行动时制定风险评估报告，从源头上预防和减少影响社会稳定的各种不利因素；部分乡镇将“三改一拆”工作落实情况直接纳入到对村集体和村干部的年度考评中，排名靠前的村在下一年项目申报中给予优先考虑；在违法建设堵塞消防通道区块举行了一场“失败”的消防演习，并对因违法建设堵塞消防通道而延误了火灾扑救时机危及人民生命财产安全进行警示报道；对全县部分违建点、违建户进行媒体曝光。通过这些正反典型的树立，警醒市民，引导督促违建户自主拆违，取得了良好效果。

（“三改一拆”行动领导小组办公室）

便民服务中心标准化建设

工作背景

全面推进乡镇、村级便民服务中心建设，是浙江顺应时代要求、回应人民呼声、满足群众需要的创新工程，也是浙江从实际出发，加强和创新社会管理的一项重大举措。

浙江省纪委2011年下发了《关于进一步加强村级便民服务中心建设的实施意见》，提出要把行政管理、行政审批、行政服务延伸到基层，进一步建立完善省、市、县、乡镇、村五级便民服务网络体系的要求。

遂昌县域人群集聚点较为分散，尤其是农民进城或是到乡镇办事成本较高。原有的一些村级便民服务中心，受村级集体经济整体较差、村干部待遇普遍偏低等因素的制约，未能发挥应有作用。且原有的乡镇、村级便民服务中心主要是以行政审批服务类为主，服务内容较为单一。随着农村生活水平的提高，农民对生活保障和经济发展观念的转变，对商业类服务的需求越来越大，对信息化普及的意愿越来越强。为此，需要标准化来规范便民服务中心的建设，也需要一套行之有效的标准化方法来指导便民服务工作的开展。

主要成效

1．遂昌县引入先进质量管理的理念来加强便民服务中心标准化管理，提高服务标准化水平，充分发挥标准化在管理、提高服务效能方面的作用。制定《便民服务中心服务规范》地方标准，对便民服务中心的办事流程等进行规范。对服务对象、服务事项、服务模式、服务机制、职能职责、服务礼仪、组织实施等提出具体要求，并对信息查询、网上服务、场所安全、保密工作、卫生健康、应急预案等作出相关规定，使服务过程中的各个环节、各种事项均能得到有效控制。标准规范的发布实施，有助于提高服务人员素质，提升服务质量，

2．梳理乡镇、村便民服务中心首问负责制、服务承诺制等原有的17项制度，将《便民服务中心设置导则》《便民服务中心服务规范》两个地方标准规范和上级文件的要求具体化，制定《便民服务中心绩效评价》。采取百分制的形式，由评价机构对

便民服务中心的工作人员和管理人员进行绩效评价。此举有助于规范化管理，充分调动便民服务中心工作人员的积极性，形成良性激励和奋发向上的工作氛围。

3. 制定《便民服务中心标准体系表》，对全县便民服务中心进行全面的、系统的、完整的规范。该标准体系以服务质量标准体系为核心，包括服务管理标准体系和服务工作标准体系。其内容涵盖便民服务中心的服务质量、服务管理、服务工作要求等全部现有的和将来需完善的标准和制度。

4. 制定《便民服务中心管理手册》，从管理、服务各方面规定便民服务中心标准化管理机构设置、职权、标准化方针、质量目标以及中心管理的各项事务规定，包含了47个制度，使全县便民服务中心的管理、服务等各项职能逐步实现标准化、程序化、制度化、科学化。

5. 制定《村级便民服务中心服务指南》，确定便民服务中心的服务规程、服务索引和138项服务事项的项目名称、受理机构、项目类型、服务对象、办理时限、收费情况、设立依据、受理条件、材料明细、办理流程、流程图、受理地点、联系人、联系电话以及接待时间、网上受理、结果查询、监督投诉、表格下载等，是便民服务中心为群众依法办理、代办和导办行政服务、公共服务、公共资源交易等服务事项的具体作业指导书。

6. 按示范型、标准型和简易型三级，对照标准要求建设和改进全县各乡镇、村便民服务中心，实现组织到位率100%，项目整合 100%，项目公开率100%，项目办结率 90%，人员培训率100%，群众满意率95%。示范型便民服务中心软硬件条件和运行质量标准化率达100%以上，标准型村级便民服务中心不少于行政村总数的65%（包含示范型），简易型村级便民服务中心不超过行政村总数的35%。

7. 全县有32个村建立了标准化的政企共建便民服务中心。2012年5月，全市便民服务中心标准化现场推进会在遂昌县召开。2013年，遂昌便民服务中心标准化工作在全市推广。政企共建模式让遂昌县村级便民服务中心标准化建设走在了全省前列，县监察局、县质量协会和遂昌县嘉言民生事务服务管理有限公司成为《社区便民服务中心》国家标准的主要起草单位。

关键创新

遂昌县引入的实行公司化运作的第三方综合型服务机构，借鉴国际惯用的BOT合作模式，将原有的村级便民服务中心融入商业性，由第三方合作运营，专业的服务、信息通信技术与实体服务平台的融合，逐步改变农村的生产、生活、学习、工作的方式，推动了社会形态的变革，形成一套新的社会管理体系，具有知识社会条件下以人为本的创新2.0模式的典型特征，是一项重大的社会管理创新。其创新点可从以下几个方面来解读：

1. 创新扩散。以第三方代理模式运营，起用政府已在试点行政村布局投入的基础设施和人员，注入政企共建模式的力量，商业化需求形成倒逼机制，加速完善政府规定的行政类服务事项建设。专业机构融合使公共服务职业化，职业化的专业服务更全面、更细致、更有效、更便民、更惠民。运营机构形成以县级便民服务中心为龙头，乡镇便民服务中心为枢纽，村级便民服务中心为窗口，专职代办员（民情联络员）为触角的“四位一体树型网格化体系”，从而实现“民事不出村，村事不出乡（镇）”的工作格局。其本质与“枫桥经验”一脉相承，这是“基层为主、三级联动”的综合管理和居民服务网格化新模式在村级便民服务中心标准化建设中的具体应用与创新扩散。

2. 机制创新。政企共建模式推动了机制创新，遂昌县建立《遂昌县“政企共建”村级便民服务中心工作联席会议制度》，成立《遂昌县“政企共建”村级便民服务中心工作指导团》，制定了《遂昌县“政企共建”村级便民服务中心运营机构准入制度（试行）》《遂昌县村级便民服务中心“政企共建”服务项目准入制度（试行）》，确立了运营机构和服务事项的准入原则、准入要求、准入程序、入驻流程、监督检查和退出机制等。

3．管理创新。便民服务中心标准化建设推动了管理创新，遂昌县在全省首先发布实施了《便民服务中心设置导则》《便民服务中心服务规范》《便民服务中心绩效评价》《便民服务中心标准体系表》《便民服务中心管理手册》《便民服务中心服务指南》等系列地方标准规范，其中《便民服务中心设置导则》《便民服务中心服务规范》《便民服务中心绩效评价》已在遂昌标准的基础上上升为市级标准，同时积极审报国家标准立项，县监察局、县质量协会和遂昌县嘉言民生事务服务管理有限公司成为《社区便民服务中心》国家标准的主要起草单位。

4．制度创新。政企共建的营运机构一方面按准入制度获得政府授权，另一方面与村两委签订共建协议，政府部门和村两委以委托代理、代办的形式将具体工作和业务交与政企共建的村便民服务中心来完成，这就确立了政企共建的村便民服务中心是政府指导、支持和帮助村民委员会工作的桥梁与纽带，同时政企共建的村便民服务中心又是村民自治、自我服务和反映社情民意的重要平台和通道，从而实现上传下达的功能，协调了“行政”与“自治”的关系。

（质监局）

农村文化礼堂建设

2013年，全县24个农村文化礼堂全面完工并投入使用（其中15个为省级重点农村文化礼堂），有效提升了全县农村宣传思想文化建设水平。

强化组织引导

一是强化顶层设计。年初全省宣传思想工作会议后，宣传部第一时间向党政领导汇报，并在县委常委会上传达了会议精神，将农村文化礼堂建设作为宣传部2013年宣传思想工作的最重要任务。在“全省农村文化礼堂建设工作现场会”召开后，宣传部再次在县委常委会上作专题汇报。县长何卫宁主动提出当任农村文化礼堂建设工作领导小组的组长，成为全省首个由县长担任组长的县。领导小组由县长任组长，县委常委、宣传部部长任常务副组长，分管副县长任副组长，宣传部、文广出版局、财政局等20多家相关单位一把手为成员。

二是抓好责任落实。出台《遂昌县农村文化礼堂实施方案》，制定《遂昌县农村文化礼堂建设任务分解》，层层分解责任。实行一把手负责制，各乡镇（街道）、各建设村均成立文化礼堂建设小组，层层签订目标责任书，形成一级抓一级，层层抓落实的良好局面。

三是做好宣传引导。县广播电视台、《钱瓯遂昌》、遂昌新闻网、遂昌政府网开设农村文化礼堂建设专题，解读相关文件精神。县里将文化礼堂相关文件作为5月的干部夜学资料，下发至各单位、乡镇，供全县干部学习。组织宣传、文化等部门人员深入镇村调研，提起各村建设的热情，解除村干部的后顾之忧。

统筹规划部署

早早部署，有步调。一是调查摸底启动早。年初全省宣传思想工作会议后，就着手对县内农村文化活动场地进行调查摸底。全县203个行政村中保留完整的大会堂、影剧院、祠堂等活动场所146个，面积约8.6万平方米，其中43个场地条件较好。根据调查结果，科学规划文化礼堂建设方案，确定了“试点先行，示范带动，全面推进”的建设思路。二是设计方案介入早。确定本年的文化礼堂建设村后，迅速组织各建设村的两委负责人前往临安等地考察,学习先进县市区的建设经验。同时下发了《遂昌县农村文化礼堂建设工作前期收集资料》的提示，部署开展相关资料的收集工作。各镇村制定文化礼堂设计方案，做到一村一方案。宣传部3次组织专家指导团成员召开文化礼堂设计方案评审会。三是队伍组建培训早。组织实施“村村有业余文化员”培训工程。7月，第一期农村文化礼堂管理班开班，58名学员成为遂昌县首批农村文化礼堂的管理员。成立农村文化礼堂宣讲员、指导员和农村文化志愿者队伍（即“三员一队伍”）等多支与文化礼堂建设相关的农村文化队伍。所有人员都有详细的资料登记，同时颁发证书或聘书。四是设施建设完工早。6月底，四个农村文化礼堂示范点建设完工；7月1日县召开全县农村文化礼堂建设工作推进会；7月20日，全市第三次农村文化礼堂建设工作推进会在遂昌召开，全市共60多人参观考察了遂昌的4个示范点；9月底，15个省级重点农村文化礼堂全面完工，其中新建1个，扩建3个，改建11个，礼堂面积6100平方米，讲堂面积1200平方米。五是自评自查验收早。9月初，县里便开始着手准备文化礼堂的验收工作，组织县级自评自查验收。

条条梳理，有规划。一是走资源整合的路子。场地实施方面，注重因地制宜，充分利用农村现有文化设施、场地，通过对原有会堂、教室、祠堂等加以改建、扩建，秉承“一堂多能、一室多用”的原则，提高村级文化场所和设施的综合利用效率；资金投入方面，采用“四个一点”方式（上级支持一点、县财政安排一点、镇村自筹一点、结对单位帮扶一点），融合纪委便民服务中心项目、农办特扶项目、一事一议项目，送健身器材下乡，生态文明村创建等项目，切实提高有限资金的使用效益。县委、县政府核拨了100万元作为农村文化礼堂的建设启动资金。在人才配备方面，成立专家指导团，全程指导各个行政村文化礼堂的设施建设、展陈和活动开展。二是走分步实施的路子。确定了“1·4·10”行动方案。“1”为一个综合示范点：石练淤溪村农村文化礼堂综合示范点；“4”为四个特色示范村：以畲族文化为特色的三仁畲族乡坑口村，以古民居、古建筑宗祠改建的焦滩乡独山村，以民俗文化为特色的大柘镇大田村，以春泥计划为特色的妙高街道东峰村四个文化礼堂建设村；“10”为十个省级农村文化礼堂建设村。三是走制度引导的路子。从“建、管、用”三个角度抓制度、抓机制建设，出台了《遂昌县农村文化礼堂建设实施方案》《全县农村文化礼堂建设宣传方案》，印制《农村文化礼堂活动记录本》，成立了宣传部联系农村文化礼堂建设工作制度，建立了工作联系群来推动设施建设，各个农村文化礼堂则制定了管理制度。

层层推动，有故事。一是各部门积极配合。在开展农村文化礼堂建设以来，农办、水利等部门主动将项目整合进农村文化礼堂项目中。各文明单位积极参与春泥书库的创建，市级以上文明单位为文化礼堂建设村捐献5000元的图书。二是乡镇主动融入。乡镇干部每周至少一次到建设村指导建设工作，协助、指导做好政策处理、设施建设等工作。三是村干部热情高涨。三仁畲族乡坑口村村民主任项小华在脚受伤后，仍坚持坐轮椅、拄拐杖上工地督促文化礼堂建设；妙高街道东峰村村干部轮流在工地蹲点，仅用三个月时间便完成了旧会堂、老房子的推倒、重建工作，完成了展示内容的挖掘、设计蓝本编制工作，完成了廊桥的建设等，体现了“东峰速度”。四是社会团体广泛影响。县文联、美术协会、县社科联等协会成员志愿加入农村文化礼堂指导团。贯休书画院捐赠6幅画给焦滩乡独山村文化礼堂作为内部装饰；丽水市文化馆组织作曲、作词爱好者到遂昌各农村文化礼堂采风，并为每个村创作村歌。五是农村群众积极参与。许多村的文化礼堂采用“美丽乡村大家建”的模式来建设，群众参与其中，提升了他们对文化礼堂的认同感。北界镇淤弓村，在支部书记华朝华的带领下，自筹资金启动文化礼堂建设。石练镇淤溪村90余名党员义务劳动，在“七一”前夕清理农村文化礼堂场地，为全县农村文化礼堂推进会的顺利召开“扫除障碍”。

突出乡村特色

一是在“礼”字上下功夫，突出礼仪活动的感化作用。充分挖掘遂昌传统文化和民俗礼仪的教育作用，在文化礼堂开展各类礼仪活动，做到以礼育人、以礼待人。编制《遂昌县农村文化礼堂活动操作手册》，制定《送军礼》《学子礼》《孝老礼》《成人礼》《新春礼》《婚礼》6种礼仪文化活动规范流程。在2014年征兵送兵期间，柘岱口

乡尹家村、蔡源乡蔡和村等文化礼堂开展的送军礼，树立了参军光荣的理念；重阳节期间，各文化礼堂隆重开展了重阳敬老礼活动。

二是在“德”字上下功夫，突出道德实践教化作用。开展“中国梦”农村文化礼堂巡讲活动，组织县委“中国梦”宣讲团赴各农村文化礼堂开展15场专题巡讲，受教育群众1万多人。同时以移风易俗为重点，深入开展乡风评议活动，着力解决各村社会风气中存在的突出问题，积极培育健康文明的农村新风尚。

三是在“文”字上下功夫，突出文化活动的熏陶作用。突出“孝道”文化，北界镇淤弓村借助文化礼堂建设孝老亭，创建孝老基金，设立孝老长廊，传递孝老文化，长寿榜、孝道榜成为各礼堂长廊的标配；突出“洁净”文化，将几年来“微笑遂昌、洁净乡村”成果作为文化礼堂展示的重点内容进行展示。黄沙腰镇大洞源村、三仁乡小忠村、高坪乡石坪村纷纷组织垃圾分类培训等活动；突出“节庆”文化，石练镇淤溪村文化礼堂秉承“班春劝农”、“昆曲十番”两国遗传承特色，7月秋赛会活动热闹非凡；结合婺剧促进会送婺剧下乡活动及组织部远教影院设置，为每个村配备安装了投影仪等设备，推动乡村影院进礼堂；政府、协会、社团共同推动天天乐广场舞活动进礼堂，大洞源村广场舞健身队从无到有；突出“乡土”文化，大柘镇大田村温泉养生文化、云峰街道长濂村大明文化、濂竹乡治岭头村的黄金文化等，将遂昌丰富的旅游文化元素融入文化礼堂，打造“五行遂昌，一诺千金”的文化礼堂特色品牌；开展“中国梦”、党的十八届三中全会农村文化礼堂巡讲活动，妙高街道东峰村组织了“中国梦·我的梦”演讲比赛活动；12月30日至31日，在县城影剧院组织开展了“农村文化进县城暨百名最美遂昌人表彰文艺晚会”，每个文化礼堂都选送了节目在晚会上演出，农村文化走出了村庄，走进了县城。

四是在“常”字上下功夫，突出文化礼仪活动正常化。按照“群众文化天天有、礼仪活动月月新”的思路，突出文化礼堂的管理，整合农村各类文化活动资源进文化礼堂，促进农村文化礼仪活动的正常化，文化礼堂成为农村群众人气最集聚地方。三仁畲族乡坑口村文化礼堂的天天乐广场舞组建以来，不仅吸引了本村的农民群众，连附近的大觉村、高碧街村的群众都在晚饭后向坑口村聚集。黄沙腰镇大洞源村自从文化礼堂建好后，文化队伍从无到有，现有一支乐器演奏队，一支广场舞健身队，许多人从麻将桌走向广场舞，连八十多岁的老太太也跟风上去秀一把“年轻”。新路湾大马埠村老年人、中年人、小孩们每天傍晚在农村文化礼堂内同台跳广场舞，其乐融融。春节和元宵节期间，各农村文化礼堂内举办的各类晚会和活动绝大部分为农村群众自导自演，仅各村的演员和志愿者就有2400余人，观众1.5万余人。（宣传部）

“特色中国·遂昌馆”淘宝网上线

【概况】2013年，遂昌县有网商1500多家，电子商务从业人员超过6000人，实现电子商务网上零售总额3亿多元。电子商务的发展，带动了大批中小微企业和农民专业合作社的发展，形成了一个以网店协会为平台，以政府部门为后盾，联结网商、供应商以及第三方服务机构合作共赢的电子商务生态圈。遂昌县被全国媒体誉为“淘宝县”，被业内专家学者称为中国农村电子商务发展“遂昌模式”。2012年第九届阿里巴巴全球网商大会上，遂昌获“最佳网商城镇奖”。2013年，被列入浙江省首批农村电子商务发展示范县。

【明晰定位、全力扶持】遂昌县委、县政府认识到电子商务产业在未来经济发展中所处的地位和推动总体经济发展将起到重要作用，把电子商务产业定位为战略性新兴产业和促进百姓增收的载体，在政策、土地、资金等各方面给予大力扶持。县政府出台《遂昌县加快农村电子商务发展实施意见》和《遂昌县农村电子商务发展中长期规划》，每年安排不少于200万元资金支持产业发展。党政领导的高度重视和浓厚的电商创业氛围，更加坚定了企业和个人发展电子商务的信心，促使更多优秀人才和中小企业投身电子商务产业。

【凝聚力量、抱团发展】 2010年3月，遂昌团县委、经济商务局等部门发起，相关企业和网商联合成立丽水市第一个网店协会，为遂昌农村电子商务发展提供了良好的平台。遂昌县网店协会作为纯民间的行业组织，通过提供公共服务来凝聚会员，为会员提供免费、高效、有价值提升空间的服务，团结了一大批网商、供应商、服务商。协会推出“七统一”运营服务模式（统一开店培训、统一采购、统一仓储、统一配送、统一物流、统一包装物料、统一服务），极大降低了开网店的门槛和风险，实现了从“单兵作战”到“抱团作战”的转变。

【创新模式、合作共赢】 2012年，遂昌县与阿里巴巴淘宝网签订战略合作协议。2013年1月8日，全国首个县级馆“特色中国•遂昌馆”开馆，之后，首部农产品电子商务白皮书在遂昌发布、全国最大的生鲜购买活动“放心聚土猪节”和“春茶节”等活动的开展，打响了遂昌电子商务品牌，扩大了遂昌县电子商务在全国的影响力和话语权。

【立足生态、拓展生鲜】 遂昌地处电子商务最发达的长三角地区，独特的地理特性、生态环境和产业结构，决定了网络销售中生态农产品占据着重要地位。通过遂昌县前期与淘宝网的合作，双方都在摸索生鲜产品的销售模式，积累了大量经验，尤其是电子商务“遂昌模式”，即C2B2C中的品控体系得到了各级政府和专家学者及客户的充分认可，为遂昌电子商务以农产品销售为突破口，带动整个产业快速发展奠定了基础。

【开馆仪式】 1月8日，遂昌县举行淘宝网“特色中国·遂昌馆”开馆仪式，标志着全国首个县级特色馆在淘宝网正式上线。农业部信息中心副主任吴秀媛，国家信息化专家咨询委员会委员方瑜，丽水市副市长陈重，遂昌县领导杜兴林、何卫宁、毛建华、尹建中等，阿里巴巴集团高级副总裁梁春晓、副总裁俞思瑛，淘宝网“中国特色”合作商，部分高校专家学者，省内外媒体记者，遂昌网商代表、供应商代表等参加了开馆盛典。

淘宝网“特色中国·遂昌馆”是遂昌县与阿里巴巴集团淘宝网战略合作项目，通过网上遂昌特产特色馆，展现和推介遂昌烤薯、竹炭花生、即食笋、菊米等遂昌本土美食，同时推介遂昌金矿国家矿山公园、南尖岩、神龙谷等旅游产品，推介诚信安全优质的原生态农产品和健康快乐休闲的旅游文化产品。

遂昌县委书记杜兴林在仪式上致辞，代表县委县政府对遂昌馆的正式上线表示祝贺。遂昌将努力践行“一诺千金”承诺，将“遂昌馆”打造成为淘宝网最安心、最舒心的购物平台。力争用3年时间建成丽水市最大的农特产品电子交易平台，5年内成为浙西南地区最大农特产品电子交易平台，打响“淘宝第一县”品牌。丽水市副市长陈重和阿里巴巴集团副总裁俞思瑛先后致辞。

吴秀媛、陈重、杜兴林、何卫宁及阿里巴巴集团负责人、县网商代表共同开启“特色中国·遂昌馆”开馆上线启动球。

【中国农产品电子商务高峰论坛举行】 1月8日，中国农产品电子商务高峰论坛在遂昌县举行，出席淘宝网“特色中国·遂昌馆”开馆仪式的与会领导及专家学者，就农产品电子商务发展的话题展开讨论。遂昌县委书记杜兴林介绍遂昌县基本情况，并就农村电子商务在遂昌县的发展进行经验总结。从2005年开始，遂昌县电子商务从无到有，到全民参与，到2012年销售额突破1.5亿元，电子商务建设走在全国县级城市前列，农村电子商务的“遂昌模式”得到业内人士的普遍关注。高峰论坛上，政府、淘宝平台和专家等各方代表对农产品电子商务模式进行深入探讨。遂昌县委副书记、县长何卫宁在主题研讨中发言。

【遂昌馆建馆历程】 2010年3月，由政府牵头，多家企业、单位联合发起成立遂昌网店协会，系丽水市第一家网商组织。

2011年3月，遂昌县网店协会开出“麦特龙”特产仓储商城，专门收集农特产品。同年，遂昌县政府决定每年拿出不少于300万元的财政拨款，用来帮助全民创业，其中每年用于网上创业的资金不少于100万元。2011年9月，工行丽水分行与网店协会签署1000万元的授信贷款协议，以满足创业者的资金需求。2012年5月，遂昌和阿里巴巴集团淘宝网的战略合作签约，阿里巴巴将遂昌确定为农产品电商模式的首个试点地区。同年7月，淘宝网特邀《人民日报》海外版、《经济日报》、《北京商报》、《中国青年报》等新闻媒体记者到遂昌考察电子商务发展及网店协会模式。9月，在浙江省人民大会堂举行的网商大会颁奖典礼上，遂昌县获“最佳网商城镇奖”。10月，遂昌县网店协会举行“遂昌馆”建设誓师大会，组织人员前往杭州阿里巴巴总部，与项目组对接项目事宜。2013年1月，“特色中国·遂昌馆”开馆。（县府办）

大事记

1月

1月1日凌晨，遂昌籍萧山区消防大队市北中队战士尹智慧在执行灭火战斗中，不幸壮烈牺牲。3日，公安部批准尹智慧为烈士，并颁发献身国防金质纪念章；省公安厅追记尹智慧一等功，追认其为中共党员。4日，中共遂昌县委发文《关于开展向尹智慧烈士学习的决定》。6日，尹智慧烈士的骨灰被安葬在遂昌妙高山革命烈士陵园。

1月8日，遂昌县举行淘宝网“特色中国·遂昌馆”开馆仪式，标志着全国首个县级特色馆在淘宝网正式上线。

1月12日，遂昌县在沪举行“创业上海、情系家乡”投资推介会。

1月14日，遂昌县人民政府—浙江农林大学法人科技特派员工作推进会暨共建“山区科学发展示范区”签约仪式在浙江农林大学举行。

1月15日晚，由县委宣传部、县文广出版局主办的“永远飘扬的旗帜”——学习宣传党的十八大精神文艺晚会在县影剧院举行。

1月17日，县委第十四届五次全体（扩大）会议暨全县经济工作会议召开。会议深入学习和全面贯彻党的十八大及省委十三届二次会议、市委三届四次全会、县第十四次党代会精神，回顾去年以来的主要工作，认真总结遂昌县实施“经营山水、统筹城乡，全面建设长三角休闲旅游名城”发展战略和建设生态文明的实践，审议并通过《中共遂昌县委关于认真学习贯彻党的十八大精神加快推进山区科学发展示范区建设的决定》和《中共遂昌县委工作规则》。

1月17日，县政府召开第十五次常务会议。会议主要讨论《遂昌县城市文化综合体建设规模和功能调整方案》《遂昌县关于推进义务教育均衡发展的若干意见》《遂昌竹炭浙江区域名牌及标志推广使用监督管理办法（试行）》等议题。

1月19日，省委落实党风廉政责任制考核组到遂昌县，就落实党风廉政建设责任制进行检查。

1月25—31日，在浙江省第十二届人大第一次会议上，浙江元立集团董事长叶新华当选为浙江省出席第十二届全国人民代表大会代表。

1月28—29日，第三届中国县域经济发展高层论坛在北京人民大会堂举行。中共遂昌县委书记杜兴林和全国百位县(市、区)委书记应邀出席，并与国务院发展研究中心、农业部、商务部等部门领导、专家学者、企业家一道纵论新型城镇化发展的目标与路径。

1月，2012浙江农业农村十大新闻、十大新闻人物评选揭晓，遂昌县三仁畲族乡十三都村竹农包根基榜上有名。

1月，第三批“浙江省森林村庄”名单公布，遂昌县妙高街道仙岩村、垵口乡徐村村上榜。

1月，丽水市农办发文公布2012年度农家乐乡村休闲旅游工作考核结果，遂昌县荣获一等奖。

1月，省经信委授予遂昌县“新农村电气化县”称号。

1月，遂昌县城溪边路房屋

拆迁工作全面完成。此次被拆除的房屋占地面积约1700平方米，建筑面积约3700平方米。

2月

2月1日，县委书记杜兴林主持召开县委常委(扩大)会议，传达贯彻习近平总书记在十八届中央纪委二次全会的讲话及省“两会”精神。会议强调，要严格执行中央对腐败问题和建设廉洁政治的部署，将思想和行动统一到省“两会”确定的目标任务上来，切实改进作风，发扬敢担当、有激情、能负重、激情创业的“遂昌精神”，按照“目标强县富民、空间东进西拓、产业扬长补短、民生与时俱进、社会和谐幸福、发展科学持续”的战略思路，推动经济社会全面、协调、可持续发展。

2月1日，县政府召开第十六次常务会议。会议审议《遂昌县2013年固定资产投资计划》《遂昌县农村土地开发整理实施办法（修订）》，听取2013年县政府十件实事建议事项汇报。

2月16日，春节后上班第一天，副省长朱从玖到遂昌调研。

2月16日，韩国MBC电视台《共感！特别的世界》栏目摄制组一行4人来到遂昌，拍摄自然风光、人文风情、特色美食等专题。

2月18日，2013年春季遂昌人才交流暨劳务招聘现场会在平昌广场举行。

2月18—22日，在央视五套《健身状元榜》广场舞挑战赛中，遂昌“紫蝶踏歌健身队”经过激烈比拼，荣登状元榜。

2月19日，遂昌县召开全县干部大会，会议总结2012年工作和部署2013年工作。

2月19日，县政府召开第十七次常务会议，会议审议《关于遂昌县2012年国民经济和社会发展计划执行情况及2013年国民经济和社会发展计划（草案）报告》《遂昌县2012年财政预算执行情况及2013年财政预算（草案）报告》《遂昌县2013年财政预算（草案）》等。

2月24日23时40分许，龙丽高速遂昌境内(龙丽高速丽水方向87公里处)，一辆从武汉驶往温州苍南方向的大型客车和一辆货车发生追尾事故，致客车内共45名乘客不同程度受伤，其中3人重伤，所幸未发生人员死亡。接到事故报告后，县委书记杜兴林，县委副书记、县长何卫宁立即作出重要批示，要求公安、消防、卫生等部门和有关乡镇迅速开展事故处理，全力以赴做好抢救伤员工作，积极妥善做好伤员安抚和事故善后工作。遂昌县启动重大交通事故应急处置预案，高速交警和县公安、消防、卫生等部门第一时间到达现场开展施救和事故处置。

2月26日，受中央电视台军事农业频道农业节目邀请，遂昌县高坪乡和西畈乡举淤口村负责人赴贵州省黔西南州参加中国美丽乡村·万峰林峰会。

3月

3月3—7日，遂昌县政协八届二次会议在县城召开。会议通过政协第八届遂昌县委员会提案委员会关于县政协八届二次会议提案审查情况的报告和政协第八届遂昌县委员会第二次会议决议。

3月5—8日，遂昌县十五届人大二次会议在县城召开。大会表决通过了关于政府工作报告的决议，关于遂昌县2012年国民经济和社会发展计划执行情况、2013年国民经济和社会发展计划的决议，关于遂昌县2012年财政预算执行情况及2013年财政预算的决议，关于遂昌县人民代表大会常务委员会工作报告的决议，关于遂昌县人民法院工作报告的决议，关于遂昌县人民检察院工作报告的决议。

3月7日，省民政厅领导到遂昌县考评省级老龄工作示范县创建工作。遂昌县有60周岁以上老年人口40911人，占总人口数的17.6%；90周岁及以上老人740人。

3月9日，美国俄勒冈州立大学野生动物生态学教授、鸟类专家罗丹到遂昌县千佛山景区拍摄稀贵鸟种红头咬鹃，此行还拍摄到了丽星鹩鹛。丽星鹩鹛是全球性近危鸟种，省自然博物馆仅存1951年标本，已沉寂63

年。

3月14日，遂昌2013年首场春季旅游推介会在绍兴召开。

3月16—18日，遂昌县组团赴武汉参加了“浙江省丽水市—武汉高层次、高技能人才招聘会”，当场录用26人。

3月19日，遂昌县举行全国“贫困母亲两癌救助”中央专项彩票公益金发放仪式，为5名宫颈癌、乳腺癌患者每人发放“贫困母亲两癌救助专项基金”1万元。

3月21日，县政府召开第十八次常务会议，会议审议《关于提升发展农家乐乡村休闲旅游业的实施意见》《遂昌县农家乐管理办法》《关于农家乐综合体创建工作的实施意见》。

3月19—25日，美国ICN国际卫视《游在中国》栏目摄制组前来遂昌拍摄旅游专题片。本期遂昌旅游专题节目主要内容包括景区风光、特色美食、休闲乡村、人文风俗等，这是该栏目在浙江拍摄的第二期节目。

3月22日，丽水市委副书记、代市长黄志平一行到遂昌县考察调研低丘缓坡开发、企业发展状况等工作。

3月22日，来自台湾的60多名游客到遂昌体验“五行旅游”，该团是首个到遂昌旅游的台湾旅行团。

3月26日，由浙江省旅游局和《浙江日报》报业集团共同主办的“美丽浙江·旅游创新”论坛暨2012浙江旅游总评榜颁奖仪式在杭州举行。此次评选有2012浙江年度旅游发展十佳县（市、区）和旅游发展创新奖、年度旅游人物、年度旅游新闻、2012浙江游客最青睐的省外旅游目的地等多个项目。遂昌县被评为“2012浙江年度旅游发展十佳县（市、区）”，成为丽水市唯一获此荣誉的县；“遂昌首创拍卖清新空气”被评为“2012浙江旅游新闻”。遂昌县委副书记、县长何卫宁出席颁奖仪式，并作为获奖县代表在论坛上发表演讲。

4月

4月1日，中（遂）韩国际摄影旅游交流座谈会在遂昌县举行。双方就遂昌摄影旅游资源的特色和摄影文化的继承、发展等进行深入探讨和交流。会上，双方签订中（遂）韩摄影交流合作意向书，互赠画册影集。

4月3日，县纪委十四届三次全体会议召开。会议回顾总结2012年全县党风廉政建设和反腐败工作，部署深化“勤廉遂昌”建设和2013年主要任务。

4月9日，全市人大代表与选举任免工作座谈会在遂昌召开。

4月9—10日，由环保部生态司副司长朱广庆带队的国家级生态县考核验收组到遂昌，就遂昌创建国家级生态县工作进行考核验收。经过现场调研、资料核查、观看专题片、听取汇报后，考核组同意遂昌县通过国家级生态县考核验收。

4月16日，县委常委（扩大）会议召开，部署全县“三改一拆”工作。17日，全县“三改一拆”行动动员大会召开。

4月22日。由省国土资源厅和遂昌县委、县政府共同主办的浙江省暨遂昌县纪念第44个“世界地球日”活动在遂昌金矿国家矿山公园举行。

4月25日，县政府召开第十九次常务会议，会议审议《云峰工业新城开发建设管理事权划分方案》《遂昌县应急转贷周转金政府扶持办法》《遂昌县优化政府投资项目审批流程实施办法（试行）》《遂昌县优化企业投资项目审批流程实施办法（试行）》，听取2013年县“两会”重点建议及重点提案领办分工情况汇报。

4月25日，粟裕将军次子粟寒生到王村口月光山公园，祭拜先辈粟裕同志。

4月29—30日，由浙江省摄影艺术学会、遂昌县大柘镇主办的国际摄影文化节，在海拔800多米的大柘镇车前村举行，吸引了来自韩国、杭州、江西、福建等国内外的100余名摄影师。

4月28日，浙江遂昌富民村镇银行股份有限公司创立大会暨第一次股东大会召开。该银行由浙江温州鹿城农村合作银行为主发起，首次在遂昌县“试水”。

4月，遂昌县水利普查成果分析报告编制完成并转入成果发布阶段。普查结果显示，遂昌县境内共有大小河流1467条，全县河道长度总计2838.23公里；全县雨量充沛，多年平均水资源总量29.86亿立方米，人均水资源1.25万立方米，为全省人均的4倍多；全县水能蕴藏总量40万千瓦，人均能源蕴藏量1775瓦，为全省平均值的9.8倍。

5月

5月6日，市检查组到遂昌县检查低丘缓坡开发利用推进工作。遂昌县低丘缓坡开发利用规划总面积319公顷、其中龙板山区块247公顷，古院区块72公顷，是全县有史以来规模最大、涉户最广、参与征迁人数最多、任务最为繁重的征迁项目。

5月7日，遂昌县首家有机肥生产企业竣工投产。

5月12—13日，来自商务部、农业部、中国社会科学院、北京大学等单位的专家学者到遂昌考察电子商务。

5月14—15日，省委常委、常务副省长龚正率省民宗委、财政厅、农办等相关部门负责人到遂昌调研。

5月17日，遂昌县生态休闲养生（养老）经济促进会挂牌成立。会议选举县委书记杜兴林，县委副书记、县长何卫宁为遂昌县生态休闲养生（养老）经济促进会名誉会长；县人大常委会主任毛建华为促进会会长；县领导罗运乾、包建崇、梅伟建、廖为义、王凤琴、马翔华为促进会副会长。

5月17日，县政府召开第二十一次常务会议。会议审议《遂昌县打造“中国最洁净乡村”行动实施方案》《遂昌县大社保体系建设实施方案》。

5月21日，省人大常委会党组副书记、副主任茅临生到遂昌县调研农村电子商务和美丽乡村建设工作。

5月23日，遂昌县被省政府授予“浙江省集体林权制度改革模范县”荣誉称号。

5月23日，县政府召开第二十二次常务会议。会议审议《遂昌县个体工商户转企业及微小企业规范升级工作实施意见》，听取长濂文化历史名村“民俗文化展示中心”区块土地挂牌出让相关问题和2012年度县长质量奖情况汇报。

5月25日，遂昌县与杭州绿城现代农业开发有限公司联合推出的遂昌·绿城农夫市集在杭州绿城春江花月小区正式开集。

5月27日，全县农业农村工作会议暨村级集体经济工作推进会召开。

5月30日，“可扬艺术研究会”成立仪式在汤显祖纪念馆举行。中国版画家协会副主席赵宗藻，杨可扬女儿杨以平、女婿张子虎，上海鲁迅纪念馆馆长王锡荣，上海人民美术出版社党委书记唐宝顺等嘉宾及部分县领导出席揭牌仪式。

5月31日，民革浙江省委会、浙江省普法办“送法下乡”启动仪式在平昌广场举行。

5月，遂昌县好川古墓葬遗址被国务院核定公布为第七批全国重点文物保护单位。

5月，遂昌县成功申报全国第五批中央财政小型农田水利重点县。

6月

6月4日，县委书记杜兴林主持召开县委常委（扩大）会议，传达贯彻省委十三届三次全会和全省干部队伍建设会议精神。

6月4日，省国土资源厅党组书记、厅长陈铁雄到遂昌县，专题调研资源保护和开发工作。

6月7日，遂昌县张珍等四位妇女代表参加在杭州召开的浙江省第十三次妇女代表大会。

6月19日，中国改革报领导者周刊主编裴力专访县委书记杜兴林，剖析山区发展的遂昌路径。

6月19日，丽水市委副书记、市政法委书记朱晨到遂昌县，就“三农”工作、社会管理和平安建设、“三改一拆”、干部队伍建设等工作进行调研。

6月27日，由诸暨市委书记钱三雄，市委副书记、市长徐良平带队的考察团来到遂昌县，就深化诸暨—遂昌山海协作共建产业园合作建设进行洽谈。据了解，双方将互派干部进行挂职锻炼，协同推进产业园区建设，推动两地深层次合作。

6月28日，县委副书记、县长何卫宁在参加市委、市政府举办的2013丽水（上海）旅游推介会期间，应邀做客东方网嘉宾聊天室，就遂昌如何打响“五行遂昌、一诺千金”品牌和网友展开交流。

6月，在2013中国茶业博览会暨拍卖交易会上，遂昌县“夏鸿”牌红茶在141个品牌中脱颖而出，荣获金奖。

6月，全县开展以“心灵美、敬业美、诚信美、助人美、形象美”为主要内容的“美丽党员”评选活动，共评选出90名“美丽党员”，最终确定50名县级“美丽党员”。

7月

7月1日，县政府召开第二十三次常务会议。会议审议《遂昌县企业安全生产标准化建设奖励办法》《关于加强历史文化村落保护利用的实施意见》等议题，听取上半年全县信访工作汇报。

7月3日，遂昌县首届农村业余文化员培训班开班，来自基层的业余文艺队伍骨干和村级文化管理员共58人参加此次培训。

7月13日，以“杭城万人进垵口，空气养生亲健康”为主题的“深呼吸之旅”推介暨垵口旅游发展研讨会在神龙谷举行。

7月16—17日，丽水市农村文化礼堂建设第三次推进会暨现场会在遂昌县召开。

7月16日，舒某以2.12亿元斩获备受关注的原造纸厂三车间地块，成交单价为每平方米16232.77元，创下遂昌县国有土地大宗拍卖地价新高。该地块土地面积13060平方米，土地用途为商住用途。

7月17—19日，省委常委、常务副省长龚正到遂昌县开展党的群众路线教育实践活动基层走亲连心活动。

7月18日，全县高考理科状元、遂昌中学毕业的董陈杰被北京大学录取。

7月19日，遂昌县新山区科学发展高校毕业生暨劳务招聘现场会在平昌广场举行。本次招聘会侧重本地用人单位人才需要，60家企业共提供1280个就业岗位。4200余名求职者来到招聘会现场寻找工作岗位。

7月24日，省委常委、省新农村建设领导小组副组长、生态省建设领导小组副组长陈德荣到遂昌调研新农村和生态建设工作。

7月24日，遂昌县最高温度达39.3℃，创下年度最高温度纪录。县气象台于当日发出今夏首个高温橙色预警。

7月27日，浙闽老区第七届文化艺术节2013年龙洋茶园礼树节暨武林大会在龙洋乡西滩村茶园自然村举行，来自温州、衢州和丽水市部分县市的武术协会和民间武术爱好者参加活动。

7月30日，中国旅游研究院、浙江省旅游质量监督管理所、浙江在线新闻网站联合发布了2013年第二季度浙江省游客满意度调查报告，同时也发布遂昌县游客满意度的相关数据。由此，遂昌成为全国首个发布县级游客满意度调查报告的县。

7月，遂昌县高坪新村及南尖岩景区入选“2013浙江十佳避暑胜地”。

7月，遂昌县高坪乡和应村乡入选“美丽浙江强镇榜样”大型展评活动100个候选乡镇名单。

7月，江山至遂昌公路（遂江线）被列入省道规划。该项目起点位于江山市长台镇的长安坂村，经江山塘源口乡，遂昌西畈乡，黄沙腰镇，终点位于大柘镇的峡口门，规划公路等级为二级公路。

8月

8月1日，遂昌县农村集体经济发展有限公司正式挂牌成立。

8月1—2日，淘宝网特色中国TP联盟首次全国馆长联席会议在遂昌县召开。

8月2日，县委十四届六次全体（扩大）会议暨县政府十五届三次全体（扩大）会议召开。会议学习贯彻党的十八大和省委十三届三次全会、市委三届五次全会精神，回顾总结上半年工作，研究部署创新发展重要事项，审议并通过了《中共遂昌县委关于全面实施创新驱动发展战略加快建设山区科学发展示范区的决定》。县委书记杜兴林代表县委常委会作报告。县委副书记、县长何卫宁代表县政府作报告。

8月3日，遂昌县蒋克俭、程志华等12名游泳爱好者参加2013年“横渡钱塘江畅游母亲河”活动。

8月5日，濂竹乡治岭头村土地整理过程中发现上亿年前的树化石。

8月5—6日，丽水市委书记、市人大常委会主任王永康到遂昌调研。

8月7日，遂昌县“洁净家园行动日”活动启动仪式在云峰街道举行。

8月8日，遂昌县举行2013“全民健身日”活动—“绿色出行、快乐健康”自行车骑行活动，以单车骑行的方式宣传全民健身，提倡健康生活。

8月9日，全县防旱抗旱视频工作会议召开。自7月以来，全县各地高温少雨，致多地出现旱情，部分地区旱情状况比较严重，抗旱形势较为严峻。

8月10日晚，2013“欢乐桃溪”系列活动启动仪式在平昌广场举行。

8月11日，2013中国·浙江自行车公开赛（遂昌站）“纳福尔杯”应村自行车爬坡赛暨生态猕猴桃节在应村乡举行，来自全国各地的150多名运动员参加了比赛。

8月16日，2013遂昌—诸暨共建产业园招商推介会在诸暨市店口镇举行。

8月18日至9月2日，一年一度的“七月秋赛会”在石练镇举行。

8月19日，“勤廉遂昌”建设推进会召开，会议回顾总结“勤廉遂昌”建设工作，通报2012年度勤廉创建结果，部署2013年及今后一个时期“勤廉遂昌”建设任务。

8月19—20日，丽水市历史文化村落保护利用暨高山避暑农家乐综合体创建工作现场推进会在遂昌县召开。遂昌县委副书记、县长何卫宁就打造高山避暑农家乐综合体，培育乡村休闲旅游经济作经验介绍。

8月23日，全省首届“群众最满意的平安村(社区)”颁奖仪式在杭州举行，表彰10年来在平安浙江建设中涌现出来的100个先进平安村(社区)。遂昌县妙高街道叶坦社区获此殊荣。

8月24日，高坪乡被《浙壹周》授予“云上古村”首个生态食材甄选地称号，遂昌里高农产品专业合作社成为《浙壹周》“云上古村”首个生态食材战略合作伙伴。

8月25—9月4日，“美丽中国，生态遂昌”油画作品展在上海市普陀区社区学院七彩画廊展出。

8月29日，丽水市委副书记、政法委书记朱晨到遂昌县，专题督查调研落实市委三届五次全会精神情况和项目建设、招商引资、农民增收、平安建设、要素保障等重点工作。

8月30日，商务部电子商务和信息化司司长李晋奇、省商务厅巡视员鞠雅莲率调研组到遂昌县调研电子商务发展情况。

9月

9月1日，位于叶坦桥头的龙潭农贸综合市场试营业，18日正式营业。这是遂昌县首个以村民股份合资建成的农贸综合市场。

9月2日，金岸小学扩建后正式投入使用。原校舍建筑面积4337平方米，扩建后的校园集综合楼、寝室楼、食堂为一体，总建筑面积12268平方米。

9月4日，遂昌县新一届村级组织换届选举动员大会召开，标志着全县村级组织换届选举工作拉开序幕。王村口镇是这次换届选举试点乡镇，换届选举试点工作从8月底开始到10月底结束。10月下旬全县铺开村级组织换届选举工作，并于春节前全部完成。

9月10日，在浙江省优秀教师表彰会上，遂昌县3名教师获省教育厅表彰，遂昌育才中学校长毛卫华被评为第六届浙江省功勋教师、金竹镇中心小学黄宝武老师和北界镇中心小学罗华琪老师成为第三届“浙江省农村教师突出贡献奖”获得者。

9月11日，遂昌县获“浙江十大养生福地”称号，成为丽水市唯一一个获选的县。

9月12日，省政府党组副书记、省政府顾问王建满一行，在丽水市市长黄志平等人陪同下，到遂昌县调研城市规划建设和“无违建”创建等工作。

9月13日，县政府召开第二十五次常务会议。会议审议《遂昌县加快旅游业发展的实施意见》《遂昌县小额项目简易发包实施办法（试行）》《遂昌县行政机关合同管理实施办法》等议题，听取古院城市新区项目推进情况及2013年行政审批制度改革等工作情况汇报。

9月14日，丽水市第三届运动会（竞技体育部）乒乓球比赛在遂昌县举行，全市共231名运动员参加本次比赛。

9月16—17日，美国印第安纳州格林斯堡市市长盖里·赫伯特来遂昌考察，双方签约《缔结友好城市意向协议》，今后将在教育、经贸、旅游等领域开展合作。

9月23日，云峰街道墩头至门阵公路路基全线贯通。

9月24日，妙高街道井桐坞村村民钟水寿将家族世代相传的《畲族祖图》长卷转交给县档案馆代为保存。该《畲族祖图》全长16米，绘制于明崇祯七年（1634年），迄今有370多年历史。该长卷是目前国内发现历史最为悠久的畲族祖图。

9月26日，县委常委(扩大)会议召开，学习习近平总书记在《西安380亿打造“新阿房宫”引舆论质疑》一文上作出的批示和全国党委秘书长会议精神，学习全市重点工程暨“411”重大项目“百日攻坚”电视电话会议精神，听取古院区块开发项目、衢宁铁路项目等情况汇报。

9月28日，省人大常委会副主任冯明到遂昌县，就“十二五”规划纲要中期评估、山区发展路径选择、生态保护和美丽乡村建设等情况开展调研。

9月29日，遂昌县老年大学建校20周年总结表彰会暨文艺汇报演出活动举行。

10月

10月1—3日，为期三天的“蔡和文化节”在蔡源乡举行。

10月6—7日，受强台风“菲特”影响，全县普降暴雨，局部大暴雨。

10月8日，遂昌籍消防战士尹智慧烈士被评为“2013年度最美杭州人”。

10月12日，遂昌县新生代企业家联合会成立。该联合会由全县非公有制企业新一代接班人、新创业非公有制经济人士及大学生创业者、留学归国创业者优秀代表组成。

10月15日，省委宣传部副部长唐中祥在遂昌主持召开基层宣传思想文化工作座谈会。

10月16日，县政府召开第二十六次常务会议。会议审议《遂昌县行政事业单位国有资产整合盘活专项行动实施方案》《遂昌县国民经济和社会发展第十二个五年规划纲要中期评估报告》《2014年遂昌县城乡医疗保险基金筹集方案》等议题，听取衢宁铁路项目进展情况和关于继续深化完善医疗卫生体制改革，促进全县医疗卫生事业健康持续发展工作汇报。

10月16日，省级山海协作产业园评审会在杭州举行，遂昌—诸暨山海协作产业园顺利通过首批评审。

10月17日，县委书记杜兴林主持召开县委常委（扩大）会议，传达学习贯彻习近平总书记在参加河北省委常委班子专题民主生活会时的讲话精神，分析遂昌县前三季度经济运行情况，并就下一步经济工作作出部署。

10月19日，“2013中国最美村镇”评选结果在上海揭晓，全国有60个村镇入选，遂昌县高坪乡荣获中国最美村镇“传承奖”。

10月20—21日，由浙商研究中心、《管理世界》杂志社、县乡村文明促进会和浙江省天目书院共同主办的“健康生活，绿色发展”论坛在遂昌举行，来自全国各界的专家、学者及媒体记者结合遂昌生态文明发展经验，对绿色发展的历史、现状及下步思路进行了深入探讨。

10月21日，来自意大利、法国、澳大利亚、马来西亚、泰国、韩国及中国的37位国际艺术家齐聚遂昌县云峰街道长濂村，举办第十届亚非国际当代艺术展。这也标志着洛齐国际当代艺术馆落户长濂。

10月21日，遂昌富民村镇

银行股份有限公司正式挂牌营业。这是温州鹿城农商银行在全省开业的第一家村镇银行。

10月22日，遂昌县与浙江大学举行县校合作协议签约仪式。

10月24日，县政府召开第二十七次常务会议。会议学习关于党的群众路线教育实践活动先学先查先改相关文件，审议《遂昌县域电力设施布局专项规划（修编）》《遂昌县96345社会公共服务中心建设实施方案》《遂昌县关于推进品牌创建与质量建设的若干意见》，会议还听取机构编制、科技和法制工作情况汇报。

10月28日晚，第四次中美职业男子篮球对抗赛在县体育馆举行。

10月30日,《遂昌模式研究报告》发布会召开。会上，遂昌县被中国社会科学院信息化研究中心授予“中国农村电子商务调研基地”称号，成为该中心继江苏睢宁县沙集镇、福建南安市“世纪之村”、浙江义乌之后设立的第四个调研基地。

10月31日，省审计厅厅长陈荣高到遂昌县，就扶贫资金管理和公费支出、公款消费管理等情况开展调研。

10月，遂昌县被环保部列入第六批全国生态文明建设试点单位。

11月

11月1日，遂昌县召开村级组织换届选举工作会议。按照部署，全县将在元旦前完成村党支部、村委会换届选举工作，2014年1月上旬完成村务监督委员会及村经济合作社选举工作。

11月1日起，遂昌县每天对外发布城区空气质量指数，发布内容包括空气质量指数、空气质量等级、首要污染物等。

11月8日，县政府召开第二十八次常务会议，会议审议《遂昌县农民异地转移工程实施意见》《关于进一步加强饮用水水源保护工作的实施意见》，听取了开展绿谷精英和创业创新团队引领计划和全县信访工作情况汇报。

11月12日，遂昌县被评为“千村示范万村整治”工程省级先进单位。

11月13日，大柘镇大田村、三仁畲族乡坑口村被农业部确定为全国“美丽乡村”创建试点村。

11月13日，省委常委、公安厅厅长刘力伟和省民政厅党组书记、厅长尚清到遂昌县调研指导工作。

11月14日，遂昌县召开全县领导干部大会，传达中共十八届三中全会精神，研究部署全县学习贯彻工作。

11月15日，“纪念毛泽东同志120周年诞辰全国书画名家作品展”在汤显祖纪念馆展出。

11月19日，副省长梁黎明到遂昌县专题调研农村电子商务和旅游工作。

截至11月19日，全县累计完成“一拆”面积40.0095万平方米，完成市里下达三年拆违任务的100.02%。此前至10月31日，全县累计完成“三改”面积56.0778万平方米，完成三年总任务的101.96%。遂昌成为全市首个完成“三改一拆”三年目标任务的县（市）。

11月20日，县人民法院向社会首次发布以农村土地承包纠纷为主题的审判白皮书。

11月22日，省发改委主任谢力群到遂昌县，调研经济社会发展情况。

11月28日，丽水市第六届乡村文化艺术节闭幕式暨全市乡村文艺会演在市纳爱斯广场举行，遂昌县选送的节目《昆曲十番》获得金奖。

11月28日，衢江、云和、遂昌三地书法联展在县汤显祖纪念馆开展。

11月28日，遂昌县城市文化综合体项目正式开工。该项目总占地面积24170平方米，总建筑面积45529平方米，主要建设内容包括剧场、青少年宫、工人文化宫、文化馆、图书馆、档案馆、城市规划展览馆等功能用房及附属工程等，项目概算投资2.29亿元。

11月28日，衢宁铁路项目建议书获国家发改委批复，该项目正式完成立项。衢宁铁路北起衢州市，途径遂昌、松阳、龙泉、庆元进入福建省，经松溪、政和、屏南、周宁，终至福建省宁德市，全长366.5千米。

12月

12月1日，由求是《小康》杂志社联合浙江日报报业集团共同举办的“首届中国（浙江）全面小康论坛暨颁奖典礼”上，遂昌县荣获浙江全面小康休闲示范县（市、区）称号。同时，农产品电子商务遂昌模式获首届浙江全面小康十大民生决策奖。

12月5日，县委副书记、县长何卫宁主持召开县政府第二十九次常务会议。会议审议《遂昌县“河长制”实施方案》《遂昌县“五水”综合治理实施意见》《遂昌县文化产业发展专项资金使用管理暂行办法》等议题，听取古院城市新区信用联社大楼建设项目和国家三类城市语言文字工作迎评情况汇报。

12月6日，遂昌县清水源水库工程项目建议书通过水利部太湖流域管理局组织的专家审核。清水源水库是一座以防洪、供水、灌溉为主，结合发电，兼顾改善水环境等综合利用的中型水库，计划投资5.2亿元，总库容1970万立方米。项目建成后，将有效提高云峰街道的防洪减灾能力，并为云峰镇提供生活、灌溉及工业用水，同时还可作为县城饮用水备用水源。

12月10日，省民政厅副厅长、巡视员、省移民办主任廖卷清到遂昌县调研指导水库移民避险解困试点工作。

12月13日，汤显祖（牡丹亭）文化系列作品（藏品）展暨汤公园金缕茗楼开业典礼举行。

12月19日，遂昌县“96345”社会公共服务中心网站开通。该中心由县人民政府主办，县民政局负责建设和管理，设立24小时服务热线。

12月20日，《遂昌县电子商务发展战略规划》顺利通过评审。规划确立了2014年至2020年县域电子商务发展的总体思想、功能布局和重大项目，明确了产业重点引导与扶持的系列工程和保障措施。

12月25日，县委书记杜兴林主持召开县委常委会议，审议《遂昌县“五水”综合治理实施意见》和《遂昌县“河长制”工作实施方案》，标志着全面启动治水工作。

12月25日，遂昌县人民对外友好协会成立大会暨第一届理事会召开。会议审议通过《遂昌县人民对外友好协会章程》，推选会长、副会长及秘书长，县委常委、常务副县长罗运乾当选县对外友协第一届理事会会长。

至12月25日，全县203个行政村的党支部和村委会换届选举工作圆满完成。全县共选举产生新一届村党组织班子成员814人，其中连选连任520人，大学生村官39人；采用“公推直选”方式直接选出书记、副书记的村有14个。全县203个行政村共选出新一届村委会成员784人，其中党员228人，与村党组织交叉任职37人，一次选举成功的有48个村。

12月26日至27日，国家三类城市语言文字工作评估组对遂昌县语言文字工作开展评估，遂昌县以优秀成绩顺利通过评估。

12月26—28日，江苏省常州市30家旅行社总经理组团，到遂昌县进行旅游资源考察踩线。

12月28日，以“全面小康与区域发展”为主题的2013第八届中国全面小康论坛在北京举行。遂昌县委常委、宣传部部长华治武代表县委、县政府领取“2013中国十大社会管理创新”之“农产品电子商务遂昌模式”奖。

12月30日，位于遂昌县古院区块的“1208”工程一期项目正式开工。“1208”工程是县人防指挥核心工程，项目估算总投资4930万元，总用地面积5108平方米，总建筑面积7690平方米。该项目分两期施工，其中一期建筑面积3690平方米，主要建设人防（民防）地面应急救援指挥中心。

12月30日，县委理论学习中心组（扩大）学习会召开，邀请浙江省委讲师团办公室主任、哲学博士李泽泉作《党的十八届三中全会精神暨中国梦》的宣讲报告。

机构 名录

中国共产党遂昌县委员会

书　记：杜兴林
副书记：何卫宁
　　　　上官国明
　　　　刘修海（2013-10-11）
常　委：罗运乾
　　　　雷华英（女）（~2013-10）
　　　　李和达（2013-10~）
　　　　华治武
　　　　吴松平（~2013-10）
　　　　付勇斐（2013-10~）
　　　　程浙军（~2013-05）
　　　　褚国华（2013-05~）
　　　　周立民
　　　　杜云峰
　　　　方建明（2013-06~）
　　　　刘修海（2013-10~2013-11）

遂昌县人民代表大会常务委员会

主　任：毛建华
副主任：包建崇
　　　　高　峥（女）
　　　　向争鸣
　　　　丛鲁浙
　　　　梅伟建
　　　　廖为义
党组书记：毛建华
党组副书记：包建崇

人大常委会办公室

主　任：傅丽红（女）
副主任：廖陈尉
　　　　杨　力

代表工作委员会

主　任：张金娇（女）
副主任：邱佳俊

法制工作委员会

主　任：王光标
副主任：李丽春

财政经济工作委员会

主　任：郑俊良
副主任：潘家健

农业与农村工作委员会

主　任：谢永坤
副主任：雷　馨（女）

城乡建设与环境资源工作委员会

主　任：罗仕军
副主任：雷新伟

教科文卫民族侨务工作委员会

主　任：唐昌元
副主任：章勇军

遂昌县人民政府

县　长：何卫宁
副县长：罗运乾
　　　　鲁子钗（女）

蓝献民
刘庆华（2013-07~）
朱芝贵
赵文明
叶照辉
黄　俊
党组书记：何卫宁
党组副书记：罗运乾

中国人民政治协商会议遂昌县委员会

主　席：尹建中
副主席：王凤琴（女）
包志华
马翔华
林成高
谢旭峰
党组书记：尹建中
党组副书记：王凤琴（女）
秘书长：方建雄
副秘书长：刘江菊（女）
梁信猷
蓝方贤

政协常委会办公室

主　任：方建雄
副主任：唐振根
林　辉

提案委员会

主　任：刘江菊（女）

财贸经济委员会

主　任：梁信猷

专门委员会办公室

主　任：蓝方贤
副主任：雷根和

中国共产党遂昌县纪律检查委员会

书　记：吴松平（~2013-10）
付勇斐（2013-10~）
副书记：郑建青
徐　晖（~2013-05）
罗铁明（2013-05~）
常　委：丁慧敏（女）
叶根会
朱立军
王　微
袁　琳（女）

遂昌县人民法院

院　长：叶晓生
副院长：张晓法
李红群
周惠平
党组书记：叶晓生
党组副书记：金华军（~2013-07）
张晓法（2013-08~）
纪检组长：金华军（~2013-07）
郑爱芽（女）（2013-12~）
政治处主任：张力民

遂昌县人民检察院

检察长：谢云生
副检察长：丁慧敏（女）
周松华
张桂旺
党组书记：谢云生
党组副书记：王曾荣
纪检组长：王曾荣

县委工作部门

县委办公室

主　任：周立民
常务副主任：周黎平
副主任：叶名颉
罗会贤
陈爱娥（女）（~2013-12）
舒坚阳（2013-12~）

郑水松（~2013-04）
张延洪（2013-04~）

机要局
局　长：游宏伟

组织部
部　长：雷华英（女）（~2013-10）
李和达（2013-10~）
常务副部长：郭劲松
副部长：朱立军
胡法连
徐成章
吴法根
刘旭萍（女）（~2013-04）
尹渭彬（2013-04~）

新经济与新社会组织工作委员会
书　记：朱立军
副书记：刘卫军
程利贤
李　宗
程　倞（女）

老干部局
局　长：刘旭萍（女）（~2013-04）
尹渭彬（2013-04~）
副局长：杨建林
郑　哲（~2013-04）
程　昕（女）（2013-04~）

宣传部
部　长：华治武
常务副部长：刘力宇（2013-04~）
副部长：孙培莲（女）（~2013-04）
叶良平（~2013-12）
林文渊
蓝水林

社会主义精神文明办公室
主　任：林文渊
副主任：杨育民

统一战线工作部
部　长：林成高
常务副部长：蓝　善
副部长：徐永强
蓝一平
程利贤

政法委员会
书　记：上官国明
副书记：罗运乾
杜云峰
杨全俊
王建新
李建华

台湾工作办公室
主　任：郑水松（~2013-04）
张延洪（2013-04~）

机构编制委员会办公室
主　任：胡法连
专职副主任：占伟红（女）

农村工作办公室
主　任：罗会贤
副主任：雷根松（~2013-04）
梁善根（2013-04~）
楼高进
苏新华

直属机关工作委员会
书　记：徐成章
副书记：雷小德
纪工委书记：雷小德

信访局

局　长：陈爱娥（女）（~2013-12）
舒坚阳（2013-12~）
副局长：徐晓峰
傅长贵
毛剑波

史志办公室

主　任：蓝飞鹏
副主任：巫灵飞

档案局（档案馆）

局（馆）长：雷招珠（女）（~2013-04）
肖陈明（2013-04~）
副局（馆）长：蓝翔宇
潘伟平（2013-04~）

县委党校

校　长：雷华英（女）（~2013-10）
李和达（2013-10~）
常务副校长：蓝建民
副校长：毛立华
潘文华
党委书记：蓝建民

行政学校

校　长：罗运乾
副校长：蓝建民
吴法根
毛立华
潘文华

县政府工作部门

县政府办公室（法制办公室）

主　任：张春根
副主任：姜雄伟（~2013-08）
法制办公室主任：姜雄伟（~2013-08）
法制办公室副主任：傅准卫
办公室（法制办）副主任：
黄新园
巫法源
李建红（女）
蓝关洪
骆应勇
姜银珠
詹建平（2013-01~）
朱与滨（2013-01~）
巫惠祥（2013-09~）
李小明（~2013-09）
程　敏（~2013-08）
郑子洪（2013-05~）
徐建林（2013-05~2013-09）
党组书记：张春根
党组副书记：黄新园
纪检组长：詹建平

发展和改革局（粮食局）

局　长：杨朝晖
副局长：李建霞（女）（~2013-02）
金　飞（女）（2013-03~）
尹伟平
云中强
徐建明
周　辛（女）
党组书记：杨朝晖
纪检组长：吴培民

经济商务局

局　长：罗晓平
副局长：林　勤
廖建红（女）
张雪芬（女）（~2013-09）
刘伟良（2013-08~2013-09）
党组书记：罗晓平（~2013-12）
叶孔贤（2013-12~）

纪检组长：蓝培忠（2013-04~）

经济合作交流办公室(招商局)

主　任：徐建林（2013-09~）
副主任：张雪芬（女）（2013-09~）
　　　　刘伟良（2013-09~）

教育局

局　长：雷伟东
副局长：雷永春（~2013-08）
　　　　王俊杰（2013-08~）
　　　　林建立
　　　　王其孔
党组书记：雷伟东
党组副书记：朱建英（女）
纪检组长：朱建英（女）

科学技术局

局　长：傅秋华
副局长：朱乐平
　　　　尹新华
党组书记：傅秋华
党组副书记：唐昌华

民族宗教事务局

局　长：蓝一平

公安局

局　长：杜云峰
副局长：苏樟会
　　　　应事建
　　　　邓建平
　　　　姜文伟
　　　　金存序
党委书记：杜云峰
党委副书记：谢炳洪
纪委书记：曾俊彦
政治委员：谢炳洪
政治处主任：陈忠良

监察局

局　长：郑建青
副局长：叶根会
　　　　林延忠

民政局

局　长：李建平
副局长：刘卫军
　　　　雷招婷（女）
　　　　华利颖（女）
党组书记：李建平
党组副书记：刘卫军
纪检组长：涂发寿

司法局

局　长：上官方鸣（~2013-06）
　　　　徐春球（女）（2013-06~）
副局长：李建华
　　　　周小明
党组书记：上官方鸣（~2013-04）
　　　　　徐春球（女）（2013-04~）
党组副书记：项国荣（~2013-04）
纪检组长：项国荣（~2013-04）
　　　　　雷根松（2013-04~）

财政局

局　长：周瑞琛
副局长：单崇海（~2013-05）
　　　　金　飞（女）（~2013-03）
　　　　叶宏放（2013-05~）
　　　　方文初（2013-05~）
　　　　程昌文（2013-05~）
党组书记：周瑞琛
党组副书记：刘旭萍（女）（2013-04~）
纪检组长：刘旭萍（女）（2013-04~）

地方税务局

局　长：周瑞琛
副局长：叶宏放
　　　　单崇海（~2013-07）
　　　　罗时福（2013-09~）

人力资源和社会保障局

局　长：吴法根
副局长：雷志良
　　　　赵宏华
　　　　方一丰（~2013-03）
　　　　雷永春（2013-08~）
党组书记：吴法根
纪检组长：余建飞（2013-03~）

住房和城乡建设局

局　长：徐根耀
副局长：周根旺
　　　　黄存贵
　　　　王肖波
　　　　叶刚强
党组书记：徐根耀
党组副书记：王芳美（女）
纪检组长：王芳美（女）
总工程师：钟雪飞

交通运输局

局　长：马国跃
副局长：阮定豹
　　　　张朝辉
　　　　潘　勍（女）（2013-05~）
党组书记：马国跃
纪检组长：季春光
总工程师：高初明（~2013-03）
　　　　　傅旭波（2013-08~）

农业局

局　长：谢秋鸣
副局长：翁慧平
　　　　朱永平
　　　　林延山
党组书记：谢秋鸣
纪检组长：华建平（~2013-04）
　　　　　季　琳（女）（2013-04~）
总农艺师：郑子洪

水利局

局　长：张仪辉
副局长：董根瑞
　　　　潘伟军
党组书记：张仪辉
纪检组长：徐水江
总工程师：孟伟烽

文化广电新闻出版局

局　长：张水源
副局长：占跃灵
　　　　汤建雄
党组书记：张水源（~2013-12）
　　　　　陈爱娥（女）（2013-12~）
党组副书记：王建明
纪检组长：王建明

卫生局

局　长：潘新军
副局长：周武琴（女）
　　　　金忠平
党组书记：潘新军
党组副书记：王益民
纪检组长：王益民

人口和计划生育局

局　长：郑法鑫
副局长：季　琳（女）（~2013-05）
　　　　秦丽君（女）（2013-08~）
　　　　刘建荣

党组书记：郑法鑫
纪检组长：郑　哲（2013-04~）

审计局

局　长：李伟纲
副局长：林延彬
党组书记：李伟纲（~2013-12）
纪检组长：雷丽平（女）（~2013-07）
总审计师：陈樟林

环境保护局

局　长：张勇军
副局长：黄彤兴
　　　　鲁旭晖（女）
党组书记：张勇军
纪检组长：戴根法
总工程师：林家成

统计局

局　长：江海仁
副局长：叶金元（~2013-05）
　　　　张志伟（2013-05~）
党组书记：江海仁
纪检组长：李益林
总统计师：沈慧珠（女）（2013-03~）

林业局：

局　长：季方法
副局长：巫洪训
　　　　吴　军
　　　　梁善根（~2013-05）
　　　　周亚锋
　　　　周惠龙
党组书记：季方法
总工程师：华文礼
纪检组长：朱爱军（女）（2013-04~）

公安局森林分局

局　长：金存序
教导员：俞根贤

风景旅游局

局　长：徐建林（~2013-05）
　　　　孙培莲（女）（2013-05~）
副局长：季国良
　　　　黄　颖
　　　　洪　斌（2013-08~）
党组书记：徐建林（~2013-04）
　　　　　孙培莲（女）（2013-04~）
纪检组长：方巧媛（女）

侨务办公室

主　任：蓝　善

安全生产监督管理局

局　长：鲍王富
副局长：邱　晨
党组书记：鲍王富
党组副书记：余考洪
纪检组长：余考洪
总工程师：杨文煌

食品药品监督管理局

局　长：华志平
副局长：姜　敏
　　　　王遂龙
党组书记：华志平
党组副书记：任利珍（女）（~2013-07）
纪检组长：任利珍（女）（~2013-07）
　　　　　朱柏成（2013-09~）

人民防空办公室

主　任：王根森
副主任：黄清华
党组书记：王根森

纪检组长：黄贵培

机关事务管理局

局　长：李建红（女）

体育局

局　长：占跃灵

副局长：汤建雄

工业园区管理委员会

主　任：程　敏（~2013-08）

　　　　姜雄伟（2013-08~）

副主任：吴华军

　　　　包　炜（~2013-05）

　　　　王　耀

　　　　李逢庆

　　　　雷先华

　　　　张新华（2013-08~）

　　　　钟雪飞

　　　　王路林（2013-08~）

党工委书记：上官国明

党工委副书记：程　敏（~2013-07）

　　　　　　　叶孔贤（~2013-12）

　　　　　　　张延洪（~2013-04）

　　　　　　　包　炜（2013-04~）

纪工委书记：蓝义明（2013-04~）

行政审批中心（~2013-04）

主　任：潘成松

副主任：上官献雄

　　　　廖立尧

党组书记：郑世武

党组副书记：潘成松

纪检组长：廖立尧

行政服务中心（2013-04~）

主　任：潘成松

副主任：上官献雄

　　　　廖立尧

党组书记：郑世武

党组副书记：潘成松

纪检组长：廖立尧

库区移民工作办公室

主　任：邵小根（~2013-09）

副主任：黄丽萍（女）

　　　　李根明

党组书记：邵小根（~2013-09）

　　　　　叶良平（2013-12~）

纪检组长：李根明

县级民主党派

中国民主促进会遂昌县总支部委员会

主　委：马翔华

副主委：雷招珠（女）

　　　　潘堂根

部分群众团体

总工会

主　席：吴志新

副主席：雷水香（女）

　　　　余仙青

党组书记：吴志新

中国共产主义青年团遂昌县委员会

书　记：巫惠祥（~2013-09）

　　　　叶君美（女）（2013-12~）

副书记：罗根爱（女）

　　　　刘卫斌

妇女联合会

主　席：张　珍（女）

副主席：叶君美（女）（~2013-12）

　　　　吴素妤（女）

党组书记：张　珍（女）

科学技术协会

主　席：徐瑞祥

副主席：应文仓

　　　　朱美君（女）

归国华侨联合会

主　席：徐永强

工商业联合会（总商会）

主　席：谢旭峰

常务副会长：程利贤

副会长：陈樟兴

　　　　吴丽芳（女）

党组书记：程利贤

红十字会

会　长：周剑雄（~2013-12）

副会长：傅秉辉

社会科学界联合会

副主席：朱旭明

文学艺术界联合会

主　席：黄美丰（女）

副主席：朱呈富

　　　　朱旭明

　　　　雷　鸣

残疾人联合会

理事长：阙绍华

副理事长：余雪峰

党组书记：阙绍华

纪检组长：葛德法（~2013-07）

　　　　　汪樟英（女）（2013-09~）

关心下一代工作委员会

名誉主任：雷华英（女）（~2013-10）

主　任：梁青山

副主任：吴修发

　　　　顾利英（女）

　　　　李洪遥

　　　　王炽耀

　　　　傅延滨

　　　　雷月明

　　　　费绍端

　　　　毛水兰（女）

计划生育协会

会　长：鲁子钗（女）（2013-07~）

副会长：郑法鑫

　　　　朱晓梅（女）

中央、省、市和县双重管理部门

国土资源局

局　长：徐　晖（~2013-09）

　　　　吴建华（2013-09~）

副局长：丁志勇

　　　　徐晓平

　　　　罗锦利

党委书记：徐　晖（~2013-09）

　　　　　吴建华（2013-09~）

纪委书记：华建平（2013-05~）

电力工业局

局　长：王中强（~2013-08）

　　　　夏之罡（2013-08~）

副局长：钱娟民（~2013-08）

　　　　傅　斌（2013-08~）

　　　　陈俊宁（~2013-08）

　　　　季晓文（~2013-08）

　　　　李　明（~2013-08）

　　　　吴世斌（2013-08~）

　　　　季　伟（2013-08~）

党委书记：钱娟民（~2013-08）

　　　　　傅　斌（2013-08~）

党委副书记：王中强（~2013-08）

　　　　　　夏之罡（2013-08~）

王根霞（女）
纪委书记：王根霞（女）

丽水市住房公积金管理中心遂昌分中心
主　任：黄存德

气象局
局　长：卢　钊
副局长：潘建新
党组书记：卢　钊

工商行政管理局
局　长：杜维涛
副局长：程延根
程　倞（女）
顾飞翔
张宗渭
党委书记：杜维涛
纪委书记：程　倞（女）

质量技术监督管理局
局　长：梅庆君（~2013-02）
杨文学（2013-02~）
副局长：何建华
厉少华
党委书记：梅庆君（~2013-02）
杨文学（2013-02~）
纪委书记：何建华（~2013-10）
华　俊（2013-10~）

烟草专卖局（丽水市烟草公司遂昌分公司）
局　长：陈叶平
副局长：罗樟水
经　理：陈叶平
副经理：王伟东（~2013-01）
叶荣民（2013-05~）
党组书记：陈叶平

国家税务局
局　长：黄美琴（女）
副局长：余盛华
刘小华
黄根堂
党组书记：黄美琴（女）
纪检组长：张志德

邮政局
局　长：徐景标
副局长：吴青林
党委书记：徐景标

中国电信股份有限公司遂昌分公司
总经理：刘　欣（~2013-12）
副总经理：周瑞晨
党委书记：刘　欣（~2013-12）

农村信用合作社联社
理事长：洪日强
主　任：余振荣
副主任：刘俊毅（~2013-07）
季晓伟（2013-08~）
监事长：郑亚秋
党委书记：洪日强
纪委书记：郑亚秋

中国移动通信集团浙江有限公司遂昌分公司
总经理：周根成

中国联合网络通信有限公司遂昌县分公司
经　理：尹俊柳（女）
副经理：杨敏（2013-11~）

中国人民财产保险股份有限公司遂昌支公司
总经理：毛利敏
党组书记：毛利敏

中国人寿保险股份有限公司遂昌县支公司
总经理：吴云涛
副总经理：毛亮珠（2013-02~）

部分事业单位

浙江九龙山国家级自然保护区管理局
局　长：张少啸
副局长：季方法
　　　　巫洪训
　　　　周惠龙
党组书记：张少啸
党组副书记：季方法
纪检组长：余水生（2013-04~）

供销合作社联合社
主　任：朱剑平
副主任：谢根远
　　　　黄雪梅（女）
　　　　方一丰（2013-03~）
党组书记：肖陈明（~2013-04）
　　　　　上官方鸣（2013-04~2013-12）
党组副书记：朱剑平
纪检组长：黄雪梅（女）

县政府金融工作办公室
副主任：吴志春（2013-03~）

广播电视台
台　长：叶良平
副台长：朱呈富
　　　　李法贵
党组书记：叶良平（~2013-12）
总工程师：华　卫
纪检组长：巫丽华（女）（2013-04~）

新闻传媒中心
主　任：蓝水林
副主任：蓝培忠（~2013-04）
　　　　周淑赟（女）（2013-04~）
　　　　郑立盛

公路管理局
局　长：吴瑾秋
党支部书记：张　毅

公路运输管理局
局　长：黄丰产
党支部书记：朱建伟

老龄工作委员会
主　任：叶照辉（~2013-07）
　　　　刘庆华（2013-07~）
副主任：胡法连
　　　　李小明（~2013-09）
　　　　柳启斌（2013-09~）
　　　　李建平
　　　　吴法根

畜牧兽医局
局　长：朱永平

人民医院
院　长：周亚新
副院长：卜文良
　　　　朱建和
　　　　周小伟
党委书记：巫智强
纪委书记：雷招媛（女）
工会主席：毛锭媚（女）（~2013-10）

中医院
院　长：马翔华
副院长：阙建伟
　　　　张布明
　　　　张建生
　　　　徐光元（2013-12~）

党委书记：李　泳（女）
纪委书记：梁盛恒

遂昌中学
校　长：胡志忠
副校长：徐建新（~2013-05）
　　　　彭素飞（女）
　　　　刘仁海
党委书记：胡志忠
党委副书记：郭跃安
纪委书记：郭跃安

职业中专
校　长：龚林鸿
副校长：郑建雄
　　　　雷志明
　　　　许　艳（女）
党委书记：龚林鸿
纪委书记：钟春明

浙江广播电视大学遂昌分校
校　长：蓝建民
副校长：毛立华
　　　　潘文华
党委书记：蓝建民

交通开发有限公司
董事长：吴瑾秋（~2013-05）
　　　　廖美恩（2013-05~）
总经理：吴瑾秋（~2013-05）
　　　　廖美恩（2013-05~）

城市建设发展有限公司
董事长：潘堂根（~2013-02）
　　　　李君飞（2013-03~）
总经理：潘堂根（~2013-02）
　　　　李君飞（2013-03~）

东城建设有限责任公司
董事长：叶金元（2013-05~）
总经理：叶金元（2013-05~）

国有资产经营有限公司
董事长：金　飞（女）（~2013-03）
　　　　夏飞龙（2013-05~）
总经理：金　飞（女）（~2013-03）
　　　　夏飞龙（2013-05~）

旅游发展有限公司
董事长：王修华
总经理：王修华

乡镇（街道）

中国共产党妙高街道工作委员会
书　记：叶孔贤（~2013-12）
副书记：吴华军
　　　　陈海标（~2013-01）
　　　　潘来根
　　　　黄梦怡（女）（2013-07~）
纪工委书记：王春光（~2013-07）
　　　　　　彭智强（2013-12~）
委　员：肖德富（2013-01~）
　　　　庾善彬（~2013-03）
　　　　张蕴铭（2013-03~）
　　　　王春光（~2013-07）
　　　　尹根良（~2013-12）
　　　　彭智强（2013-12~）
　　　　江振军
县人大常委会妙高街道工作委员会
主　任：巫松富（~2013-08）
副主任：黄新春
妙高街道办事处：
主　任：吴华军
副主任：陈云香（女）
　　　　程昌武
　　　　郑富毅

杨　捷
毛新文（2013-09~）

中国共产党云峰街道工作委员会
书　记：张延洪（~2013-04）
包　炜（2013-04~）
副书记：包　炜（~2013-04）
张新华（2013-07~）
龚彩云（女）（~2013-01）
林伟华（2013-01~）
王良贤（~2013-12）
纪工委书记：李卫东
委　员：占军民
谢晓辉
邝剑飞
李卫东
县人常委会大云峰街道工作委员会
主　任：朱正根
云峰街道办事处：
主　任：包　炜（~2013-05）
张新华（2013-08~）
副主任：张新华（~2013-08）
张雪强（~2013-02）
华新强
尹卫中
张永庆

中国共产党大柘镇委员会
书　记：上官利斌
副书记：林延旺（~2013-01）
徐根明（2013-01~）
叶　晟
毛　洁
纪委书记：毛　洁
委　员：雷鸣远
刘亦非
周振东
叶熙华

大柘镇人民代表大会
主　席：范桂林
大柘镇人民政府
镇　长：林延旺（~2013-01）
徐根明（2013-01~）
副镇长：李作林
留建丽（女）
王成杰（2013-01~）
黄文法（2013-01~）

中国共产党石练镇委员会
书　记：吴建华（~2013-09）
邵小根（2013-09~）
副书记：包育盛
范宏伟
纪委书记：包育盛
委　员：雷菊香（女）
严宏伟
吴春涌
苏　欣（2013-09~）
石练镇人民代表大会
主　席：黄兆荣
石练镇人民政府
镇　长：李建霞（女）（2013-01~）
副镇长：赵文斌
苏　欣
刘苏明（2013-01~）
陈　锋（2013-01~）

中国共产党北界镇委员会
书　记：范建文
副书记：杨　慧（女）
徐伟珺
纪委书记：徐伟珺
委　员：朱翠英（女）
谢斌峰
北界镇人民代表大会
主　席：巫根成

北界镇人民政府

镇　长：杨　慧（女）（2013-01~）

副镇长：雷贤根

洪　涛（~2013-05）

姜李强

潘　驰（2013-01~）

中国共产党王村口镇委员会

书　记：杨全优

副书记：华　锋（~2013-04）

李小明（2013-09~）

吴樟根

纪委书记：吴樟根

委　员：王仙发（~2013-12）

华金芽（女）（~2013-01）

唐红飞（女）（2013-01~）

应永军

毛鸣声

王村口镇人民代表大会

主　席：洪尚富

王村口镇人民政府

镇　长：华　锋（~2013-04）

李小明（2013-09~）

副镇长：王仙发（~2013-12）

程文威

王晶晶（2013-01~）

叶裕和（2013-12~）

中国共产党金竹镇委员会

书　记：王坚兵

副书记：徐根明（~2013-01）

徐土生（2013-01~）

黄梦怡（女）（~2013-07）

张海锋（2013-07~）

纪委书记：黄梦怡（女）（~2013-07）

张海锋（2013-07~）

委　员：周建军

苏　毅

李立清

金竹镇人民代表大会

主　席：黄嘉中

金竹镇人民政府

镇　长：徐根明（~2013-01）

徐土生（2013-01~）

副镇长：张海锋（~2013-07）

谢法富（2013-01~）

林　涛（2013-01~）

罗莹冰（女）（2013-07~）

中国共产党黄沙腰镇委员会

书　记：郑必强

副书记：孟晓明（~2013-01）

杨志崇

纪委书记：杨志崇

委　员：罗伟锋（~2013-01）

毛守针（2013-07~）

叶丽娟（女）

林　巍

黄沙腰镇人民代表大会

主　席：张水明

黄沙腰镇人民政府

镇　长：孟晓明（~2013-01）

潘堂根（2013-01~）

副镇长：彭智强（~2013-12）

柳　雄

黄建斐（2013-01~）

中国共产党新路湾镇委员会

书　记：罗铁明(~2013-01)

汪华成(2013-01~)

副书记：杨松长(2013-01~)

林伟华(~2013-01)

朱　政(2013-01~)

纪委书记：林伟华(~2013-01)

朱　政(2013-01~)

委　员：陶松强(~2013-01)

唐凤莲（女）
肖德富(~2013-01)
罗伟锋(2013-01~)
新路湾镇人民代表大会
主　席：刘金洪
新路湾镇人民政府
镇　长：杨松长（2013-01~）
副镇长：涂火华
朱　政（~2013-01）
叶富洪（2013-01~）
陶松强（2013-01~）

中国共产党湖山乡委员会
书　记：毛水根(~2013-01)
孟晓明(2013-01~)
副书记：周世岳(~2013-01)
陈海标(2013-01~)
秦丽君（女）（~2013-07）
纪委书记：秦丽君（女）（~2013-07）
委　员：范依能
蓝　海
吴华平（~2013-04）
翁锡华（2013-07~）
潘　冰
湖山乡人民代表大会
主　席：雷陈松
湖山乡人民政府
乡　长：周世岳（~2013-01）
陈海标（2013-01~）
副乡长：巫林富（~2013-04）
罗峰云
包新飞（2013-01~）
洪　涛（2013-04~）
周利香（2013-07~）

中国共产党垵口乡委员会
书　记：张　妍（女）（~2013-08）
周安涛（2013-09~）
副书记：周安涛（~2013-09）
孟　波（2013-12~）
张伟武
纪委书记：张伟武
委　员：余俊杰
尹渭俊
垵口乡人民代表大会
主　席：应文军
垵口乡人民政府
乡　长：周安涛（~2013-12）
孟　波（2013-12~）
副乡长：袁欣豪
徐承蔚（2013-01~）

中国共产党焦滩乡委员会
书　记：汪华成（~2013-01）
林延旺（2013-01~）
副书记：郑月娥（女）（~2013-12）
张雪芬（女）（2013-12~）
谢明富
纪委书记：谢明富
委　员：俞　正
焦滩乡人民代表大会
主　席：汪华成（~2013-01）
林延旺（2013-01~）
副主席：朱樟法
焦滩乡人民政府
乡　长：郑月娥（女）（~2013-12）
张雪芬（女）（2013-12~）
副乡长：唐红飞（女）（~2013-01）
叶裕和（2013-01~2013-12）
林素贞（女）（2013-01~）
雷建明（2013-07~）

中国共产党应村乡委员会
书　记：潘光明（~2013-04）
郑水松（2013-04~）

副书记：徐土生（~2013-01）
　　　　龚彩云（女）（2013-01~）
　　　　雷兴禾
纪委书记：雷兴禾
委　员：周焕彪
　　　　李文富（~2013-12）

应村乡人民代表大会

主　席：张一夫（~2013-12）
　　　　李文富（2013-12~）

应村乡人民政府

乡　长：徐土生（~2013-01）
　　　　龚彩云（女）（2013-01~）
副乡长：李文富（~2013-12）
　　　　王水英（女）
　　　　斯　科（2013-07~）

中国共产党高坪乡委员会

书　记：邱根松
副书记：舒坚阳（~2013-12）
　　　　林小军（2013-12~）
　　　　何华根
纪委书记：何华根
委　员：吴子峰

高坪乡人民代表大会

主　席：孙培莲（女）（~2012-08）
　　　　邱根松（2013-01~）
副主席：谢名胜

高坪乡人民政府

乡　长：舒坚阳（~2013-12）
　　　　林小军（2013-12~）
副乡长：郑凯鹏（~2013-10）
　　　　蔡　捷
　　　　雷　蕾（女）（2013-01~）

中国共产党三仁畲族乡委员会

书　记：尹渭彬（~2013-04）
　　　　潘光明（2013-04~）
副书记：蓝　波
　　　　姜　鹏
纪委书记：姜　鹏
委　员：邓文富（~2013-12）
　　　　毛吉凤（女）
　　　　华伟东
　　　　巫林富（2013-04~-09）

三仁畲族乡人民代表大会

主　席：叶旭明

三仁畲族乡人民政府

乡　长：蓝　波
副乡长：邓文富（~2013-12）
　　　　毛新文（~2013-09）
　　　　张雪强（2013-01~）
　　　　巫林富（2013-09~）
　　　　方开和（2013-12~）

中国共产党柘岱口乡委员会

书　记：叶松华（2013-04~）
副书记：叶松华（~2013-04）
　　　　陈林军（2013-12~）
　　　　周勇锋
纪委书记：周勇锋
委　员：葛海东
　　　　翁锡华（~2013-07）
　　　　赛　盛（2013-07~）

柘岱口乡人民代表大会

主　席：尹小旻

柘岱口乡人民政府

乡　长：叶松华（~2013-12）
　　　　陈林军（2013-12~）
副乡长：葛海东
　　　　叶　英（女）

中国共产党濂竹乡委员会

书　记：汪金权
副书记：钟月英（女）

陈林军（~2013-12）
纪委书记：陈林军（~2013-12）
委　员：钟金德
王　玮

濂竹乡人民代表大会

主　席：汪金权
副主席：濮相康

濂竹乡人民政府

乡　长：钟月英（女）
副乡长：钟金德
吴永良

中国共产党龙洋乡委员会

书　记：朱宜根
副书记：林晓礼
纪委书记：林晓礼
委　员：蔡荣建

龙洋乡人民代表大会

主　席：包　炜（~2012-04）
朱宜根（2013-01~）
副主席：周朝霞（女）

龙洋乡人民政府

乡　长：王朝辉
副乡长：吴锦雄　（~2013-12）
朱文宾（2013-01~）
董美俊（2013-12~）

中国共产党蔡源乡委员会

书　记：徐春球（女）（~2013-04）
华　锋（2013-04~）
副书记：龚水伟
严育根
纪委书记：严育根
委　员：方开和（~2013-12）

蔡源乡人民代表大会

主　席：徐春球（女）（~2013-04）
华　峰（2013-04~）
副主席：戴樟友

蔡源乡人民政府

乡　长：龚水伟
副乡长：方开和（~2013-12）
高　磊
毕樟兰（女）（2013-01~）

中国共产党西畈乡委员会

书　记：周世岳（2013-01~）
副书记：曹　昱
翁　捷
纪委书记：翁　捷
委　员：陈志勇

西畈乡人民代表大会

主　席：周世岳（2013-01~）
副主席：周世辉

西畈乡人民政府

乡　长：曹　昱
副乡长：林素贞（女）（~2013-01）
宁云抗（2013-01~）
叶巧军（女）（2013-01~）

县情概览

基本地情

【位置面积】遂昌县位于浙江省西南部，地理坐标为北纬 28°13′～28°49′、东经 118°41′～119°30′。县境极东至濂竹乡安门村黄长岗，极西至柘岱口乡际下村竹洋乌岗凹，极南至龙洋乡黄塔上村大高山，极北至北界镇登埠村猪凹岭。东靠武义县、松阳县，南接龙泉市，西邻江山市和福建省浦城县，北毗衢州衢江区、龙游县和金华婺城区，县域总面积 2539 平方千米。县政府驻地妙高街道，位于县境东部，海拔 200 米。县城距杭州 226 千米，距丽水 96 千米。龙丽高速公路和 222 省道、227 省道穿境而过。

【地形地貌】境内山地面积 22.56 万公顷，占县域总面积的 88.83%，耕地面积 1.03 万公顷，占 4.06%，水域面积 1.8 万公顷，占 7.11%，素有"九山半水半分田"之称。地势西南高东北低，仙霞岭山脉横贯南北，展布全县。境内海拔千米以上山峰 703 座，九龙山主峰海拔 1724 米，为浙江省第四高峰。

【水系流域】全县共有河流 1467 条，河道总长度 2838 千米，分属钱塘江、瓯江两大水系，遂昌又被称作"钱瓯之源"。西北部的乌溪江、洋溪源、周公源、湖山源和桃溪、官溪、桃源，属钱塘江水系，流域面积 1865 平方千米，占县域面积的 73.45%；东南部的南溪、北溪、襟溪、濂溪，属瓯江水系，流域面积 674 平方千米，占县域面积的 26.55%。乌溪江是县境内最大河流。

【气候特征】县境气候属中亚热带季风类型，冬冷夏热，四季分明，雨量充沛，山地垂直气候差异明显。白马山、南尖岩、九龙山等高山地区终年无高温天气，是夏季避暑胜地。

县境雨量充沛，空间分布不均，县城年均降水量 1559 毫米，年均雨日 175 天。最多降水量 2206.4 毫米（2010 年），最少降水量 1038.6 毫米（1978 年）。最长连续降雨 23 天，最长连续无降雨 37 天。一日最大雨量 140.8 毫米（1997 年 7 月 9 日）。主要降水集中在 3—9 月，6 月降水量最多。县城多年平均日照 1755 小时。平均霜期 114.5 天，无霜期 251 天。年平均降雪日数 7.8 天，最多 28 天（1983～1984 年度），最少 2 天（1970—1971 年），积雪最大深度 30 厘米（1961 年 2 月 16 日）。

县内主要气象灾害有台风、暴雨、雨雪冰冻、春季低温阴雨、夏秋季高温干旱、汛期洪涝及泥石流、局部冰雹、大风等。另外，由不利气象条件引发的地质灾害、农业气象灾害、森林火灾等次生灾害和衍生灾害也较为严重。随着全球气候变暖，遂昌极端天气现象增多，气象灾害的发生频率和影响程度呈现增加趋势。据史料记载，自宋代以来，全县共出现较大水灾 68 次、旱灾 59 次、较大范围降冰雹 26 次。

【2013 年气候】年平均气

温较常年偏高，降水量、雨日偏少，日照偏多。全年气候异常多变：各月气温较常年同期起伏较大；各月降水较常年同期起伏也较大，1月、5月、7月、9月降水均显著偏少。年内明显气象灾害有：1月上半月持续低温雨雪冰冻天气；2月上旬交替出现强对流、寒潮和雨雪冰冻天气；3月上半月天气连晴，森林火险气象等级持续走高，森林火灾频发；4月上旬后期出现春季低温，茶叶受损严重；梅汛期局地性暴雨和强对流天气多发，导致部分地区出现山体滑坡、塌方等地质灾害；盛夏出现长时间、大范围、高强度罕见高温热浪天气，强度仅次于2003年；10月上旬强台风“菲特”影响遂昌，造成一定损失；年内强对流天气频发，12月中旬出现罕见区域性暴雨天气。

2013年，全县平均气温17.5℃，较常年（17.1℃）偏高0.4℃；年极端最低气温-6.3℃，出现在12月28日；年极端最高气温40.4℃，出现在8月7日。年内高温天数（最高气温在35℃以上）多达48天，比常年明显偏多，其中7月35℃以上的高温天数22天，8月18天。2013年县城降水量1361.6毫米，比常年（1579.1毫米）偏少217.5毫米，偏少约14%。全年总日照时数1852.7小时，比常年偏多277.5小时。

政区居民

【历史沿革】县境内在新石器时期就有人类繁衍生息。1997年在三仁畲族乡好川村发现古文化遗址，经考古发掘，出土石器、玉器、陶器、漆器等千余件，经鉴定，属于良渚文化晚期，距今4000年左右。夏、商、西周时属越，春秋、战国时属越姑蔑。秦和西汉时属会稽郡太末县。

东汉建安二十三年（218）分太末县南部地始置遂昌县。三国吴赤乌二年（239），更县名为平昌县。晋太康元年（280）复称遂昌。置县后，隋以前曾分别隶属会稽郡、东阳郡。隋开皇九年（589）撤遂昌县。唐武德初复置遂昌县。武德八年（625）遂昌撤县并入松阳。景云二年（711）复遂昌县。此后分别隶属括州、缙云郡、处州、处州路（府）等。民国期间隶属多次变更，抗日战争时期属浙江省第九区。中华人民共和国成立后，先隶属衢州专区，1955年改属金华专区，1963年起至今，属丽水专区（地区、市）。遂昌是浙江省建县较早的县，近1800年来，均以今妙高镇的中心区为县城，县署在君子山麓。

【行政区划】遂昌建县时地域广阔，约含今遂昌县域和龙泉市、庆元县大部，以及金华市（原汤溪县）部分地域。史上县境迭有调整。1982年，遂昌、松阳两县分治后，始成今日之县域。

2013年，全县辖2街道7镇11乡203个行政村。

2013年遂昌县乡镇（街道）及行政村一览表

表1　　单位：个

乡镇街道	村数	所辖村名
妙高街道	27	西街、南街、东街、北街、龙潭、北门、井东、含晖、金溪、上江、黄庄、金岸、大桥、源坪、上南门、螺蛳垵、源口、仙岩、七山头、古院、后江、东峰、新东、东红、庄山、余家、苍畈
云峰街道	17	社后、东亭、门阵、同心、隔溪、马头、范村、连头、龙口、龙祥、下马、东姑、古亭、长濂、湖边、银都、洋浩
新路湾镇	12	新路湾、官溪、新双溪、新溪、远路口、三井、社杨、蕉川、大马埠、小马埠、夹路畈、胡家

乡镇街道	村数	所辖村名
北界镇	9	北界、大谷岭、周村、淤弓、白水、王宅桥、苏村、登埠、王坞
大柘镇	12	车前、双溪新村、柘溪上、柘溪下、新旦、大田、永安、北山、黄垵、后垄、华洋、梭溪桥
石练镇	12	石练、姚埠、宏象、竹溪新村、淤溪、黄皮、柳村、大茂坑、迎新、金练兴、景新、爱丰
金竹镇	14	金竹、岭内、早坞、王川、百胜、叶村、夏东、梭溪塘岭、王村、交塘、兰蓬、龙溪、古楼、茶竹岭
王村口镇	13	桥东、桥西、钟根、山枣坪、山前、弓桥头、官塘、后塘、对正、吴处、大坑、石笋头、尹坞
黄沙腰镇	7	黄沙腰、大洞源、大熟、邵村、上定、仙人坝、小洞源
三仁乡	8	高碧街、小忠、好川、大觉、坑口、十三都、沙口、排前
濂竹乡	9	苏旺、治岭头、黄（石玄）、刘坑、千义坑、大竹小岱、横坑、柘坑、瓦窑岗
应村乡	9	东源、西山头、桃溪、应村、天师石玄、竹溪、双里、定溪、高棠
高坪乡	6	高坪新村、石坪、湖连、茶树坪、箍桶丘、淡竹
湖山乡	11	湖山、三归、湖方、珠村畈、坪峰、长安、红星坪、黄泥岭、福罗淤、奕山、姚岭
焦滩乡	5	焦（石娄）、蔡口、独山、大路沿、前山
蔡源乡	5	蔡和、双溪、大柯、永兴、甚坑
西畈乡	7	举淤口、渡口、西畈、湖岱口、渡坑、上西坑、独坑
柘岱口乡	5	柘岱口、毛阳、尹家、际下、五星
龙洋乡	6	凉潭口、九龙口、龙洋、黄赤、西滩 、埠头洋
垵口乡	9	根竹口、桂洋、徐村、葛程、垵口、大山、乐山头、石仓、小岩

【人口与民族】2013年年末，全县公安户籍人口232548人，其中男性120798人、女性111750人，分别占总人口的51.9%和48.1%。全年出生人口2364人，出生率10.16‰；全年死亡人口1811人，死亡率7.79‰；自然增长率2.38‰。

户籍人口1万人以上的有妙高街道、云峰街道、大柘镇、金竹镇、石练镇、新路湾镇、湖山乡。其中妙高街道户籍人口最多（61591人），焦滩乡户籍人口最少（3058人）。全县常住人口18.75万人，人口密度为每平方千米73.8人，处于较低水平。

据2010年第六次全国人口普查，遂昌县居住在城镇75311人，占总人口39.60%，城镇人口比重（城市化率）低于全省和全市水平。居住在乡村114854人，占60.40%。全县共有家庭户70191户，平均每个家庭户2.62人。全县有外来人口30287人，外出半年以上人口66896人。

各乡镇（街道）2013年户籍人口变化表

表2　　单位：人

乡镇（街道）	年末总人口	出生	死亡	自然增加	乡镇（街道）	年末总人口	出生	死亡	自然增加
妙高街道	61591	611	394	217	濂竹乡	4188	61	35	26
云峰街道	22957	265	194	71	应村乡	8490	92	80	12
新路湾镇	11922	115	109	6	高坪乡	5976	71	54	17
北界镇	9290	80	94	-14	湖山乡	10203	123	72	51
金竹镇	14442	139	107	32	蔡源乡	3538	31	34	-3
大柘镇	14641	150	118	32	焦滩乡	3058	38	32	6
石练镇	12370	124	88	36	龙洋乡	4431	45	34	11
王村口镇	9392	82	80	2	柘岱口乡	7327	68	58	10
黄沙腰镇	8417	53	65	-12	西畈乡	4517	49	27	22
三仁畲族乡	8457	98	73	25	垵口乡	7341	69	63	6

境内居民以汉族为主，少数民族有畲族、苗族、布依族、拉祜族、彝族、土家族、哈尼族、侗族、水族、白族、壮族、蒙古族、回族、傈僳族、满族、佤族等35个。2010年第六次全国人口普查，汉族176164人，占总人口92.64%；畲族12983人，占总人口6.83%。苗族205人，布依族184人，拉祜族159人，彝族87人，土家族53人，侗族43人，哈尼族37人，水族32人，白族31人，壮族28人，蒙古族23人，回族20人，傈僳族20人，满族19人，佤族14人，瑶族9人，藏族8人，维吾尔族6人，傣族6人，黎族4人，仡佬族4人，景颇族3人，土族3人，仫佬族3人，羌族3人，京族3人，纳西族2人，布朗族2人，德昂族2人，朝鲜族1人，哈萨克族1人，毛南族1人，鄂温克族1人，其他1人。

随着经济社会的发展，民族政策进一步落实，婚嫁圈扩大，特别是跨省婚姻增多，县内少数民族人口比重上升，民族种类更具多样性。

【畲族】全县20个乡镇（街道）均有畲族人口居住。人口在2000人以上的乡镇有妙高镇、大柘镇、三仁畲族乡，1501～2000人的有石练镇，1001～1500人的有云峰镇，501～1000人的有新路湾镇，101～500人的有北界镇、金竹镇、黄沙腰镇、湖山乡，100人以下的有10个乡。

2007年，县人民政府公布全县38个畲族村。妙高镇：古院村、后江村、东峰村、龙谭村、东门村、水阁村、井头坞村、东梅村、大毛头村、荫樟源村、螺蛳安村、下杭村、下坑口村、枫树坪村；三仁畲族乡：石板桥村、高碧街村、大觉村、坑口村、高桥村、好川村、排前村；石练镇：宏岗村、象岗村、项岭头村、上安村、金苏村、坪墟村、章师村；大柘镇：后垅村、永安村、高山村、培坞村、大坟山村、横源村；云峰镇：毛田村、岩里村；新路湾镇：夹路畈村；濂竹乡：苏旺村。

【姓氏】根据2010年第六次全国人口普查，全县共有513姓，其中10000人以上的有周、张、叶、吴、黄5姓；5000～9999人的有王、雷、李、陈、刘、郑、罗、朱、徐、潘10姓；1000～4999人的有33姓；100～999人的有77姓；不满100人的有225姓，不足10人的有146姓，仅1人的有48姓。按人口数量排位（1）周13284人（2）张11496人（3）吴10575人（4）

叶 10354 人（5）黄 10104 人（6）王 9465 人（7）雷 8604 人（8）李 7145 人（9）陈 6774 人（10）刘 6591 人。

语言与习俗

【语言】境内人群使用方言有遂昌话、畲话、福建话、江西话、淳安话、景宁话、南京话等。遂昌话是遂昌全境通用方言，系属吴语区处衢片龙衢小片。

【民间习俗】婚嫁习俗有望人家、押茶、择婚期、迎亲、传袋（代）、婚宴、闹新房、送灯、回三朝、新娘服装、做新女婿、豁拳等；生小孩习俗有催生、报生、洗三朝、做满月、做对幼、起俗名和认亲爹（娘）等；丧葬习俗有送终、哭丧、沐浴更衣、报丧、吊丧、守夜、入殓、守灵、做法事、出殡、斋饭、做七、百日祭、做阴寿等；岁时习俗有春节、元宵节、二月二、清明、立夏、四月八、端午、七月半、八月半、重九、冬至、过年等；生产习俗有开秧门、尝新米、判青山、狩猎、换工等；建房习俗有选地基、开工、开墙板、竖大门、上梁竖柱、归新屋等；其他习俗有修谱、建宗祠、立嗣、过行、舞龙灯、演戏等。（习俗的简介和演变详见 1996 版《遂昌县志》）

生态环境

【生态优势】遂昌生态环境优越，全县森林覆盖率 82.3%，居浙江省前列。拥有九龙山国家级自然保护区和全国唯一以县级命名的森林公园—遂昌国家森林公园。县域水质优良，出境水质常年达Ⅱ类以上。境内地热资源丰富，湖山温泉单井日出水量全省第一。全县负氧离子每立方厘米含量达 9100 个，高出世界清新空气标准 6 倍以上。“山也清，水也清，人在山阴道上行，春云处处生”，400 年前汤显祖的诗句正是遂昌原生态环境的生动写照。据 2012 年《浙江省生态环境状况评价报告》显示，遂昌县生态环境状况指数（EI）为 95.5，生态环境状况级别全为优，居全省第六位。在 2012 年度浙江省生态文明评价指标体系公众满意度测评中居全省各县（市、区）第三。

继 2011 年成功创建省级生态县，遂昌县全面启动国家级生态县创建八大攻坚计划，开展节

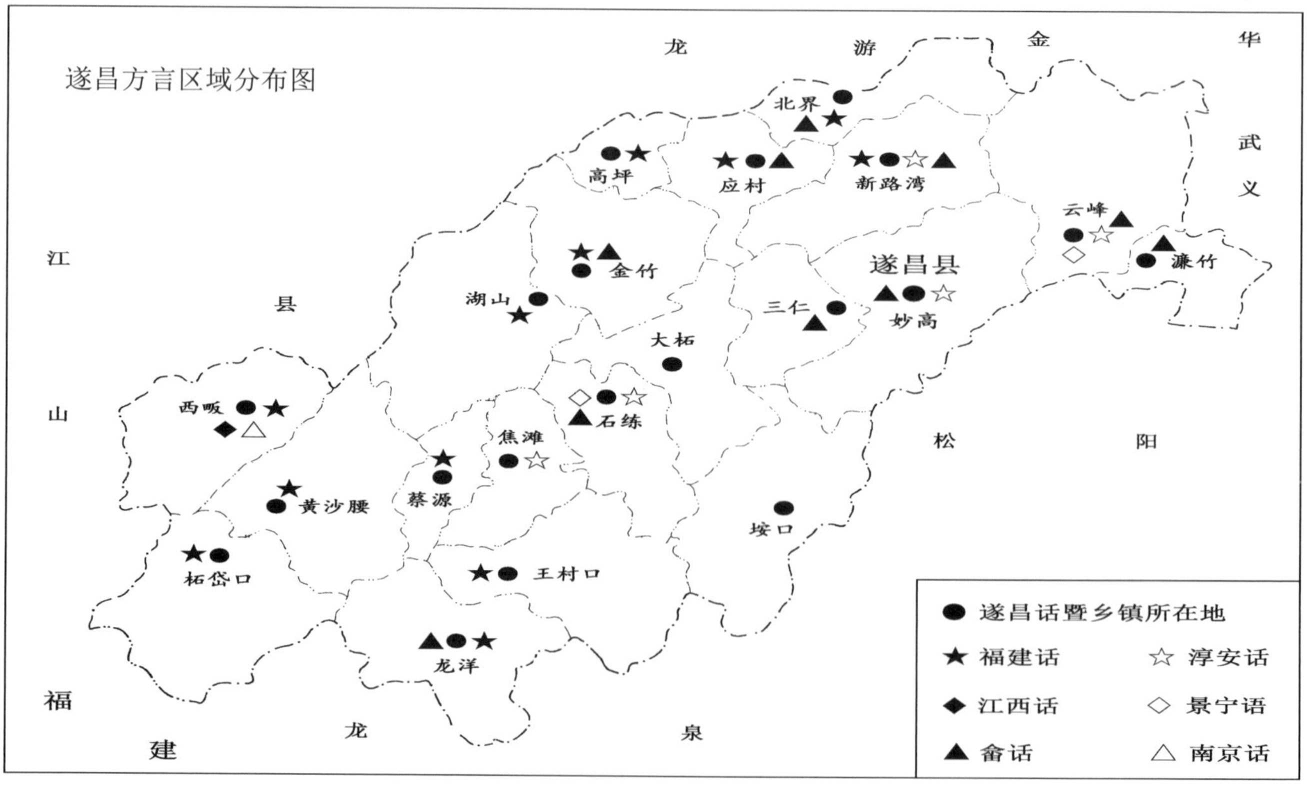

遂昌方言区域分布图

能降耗、循环经济、绿色县城、清洁空气、清洁土壤、清洁水源、洁净乡村、森林遂昌和绿色殡葬等11项工作，全面实施“811”生态文明推进行动。至2013年，美化、绿化乡村129个，创建20个洁净乡镇、7个洁净社区和80%的洁净村庄。2012年成功创建省级森林城市。2013年成功创建国家级生态县。

【年度环境质量】出境水全部达标。遂昌县对3个出境水断面（乌溪江龙鼻头断面、灵山港北界断面、松荫溪大石断面）实施监测：北界断面和龙鼻头断面基本为Ⅱ类水，大石断面基本为Ⅲ类水，均符合功能区要求。集中饮用水源地水质良好。成屏二级水库（自来水厂取水点）全年均为Ⅱ类水，其中达Ⅰ类水质率96.1%，符合水功能区要求。河流地表水全部达标。主要河流水质均处于Ⅰ～Ⅲ类水之间，符合功能区要求。

空气环境。1.空气质量指数。2013年县城空气质量指数（AQI）处于Ⅰ、Ⅱ级，符合功能区要求的有349天，其中空气质量指数Ⅰ级（优）159天，Ⅱ级（良好）190天，空气质量指数处于Ⅲ级（轻微污染）2天。2.降尘。城区降尘介于1.8～5.0吨/平方千米·月之间，平均值为3.3吨/平方千米·月，同比下降了0.18吨/平方千米·月。3.降水。2013年共采集降水样品51个，pH年平均值4.38，电导率年平均值4.3ms/m；酸雨率为98.6%，酸雨形势相对严峻。

声环境：2013年5月和11月对县城建成区内各噪声功能区和道路交通噪声分别进行了监测：城区内1类区（居民区）等效连续声级（Leq）平均为43.7dB(A)，2类区（混合区）等效连续声级（Leq）平均为43.2dB(A)，3类区（工业区）等效连续声级（Leq）平均为46.3dB(A)，4类区（道路交通噪声）等效连续声级（Leq）平均为58.7dB（Leq），均符合声功能区标准。

资源与特产

【水资源】全县有河流1467条，河道总长度2838千米。有市级河道松阴溪1条，县境内长11千米，县级河道乌溪江、高碧溪、濂溪等16条，总长342千米。多年平均径流总量27.88亿立方米。全县水域总面积71.891平方千米，水域类型以河流、山塘、水库为主，水资源总量27.88亿立方米，多年平均降水量44.7亿立方米。全县水力资源蕴藏量40万千瓦，可开发利用26.5万千瓦（不含乌溪江湖南镇水电站的6万千瓦）。至2013年年底，全县共建成小水电站108座，总装机24.61万千瓦，年发电量6亿千瓦时，占可开发总量的92.86%。

县域主要河流一览表

表3

河流名称	河道长度（千米）	河道平均宽度（米）	水域面积（平方米）	河流	河道长度（千米）	河道平均宽度（米）	水域面积（平方米）
松阴溪	11	80	880000	碧龙源	14	50	723500
南溪	32	50	1588500	独塬坑	8	25	197750
北溪	9	50	441000	关川	22	30	646800
濂溪	24	50	1201000	湖山源	12	35	432600
桃溪	35	40	1414400	柘溪	29	45	1325250
官溪	12	40	466000	金竹溪	14	30	413700
蕉溪	29	25	722000	周公源	51	70	3600800
桃源	7	25	175000	洋溪源	24	35	848400

河流名称	河道长度（千米）	河道平均宽度（米）	水域面积（平方米）	河流	河道长度（千米）	河道平均宽度（米）	水域面积（平方米）
乌溪江	20	60	1183200	合计	353		16259900

县域主要水电站（装机容量5000千瓦以上）一览表

表4

电站名称	站址	集雨面积（平方千米）	设计水头（米）	装机容量（千瓦）	投产日期
周公源一级	黄沙腰镇	162	108	25000	2009.03
周公源二级	黄沙腰镇	269	42	12600	2009.03
周公源三级	黄沙腰镇	336	50	16000	2009.05
蟠龙水电站	焦滩乡	750	22	16000	2011.12
金竹电站	金竹镇	46	182	6400	2010.11
碧龙源电站	龙洋乡	138	108	12600	2005.07
成屏一级电站	妙高街道	185	58	13000	1989.09
成屏二级电站	妙高街道	215	34	7600	1966.05
大溪坝电站	王村口镇	463	24	10000	2013.07
应村电站	应村乡	118	214	32000	2004.08

【土壤和矿藏资源】全县土地面积25.4万公顷，人均占有17亩，为全省人均占有土地面积的4.7倍。地貌以中山为主，群山耸立，间有低山、丘陵、岗地和谷地。林业用地占84.71%、农业用地占8.77%、居民点及工矿用地占1.10%、交通用地占0.37%、水域占1.85%，未利用地3.20%。90%以上地面为植物或水面覆盖，生态环境优越。土壤种类有红壤、黄壤、岩性土、潮土、水稻土等5个土类11个亚类34个土属70个土种，有明显的分布范围。海拔800米以上主要是黄土壤。黄、红壤土分别占全县土壤分布总面积的43%和48%，适宜发展林业生产和茶果等经济特产。水稻土占9%，主要种植粮食作物；岩性土、潮土占土壤面积0.25%，对生态环境和经济发展无明显影响。

遂昌是浙江省矿产资源比较丰富的县之一。已发现矿种30余种，矿床和矿点100多处，主要有金、银、铅、锌、钴、萤石和花岗岩等矿产，境内有2个萤石矿田（湖山萤石矿田和黄沙腰萤石矿田）和1处大型黄金矿山基地，是浙江省黄金、白银、萤石的主要产地。

“十二五”期间，遂昌县地质找矿取得重大进展，新探明一批萤石、铅锌和地热等矿产地，新增萤石资源量500多万吨，新增铅锌矿金属量15万吨。地热矿产地2处，其中探明1处日出水量达1500吨/天，井口温度40.3℃，是浙江省近年发现一个日出水量最大，温度较高，具有开发价值的温泉。遂昌金矿在西块段发现Ⅴ-4矿体，增加黄金储量962公斤，银储量6.76吨，在中块段探明一处中型铅、锌矿产，铅锌金属储量15万吨。

县域主要矿藏、储量及分布表

表 5

矿产名称	保有金属量（吨）	保有资源量（千吨）	主要分布
金	3.8	299.69	濂竹乡冶岭头银坑山矿区
银	172.9	8717.04	濂竹乡冶岭头银坑山矿区和应村乡金田寺
铅	86054.5	8319.90	濂竹乡冶岭头银坑山矿区
锌	205168.6	8319.90	濂竹乡冶岭头银坑山矿区
钴	525.2	1370.63	应村乡金田寺（全省唯一有钴储量的矿山）
萤石	4234020.0	9258.27	湖山萤石矿田和黄沙腰萤石矿田
花岗岩		25164.55	主要分布在云峰街道北部

2013年，全县有矿山16家，独立选厂一家。其中金属类矿山2家，遂昌金矿为采、选、冶联合企业。萤石类矿山10家，配套选厂2家，规模分别为300吨/日和200吨/日。花岗岩建筑类矿山4家。2013年矿山从业人员3500多人，矿业总产值3.5亿元，实现税利6000多万元。此外，黄金和温泉旅游具有良好的矿业发展潜力。

【农业资源】遂昌历属传统农业地区，长期以种植粮食为主，稻谷为大宗产品，其次为玉米、番薯、豆、麦、小米、荞麦等。2013年全县粮食作物播面积1.36万公顷，产量6.83万吨。茶叶为遂昌主要经济特产，2013年全县茶叶种植面积0.75万公顷，产量0.75万吨。

遂昌大力发展原生态精品农业，将之作为县域品牌来培育打造，出台《加快发展原生态精品农业的决定》，全县原生态农产品基地达100个，面积5万多亩，共21个品种，先后打响了黄泥岭土鸡、金竹山茶油、七山头土猪肉、桃源尖高山蔬菜、北界红提、建洋稻米等一批原生态农产品知名品牌。

茶叶、竹业、生态蔬菜、生态畜牧业、水干果五大主导产业做大做强，杂交水稻制种、中药材、油茶、食用菌、甘薯五大特色产业做精做优。遂昌县先后获中国竹炭之乡、中国菊米之乡、中国茶文化之乡、全国休闲农业与乡村旅游示范县等称号，被评为浙江省农业特色优势产业综合强县，是全省最大的杂交稻制种基地，也是全省无公害高山蔬菜主产区。

原生态农产品

【龙谷丽人茶】外形浑直似眉，色泽翠绿鲜润，香气清幽持久，冲泡杯中，茶芽直竖，似丽人曼舞，先后获国内外金奖10余次，获浙江十大旅游名茶称号，是浙江省著名商标、浙江名牌产品。

【遂昌竹炭】遂昌竹炭系列产品以环保、健康、低碳的理念深受市场青睐，广泛应用于净化水质、空气，吸湿防汗，保鲜消臭，屏蔽电磁波等方面，是居家健康生活的必备之品。遂昌是国内最大的竹炭生产、加工和出口基地。

【高山蔬菜】“桃源尖”高山蔬菜产自海拔890多米的石姆岩景区内，这里空气清新，昼夜温差大，全年平均气温13.4摄氏度。基地栽培全部采用有机标准种植，采用杀虫灯、昆虫性诱剂等技术达到杀灭害虫的目的，杜绝化学农药的使用。“桃源尖”高山蔬菜系列产品通过国家有机食品、绿色食品认证。

【遂昌烤薯】遂昌烤薯选用国家级自然保护区内的红心甘薯、紫蕃薯为原料，采用独特的传统工艺制作而成，不含任何添加剂和色素，口味自然纯正，风味别具一格。“黄沙腰”烤薯是浙江省著名商标、浙江省名牌农产品。

【石练菊米】《增广本草纲目》记载：“菊米，处州出一种山中野菊，甚香且清圆黄亮，土人采其蕾干之，如半粒绿豆大，云：败毒，散疗，祛风，清火明目为第一，产遂昌石练山。”经开水冲泡，菊香四溢，沁人心脾，具有清热解毒、平肝降压、预防感冒的作用，是天然、健康的保健饮品。

【**七山头土猪**】生长在海拔800米以上的高山村庄，采用古老的熟饲喂养方式，以农副产品和青绿饲料、牧草为原料，杜绝使用配合饲料和添加剂。生产管理运用质量追溯体系，从仔猪选购、饲养、防疫、出栏实行全程跟踪服务“户籍化”管理，确保了土猪的品质。

【**北界红提**】生长在北界镇桃源流域两岸。这里昼夜温差大，特别适合红提的生长，因而瓜果丰茂，又因独特的地理位置，山泉清澈甘甜，所产红提水贮量丰富，含糖量高。

【**金竹山茶油**】原料为野生茶籽，分布在遂昌县西部高山地区金竹镇。山茶树在生长过程中不需施化肥和农药，其营养成份完全来自天然无污染的空气和土壤。茶籽采用传统工艺，经冷榨、全物理提炼，是真正的纯天然、原生态食用油。

【**湖山有机鱼**】县境内的乌溪江库区水质清澄，保持着原生态的自然环境，有鳙鱼、鳜鱼、鲶鱼、鳜鱼、鲶鱼等数十个优质鱼类品种。库区特有生物资源溥皮蚤，是鱼类最优质的天然饲料。“湖山源”牌有机鳙鱼采取人放天养的自然生长模式，是不可多得的原生态有机鱼，被评为2010浙江省渔业博览会金奖。

【**黄泥岭土鸡**】黄泥岭村位于湖山乡乌溪江畔，村庄依山而居，四周环水，黄泥岭村巧借天然隔离带，化劣势为优势，培育出原生态黄泥岭土鸡，这里的每一只鸡都有《生长记录》，进行户籍化管理。这里养殖的土鸡都是自家母鸡孵出的，放养在房前山后自由寻食昆虫野草，饮山泉露水，早晚辅喂五谷杂粮，是原汁原味的农家土鸡。

林业资源及生物资源

遂昌是浙江省传统林业大县和重点林区县，有林业用地面积22.13万公顷，占土地总面积的87.1%，其中生态公益林13万公顷，占林业用地58.8%，比重全省第一，建设规模全省第二。林木蓄积总量779万立方米，并以每年近25万立方米的速度增长。2013年，全县有竹林面积2.33万公顷(其中毛竹2万公顷）、油茶0.53万公顷、干水果0.54万公顷。遂昌另有4个国有林场和九龙山国家级自然保护区。

全县有脊椎动物314种，隶属5纲29目81科202属，其中哺乳动物60种、鸟类143种、爬行类49种、两栖类34种、鱼类28种。无脊椎动物675种，隶属114科491属，其中蜘蛛类94种、昆虫类581种。常见脊椎动物178种，其中哺乳动物43种、鸟类65种、爬行类29种，两栖类25种、鱼类16种。有国家一级保护动物黑麂、黄腹角雉、白颈长尾雉、金钱豹、云豹。

全县有维管束植物252科982属2419种，其中种子植物151科724属1766种、孢子植物101科258属653种。除少数为引种栽培外，绝大多数为本地自然分布种。有国家一级保护植物南方红豆杉、伯乐树。现存100年以上名木古树6281株。有全省最大的鹅掌楸，树龄200余年。

遂昌县国家一、二级保护动物一览表

表6

动物名称	保护级别	动物名称	保护级别
云豹	I	领鸺鹠	II
金钱豹	I	草鸮	II
黑麂	I	白鹳	II

动物名称	保护级别	动物名称	保护级别
黄腹角雉	I	鸢	II
白颈长尾雉	I	鹰雕	II
猕猴	II	乌雕	II
短尾猴	II	白腹山雕	II
穿山甲	II	蛇雕	II
水獭	II	燕隼	II
大灵猫	II	红隼	II
小灵猫	II	勺鸡	II
鬣羚	II	红角鸮	II
斑羚	II	领角鸮	II
豺	II	斑头鸺鹠	II
金猫（原猫）	II	兰翅八色鸫	II
河麂（獐）	II	赤腹鹰	II
黑熊	II	松雀鹰	II
青鼬（黄猴貂）	II	普通鵟	II
白鹇	II	毛脚鵟	II
凤头鹃隼	II	灰脸鵟鹰	II
鸳鸯	II	大鲵	II
雀鹰	II	虎纹蛙	II
苍鹰	II	尖板曦箭蜓	II
雕鸮	II	中华虎凤蝶	II
长耳鸮	II	彩臂金龟	II
红脚隼	II		

遂昌县国家一、二级保护植物一览表

表 7

植物名称	保护级别	植物名称	保护级别
南方红豆杉	I	鹅掌楸	II
伯乐树	I	厚朴	II
福建柏	II	凹叶厚朴	II
白豆杉	II	樟树	II
榧树	II	闽楠	II
长叶榧	II	珠网萼	II
九龙山榧	II	花榈木	II

植物名称	保护级别	植物名称	保护级别
长序榆	II	毛红椿	II
榉树	II	香果树	II
连香树	II		

【九龙山国家级自然保护区】坐落于遂昌县西南部，总面积5525公顷。主峰1724米，为浙江省第四高峰。保护区内物种丰富、集中，地域连片，享有“生物基因库”的美称。大面积原生植被可划分为5个植被型组，11个植被型，32个群系组，39个群系和44个群丛组。已发现种子植物145科612属1348种，其中南方红豆杉、伯乐树、莼菜为国家Ⅰ级重点保护植物。已知动物有兽类8目22科47属60种，鸟类14目36科96属147种，两栖类2目8科20属34种，爬行类3目9科34属49种，鱼类3目8科20属25种，蜘蛛类21科94种，昆虫类16目101科642种，其中黑麂、黄腹角雉、白颈长尾雉、金钱豹、云豹为国家Ⅰ级保护动物。保护区内有壮观的十里猴头杜鹃长廊，全国罕见，更有神秘的“野人之谜”。1983年九龙山建立自然保护区，2003年升格为国家级自然保护区。内有四洲兰、蔡相岩、龙井、十八罗汉、大岩、饭蒸坛、八仙钓台、石门等景点。

文化遗产

【文化底蕴】遂昌建县悠久，文化积淀丰厚，是瓯越文化的重要发源地。好川遗址是浙西南地区新石器时代文化遗址的代表，被公布为国家级文物保护单位。相传五代时期名僧贯休曾在遂昌唐山隐居修行，作《十六罗汉图》。明代著名戏曲家汤显祖在遂昌为官五年，酝酿创作《牡丹亭》。焦滩乡独山村“明代一条街”，拥有叶氏宗祠、葆守祠、正统古井、隆庆石牌坊、明代寨墙等文保单位，是浙江省历史文化保护区。

全县共调查记录不可移动文物1064处，发掘了昆曲十番、茶灯戏、台阁、米塑、竹编画、茶园武术、黑陶烧制等民间艺术和非物质文化遗产，恢复了石练七月会、班春劝农等传统节庆。发现培养了一大批民间艺人，建立了国家、省、市、县四级名录保护体系。在弘扬民间优秀文化传统同时，积极开展汤显祖文化、红色文化、好川文化、农耕文化研究。

遂昌县是浙江省非物质文化遗产保护先进单位、浙江省民族民间艺术之乡，2008年被命名为中国民间文化艺术之乡。2013年，全县有国遗项目2个、省遗项目9个、市遗项目24个、县遗项目49个。

【好川文化】1997年，遂昌县三仁畲族乡好川村发掘的好川遗址，清理面积4000多平方米，发掘墓葬80处，出土玉器、石器、陶器、漆器1028件（组）。据考证，好川遗址属新石器时代晚期，上限为良渚文化晚期，下限为夏末商初，距今4200～3700年。这在浙西南地区是首次发现，被评为1997全国重大考古新发现提名荣誉奖。是浙江省继河姆渡文化、良渚文化之后发现的又一个考古学文化—好川文化。2013年，好川遗址被国务院核定为第七批全国重点文物保护单位。

【汤显祖文化】明代著名文学家、戏剧家汤显祖于万历二十一年至二十六年（1593—1598）任遂昌知县。在任期间，他清政惠民，深受百姓爱戴。他创相圃书院，建尊经阁；劝农耕作，发展生产；抑制强豪，灭除虎患；贯索从教，纵囚观灯……此外，他还写了大量题咏遂昌山水的诗文，创作了名著《牡丹亭》，为遂昌留下丰富的文化遗产。汤显祖辞官归里之后，遂昌百姓为汤显祖立生祠纪念。

1984年，遂昌成立汤显祖研究会；1985年，民众捐资在妙高山建遗爱亭，并举行纪念汤显祖435周年诞辰活动；1995年，遂昌汤显祖纪念馆建成开馆；2000年，中国汤显祖研究会首届年会在遂昌举行；2004

年，《汤显祖研究通讯》在遂昌创刊；2006年，中国汤显祖研究会驻会遂昌。遂昌县委、县政府制订《汤显祖文化发展规划》，依托“汤显祖世界文化名人、牡丹亭世界文化名著、昆曲世界文化遗产”三大世界文化品牌，着力打造汤显祖文化，并坚持举办中国遂昌汤显祖文化节。

【红色文化】在浙西南地区，遂昌创建中国共产党组织最早、革命斗争历史最长。1927年1月，遂昌建立了浙西南第一个中共组织。10月，成立浙西南第一个中共县委。1928年4月，创建了浙西南第一支革命武装。同年7月，共产党领导遂昌农军举行武装暴动，打响了浙西南革命武装斗争的第一枪。

1935年5月，粟裕、刘英率领中国工农红军挺进师转战遂昌，建立了以王村口为中心的浙西南游击根据地。1937年10月，在遂昌门阵举行了国共合作抗日谈判，达成协议。之后，遂昌成为浙江抗日救亡运动的后方基地之一，掀起了轰轰烈烈的抗日救亡高潮。1941年“皖南事变”后，遂昌的中共组织执行“隐蔽精干”白区工作方针，坚持斗争。解放战争时期，中共遂昌县委建立了武装工作队，一边积蓄力量，一边开展武装斗争。直至1949年5月8日，遂昌全境解放，揭开了历史新篇章。1988年5月，遂昌县被浙江省人民政府命名为“革命老根据地县”。

全县有革命遗址128处，其中省级文物保护单位6处，县级文物保护单位10处；省级爱国主义教育基地6处，市级爱国主义教育基地3处，县级爱国主义教育基地3处。

【国遗项目】 **昆曲十番** 十番是一种以多样乐器为组合，集打击与吹奏为一体的民间音乐。相传明代戏剧家汤显祖任遂昌知县期间，把昆曲传来遂昌，教会民众演奏（唱）“昆曲十番”，迄今400余年。中华人民共和国成立前遂昌昆曲十番班子流布全县城乡，主要在民间“七月会”迎神时活动，中华人民共和国成立后一度沉寂。2000年发现昆曲十番传统工尺谱抄本，有曲牌132首，多以汤显祖的“临川四梦”为演奏（唱）内容。2008年，遂昌“昆曲十番”被国务院批准公布为国家级非物质遗产保护项目。

班春劝农 “班春劝农”是遂昌传统的迎春文化形式。古时，在遂昌任职的县级长官在春耕来临之际，举行鞭春礼仪，颁布春令，劝农耕作。汤显祖任遂昌知县期间，每年下乡劝农，留下了许多劝农诗文，并将班春劝农民俗写入了《牡丹亭》。遂昌县于2009年春恢复举办班春劝农节，活动在乡村田间举行，分祭春、鞭春、开春三部分，四方群众和外地游客参与其中。2011年，遂昌“班春劝农”被国务院批准公布为国家级非物质遗产保护项目。

【历史文化村】在第三次全国文物普查中，全县调查登记的文物建筑1064处，古村落20多个。焦滩乡独山村、云峰街道长濂村、新路湾镇蕉川村是遂昌的历史文化名村。

独山村 位于焦滩乡境内，距县城47千米。村东文笔峰、石梯峰高耸环卫，村西天马山孤峙江边。南宋孝宗年间，尚书左丞相叶梦得的曾孙叶峦自松阳迁居独山，始成村落。明嘉靖年间，村中文风卓盛，名士辈出，当地称之“独山府”。村区遗存的明代建筑群，闻名遐迩，古街、民居、石碑坊、寨门、寨墙，延续并保存着古村落的历史文化脉络，素有“明代一条街”之称。独山村拥有叶氏宗祠、葆守祠、正统古井、隆庆石牌坊、明代寨墙等文保单位，是浙江省历史文化保护区。

长濂村 位于云峰街道境内，距县城12千米。村南有真武山，北有龟山，西南蛇山、东北赤尖山，村前濂溪萦回。长濂村有一千一百余年历史，文化积淀丰厚，明代最为兴盛。建于明万历年间的鞍山书院，因出过状元杨守勤而闻名。村中现存明清古建筑30多座，长濂村古建筑群—郑氏宗祠、郑秉厚府第、绣楼、蒙童书堂、滋德堂、保俭堂等被公布为省级文物保护单位。十余年来，长濂村连续被评为丽水市十大文化名村、省级文明村、省级文化名村、全国文明村。

蕉川村 位于新路湾镇境

内，距县城10千米，这里畈田平展开阔，周围山峦环绕，地形犹如芭蕉而称蕉川。村中张姓为唐代右丞相张九龄的后裔。蕉川村有古建筑41处，是全县保存文物建筑最多的村。潘家大屋为第三次全国文物普查重要新发现之一。潘家大屋、叶氏宗祠、七间大屋、周家大屋、周氏祠、叶炳林民居等六处乡土建筑被公布为省级文物保护单位。传统的蕉川板龙是遂昌最大的板龙，有100多节，长200多米。

【节庆活动】遂昌注重文化与旅游有机结合，积极引导各地举办有特色的文化节庆活动，推进文化节庆活动常态化。

汤显祖文化节　中国遂昌汤显祖文化节是浙江省18项重大文化节庆活动之一，2006年首办，2009年起举办汤显祖文化劝农节，2012年起固定为两年一届。中国遂昌汤显祖文化节主要由开幕式暨文艺晚会、班春劝农典礼、民间艺术巡展、《牡丹亭》戏曲之夜、汤显祖与莎士比亚文化高峰论坛、农民趣味运动会等10多项活动组成，集文化遗产展示、民间艺术展演、高端学术交流、农耕文化体验、生态旅游推介等为一体，使人民群众共享文化发展成果，同时又是遂昌县精心打造的一个服务平台和文化载体。

中国遂昌汤显祖文化节之班春劝农典礼，见“国遗项目”。

2010年以来，遂昌与莎士比亚的故乡英国斯特拉福德市联姻，开展国际文化交流。遂昌县多次组织文化交流考察团赴英国交流考察，双方签订文化交流合作协议。英国客人也多次回访，参加中国遂昌汤显祖文化节。2012年4月，遂昌县联合浙江昆剧团，携全本《牡丹亭》赴英国演出。

石练七月会　又名“秋赛会”。会期达20余天，是全县时间最长、范围最广、规模最大的民间庙会。七月会是古时在夏耘之后、秋收之前的一场大规模的民间文化娱乐活动，是商贾云集、买卖所需的乡村物资信息交易会，也是家家户户亲戚朋友的团聚会。石练七月会每坦（村）一天，上午迎神巡游，下午、晚上在蔡相行宫（祭亭）演戏，日夜各一场。迎神巡游队伍浩浩荡荡，礼炮震天，旗幡蔽日，笙歌缭绕、鼓乐喧闹。赶会的群众人山人海，夹道相迎，热闹非凡。

新中国成立之后，石练七月会一度终止。2004年起，石练民间成立理事会，组织恢复了七月会。巡游队伍中增加军乐队、腰鼓队、秧歌队。其中最引人瞩目的是昆曲十番和石练台阁。

北界红提节　北界全镇红提种植面积130多公顷，总产值超过3000万元，红提产业成为农民增收的重要渠道。2009年以来，北界镇每年举办一次红提节，推动红提产业进一步发展。北界镇把举办红提节与发展乡村休闲旅游相结合，举行红提开摘仪式、推出红提免费品尝、爱心红提拍卖会、红提大王、红提状元评选，以及农民趣味运动会、七夕晚会、垂钓大赛、主题论坛等活动。

2013年起，北界、应村、高坪三乡镇联袂推出“欢乐桃溪”系列活动，将北界红提节与应村自行车爬坡赛暨猕猴桃节、高坪乡村爱情节结合起来举办，内容更加丰富，更受游客欢迎，农民受益面更广。

金竹山油茶节　金竹镇有原生态山油茶林1867公顷，年产油茶籽30万千克，有“浙西南油库”之称。旧时，金竹镇有十多家水碓榨油作坊，农村中有世代相传的榨油师傅。2008年，金竹镇投资修复了王和车榨油坊，使传统榨油技艺得以保护传承。从这一年起，金竹镇每年举办山油茶开榨节。开榨节上，挑着油茶籽的茶农排成长龙，领导、嘉宾给油茶树挂上红灯笼和红布条，舞台上摆着巨型古老榨油车，在榨油师傅的引导下，嘭嘭嘭的榨油声和着榨油号子，金黄锃亮的茶油从油车底部吱吱流淌出来。山油茶特色小吃品尝、山油茶产业发展论坛等，让节庆活动更加丰富多彩。

大柯摄影文化节　近年来，蔡源乡大柯村充分利用当地的地理环境优势，成功举办了多届“走进大柯”摄影文化节。这是全国首个由村级举办的摄影文化节，吸引了来自全国各地的几百名摄影家相聚大柯，赏山村民居美景，摄江南梯田风光，品蔡和文化古韵，享山区农耕情趣。

蔡源乡以大柯摄影文化节为载体，把优秀的蔡和文化、农耕文化与梯田风光相结合。摄影文化节期间，有蔡和班婺剧表演、蔡和脸谱、米塑、特色花灯、铜钟鼓乐、金龙闹梯田和耕田插秧比赛、泥田拔河比赛、捉泥鳅比赛等，以及打铁、箍桶、磨豆腐、打草鞋、打土墙等项目，还有各种特色小吃和农产品展示，内容丰富多彩，令人目不暇接。

风景旅游

【旅游资源】遂昌古称仙县，山清水秀，自然和人文景观交相辉映，旅游资源丰富，先后获中国最佳生态旅游县、中国旅游文化示范地、浙江省十大生态旅游名城、浙江省旅游经济强县等称号。有国家级自然保护区1处、森林公园1处、矿山公园1处，国家AAAA级景区4处，省级红色旅游经典景区1处。金矿、温泉、竹炭博物馆是遂昌旅游的亮点。

【AAAA级景区】**南尖岩** 南尖岩景区距县城50千米，主峰海拔1626米，2004年被联合国教科文组织确定为“国际摄影创作基地”，2008年获评“国家AAAA级景区”。景区主要由天柱峰、神坛峰、千丈岩等多处奇峰异石构成地貌景观；霞归瑶池、九级瀑布等构成水体景观；竹海、针阔混交林、古松为主的植物和千种动物构成生物景观；景区空气清新，富含负氧离子，年均雾日约200天，形成奇独的云海、日落、长虹、雪景、雾凇、冰挂等天象景观。景区独特的地形地貌，经历代劳动人民辛勤耕耘，造就了百余公顷高山梯田景观。

神龙谷 神龙谷景区地处县域南部山区，距县城50千米，为国家AAAA级景区。有林地面积615公顷，深谷幽洞、绝壁飞瀑和高山台地为典型特征。最美丽的神龙飞瀑，被誉为中华第一高瀑，其水源流经山崖倾泻而下，随山势阻挡形成三级：一级瀑高约60米、宽10米，二级瀑高约80米、宽18米，三级瀑高约120米、宽25米。一、二级之间还有落差约70米的跌水河段。瀑布水量常年比较稳定，雨水丰沛期尤为壮观。

千佛山 原名飞石岭景区，距县城30千米，国家AAAA级景区。拥有迷人的山水风光和原始阔叶林；峡谷清幽，林木茂密，清澈的山泉穿行其间，形成瀑、池、湖、潭、泉、涧。高达300米的天然石佛—弥勒山令人震撼，裸露的岩石酷似佛像的头腹手足，“山是一尊佛，佛是一座山”，使人不禁感叹大自然的神奇造化。

遂昌金矿 国家首批矿山公园、国家AAAA级景区，距县城16千米。景区拥有国内开采规模最大、遗迹保存最完好的唐代金银矿古矿硐。古矿洞中的“烧爆法”遗迹，具有弥足珍贵的历史文化价值。景区建成黄金博物馆、黄金顶、黄金冶炼观光、淘金体验等旅游项目。有黄金商业街、酒店、青年公寓等服务设施。金矿所在地奇峰秀水、林幽涧碧，是“长三角”唯一集旅游观光、休闲度假、求知探密、商务会议为一体的黄金景区。

【特色农家乐】全县有农家乐休闲旅游村（点）78个，农家乐经营户493户，从业人员8600余人。有农家乐省级特色示范村6个，省级特色示范点3个，市级特色示范村15个，市级特色示范点8个，省五星级农家乐点2家，省四星级农家乐户点7家。

省级农家乐特色村：新路湾镇三井村、高坪乡茶树坪村、大柘镇大田村、王村口镇石笋头村、云峰街道刘坞村、安口乡大山村

省级特色示范点：湖山温泉度假村、长濂鞍山书院、竹海休闲山庄

省五星级农家乐：湖山温泉度假村、长濂鞍山书院

省四星级农家乐：三井明贡茶庄、竹海休闲山庄、刘坞村银庄、梧桐仙迹蘑菇园、大田村茶香苑、龙谷丽人茶叶观光园、红星坪渔歌青年旅社。

经济和社会发展

年度经济运行情况

【概况】2013年，遂昌县地区生产总值84.54亿元，比上年增长10.1%。其中第一产业实现增加值9.94亿元，增长3.1%；

第二产业实现增加值39.55亿元，增长14.2%；第三产业实现增加值35.06亿元，增长7.3%。人均生产总值超7000美元。三次产业构成为11.7：46.8：41.5。

【工业】全年完成工业总产值215.05亿元，比上年增长21.4%。其中规模以上企业产值180.92亿元，增长21.6%。新上规模以上企业4家。产值超亿元企业18家，其中元立集团产值127.5亿元。工业用电量增长15.83%，下半年大用户用电量稳中有升态势明显，大部分企业用电量都有增长。规上企业销售同步增长，实现销售产值173.55亿元，增长22.7%，产销衔接良好，产品销售率96%，比上年提高0.9个百分点。规模以上企业增加值28.42亿元，增长22.4%；其中战略性新兴产业增加值6.24亿元，增长21.4%，增幅居全市第4位。

【农业】全年实现农业总产值15.75亿元，比上年增长6.3%。其中农业产值9.13亿元，增长4.3%；林业产值3.96亿元，增长11.4%；牧业产值2.43亿元，增长5.8%；渔业产值1323万元，增长7.8%。全年粮食种植面积13593公顷，总产量6.83万吨，增长1.2%。茶园总面积7473公顷，产量8488吨，增长11.2%，产值4.82亿元，增长24.4%；生态蔬菜播种面积3027公顷，增长3.7%，产量4.82万吨，增长6.4%，产值1.76亿元，增长12.8%。全县生猪存栏7.95万头，出栏11.11万头，分别增长3.5%和5%。

【固定资产投资】全年完成固定资产投资40.64亿元，比上年增长25.5%。其中民间投资25.33亿元，增长25.5%；工业投资18.14亿元，增长18.9%。房地产投资4.75亿元，增长315.7%，主要是因为上一年遂昌县房地产投资基数过低。在房地产开发加快的情况下，房地产业销售面积由大幅下降趋势转为快速增长，全年房屋实际销售面积3.06万平方米，增长105.1%。重点建设项目均超额完成年度计划。3个省“411”重点项目完成投资6亿元，占年度计划139.49%；11个省重点建设项目完成投资7.8亿元，占年度计划投资134.57%；15个市重点项目完成投资12.2亿元，占年度计划投资139.22%；26个县重点项目完成投资16.7亿元，占年度计划投资112.50%。

【财政】全年财政总收入为9.25亿元，比上年增长10.4%。公共财政预算收入5.52亿元，增长18.1%。财政总支出17.82亿元，增长16.8%。年末金融机构本外币存款余额为95.61亿元，增长10.2%，其中居民储蓄存款54.49亿元，增长15.7%。贷款余额89.77亿元，增长19.8%。人民币存贷比93.9%。

【消费品】全年实现消费品零售总额33.65亿元，比上年增长16.5%。其中限额以上消费品零售总额4.7亿元，增长24.4%。电子商务不断发展，全县建设农村电子商务服务站100个，全年实现销售额3亿元，增长51%，被评为“浙江省电子商务示范县”。外贸出口由降转增，全年实现出口1.32亿美元，增长19.1%。

【旅游】全年共接待国内外游客991.28万人次，比上年增长36.2%；实现旅游综合收入46.45亿元，比上年增长40.6%。景区全年实际门票收入5161万元，比上年增长25.2%，其中遂昌金矿景区全年门票收入近1800万元，居全县景区门票收入榜首。全县共有农家乐经营户（点）509家，共接待游客196.4万人次，比上年增长34.5%；经营收入1.89亿元，增长35.5%。

【民生】全年民生支出12.89亿元，占财政总支出的72.3%，一批重大教育项目顺利推进，高考、中考成绩取得历史性突破，职业教育发展考核获全省一等奖。医改“回头看”取得实效，“五保合一”大社保体系逐步健全。全年城镇居民人均可支配收入30370元，同比增长10.3%，增幅居全市第5位。全年农民人均纯收入10224元，同比增长12.9%。

2013年遂昌县国民经济和社会发展主要指标情况表

表8

序号	指 标 名 称	计量单位	2013年实绩		备注
			总量	比上年增长%	
1	生产总值	亿元	84.55	10.1	GDP增幅按2010年不变价计算
	其中： 第一产业	亿元	9.94	3.1	
	第二产业	亿元	39.55	14.2	
	第三产业	亿元	35.06	7.3	
	三次产业构成		11.7：46.8：41.5		
2	工业总产值	亿元	215.05	21.4	
3	农业总产值	亿元	15.75	6.3	
4	地方财政收入	亿元	5.52	18.1	
5	固定资产投资	亿元	40.64	25.5	
6	社会消费品零售总额	亿元	33.65	16.5	
7	外贸自营出口总额	万美元	13230	19.1	
8	旅游总收入	亿元	46.45	31.1	
9	农村居民人均纯收入	元/年	10224	12.9	
10	城镇居民人均可支配收入	元/年	30370	10.3	
11	城镇登记失业率	%	3.01		
12	人口自然增长率	‰	2.38		
13	万元GDP能耗	吨标煤/万元			
14	化学需氧量COD	吨			
15	氨氮NH3-N	吨			
16	二氧化硫SO2	吨			
17	氮氧化物NOX	吨			

2011—2013年遂昌县城乡居民收入指标数据表

表9

	2011年		2012年		2013年	
	总量（元/人）	增幅（%）	总量（元/人）	增幅（%）	总量（元/人）	增幅（%）
农民人均纯收入	7962	19.6	9056	13.7	10224	12.9
城镇居民人均可支配收入	24431	12	27534	12.7	30370	10.3

遂昌县城镇住户抽样调查情况表

表 10

指标名称（年人均）	单位	遂昌
人均现住房建筑面积	平方米	56.05
家庭总收入	元	32508
其中：可支配收入	元	30370
（一）工资性收入	元	18842
（二）经营净收入	元	2733
（三）财产性收入	元	3341
（四）转移性收入	元	7592
消费支出	元	19921
1.食品	元	7197
2.衣着	元	2766
3.居住	元	1700
4.设备用品及服务	元	1200
5.医疗保健	元	1931
6.交通和通信	元	2526
7.娱乐文教服务	元	2124
8.其他商品和服务	元	477

遂昌县城镇住户每百户耐用消费品年末拥有量统计表

表 11

消费品名称	单位	2013 年	2012 年	2011 年	2010 年
1.摩托车	辆	44	54.0	55.0	53.0
2.助力车	辆	69.4	77.0	76.0	66.0
3.家用汽车	辆	24.5	20.0	20.0	21.0
4.洗衣机	台	95.9	99.0	98.0	94.0
5.电冰箱	台	98	101.0	101.0	97.0
6.彩色电视机	台	187.8	206.0	207.0	210.0
7.家用电脑	台	106.1	96.0	87.0	86.0
8.组合音响	套	8.2	24.0	22.0	19.0
9.摄像机	架	4.1	6.0	4.0	5.0
10.照相机	架	73.5	48.0	45.0	42.0
11.钢琴	架	0	1.0	1.0	1.0
12.其它中高档乐器	件		5.0	4.0	3.0

消费品名称	单位	2013 年	2012 年	2011 年	2010 年
13.微波炉	台	79.6	80.0	78.0	77.0
14.空调器	台	146.9	130.0	129.0	128.0
15.淋浴热水器	台	108.2	105.0	104.0	102.0
16.消毒碗柜	台	14.3	18.0	21.0	20.0
17.洗碗机	台	2	1.0	1.0	
18.健身器材	套	10.2	5.0	3.0	3.0
19.固定电话	部	63.3	75.0	75.0	76.0
20.移动电话	部	216.3	210.0	206.0	207.0

遂昌县农村住户抽样调查情况表

表 12

2013 年农村居民收支情况		
指标名称（年人均）	单位	遂昌
年末人均居住住房面积	平方米	57.00
生活消费支出	元	7675
1.食品	元	2866
2.衣着	元	524
3.居住	元	1098
4.家庭设备.用品	元	559
5.交通和通讯消费	元	678
6.文化教育.娱乐	元	843
7.医疗保健	元	936
8.其他商品和服务	元	171
全年人均纯收入	元	10224
一.工资性收入	元	4643
二.家庭经营纯收入	元	4559
三、财产性收入	元	307
四、转移性收入	元	715

遂昌县农村住户每百户耐用消费品年末拥有量

表 13

消费品名称	单位	2013 年	2012 年	2011 年	2010 年
洗衣机	台	40.0	57	53	46
电冰箱	台	86.0	88	85	73

空调机	台	27.0	23	16	15
抽油烟机	台	22.0	22	20	18
吸尘器	台	0.0	4	2	1
微波炉	台	23.0	17	15	15
热水器	台	69.0	74	65	61
太阳能热水器	台	54.0	56	47	36
自行车	辆	39.0	61	53	51
电动自行车	辆	50.0	48	43	44
摩托车	台	67.0	76	75	67
汽车(生活用)	台	7.0	6	6	7
固定电话机	部	62.0	55	57	62
移动电话	部	225.0	245	222	225
彩色电视机	台	129.0	149	144	129
黑白电视机	台	—	—	5	2
摄像机	台	—	—	0	—
影碟机	台	38.0	37	49	38
照相机	架	6.0	5	4	6
家用计算机	台	23.0	29	28	23

计划管理与宏观调控

【概况】“十二五”期间，全县国民经济和社会发展取得很大进步，在“转型升级加快推进，城乡发展更为协调，生态优势更加彰显，生活品质明显提升，发展动力持续增强”五大发展目标上都取得可喜成绩，在主要经济社会发展30项指标上取得较大进展，大多数指标完成情况良好，其中12项预期性指标高于预期或符合要求、13项约束性指标全部达标。

【规划编制】完成《关于遂昌县2012年国民经济和社会发展计划执行情况与2013年国民经济和社会发展计划（草案）的报告》的编写。1—3月分别向各乡镇部门和人大代表征求意见，随后对报告进行修改，最终经过人大常委会，县政府常务会议和县委常委会审议通过。

科学合理安排2013年度规划编制计划，加强规划编制管理，发挥规划在全县经济社会发展中的统筹谋划作用。印发《关于下达2013年度规划编制经费的通知》，安排规划经费717.11万元，编制《遂昌县历史文化村落保护利用规划》《十八里翠国家水利风景区规划》《遂昌县2013-2016年畜牧用地规划》《遂昌县电子商务规划》《遂昌县文化产业发展规划》《遂昌县生态文明建设试点示范县建设规划》《九龙山国家级自然保护区总体规划》《遂昌县住房建设规划》等。

【“十二五”规划中期评估】5月启动“十二五”规划中期评估工作，委托省发改委宏观经济研究院开展第三方评估工作，召开全县“十二五”规划中期评估座谈会；7月印发《关于开展“十二五”规划中期评估的通知》，全面开展“十二五”中期评估规划纲要及有关专项规划的评估工作；9月印发《关于听取和审议“十二五”规划纲要实施情况中期评估报告的实施方案》；10月，向县人大常委会递交《遂昌县国民经济和社会发展第十二个五年规划纲要中期评估报告》并通过审议；11月向县委常委会作关于《遂昌县国民经济和社会发展第十二个五年规划纲要中期评估报告》的工作汇报，并通过审议；县人大常委会印发《关于对遂昌县国民经济和社会发展第十二个五年规划纲要实施情况中期评估报告的审议意见》，通过中期评估报告。

【计划完成情况】2013年，遂昌县较好地完成了年度国民经济和社会发展计划。实现地区生产总值84.54亿元，完成年度计划的96.1%；实现第一产业增加值9.94亿元，完成年度计划的104.6%；实现第二产业增加值39.55亿元，完成年度计划的93.1%；实现第三产业增加值35.06亿元，完成年度计划的97.4%。实现工业总产值215.05亿元，完成年度计划的101%；实现农业总产值15.75亿元，完成年度计划的100.3%；实现地方财政收入5.52亿元，完成年度计划107.4%；完成固定资产投资40.64亿元，完成年度计划的104.7%；实现社会消费品零售总额33.65亿元，完成年度计划的100.4%；实现外贸自营出口总额13230万美元，完成年度计划的113.4%；实现旅游总收入46.45亿元，完成年度计划的108%；实现农村居民人均纯收入10224元，完成年度计划的99.3%；实现城镇居民人均可支配收入30370元，完成年度计划的99.2%，城镇失业率为3.01%，人口自然增长率为2.38‰。万元GDP能耗、化学需氧量COD、氨氮NH3-N、二氧化硫SO2、氮氧化物NO X等各项约束性指标能如期完成削减任务。

【资源要素争取】重点加强市政基础设施、农林、水利、社会事业、资源环境等领域项目的包装，2013年共争取中央预算内项目19个，争取中央资金3447万元。共争取省公建项目12个，省公建资金790万元。土地方面：遂昌汤显祖文化国际交流中心项目新增列入2013年度省重大产业项目。2012年度省重大产业项目华东花岗岩集聚加工综合循环利用产业示范区（一期）项目获奖励指标40667平方米。

体制改革

【概况】通过走访有关部门及通过召开体改联络员会议等形式，开展深化改革方案调研，印发《2013—2014年遂昌县深化改革实施方案》，深入开展低丘缓坡开发利用试点、农村金融改革试点和扶贫改革试点工作。积极推进遂昌县山区科学发展示范区建设，印发《中共遂昌县委关于全面实施创新驱动发展战略加快建设山区科学发展示范区的决定》。完成省、市下放的7项行政审批事项的衔接和落实，取消行政审批事项9项。2013年全县有53780户农户参加政策性农村住房保险，参保率95%。水稻保险保额从400元/亩的提高到600元/亩，并实行全县水稻统保。

产业结构

【新型产业培育】遂昌县实施战略性新型产业培育行动，构筑高效生态产业体系，推动城市经济向科技化现代化方向发展。坚定不移走新型工业化道路，大力引进培育新兴产业，重点发展新能源、新材料、生物医药、节能环保、先进装备制造、电子信息等战略性新兴产业和高新技术产业。加强重大技术攻关，不断加大对特种纸、锂电池（镍氢电池）、竹炭、环保型聚胺酯革、合成革转移膜、茶多酚、特种精密铸件等产品的研发投入，支持传统产业改造提升，引导企业实施现代化技术改造，加快高新技术和先进适用技术在金属制品、造纸、精细化工、矿产开采等传统产业中推广应用，加快腾笼换鸟、机器换人、空间换地，提高企业资源利用率，提高劳动生产率。

【标准化战略】推动县域产业向标准化品牌化方向发展，大力实施标准化战略，建立完善技术标准社会公共信息服务平台，围绕特种纸、化工、竹炭、建筑五金等产业，制定实施联盟标准，促进块状产业向现代产业集群转型升级。推进省级农业综合标准化试点县建设，深入开展标准化示范基地建设、农产品质量安全认证、地理标志产品保护工作，致力打造农产品质量可追溯体系。开展服务业标准化试点，继续深化旅游服务标准制订和实施。大力实施品牌战略，以高技术、高附加值、自主创新、生态环保等为导向，鼓励企业加大技术创新、产品创新和品牌培育力度，打造更多“名企、名品、名家”。支持农业企业创建原生态农产品自主品牌，支持景区、农家乐村点打造特色乡村休闲旅游品牌，增强县域特色生态产业的核心竞争力，全面打响“五行遂昌、一诺千金”县域品牌。

【特色产业】产业发展重点是以省块状经济向现代产业集群转型升级示范区试点为契机，加快金属制品及关联产业基地建设，同时大力发展特种纸、竹木深加工产业、矿山采掘、农副产品加工四大特色产业，着力培育生物、新能源、新材料、节能环保四大新兴产业，稳步发展装备制造业和其他特色产业，努力优化产业发展格局。

【产业空间布局】着力构建“一核两带”产业空间布局，积极融入“长三角经济圈、海西经济圈”和丽水生态产业集聚区，推动产业集群发展，重点加快东城毛田、洋浩、龙板山工业区块，以及石练、北界等工业集聚区建设。“一核”为东城区块，包括妙高、云峰两个区片，“两带”分别为石练—大柘绿色产业带和龙丽高速公路沿线产业带。

物价管理

【概况】按照《浙江省定价目录》，全年调整、制定教育、物业、停车收费及行政事业单位培训收费标准22项。开展2008—2012年行政事业性收费清费减负政策评估调查，涉及工商、教育等18个系统56个收费大项，累计减负14039.24万元。及时落实各项清费减负政策，2013年新增减负额130万元。继续开展收费年审工作，共审验收费单位50家，行政事业性收费55项，收费总额5716.97万元。换发64家单位收费许可证。完成对2000年1月1日至2013年5月31日期间的物价文件清理，共计174份文件，其中有效文件32份、部分有效5份、废止3份、失效文件134份。完成重要商品定期监测、成品粮应急监测、“菜篮子”价格专项监测共84期，及时启动防控H7N9禽流感及相关商品应急价格监测，完成监测分析12篇。

土地市场

【概况】2013年，遂昌县国有建设用地供应总量为150宗，供应总面积65.1532公顷。其中出让土地134宗，出让面积49.4581公顷，土地出让价款共计2.52亿元；划拨土地16宗，划拨面积15.6952公顷。

2013年度协议出让土地4宗，拍卖出让土地42宗，挂牌出让土地88宗。根据出让土地用途划分，2013年度全县出让商服用地7宗，出让面积9.0597公顷，出让价款5319.9万元；出让工矿仓储用地36宗，出让面积38.1593公顷，出让价款5871.7万元；出让住宅用地90宗，出让面积1.7708公顷，出让价款13795.56万元；出让公共管理与公共设施用地1宗，出让面积0.4683公顷，出让价款204万元。

国家、省（部）级荣誉称号（部分）

表14

荣誉称号	获得年份	荣誉称号	获得年份
省级文明县城	2006	2011中国十大年度县域旅游之星	2011
中国十大特色休闲产业基地	2007	全国休闲农业与乡村旅游示范县	2011
中国最佳生态旅游县	2007	全国科普示范县	2011
中国旅游文化示范地	2007	浙江省旅游经济强县	2011
浙江省十大生态旅游名城	2009	省级生态县	2011

荣誉称号	获得年份	荣誉称号	获得年份
国家级林业科技示范县	2009	浙江省美丽乡村创建先进县	2011
中国绿色名县	2010	省级森林城市	2012
中国竹炭产业基地	2010	国家级生态县	2013

（综合）

2013年遂昌县国民经济和社会发展统计公报

2013年，在县委、县政府的坚强领导下，面对复杂多变的国内外经济形势，全县上下紧紧围绕“加快转型跨越、推动强县富民”战略，坚持以科学发展观为指导，攻坚克难，务实创新，扎实工作。在转型升级、推进经济发展方式转变的关键年，全县经济保持平稳较快增长，社会发展和谐稳定。

一、综合

初步核算，2013年全县实现生产总值（GDP）84.54亿元，按可比价计算，增长10.1%，其中，一、二、三产增加值分别为9.93亿元、39.55亿元和35.06亿元，同比增长3.1%、14.2%和7.3%。人均生产总值45028元（按年平均汇率6.1927折算为7271美元），比上年增长10.7%。三次产业结构从上年的12.2：45.9：41.9调整为11.7：46.8：41.5。

二、农业和农村建设

2013年，全年实现农业总产值15.75亿元，同比增加0.94亿元，增长6.3%。其中，农业产值9.24亿元，增长5.5%；林业产值3.88亿元，增长9.0%；牧业产值2.43亿元，增长5.8%；渔业产值1166万元，下降5.0%；农林牧渔服务业产值935万元，增长13.2%。

2013年粮食播种面积20.39万亩，产量6.83万吨；新建粮食生产功能区7个，0.95万亩；杂交稻制种面积达1.27万亩，生产种子154万公斤。茶园总面积11.21万亩。生态蔬菜种植面积4.5万亩。生猪饲养量19.06万头，家禽饲养量83万羽。

2013年“双清”行动全面推进，洁净乡村建设进一步巩固，城乡环境卫生状况得到明显改善。40%的洁净乡（镇、街道）提升为“最洁净乡（镇、街道）”，50%的洁净村庄提升为“最洁净村庄”，60%的洁净家庭提升为“最洁净家庭”，“中国最洁净乡村”取得阶段性成效。

三、工业和建筑业

2013年规模以上工业产值169.18亿元，同比增长18.9%。建筑五金、特种纸、竹木制品加工、精细化工、水力发电等优势主导产业得到进一步巩固。信息化建设进程进一步加快，“两化融合”全力推进。“腾笼换鸟”“机器换人”“空间换地”同步推进。

全县规模以上工业企业主营业务收入124.57亿元，同比增长11.0%；主营业务成本108.71亿元，同比增长7.0%；实现利税11.10亿元，同比下降0.1%，其中利润7.54亿元，同比增长13.0%。

建筑业增加值4.63亿元，比上年增长6.7%。

四、固定资产投资和房地产业

2013年，固定资产投资完成40.64亿元，同比增长25.5%，其中项目投资35.89亿元，同比增长14.9%，项目投资中，基础设施投资13.38亿元，同比增长9.4%。固定资产投资中，工业投资18.14亿元，同比增长18.9%，其中制造业投资15.11亿元，同比增长11.9%。投资超亿元的涉及金属制品、建筑石材、化学原料和化学制品等制造业和非金属采矿业，新能源等新兴产业进一步提升，电力生产、水供应等行业投入改造进一步加强。

房地产投资4.75亿元，同比增长315.7%；房屋销售面积3.06万平方米，同比增长105.1%。

五、国内贸易和对外经济

2013年，全县社会消费品零售总额33.65亿元，同比增长16.5%；批发业、零售业分别实现商品销售额25.24亿元和37.24亿元，增长17.4%和26.2%；住宿业、餐饮业分别实现营业额1.89亿元和6.61亿元，增长19.5%和24.1%。出口总额1.32亿美元，增长19.1%。

全县实际利用内资27.80亿元、外资800万美元，引进重大项目14个，浙商回归资金6.33亿元。

六、交通运输、邮电和旅游

2013年，交通运输、仓储和邮政业增加值2.78亿元，比上年增长4.6%。邮政业务总量1555万元，电信业务收入1.35亿元。年末固定电话用户4.1万户，移动电话用户23.73万户，宽带用户3.9万户，移动互联网用户9.6万户。

2013年，全县接待国内外游客991.3万人次，同比增长27.2%；实现旅游综合收入46.45亿元，同比增长31.1%。其中接待国内游客990.09万人次，实现国内旅游收入45.95亿元，比2012年同期分别增长36.2%和40.7%；接待入境游客1.19万人次，实现外汇收入813.05万美元，比2012年同期分别增长35.3%和35.8%。

2013年末，全县共有农家乐经营户（点）509户，新增27户，从业人员2185人，床位总数达5590床。全年接待游客196.4万人次，同比增长34.5%；经营收入1.89亿元，增长35.5%。

七、财政、金融

2013年财政总收入、地方财政收入分别为9.25亿元和5.52亿元，同比增长10.4%和18.1%。其中，地方财政税收收入4.85亿元，增长16.0%。

2013年年末，金融机构本外币存款余额95.61亿元，比年初增加8.84亿元，其中人民币95.15亿元，同比增长10.3%；居民储蓄存款余额54.49亿元，比年初增加7.38亿元；金融机构本外币贷款余额89.77亿元，比年初增加14.84亿元，其中人民币89.74亿元，增长19.8%。

八、教育和科学技术

2013年年末，全县拥有中等职业教育学校1所，招生732人，在校生2262人，毕业生916人；高中学校2所，招生932人，在校生2967人，毕业生1039人；初中学校4所，招生2040人，在校生6083人，毕业生1996人，初中毕业升高中段的比例为95.14%；小学24所，招生1873人，在校生12346人，毕业生2103人，小学毕业生升学比例达100%；幼儿园108所，其中省三级以上幼儿园达29所，在园幼儿6199人。

2013年，全县高考第一批上线人数达130人，第二批上线人数544人。职业中专，162人上单考单招控制分数线，总上线率达81.8%。

2013年申请专利388件，专利授权225件。获得立项24项，其中，国家重点新产品1项，省新产品试制计划9项，省重大科技专项1项，省农业科技成果转化项目1项，省公益技术应用研究项目1项，省科技特派员项目6项，团队科技特派员项目2项，市科技特派员项目3项。

九、文化、体育和卫生

全年举办“七月秋赛会”、2013年妈祖文化节、“炭祖赐福”庙会等地方特色文化节庆活动。创建省级文化示范村（社区）2家，创建市级文化强镇1家，县图书馆成功升格为国家二级图书馆。全年送戏下乡151场、送电影下乡1707场、送书下乡1.4万册，向全县农家书屋发放书籍8000余册。婺剧版《牡丹亭》参加丽水大剧院“处州古韵”“非遗”演出。“非遗”项目昆曲十番、遂昌黑陶代表遂昌县参加丽水文化精品天津展览会。遂昌县被评为全省“文化走亲”先进单位。

2013年，举办桥牌邀请赛、“民族健身操”推广交流赛、中国象棋公开赛、乒乓球赛、“全民健身日”自行车骑行活动、“纳福尔杯”应村自行车爬坡赛、体育嘉年华暨中美职业男子篮球对抗赛等赛事。2013年丽水市运会中，遂昌县代表团大众部比赛金牌数、奖牌数、总分名列第五名，青少年部比赛获全市奖牌榜、总分第三名。市2013年青少年田径锦标赛中，获得9枚金牌、10枚银牌、9枚铜牌。县武术木兰单圈队参加全省武林大会荣获第一名，代表丽水市参加全省第九套广播体操总决赛荣获事业组一等奖。

2013年年末，全县有医疗卫生机构（含诊所）138个，其中医院、卫生院23个，卫生技术人员（含诊所）1338人，其中执业医师和执业助理医师509人，注册护士406人，床位数627张。乡村两级医疗卫生服务体系基本建立，全县203个行政村基本医疗和公共卫生服务功能全覆盖基本实现，规范化标准的村卫生室达61家，占68.5%。所有乡镇（街道）卫生院均开展全科医生签约服务工作，建立家庭电子健康档案5.9万户，个人电子健康档案15.3万份，建档率达到80.5%。新一轮城乡农民健康体检6.6万人，60岁以上老年人体检率82%。0～6岁儿童和中小学生体检率均达90%以上。公立医院改革继续深化，2家县级医院基本药物品种数占比均在60%以上。

十、人口、人民生活和社会保障

2013年年末，全县公安户籍人口232548人，其中男性人口120798人、女性人口111750人，分别占总人口的51.9%和48.1%。全年出生人口2364人，出生率10.16‰；死亡人口1811人，死亡率7.79‰；自然增长率为2.38‰。

全县城镇居民人均可支配收入30370元，同比增长10.3%；农民人均纯收入10224元，增长12.9%，两项增幅均高于全国和全省平均水平。

2013年，全县基本养老保险新增3837人，基本医疗保险新增2273人，失业保险新增1581人，工伤保险新增343人，生育保险新增1156人，新增社会保障卡持卡人数3.9万人。全面完成城乡社会保障卡信息采集工作，数据采集10.8万人。

2013年年末，全县共有低保户4516户5127人，其中城镇低保户184户213人，农村低保户4332户4914人，共发放低保金915.3万元。全县医疗救助575户1723人，发放救助金222.45万元。精神病人累计送治72人次，医疗救助57人，发放救助金26.14万元。救助困难群众1847人次，发放救助金77.65万元。

2013年，全县新增城镇就业2852人，城镇下岗失业人员实现再就业1249人，其中困难人员再就业398人，农民转移就业2682人，创业培训161人，农村劳动力转移就业技能培训4150人。城镇登记失业率控制在3.01%。

十一、资源和环境

2013年，遂昌县国家级生态县创建工作顺利通过验收，并被环保部列为第六批全国生态文明建设试点县。国家生态文明建设试点示范县建设全面启动，完成《遂昌县生态文明建设试点示范县建设规划》编制等各项试点前期工作。全面实施“811”生态文明建设行动，深入开展清洁空气、清洁土壤、清洁水源、节能降耗、循环经济、绿色县城、洁净乡村、森林遂昌、绿色殡葬等11项行动。

节能降耗取得实效。近年来，遂昌通过加快企业技术改造、延伸产品加工链等措施，使得产业得到优化，经济调整和节能降耗工作取得明显成效。2013年，全社会用电量7.70亿千瓦时，同比增长10.1%，其中工业用电量6.07亿千瓦时，增长10.2%。

（遂昌县统计局）

中共遂昌县委员会

综　述

2013年，中共遂昌县委团结带领全县干部群众，深入贯彻落实党的十八大精神，紧紧围绕省委“八八战略”和市委“绿色崛起、科学跨越”战略总要求，按照“目标强县富民、空间东进西拓、产业扬长补短、民生与时俱进、社会和谐幸福、发展科学持续”战略路径，坚定生态之路，坚持民生之本，全力建设山区科学发展示范区，经济社会各项事业取得了新的成效。

这一年，县委把全面贯彻落实党的十八大和十八届三中全会精神作为首要政治任务，通过会议传达、专题学习、主题宣讲等多种形式，迅速掀起学习贯彻的热潮。出台《关于认真学习贯彻党的十八大精神加快推进山区科学发展示范区建设的决定》和《关于全面实施创新驱动发展战略加快建设山区科学发展示范区的决定》，组织开展“诸暨经验”大讨论、“田园松阳”学习考察等活动，多次召开县域发展务虚会。全县上下以“城市拉开框架，承担发展责任；乡村增收为本，坚定生态之路”为工作主线，全力克服经济下行、高温干旱等不利因素的影响，抓实抓好“项目建设年、产业提升年、基层关爱年”三项中心工作，山区科学发展示范区建设向更深层次推进。2013年，遂昌顺利通过国家级生态县考核验收，低丘缓坡综合开发利用试点走在全市前列，山海协作共建产业园通过省级评审，城市建设进一步拉开框架，美丽乡村建设、乡村休闲旅游、农产品电子商务、农家乐综合体等方面的创新在省内外产生较大反响，遂昌列入全国生态文明建设试点地区。

前三季度，全县实现生产总值56.24亿元，增长9.6%；全社会消费品零售总额24.34亿元，增长15.3%；城镇居民人均可支配收入24147元，增长10.8%；农村居民人均现金收入9152元，增长12.3%。1—11月，实现工业总产值189.65亿元，增长21.5%；地方财政收入4.72亿元，增长14.0%；固定资产投资37.16亿元，增长25.9%。全年地区生产总值增长11%左右；工业总产值增长20%；农业总产值增长6%；地方财政收入增长15%；固定资产投资增长20%；社会消费品零售总额增长16%；城镇居民人均可支配收入增长11%；农村居民人均纯收入增长13%；城镇登记失业率控制在4%以内；人口自然增长率控制在5‰以内；各项约束性指标达到国家要求。

2013年，县委常委会带头执行重点项目领导包干制度，带动全县各乡镇（街道）、部门进一步凝聚项目推进力量。建立了项目建设责任倒查机制，对重点项目推进情况进行排名通报，开展了“项目百日攻坚”“重点项目督查”等专项行动。峡湖金公路完成主体工程，大溪坝电站、金岸马路市场改造等硬骨头项目破难而进，全面完成第二批小型农田水利重点县项目，成功争取到4个中央投资水利项目，清水源水库工程项目建议书通过审查，衢宁铁路项目得到国家发改委批复，龙游经遂昌至龙泉公路、遂昌至江山公路分别被列入国道、省道规划。1—11月，全县固定资产投资增幅全市第三，3个省“411”重点项目完成年度计划的127.47%，11个省重点建设项目完成年度计划的129.84%，15个市重点项目完成年度计划的131.79%。在推进项目的同时，坚持招商引资“一号工程”不动摇。1—11月，全县新增招商引资项目46个，实际利用内资25.88亿元，完成年度计划的152%；实际利用外资600万美元，完成年度计划的171%；引进重大项目9个，完成年度计划的113%；新增浙商回归项目11个，实际到位资金8.83亿元，完成年度计划的177%。

2013年，县委把创新驱动作为解决问题的首选之策，大力激发县域创新精神，推动各产业发展壮大。一是着力提升工业发展内驱力。出台《进一步加快工业创业创新发展的若干意见》，推动成立企协应急转贷周转金。启动实施企业培育“1210”工程，遂昌金属制品产业集群再次入选浙江省块状经济向现代产业集群转型升级示范区试点名单，元立集团入选工信部首批符合《钢铁行业规范条件》名单，年产60万吨金属制品生产线和年产40万吨热镀锌板材项目投入生产，凯恩特材、利民化工等高新技术企业实现产销两旺。关停多条落后生产线。个转企完成进度、企业市场主体增幅分别居全市第一、第二名。成功申报省科技型中小企业5家，2家企业申报国家高新技术企业进入公示阶段。二是着力打造旅游第一支柱产业。遂昌金矿创5A工程扎实推进，黄金旅游度假区通过评估，九龙山原始森林景区正式开放，成为全市首个不收门票的景区，建成汤沐园水上乐园、黄金谷生态漂流、柏林大酒店等项目。发布全国首个县级游客满意度调查报告。南尖岩景区被评为省AAAA级景区满意度十佳景区。“到遂昌过大年”、欢乐桃溪节、摄影文化节等主题活动丰富多彩。遂昌获“浙江省年度旅游发展十佳县”称号。1—11月，全县接待游客875.17万人，实现旅游综合收入41.06亿元。三是着力提升原生态精品农业发展水平。出台推进原生态精品现代农业发展的实施意见，启动农业发展“5522”工程，大力培育5大主导产业和5大特色产业。积极引导应村猕猴桃、北界红提、七山头土猪等特色农业扩大规模。创建示范农场35家。2个红茶品牌在全国名优茶评比中获特等奖。四是着力培育现代服务业。深化与阿里巴巴集团的战略合作，上线运行淘宝网首个县级馆“遂昌馆”。举办农产品电子商务高峰论坛，发布“遂昌模式”研究报告，建成农村电子商务站74个，网上销售额同比增长70%以上。大力推进养生养老产业发展，汤显祖文化国际交流中心等项目顺利推进，养老院服务标准化列入省服务业标准化试点。推动成立富民村镇银行，县域金融体系更加完善。

2013年，县委用足用好低丘缓坡开发、治水、“六边三化三美”、“三改一拆”、交通治堵等关键之招，全力打造美丽遂昌。一是以低丘缓坡开发为重点，加快新城、东城建设。2013年各类城乡建设规划设计编制达2011年的4倍，古院区块、龙板山区块、洋浩毛田区块完成场平工程3510亩，完成工程总量的78%。开工建设城市文化综合体、北门桥头至三墩桥道路拓宽工程等一批重点项目。二是以城市建设“六个一”工程为重点，加快建设美丽县城。溪边路景观桥梁工程、汤公园、夜市步行街、城市规划临时展览馆、水阁迎宾大道、全民健身中心等工程进展顺利。1—11月，房地产完成投资4.62亿元，同比增长319.3%，保障房建设走在全市前列。新增停车位300余个，数字城管中心实现全天候网格化巡查。加快城市绿化亮化美化，推进省级园林城市创建攻坚。三是以“六边三化三美”为重点，加快改变乡村面貌。打好“建、清、治、改”组合拳，“六边三化三美”累计投入资金1.16亿元，遂昌被评为全省“千村示范、万村整治”工作先进单位。启动5个历史文化村落保护工程，完成第一轮中心村建设，农家乐综合体建设完成投资5915万元，大田村、坑口村被确定为全国“美丽乡村”创建试点村。四是以“三改一拆”为重点，加强土地节约集约利用。组织开展“万方拆违”、“双万方拆违”、住宅类违建集中拆除等拆违行动，在全市率先完成“三改一拆”三年目标任务。全面清查企业闲置用地情况，三年总供地率排全市第一。土地开发整理立项面积达2012年的4倍，全年完成垦造耕地4000亩。五是以“洁净乡村”为重点，全力提升生态保护水平。确立打造“中国最洁净乡村”目标，率先开展垃圾分类处理试点，启动季节交替日“洁净家园”行动。对造纸、化工企业整治实行“一厂一策”，关停恒安造纸厂等污染单位，强力推进石材园区环境治理。落实“四位一体”河道管理机制，获全省河道保洁长效管理工作一等奖。省级以上公益林补偿标准提升到每亩25元，累计发放林权抵押贷款突破10亿元，获“浙江省集体林权制度改革模范县”称号。启动PM2.5等指标监测并对外公布，生态环境状况指数上升至全省第4、全市第3位。新增6个国家级生态乡镇，占全县乡镇总数的80%。顺利通过国家级生态县和省农村环境连片整治验收，列入全省首批循环经济示范县和第六批全国生态文明建设试点地区。

2013年，县委把最大的财力物力投入到社会民生领域，1—11月全县民生支出10.71亿元，占总支出的73.1%。金岸小学、梅溪小学、育才中学等一批重点项目顺利推进，高考重点上线人数再创历史新高，中考成绩稳居全市前列。建成24个农村文化礼堂，成功举办亚非国际当代艺术展等文化活动，开展百名“最美遂昌人”评选，好川文化遗址列入全国重点文物保护单位，遂昌县被评为“2009—2012年度全国群众体育先进单位”。开展医改“回头看”活动，进一步理顺基层卫生管理体制。健全“五保合一”大社保体系，探索“四位一体”养老新模式。破解“最难就业季”，90%的乡镇达到充分就业创建标准。稳步提高机关事业单位干部职工工资水平。制定县级领导信访工作制度、信访源头责任倒查追究办法，在全市率先投入运行社会稳定等级预警机制。加强社会治安防控，严厉打击刑事犯罪分子，保持对各类违法犯罪活动的高压态势。全面落实人防物防技防和打防管控各项措施。强化对流动人口、吸毒人员、重点青少年群体等重点人员的管理。总结推广“民事村了”工作法，“96345”社会公共服务中心开通运行，人民调解工作实现县乡村三级联网。建立健全“党政同责、一岗双责”安全生产责任体系，整治道路交通、非煤矿山、建筑施工、消防和食品卫生等重点行业、重点领域的安全隐患。1—11月，事故起数同比下降38.2%，死亡人数下降38.5%，直接经济损失下降86.4%。

2013年，县委坚持把思想政治建设摆在首要位置。全年共组织县委理论中心组学习会21次，邀请到尹乐平、张政文、黎健等领导专家作专题报告，组织开展党的十八大精神宣讲110多场、“中国梦”主题宣讲60多场。县委常委带头反“四风”，带头改会风，带头抓项目、抓信访、抓实事，带头深入基层接地气、解民忧，让人民群众零距离感受到转作风的成效。县委坚持发挥总揽全局协调各方作用。在工作实践中，支持人大依法履行职能，支持政府依法行政、狠抓工作推进和落实，支持政协政治协商、民主监督和参政议政，支持“两院”独立行使审判权和检察权，加强党管武装工作。在决策过程中，对于涉及县域发展的重大决策和涉及人事、项目、资金等重大事项，都以县委常委会、常委扩大会、县委全会等形式集体讨论决定。1—11月，共主持召开县委常委会20次，县委常委扩大会议11次、县委全会2次。县委坚持培养过得硬、打胜仗干部队伍。进一步明确有激情、敢担当、能负重的用人导向，在“三重”工作中发现和培养狮子型、能吏型、实干型干部，选拔实绩突出、群众公认的干部。1—11月，讨论任免干部13批191人次，其中提拔75人，交流93人，改任非领导职务19人。配合市委开展市县联合公选工作，选派干部参与“三改一拆”、信访维稳、招商引资等工作，挑选20名部门干部到乡镇挂职锻炼。全年共举办11期主体班次，培训干部2000余人次。出台新的人才政策，申报市绿谷精英创业创新团队5个。县委坚持从关心关爱入手加强基层组织建设。坚持优质资源向乡镇、村基层倾斜。实施乡镇干部上挂下排、学习交流、优先选拔三项举措，建立领导联系乡镇、部门“接亲”帮扶、干部“提升”待遇三项制度，开展“应知应会”考试、干部“亮身份”、常态化考评三项创新，乡镇（街道）干部津补贴和绩效工资人均增加4700元。举办村党支部书记、村主任培训，警示村干部提高法制意识、民主意识。开展村级组织换届选举，选优配强农村发展带头人。筹资1600多万元购买县城优质物业，确保所有经济薄弱村获得稳定收益。打造特色党建品牌，建成“党建百里示范长廊”。推广党员“摆摊服务”，打造“青春党建”品牌。王村口被确定为省干部教育培训现场教学示范基地。县委坚持惩防并举深化“勤廉遂昌”建设。县委常委带头严格落实中央八项规定、省委“28条办法”和市委实施意见。县领导下基层调研1366人次，帮助解决各类问题652个。取消会议23个，精简文件206个。1—11月全县“三公”经费同比下降25.8%。充分利用“你点我访看真相”、“聚焦执行力”栏目等方式，对违规行为进行曝光，全年共查处违纪违法案件52件。开展重点工作、重点项目专项督查38次，提出整改意见56条。 2013年，全县申报创建勤廉机关20个、勤廉乡镇4个、勤廉站所104个、勤廉村89个。探索开展便民服务中心“政企共建”模式，推进村监会标准化建设，推广实施“美丽乡村项目大家建”，“勤廉遂昌”品牌进一步打响。

（综合）

重要会议

【县委第十四届五次全体（扩大）会议暨经济工作会议】 1月17日，县委第十四届五次全体（扩大）会议暨全县经济工作会议召开。会议深入学习和全面贯彻党的十八大及省委十三届二次会议、市委三届四次全会、县第十四次党代会精神，回顾2012年以来的主要工作，认真总结遂昌县实施“经营山水、统筹城乡，全面建设长三角休闲旅游名城”发展战略和建设生态文明的实践，审议并通过《中共遂昌县委关于认真学习贯彻党的十八大精神加快推进山区科学发展示范区建设的决定》和《中共遂昌县委工作规则》。县委书记杜兴林代表县委常委会作报告。县委副书记、县长何卫宁主持会议，并就贯彻落实全会精神和部署2013年经济工作讲话。会上，县工业园区管委会、妙高街道、蔡源乡负责人作党建工作述职报告，对乡镇（街道）党（工）委书记进行基层党建工作测评。

【县委常委会议听取并研究元立集团工作】 2月17日，县委书记杜兴林主持召开县委常委会议，专题听取并研究浙江元立集团工作。全国人大代表、浙江元立集团董事长叶新华汇报2012年企业发展和2013年发展思路。过去一年里，面对严峻复杂的外部经济环境，元立集团大力发展循环经济，取得较好的业绩，实现销售收入225亿元，上缴税收7.1亿元，其中遂昌集团本部实现销售收入70.73亿元，上缴税收1.8亿元。县委常委会充分肯定元立集团2012年取得的业绩，对元立集团为遂昌经济社会发展做出的贡献表示感谢，并表示“元立是遂昌的元立，元立的发展就是遂昌的发展，元立发展过程中要解决的事情就是遂昌县委、县政府首先必须解决的事情”。希望元立集团“勇挑重担”，引领遂昌今后的发展，期待元立对家乡有更大的贡献。

【全县干部大会】 2月19日，县委召开全县干部大会。会议从“2012年怎么评”“2013年怎么看”“2013年怎么干”三个方面，对2012年全县十大亮点工作进行了全面总结。县委书记杜兴林在讲话中以“五个一”工作要求寄语广大干部，要进一步增强紧迫感、危机感和责任感，以踏石有印、抓铁留痕的作风，善抓机遇，直面困难，推动遂昌经济社会持续健康发展。会上，2012年度先进单位和先进个人受到表彰；县农办、中国银行遂昌支行、高坪乡、遂昌金矿有限公司、西畈乡举淤口村等代表作经验介绍或表态发言。

【全县“三改一拆”行动动员大会】4月17日，县委、县政府以视频会议的形式，召开全县“三改一拆”行动动员大会，部署“旧住宅区改造、旧厂区改造、城中村改造、拆除违法建筑”专项工作。县委书记杜兴林出席动员大会并讲话，县委副书记、县长何卫宁作动员报告。会上，县政府与各乡镇（街道）、县工业园区、建设、国土等部门签订“三改一拆”工作任务目标责任状。县纪委监察局、政法委、建设、国土、妙高街道、云峰街道下马村相关负责人作了表态发言。

【全县扩大有效投资暨项目推进大会】5月6日，县委组织召开全县扩大有效投资暨项目推进大会，深入学习贯彻省、市扩大有效投资暨项目推进会议精神，总结一季度遂昌县项目推进情况，并就下阶段工作进行部署。会上，县委书记杜兴林围绕如何扩大有效投资、推进项目建设向全县干部提出三个问题：遂昌发展为什么不尽人意？遂昌发展为了谁？遂昌发展依靠什么？并在讲话中对这三个问题进行了阐述。

【全县农业农村工作会议暨村级集体经济工作推进会】5月27日，全县农业农村工作会议暨村级集体经济工作推进会召开，总结2012年全县“三农”工作，部署下一步农业农村工作。县委书记杜兴林讲话中围绕“农业增效、农民增收、农村发展”主题，为遂昌“三农”发展把脉开方。会上，获得省、市级骨干农业龙头企业称号的企业，2012年来料加工专业村、优秀村受到表彰，浙江绿城集团与遂昌县，柘岱口乡与县网店协会分别签订战略合作协议，各乡镇（街道）与县政府签订责任书。

【县委十四届六次暨县政府十五届三次全体（扩大）会议】8月2日，县委十四届六次全体（扩大）会议暨县政府十五届三次全体（扩大）会议召开。会议深入学习贯彻党的十八大和省委十三届三次全会、市委三届五次全会精神，回顾总结上半年工作，研究部署创新发展重要事项，审议并通过《中共遂昌县委关于全面实施创新驱动发展战略加快建设山区科学发展示范区的决定》（以下简称《决定》）。县委书记杜兴林代表县委常委会作报告。县委副书记、县长何卫宁代表县政府作报告。《决定》提出了遂昌县今后五年要实现“八个翻一番半”、力促“两突破、两提高”的目标。会上，全体与会人员还认真学习贯彻全国组织工作会议精神，党的群众路线教育实践活动工作会议精神及全省干部队伍建设会议精神，并就市、县联合公选情况进行通报和其他工作进行部署。

【全县项目“百日攻坚”暨工业和招商引资工作会议】9月27日，全县项目“百日攻坚”暨工业和招商引资工作会议召开，县委书记杜兴林就下一步活动的开展进行部署。根据会议部署，遂昌县将于10月启动重点工程暨“411”重大项目“百日攻坚”活动，以加快推进重点项目建设，进一步扩大有效投资，确保重点建设各项目标任务圆满完成。

【全县村级组织换届选举工作会议】11月1日，全县村级组织换届选举工作会议召开，学习贯彻省、市村级组织换届试点工作会议精神，研究部署全县村级组织换届工作。按照部署遂昌县将在元旦前完成村党支部、村委会换届选举工作，2014年1月上旬完成村务监督委员会及村经济合作社选举工作。县委书记杜兴林在会上讲话，充分肯定王村口镇村级组织换届选举试点工作所取得的成效，要求各乡镇（街道）认真学习试点工作中的先进经验，做到思想更重视、思路更清晰、措施更有力、工作更细致、责任更明确，确保顺利完成村级组织换届工作。县委副书记、政法委书记上官国明就村级组织换届选举工作进行部署。

【全县领导干部大会】11月14日，县委召开全县领导干部大会，传达党的十八届三中全会精神，研究部署遂昌县的学习贯彻工作。

【2014年工作务虚会】11月26日，县委、县政府召开2014年工作务虚会，总结2013年工

作、分析存在问题，集思广益、深入谋划2014年思路，明晰遂昌今后发展方向。（县委办）

重要活动

【淘宝网“特色中国·遂昌馆”开馆】1月8日，遂昌县举行淘宝网“特色中国·遂昌馆”开馆仪式，标志着淘宝网全国首个县级特色馆正式上线。农业部信息中心副主任吴秀媛，丽水市副市长陈重，国家信息化专家咨询委员会委员方瑜，遂昌县领导杜兴林、何卫宁、毛建华、尹建中、上官国明等，阿里巴巴集团高级副总裁梁春晓、总裁俞思瑛，淘宝网“中国特色”合作商，部分高校专家学者，省内外媒体记者，遂昌网商、供应商代表等参加开馆盛典。

淘宝网“特色中国·遂昌馆”是遂昌县与阿里巴巴集团淘宝网战略合作项目，通过网上遂昌特产特色馆，展现和推介遂昌烤薯、竹炭花生、即食笋、菊米等本土美食，同时推介遂昌金矿国家矿山公园、南尖岩、神龙谷等旅游产品，推介诚信安全优质的原生态农产品和健康快乐休闲的旅游文化产品，进一步打响“五行遂昌、一诺千金”的县域品牌。

仪式上，吴秀媛、陈重、杜兴林、何卫宁及阿里巴巴集团负责人、县网商代表共同开启“特色中国·遂昌馆”开馆上线启动球。

【县校合作共建科学发展示范区】1月14日，遂昌县人民政府—浙江农林大学法人科技特派员工作推进会暨共建“山区科学发展示范区”签约仪式在浙江农林大学举行。浙江农林大学党委书记宣勇、校长周国模，遂昌县领导杜兴林、何卫宁、尹建中等出席会议。仪式上，杜兴林向浙江农林大学法人科技特派员严少君颁发“科技支农突出贡献专家”荣誉证书，何卫宁代表遂昌县政府与浙江农林大学签订共建“山区科学发展综合改革示范区”协议。石练镇、高坪乡、遂昌县羽峰食品厂分别与浙江农林大学签订合作协议。

【杜兴林出席中国县域经济发展高层论坛】1月28—29日，第三届中国县域经济发展高层论坛在北京人民大会堂举行，遂昌县委书记杜兴林应邀出席，与国务院发展研究中心，农业部，商务部等部门领导、专家学者、企业家以及全国百位县(市、区)委书记一道，纵论新型城镇化发展的目标与路径。本届论坛由中央电视台财经频道主办，以“新型城镇化的目标与路径”为主题，从政策资源、市场资源、机制模式、思维创新等方面，共同探讨党的十八大以后中国的新型城镇化建设。活动期间还举办了“新型城镇化中的美丽村镇”“新型城镇化中的产业升级”等一系列分论坛。

【遂昌通过国家级生态县考核验收】4月9—10日，由环保部生态司副司长朱广庆带队的国家级生态县考核验收组来到遂昌，就创建国家级生态县工作进行考核验收。县委书记杜兴林作创建工作情况汇报和技术评估反馈意见整改落实情况汇报。经过现场调研、资料核查、观看专题片、听取汇报后，考核组同意遂昌县通过国家级生态县考核验收，并按程序报国家环保部审议批准。遂昌县于2011年成功创建省级生态县，并在全市率先获得“浙江省美丽乡村创建先进县”称号。2012年全省生态文明评价指标体系公众满意度测评中，遂昌位居全省各县（市、区）第三名，成功打造“山上浙江”建设的“生态样本”。

【浙江省暨遂昌县纪念“世界地球日”活动】4月22日是“世界地球日”，遂昌县举办浙江省暨遂昌县纪念第44个“世界地球日”活动。本次活动由省国土资源厅和遂昌县委、县政府共同主办，以“促进生态文明、共建美丽浙江”为主题，旨在通过活动，倡导珍惜资源，保护生态环境，推动全省科学发展。当天，文艺表演、“促进生态文明、共建美丽浙江”万人签名、自行车环保骑行……各种活动丰富多彩。来自全省各地的嘉宾、代表们共同呼吁，号召大家珍惜资源，保护地球母亲。参加活动的领导、嘉宾还参加了植树活动，以实际行动践行生态文明建设。

【遂昌发布全国首份县级游客满意度调查报告】7月30日，中国旅游研究院、浙江省旅游质量监督管理所、浙江在线新闻网站联合发布2013年第二季度浙江省游客满意度调查报告，同时也发布遂昌县游客满意度的相关数据。由此，遂昌成为全国首个发布县级游客满意度调查报告的县。遂昌县风景旅游局委托浙江旅游职业学院独立开展此项调查，除常规要素外，把空气、水质、生态环境列入调查元素，共选取了17个典型抽样地，包括金矿、南尖岩等7个核心景区，住宿酒店和农家乐景点各5个。问卷既有选择项，也有建议、意见栏。在发出的2300份问卷中，共有2192位游客参与调查。统计结果显示：遂昌的空气、水质、景区品质分值分别为9.14分、8.94分、8.60（满分为10分），属优秀水平，远高于游客期望值和总体满意度，但购物点、娱乐等带动消费的项目分值不高。据悉，遂昌县旅游满意度调查报告将每季度发布一次，与省、市报告同期发布。

【救治龙丽高速遂昌境内车祸伤员】 2月24日23时40分许，龙丽高速公路遂昌境内，一辆从武汉驶往温州苍南的大型客车和一辆货车发生追尾事故，致客车内共45名乘客不同程度受伤，其中3人重伤。接到事故报告后，县委书记杜兴林，县委副书记、县长何卫宁立即作出批示，要求公安、消防、卫生等部门和有关乡镇迅速开展事故处理，全力以赴做好抢救伤员工作，积极妥善做好伤员安抚和事故善后工作。遂昌县立即启动重大交通事故应急处置预案，高速交警和县公安、消防、卫生等部门第一时间到达现场开展施救和事故处置。县人民医院和县中医院开启急救绿色通道，一切手续从简，确保每个伤员都能得到及时救治。

【“洁净家园行动日”启动仪式】 8月7日，遂昌县“洁净家园行动日”活动启动仪式在云峰街道举行，县委书记杜兴林出席仪式并讲话。遂昌县从8月7日立秋开始，在每个季节的交替日（立春、立夏、立秋、立冬）开展“洁净乡村行动日”活动，目的是为了动员全县干部群众和社会各界力量，积极投身到“中国最洁净乡村”建设中来，在全县上下形成洁净乡村“人人参与、人人共建”的良好氛围，积极构建环境优美、洁净和谐、生态文明的山区发展新格局。

【2013遂昌—诸暨共建产业园招商推介会】 8月16日，2013遂昌—诸暨共建产业园招商推介会在诸暨市店口镇举行。遂昌县委书记杜兴林和诸暨市委书记钱三雄分别在会上致辞。遂昌县委副书记、县长何卫宁作招商演讲。遂昌—诸暨山海协作共建产业园位于遂昌东城，距离县城6公里。产业园规划以生态型工业为主导，鼓励发展金属制品产业、电子工业、高新技术产业和节能环保产业及其他产业研发等。

【美国格林斯堡市与遂昌缔结友好城市】 9月16—17日，美国格林斯堡市市长盖里·赫伯特来遂昌县考察，并与遂昌县签约《缔结友好城市意向协议》，今后，双方将在教育、经贸、旅游等领域开展合作。盖里·赫伯特在遂昌观看了由学生表演的昆曲十番演奏和《牡丹亭》折子戏，参观了汤显祖纪念馆，先后到县实验小学、育才中学、遂昌中学参观考察，还到元立集团新宏优带厂、凯恩特材有限公司考察，并参观了遂昌金矿国家矿山公园，亲身体验“淘金之旅”。在签约仪式上，遂昌县委副书记、县长何卫宁和盖里·赫伯特分别介绍了两地基本县情和经济社会发展情况，并就生态保护、产业发展等问题交流了看法。

【“健康生活，绿色发展”主题论坛】 10月20—21日，由浙商研究中心、《管理世界》杂志社、县乡村文明促进会和浙江省天目书院共同主办的“健康生活，绿色发展”论坛在遂昌县举行，国务院发展研究中心原副主任侯云春，省委政研室副主任郭占恒，英国牛津郡国王山中学原校长冯德仁，《管理世界》编辑部主任尚增健，中国乡村文明研究中心主任张孝德，浙商研究中心主任张旭昆，天目书院院长、遂昌县乡村文明促进会会长吕福新等出席开幕式，县委书记杜兴林出席开幕式并致辞。此次论坛以“健康生活，绿色发展”为主题，包括主题演讲、主题沙龙、参观考察等活动。

【中美职业男子篮球对抗赛】10月28日，遂昌县体育馆举行第四次中美职业男子篮球对抗赛，美国堪萨斯基石明星队和浙江广厦猛狮队激情对决。赛前，遂昌县女子健身操方阵进行了民族健身操展示。县委书记杜兴林为本次对抗赛开球。经过激烈角逐，美国堪萨斯基石明星队以99比95胜出。遂昌县自2008年首次承办中美职业男子篮球对抗赛以来，已是第四次承办中美职业男子篮球对抗赛。

【县党政代表团赴松阳学习城市规划建设】11月25日，遂昌县领导杜兴林、何卫宁、毛建华、上官国明等率各乡镇（街道）及部门“一把手”前往松阳县，学习他们在城市规划建设管理中的经验，以提升遂昌县城市建设水平。经过半天考察，并和松阳县相关人员进行了座谈，回到遂昌已是晚上六点。考察团成员们分成3组，连夜就学习体会进行了交流，结合松阳县城市规划的经验，就遂昌县城市规划、建设和管理畅所欲言。

【遂昌县获“2013中国十大社会管理创新”奖】12月28日，以“全面小康与区域发展”为主题的2013第八届中国全面小康论坛在北京举行，遂昌县获得“2013中国十大社会管理创新”之“农产品电子商务遂昌模式”奖，县领导华治武、赵文明应邀参加并领奖。中国全面小康论坛是由《小康》杂志社主办，以全面小康为主题的国家级大型论坛，每年一届，总结与展示全面小康建设经验与成果，共商建设全面小康、构建和谐社会大计，具有强大的品牌影响力。在“小康十年·感恩晚会”上，华治武还获得《小康》十年感恩人物地方领导界别之真诚支持奖。在2013第八届中国全面小康论坛分论坛高端对话活动中，赵文明就遂昌县农村电子商务及政府投融资模式创新作了介绍交流。（县委办）

重要调研

【朱从玖到遂昌调研】2月16日，新春上班第一天，副省长朱从玖到遂昌调研。朱从玖一行深入浙江凯恩特种材料股份有限公司、三仁省级现代农业综合区竹产业示范基地、遂昌县网店协会“特色中国·遂昌馆”运营中心、遂昌金矿有限公司等地，察企情、听民声、聚民意，看变化、话发展。

【龚正到遂昌调研】5月14—15日，省委常委、常务副省长龚正率省民宗委、财政厅、农办等部门负责人，到遂昌调研民族乡镇发展和扶贫等工作。龚正深入三仁畲族乡坑口村和腾龙小区实地考察，听取了遂昌县委、县政府关于基本县情、经济社会发展、民族宗教、促农增收等工作情况汇报。龚正对遂昌相关工作的开展和近年来经济社会发展取得的成绩予以充分肯定。

7月17—19日，省委常委、常务副省长龚正到遂昌县开展党的群众路线教育实践活动基层走亲连心活动。三天时间里，龚正看望了石练镇住镇干部，看望了困难群众赖秀琴、叶良贵等人，深入石练镇大茂坑、淤溪等村，考察美丽乡村建设，参观了浙江石练菊米有限公司、浙江惠康药业有限公司、浙江遂昌纳福尔山茶油有限公司，了解企业发展情况，并在石练镇召开县乡村三级干部、村官代表座谈会，还到县信访局看望慰问了干部职工，听取了专题汇报，督促检查信访工作落实情况。

【陈加元到遂昌调研】5月8日，省政协副主席、党组副书记陈加元到遂昌调研，深入三仁畲族乡坑口村，考察了新农村建设和亲农谷农业生态观光园项目。

【茅临升到遂昌调研】5月22日，省人大常委会党组副书记、副主任茅临生来遂昌调研农村电子商务和美丽乡村建设工作。深入县网店协会和云峰街道长濂村实地考察后，茅临生对遂昌县农村电子商务、美丽乡村建设等方面取得的成绩给予肯定，勉励遂昌县干部群众以科学发展观为指导，深入研究，细细谋划，加快山区科学发展。

【陈德荣到遂昌调研】7月24日，省委常委、省新农村建设领导小组副组长、省生态省建设领导小组副组长陈德荣，到遂昌调研新农村和生态建设工作。

陈德荣深入遂昌金矿国家矿山公园、应村乡荷花小区、高坪乡的高山蔬菜种植基地和高坪新村农家乐小区实地考察，在随后召开的座谈会上，听取了县委书记杜兴林的相关汇报。陈德荣对遂昌新农村和生态建设工作取得的成效给予充分肯定，鼓励加快推进工业化、城市化，促使大量农民非农化，让更多消耗生态资源的人进城发展。同时加快农村土地流转，引入更多工商资本，推动农业规模化、产业化、现代化发展，让更多消费生态资源的人到农村，推动新农村新发展。

【王建满到遂昌调研】9月12日，省政府党组副书记、省政府顾问王建满到遂昌县调研城市规划建设和“无违建”创建等工作。王建满一行深入现场，对南溪东侧旧厂区改造项目、全民健身中心项目、荷花滩区块旧城改造项目和古院区块的“三改一拆”工作进行实地考察。在县城规划建设和“无违建”创建工作座谈会上，县委书记杜兴林就遂昌县城市发展的定位和方向等进行了阐述，县委副书记、县长何卫宁汇报了遂昌县城规划建设和“无违建”创建工作情况。王建满对遂昌相关工作取得的成绩表示肯定。

【冯明到遂昌调研】9月28日，省人大常委会副主任冯明率调研组来到遂昌，就“十二五”规划纲要中期评估、山区发展路径选择、生态保护和美丽乡村建设等情况开展调研。座谈会上，县委副书记、县长何卫宁汇报了遂昌县经济社会发展基本情况、“十二五”规划纲要实施、经济发展方式转变、生态保护和美丽乡村建设等工作。调研组对遂昌县实施“十二五”规划纲要所取得的阶段性成效给予肯定。在遂期间，冯明还前往元立新恒金属制品有限公司年产20万吨热镀带项目、低丘缓坡综合开发利用试点项目龙板山区块和长濂村进行了实地调研。

【刘力伟到遂昌调研】11月13日，省委常委、公安厅厅长刘力伟到遂昌县调研指导公安工作。刘力伟一行先后到县工业园区派出所、北界镇派出所，了解基层派出所建设、公安民警工作生活及社会管理工作等情况，并听取了遂昌县公安工作情况汇报。近年来，遂昌县公安局全面强化社会治安管控，在打击犯罪、民生警务、社会管理、服务项目、队伍建设等方面真抓实干，全县社会政治稳定、治安形势安定，人民群众的安全感和满意度居全省前列。刘力伟高度评价遂昌县公安工作，对地方党委政府高度重视公安工作、为公安工作健康发展提供坚实的队伍和后勤保障表示感谢，希望遂昌公安机关继续保持高昂斗志，为地方经济社会发展营造和谐稳定的良好环境。

【梁黎明到遂昌调研】11月19日，副省长梁黎明到遂昌县，专题调研农村电子商务和旅游工作。梁黎明深入遂昌县网店协会和遂昌金矿国家矿山公园参观考察。在随后召开的座谈会上，听取遂昌县主要领导汇报了农村电子商务和乡村休闲旅游产业发展等情况。梁黎明充分肯定遂昌县在电商及旅游发展方面所做的工作，要求遂昌县围绕项目投资和经济消费做好旅游产业，认真谋划，培育旅游产业向纵深发展；要做精、做细、做实农村电子商务，认真总结、推广“遂昌模式”。

【王永康到遂昌调研】8月5—6日，丽水市委书记、市人大常委会主任王永康到遂昌调研。王永康一行到应村乡应村村便民服务中心，与乡、村干部亲切交谈，了解应村村“民事村了”工作机制。之后，王永康一行前往高坪乡，到箍桶丘村和高坪新村实地调研农家乐综合体建设情况。在8月6日召开的汇报会上，县委书记杜兴林汇报了遂昌县经济社会发展情况。王永康在讲话中强调，要以创新驱动为动力，进一步发挥和凸显生态优势，大力发展生态经济，加快山区转型跨越。

【黄志平到遂昌调研】3月22日，市委副书记、代市长黄志平到遂昌考察调研低丘缓坡开发和企业发展等工作。黄志平一行实地考察了低丘缓坡开发古院区块，听取项目介绍、观看规划设计图，了解项目开发相关情况。之后来到浙江新宏钢制品有限公司，考察该公司优质带钢项目，对企业注重科技创新，引进先进技术，不断提高产品质量的做法给予高度评价。

10月10日，市委副书记、市长黄志平到遂昌县调研。黄志平一行先后前往北界镇、高坪乡，调研现代农产业发展、农家乐综合体建设情况，并深入凯恩特材有限公司车间，了解企业发展情况。座谈会上，黄志平听取了遂昌县在经济社会发展、科技创新、项目建设、招商引资、农民增收、城市建设、灾后自救等工作汇报。黄志平强调，要进一步坚定发展信心，突出生态优势，全力加快山区科学发展示范区建设，为干好“一三五”、实现“四个翻一番半”做出贡献。黄志平还就平安建设、村级组织换届选举等工作进行部署。

（县委办）

县委办公室工作

【综合调研】2013年，县委办公室综合调研科完成各类文稿起草和写作260多篇。完成县委十四届五次、六次全会报告和《中共遂昌县委关于认真学习贯彻党的十八大精神加快推进山区科学发展示范区建设的决定》《中共遂昌县委关于全面实施创新驱动发展战略，加快建设山区科学发展示范区的决定》的起草；完成龚正、王永康、黄志平等重要领导视察和省委办公厅调研组、省重点工作指导组、市委考核组汇报材料的起草，完成全县干部大会、县两会、市县务虚会、季度汇报会、县纪委全会、党建工作会议、组织工作会议、农业农村工作会议、水利工作会议等重要会议文字材料起草工作，完成中国农产品电子商务高峰论坛、第十届亚非国际当代艺术展、“绿色发展、健康生活”论坛等一批文化活动的材料起草。积极参加“三改一拆”、洁净乡村建设、低丘缓坡综合开发、垦造耕地、电子商务发展、国家级生态县创建、村级集体经济发展、招商引资、山海协作共建产业园、项目百日攻坚、村级组织换届、“勤廉遂昌”建设、党的群众路线教育实践活动准备等重点工作，为县委领导决策提供有价值的材料参考。组织开展科技创新、项目建设、土地供给、发展环境、“3+3”产业体系和2014年经济社会发展思路等专项调研活动，积极参加“十二五”规划中期评估工作，深入了解当前县域发展过程中存在的困难和问题，提出相关工作意见和建议，形成多篇调研报告上报县委。积极主动参加县域特色工作的提炼总结，如将“一心五化”应村工作法提升为“民事村了”工作法，参与乡村休闲旅游“高坪模式”和“茶树坪现象”、农产品电子商务“遂昌模式”、举淤口乡村文明典范等总结，在工作中提炼了全民健身中心“空间换地”、新宏高速线材生产线“机器换人”等经验上报省、市。围绕开展理论研究，完成《探索实践山区科学发展的“遂昌模式”》《民生为本实干为先全力推进新型城镇化》《积聚推进山区科学发展的正能量》《坚定生态之路坚持民生之本全力建设山区科学发展示范区》《遂昌县打造生态旅游第一支柱产业的实践与思考》《战略引领资本推动全面推进全力提升山区科学发展示范区建设产业支撑体系》等理论和调研文章的起草工作。

【发文办会】2013年，县委办公室秘书科精简各类发文，能以县委办公室名义印发的，不以县委、县政府名义印发；能以便笺形式印发的，不以红头文件形式印发；属于部门职责范围的，原则上均由部门发文。把好发文审核关，注重发文的针对性、指导性和可操作性，突出主题，做到规范、精炼。全年共发文218份，比上年减少22%。按照“宜开则开、宜合则合、宜减则减”的要求，精简办会。全县性大会一律摆放参会单位座位牌，还创新性启用工作汇报倒计时系统，使会议议程更加紧凑，会议内容更加务实、高效。全年共办会50场。

（县委办）

纪检监察工作

【概况】2013年，全县各级纪检监察机关按照中央、省、市纪委和县委关于加强党风廉政建设和反腐败斗争一系列部署要求，以打造“勤廉遂昌”为总目标，以坚持“三心三率”为总要求，进一步严明勤廉纪律、弘扬勤廉作风、强化勤廉监督、夯实勤廉基础、培育勤廉文化、形成勤廉合力，深入探索“制度化反腐、科技化支撑、公开化运作、社会化推进、项目化管理”的山区反腐倡廉建设新路子，为全力建设山区科学发展示范区提供了坚强保障。

【县纪委十四届三次全体会议】4月3日，中共遂昌县第十四届纪律检查委员会第三次全体会议举行，会议深入学习贯彻党的十八大、中纪委十八届二次全会、省纪委十三届二次全会、市纪委三届二次全会、县委十四届五次全会和全县干部大会精神，回顾总结2012年全县党风廉政建设和反腐败工作，研究部署深化勤廉遂昌建设和2013年主要任务。县委常委、纪委书记吴松平代表中共遂昌县纪委常委会向十四届三次全体会议作《坚决有力，创新有为，实干有效，全力打响勤廉遂昌品牌》的工作报告。县委书记杜兴林在全会上作重要讲话。县纪委委员，副县以上党员领导干部，各乡镇党委书记、乡镇长、纪委书记，县属各单位和中央、省、市驻遂昌各单位副科级以上领导干部、中层正职，部分企事业单位纪检监察组织负责人，特邀纪检监察员等参加会议。

【严明勤廉纪律】开展“两进两促创示范”专项整治活动，制定出台《关于服务保障城市经济发展的若干意见》，对低丘缓坡综合开发利用重点建设项目进行专项检查，发现问题11个，提出整改意见15条；对11名财政供养人员、公营单位人员“两违”情况进行调查核实并处理；加大对重点建设项目、土地开发整理项目等重点建设项目效能监察力度，开展专项督查38次，提出整改意见56条。狠抓正反典型；深化“你点我访看真相”活动，从上班迟到早退、炒股、购物、QQ聊天、玩游戏、开会玩手机等入手，会同新闻媒体进行明察暗访13次，对25名违规干部进行曝光和严肃处理；打造“聚焦执行力”栏目品牌，对热点问题和群众投诉进行督办反馈，共办理各类投诉101件。

【弘扬勤廉作风】开展“两比两问强执行”深化作风建设活动，取消各类会议34个，精简文件226个，节省费用132万元；切实改进会风，从限时发言、限制用稿入手，让干部讲短话、晒“干货”、互点评；开展全县党政机关会员卡清理专项行动，全县3949名干部职工作出“零持有零报告”承诺；出台《关于进一步严明党政机关办公场所装修有关规定的通知》，严禁超标准使用和装修办公场所，严肃查处超标准装修使用办公用房违纪案件；建立“三公”经费函告制和约谈制，全县“三公”经费同比下降15%；开展落实厉行勤俭节约、反对铺张浪费情况督查，对酒店、娱乐场所公款消费等情况进行明查暗访13次，切实解决群众反映强烈的热点问题；开展“勤廉遂昌建设大家评”活动，对涉及服务项目建设的28个重点部门、服务企业的8个金融单位和服务群众的34个行政服务窗口开展评议；全面推进“阳光工程”建设，取消和免征行政事业性收费7项，降低部分行政事业性收费8项，减免金额83.5万余元；继续开展“群众满意基层站所（服务窗口）”创建，对银行系统民主评议行风进行“回头看”。

【强化勤廉监督】完善权力制衡机制，全面深化党务、政务、村务、厂务、事务和干部身份公开；出台《关于严肃村级组织换届纪律的通知》，查处3起违纪违法案件；开展《农村基层干部廉洁履行职责若干规定》落实情况监督检查，规范农村基层党员和干部行为；出台《遂昌县党风廉政建设巡查工作制度》，对5个乡镇和3个重点部门开展党风廉政建设巡查，督促被巡查单位落实问题整改31项；深化廉政风险防控机制建设，加强对重点领域、重点岗位、关键环节的风险动态管理；落实领导干部报告个人事项制度，加强领导干部因私、因公出国（境）管理，从严查处党员干部违规收受礼金、利用婚丧嫁娶、乔迁事宜敛财等违纪违规行为；严肃查办发生在领导机关和领导干部中违法违纪案件，受理信访件201件，立案查处违纪违法案件68件，涉副科级以上领导7人，挽回经济损失200余万元。

【夯实勤廉基础】出台《关于进一步加强勤廉农村建设的实施意见》，加强对勤廉农村建设工作的指导；推广村级便民服务中心标准化建设经验，着力构建县、乡、村三级便民服务网络平台；组建专业代办员队伍，打造“家”服务品牌；探索开展“政企共建”模式，实现平台共建、资源共享、渠道共用；推进村（居）监会标准化建设，推行村务监督积分管理办法，提升村监会监督水平和监督实效；开展居监会标准化建设，实行“五式”监督法和“四评”工作制，提升居监会履职水平，共收集群众意见和建议2104条，办结1986件，办结率94.4%；对村级工程项目提出整改意见共465条，退回不合理、不规范财务票据102张，涉及金额48.5万元；深化“美丽乡村项目大家建”工作，启动资金预付制度和项目结余款直接拨付制度，破解启动资金筹措难、检查验收做账难的“两难”问题。全县共实施“美丽乡村项目大家建”项目86个，总投资2307万元，其中71个项目已完工，工程合格率100%，节约资金率21%，村民工资增收480万元，村集体增收368万元；创新基层站所服务模式。开展“集体摆摊、贴心服务”活动，共集中服务56次，服务群众4400余人次，办理各类事项1200余件。

【培育勤廉文化】开展“勤廉遂昌”建设“金点子”征集和创新工作评比，共征集省内外金点子85个，评选出创新工作20项；开展勤廉创建工作，共创建勤廉乡镇4个、勤廉村23个、勤廉社区5个、勤廉机关19个、勤廉站所56个，对4个不符合勤廉标准的单位予以摘牌；推进勤廉文化建设，在全县组织开展学习《勤廉遂昌》读书活动，开展新提任领导干部集体谈心和“廉政套餐”教育活动；深化“文化养廉”专线建设，深入推进廉政文化“六进”工作，营造了“勤廉遂昌”建设良好氛围。

【形成勤廉合力】推进学习型、项目型、执行型、文化型、创新型纪检监察机关建设。加强委局机关建设，深化“大科室”体制改革，完善重点工作项目化管理，健全“周安排、月论坛、季例会”工作机制，加强工作落实的过程管理；加强基层纪检监察干部队伍建设，健全农村基层纪检组织，实行基层站所党员属地管理，在站所设立纪检监察员，实现乡镇、站所、村纪检监察组织全覆盖；严格纪检监察组织考核评优，下发《乡镇纪委（街道纪工委）、部门纪检监察组织综合考评办法》，实行县纪委班子和单位班子领导评、重点工作考核评、纪委内设处室业务评、单位干部群众大家评；开展县纪委常委同乡镇（街道）纪委书记、部门纪检组长谈心谈话和工作约谈活动，组织纪检监察干部集中培训，切实增强干部队伍凝聚力和战斗力。（张益熊）

组织工作

【基层组织概况】 2013年年底，全县有基层党组织800个，其中党委48个，党总支22个，党支部730个。基层党委中，乡镇党委18个，企业党委8个，事业单位党委6个，县级机关党委16个。全县党员15813名，其中女党员3593名，占22.72%；少数民族党员815名，占5.15%。

2013年遂昌县党员年龄结构一览表

表15

年　龄	人数（人）	占总数%
35岁及以下	3004	18.98
36岁至45岁	3811	24.10
46岁至54岁	3394	21.46
55岁至59岁	1721	10.88

年　龄	人数（人）	占总数%
60岁及以上	3883	24.56

2013年遂昌县党员文化结构一览表

表16

学历	人数（人）	占总数%
研究生	56	0.35
大学本科	2141	13.54
大学专科	2472	15.63
中专	1142	7.22
高中、中技	2443	15.45
初中及以下	7559	47.80

2013年，全县发展党员252名。其中女党员75名，少数民族党员5名；35岁及以下党员126名，36岁至59岁党员126名；其中高中以上文化程度的134名，入党前为共青团员的11名。

【村级组织换届】按照省、市统一部署，围绕“三强选举、三清选举、三零选举”目标要求，9月4日至10月25日在王村口镇开展了村级组织换届选举试点工作。11月1日，村级组织换届选举工作在全县铺开，年底全面完成村级组织换届选举任务，共选举产生新一届村两委成员1576人，其中支委成员819人、村委成员792人、两委交叉任职35人、书记主任一肩挑5人。村两委成员中，大学生村官42人，大专以上文化程度190人，平均年龄45.9岁。

【市县联合公选】从2013年5月中旬开始，全市统一启动市县联合公开选拔领导干部工作。遂昌县推出县交通运输局总工程师、县旅游局副局长、县教育局副局长、县经济商务局副局长、乡镇（街道）副科级领导6名，共10个职位进行公开选拔。总共有475人网上报名，经过笔试、面试、组织考察、常委会个人陈述和讨论决定，共选拔出10名科级领导干部。

【干部教育培训】2013年，县委组织部开展了县管科级领导干部十八大精神集中培训班、新提任副科级领导干部培训班、第十四期青年干部培训班等12个主体班次，培训干部2000余人次。在培训班中，除常规课程以外，还根据培训对象不同，组织开展了西部乡镇考察体验活动、王村口群众路线教育实践活动、法院廉政现场教学、全封闭式军训、“与陌生人牵手”、无领导小组讨论、素质拓展训练培训内容。加强培训基地建设，王村口镇被省委组织部列为“浙江省干部教育培训现场教学示范基地”，并于5月、11月接待了省委党校春季和秋季中青年干部培训班群众路线教育实践活动。

【领导班子和干部队伍建设】2013年共任免干部14批238人次，其中提拔55人，交流92人。

注重在重点工程、重大项目、重要事件与基层一线历练和考察干部，启动优秀年轻干部双向挂职，选派100余名干部参与低丘缓坡开发、“三改一拆”、信访维稳等重点难点工作的挂职锻炼，选派20名没有乡镇工作经历的部门副科级领导干部和县管后备干部到乡镇任党委委员或乡镇长助理。制定县管领导干部及领导班子季度分析制度，组建由副部长带队的考察组赴乡镇部门，和领导干部成员进行一对一的谈心谈话，并在部务会议听取专题汇报，对各单位领导班子的建设运转情况、意见建议，对班子成员的个体评价、培养建议等进行梳理，加深对干部队伍的了解。

【干部监督工作】出台了《关于进一步规范机关事业单位中层干部选拔任用工作的意见》《关于加强干部在职学历培训管理的有关规定》《关于全面开展“应知应会”知识常态化测试工作的实施意见》《遂昌县调整不适宜担任现职领导干部实施细则（试行）》等制度。加强对县属各单位选人用人情况的监督检查，对县属各单位2011年以来贯彻执行《干部任用条例》和有关规定的情况进行了专项检查。贯彻实施四项监督制度，对12名党委（党组）书记进行离任检查；对20个乡镇（街道）和68家机关事业单位组织实施干部选拔任用工作“一报告两评议”；落实干部选拔任用工作有关事项报告制度，报市委组织部审批4人，征求意见5人。加强审计监督，开展部务会议专题听取领导干部年度经济责任审计报告工作，把审计结果列入不适宜担任现职情形扣分体系。建立完善组织部监督员工作制度，重新聘请15名监督员。完善出国（境）人员审批管理办法。全年审核备案因公出国（境）14批19人次、因公赴香港、台湾6人、因私出国（境）3人。

【基层党建】2013年，建成从云峰街道至王村口镇涉及7个乡镇涵盖街道、社区、乡镇、农村和企业的“党建百里示范长廊”，培育和树立了一批工作创新、成绩突出、特色鲜明的基层党组织。结合各片区发展愿景和实际需求，7个乡镇（街道）分别提出“崛起云峰”“大爱妙高”“魅力畲乡”“幸福大柘”“先锋石练”“美丽焦滩”和“红色古镇”的党建主题，围绕品牌推动党建工作。按照离县城距离远近、工作实绩好差等指标，分别按10%、12%、15%的比例提高乡镇干部津补贴和绩效工资发放标准。

【“两新”组织党建】出台了《进一步规范“两新”组织发展党员和农村、“两新”组织党员关系接转工作实施办法（试行）》，落实指导、培训和审查举措，提高“两新”组织发展党员的质量。以元立集团和网店协会等重点企业和潮流行业为示范引领，深化党建带团建工作，开展党员青年志愿服务活动。开展“一月一主题”活动，明确非公企业党组织每月活动主题和要求，并及时报送汇总活动开展情况。对全县非公有制企业党组织开展党建述职、年度评议、评先评优，评估党组织工作成效，提升两新党建工作影响力。

【党代表工作】2013年，县委组织部落实党代表任期制要求，以强化阵地建设和活动常态开展为抓手，强化代表履职意识，创新服务群众模式。完善党代表“摆摊”服务，深化党代表阵地建设，落实乡镇党代会年会制，促进党代表作用发挥。全年共开展党代表“摆摊”服务活动46次，接待群众超过5万多人次，解决基层群众各类难题110件，收集各类群众意见千余条。12月3日，由县委书记杜兴林为组长的市党代表调研组，对全县村级组织换届选举工作进行了调研。

【党建信息化工作】县里以“农村自筹、乡镇主导、部门补贴”的形式，加大乡镇（街道）远教基础设施建设，累计建成LED远教广场9个、远教影院33个。创设远教工作新载体，以“十佳远教广场（影院）、十佳远教管理员、十佳远教学用典型、十佳远教实践基地、十佳党建电视节目源”创建为抓手，开展了远教项目“五十佳”品牌建设，累计发放奖励补助资金6万余元。

【人才队伍建设】健全人才工作领导体制，由县委书记杜兴林担任人才工作领导小组组长。完善人才政策，出台了《进一步加强党管人才工作的若干意见》和《遂昌县高层次人才政府岗位津贴实施办法》等6个配套政策。加强重点平台建设，张齐生院士专家工作站被评为市级院士工作站，文照竹炭烧制及研发技能大师工作室入选市首批技能大师工作室。深化县校合作，与浙江大学合作成立浙江大学遂昌技术转移中心，与上海交大资深教授合作成立“材料和表面工程”工作室。搭建人才培育平台，开展了工业经济专题班、农民专业合作社带头人培训班、创业人才培训班、电子商务培训班等各类培训班30余期，培训学员5千余人（次）。组团外出引才，引进硕士研究生14人，紧缺急需人才25人。开展了第八批大学生村官选聘工作，选聘大学生村官25人。

【组织部自身建设】带头贯彻落实中央八项规定、“六条禁令”和市委《关于改进工作作风密切联系群众的实施意见》。举办改进作风讨论会，围绕“组织工作如何进一步克服形式主义”“如何进一步减轻基层负担”两个问题开展讨论。带着壮大村集体经济、村两委换届前干部思想动态、基层干部队伍建设等课题，开展了集中下基层调研活动。落实党建工作责任制，在建设“党建百里示范长廊”的工作中，每一个点位由一名组工干部负责联系，提升业务、树好形象。选优配齐了20个乡镇（街道）的组织员、组织干事。开展了部机关干部参与干部培训班跟班学习、新进组工干部培训等工作。加强组织工作宣传，全年在《中国组织人事报》等中央媒体报刊发表宣传稿件4篇，《浙江日报》等省级媒体记者专程到遂昌采访报导农村指导员工作，在《丽水日报》《钱瓯遂昌》等市、县级报刊专版刊登报道我县组织工作。借助组织部官方微博、遂昌党建网等网络平台，发布组工讯息，扩大信息公开。通过官方微博平台开展各类微直播活动20余次。（陈　永）

宣传工作

【概况】2013年，县委宣传部组织宣讲团，深入各乡镇（街道）、部门、企业开展党的十八大、十八届三中全会、省第十三次党代会、市第三次党代会、县第十四次党代会精神宣讲，达110多场。以三级逐推的方式系统组织开展微型党课比赛。以“文化礼堂，精神家园”为主旨，开展农村文化礼堂建设。加强文明建设，宣传正面典型，评选出119位“最美遂昌人”。开展市级文明单位申报和复评工作，举办了丽水市暨遂昌县第六届邻居节启动仪式、遂昌县第二届未成年人道德文化节活动。启动遂昌县文化产业发展规划工作，开展“文企结亲”活动，举办第十届亚非国际当代艺术展暨洛齐国际当代艺术馆开馆仪式。举办了“健康生活，绿色发展”论坛，召开了全县社科工作大会；组织遂昌县十佳新闻工作者评选表彰活动，开展“五行遂昌、一诺千金”主题外宣。

【十八大精神学习】党的十八大召开以后，县委组建了党的十八大精神宣讲团，宣讲团以党的十八大精神和习近平总书记系列重要讲话精神为主题，结合本县实际，深入基层、深入企业、深入社区，开展宣讲110多场。3—6月，以三级逐推的方式系统组织开展微型党课比赛，在全县上下形成学习党的十八大精神的良好氛围。第一级是人数较多的行业系统组织进行比赛；第二级是以各个大系统为单位进行比赛；第三级为全县总决赛，比赛最终决出一、二、三等奖和优秀奖，分别评选出最佳讲稿和最佳讲手各两名。在6月5日举行的丽水市第二届微型党课比赛中，遂昌县推荐的选手潘文华和包丽卿分别获一等奖和二等奖。潘文华还代表丽水市参加全省微信党课比赛，获得优秀奖。

【农村文化礼堂建设】出台《遂昌县农村文化礼堂实施方案》，制定《遂昌县农村文化礼堂建设任务分解》，3次组织农村文化礼堂专家指导团的专家召开文化礼堂设计方案评审会。组建农村文化礼堂宣讲员、指导员、管理员和农村文化志愿者队伍，开展“村村有业余文化员”活动，58名学员成为遂昌县首批农村文化礼堂的管理员。7月1日，组织召开全县农村文化礼堂现场推进会。7月16—17日，丽水市农村文化礼堂第三次推进会暨现场会在遂昌召开。9月底，24个农村文化礼堂全面完工，并开展了形式多样的文化活动。遂昌县被评为“2013年度全省农村文化礼堂建设工作先进县”，奖励资金300万元。

【道德建设】1月4日，全县干部群众迎接“最美卫士—尹智慧”回家，从高速路口到全城街道，4000多干部群众以及学生手执蜡烛迎接烈士骨灰回家。3月，启动百名“最美遂昌人”评选活动，通过广泛宣传发动、行业组委会组织群众推荐、县组委会评审，并经县纪委、县综治办、县人口计生局审核以及公示等程序，黄颖等119名同志被评为“最美遂昌人”，10月在县电影院进行表彰。毛伟荣、周聪云等15人被评为“最美丽水好人”。

【孝道文化村创建】制定《遂昌县孝道文化村创建标准(试行)》，命名表彰妙高街道庄山村为县孝道文化村。东峰村、坑口村、淤弓村等开展丰富多彩的孝文化活动，弘扬孝道文化，提升公民道德素质。

【文明创建】开展市级文明单位申报和复评工作。对申报2013年度市文明单位的县农业局进行了考查，对遂昌县经济商务局、遂昌县行政服务中心和遂昌县财政地税局等32家市文明单位进行了复评。

【第六届邻居节】10月15日，在平昌广场举办了丽水市暨遂昌县第六届邻居节启动仪式。启动仪式上，对遂昌县“十佳美德邻居” 进行表彰，遂昌城南社区荣获丽水市第五届邻居节“群众最喜爱的活动”奖。10月16日，七个社区以“微笑邻里、欢乐社区”为主题，分别举行“爱满社区、温情前山”“欢乐邻里、和谐城北”“品百家宴、聚百家情”等主题活动。无论活动组织、活动策划，还是载体设计、参与人气方面都受到市领导的肯定。

【未成年人教育】“春泥计划”实施工作继续深入。动员全县各文明单位、机关事业单位和个人为37个“春泥计划”示范村援建了37个“春泥书库”。5月31日，在遂昌县实验小学举行了遂昌县第二届未成年人道德文化节启动仪式，通过开展深入开展学雷锋、遂昌县十佳美德少年评选表彰、经典诵读、校园文化展示等活动，进一步加强未成年人思想道德建设，促进未成年人健康成长。

【“健康生活，绿色发展”论坛】10月20—21日，举办“健康生活，绿色发展”论坛，国务院发展研究中心原副主任侯云春、英国牛津郡国王山中学原校长Nick Fox、浙江省委政研室副主任郭占恒等20多位专家、教授，县内部分企业、协会负责人参加。国家行政学院经济管理部副主任张孝德、《消费日报》理论部主编叶培红、浙江省浙商研究会副会长张神贤以及遂昌县长何卫宁等人作了演讲。

【洛齐艺术馆开馆】10月21日，在云峰街道长濂村举办第十届亚非国际当代艺术展暨洛齐国际当代艺术馆开馆仪式，来自意大利、法国、澳大利亚、马来西亚、泰国、韩国及中国的37位国际艺术家齐聚长濂，县领导杜兴林、何卫宁、尹建中等参加开馆仪式。

【全国书画名家作品展】11月15日，由县委宣传部牵头、杭州领先书画院主办、遂昌鑫运装饰公司承办的“纪念毛泽东同志120周年诞辰全国书画名家作品展”在县汤显祖纪念馆开展。此次展览活动为期1周，共展出百余幅书画作品。这些作品出自朱关田、陆九畴等书画名家，以及铁瑛、郭仲选等老一辈共产党人之手。

【十佳新闻工作者评选】4—11月，县委宣传部牵头组织遂昌县十佳新闻工作者评选表彰活动，经广泛宣传、组织推荐、媒体公示、投票评审，授予雷蕾、王红梅、叶肖、章建辉、肖靓、楼映方、张秋阳、雷文虎、尹世平、王海军、余志远等同志遂昌县十佳新闻工作者荣誉称号。11月8日，县领导参与记者节座谈会，表彰十佳新闻工作者。

【“五行遂昌·一诺千金”主题外宣】1月8日，淘宝网“特色中国·遂昌馆”开馆新闻发布会在县体育馆举行。来自中央、省、市、县的20多家媒体齐聚一堂，共同关注淘宝网“特色中国·遂昌馆”开馆情况。3月29日，中央电视台十频道《地理中国》摄制组林祝一行3人到遂昌金竹、金矿等地拍摄《古矿迷踪》。4月8—10日，人民网浙江分站3名记者来遂昌作“淘宝县”专题采访。4月20—21日，80余名奥迪俱乐部成员及媒体记者分乘22辆奥迪牌汽车游览遂昌。4月22日，由浙江省国土资源厅和遂昌县委、县政府共同举办的第44个世界地球日活动在遂昌金矿国家矿山公园举行。12月1日，首届中国（浙江）全面小康论坛暨颁奖典礼在

杭州举办，遂昌县获首届浙江全面小康休闲示范县称号，农产品电子商务遂昌模式获十大民生决策奖。（张伟红）

统一战线工作

【概况】2013年，经县委组织部和县委统战部考察推荐，有3批7名党外干部走上副科领导岗位，有2名党外干部走上正科重要领导岗位。全县有党外领导干部38名。有8个乡镇（街道）领导班子中安排了党外人士。2013年还专门定向招考了5名少数民族公务员。3月"两会"上，民主党派和无党派人士向各级政协、人大会议提交团体提案11件，个人提案35件，议案4件。

2013年，县委统战部开展非公经济人士为灾区重建和困难群众献爱心活动，为弱势群体困难群众捐款捐物5000余元，向雅安地震捐款1万元。

全年共兑现少数民族学生"助学券"补助资金24.48万元，升学奖励资金2万元。通过开展便民服务活动，完成295名中高考学生的少数民族身份审核工作。全年申报省少数民族资金重点项目3个，一般项目9个，争取项目资金165万元。组织7个民族村结对参与新一轮少数民族低收入群众增收帮扶行动计划，争取到帮扶资金共35万元。完成了高碧街村的省"民族团结进步小康村"申报工作。全年共完成创建"和谐寺观教堂"达标场所7个。开展了全县宗教活动场所登记证编号工作。组织召开遂昌县和谐寺观教堂创建活动推进会，完成金竹基督教堂签约、安置房落实等工作。完成了民间信仰场所调查摸底工作。

侨务部门组织召开全县侨情调查工作动员会，对侨情调查工作进行了部署。县侨联与民革浙江省委、省普法办开展了"送法下乡"活动，分发《侨务法律法规政策选编》200余册，先后建立石练镇、大柘镇、新路湾镇等5个基层侨联组织。全年接待侨商、台商15批56人次，签订投资协议资金11.18亿元。

【市委统战部来遂昌开展"同心•送温暖"活动】1月15日，丽水市民宗局副局长、市委统战部部务成员陈和平，市知联会副会长金晓峰一行来到遂昌开展"同心•送温暖"—走访慰问活动，给"三老、两户"人员送上棉被、食用油、大米等慰问品和慰问金，送去新年的祝福。县政协副主席、统战部部长林成高陪同走访慰问。

【遂昌县首个党外知识分子联谊会分会在县人民医院成立】1月18日，遂昌县首个党外知识分子联谊会遂昌县人民医院分会成立，会议选举产生了第一届理事会理事及会长、副会长、秘书长。遂昌县政协副主席、统战部部长林成高，遂昌县人大常委会副主任、党外知识分子联谊会会长高峥出席成立大会。吸收了35名县人民医院的中高级党外知识分子入会。

【畲族小学生民俗体验夏令营开营】7月10日，由县教育局、县民宗局主办，三仁畲族乡中心小学承办，以"传承传统文化—体验成长之旅"为主题的遂昌县首届畲族小学生民俗体验夏令营活动举行开营仪式。县政协副主席、统战部长林成高出席开营仪式。

【遂昌县第五期少数民族、党外干部培训班开班】8月19日，遂昌县第五期少数民族、党外干部培训班在县委党校开班。县政协副主席、统战部部长林成高出席开班典礼并讲话。47名党外干部及少数民族干部参加培训班学习。

【遂昌县新生代企业家联合会成立】10月12日，遂昌县新生代企业家联合会成立。县委副书记、县长何卫宁在成立大会上寄语广大创业青年，要勇挑重任，争做有责任、有担当的优秀企业家，为县域经济社会发展做出更大的贡献。遂昌县政协副主席、统战部部长林成高等县领导出席成立大会。（项东军）

机关党建工作

【概况】至2013年年底，全县有35个党委、1个党工委、6个直属总支、49个独立支部、324个党支部归属县直机关党工委管理、指导，共有党员4906人，占全县党员总数的31.8%。

【机关思想政治建设】为把学习贯彻党的十八大精神引向

深入，县直部门各机关党组织，利用“三会一课”、专题报告讲座、演讲比赛等多种载体，协同开展了县委理论宣讲团“十八大”宣讲、“中国梦”主题宣讲68场。5月，举办了全县党的十八大精神微型党课比赛。依托“微型党课”、短信“空中课堂”、网上党课、遂昌县广播电视台“电化教育”等宣传平台抓好党员日常教育。实行每月集中学习制度，坚持干部职工每月夜学，每月中旬接受廉政电化教育。把党员学习作为加强党员教育的正常化途径，并纳入到年度部门组织工作考核。

【基层党组织建设】在调查摸底、分类定级的基础上，制定县直机关党组织“星级考评”标准，作为深化完善规范化党支部建设的重要举措，不断提升党支部“十规范”建设层次。提出了《关于推行五星级管理深化服务型基层党组织建设的实施意见》，指导各机关党组织对存在问题进行分析、整改提高，并根据年度星级评定情况实行增星摘星动态管理。根据建设规范化党支部的要求，到年底完成对16个党支部的创建指导工作。强化党员发展进口把关“七项制度”，从严掌握入党积极分子的确定、党员发展质量关和程序关，进一步优化党员队伍结构。全年在直属支部中新发展党员11名，预备党员转正12名。“七一”期间对县直机关103名入党积极分子进行了培训。

【机关党内民主建设】始终把保障机关党员的民主权利、发挥机关党员的主体作用贯穿年度各项工作和活动之中，不断推进机关党内民主建设。一是积极推进党务、政务公开，坚持重大事项接受党员和群众监督，进一步落实党员的知情权和参与权；二是加强对机关党组织换届选举工作的指导和把关，认真总结推广近年来机关党组织换届“公推直选”经验；三是强化基层党组织带头人队伍，县干部人事调整后，及时改选有关支部班子成员，理顺工作关系，基层党组织和班子健全率达90%以上。

【城乡基层党组织结对共建活动】按照以城带乡、优势互补、党群共促的原则，进一步深化“双百双千”结对帮扶制度，深化领导干部对口联系、结对帮扶、现场办公等制度。推进机关党组织和党员“进农村、进社区、进广场、进企业”服务工作，完善党员服务群众工作机制。坚持开展党员送服务下乡活动，以为民务实清廉的工作作风，践行党的群众路线，全力打造“党员服务”品牌。全年共开展送服务下乡活动12次，发放资料4万多份，服务3万多人次。

（县机关党工委）

信访工作

【概况】2013年，县信访局共受理群众来信来访871件（人）次，与上年比上升了5.83%，其中来访281批次602人次，同比批次和人次分别上升了6%和5.1%。

【落实信访工作责任制】3月，县委、县政府召开全县政法综治暨信访工作会议，进一步落实信访工作责任制。县委、县政府与各乡镇（街道）、部门党政主要领导签订信访工作责任书，确定年度工作目标。印发了《遂昌县信访源头责任倒查追究办法（试行）》；建立了《局领导和干部联系乡镇（街道）、部门信访工作制度》；制定了《实行信访事项督查督办月通报制度》，规范并启动机制信访信息“零报告”工作机制，印发了《遂昌县信访评议员聘任管理暂行办法》，聘请了27名信访评议员，提高公信力，推进信访事项的化解和终结。

【领导干部接访下访】修订完善和贯彻执行《遂昌县县级领导信访工作制度》，实行县领导接访、各单位负责人、律师共同参与的接访机制，组织安排好每月5日县委书记、县长接访及每月15日副县级领导的接访活动，同时增加逢单月25日每位县领导到联系乡镇（街道）开展联合接访活动，逢双月25日每位县领导到分管联系部门开展联合接访活动，其他时间根据需要通知有关部门负责人参加联合接访。全年，县、乡、村三级领导共接待群众信访8179批13301人，其中县领导下访接待群众134批次955人次，县领导在县人民来访接待室接待来访群众62批193人。

【"百名市县领导包百案"活动】2013年，遂昌县实行"四包四到位"信访案件领导包案负责制，省、市、县三级挂牌交办的20件信访积案（省级5件、市级3件、县级12件）逐一落实包案县领导。至年底，5件省级信访案件中全部签订息访协议。（秦红云）

机构编制工作

【完成上一轮政府机构改革任务】6月底，完成上一轮政府机构改革工作，完善并制定了18个政府工作部门的"三定"规定。严格按照市委、市政府和市编委设置机构要求，撤销旅游局设置旅委，增设经合办（招商局）等机构。

【加强机关部门编制使用管理】按照本届政府财政供养人员只减不增的要求，积极优化编制资源。同时，在保持编制总体平衡的基础上，根据县域经济社会发展的实际需要，最大限度推动编制资源向全县中心工作、重点领域倾斜。

【规范领导干部职数调整】4月份，制定《遂昌县科级领导干部职数（含高配）调整操作办法》，对增加领导干部职数有关问题进行了明确，并首次提出领导职数调整"由县委组织部、县编委办共同研究提出意见并经书记办公会酝酿后分别提交编委会、县委常委会讨论通过，由编委发文"等意见。同时，制定《进一步规范机关事业单位中层干部选拔任用工作的若干意见》，提出机关事业单位中层干部任免前应由编委办审核岗位的职数、职位等规定，有效规范了中层干部管理。

【全面施行机构编制实名制管理】印发了《遂昌县机关事业单位机构编制实名制管理办法》，召开全县机构编制实名制业务培训会及布置会，部署全县机构编制"实名制管理"工作。通过强化编制计划卡使用、单位人员出入编登记等措施，落实编制及职数使用核准制度、进出编登记备案制度。至年底，基本完成"机构编制实名管理系统"的数据收集、录入、校对、复核等工作。（祝卿甫）

党史和地方志工作

【概况】2013年，遂昌县史志办公室全力抓好党史二卷专题编写、二轮修志和《遂昌年鉴》编纂工作，较好地完成了年初确定的各项工作任务。

【党史编研工作】一是搜集整理资料，搜集了杭州等16个市、县（市、区）的党史二卷专题集，杭州等14个市、县（市、区）的地方党史二卷正本，查阅遂昌县委、县人民政府和有关部门档案1512卷，复印3533页；二是完成了33个党史二卷专题的初稿。多次召开本办及聘用人员撰写党史专题讨论会、培训会、推进会，完成党史二卷专题初稿34个近19万字。

【《遂昌年鉴》编纂工作】9月，下发《关于做好〈遂昌年鉴（2012—2013）〉编纂工作的通知》，拟定《〈遂昌年鉴（2012、2013）〉编纂纲目》，对相应承编单位进行了分工。10月18日召开了《遂昌年鉴》撰稿人员培训会，邀请省地方志办公室副研究员韩锴作《条目知识和编纂原则》讲座，各承编单位主要执笔人员百余人参加了培训。认真开展《遂昌年鉴》撰稿的督促、指导工作。到部分乡镇、街道和县属承编县志分志稿的部门单位督促、指导编撰工作。

【革命遗址修复保护】完善革命旧址管理制度，采取检查、指导、总结表彰等方式，积极做好革命旧址日常管理的引导工作。从省委党史研究室争取到唐公宪故居、松遂龙边游击队队部旧址修缮项目经费30万元，资金总额居全市第一；配合县发改局等争取到遂昌县委革命旧址修缮项目经费40万元，为旧址修缮提供资金保障。一年来，有6万多人次到革命教育基地接受了教育。县史志办获全省革命遗址普查工作先进集体。

【史志资政育人】在《钱瓯遂昌》上开设"遂昌革命遗址巡礼"和"读谱笔记"专栏，刊发13期；利用办公助手的短信服务功能，开设了"遂昌党史微课堂"，向全县科级领导干部和规模企业负责人发送遂昌党史基本知识3000余条次；撰写了《从山区小钢厂到全国五百强》，作为省委党史研究室编写《浙江民营经济发展回眸》一书的典型案例之一；撰写了《〈1949.5-1949.12 入遂的南下干部名录〉整理始末》、《从浙西南革命历史看党的群众路线》，在《丽水党史》刊物上发表；撰写了《遂昌推出三项新举措贯彻落实全省党史宣教会议精神》等13篇信息给省委党史研究室和市党史方志办，省委党史研究室采用4篇，市党史方志办采用7篇。（史志办）

档案工作

【概况】2013年，遂昌县档案局（馆）馆藏档案146全宗，案卷101260卷23870件。另有民国档案41全宗，13641卷，馆藏量居全省第三。中草药动物标本627份。资料（图书、报刊）共有8881册。录像、录音档案14盒，照片档案共1231张。馆藏档案中，包含《潘氏宗谱》木刻印刷版片291块，民国时期遂昌县户地联络图2003张，这2件档案被列为浙江省档案文献遗产。

2013年，全县4个行政村获“浙江省行政村示范（规范）档案室”，9个机关单位获“浙江省示范（规范）数字档案室”。另外获得省乡村记忆示范基地1家，企业记忆之窗示范点1家。

【档案信息化建设】2013年县档案局开展数字档案室建设，完成46家单位9万条目录的数字化归档。启动馆藏档案原文数字化加工，将利用率较高的婚姻登记、山林权证等民生档案作为扫描重点。对50家单位的电子公文和民生业务数据进行备份。档案网站后台安全维护工作有专人负责。档案信息网栏目内容充实，更新档案信息61条。

【档案业务监督指导】2013年，县档案局为30多个单位开展业务指导，整理文书档案8510件，业务档案650盒8000多卷，科技档案80盒340件。指导遂昌县人民医院住院大楼、低丘缓坡开发古院区块一期工程等县重点建设项目、重大活动档案规范化管理工作。对银泰房产、五联通信等破产企业的档案进行整理归档。开展县直机关、乡镇及行政村示范（规范）数字档案室创建工作。进行住房公积金档案目标管理省二级认定工作。

【档案馆内基础业务】2013年，县档案局（馆）接待查档利用者1168人次，提供案卷借阅利用3512卷（件）次，出具证明2770张。9月起，联合全省各市、县（市、区）国家综合档案馆开展“异地查档、跨馆服务”工作，老百姓可就近查档。

【《今日遂昌要事集萃》第6辑】2013年，根据“中国·遂昌”政府门户网站编辑印发《今日遂昌要事集萃》第6辑，该资料共47万余字，收录“中国·遂昌”政府门户网站发布的电子档案，包括重大新闻、事件、民俗、文化等要事，其中重要新闻844篇、图片1255张。电子档案转化为纸质档案，更便于查阅利用和保存。

【珍贵档案抢救】遂昌县档案馆馆藏民国档案13641卷，数量居全省第三，是国家珍贵的、不可再生资源。为保护这些珍贵史料，自2008年起开展修裱、编录、装盒等抢救工作，已抢救民国档案6608卷，编录卷内目录198413条。其中2013年共抢救民国档案800卷，抢救条目34784条。

【发掘翻印《500道民国菜谱》】2013年，县档案馆借助珍贵馆藏档案，发掘翻印《500道民国菜谱》一书，为遂昌县农家乐发展提供新卖点，县主要领导对这一菜谱的发掘作出批示。

【档案宣传与培训】年内，县档案局通过电视台、《钱瓯遂昌》、网站等新闻媒体，宣传报道全县档案工作重要事件、档案工作方针政策及依法管理档案工作的情况，组织全县45家单位、20个乡镇（街道）开展培训活动，培训档案人员300余人。（雷金香）

老干部工作

【概况】2013年年底，全县共有离休干部117人，年龄最大的95岁，最小的79岁，平均年龄86.03岁。其中：县统计上报98人，省属企业14人，部队安置2人，外县托管3人。实职副县及以上退休干部18人。2013年，县委老干部局获遂昌县勤廉机关、全市老干部工作部门信息宣传工作先进集体称号。

【老干部政治待遇】全年共组织老干部学习会 12 次，其中情况通报会 10 次，形势报告会 1 次，十八届三中全会精神学习会 1 次。落实好离休干部按规定参加会议、阅读文件、就近参观考察等制度。就县领导的报告、县有关重大政策出台和老干部局工作，及时召开老干部座谈会征求意见建议 3 次。开展“走基层、看变化、促发展”活动，组织老干部参观考察县低丘缓坡综合开发利用试点龙板山区块及古院区块。向离休和实职副县级以上退休干部赠送《浙江老年报》《丽水日报》《钱瓯遂昌》等学习资料。

【老干部生活待遇】组织老干部参加健康体检、健康休养。提高因故未参加健康休养离休干部的补贴标准，每人每年从 800 元增加到 1000 元。为年满 70 岁、80 岁和 90 岁的老干部集体祝寿。进一步落实好“政府买单送服务”项目，向老干部发放温馨服务券。加强对各单位落实离休干部生活待遇的督促检查工作，确保各项政策落实到位。召开利用社区资源为老干部服务工作经验交流会，与县城七大社区续订《遂昌县利用社区资源做好老干部服务工作协议》。建立离休干部信息库，对老干部信息进行智能化管理。春节、重大节庆日或离休干部生病住院期间开展走访慰问活动，全年共走访慰问老干部约 240 人次。

【离退休干部党支部建设】深入学习贯彻落实党的十八大、十八届三中全会精神，组织“中国梦”、十八届三中全会精神专题理论报告会。与县委组织部、县直机关党工委联合开展遂昌县第三批“五好”离退休干部党支部和优秀离退休干部党员评选活动，评选表彰了 2 个“五好”离退休干部党支部和 10 名优秀离退休干部党员。12 月 5—6 日，举办第四期全县机关事业单位离退休干部党支部书记培训暨党的十八届三中全会精神学习会，39 位支部书记参加了培训。

【老年大学工作】2013 年，老年大学开设越剧、草药、音乐、剪纸、器乐、书画、健身、婺剧、诗词、舞蹈、电脑等课程，学员总数 650 余人次。举办党的十八届三中全会精神专题辅导报告。举办学员书画、剪纸等作品展、学习成果汇报演出等活动，为“文化养老”提供有效载体。购置多媒体电脑、展示台、演出服务装等教学活动设备。

（吴丽芬）

党校（电大）工作

【干部培训】2013 年，县委党校先后举办全县科级领导干部十八大精神培训班、新提任副科级领导干部培训班、第十四期青年干部培训班、少数民族和党外干部培训班、工业经济发展专题研讨班等主体班次 11 期，培训干部 1332 人。开展其他培训 6 期，参训人数 300 人，各类培训班参训总人数 1632 人，比上年增加 28%。

【教学科研】2013 年，县委党校完成省教育厅规划立项研究课题 1 项（《丽水竹炭产业发展战略研究》），完成市社科联规划立项研究课题 1 项，完成市委组织部调研课题 2 项，完成县委交办课题 2 项，新立项市电大规划立项研究课题 1 项，组织编写了第十四期青干班班刊《拔节》4 期。全年教师撰写论文 29 篇，其中省级发表 1 篇，市级发表、获奖 12 篇，县级获奖 2 篇。参加省、市、县微党课竞赛获省优秀奖、市一等奖、县一、二等奖各 1 项。全市党校系统教学竞赛和全市电大系统教学比赛（各获三等奖 1 项）。《爱情之旅—遂昌石姆岩旅游品牌打造思考》获丽水市 2011—2012 年度社会科学优秀成果三等奖。调研成果《浅析厚积薄发的应村党建模式》获县委书记批示。《创新党校干部教育培训“五品”经营理念思考》入篇《全省党校系统教学改革专题研讨会论文集》。《发挥基地作用，开展现场教学》在省委党校系统教学改革专题研讨会交流。《加强社会科学理论研究 ，推动遂昌经济社会发展》在遂昌县社会工作大会上作典型交流发言。《创新我县农业发展方式，建设国家级生态示范县》成为县政协八届二次会议大会发言材料。

【电大工作】2013 年，春

秋两季共招收开放教育新生223人，在校生人数1084人。遂昌电大（社区学院）凭借在全县各中心成人技术学校设立6所社区学院分校的网络优势，积极有序推进社区教育向农村基层延伸，取得了良好成效。全年各社区学院分校共举办各类培训班120期，培训人数达1.1万多人次。10月底，遂昌社区学院大柘分校和北界分校被省教育厅授予首批“省级社区教育示范学校”称号。（刘美华）

人事工作

【概况】2013年，全县引进各类人才97人，其中硕士研究生11人；培养高技能人才273人。推荐9人参加138人才工程第一、二层次培养人员；申报2人参加丽水市突出贡献专家选拔；申报9人参加绿谷名医、绿谷名护士、绿谷乡村医生评选。开展维修电工、农产品经纪人、中式烹饪、中式面点师等专业职业技能资格考核鉴定41期，共3686人参加。申报丽水市职业技能大师工作室2家，申报丽水市首席技师4名。完成企业高技能人才试点单位13家。协助浙江凯恩电池有限公司完成博士工作站申报和建设工作。取得正高级职称人员1人、副高级职称53人、中级职称116人、初级职称475人。

全县考试录用公务员85人，招聘事业单位工作人员43人、大学生村官28人、编外驾驶员7人。配合卫生、教育系统开展公开招聘工作，卫生局下属事业单位招聘卫生专技人员40名，教育系统开展2次公开招聘教师34名，为住建局下属事业单位公开招聘工作人员12名。

推进事业单位岗位管理。制订出台退休、退养专技人员岗位等级确定规定，开展2006年工改至今退休专业技术人员和退养人员岗位等级的确定工作，完成基本材料审核48家单位269人。完成县政府金融工作办公室等13家事业单位参照公务员法管理。

调整机关事业单位离退休(职)人员和中华人民共和国成立前老工人退休生活补贴，标准为2012年1月起，110名离休干部和中华人民共和国成立前老工人生活补贴从36000元的90%/年调整到42000元的90%/年。2012年1—6月，2343名机关事业单位退休(职)人员生活补贴从36000元的65%/年调整到42000元的65%/年，2012年7月起，从36000元的80%/年调整到42000元的80%/年。开展机关单位工作人员规范津补贴调整和事业单位工作人员基础性绩效工资的调标以及对其他事业单位绩效工资分类管理工作。2013年7月起，全县行政事业单位在职人员规范津补贴基数和绩效工资总量基数在原基础上增加6000元。机关单位1850名工作人员（含参公）规范津补贴调整到42000元/年。教育系统2076人基础性绩效工资调整到43165元/年，其他事业单位1416人基础性绩效工资调整到41214元/年。

【高层次人才全方位考核】5月出台《遂昌县高层次人才政府岗位津贴（试行）》《遂昌县高层次人才“绿色通道”实施办法（试行）》等6个文件，在全市首次对第1至第6类人才的工作实效、岗位匹配等进行全方位考核，考核成果与岗位津贴挂钩，实行动态管理，鼓励各级人才在岗位上勇担重任、发挥才智，最大限度地实现人尽其用。

【丽水市首家“人才之家”建成】9月18日，丽水市首家县级“人才之家”启动仪式在遂昌县召开，全县各系统4至6类人才和近两年人才引进的代表共24名参加座谈会，与会人员积极发言，对本县今后人才工作的开展提出了意见和建议。遂昌县“人才之家”设于县人社局五楼，首期配备了电脑、投影、书籍、沙发及乒乓球桌等设备，县域内1至6类人才和引进人才可随时到人才之家开展活动。

【企业高技能人才自主评价认定】开展企业高技能人才自主评价直接认定工作，在13家企业自主认定高技能人才154人，对遂昌高技能人才培养工作进行了积极、有效的探索。

（唐根金）

遂昌县人民代表大会

【概况】2013年，遂昌县人民代表大会召开常委会会议8次，听取和审议“一府两院”专项工作报告43个，作出决议决定16项，审议意见6项，并对审议意见落实情况进行跟踪监督，共处理群众来信55件，接待群众来访107批次。

高度关注“十二五”规划纲要实施，听取和审议了“十二五”规划纲要实施情况中期评估的报告。重视工业经济发展，组织视察入园企业达产达效情况、县东城区空间拓展及工业项目落地情况。继续关注“三农”问题，组织视察竹产业发展情况。审查批准2012年县财政收支决算和2013年度政府债务收支计划。高度重视生态文明建设，开展洁净乡村建设和畜禽养殖污染整治视察。促进教育、医药卫生、科技、人口、民侨事业发展。注重提高监督效果，对审计工作、特扶项目、学生接送安全、生态县创建、民政局工作评议、加强检察机关法律监督工作的决定等形成审议意见，对落实情况进行跟踪监督并进行满意度测评。审议了遂昌县住房公积金运行和政策执行情况的报告，针对全县机关事业单位住房公积金缴存标准较低的现状提出了审议意见，根据县人大常委会的审议意见，县政府对住房公积金的缴存标准进行了调整。对县国土局开展工作评议并作出评议意见。加强对法院审判活动的监督，开展行政执法办案质量检查和规范性文件的备案审查工作。坚持党管干部与依法任免国家机关工作人员相统一的原则，严格执行任免程序，组织任前法律知识考试，增强拟任人员的民主法制意识。组织各级人大代表开展了“关心母亲河溪，查找水污染源，恪尽代表职责”主题活动，继续深入开展“洁净乡村、代表作表率”和“三改一拆、代表作表率”活动，全县22个代表小组全年活动85次。对代表建议的办理主要抓整理、抓交办、抓督办。

【县十五届人大二次会议】3月4—8日，遂昌县第十五届人民代表大会第二次会议举行。会议应到代表168人，实到代表168人，邀请、列席127人。会议听取和审查了县长何卫宁作的《县政府工作报告》、县人大常委会主任毛建华作的《县人大常委会工作报告》、县人民法院院长叶晓生作的《县人民法院工作报告》、县人民检察院检察长谢云生作的《县人民检察院工作报告》，审查了计划、财政工作报告，通过上述工作报告决议。选举王中强、吴志新、郭劲松、徐瑞祥为遂昌县第十五届人民代表大会常务委员会委员。大会收到10人以上联名提出的33件议案转为代表建议，连同151件代表建议、批评和意见，一并交由县政府和有关部门研究办理。

【县人大常委会会议】2013年，遂昌县第十五届人民代表大会举行常委会议8次：

2月18日，举行第九次会议。听取关于代表补选结果的报告；通过了优秀代表建议和建议办理先进单位；听取《关于要求调整遂昌县2012年财政支出预算的报告》，作出《关于2012年县级财政支出预算调整报告的决议》；听取《关于2011年度财政预算报执行和其他财政收支审计工作报告县人大常委会审议意见执行落实情况的报告》，听取县人大财经工委的调查报告，并对审议意见落实情况进行满意度测评；决定县十五届人大二次会议召开的时间。

2月25日，举行第十次会议。听取《2013年固定资产投资计划的报告》和《遂昌县2013年政府性基本建设预算（草案）》编制说明；讨论县政府、县发展和改革局、县财政局、县人大常委会、县人民法院、县人民检察院等六个工作报告；听取代表变化情况的报告；讨论县十五届人大二次会议的有关事项。

4月26日，举行第十一次会议。学习《浙江省饮用水水源保护条例》；听取《2013年度县政府债务收支计划议案的说明》，作出《关于批准遂昌县2013年度政府性债务收支计划的决议》；听取县检察院、县法院、县公安局、县司法局落实县人大常委会《关于我县贯彻落实浙江省人大常委会〈关于加强检察机关法律监督工作的决定〉情况的审议意见》情况的报告和县人大法工委关于贯彻落实审议意见的调研报告，并对4个单位分别进行了满意度测评；听取《关于贯彻落实县人大常委会关于特别扶持项目实施情况审议意见》情况的报告和县人大农业农村工委关于贯彻落实审议意见的调研报告，并进行满意度测评；听取关于落实《关于加强学生接送安全工作情况报告的审议意见》情况的报告和县人大教科文卫民侨工委关于贯彻落实审议意见的调研报告，并进行满意度测评。

6月27—28日，举行第十二次会议。学习《中华人民共和国民事诉讼法》；听取关于乡村卫生一体化管理工作情况的报告；听取关于国家孕前优生健康检查项目实施情况的报告；听取关于遂昌县质量强县与质量安全工作情况的报告；听取关于入园企业谋求转型跨越，力促达产达效情况的报告；听取和审议县林业局局长季方法受县政府委托所作的关于遂昌县竹产业发展情况的报告，听取县人大农业农村工委关于全县竹产业发展情况的调研报告并作出审议意见；听取关于国家级生态县创建工作审议意见落实情况的报告和县人大城建环资工委审议意见落实情况的调研报告，并对审议意见落实情况进行满意度测评；听取关于饮用水水源保护相关法律法规贯彻实施情况的报告和县人大城建环资工委的执法检查报告并作出审议意见；通过有关人事任免事项。

7月19日，举行第十三次会议。通过了人事任免事项。

8月22—23日，举行第十四次会议。学习《中华人民共和国预算法》；听取县政府贯彻落实《遂昌县人民代表大会常务委员会关于对县民政局工作评议的评议意见》情况的报告和县人大法工委关于评议意见落实情况的调研报告，并进行满意度测评；听取和审议《关于遂昌县近三年住房公积金归集、使用情况的报告》并作出审议意见；听取《2013年上半年国民经济和社会发展计划执行情况和下半年工作计划的报告》；听取《关于2012年县级财政收支决算的报告》，听取和审议《关于县本级2012年度财政预算执行和其他财政收支情况的审计结果报告》和县人大财经工委《关于遂昌县2012年财政收支决算的审查报告》，作出《关于批准2012年度财政收支决算的决议》和《关于2012年度财政预算执行情况和其他财政收支审计工作报告的审议意见》；听取《关于2013年上半年财政预算执行情况和预算外资金管理使用情况的报告》；听取《遂昌县“三溪”综合治理工程实施情况的报告》；听取《关于民族宗教工作情况的报告》；同意王中强辞去遂昌县人大常委会委员职务，同意县公安局对周雄鹰、巫瑞松两位县人大代表采取刑事强制措施。通过有关人事任免事项。

10月29—30日，举行第十五次会议。学习《浙江省信访事项复查复核办法》；听取关于科技特派员工作情况的报告；听取关于药品监管工作情况的报告；听取全省首批旅游综合改革试点实施情况的报告；听取和审议保障房建设和分配管理情况的报告；听取关于县东城空间拓展及工业项目落地情况的报告；听取关于遂昌县扶贫工作情况的报告；听取和审议遂昌县国民经济和社会发展第十二个五年规划纲要实施情况中期评估的报告和县人大财经工委规划纲要实施情况的调研报告并作出审议意见。

12月25—26日，举行第十六次会议。学习《中华人民共和国人民防空法》；听取关于遂昌县农特产品市场营销情况的报告；听取关于竹产业发展情况审议意见落实情况的报告和县人大农业农村工委关于审议意见落实情况的调研报告，并对审议意见落实情况进行满意度测评；听取和审议关于实施教育质量提升行动计划情况的报告并作出审议意见；听取关于饮用水源保护执法检查审议意见落实情况的报告和县人大城建环资工委关于审议意见落实情况的调研报告，并对审议意见落实情况进行满意度测评；听取关于县十五届人大二次会议代表建议办理情况的报告；听取关于古院城市新区开发建设项目落地情况的报告；听取土地开发整理情况的报告；听取县重点工程建设及政府性投资项目实施情况的报告；同意巫惠祥辞去县十五届人大常委会委员职务，同意巫惠祥、张延洪、吴建华、周世岳、罗铁明辞去县十五届人大代表职务。

【人大监督工作】2013年，遂昌县人大常委会着眼于县委决策、政府重点工作和群众关注的热点开展各项履职活动，助推经济社会发展。高度关注“十二五”规划纲要实施，听取和审议了“十二五”规划纲要实施情况中期评估的报告。重视工业经济发展，组织视察入园企业达产达效情况、县东城区空间拓展及工业项目落地情况。关注“三农”问题，组织视察竹产业发展情况。审查批准2012年县财政收支决算和2013年度政府债务收支计划。高度重视生态文明建设。开展洁净乡村建设和畜禽养殖污染整治视察。促进教育、医药卫生、科技、人口、民侨事业发展。注重提高监督效果，对审计工作、特扶项目、学生接送安全、生态县创建、民政局工作评议、加强检察机关法律监督工作的决定等形成审议意见，对落实情况进行跟踪监督并进行满意度测评。审议遂昌县住房公积金运行和政策执行情况的报告，针对本县机关事业单位住房公积金缴存标准较低的现状提出了审议意见，根据县人大常委会的审议意见，县政府对住房公积金的缴存标准进行了调整。对县国土局开展工作评议并作出评议意见。加强对法院审判活动的监督，开展行政执法办案质量检查和规范性文件的备案审查工作。坚持党管干部与依法任免国家机关工作人员相统一的原则，严格执行任免程序。

【建议、议案办理工作】关于代表议案、建议的办理，县人大常委会抓好三项工作：一是抓整理。县十五届人大二次会议共收到代表议案、建议184件，根据相关要求，县人大常委会主任会议把收到的议案一并归为建议，并确定重点建议5件。二是抓交办。对人代会期间收到的建议，县人大常委会及时交由政府相关部门研究办理。三是抓督办。将建议分工至各工委和联系部门，落实领办制度，由政府相关领导领衔办理。对确定的重点建议，由县人大常委会领导分工督办，对办理的进度、办理结果等进行跟踪检查。县十五届人大常委会第16次会议专题听取了县政府关于建议办理情况的报告，184件建议均已办结，办理结果满意率为100%，落实率为35%。

【人事任免】2013年，先后任命遂昌县国家机关工作人员34人次。任命：徐春球为遂昌县司法局局长；刘庆华为遂昌县人民政府副县长；吴伟胜为遂昌县人民检察院检察委员会委员；雷秀萍为遂昌县人民检察院检察委员会委员；陈芳为遂昌县人民检察院检察委员会委员；周正祥为遂昌县人民检察院检察员；徐斌为遂昌县人民检察院检察员；朱频为遂昌县人民检察院检察员；杨松为遂昌县人民检察院检察员；叶鹏为遂昌县人民检察院检察员。尹厚明为遂昌县人民法院立案庭庭长；陈武文为遂昌县人民法院民事审判第二庭庭长；郑建设为遂昌县人民法院行政审判庭庭长；王永烈为遂昌县人民法院审判监督庭庭长；王彩丽为遂昌县人民法院立案庭副庭长；明张玉为遂昌县人民法院刑事审判庭副庭长；唐春萍为遂昌县人民法院民事审判第一庭副庭长；张建华为遂昌县人民法院民事审判第二庭副庭长；周香琴为遂昌县人民法院审判员、民事审判第二庭副庭长；钟芳筱为遂昌县人民法院审判员；吴丁文为遂昌县人民法院审判员；杨全保为遂昌县人民法院审判员；周跳跳为遂昌县人民法院审判员。

免去：上官方鸣的遂昌县司法局局长职务；王永烈的遂昌县人民法院立案庭庭长职务；谢晓燕的遂昌县人民法院审判监督庭庭长职务；尹厚明的遂昌县人民法院立案庭副庭长职务；卓君的遂昌县人民法院刑事审判庭副庭长职务；周嫦娟的遂昌县人民法院民事审判第一庭副庭长职务；郑建设的遂昌县人民法院民事审判第一庭副庭长职务；陈武文的遂昌县人民法院民事审判第二庭副庭长职务；卢春花的遂昌县人民法院审判员职务；巫松富的遂昌县人大常委会妙高街道工作委员会主任职务。

（朱娇美）

遂昌县人民政府

综 述

2013年，遂昌县人民政府在上级党委、政府和中共遂昌县委的坚强领导下，在县人大和县政协的监督支持下，以科学发展观为统领，深入实施“经营山水、统筹城乡，全面建设长三角休闲旅游名城”发展战略，加快转型跨越，推动强县富民，全力建设山区科学发展示范区，较好地完成了县十五届人大二次会议确定的各项目标任务。

（详见《政府工作报告》）

重要会议

【县长办公会议】2013年，召开县长办公会议2次：

6月24日，县建设局八楼召开县长办公会议，专题研究城市建设和管理工作。

7月29日，在县政府综合楼四楼小会议室召开县长办公会议，专题讨论帮扶浙江浩洋娇子车业有限公司有关事项。

【县政府常务会议】2013年，县政府召开常务会议16次：

1月17日，召开县政府第15次常务会议，讨论《行政事业单位规范津补贴（绩效工资）方案》《北界淤弓竹木加工区开发项目调整方案》《遂昌县应急联动指挥中心建设实施方案》《遂昌县突发公共事件应急联动处置暂行办法》《遂昌县应急联动成员单位考核办法》《遂昌县城市文化综合体建设规模和功能调整方案》《遂昌县关于推进义务教育均衡发展的若干意见》《遂昌竹炭浙江区域品牌及标志推广使用监督管理办法（试行）》《遂昌县农田水利建设规划（修编）》《遂昌县三溪综合治理规划》，听取《2012年县政府十件实事完成情况汇报》。

2月1日，召开县政府第16次常务会议，审议《2013年固定资产投资计划》《遂昌县农村土地开发整理实施办法（修订）》《云峰区域花岗岩开采加工及采砂制砂行业整治工作情况》《政府工作报告》，听取《2013年县政府十件实事建议事项》。

2月19日，召开县政府第17次常务会议，审议《关于遂昌县2012年国民经济和社会发展计划执行情况及2013年国民经济和社会发展计划（草案）的报告》《遂昌县2012年财政预算执行情况及2013年财政预算（草案）的报告》《遂昌县2013年财政预算（草案）》。

3月21日，召开县政府第18次常务会议，审议《关于提升发展农家乐乡村休闲旅游业的实施意见》《遂昌县农家乐管理办法》、《关于农家乐综合体创建工作的实施意见》《遂昌县四边三化行动方案》《遂昌县公共租赁住房暂行管理办法（试行）》，听取2011年度特扶资金专项审计整改情况报告。

4月25日，召开县政府第19次常务会议，审议《云峰工业新城开发建设管理事权划分方案》《关于乡镇（街道）干部上浮津贴补发方案》《遂昌县企业家协会应急转贷周转金政府扶持办法》《遂昌县优化政府投资项目审批流程实施办法（试行）》《遂昌县优化企业投资项目审批流程实施办法（试行）》

《2013年度县政府债务收支计划》《遂昌县化工行业安全发展规划(2012—2020)》,听取2013年县“两会”重点建议及重点提案领办分工情况汇报。

5月2日,召开县政府第20次常务会议,传达市政府第二次全体会议暨廉政工作会议精神,审议《遂昌县夜市步行一条街建设实施方案》《2013年深入开展扩大有效投资暨重点项目“破冰清障大提速”活动实施方案》和《卫片执法中没收的地上建筑物处置方案》。

5月17日,召开县政府第21次常务会议,审议《遂昌县2013年拟征收土地和房屋计划》《遂昌县退职村干部补助标准调整方案》《遂昌县打造“中国最洁净乡村”行动实施方案》《遂昌县全民健身实施计划(2012—2015)》《遂昌县大社保体系建设实施方案》《遂昌县调整城乡居民社会养老保险部分参保人员待遇实施方案》《遂昌县推进企业退休人员社会化管理服务工作实施意见》《创建“无欠薪遂昌”行动实施方案》《遂昌县创建新山区充分就业县工作实施方案》《关于扶持经济薄弱村发展村级集体经济的实施意见》《关于经济薄弱村发展村级集体经济的方案》《关于加快推进原生态精品现代农业发展的实施意见》、《关于推进农业“两区”建设发展原生态精品现代农业产业若干政策》。

5月23日,召开县政府第22次常务会议,审议《遂昌县个体工商户转企业及小微企业规范升级工作实施意见》《县政府(办公室)2013年行政规范性文件制定计划》《行政中心建设项目设计方案》,听取长濂文化历史名村民俗文化展示中心区块土地出让挂牌相关问题情况汇报和2012年度县长质量奖情况汇报。

7月1日,召开县政府第23次常务会议,审议《遂昌县刑满释放解除劳教人员安置帮教工作实施办法》《加强社区矫正工作实施办法》《遂昌县企业安全生产标准化建设奖励办法》《关于加强历史文化村落保护利用的实施意见》《关于二都街牡丹亭苑地块有关问题处置方案》,听取陈伯华信访问题情况汇报、2013年上半年全县信访工作汇报。

8月8日,召开县政府第24次常务会议,传达贯彻市委书记王永康在遂昌工作调研精神,审议《遂昌县2013年度招商引资工作目标责任制考核办法》《遂昌县造纸化工行业整治提升实施方案》《关于加快推进养老服务事业发展的实施意见》《关于实行殡葬基本服务项目免费的通知》《遂昌县居民家庭经济状况核对办法(试行)》《遂昌县养老服务事业发展三年工作计划(2013年—2015年)》《遂昌县基层水利服务体系改革工作实施意见》《乌溪江干流住溪段(遂昌境内)水电开发规划调整报告》,听取旅游经济强县复核工作需重点提升改进项目汇总情况汇报。

9月13日,召开县政府第25次常务会议,传达副省长王建满到遂昌调研时的讲话精神,听取遂昌县相关资产处置工作情况汇报、遂昌古院新区五星级酒店项目汇报、古院城市新区项目推进情况工作汇报、遂昌县养老中心项目重新选址情况汇报和2013年行政审批制度改革工作情况汇报,审议《遂昌县加快旅游业发展的实施意见》《遂昌县地名管理办法》《遂昌县小额项目简易发包实施办法(试行)》《遂昌县行政机关合同管理实施办法》。

10月16日,召开县政府第26次常务会议,审议《遂昌县行政事业单位国有资产整合盘活专项行动实施方案》《遂昌县“一省一网”整合发展台网分离资产变现方案》《2014年遂昌县城乡居民医疗保险基金筹集方案》《遂昌县国民经济和社会发展第十二个五年规划纲要中期评估报告》,听取衢宁铁路项目进展情况汇报,听取关于继续深化完善医疗卫生体制改革,促进全县医疗卫生事业健康持续发展工作汇报。

10月24日,召开县政府第27次常务会议,审议《遂昌县域电力设施布局专项规划(修编)》《遂昌县“96345”社会公共服务中心建设实施方案》《遂昌县关于推进品牌创建与质量建设的若干意见》《遂昌县关于推进品牌创建与质量建设的若干意见》，听取机构编制工作情况汇报、科技工作情况汇报、法制工作情况汇报、住房公积金缴存基数调整方案汇报，学习《关于党的群众路线教育实践活动第二批单位先学先查先改扎实做好活动准备工作的通知》。

11月8日，召开县政府第28次常务会议，听取开展绿谷精英和创业创新团队引领计划工作情况汇报、全县信访工作情况汇报、原造纸厂三车间地块情况汇报，审议《遂昌县农民异地转移工程实施意见》《关于进一步加强饮用水水源保护工作的实施意见》。

12月5日，召开县政府第29次常务会议，审议《遂昌县“河长制”实施方案》《遂昌县“五水”综合治理实施意见》《遂昌县文化产业发展专项资金使用管理暂行办法》《2013年财政年终预算追加方案》，听取《古院城市新区信用联社大楼建设项目情况汇报》、关于引进外贸流通公司的情况汇报、国家三类城市语言文字工作迎评情况汇报。

12月27日，召开县政府第30次常务会议，审议《遂昌县城乡居民临时救助办法》《遂昌县加强异地转移安置人员社区管理与服务的实施方案》《遂昌县工业园区工业项目入园基本条件》《遂昌县工业园区项目履约保证金管理办法》《关于对遂昌县工业园区工业项目实行提前审批服务的意见》《遂昌县入园企业工程补助管理办法》《遂昌县加快农村电子商务发展实施意见》《遂昌县旧城改造（两滩两路）实施方案》。

【县政府专题会议】2013年，召开专题会议106次：

1月5日，关于城市规划委员会的专题会议、关于县国资公司连头麦秆场资产转让问题专题会议；

1月8日，关于遂昌县苏氏大屋维修方案编制单位等问题的专题会议、关于育才中学项目设计相关问题的专题会议、关于51省道遂昌县王村口至老虎跳段公路改建工程监理工作等问题的专题会议、关于遂昌县体育馆工程竣工结算等问题的专题会议；

1月22日，原浙江仪表厂出售零星用房处理问题会议；

1月25日，关于石坑坪水库工程移民及拆迁户相关问题的专题会议、关于溪边路临时路灯安装及拆迁相关问题的会议；

1月29日，关于石练镇淤溪村公路边地块规划问题的专题会议；

1月30日，关于县征收办机构相关问题专题会议；

2月27日，关于遂昌县天一堂医药有限公司相关问题会议；

3月1日，关于土地开发整理项目招标问题专题会议；

3月4日，关于大柯-蔡相翠谷景区等旅游项目的专题会议；

3月12日，关于关于遂昌县公安交警业务用房项目设计招标问题专题会议、关于遂昌旅游集散中心项目的专题会议；

3月18日，关于南溪桥梁工程东桥西端桥面高程调整问题的专题会议；

3月22日，关于石练镇爱丰小区建设工程前期工作相关问题的专题会议；

4月8日，浙江元立金属制品集团有限公司　浙江新元焊材有限公司金岸区块项目用地变更后续有关事项专题会议、关于平昌地下停车场管理相关问题专题会议；

4月9日，关于县粮食收储公司职工社保问题的会议；

4月20日，关于县“三改一拆”办公室办公用房改造及办公用品购置问题的会议；

4月24日，关于石练供销社处置资产原五金瓶盖厂土地证房产证过户手续有关问题的专题会议；

4月25日，关于二轻工业联社和乡镇企业发展中心遗留问题的专题会议；

4月28日，关于龙丽高速遂昌出口路段交通安全隐患整治工作的专题会议；

4月28日，关于二都街凯通汽贸公司地块相关问题专题会议；

5月8日，关于浙江浩洋娇子车业有限公司资产过户税费补助有关问题专题会议；

5月10日，关于停车场建设及“三改一拆”拆后建设项目相关问题的会议、关于君子路部分国有资产整体对外招租的专题会议、关于开通本县户籍艾滋病病人和病毒感染者低保绿色通道的专题会议、关于长濂村外沙地块相关问题的专题会议；

5月14日，关于国资公司连头麦秆场资产转让有关问题专题会议；

5月15日，关于县工商局原黄沙腰镇工商所办公楼处置相关问题的专题会议；

5月16日，关于县电力局生产基地设计招标有关问题专题会议；

5月22日，关于石练镇农家乐精品一条街堤防建设工程相关问题的专题会议；

5月23日，关于石练门球场地块规划问题专题会议；

5月24日，关于部分房屋收购安置问题的专题会议；

5月27日，关于县神剑保安服务有限公司实行双脱钩改制工作相关问题的专题会议；

5月28日，关于大溪坝水电站拦河坝与51省道遂昌县王村口至老虎跳段公路K7+527处交叉施工等事项的专题会议；

6月4日，关于村级集体经济发展县级统筹项目资金整合相关问题的专题会议、关于汤公园启明楼和金缕明楼公开招租问题的专题会议；

6月18日，关于南尖岩景区旅游车辆换乘相关事项的专题会议、关于浙江金恒经贸有限公司财政贴补优惠政策的专题会议；

6月19日，关于腾龙小区池莲区块后续管理相关问题的专题会议、关于龙潭村下杭山自然村留地返还等问题的专题会议；

6月27日，关于蔡源乡中心幼儿园项目建设的专题会议；

6月28日，关于洋浩湖边农民安置小区公寓安置房项目建设有关问题专题会议；

7月4日，关于县种子加工中心以实物注资相关问题的专题会议；

7月5日，关于公园路桥头疏导点搬迁相关问题的专题会议；

7月10日，关于政府性投资城区景观及绿化工程相关问题的专题会议；

7月15日，关于金岸小学配电工程的专题会议；

7月19日，关于凯恩路改建工程路灯项目发包相关问题的专题会议；

7月24日，关于在龙丽高速龙游往遂昌方向设立中型以上货车禁止从遂昌出口下高速禁令听证会的专题会议；

7月25日，关于帮扶浩洋娇子等企业恢复生产的专题会议、关于帮扶浙江双海光电有限公司恢复生产的专题会议；

7月26日，关于龙洋乡51省道王村口至老虎跳公路拆迁户集中安置相关问题的专题会议；

8月6日，关于遂昌鑫星活性炭有限公司生产线关停补助有关问题专题会议、关于腾龙小区（池莲区块）二期工程局部规划调整相关问题的专题会议；

8月9日，关于云峰街道长社线与连直线供水管道安装相关问题的专题会议；

8月13日，关于云峰街道连头村公建设施建设补助有关问题专题会议；

8月14日，关于遂昌县城市规划展览馆（临时馆）建设有关问题的专题会议；

8月20日，关于资产协议出租相关问题的专题会议；

8月22日，关于天网工程招投标问题专题会议；

9月4日，关于北界水文站办公用房相关问题的专题会议；

9月10日，教育考试标准化考点（科技强考）完善工程专题会议；

9月16日，关于遂昌县2012年度工业政策兑现有关问题专题会议、关于迎宾大道改造项目征收安置工作相关问题的专题会议；

9月24日，遂昌中学扩建项目专题会议；

9月29日，关于浙江新宏钢制品有限公司要求延长部分土地预登记证期限有关问题专题会议；

9月5日，关于湖山旅发公司与农信联社湖山分社资产置换问题的专题会议；

9月10日，城市规划委员会会议；

9月13日，关于华芝圆信访问题的专题会议；

9月22日，关于城市文化综合体土建项目招投标工作专题会议；

9月23日，关于县国有林场退休人员生活补贴费的专题会议；

8月29日，关于韦宝余户办证相关问题专题会议；

9月27日，关于汤沐园景区两证办理事项的专题会议；

9月26日，关于石练爱丰小区安置地价相关问题专题会议；

10月14日，关于妙高街道金岸村公建设施建设补助有关问题专题会议；

10月23日，关于石练淤溪村路边地块开发项目相关问题的专题会议；

10月29日，关于土地开发整理项目变更工程量问题专题会议；

11月4日，关于稠州商业银行云峰支行营业场所相关问题的专题会议；

11月5日，关于城市照明主管部门及管理模式相关问题的专题会议；

11月8日，关于遂昌县异地任职干部宿舍楼外墙外饰面改造相关事宜的专题会议；

11月14日，关于2012年度工业政策兑现相关企业履约情况专题评审会会议；

11月20日，51省道王村口至老虎跳公路建设工程专题会议、关于三仁畲族乡小忠笋竹市场相关问题的专题会议、关于制水厂4万吨/日规模建设工程及配水干管工程建设相关问题专题会议、关于县屠宰场迁建有关问题专题会议；

11月21日，关于遂昌县“96345”社会公共服务中心软硬件设备采购相关事宜的专题会议；

11月22日，关于工业园区有关工业投资项目清理工作专题会议；

11月27日，关于浙江凯恩电池有限公司未利用地块有关问题专题会议、规范津补贴领导小组会议；

11月29日，关于遂昌县黄金谷水电站建设相关问题的专题会议、关于民营医院项目土地挂牌出让相关问题的专题会议；

12月6日，关于三墩区块土地征收款项支付相关事宜的专题会议；

12月11日，关于云峰墩头至岭根至门阵公路建设问题的专题会议；

12月12日，关于石坑坪水库工程移民及拆迁户安置到爱丰小区相关问题的专题会议；

12月13日，关于金岸马路市场整治相关事宜的专题会议、关于湖山温泉小镇项目的专题会议；

12月16日，关于工业园区洋浩2号地块场平工程有关问题专题会议；

12月18日，关于浙江德昌工贸有限公司项目用地有关问题专题会议、有关工业项目办理土地预登记证延长手续问题专题会议、关于北街84号阳光拍卖房地产办证事宜专题会议；

12月25日，关于遂昌县建群保健品有限公司后续问题处置相关工作专题会议；

12月26日，关于水阁路供水管网相关问题的专题会议；

12月31日，关于山海协作产业园相关事项专题会议。

重要活动

【“创业上海、情系家乡”遂昌投资推介会在沪举行】 1月12日，“创业上海、情系家乡”遂昌投资推介会在沪举行。200多名在沪遂昌商会和同乡会成员、上海商界代表及遂昌企业家欢聚一堂，共叙家乡情怀，共谋美好未来。县委副书记、县长何卫宁出席推介会并致辞。

【遂昌成功申报第五批中央财政小型农田水利重点县】 5月28日，在全省第五批中央财政小型农田水利重点县陈述评议会上，遂昌县与16个县（市、区)的竞争中脱颖而出，成功申报全国第五批中央财政小型农田水利重点县。会上，县委副书记、县长何卫宁作题为《深化小型农田水利建设，助推农民增收和山区永续发展》的现场陈述。

【2013“欢乐桃溪”系列活

动启动】8月10日晚，以“情动八月天，醉美桃溪红”为主题的2013“欢乐桃溪”系列活动启动仪式在县城平昌广场举行。

【遂昌接受省级旅游经济强县复核】11月20—21日，省旅游经济强县复核检查组对遂昌县“创强”后的旅游经济发展情况进行复核。

【清水源水库项目建议书通过水利部审核】12月6日，遂昌县清水源水库工程项目建议书通过水利部太湖流域管理局组织的专家审核，标志着该项目前期工作又迈进了一步。

县政府十件实事

表17

实事内容	完成情况
汤公园建设	完成眠牛山游步道建设和汤公园南大门道路建设；金缕茗楼、启明楼完成装修对外开放；文化长廊、童趣台、鸟语台等景观点已完成场地平整，正在施工中
县城停车场建设	新建南门中路停车场（国税局对面）、北街1#停车场（老板刷厂地块）、北街2#停车场（农办北侧）、官碧路1#停车场（原市政园林处）、平昌路1#停车场（司法局后面）、龙潭停车场（龙潭新村旁）、北溪路1#停车场（施佳酒楼旁）、北溪路2#停车场（北溪安置房西侧）、公园路新桥头停车场等9个停车场，新增停车位322个
金岸市场改造	完成金岸农贸市场的场地平整、硬化和摊位设置；2013年12月底金岸马路边的固定、临时（集市）摊位均已迁入农贸市场内，马路市场已取缔
城市绿化亮化美化	完成水阁路花箱增设和五号、七号等地块的绿化美化；完成溪边路路面铺设和景观绿化、亮化配套工程；完成龙谷路、车站路行道树更换、补植，增补了人民公园、好川公园的乔木；完成电影院前后、前山加油站上侧等城市小品建设；完成北街建筑的亮化工程
屠宰场迁建	完成兴飞屠宰点（三仁）场地平整，屠宰车间在建；东方食品新屠宰场已征地5.16万平方米，相关工作正在加快推进当中
建立大社保体系	完成机构和职能的整合，建立了大社保平台和社保基金征收、管理、使用“三位一体”运行新机制；完成社会保障数据采集1.3万人，发放社保卡3.1万多张
推进电子商务产业园区建设	仓储物流中心2013年8月底已开工，正在施工中。网商创业大厦因涉及整个行政中心项目，暂缓；遂昌县电子商务中长期发展规划已由丽水学院调研组完成文稿；通过推出“春茶节”、“土猪肉聚划算”、“中华名果节”、电子商务“遂昌模式”发布会等活动进一步扩大了遂昌县电子商务的影响力，拓展了全县农产品网上销售空间；全年网上销售额已突破3亿元
缓解城区小学就学困难	完成梅溪小学教学楼、行政楼等主体工程；金岸小学已投入使用，2013年9月1日正常开学
夜市步行一条街建设	县城夜市步行一条街已于2013年8月10日建成开业，共有经营用棚201个，经营范围包括土特产、水果、风味小吃（不含小炒）、烧烤、旅游工艺品等
农产品质量检测中心建设	新建的农产品质量安全检测中心检验用房已通过主体验收；仪器设备招标采购已完成

政府办公室工作

【法治工作】发挥县政府的法律参谋顾问职能，严格把好审查关，做好规范性文件论证、信息反馈、征求意见等审查工作，全年共审查规范性文件48件。开展行政机关合同管理工作，把涉法合同的备案审查工作作为政府法治工作的重要业务工作之一，变事后审查为事前介入、事中服务。在重大项目谈判、合同起草及审查方面，做到全程参与、全面介入，严守法律底线和维护政府的根本利益。切实加强行政复议工作，坚持依法受案和办案，维护政府良好形象。

2013 年共办理行政复议案件 8 起，办结 8 件；调处山林、土地纠纷 7 起，裁决 2 件。整合优化行政调解、人民调解、司法调解的资源，健全“三大调解”之间协调联系机制、信息沟通机制，实现了“三大调解”相互协作、优势互补。2013 年共受理行政调解案件 2702 件，调解成功 2461 件，调解成功率 91%。

【政务督查工作】主动接受人大、政协监督，2013 年共办理人大建议 184 件、政协提案 124 件、政协大会发言 11 件。强化工作督查，完成市委、市政府专项督查 20 多件，认真开展政府十件实事、全县乡镇（街道）综合督查和“百日攻坚”重点项目督查等工作。积极做好县委、县政府领导的批示落实和跟踪反馈工作，2013 年交办并督查落实领导交办（批示）事项 54 件，政府工作交办单 12 件。将“县长信箱”来信的办理纳入部门乡镇的年度综合考核，切实提高政府网站“县长信箱”办结率和群众满意度。

【信息工作】围绕县领导的信息需求，及时向领导提供重大事项、突发性问题等信息服务，同时归纳提炼本县的特色作法与亮点成效，认真做好政务信息上报工作。全年累计向省市报送各类信息 1768 篇，获领导批示 10 条。信息录用情况：市要情 120 篇、上报信息 5 篇、专报信息 3 篇；省选编 27 篇、省要情 5 篇、省专报信息 1 篇。

【政务服务工作】以全国政务公开和政务服务试点工作为契机，积极探索网上政务大厅建设，通过资源整合、信息共享，建成阳光工程网，形成覆盖县、乡镇(街道)和村“三级联网”的全方位政务服务体系，实现了各类服务资源的有机融合，进一步丰富政务公开和政务服务的内涵，为打造阳光型、服务型政府夯实了基础。持续拓展遂昌县门户政府网站的实用性和便民性，进一步畅通投诉、信访、咨询渠道，增强县政府官方微博、县长信箱与群众的纽带作用，全力解决群众诉求，树立良好的政务形象。2013 年，遂昌县政府门户网站在全国 104 个试点县绩效测评中位列第 13 位，在省政府网站监测中排名保持全省前列。

【应急管理工作】全面贯彻落实《中华人民共和国突发事件应对法》，将应急管理工作全面融入县域发展大局，始终坚持预防和应急不动摇，坚持常态和非常态结合不放松，全面推进应急管理“一案三制”工作，应急管理纳入乡镇（街道）综合考核，应急联动机制进一步健全。

【外事工作】全年共办理因公出国（境）组团 3 个 9 人次，随团出访 12 人，共计 21 人；共接待外宾 100 余人，签订友好交流城市 1 个，完成“千校结好”任务 2 所。到年末，总计完成 5 所“千校结好”任务。

【公务接待工作】规范公务接待，坚决执行中央八项规定和习近平总书记关于厉行勤俭节约、反对铺张浪费等重要指示精神，深化公务接待中餐自助餐制度，实行接待审批单制度。

【机关后勤工作】常抓大院安保和信访维稳工作，严格落实 24 小时值班制，实行全天候巡逻和重点时段巡逻相结合，切实加强安全隐患排查，配合做好群众来访接访劝访工作，保障机关大院安全、稳定、有序。做好大院内轿车停放指引和车辆秩序停放管理，有效改善停车环境，切实保障行车畅通。结合维稳、消防、反恐等安保任务要求，开展消防安全演练、反恐知识讲解等业务培训活动，增设监控设施，宣传消防安全知识，演练消防器材使用方法，提高应急处置能力。（巫培娟）

行政服务

【概况】2013 年，县行政服务中心认真贯彻落实党的十八大精神，紧紧围绕县委、县政府中心工作，以行政审批服务“提速、提质、提效”为主线，抢抓机遇，积极探索，勇于创新，多措并举，深入推进了行政审批制度改革进程，推动公共资源交易工作有序、和谐发展，各项工作取得了明显成效。全年县行政服务中心大厅窗口共收件33398件，办结33146件，办结率达99.25%；即办件2359件，占办件总量的71.66%；承诺件按期办结率100%。

【行政审批服务提速、提质、提效】2013年，县政务公开和政务服务系统正式投入使用。县行政服务中心充分利用这一系统，将全县所有的行政审批事项和日常管理服务事项进行了全面公开，并要求各部门必须利用这一系统全面实行网上审批，对设有系统审批网络的部门，确保实行二次录入。通过努力，全县行政审批提速率达86%。

【县乡村三级便民服务体系】2013年，县行政服务中心加强与基层便民服务中心的沟通与业务指导，通过举办代办员业务培训会，有效提高了代办员业务素质，提升了基层便民服务中心的办事效率。充分利用政务服务系统，积极研究探索把计生、社保等部分审批服务，延伸到乡镇（街道）、村一级，使基层群众办事得到了便利和实惠；完善组织机构，加大涉企服务力度。重新调整了"遂昌县涉企办事绿色通道服务中心"的领导小组及办公室组成人员。在实际工作中，积极做到服务前移，帮助企业解决难题，对有"疑难杂症"的企业，进行预约服务、上门服务。1—10月，涉企服务中心共受理27件，召开专题协调会16次，组织现场踏勘4次，为23家企业解决了建设和发展中的问题和困难。

【远程评标系统建设】为进一步规范招投标工作，减少人为因素干扰，实现"公开、公平、公正"目标。2013年建立了房屋市政电子评标系统、计算机随机抽取系统、计算机辅助评标系统、视频监控系统等防腐措施。同时还在进一步完善和整合公共资源交易工作上下功夫，建设招投标远程评标系统，并落实专项资金15万元，该系统已建成并投入使用。

【公共资源交易工作】2013年，县公共资源交易中心累计完成交易项目890项，建设工程交易额33403.51万元，节约5616.63万元，节约16.81%；政府采购交易额3765.01万元，节约498.02万元，节约13.23%；产权、土地交易额38007.78万元，增值13343.36万元，增值35.11%。（行政服务中心）

政协遂昌县委员会

【概况】2013 年，政协遂昌县委员会召开全体会议 1 次，12 名委员作大会发言。召开常委会会议 7 次，主席会议 5 次，报送调研报告 12 份，组织各类调研、视察和民主监督 15 次，举办“城市发展”论坛 1 次。共收到以提案形式提出的意见建议 150 件，立为提案 124 件，办复率 100%。对提案办理结果表示满意 111 件，占 99%；不满意 1 件。政协遂昌县第八届委员会共有委员 171 名。

2013 年，县政协认真学习贯彻中共十八大、十八届三中全会精神，注重团结和民主两大主题，围绕“加快转型跨越、推动强县富民，全力争创山区科学发展示范区”工作主线积极建言献策。

一年来，县政协加强工作计划性，根据年初重点工作安排，有序开展调研监督视察等活动。根据党政阶段性工作重点，适时调整工作安排，认真完成县委点题任务，提高履职针对性和实效性。围绕公立医院改革工作进行“回头看”，全面客观分析评估医改工作成效、经验和存在问题，从优化医疗资源配置、强化公共卫生服务、完善体制机制、加强医德文化建设等方面提出翔实的改进意见和建议。围绕龙板山区块开发与招商引资工作，从明确发展定位、创新招商理念、改革体制机制等方面提出建议。围绕旅游业态转型升级开展调研，提出把旅游业培育为支柱产业、以市场需求为导向选择业态、“1+4”旅游综合体布局、乡村旅游差异化发展等建议。围绕养老事业发展问题，提出加大养老服务体系建设保障力度、加快养老机构建设步伐、强化养老服务规范管理、加强养老服务队伍建设等建议。围绕打造“中国最洁净乡村”的目标要求，为破解日益严峻的垃圾处理难题，从编制规划、完善设施、开展垃圾分类试点、探索长效机制等方面提出建议。此外，围绕建设长濂“古民居文化街区”、竹炭园区从二产向三产作规划调整、三墩桥区块开发等问题开展调研协商，提出意见建议。

【县政协八届二次会议】3 月 3—3 月 7 日，县政协八届二次会议召开。会议听取和审议《政协第八届遂昌县委员会常务委员会工作报告》《政协第八届遂昌县委员会常务委员会关于提案工作情况的报告》，审议通过《政协遂昌县八届二次会议提案审查情况的报告》，审议通过《政协遂昌县八届二次会议决议》。完成常务委员补选工作，补选朱立军、程利贤为政协遂昌县第八届委员会常务委员。全体政协委员列席县十五届人大二次会议，听取、讨论《县政府工作报告》及其他报告。会议期间分别就工业经济转型升级、提升茶产业竞争力、中心镇培育、文教卫社会事业发展等方面作了大会发言。其中，有 25 条建议被相关职能部门采纳，15 条建议被列入下步实施计划。此外，还举办了“城市发展”政协论坛。

【政协常委会会议】2013 年，政协第八届遂昌县委员会召开常委会议 7 次。

1 月 22 日，召开第四次常委会会议，听取县政府关于政府融资负债情况通报、财政收支情况通报、重点工程建设进展情况通报、提案办理情况通报，协商通过有关人事事项。

2月25日，召开第五次常委会会议，协商讨论《县政府工作报告（送审稿）》，协商讨论《政协第八届遂昌县委员会常务委员会工作报告（草案）》、《政协第八届遂昌县委员会常务委员会关于提案工作情况的报告（草案）》及通过报告人名单（草案），协商有关人事事项，审议县政协八届二次会议有关事项。

3月4日，召开第六次常委会会议，听取各小组政协常委会工作报告、提案工作报告讨论情况汇报，协商通过政协第八届遂昌县委员会补选常务委员候选人建议名单，讨论县政协八届二次会议选举办法（草案）。

3月6日，召开第七次常委会会议，听取各小组关于县政府工作报告及其他报告讨论情况汇报，审议政协第八届遂昌县委员会补选常务委员候选人名单（草案），审议通过县政协八届二次会议选举办法（草案），审议通过政协第八届遂昌县委员会第二次会议总监票人、监票人名单。

3月7日，召开第八次常委会会议，听取各小组讨论情况汇报，审议通过政协第八届遂昌县委员会第二次会议决议（草案），审议通过政协第八届遂昌县委员会提案委员会关于县政协八届二次会议提案审查情况的报告（草案）。

7月22日，召开第九次常委会会议，听取县政府关于上半年经济运行情况的通报，协商讨论《遂昌县养老服务体系建设情况调研报告》《关于垃圾收集清运处理的调研报告》和《关于建设“长濂古民居文化街区”的调研报告》。

10月29日，召开第十次常委会会议，协商讨论《遂昌县旅游业转型升级与业态分析调研报告》，听取农业工作情况通报，听取医改工作“回头看”情况通报，听取“长濂古民居文化街区”项目建设情况通报。

【政协主席会议】2013年，政协第八届遂昌县委员会召开主席会议5次。

1月15日，召开第四次主席会议，研究县政协八届四次常委会会议召开有关事项。

2月21日，召开第五次主席会议，审议《政协第八届遂昌县委员会常务委员会工作报告（征求意见稿）》、《政协第八届遂昌县委员会常务委员会关于提案工作情况的报告（草案）》及报告人名单，协商有关人事事项，审议决定先进表彰事宜，审议县政协八届二次会议有关事项，研究县政协八届五次常委会会议召开有关事宜。

4月19日，召开第六次主席会议，研究县政协2013年度主要工作安排。

7月16日，召开第七次主席会议，研究县政协八届九次常委会会议召开有关事项，协商讨论《遂昌县养老服务体系建设情况调研报告》《关于垃圾收集清运处理的调研报告》。

10月23日，召开第八次主席会议，研究县政协八届十次常委会会议召开有关事项，协商讨论《遂昌县旅游转型升级与业态分析调研报告》和《遂昌县医改工作“回头看”调研报告》。

【加强民主监督】组织开展农产品质量安全监管、“三改一拆”工作、乌溪江水电开发项目推进、中心镇建设、寄宿制学校学生生活状况、文化特色村（镇）专项视察监督。对县政府关于经济运行、财政收支、政府负债、重点项目、提案办理、农业工作、教育工作等进展情况的通报提出改进意见。

【举办“城市发展”论坛】3月6日，县政协举办“城市发展”论坛，分别围绕“城市经济与城市发展”“功能布局与有机更新”“历史文脉与城市文化”“城市建设与人文关怀”等方面进行了主题发言。

【委员服务群众工作】探索开展政协委员进社区活动，组织部分委员深入腾龙社区，详细了解农民异地转移安置后的生产生活情况和现实困难，认真听取和反映群众关于垃圾处理、增设监控设施、开通公交线路等建议。

【政协提案工作】2013年，县政协共收到以提案形式提出的意见建议150件，立案124

件，其中集体提案27件，委员个人提案97件。提案所提问题已经采纳或基本采纳的36件，占29%；正在采纳或列入计划采纳的75件，占60%；对因条件限制未能采纳或留作参考的13件，占11%。4月19日，县政府召开提案交办会。5月14日和6月19日，分别召开提案《关于改善公园路交通状况的建议》和《关于出台遂昌县营业性棋牌室管理暂行办法》“三见面”座谈会。5月28日至7月30日，对《加快县城停车场建设》《关于发展产业，促进农民收入持续增长的建议》《关于加快城市新区建设，拓展城市发展空间的建议》等提案进行督办。

【社情民意工作】2013年，政协委员反映社情民意建议意见40件，其中转有关部门办理28件，编辑《政协信息》12期，其中《“八项规定”的贯彻落实要细致、到位》等信息被市政协采用；《开展爱护鸟类活动，促进国家级生态县创建》《解决养禽户燃眉之急，加强动物疫病防控队伍建设》《厉行节约，减少使用一次性纸杯》3篇信息得到了县委、县政府主要领导的批示。

【文史工作】编辑出版了第十六辑县政协文史资料《奋蹄集》，回顾总结遂昌县财税改革历程。协助市政协征集交通史料29篇，并协助开展水利史料征集工作。

【省、市政协领导调研考察】4月25日，省政协社法委主任盛继芳率队到遂昌县开展“浙江省重特大疾病医疗救助工作”调研活动。6月7日，省政协科技教育委员会主任鲁善增到遂昌走访慰问省政协委员华宗宏，并到蔡源小学调研乡镇农村偏远小学教育发展情况。5月9日，市政协副主席何赤峰带队到遂昌南尖岩、千佛山等地考察休闲旅游景区建设。5月24日、10月16日，丽水市政协副主席何赤峰带队到遂昌调研“水上康庄工作”建设情况。

【联络联谊工作】5月10日至11日，承办丽水市政协摄影之友理事会会议。7月11—12日，承办全市政协系统第七届书画作品展。12月5—7日，县政协常委会赴福建泰宁县、屏南县、霞浦县等地学习考察城市建设、古建筑的保护与开发。全年接待外地到遂昌考察、参观的上级政协以及各省、市兄弟政协1100余人次。（杨珊）

民主党派 社会团体

民进遂昌总支

【概况】2013年，民进遂昌总支下设支部4个，会员81人，其中具有中高级专业技术职称74人，占会员总数的91.36%。

【参政议政】县“两会”期间，民进遂昌总支撰写团体提案12个，个人提案17个，社情民意14件，内容涉及遂昌县政治、经济、文化、教育、科技、卫生以及和老百姓生活息息相关的民生问题。如雷招珠的《关于建立食品安全诚信档案和监管档案的建议》、潘堂根的《关于加快老城区停车场建设的提案》、周荷香的《关于出台政策吸引本地人才的建议》、李君飞的《关于要求加强城市建设管理队伍建设的提案》、黄迎婷的《关于大力帮扶企业发展，切实维护社会稳定的建议》、罗阳的《关于打造汤显祖文化标志性雕塑建设，提升我县文化品位的建议》、唐巍的《关于加强中小学生心理健康指导的建议》提案，以及《城市功能布局与有机更新》的政协“城市发展论坛”发言，《整合优势资源，提升遂昌茶叶竞争力》《着力推进我县民办幼儿园发展的建议》的政协大会发言，都获得了好评。

【社情民意】2013年，遂昌民进总支各位会员深入基层，深入群众，就社会关注的热点、焦点问题进行广泛调研，为遂昌的经济和社会发展献计献策，反映社情民意的调研文章的数量和质量，都有了新的提升。其中王林铨的《溪流防洪堤内种菜之风不可长》被县水利局采用，对相关河道进行了清理和恢复；施晓洁的《关于对平昌路实行限时通行等畅通措施的建议》被县交警队采用，相关措施已到位；《关于施工后恢复河道原貌的建议》被县水利局采用，对相关河道进行了清理和恢复；《关于减少一次性纸杯使用的建议》被县政协采用，并得到县委书记、县长批示；郑俊良《对美丽乡村建设的几点建议》被民进市委会采用；周荷香《进一步减轻企业负担，有效应对经济下行》被市政协采用并报送省政协；《建议行政事业性收费继续“瘦身”，清费减负再出真招》被市政协采用；完成了基层活动经典案例《民进遂昌县科技经济支部，开展茶产业发展课题调研活动》，获民进省委会银点子奖。

【组织建设】2013年，民进遂昌总支增添了各支部的活动经费、设立课题奖励资金。积极开展多种形式的学习、交流、调研活动，经考核，4个支部全部达标，其中科技经济支部考评总得分为最高，被推荐为市级先进支部。此外，总支注重内强素质，外树形象，队伍建设把好“入口关”，高标准做好发展新会员工作。2013年总支发展了4名新会员，为遂昌民进组织注入新的活力。

【会员荣誉】老主委汪益林完成了口述会史工作；雷招珠获省档案局摄影比赛二等奖；周荷香撰写的《规范隐性收费，减轻企业负担》在省政协联谊报刊登；李君飞撰写的《遂昌县汤山头村村庄建设规划》获浙江省第一届美丽乡村建设村庄规划评选二等奖、《丽水市开发区山根村村庄建设规划》获浙江省第二届美丽乡村建设村庄规划评选二等奖；施晓洁获浙江省电力公司法律工作先进个人，获第一届全国电力职工摄影大展二等奖2个；汤建华、朱学苏、章基勤共同入选中共浙江省委宣传部、浙江省文化厅、浙江省文学艺术界联合会联合发文的第二批“浙江省优秀民间文艺人才”名单。朱学苏获第十届“星星火炬”中国青少年艺术英才浙江推选活动优秀指导奖；汤建华的炭陶作品《钱瓯风雅》和《汤显祖塑像》参加浙江省第三届工艺美术精品展分别获得银奖；黑陶作品《风雅钱塘》组件参加浙江省“非遗”薪传—浙江传统塑艺陶艺精品展获省级银奖；罗阳辅导的小组唱《畲娃颂畲乡》在第五届中国畲族民歌节上获生态组演出铜奖；蓝仙梅被评为民进全省基层组织负责人培训班“优秀学员”；王海瑛获2013年全国油画作品展优秀奖；唐昌立的论文获全国小学科学论文评选一等奖；邱荣奇获浙江省第二届中职学校教师创新大赛获一等奖；张朝辉获2013年浙江省中职教育专业课教师技能竞赛三等奖、2013年全国现代制造及自动化技术教师大赛三等奖；唐巍、陈小泉、王樟华被评为遂昌县首届钱瓯名师。

（民进遂昌总支）

工商业联合会

【概况】2013年，遂昌县工商业联合会下辖云峰、大柘、石练、三仁4个基层商会和食品、家电、铸造3个行业商会，北京、上海、杭州、义乌、温州5个异地商会。全年发展会员90个，共有会员905人。组织会员企业参加各类慈善事业，捐款捐物49.81万元。县工商联获丽水市工商联系统全面工作一等奖和2013年度遂昌县招商引资优胜奖三等奖。

【参政议政】2013年，有47名非公经济人士被推荐为县政协委员，有24名非公经济人士被推选为县人大代表。在遂昌县“两会”上，工商联界别委员共提交团体提案3件，提案24件、议案22件，其中1件被列为重点提案。完成调研文章3篇，其中《关于遂昌县非公有制企业党建工作的调研报告》获2013年遂昌县机关党建征文评比三等奖。

【“十万浙商进百区”活动】制定遂昌县工商联“十万浙商进百区活动”实施方案，开展“十万浙商进百区”活动。2013年，组织浙商（遂商）开展产业集聚区、园区考察34个批次，参与浙商860 余人次，全县签订合同项目9个，协议投资37.1亿元。其中工商联签订投资合同项目2个，投资金额1.37亿元，实到资金0.92亿元。

【“走南闯北遂昌人”创业创新宣传】2013年，县工商联与宣传媒体合作，自9月起在县广播电视台“遂昌新闻”栏目、县新闻传媒中心《钱瓯遂昌》、遂昌新闻网、遂昌政府门户网，开设“走南闯北遂昌人”专栏，先后赴北京、义乌、温州等地进行采访拍摄，宣传报道20余名遂昌籍在外创业人士的典型事迹。

【遂昌县新生代企业家联合会成立】10月12日，遂昌县新生代企业家联合会举行成立大会，38名会员代表参加，平均年龄30.5岁。县领导何卫宁、高峥、林成高、谢旭峰出席成立大会。大会选举产生第一届理事会，理事21人，浙江遂昌欧华武昌旅游开发有限公司总经理留伟峰当选会长，浙江遂昌林海农业开发有限公司董事长胡志栋、浙江翱力机械有限公司总经理李文翱、遂昌县民丰燃料液化石油气有限公司总经理李韦俊当选常务副会长。

【下马村商会成立】4月28日，丽水市首个村级商会—遂昌县云峰街道下马村商会举行成立大会，32位会员代表参加。大会选举产生第一届理事会，厦门市强利达贸易有限公司总经理叶焕强当选会长，上海巨科电子科技有限公司总经理罗子贵当选常务副会长，叶汉松、楼青天、李胜洪、傅惠民、鲍志洪、刘烨等6人当选副会长，徐昌和当选为秘书长。（刘志琼）

总工会

【概况】2013年，全县单独建会491家，联合工会39家，覆盖1503家，会员41779人。

【工资集体协商】县总工会根据各类企业不同特点，有针对性地确定协商方式和协商重点，下发《关于全面签订企业集体合同暨实行工资集体协商制度的通知》等指导性文件，拟定合同范本，以工委为单位，推进所辖企业的签订任务的完成。全年完成签订单独集体合同147家，区域性集体合同21份，覆盖748家企业，行业性集体合同10份，覆盖65家企业，签订率达92.7%。

【劳动模范和先进推荐工作】1至4月，县总工会通过前期的调查、摸底，完成了市劳动模范、模范集体和省“五一劳动奖状”等先进的推荐工作。谢旭峰、云文景、余慧英、葛伟敏、包志斌、宋燕梅、谢迎春、王朝红、李君平、华志新10位同志获得了丽水市劳动模范称号；浙江元立集团、县公路管理局、县广播电视台新闻部3个集体获得了丽水市模范集体称号；县风景旅游局获得了浙江省“五一劳动奖状”。

【企业劳动竞赛】2013年，县总工会组织开展了技术比武、合理化建议活动和重点工程立功竞赛活动。浙江遂昌东城建设有限责任公司被省政府授予浙江省重点建设立功竞赛先进集体称号；县公路养护工程有限公司《陈飞华公路养护路面吹风法》获得了浙江省先进职业操作法；遂昌绿源木业有限公司主车间四班等4个班组获得了丽水市工人先锋号称号；尹世平和潘宪文获得了丽水市杰出职工和优秀职工称号。（黄芸芳）

共青团遂昌县委员会

【概况】2013年，全县14-35周岁青年63375人，其中28周岁以下青年43803人，共青团员12512人，团青比为28.56%。全县共青团组织共719个（包括36个团委，2个团工委，2个团总支，679个团支部，其中实体化大团委新建团组织360个），团县委直属团组织69个，其中乡镇团组织20个，青工团组织41个，学校团组织8个。

2013年，共青团遂昌县委员会组织开展基层“团组织格局创新”，选举产生编外副书记20名，委员60名。推进乡镇“实体化大团委”建设，共建立基层团支部360个，强化乡镇团组织桥头堡功能，推进“双网互动”团建工作，划分网格745个。开展“青春助力中国梦”“学雷锋·树新风”“学党史、知党情、跟党走”“红领巾心向党”等系列主题教育活动30余场。按照“电商换市”的发展路径，“特色中国”首个县级馆—遂昌馆开馆，并正式启动电子商务进万村的工作（赶街项目）。举办遂昌县首届乡村爱情节，开展青年小额贷款，青年“号手”等工作，服务全县青少年。

【淘宝网特色中国·遂昌馆】1月8日，淘宝网特色中国·遂昌馆正式开馆运营，成为遂昌农特产品网络集成平台。年内开展春茶节、“农家猪·放心聚”土猪肉聚划算、红提节等系列团购活动。9月推出的红提、猕猴桃团购活动，共卖出红提1.5万多公共卫生斤，猕猴桃2500多公斤，网销好评率居同类目前列。

【电子商务进万村项目正式启动】5月，团县委联合县网店协会正式启动电子商务进万村工作（赶街项目），王村口镇钟根村成立全市首个新农村电子商务服务站。2013年，在王村口镇、龙洋乡、三仁乡、大柘镇等地共铺设网点58个。在服务站，村民可通过网点工作人员在网上购买自己需要的产品，也可根据自己的需求到服务网点进行培训，通过网点的收集在网络销售自家农产品。

【遂昌县首届乡村爱情节】8月12日，团县委联合高坪乡政府共同举办遂昌县首届乡村爱情节，组织77名单身青年男女及5对新人、5对金婚老人参与活动，其中10名单身青年为县引进的高层次人才，为青年搭建交友平台，并通过活动传递正确的婚恋观。

【爱心助学】6月开始，通过学校及乡镇团委对高三毕业贫困学生进行摸底走访，联合县广播电视台和妙高街道庄山村开展“助学子·行孝道”公益活动，现场为学生筹集助学金2.5万元，同时通过争取县政府、慈善总会等多个口径，共筹集到助学金68万元，资助学生307名。

【儿童公园建设】推进儿童公园修缮工程建设，完成施工图纸审核、招投标、环评、施工许可等工作，工程于2013年8月23日正式动工。（吴 旻）

妇女联合会

【服务女性创业就业】2013年，全县来料加工共发放加工费2亿元，培育经纪人448人，发展来料加工队伍2.35万人，分别完成市考核任务的158%、207%、126%，从业人员人均增收8760元。联合信用联社给予91名农村妇女600万元的创业小额贷款扶持。推动来料加工经纪人转型升级，到年底，遂昌有个转企注册企业47家。

【深化巾帼健身活动】2013年，县妇女联合会组织全县600多名妇女组成58支代表队，其中乡镇（街道）、社区代表队27支，县城机关和企业代表队31支，开展“森林消防杯”庆“三八”《民族健身操》推广交流比赛。组织人员参加2013年浙江省第九套广播体操大赛总决赛，以93.5分的总成绩获事业组一等奖。开放妇女儿童活动中心四楼大厅，免费为妇女群众提供健身场所。举办广场健身舞沙龙5期，湖山、蔡源城乡交流广场舞2期，上演各类舞曲197支，4000人次参与展演，吸引了县城及周边乡镇约3.5万人次驻足观看。

【夯实妇女组织建设】联合县委组织部、县委党校，举办妇女干部培训班，推选27名优秀妇联干部和机关妇委会主任参加为期3天的培训。组织8个乡镇妇联、妇委会对新时期妇女的精神追求展开现场交流。选送黄素云等4名副科级女领导干部，参加第二十三期优秀女干部培训班和浙江大学现代幸福与智慧女性高级研修班。

【开展贫困母亲“两癌”救助活动】各乡镇（街道）妇联认真开展“两癌”救助对象调查工作。有5名宫颈癌、乳腺癌患者获得全国“贫困母亲两癌救助”基金。3月，举行全国“贫困母亲两癌救助”中央专项彩票公益金发放仪式，为妙高、石练、龙洋、柘岱口的5名患者每人发放1万元的专项基金。

【推进巾帼志愿服务】举办巾帼志愿者服务团两周年表彰大会暨第三期培训班，表彰15名优秀“洁净家庭、美化城乡”巾帼志愿者服务之星，对新加入志愿者进行了培训。遂昌县巾帼志愿者服务团被评为丽水市“十佳最美丽人”，开展“最美丽人”先进事迹宣讲报告会。

（周 燕）

红十字会

【概况】2013年，县红十字会推进关爱生命行动，全县捐献造血干细胞入库35人。开展人体器官捐献宣传动员，在县人民医院重症监护室、脑外科设立宣传栏，公开人体器官捐献电话和登记点。实现遂昌县首例器官捐献，为全省第126例器官捐献。按照“两公开两透明”原则，将救灾救助、财务管理、物资管理等各项规范制度汇编成册，红十字会工作动态、捐赠经费支出在政府门户网和《钱瓯遂昌》公开，接受社会监督。

【红十字博爱送万家活动】新春送温暖慰问145户困难家庭，款物折价7.76万元。省红十字会到石练镇慰问90户，送慰问金和物资折价9.9万元。

【应急救护培训】2013年，省政府将红十字公益性应急救护培训列入民生实事项目，县红十字会与县旅游局、县职业中专合作，为导游证培训班开展救护培训。在职业中专、遂昌中学开展救护培训。与城西、城北社区开展救灾疏散演练。救护员培训领证240人，知识普及培训1058人。（章亚群）

关心下一代工作委员会

【概况】2013年，遂昌县关心下一代工作委员会充分发挥“五老”（老干部、老战士、老专家、老教师、老模范）队伍优势，切实加强青少年思想道德建设，努力营造未成年人良好成长环境。全县所有乡镇（街道）、行政村、社区都建立了关工委组织，有机关、企业关工委组织23个，学校关工委组织39个。

【开展“中国梦”主题教育

活动】联合教育局在全县中小学组织开展以“梦想启航”为主题的教育实践活动。开展“中国梦”亲子共绘和“放飞梦想　励志青春”活动，让青少年讲述自己心中的“中国梦”，从身边的先进人物中汲取民族精神和创新动力，坚定理想信念，励志刻苦学习。

【举办遂昌县第二届未成年人道德文化节】6月1日，遂昌县第二届未成年人道德文化节启动仪式在县实验小学举行。活动通过向道德模范、“最美人物”“身边好人”学习主题班日、主题队日、主题团日、主题演讲和读书征文等活动，鼓励未成年人在家庭、村、社区和同伴之间开展文明有礼、敬老爱亲、扶弱助残、便民利民等各类学雷锋主题实践活动。

【创建“少儿之家”】依托“农家书屋”的资源，在全县203个行政村和7个社区建立“少儿之家”，由各行政村（社区）关协成员或村（社区）“五老”担任“少儿之家”的管理人员，对少年儿童进行思想教育、课业辅导、游戏娱乐和心理疏导等。制定“少儿之家”管理制度，公示管理人员联系方式，给广大少年儿童在节假日提供一个安全稳定的学习、生活和成长环境，并积极培养孩子良好的阅读习惯。

【做好帮困助学活动】争取到县外爱心企业和爱心人士的资助金73万余元，使105名贫困中小学生、81名大学新生得到资助，其中11人获得到了大学四年每人每学年5000～7000元的全程资助，68人得到5000元一次性资助，2人得到2000元的一次性资助。此外，县关工委还接收实物捐赠近50万元，其中将浙江宝鸿贸易有限公司捐赠的价值近40万元的200箱2400罐奶粉捐赠给6所乡镇小学和东峰村“少儿之家”，将上海大道鞋业有限公司捐赠的700余双童鞋捐赠给边远乡镇，将浙江省第七地质大队捐赠的价值近6万元的电脑15台转赠给东峰村等15个村级“少儿之家”。　（涂金兰）

革命老区开发建设促进会

【概况】2013年，遂昌县革命老区开发建设促进会注重调查研究建言献策，全年开展调研6次，撰写调研报告3篇，获县领导批示1篇。积极牵线搭桥拾遗补阙，为老区开发建设争取项目经费348万元。努力服务老区，对口扶持项目资金8.5万元。慰问农村老党员和农村老党员遗孀，发放慰问金3万元。

【牵线搭桥助力发展】2013年，县老促会出资3万元扶持湖山乡香炉岗罗锡文大苗种植的30亩优质香榧项目，已经少量结果。丽水市老促会出资2.5万元扶持的遂昌县白马山中药材专业合作社450亩项目，已产生收益10万余元。通过遂昌县老促会理事雷招珠牵线搭桥，北界镇万向中学又收到浙江万向集团4.5万元办学资助款，自2002年以来，浙江万向集团累计资助北界万向中学办学经费286.07万元。

【关心“三老”送温暖】春节前夕，县老促会领导带着礼品和礼金，逐村逐户对全县18位农村“三老”人员（老党员、老游击队员、老交通员）进行走访慰问。“三八妇女节”前后，对全县18位农村老党员遗孀进行走访慰问。　（林玉香）

法 治

政法及综治

【“平安遂昌”建设】2013年，围绕实现平安县建设“争九夺银”目标，针对2012年平安考核中发现的一些问题与薄弱环节，县委政法委及时进行整改，提早谋划、全面部署，进一步完善各项体制机制，促进平安工作的科学运行。投资55万元在县电视台开创平安宣传栏目，积极营造全社会关心、支持、参与“平安遂昌”建设的浓厚氛围。督促指导平安创建成员单位和基层开展平安建设，指导开展行业平安建设专项活动。在深入推进平安乡镇（街道）、平安村（居委会）创建活动的基础上，牵头协调各部门、单位开展平安家庭、平安校园、平安边界、平安医院、青少年平安行动等平安创建活动，扩大平安建设的覆盖面，以“点上平安”促进“面上平安”。2013年，叶坦社区被评为全省首届群众最满意平安社区。

【“大调解”工作格局】县委政法委制定下发2013年“大调解”工作要点。建立、健全以求和人民调解为重点的县、乡镇（街道）、村三级调解平台，实现全县“求和人民调解工作室”全覆盖，社会矛盾纠纷调处率和成功率均达90%以上。建立矛盾纠纷协调会议制度，建立1800余人的调解员信息库。建立县旅游纠纷人民调解工作机制，成立县旅游纠纷人民调解工作领导小组、县旅游纠纷人民调解委员会。进一步完善了遂昌县特色调委会工作机制，制定“大调解”五年规划，成功承办丽水市“大调解”工作现场推进会。

【社会应急联动救助平台建设】全面完成县应急联动指挥中心和信息研判室的硬件建设，在应急联动指挥中心配备主任、教导员及4名事业编制工作人员、12名接警员，完成16.45万条社会数据采集并全部录入系统。开展“砺剑—2013”社会应急联动暨反恐处突综合演练。

【基层综治信息平台建设】强化基层综治信息平台建设和应用，开展基层社会管理信息系统专题培训，提高各乡镇村的录入人员的操作水平，保证各类基础信息录入的质量。全县县、乡、村三级账号全面开通，开通率达100%。经过各级综治组织一年时间的排查、整理、录入等工作，系统内已录入全县综治组织、群防群治组织、社会志愿者组织等人员6926人，重点场所267家，促进全县基层综合治理信息化管理水平得到较大提升。

【乡镇街道社会服务管理中心规范化建设】确定妙高街道、云峰街道、新路湾镇争创省级示范社会服务管理中心，大柘镇、北界镇等5个乡镇争创市级示范社会服务管理中心，其余乡镇争创达标社会服务管理中心。到年底，妙高街道、云峰街道、大柘镇、新路湾镇已经全面提升社会服务管理中心的硬件和软件建设，其余乡镇也在2012年的基础上从组织领导、人员经费的落实等多方面进行完善，全县综治基层基础规范化建设达标率为100%。（温红梅）

法治政府建设

【加强组织领导】将全县20个街道、乡镇纳入依法行政工作考核，县直部门行政不作为、滥作为，受到服务对象投诉的，经查证属实，设定倒扣分值。成立遂昌县依法行政工作领导小组，由县长何卫宁担任组长，各街道、乡镇和县直各部门成立领导机构，由主要负责人担任组长，形成一把手负总责，层层抓落实的工作机制。县政府召开常务会议专题听取全县法治政府建设专题工作情况汇报，严格落实《遂昌县关于加强法治政府建设实施意见》中确定的十四个方面主要任务，不断探索新形势下推进法治政府建设的新举措。

【深化体制改革】从组织领导、行政决策、信息公开、行政运行、行政监督、人才保障等六个方面入手，建立健全《遂昌县人民政府重大行政决策程序规定》《遂昌县优化企业投资项目审批流程实施办法》《遂昌县行政职权和便民服务网上公开透明运行管理办法》等工作制度，进一步规范行政机关的行政行为。全县39个部门及乡镇、村级便民服务中心依托政务公开政务服务电子平台办理业务，将行政执法单位和带有行政职能的事业单位服务项目纳入服务大厅，实行一个大厅对外、一个窗口办理、一条龙服务的代理制方式，在项目受理上实行首问负责制，首办责任制和服务承诺制，对符合条件的即办件，减少审批环节，优化审批程序，简化办事程序，提高办事效率。进一步规范行政权力运行制度，按照一项权力、一套制度、一个流程图的要求，全面梳理各单位行政权力，进一步优化权力运行流程，推进行政权力的制度化、规范化运行。全县各部门严格按照权力清理、制度规范、法制审查、公示公开、贯彻执行的程序，推进规范行政权力运行工作。至11月底，确定保留行政许可项目335项、非行政许可审批项目181项、便民服务项目198项，自4月开通电子政务平台来，共受理办件3643件，群众满意度较高。

【完善决策机制】健全政府重大行政决策程序规定，突出合法性审查、专家咨询论证、社会公示听证等关键环节，有效保障了决策切合县情、符合科学发展。坚持县政府法制办负责人列席县政府常务会议等重要会议制度，全程参与决策，充分发挥参谋助手和法律顾问作用，积极建言献策，保证行政决策的合法性。坚持通过网上公开级召开座谈会、论证会、听证会等形式，分层次进行研讨，广泛征求人大代表、政协委员、社会公众对政策重大决策草案的意见，确保各项决策充分体现民意。

【队伍建设】结合国务院在遂昌县试点的依托电子平台政务公开政务服务工作，对执法主体资格制度进行了较为彻底的梳理和确认工作。同时，健全行政执法人员资格制度，整顿行政执法队伍，对拟上岗行政执法的人员进行相关法律知识培训、考试，经考试合格的授予行政执法资格，严格把好行政执法资格的标准。坚持行政处罚案卷质量评查制度。7月，全县所有具有行政执法职能的单位对办理的案件进行自查自评。8月，县法制办抽调人员组成案卷评查组，对各被评查单位包含强制措施和强制执行内容的行政处罚、行政征收等案卷进行评查，共抽查69件案卷。从评查结果来看，各单位案卷质量有了较大的提高。严格制定对乡镇、县直部门依法行政的考核内容和量化标准，对各街道、乡镇和政府各部门依法行政定量评分，确保考核结果的权威性、科学性和公正性。

【制度建设】科学制定计划。将符合城市规范管理、经济调节、市场监管、社会管理和公共服务职能，有效服务于全县经济发展规范性文件优先纳入计划，对全年规范性文件制定计划进行明确；规范发文程序，对规范性文件制发主体、草案申报、公开征求意见、听证审议、制发等方面严格把关，有效促进规范性文件制定工作的合法、公开和透明。8月开始，实施全面推行行政规范性文件统一登记、统一编号、统一发布制度，解决了行政规范性文件管理不到位、制定程序不规范、公众查询不方便等问题，从源头上预防和减少行政争议。严格规范性文件管理制度。积极落实规范性文件制定备案制度，按规定及时进行报送备案。1—11月共审查行政规范性文件34件，其中已发文的30件均按程序报送市政府和县人大备案。

【执法监督】自觉接受人大的法律监督和政协的民主监督。2013年，县政府共办理人大代表建议102件、政协委员提案141件，做到了件件有落实、事事有回复。县人大常委会对县内部分行政机关2012年以来适用一般程序办理的行政处罚案件进行了检查，肯定了执法机关的行政执法工作。自觉接受人民法院的司法监督。2013年，共办理诉县政府工作部门的行政诉讼案件2件，全部在法定时效内完成答辩、举证任务，行政机关负责人出庭率100%，没有败诉案件，完成了丽水市政府提出的“两降低一提高”（降低行政诉讼案件数、降低败诉率、提高行政机关负责人出庭率）的具体工作目标。积极开展行政复议工作。2013年，县政府共收到复议申请6件，依法受理6件，已办结4件。在办理案件过程中，积极做好协调工作，努力促成当事人达成和解协议。办结案件中，3件案件的申请人撤回申请，实现了“案结事了、复议为民”的工作目标。1—11月，共收到公安、建设、地税等部门重大行政处罚备案件263件，全部完成审查任务，未发现错案。

【基础工作】县政府自2012年来筛选确定了4家创建省、市两级依法行政示范单位培育对象，县政府法制办认真指导各单位示范创建工作，督促各创建单位上报典型经验材料，编辑依法行政示范单位创建专栏。4月，创建工作通过市政府考评组的验收。2013年，先后3次组织各单位法制工作人员进行行政规范性文件制定、行政执法证件管理、行政调解等业务培训，有效提高了法制工作人员的业务素质。在全县各街道、乡镇政府及县政府21个重点部门建立行政调解中心，落实了调解人员。进一步建立健全行政调解工作机制，规范行政调解工作流程与文书台账。印发了《行政调解文书格式及使用说明》，要求各部门按照文书格式办理行政调解案件。建立行政调解信息报告和统计分析制度。要求各职能部门每半年定期上报行政调解工作情况，定期交流工作经验和典型案例。至11月，全县行政调解共受理案件1826件，调解成功1743件，调解率95%。

（法制办）

司 法

【概况】2013年，遂昌县司法局以深化社会矛盾化解、社会管理创新和公正廉洁执法为工作主线，围绕中心服务大局，积极开展各项司法行政工作，取得了显著成效。法律援助中心主任钟峰梁被授予全国法律援助“优秀服务标兵”；公证处主任毛丽红被评为丽水市优秀公证员；北界司法所被授予“浙江省妇女维权示范岗”荣誉称号；法律援助工作卓有成效，获丽水市司法行政工作创新奖。

【普法工作】2013年，县司法局承办浙江电视台公共·新农村频道“流动大舞台—法制宣传浙江行”走进遂昌活动。开展“六五”普法中期自查并接受市督查组检查督导。创建金竹镇金竹村为省级民主法治村，创建了两个市级民主法治村。创建遂昌金矿有限公司为市级诚信守法企业。在全县开展领导干部普法培训考试工作。通过各种主题宣传活动，在全县开展形式多样的法律进机关、进单位、进校园、进农村、进企业、进社区活动。

【公证工作】县公证处全年受理案件805件，案件数量较前一年增长33%，其中开通绿色通道办证的68件。全年共受理涉及“三农”类型公证480余件，涵盖多种业务类型。全力配合全县低丘缓坡项目工程和“三改一拆”工作，为政府中心工作和经济建设提供优质高效的公证服务。围绕《中华人民共和国公证法》颁布八周年纪念活动，组织开展各类宣传活动，制作宣传画册。

【律师工作】乡村法律顾问工作进一步深化，律师、法律服务工作者每季与行政村联系一次，一年下乡镇一次，有矛盾有纠纷集中咨询解答，行政村有法律需求，及时介入。参与村级组织换届选举工作，为村级组织换届选举把好法律关，认真调处矛盾纠纷，维护村级组织换届选举期间的社会稳定。2013年，乡村法律顾问提供法律咨询2130人次；开展法制宣传教育活动18次；开展村务“法律体检”80个；帮助修订、完善村规民约、合同、协议等8个；办理法律援助案件225件；为乡（镇）政府提供法律意见和建议6条；协助处理信访问题16起；调解疑难矛盾纠纷13起；处理其他涉法事务8次。

【社区矫正与安置帮教】2013年共接收矫正对象188人，办理社区矫正解除手续159人。在管社区服刑人员287人，无脱、漏管现象和严重刑事再犯罪。接收安置归正人员83人，安置率97.9%，重新犯罪率1.06%，安置帮教工作总体保持平安状态。推进社区矫正信息化建设，大力加强社区矫正信息监管体系，建成覆盖县、乡两级的社区矫正工作信息管理平台，印发《加强社区矫正工作的实施办法》和《遂昌县刑满释放解除劳教人员安置帮教工作实施办法》，为全县的社区矫正和安置帮教工作开展作出指导。

【法律援助】2013年，县法律援助中心及各法律援助工作站共受理法律援助案件637件，其中诉讼案件423件，非诉案件214件；刑事类案件108件，民事529件。不断建立健全法律援助网络，切实维护好弱势群体的合法权益，成立遂昌县看守所法律援助站。

【人民调解工作】2013年，全县各级人民调解组织共受理案件5392件，调解成功5296件，成功率98.22%。涉及金额4473万元。以遂昌县求和人民调解委员会法律服务中心兼服务窗口和13个专业调委会为龙头，全县18个乡镇、2个街道设立求和调委会。乡镇（街道）调委会实施调解案件统一登记制度，案件处理更加规范化。

（王 赟）

公 安

【概况】2013年，县公安机关围绕县委、县政府中心工作，制定出台《服务经济社会发展的十二项举措》，发起“项目护航”和“护航三改一拆”等行动。开展“打霸拔钉”严打整治行动，确保村级组织换届选举顺利进行。采取积极稳控措施，防止企业经营不善、借贷集资等问题导致的社会连锁反应。连续10年命案当年破案率100%。“缉枪治爆”工作方法被省公安厅推广。看守所连续28年安全无事故。交通事故死亡人数连续九年下降。火灾亡人事故连续三年“零发生”。践行“枫桥经验”，调解各类矛盾纠纷8000余起。筹措资金1000余万元，结合辖区文化特点，拓宽“美丽派出所”内涵。遂昌县公安局获市级以上先进集体荣誉8个，集体二等功2个，集体三等功1个。获市级以上先进个人荣誉9个，个人二等功2个，个人三等功11个。

【打击刑事犯罪】连续10年命案破案率100%。开展“打四黑除四害”行动。成功侦破公安部督办的“12·5”生产销售假药案和“5·30”生产销售有毒有害食品案。开展“缉枪治爆”行动，收缴各类枪支22把、子弹748发、炸药5607千克、管制刀具63把，工作方法被省公安厅推广。开展“打防电信网络诈骗”行动，共张贴发放宣传画、公开信13.04万份，成功劝阻12人次汇款，直接避免经济损失50余万元。

【扫黄禁赌禁毒】捣毁赌博窝点58处，抓获赌博违法犯罪人员524人，收缴赌资300余万元。铲除毒品原植物3009株，各项绩效战果列全市第一。成功侦破贩毒团伙案，现场缴获冰毒151.07克，查实毒品数198克，县委书记杜兴林作出“公安狠刹赌风，净化社会风气，出拳重、效果好”的重要批示，高度肯定公安局禁赌工作。县禁毒大队被省公安厅记集体二等功一次。

【整治社会治安环境】树立“少发一起案件就是政绩”的理念，构建打防管控一体化的社会治安动态防控体系。开展“铲污源 树清风”社会治安整治专项行动，严密治安防控体系，加强街面巡防工作，发动社会力量参与群防群治，督促单位部门、物业小区落实人防技防联防措施，推进邮政快递实名制信息化，探索农家乐旅馆治安管理办法。加强和改进“110”接处警勤务工作，推行警情分类处置、就近处警、区域合作等勤务机制，提高首批警力到达现场的速度，群众满意度明显提高。全年治安案件数较上年同期下降22.16%。

【执法规范化建设】贯彻落实习近平总书记关于防止冤假错案的重要批示精神，积极排查整改执法安全隐患。全面推进执法规范化建设，进一步提高公安机关的执法公信力，努力让人民群众在每一起案件中都能感受到公平正义。继续推行一案一总结一点评的执法质量“月评查、月通报”制度，努力实现执法工作的全程跟踪和全面考核。

【化解矛盾纠纷】践行“枫桥经验”，参与“求和模式”，推行“警调联动”工作体系建设，调解各类矛盾纠纷8000余起，化解成功率为97.7%。以开展公安信访“抓打强促”活动。6月，集中开展局领导接访下访活动，以督促检查、坐堂约访、带案督办的方式，进行源头控访、案件化解、教育转化等方面工作，当场解决群众反映的信访问题3件，督办化解信访案件9件，收到群众赠送的锦旗4面、感谢信1封。

【创建“美丽所队”】围绕“把美丽导入到公安工作，引入到所队建设”的目标，筹措资金1000余万元，对各基层所队进行系统规划、整体翻新。改善基层所队办公环境，提升配套功能，王村口派出所古色古香、巡特警大队焕然一新、园区派出所别具一格。新的“110”指挥中心、出入境办事大厅以及机关大院绿化工程已建设完成并投入使用，交警业务用房、消防大队迁建工程、社区警务室等项目建设在稳步推进当中。

【社会管理创新】配合完成金岸市场改造、夜市步行一条街、城市“三化”、县城停车场建设、大社保体系建设（县政府十件实事中的五件）。开展易制毒化学品实现精细管理，精准走向，精确控制，及时满足企业发展需求和工程项目建设。

（杨　斌）

检　察

【抓办案促稳定】2013年，县人民检察院依法打击各类刑事犯罪，全年共受理提请逮捕案件145件215人，比上年分别上升了27.2%和35.2%，批准逮捕191人，上升了30.8%，无一错捕；共受理审查起诉案件243件407人，依法提起公诉232件393人，起诉案件有罪判决率100%。认真落实宽严相济刑事政策，决定不批捕24人，不起诉24人。成功办结了丽水市首例“未成年人附条件不起诉”案件，对其中2人作不起诉处理。深化文明接访工作，及时化解矛盾，共受理群众来信来访143件，接待来访群众57批次141人，其中检察长接待25批次，无涉检越级上访和闹访。积极开展贯彻实施修改后“两法”工作调研，完成1项浙江省人民检察院重点课题—《未成年人刑事诉讼特别程序司法适用问题调研》。贯彻落实羁押必要性审查制度，深化逮捕必要性说理工作，探索建立捕后羁押必要性审查机制。完善证据合法性审查制度，探索建立侦查机关移送同步录音录像工作机制。着力解决律师执业权利、保障犯罪嫌疑人人权等人民群众关注的问题，完善检察官办案责任制，确保依法公正行使检察权。

【惩贪腐促清廉】坚持以零容忍态度惩治腐败，依法立案查处职务犯罪16件27人，其中贪污贿赂案件11件20人，渎职侵权案件5件7人，立案总数同比上升了60%，有罪判决率为100%。立案查处职务犯罪大案13件，占立案总数的81.3%，依法查处正科级领导干部4人，副科级领导干部1人。着力保障民生民利，查处征地拆迁、涉农惠农等民生领域职务犯罪16人。通过办案，为国家挽回经济损失300多万元。开展职务犯罪案例分析13件，开展预防职务犯罪警示宣传教育讲座23场，接受行贿档案查询38次。与县电力局联合拍摄预防职务犯罪微电影《铁观音》，并选送中纪委参评。坚持文明规范办案，严格落实讯问犯罪嫌疑人全程同步录音录像和审讯室物理隔离制度，制作光盘180余张，完成录制时间550多小时。坚持廉洁办案，认真执行签订“廉洁自律卡”和“执法监督卡”的“一案双卡”制度。认真开展本院纪检部门每季度的逐案督查，办案干警零违纪、零违法。

【严执法促公正】依法加强侦查监督，督促侦查机关立案7件10人，其中2人判处三年以上有期徒刑，撤案5件5人。追诉漏犯2人，追诉漏罪12条。加强对违法取证活动的监督，坚决排除非法证据，对违法侦查行为发出纠正违法通知书5份。严把事实关、证据关、程序关和适用法律关，改变侦查机关案件定性5件32人。依法加强审判监督，对违法审判行为发出纠正违法通知书1份，提请抗诉1件、改判1件，建议市院提请抗诉3件、改判3件，其中1件被评为全省典型民行抗诉案件，办理行政执法监督案件6件，促成民事申诉案件当事人达成和解4件。依法加强执行监督，监督减刑、假释、暂予监外执行罪犯35人，与在押人员谈话200余次。开展2次核查纠正监外罪犯脱管、漏管专项行动，发现脱管罪犯4名。开展看守所监管执法专项检查活动，口头纠正一般违法15次，发出书面检察建议11份。

【强基础促提升】认真落实党风廉政建设责任制，进一步强化“一岗双责”，完善岗位廉政风险防控管理机制。全院干警自觉签订了禁赌承诺书、廉政建设责任书等，自觉遵守有关纪律规定。坚持教育培训与执法实践相结合，共有100余人次参加各级各类理论学习和业务培训，全院干警5天以上轮训率达100%。畅通人才流动渠道，引进7名检察人才。一年来，有3名干警受到省级以上表彰，其中1人荣获最高人民检察院表彰，5名干警被市检察院记功表彰。以“勤廉机关建设”为抓手，在单位建设“廉政文化墙”，编发“勤廉手册”和“勤廉短信”，营造浓厚的廉政文化氛围。不断完善侦查技术装备，努力规范办案工作区，执法办案能力和效率进一步提升。不断完善看守所审讯室同步录音录像系统，视频录音录像证据的收集与分析能力有了明显提高。不断推进网络办公自动化，检察系统内网进一步扩容升级，新版全国统一业务管理软件开始运行。

【重监督促开放】主动接受人大监督，积极主动向县人大及其常委会报告工作，认真落实县人大及其常委会的决议决定，积极配合开展执法检查和专题调研；出台了《关于加强同县人大代表联络工作的实施意见》，切实加强同人大代表的联系，广泛征求代表对检察工作的意见和建议，组织专门力量对征集的意见和建议进行研究、办理，并及时将办理情况反馈给代表。自觉接受社会监督，以“检察开放日”为契机，邀请人大代表、政协委员、人民监督员及社会各界人士，参加“深入反腐败，大家来预防”的主题活动；利用“举报宣传周”“综治宣传周”，上街下乡、进厂矿学校宣传检察工作，接受社会监督，发放宣传资料1500余份，接受群众咨询600余人次。加强自身执法监督。积极开展廉政教育专项活动，通过剖析媒体曝光的政法干警违法违纪案件和近年来发生在身边的反面典型案例，警示全院干警。开展执法办案专项检查，深入查摆执法办案中存在的问题，严格执行执法办案各个环节的规范化程序。完善检务督察制度，加大对执法行为、检风检纪的督察力度，全年开展检务督察5次。（周 瑶）

法 院

【概况】2013年，县人民法院共受理各类案件4029件（含旧存102件），结案3919件，同比分别上升34.75%和35.7%。2013年度在全市基层法院综合考评中，连续第五年获一等奖，被评为全省刑事审判工作先进集体、全省商事审判工作先进集体。

全年受理刑事案件242件412人，审结240件410人，分别下降0.41%和上升15.17%。审结抢劫、故意伤害、强奸、放火等案件26件，判处罪犯37人。严厉打击危害人民群众生命健康的犯罪，审结涉毒犯罪案件15件，判处罪犯16人，其中1人被判处有期徒刑15年；审结社会高度关注的团伙生产、销售假创可贴案件，判处罪犯13人，主犯被判处有期徒刑10年；审结危险驾驶犯罪案件59件，判处罪犯59人。保护公共财产安全，审结作案范围横跨丽水市5个县（市）、金额高达80多万元的全市最大医保诈骗案，判处罪犯18人，其中3人被判处有期徒刑10年。审结贪污、受贿、渎职等职务犯罪10件，判处罪犯19人。坚持惩罚与教育并重，落实未成年人犯罪记录封存等刑事特别程序保护制度，未成年犯非监禁刑适用率为94.7%。巩固“扩大指定辩护”成效，为51名判处三年以上有期徒刑的被告人指定辩护人。

全年审结商事案件1526件，同比上升82%。开展金融债权集中清理专项活动，审结金融借款、民间借贷等融资纠纷697件，结案金额2.8亿元。

全年审结民事案件480件，调撤率达63.37%。完善“大调解”工作体系，成立司法调解中心，开展人民调解员培训工作，提高基层调解能力，通过人民调解化解纠纷444件，对450份人民调解协议进行司法确认，诉前参与化解湖山新街宾馆“11·19”三人中毒死亡事故等重大纠纷，诉调对接更加紧密。

全年受理执行案件1226件（含旧存102件），有效执结955件。全年通过查控系统申请财产查控4671件次，向人民银行报送未履行裁判文书确定义务的被执行人信息260条，通过各类媒体曝光234人，对拒执行为拘留拒执人员16人次，向公安机关移送涉嫌拒不执行判决、裁定犯罪案件2件，开展农民工欠薪案件专项执行活动，执结案件94件，到位金额达155万元。确立“网拍优先”原则，率先在丽水市网拍成功，上网拍卖标的物13件，平均溢价率为75.6%，为当事人节省佣金16.4万元。

受理行政诉讼案件5件，根据中院集中管辖的规定移送4件，驳回原告诉讼请求1件；受理非诉行政执行案件19件，全部予以执结。

【执行会诊工作法获最高院肯定】5月，最高人民法院简报信息专刊以《浙江省遂昌县法院运用“执行会诊工作法”提高执行质效》为题，将遂昌法院“执行会诊工作法”作为经验交流在全国推广。“执行会诊工作法”是指分类分级执行中遇到的案件，通过汇集集体智慧，共同为执行当中的重点、难点案件“把脉”，对症下药，有效处理好疑难复杂案件、重大影响案件、陈年积案、老上访等执行案件，切实提高案件有效执结率的工作机制。它是法院在总结之前原有工作方式方法基础上创新建立起来的新方法。2012年年初以来，县法院探索实行该做法，执行质效落后局面得到有效扭转，多项质效指标列全市、全省前列。2013年1—4月，法院实际执行率为74.76%，执限内执结率达100%。主要做法是：一是分类会诊。每周一上午作为“执行案件小会诊日”，执行干警逐一汇报上一周执行工作情况，共同研究解决个案中的执行难点问题。每月第一周周一作为“大会诊工作日”，邀请院领导、审委会委员参加，对陈年积案、骨头案、疑难复杂案件进行“专家大会诊”。截至2013年5月，法院共召开小会诊49次，大会诊12次，会诊化解执行疑难案件42件。二是分级处置。按会诊案件困难程度分三级处置，相对容易的三级案件确定有经验的执行干警协助执行；二级案件在配备执行协助人员的基础上，会同镇村执行联络员共同执行；处理难度较大的一级案件除启动二、三级方案外，还主动邀请申请执行人参与执行策划，积极争取当地党政的支持协调。三是定期回访。针对骨头案、疑难案件和程序终结案件，分组分批对案件当事人及其亲属和所在镇村进行走访，释法明理，争取支持。2012年年初至2013年年底，法院已对203起案件进行了回访，执结执行老案135件。

【打击毒品犯罪新闻发布会】6月26日国际禁毒日，县法院召开了打击毒品犯罪的新闻发布会。2013年1—6月，县法院共受理各类毒品犯罪案件4件，占3.57%，同期增长了3倍,判处被告人3人。2013年涉毒类案件增势明显，在贩卖毒品犯罪中呈现出次数、数量增大的现象，为此在国际禁毒日即国际反毒品日到来之际，法院充分发挥并延伸审判管理职能，分析涉毒案件特点的同时，加大对毒品犯罪的打击与预防。一是继续强化规范化量刑，保障罪刑均衡。在严格贯彻罪刑法定原则的基础上，根据最高院的量刑指导意见，需进一步统一量刑标准，坚持量刑规范化、标准化，减少自由裁量，严格审核犯罪次数、数量等影响犯罪构成的犯罪事实以确定基准刑，尤其重视同一案件和同类案件被告人之间的量刑均衡。上半年审结的毒品犯罪案件中，仅有1件上诉，且二审维持原判；二是加大宣传教育力度，做好毒品犯罪的预防工作。通过案例展示和报道、法院公众开放日、送法下乡、进学校、社区等方式，有针对性地开展禁毒宣传、普法，尤其宣传毒品的种类和危害，提高公众的鉴别力和自我保护意识，能够抵制毒品，远离毒品，进而减少涉毒犯罪的发生。

【法院审判白皮书获肯定】 12月，县法院召开新闻发布会，正式向社会发布《农村土地承包纠纷审判白皮书》，白皮书包括农村土地承包纠纷诉讼案件基本情况、农村土地纠纷审判难点、案件反映出来的问题和如何预防和化解农村土地承包纠纷建议四项内容。“农村土地承包纠纷诉讼案件基本情况”部分对近五年的农村土地承包纠纷案件按照乡镇分布、纠纷主体和纠纷类型情况进行了分类；“承包纠纷审判难点”部分主要对此类纠纷的化解难、维稳难、裁判难和执行难四个特点进行了详细分析与说明；“案件反映出来的问题”部分指出当前农村土地承包纠纷产生的主要问题包括村民自治不够规范、农村土地行政管理存在薄弱环节、集体组织成员资格确认问题亟待解决和农民法律知识相对欠缺等；“预防和化解农村土地承包纠纷的建议”部分则从加强农村土地承包行为的规范指导、改进农村土地行政管理、加强农村土地承包纠纷多元化解机制的建设等三方面提出了意见和建议。

【开展廉政公众开放日活动】 4月10日，县法院邀请新提任副科级领导干部培训班的49名学员们参加“廉洁从政、当好公仆”公众开放日活动，让他们零距离接触法院，接受廉政警示教育，增强自身拒腐抗变能力。学员们参观了审判区和办公区的立案大厅，听取了法院文化和各项设施功能的相关介绍，集中观看了一起受贿案件的庭审录像，就各自关心的法律问题与刑庭法官进行了互动交流。公众开放日活动起到积极作用，活动能够直接了解腐败案件的审理过程，加深了对防腐工作的印象，也增强了自身廉政防腐意识。

【受理首例拍卖合同纠纷案件】 4月23日，遂昌法院受理首例拍卖合同纠纷案件。原告张某在被告阳光公司组织的拍卖会上拍得一间店面的承租权，但发现拍下的店面面积大大缩水，与拍卖清单上列明的面积相差20余平方米。原告张某认为被告阳光公司披露的店面面积与事实面积相差甚远，故拒绝与被告阳光公司签字，并且对方利用欺骗方式造成她误解而中标，其责任在于被告，被告阳光公司没有任何理由扣留保证金和中介费。故原告张某将阳光公司起诉到法院，请求法院判决丽水市阳光拍卖有限公司返还保证金和中介费共计7500元。最后原被告调解结案。

（涂俊丽　徐　璐）

军 事

人民武装部

【概况】2013年，遂昌县人民武装部圆满完成新兵征集任务。全面建设和后备力量建设健康稳步发展。民兵应急连被评为全省基层建设标兵单位，受到省政府、省军区通令表彰。

【思想政治建设】全年理论学习26天。开展“坚定信念、筑牢军魂”“学习贯彻党章、弘扬优良作风暨干在实处、创新有为”教育，进行“安家不忘使命，履职更需尽责”和“爱军营、爱驻地、爱岗位”实践活动。全年利用大项活动、重要节庆、集合点名和交班会等时机开展理想信念、形势政策、节日战备、战斗精神和安全保密等教育。提高了干部职工在理想信念、军魂意识、名利事业和党规党纪上认识，营造了人武部“正风气、强纪律、求作为”的良好氛围。

【后备力量建设】2013年是县人武部进行民兵调整改革的第一年，根据军分区的要求和编组原则，完成县基干民兵编组任务。针对驻地山火洪涝多发、外出打工人员多、科技潜力资源薄弱等地域特点，采取“统”的原则，编实建强“三类”队伍，确保重点队伍编精，可靠管用；一般队伍编实，到位能用。配合地方政府制定《外出民兵管理实施办法》，开展军地合力组织整顿民兵工作。

【专武干部和民兵训练】2013年，县人武部开展“专武干部和民兵训练月”活动。5月，选送5名专武部长到分区集训；组织参加军分区比武考核，获团体第一。6月，组织125名民兵应急连民兵和12名冲锋舟操舟手进行培训，其中2名冲锋舟操舟手参加支援宁波地区抗洪救灾；组织5名民兵教练员参加省军区跨区联训。7月，牵头组织县国动委领导及成员单位40余人，参加“丽动2013”国防动员演习，组织县民兵车辆维修分队40余人围绕战时遂行任务进行实兵演练，提升国防动员潜力的实战运用、动员指挥体系的实战转化和动员任务的实战检验。

【基层规范化建设】 2013年，县人武部着重抓军区战备工作“六个机制”和省军区新战备工作规定落实。以作战数据中心建设为牵引，从战备资料、“四室二库”战备设施、十项战备制度建设抓起，结合基层后备力量规范化建设，推动战备机制向基层武装部、民兵营（连）延伸。上半年，抓各类战备方案修订完善、库室规范，器材设备补充和行动预案的演练。下半年，向县财政争取50万元经费，重点用于战备信息化建设，协调公安、交通、水利、气象部门，做好相关数据引接工作。

【党管武装工作】2013年，县人武部认真落实党管武装各项制度，牵头召开县委常委议军会议，学习后备力量建设有关规定，分析研究武装工作中存在的问题，提出解决问题的措施办法，制约后备力量建设的一些瓶颈问题得到了解决。预算1207万元、占地50余亩的民兵训练基地建设项目一期工程竣工，二期工程开工建设；转业干部安置、随军家属就学就业等问题得到解决。

【全民国防教育活动】2013年，县人武部组织开展全民国防教育日系列活动。南京陆军指挥学院张政文教授应邀到遂昌作《当前国家安全形势》国防知识讲座；组织为遂昌职业技术学校、遂昌中学2000余名高一新生开展军训，在6所中小学校中建立“最骄傲校友”“最可爱军人”荣誉墙；开设遂昌国防教育网站，普及国防教育面；与三仁坑口村开展军民共建文化村活动，帮助共建村改善文化设施，开展军民文化共建共育活动。全年组织讲师团为党政领导干部、党校学员、中小学生开展国防教育辅导12次，受众2500余人。

（人武部）

武 警

【政治思想建设】2013年，武警遂昌县中队建立健全各项组织生活制度，积极推进干部“上岗楼、住班排”机制，严格落实“五同六到位”（与士兵同吃、同住、同劳动、同娱乐、同操课）。开展“赞颂科学发展成就，忠实履行职责使命，永远做党和人民忠诚卫士”主题教育活动。认真落实支队“两个一”制度，即实行干部每周上一次岗楼，每月住班一周，体验战士疾苦，把握思想脉搏，了解战士诉求和真实想法，尽可能帮助解决战士的实际困难和后顾之忧。

【军事训练】中队在加强形势任务教育的同时，认真抓好军事和战备执勤训练。有针对性进行处突反恐和抢险救灾训练，开展防暴器材使用、紧急出动、目标方案演练和“七个基本功”的专勤训练。营造“训练有为、训练有素、训练有功”的浓厚氛围，科学制定训练计划，坚持主官主抓，促进中队官兵训练成绩又上了一个新的台阶。在支队组织的二年度兵以上人员军事训练比武竞赛中，遂昌中队团体成绩名列前茅，徐建新、王恒凯分别获得个人全能第一和第三的好成绩。

【警民共建】深入开展“我们一起学雷锋”活动，以社区共建活动为载体，大力开展拥政爱民活动，继续发扬扶助孤寡老人和残疾人的优良传统，与友好共建单位开展警民联欢活动，定期为腾龙小区义务清理垃圾。中队官兵以实际行动和良好的形象建立起融洽的警民关系。

（武警中队）

消 防

【抢险救援】2013年，遂昌县消防大队接警出动98起，其中火灾事故57起，出动车辆149次，出动警力898人次，解救被困人员19人，疏散被困人员47人，抢救财产价值606.8万元。较突出的火灾和救援事故有：

9月5日，龙丽高速北界至遂昌段一辆槽罐车发生碰撞，消防大队出动3辆消防车16名消防官兵前往抢救。抢救出被困人员一名，抢救财产约2万余元。

10月22日，妙高街道平昌路14弄4支弄3号发生火灾，消防大队出动3辆消防车17名官兵前往扑救。

11月9日，遂昌第三中学吊顶（顶棚）发生火灾，消防大队派出2辆消防车14名消防官兵前往扑救，抢救财产80余万元。

12月21日，焦滩乡木材加工厂发生火灾，消防官兵经过3小时的扑救，抢救财产约10万元。

【社会火灾防控】2013年，遂昌县消防大队扎实开展“除隐患、保平安”消防专项行动，开展消防安全重点领域“五查两加强”专项行动，开展整治火灾隐患百日大会战行动，推进消防基层基础建设，确保全县消防安全形势的稳定。全年共检查单位1123家次，发现隐患1128处，督促整改1109处，制发《责令改正通知书》569份，办理行政处罚案件49起，临时查封单位6家，责令“三停”单位8家，罚款28.65万元，拘留1人。

（消防大队）

人民防空

【概况】2013年，遂昌县人民防空办公室以突出防空核心能力建设为工作着力点，按照“长期准备、重点建设、平战结合”的方针，按计划部署人防办工作。县人防审批窗口办理行政许可3项，完成人防项目审批34件，严格依法收取人防易地建设费723万元，无投诉情况发生。

【“防灾减灾日”警报试鸣】 5月12日15时至15时44分，在妙高、云峰城区，石练镇、大柘镇和黄沙腰镇政府所在地范围内，进行了一次防空防灾音响警报试鸣。为确保试鸣万无一失，试鸣前县人防办组织各警报点管理人员进行培训，并对所有警报进行了检测，确保警报、控制等设备处于良好工作状态，使警报发放工作“零失误”。本次试鸣，妙高城区4台防空警报为遥控发放，云峰城区、石练镇、大柘镇和黄沙腰镇4台警报为人工发放，全县8台警报鸣响率、完好率达100%，音响覆盖率达95%以上。

【人防重点镇规范化建设达标通过验收】根据《丽水市基层人民防空规范化建设达标工作实施意见》，争取到2015年年底全县人防重点镇、街道、社区人防建设达到规范化水平。2013年，经实地查看场所设施建设情况和听取人防规范化建设工作汇报，市考核组认定大柘、石练和黄沙腰镇达到市级人防规范化建设标准，并推荐石练镇为省级人防规范化建设达标单位。

【学校应急避险疏散演练】 5月10日，县教育局、人防办、科技局、科协联合在育才小学开展防震减灾宣传教育活动。活动主要内容：全校师生防震减灾应急疏散演练，给学生赠送防震减灾宣传书籍，观看防震减灾宣传展板等活动，共有900多名师生参与活动。演练活动是对《校园突发安全事件应急预案》的一次检验，提高了师生实际应对和处置突发事件的能力。

【人防合成专业队集训】12月10日至11日，县人防办组织人防合成专业队队员、专业队中队干部、一中队道路桥梁、建筑抢修专业队、自来水和燃气抢修专业队共31名干部队员开展集训。训练内容为实弹射击、政治理论、人防理论知识测试、共同科目训练等。通过集训，参训干部队员较好地掌握了人防救援技能，提高了自身的综合素质。

【“防灾减灾日”宣传周活动】 5月9日至13日，集中开展了“防灾减灾日”宣传周活动。印制政府公告500份、人防宣传展版150套、防灾减灾宣传资料6000份，分发到各社区、学校、机关、企事业单位和有关乡镇。在宣传活动期间，以“关爱生命，防灾减灾”为主题，利用黑板报、宣传栏、标语横幅、人防宣传展板等形式对警报试鸣和防灾减灾知识进行宣传。

【向社区免费发放应急包】 为加强防空防灾知识宣传，提高广大市民的安全防护意识和能力，在遇到灾害事故时具备一定的自救互救技能，县人防办向7个社区以及党校免费发放应急包、防毒全面具、防毒半面具、防化服、防化服C级、滤毒罐等防灾自救物品，帮助社区开展相关应急逃生知识和技能的宣传，引导市民增强防空防灾意识。

（巫佳雯）

农村建设

农 业

【概况】2013 年，遂昌县实现农业总产值 15.75 亿元，比上年增加 0.94 亿元，增长 6.3%，农民人均纯收入 10224 元，增长 12.8%。粮食总产量 6.83 万吨，产值 2 亿元；茶叶总产量 7548.2 吨，产值 3.80 亿元，增长 8.2%；山地蔬菜产值 1.33 亿元，增长 7.3%；水果产值 0.18 亿元，增长 6.3%。中药材产值 0.3 亿元，增长 9.6%。

2013 年，全县创建生态精品农业示范乡镇 1 个（妙高街道）、示范企业 3 个、示范合作社 5 家，评选出大学生农业创业典型 2 个、示范家庭农场 35 家、示范农产品 30 个；申报无公害农产品 4 个、绿色食品 2 个，实施省农技推广项目 2 项，市农业丰收计划 3 项，省农技推广基金会项目 2 项，培育科技示范户 811 户，建立农业科技试验示范基地 2 个；新增合作社 10 家，新发展省级示范性合作社 1 家，市级示范性合作社 3 家，全县共有星级合作社 20 家。

2013 年遂昌县农业产值一览表

表 18　　　　单位：亿元

类别	产值	比上年同期增长
农业总产值	15.75	6.35%
其中　农业产值	9.24	5.60%
林业产值	3.88	8.99%
牧业产值	2.43	5.65%
渔业产值	0.12	-4.98%
农林牧渔服务业	0.09	13.20%

【大田村、坑口村入选“美丽乡村”创建试点村】2013 年，遂昌县被列为浙江省首批开展农业部“美丽乡村”创建试点之一。通过层层筛选，大柘镇大田村、三仁乡畲族乡坑口村依托浓厚的历史文化底蕴、突出的自然资源优势和独特的产业支撑等优势，在全国众多参选乡村中脱颖而出，成功入选农业部“美丽乡村”创建试点乡村。

【遂昌县农村集体经济发展有限公司成立】8 月，遂昌县农村集体经济发展有限公司成立。遂昌县打破以统筹发展为主要方式的扶持村级集体经济发展模式，成立覆盖全县 203 个行政村的农村集体经济发展公司。公司整合省级扶持资金、农村综合改革试点资金、村级运转资金、特扶项目资金和县财政配套资金，实行企业化管理，实行企业化管理，统一经营管理村级集体经济项目，实现全县经济薄弱村物业统筹联建，所得收益仅用于扶持全县经济薄弱村的运转及公司的滚动发展。公司筹集到发展资金2916万元，按照评估价2379万元全额购买原火花物业公司安置公司资产，该资产主要包含两间沿街店面及附属用房，位于君子路县审批中心大楼边，面积大约2900平方米，首期2013年起，签订出租协议8年，净年租金130万元左右，以后每年在上一年基础上按8%递增租金。

【农村能源建设】2013年，全县沼气用户6500户，年产沼气260万立方米；累计建成农村生活污水处理沼气工程25处，池容5240立方米；新增太阳能热水器3500平方米，累计推广太阳能热水器42300平方米。2013年全县农村清洁能源利用率达54.8%，秸秆综合利用率达95.8%。完善农村沼气县级服务站配套设施，建成农村沼气乡村服务网点维管员农民信箱平台，定期不定期发布农村沼气的管理要点、安全使用维护等知识。

【家庭农场登记注册】家庭农场是继农业龙头企业、农民专业合作社、现代职业农民等经营主体之后又一新型经营主体。从2013年年初开始创建，到年底，全县共工商注册家庭农场数75家，其中生态精品示范性家庭农场（含林、渔业和休闲类家庭农场）35家，合作农场或土地股份合作社3家。

【农村经营管理】2013年全县农村土地承包经营权实施流转，新增土地承包经营权流转面积281公顷，累计2765公顷，占农民家庭承包土地总面积29.8%。实施村级公益事业“一事一议”财政奖补项目，申报省级财政奖补项目89个，总投资7607万元，省级财政奖补资金2362万元。

【农技服务】2013年，县农业局组织茶叶、蔬菜、水果、畜牧、能源等农业技能培训75期，实用技术培训172期，发放各种科技图书、技术资料5000余份，培训人数达11000多人。农技推广学校招收种植专业学员57名，共有在校生117人。

种植业

【概况】2013年，全县农作物播种面积2.41万公顷，其中粮食播种1.36万公顷，总产量6.83万吨。新建粮食功能区7个，面积633公顷。遂昌县被列入2013年度中央现代农业生产发展资金水稻产业提升项目，获得中央、省财政补助资金400万元。全年粮油产值2.17亿元，比上年增长12.44%，其中杂交稻制种面积847公顷，生产种子154万公斤，产值4225万元，比上年增长11.89%，为全省杂交水稻制种大县。2013年，遂昌县杂交水稻良种繁育基地建设项目通过预验收。

2013年遂昌农作物播种面积和产量一览表

表19

类别	面积（公顷）	产量（吨）
农作物	24139	
1.粮食作物	13593	68307
谷物	7271.1	46605.2
豆类	2922.8	6314.7
薯类	3398.7	15387
2.油料	2634.1	3788.8
3.蔬菜	4774.7	84408
4.果用瓜	181.07	3476.8

全县茶园总面积7472公顷，茶产量7548吨，比上年下降1.09%，产值3.8亿元，比上年增长8.26%，面积、产量、产值居全市第二，全省前列。在各类名茶评选中，龙谷牌龙谷茶在第八届浙江绿茶博览会名茶评比中获金奖，“阳阳红”“精诚红”两种红茶在第十届“中茶杯”全国名优茶评比中被评为红茶类特等奖，“夏鸿”牌红茶在2013“浙茶杯”红茶评比中获金奖，“精诚”牌红茶获银奖，“黄云飞”牌红茶和“珍华”牌红茶获优胜奖。

2013年，遂昌县发展以四季豆为主的山地生态蔬菜面积3026公顷，产量48200吨，同比增长4.78%，产值1.33亿元。发展以红提、猕猴桃为特色的水果产业面积838公顷，产值1813万元。中药材面积566公顷，产值3132万元，其中三叶青作为特色地道药材，人工仿野生栽培面积从2012年年初的1.3公顷发展到2013年的11.3公顷。

【创建粮食高产示范片】2013年，遂昌县建立3个省级水稻高产创建示范片，面积240公顷，涉及农户1270户。3个示范片平均亩产672.5千克，比非实施区平均每亩增产36.6千克，每亩增收130元。示范片实行统一机耕、统一植保等社会化服务，较非实施区每亩节约生产成本43.5元。两项合计，示范片每亩节本增效173.5元，实现增产增收。示范片引进新品种，推广应用机插、测土配方施肥、病虫害统防统治等先进适用技术，较非实施区减少农药施用次数3次，每亩减少农药使用量0.25千克。

【茶厂优化改造】2013年，县农业局茶叶站充分利用各有关农业扶持政策，积极引导鼓励企业、茶农改善茶厂加工环境，更新增添加工设备。全年按茶叶加工环境条件标准改造初制茶厂66个，其中省标准化示范茶厂3个、县标准化示范茶厂10个、县无公害茶厂53个。茶叶生产加工机械设备总数从原来的8856台增加到9563台，新增加工机械707台。

【保障型蔬菜基地建设】2013年，全县新建保障型蔬菜基地13.3公顷，累计完成保障型蔬菜基地建设面积75.3公顷，新建钢架大棚8.9万平方米、滴灌13.3公顷，完善沟渠、道路1.2万米。已经通过市级验收62公顷。引进丽芸2号四季豆、高盛番茄等蔬菜新品种6个，在妙高东峰蔬菜基地、高坪塘下高山设施栽培基地开展新品种对比试验。

【石练镇练溪沿岸标准农田自行储备项目通过专家评审】遂昌县石练镇练溪沿岸土地整理FR项目，是2002年土地整理项目，2003年通过验收，2008年进行质量评定，评定等级为三等五级。项目核心区块面积127公顷，位于石练镇宏象村的象岗自然村与竹溪新村的项岭头自然村之间。四年多来，通过农业综合开发、水利等项目建设，对该区块标准农田田间道路、灌排设施及其他配套农田基础设施进行完善，通过地力培肥、土壤改良等措施进行地力提升，该区块标准农田质量得到较大幅度的提升。5月22日，通过省农业厅、市农业局组织专家评定。

【农业有害生物预警与控制区域站建设项目启动】农业有害生物预警与控制区域站建设项目是农业部植保工程项目，也是第四批扩大内需项目。项目主要改扩建检验检测室和应急防治药械库等1134.72平方米；标准观测场10亩及附属设施；工具房113.31平方米和应急防治药品库113.31平方米等。项目总投资334万元，其中中央投资220万元、地方配套114万元。项目检验检测用房已建设完成。

【农产品质量检测中心建设项目启动】2013年，县农业局启动农产品质量检测中心建设项目，该项目新建农产品质量安全检测中心检验用房1937平方米（续建4～7层，临街2层，地点二都街），购置液相色谱仪、气相色谱仪、原子荧光光度计等农产品质量安全检测设备37台（套），项目总投资500万元，其中农业部项目150万元、特扶350万元。项目检验用房已经基本完成，其中用于检测样品前处理的临街2层已完成，用于实验室的续建4～7层已经结顶；完成部分仪器设备招标采购工作。

2013 年遂昌县畜禽生产情况表

表 20

名称	存栏	比上年±%	出栏	比上年±%
生猪	7.95 万头	3.52	11.11 万头	5.01
家禽	29.77 万羽	-0.20	50.02 万羽	-5.46
牛	3720 头	-16.39	2826 头	-8.19
羊	2278 只	-26.51	4235 只	-11

遂昌县肉类产量表

表 21　　单位：吨

名　称	产量	比上年±%
总产量	11312	4.80
猪　肉	9873	5.20
牛　肉	581	15.05
羊　肉	58	-12.12

畜牧业

【概况】2013 年，全县畜牧产值 2.43 亿元，比上年增长 5.65%。

【动物疫病防控】全年共免疫猪瘟 19.21 万头次，猪口蹄疫 24.11 万头次，牛羊口蹄疫 0.85 万头次，猪蓝耳病 16.11 万头次，禽流感免疫 64.05 万羽次，完成省、市防疫任务。抽取家禽血样 1357 份，均达到国家抗体监测合格率，对检测出不合格的场点给予停止出证、限期整改的措施。

【生态畜牧宣传工作】2013 年完成《遂昌生态畜牧业》《遂昌土猪介绍》等宣传片的拍摄制作，全面展示遂昌县生态精品畜牧业的发展成果。同时积极推行畜产品推介会、农超对接、连锁经营、电子商务、物流配送、直供直销等新型畜产品流通体系建设。4 月，遂昌第一次尝试生鲜产品的网络叫卖，开展“农家猪，放心聚”土猪肉聚划算团购活动，最终实现了 3 分钟 500 公斤，3 天 1 万公斤的遂昌土猪产品网络销售，整个活动在聚划算吸引了 100 万人关注。11 月，在杭州举行了遂昌土猪专场推介会，推介会期间，省委常委、省委秘书长赵一德和省农业厅厅长史济锡专程前来指导，并给予充分肯定。

【遂昌县动物卫生监督分所设立】2013 年 12 月 6 日，遂昌县机构编制委员批复同意设立 3 个动物卫生监督分所，作为县动物卫生监督所派出机构：(1)直属动物卫生监督分所，核定 4 人；(2)北界动物卫生监督分所，核定 3 人；(3)石练动物卫生监督分所，核定 3 人。三个动物卫生监督分所人员从现有乡镇畜牧兽医队伍中调剂。

【动物卫生监督执法】2013 年，组织全县开展饲料和兽药、畜产品安全、生鲜乳三大整治活动，出动检查人员 96 人次，检查规模场 391 个（次）、散养户 684 户（次）、屠宰场 15 个（次）、农贸市场 42 个（次）。加强与工商、经贸等部门的联合执法，全年共查处违法案件 10 起，结案 10 起，罚没款 0.587 万元。

【动物 H7N9 流感应急防控】年初，县农业局成立动物 H7N9 流感应急防控领导小组，指导开展防控工作。全年出动人员 523 人次，检查鸡 2256 场户，存栏鸡 76.61 万羽（次）、水禽 185 场户，存栏水禽 2.13 万羽（次）、鸽子 3 场户，存栏鸽

76羽（次）、其他家禽178场户，存栏1.12万羽（次），屠宰场25个（次）、农贸市场99个（次）、消毒场次547个；启动动物流感防控工作情况日报告制度；紧急开展动物H7N9流感大监测，采集血清、喉拭子、肛拭子各1009份，完成任务数的108.49%，县林业局和九龙山自然保护区管理局各采集野鸟粪便3份，通过检测未发现疑似血清阳性样品；开展消毒灭源和应急处置。全年未发生H7N9疫情。

【全市动物防疫职业技能竞赛】9月17—18日，全市动物防疫职业技能竞赛举行。活动由市农业局 、市人力资源和社会保障局、市总工会主办，9个县（市）代表队参加。遂昌县畜牧兽医局获县（市）组团体第三名，遂昌县代表队朱斌和毕淑珍分别获得疫病检测比武项目个人总分第一和第三，被市人力社保局授予“兽医化验员工种丽水市技术能手”荣誉称号。

生态精品农业

【概况】2013年，全县拥有市级生态精品农业示范乡镇1家，市级生态精品农业示范企业3家，市级生态精品农业示范合作社5家，市级生态精品农业示范农产品40个，市级生态精品农业示范家庭农场43家，市级生态精品农业示范大学生创业典型2个。拥有原生态精品农业示范基地89个，面积1787公顷，产值2.65亿元。确定茶业、竹业、生态蔬菜、生态畜牧业、水干果为五大主导产业，杂交稻制种、油茶、中药材、食用菌、甘薯为五大特色产业，设立十大产业首席专家制度，同步出台了遂昌县十大产业提升三年行动计划，力争通过三年努力，到2015年，十大产业总产值达34.5亿元。

【北界省级红提精品园通过验收】2013年7月，北界红提精品园项目顺利通过专家组验收。该项目从2010年开始实施，通过两年时间，已在北界区域内种植红提70公顷，建成集采摘、农家乐为一体的红提休闲观光园一处；引进了4个葡萄新品种；全面推广大棚、滴灌、红提套袋和病虫综合防治技术；建立了300立方米的保鲜冷库；通过项目建设，新增红提产量700多吨，产值880多万元，新增观光旅游1350人次，带动农户增收460多万元，解决社会就业500余人。

【政策保障】2013年5月，遂昌县出台《推进农业“两区”建设发展原生态精品现代农业产业的若干政策》，县财政每年安排800万元用于发展原生态精品农业。7月，县委、县政府又出台了《关于加快推进原生态精品现代农业发展的实施意见》，实施原生态精品现代农业“5522”工程，即发展5大主导产业和5大特色产业；培育10家市级原生态精品农业示范企业、10家市级原生态精品农业示范合作社；培育100个原生态精品示范基地（家庭农场、专业大户）、100个原生态精品农业产品；实施万亩亿元产业培育计划；到2016年，生态精品现代农业产值占农业总产值的50%以上。

【品牌认证】到2013年年底，共制订修订农业标准6类13项，初步形成国家标准、行业标准和地方标准相配套，特色产业、优质农产品门类齐全的农业标准体系。按照“三位一体，整体推进”的统一部署，金竹山茶油、湖山源有机鱼、石练菊米、桃源尖高山蔬菜等20个原生态农产品获得有机食品认证；小忠龙藏竹笋、黄沙腰烤薯等13个原生态农产品获得绿色食品认证；七山头土猪、黄泥岭牌土鸡、绿达绿壳鸡蛋等30个原生态农产品获得无公害农产品认证。

【网上销售】2013年，遂昌县充分利用阿里巴巴“特色中国·遂昌馆”这个平台，把电子商务发展作为农业经济转型升级的一项重要抓手加以推进，开创了“农户+公司+网络”的遂昌电商模式。相继开展了一系列网上销售活动，推出了年货节、遂昌乡村过大年、春茶节、土猪节和红提节等系列线上活动，逐步打破了以往“以产定销”向“以销定产”的全新预订式销售模式转变。全年遂昌原生态农产品的网上销售额达到了1.4亿元，较之往年，流量增长5倍，销量翻了一番。2013年，生鲜蔬果产品异军突起，逐渐成为遂昌县电子商务交易的主打产品。11月，阿里巴巴研究中心正式发布《遂昌模式研究报告》，其中总结了遂昌发展出的以生鲜果蔬产品为主营产品的电子商务发展模式，将其称为“遂昌模式”。

农业机械

【概况】2013年，全县有农业耕作机械1817台，种植机械11台，排灌机械 4572台，植保机械1177台，联合收割机14台，茶叶机械14533台，挂上路牌照拖拉机816辆，机械总动力10.71万千瓦，机械总值1.44亿元。落实农机具购置补贴资金436.82万元，其中中央补贴资金435.77万元、省补贴资金1.05万元，补贴各种机具2664台，惠及1568户。实施补偿报废拖拉机41台，补偿资金11.15万元。全县完成机耕面积6607公顷，水稻机插面积81公顷，机械植保面积4740万公顷，水稻机收面积687公顷，粮食生产综合机械化水平达31.56%。

【农机安全管理】2013年，制订《遂昌县2013年农机安全生产宣传教育培训工作方案》，并充分利用农民信箱农机综合信息服务平台、农技“110”、电视、报纸、广播、村级公示公开栏等载体大力宣传农机安全，同时深入开展农机安全生产“打非治违”和隐患排查治理工作、2013年农机“安全生产月”活动、2013年农业机械报废补贴工作等，加大了农机安全生产大排查大整治。全年发生1起死亡1人的拖拉机道路交通事故，没有发生拖拉机道路外农业机械事故，创建 “平安农机”示范村5个。

农业执法

【概况】2013年，县农业局组织开展农资、种子、兽药、饲料专项行动，出动农业执法人员238人次，检查农资经营网点、兽药经营点、饲料经营点、畜禽养殖场180家次，抽检农业投入品50批次，合格率100%。依法立案查处农资经营违法案件16起，收缴罚没款2.67万元。完成“瘦肉精”定性检测5104头份，蔬菜339批次，合格率100%。

【农产品质量安全隐患大排查】2013年，县农业局在春耕和秋播前，集中开展种子市场规范化经营检查，把不合格种子档在生产前。春秋季开展种子苗木市场执法检查、种子质量监督抽检等执法行动3次，出动执法人员16人次，检查种子经营企业（户）8家，抽检12批次，经室内检验，全部合格。

【开展“强网清源”集中行动】2013年，县农业局开展“强网清源”集中行动，出动农业执法人员143人次，检查农资经营点62户次。开展蔬菜禁限用农药专项整治行动，定性检测蔬菜、水果86批次，合格率100%，定量检测（送检）48批次。“瘦肉精”检测342批次，检测结果为阴性率100%。 （周巧飞）

农村工作

【概况】2013年，遂昌县农村工作办公室以科学发展观为统领，抓典型带动，以示范引领，新农村建设取得明显成效。县扶贫办获得全省“低收入群众增收行动计划”先进集体称号。

【“四边三化”行动】编制出台《遂昌县“四边三化”行动方案》以及五个子方案，累计投入资金1.16亿元。结合“三改一拆”活动，拆除“六边”区域各类违法违章建筑、破旧厕所等1.5万多平方米。拆除、改造广告牌175处1.63万平方米。整治河道24千米，保洁325.8千米，绿化56千米。清除露天粪坑127个，新建无害化卫生公厕62座。改造龙丽高速遂昌段、省道遂龙线三墩桥至安口段等公路沿线环境。改造“六边”区域农户房屋外墙立面，改造农村危旧房。改造和提升裸露山体以及公路绿化景观带。建设森林村庄8个，新建景观点4个。

【中心村建设】安排7个乡镇的18个村（点）为省级整治村，确定28个村为县级生活污水治理村。完成投资865万元，提前完成年度目标任务，通过市级考核验收。重点建设蕉川、柘溪上村、周村3个中心村，推进第一批、第二批10个中心村建设。完成投资2187万元，建设生活污水处理设施600立方米，安装路灯35盏，改造卫生厕所707户，清除露天粪坑8个，新建公厕4个、垃圾箱163个，整治河塘1000平方米，改造危旧房2400平方米，种植绿化苗木0.66万株。

【农民异地转移】以乌溪江库区群众异地脱贫和整村搬迁为重点，通过异地转移使农民实现脱贫致富。开展《遂昌县农民异地转移工程实施意见》的调研和政策制定工作，在“一户一宅”、先拆后建等方面作出具体规定，为科学合理地推进农民异地转移工作提供政策保障。2013年，重点推进石练镇爱丰小区建设，投资6000万元，完成场平工程、施工便道建设和建房放样工作，开始农户自建房。通过集中安置和分散安置相结合的方式，全县异地转移2243人，完成计划102%，整村搬迁664人，完成计划100.6%。

【特扶项目】2013年是第一轮特扶项目实施规划的最后一年。县扶贫办梳理调整全县特扶项目实施方案，对涉及三年规划的4个项目和分年度实施计划中的10个项目进行微调及建设内容变更申报备案。项目建设有序推进，拨付特扶资金1.63亿元，全县29个大项目161个子项目，完成139个子项目建设，占计划数的86.3%。

开展扶贫对象调查认定工作，确认新一轮低收入农户23220户56718人，占全县农村人口30%；扶贫重点村135个，占全县总村数的66.5%。以产业帮扶为重点，狠抓主导产业培育，2013年，投入798多万元扶贫专项资金，帮扶低收入农户集中村发展产业基地。把破解资金要素制约作为低收入农户发展的主要突破口，加快村级资金互助会组建和小额信贷的发展，新建资金互助会8个，全县累计成立31个村级资金互助组织，累计借贷资金1011.7万元。实施小额信贷，累计向3054户低收入农户发放小额信贷7956万元。开展农家乐、厨师、电焊工等农村劳动力培训10125人次，其中农村实用人才培训1031人，农民转移就业2682人。

【低收入农户收入倍增工程】根据省委、省政府部署，第一轮扶贫工作（2008—2012年）低收入农户奔小康工程结束，2013年启动新一轮（2013—2017年）低收入农户收入倍增工程。县扶贫办深入调研，全面了解掌握全县低收入农户和扶贫重点村的现状、致贫原因、帮扶需求等情况，进行扶贫对象的认定工作。县政府出台《关于全面推进扶贫改革试验的实施意见》，县扶贫办组织赴云和等地考察学习，建立扶贫改革考核机制，保障扶贫工作的开展。

【历史文化村落保护】围绕“修复优雅传统建筑、弘扬悠久传统文化、打造优美人居环境、营造悠闲生活方式”的目标要求，启动历史文化村落保护工作，编制出台《遂昌县历史文化村落保护利用实施意见》，编制《长濂村历史文化村落保护利用规划》并先后通过市、省评审。完成蔡和、桥西、淡竹、叶村4个省级历史文化村落保护一般村申报和规划编制工作，启动项目建设。（余小英）

林业

【概况】2013年，全县林业用地面积22.13万公顷，活立木蓄积量779万立方米，森林覆盖率82.3%。省级以上生态公益林13万公顷，占林业用地58.8%，比重全省第一，建设规模全省第二。全年林业总产值42.4亿元，同比增长12.5%，其中第一产业10.3亿元、第二产业20.2亿元、第三产业11.9亿元。全县农村居民人均林业纯收入4526元，占农民年人均纯收入的44%，林业增收对农民收入增长贡献率44.2%。

2013年，遂昌县获浙江省集体林权制度改革模范县称号，获浙江省林权信息管理优胜奖，获浙江省平安林区县称号，获丽水市平安林区称号，获丽水市“六边”绿化二等奖。县林业局获全省林业政务信息和宣传工作先进单位，获全市林业工作综合考核一等奖，获全市林改工作考核一等奖，获全市森林消防工作考核优秀单位，获全市松材线虫病防控工作责任状考核优秀单位，获全县社会管理综合先进单位，获全县食品安全工作先进集体，获“勤廉遂昌建设大家评”十佳单位，获“勤廉遂昌建设大家评”十佳服务窗口，获全县工会工作先进集体，获全县纪检监察组综合考评先进单位，获县两办政务信息报送先进单位。县林业局机关森林消防队获得全市十佳森林消防队。

绿化造林

【春季绿化造林】2013年，省林业厅下达遂昌县绿化造林任务1489.4公顷，其中人工造林413.3公顷，迹地更新702.7公顷，封山育林106.7公顷，重点防护林建设266.7公顷。全县共完成绿化造林1653.5公顷，占省定任务的111%，其中人工造林522.8公顷、迹地更新756公顷、封山育林108公顷、重点防护林建设266.7公顷。

【“四边”绿化活动】根据省、市、县“四边三化”行动的总体要求，结合实际，编制出台了《遂昌县“四边”绿化工作实施方案》，目标到2014年，对县境内以高速公路和省道公路沿线为重点的交通沿线林进行林相改造，建设面积2000公顷，建成市级以上森林村庄24个。结合“珍贵树种进万村”活动，在全县20个乡镇、街道65个行政村，通过赠苗造林、自购苗造林等方式，鼓励林农在房前屋后、路旁、水旁、村旁以及自留山、责任山上种植南方红豆杉、香榧、毛红椿、桂花等珍贵树种8.1万株。北界镇王宅桥、西畈乡举淤口等2个村创建成省级森林村庄，三仁乡好川、妙高街道东峰、新路湾镇远路口、焦滩乡大路沿、金竹镇叶村、濂竹乡刘坑等6个村创建成市级绿化示范村。

【林相改造】2013年，市政府下达遂昌县林相改造任务733.3公顷。遂昌县主要通道沿线通过新造、抚育、补植、封育等措施，补植木荷、枫香、香樟等树种9.19万株，改造林相816.3公顷，占计划的111.3%。确定三仁乡好川村、焦滩乡大路沿村两个绿化示范村建设和三际线焦滩乡境内林相改造等3个项目为市“六边三化三美”样板点。

【四旁植绿和平原绿化】2013年，市政府下达遂昌县四旁植绿任务15万株、平原绿化任务76公顷。遂昌县通过“四边”绿化活动、义务植树活动、“珍贵树种进万村”行动，种植各类绿化苗木29.7万株，占计划的198%。完成平原绿化面积104.3公顷，完成率137%。其中城市绿化3.3公顷，城镇绿化6公顷，村庄绿化21.3公顷，公路通道绿化12.7公顷，江河渠堤绿化15.7公顷，农田林网20公顷，其他（经济林、片林、树圃等）25.3公顷。

【森林经营工作】2013年，省林业厅下达遂昌县森林抚育任务8000公顷，其中补贴试点3000公顷。遂昌县共完成森林抚育面积9733.3公顷，占计划的121.7%，其中补贴试点面积3005公顷。建设珍贵树种基地100公顷，占任务53.3公顷的187.5%，培育大径材基地1340公顷，占任务1333.3公顷的100.5%。11月14—18日，国家林业局森林抚育巡视组对遂昌县2012年度实施的中央财政森林抚育补贴试点工作进行核查，认为遂昌县森林抚育工程规划科学合理，施工标准符合设计要求，内业资料详实准确，森林抚育后林分生长条件得到很大改善，效果显著。

森林资源管护

【林木采伐管理】2013年，遂昌县继续将省下达的36万立方米年森林采伐限额控制在17万立方米以内，并与各乡镇、街道签订了《保护发展森林资源目标责任书》，把提高森林覆盖率、森林保有量、执行采伐限额、林地保护管理纳入目标责任制内容。全年共发放林木采伐许可证1917份，计立木蓄积12.06万立方米，与往年同期相比，采伐量呈逐渐下降趋势。

【运材索道管理】2013年，遂昌县运材索道管理规范有序，新安装索道全部按照《遂昌县运材索道管理试行办法》进行审批，全年共审批了114条运材索道，在运行中没有发生安全事故。

【林地保护利用管理】2013年，全县共办理征占用林地项目86项，征占用林地119.6公顷，其中林业生产设施72项44.2公顷、工程建设14项75.4公顷，征收植被恢复费443.3万元。全面完成了县级林地保护利用规划修编工作。8月17日，《遂昌县林地保护利用规划

（2010-2020年）》通过部门审查与专家评审，10月25日获省林业厅审查同意，11月19日县政府发文实施。

【森林消防工作】2013年继续为全县1200名森林消防应急队伍投保了人身意外险，与全县409名公益林护林员签订新一轮管护合同，划定责任区，实行森林消防管护全覆盖，投入221.26万元保费，为全县294.36万亩森林投保了政策性林木保险，林木火灾保险实现了全覆盖。2013年，全县共发生森林火灾2起、火情11起，过火森林面积20.6公顷，受害森林面积7.6公顷，损失林木蓄积98立方米，幼树0.6万株，森林火灾受害率为0.036‰、发生率为1次/10万公顷、控制率为3.8公顷/次、火灾案件查处率100%，全年未发生人员死亡，各项指标均处于历史低位。

【松材线虫病防控】在5月召开的全县农业农村工作会议上，各乡镇（街道）、相关部门重新签订《遂昌县松材线虫病预防目标管理责任书》，建立起“职责分工明确、分片责任到人、监管制度完善、强化责任追究”的责任体系和“横向到边、纵向到底”的监测网络体系。

春秋两季对全县范围内3.3万公顷松林进行松材线虫病疫情普查，监测率100%，普查发现枯死松木2274株，及时采取措施对其进行了全面清理。其间，对松墨天牛危害致死的枯死松木取样镜鉴37个样品，其中送市镜检19个，并对绿源林业有限公司的外来松木进行6次抽样检查，没有发现新的松材线虫疫点。松材线虫疫点得到有效控制，清理疫点及其周围面积243.1公顷。

【野生动物保护】2013年，针对严峻的H7N9禽流感疫情，全力做好野生动物疫源疫病监测防控工作，对县域范围内的野生动物驯养繁殖场所加强监测和排查，指导落实消毒、免疫等卫生措施。重点加强对野生鸟类重要迁徙地、栖息地以及集中分布区的监测和巡查，将疫病苗头控制在萌芽状态。严厉打击破坏野生动物资源违法行为。在县域野生动物主要分布区、繁殖地、集群活动区和集贸市场加大巡查力度，重点打击非法捕杀和非法加工、经营野生动物等违法行为。收缴网具320只、铁夹120只、电猫3只，收缴、救助、放生野生动物70只。

【湿地保护】为了加强湿地保护管理，改善湿地生态状况，维护湿地生态功能和生物多样性，按照《浙江省湿地保护条例》的规定，遂昌县公布第一批重要湿地名录，分别是遂昌白马山湿地公园、遂昌荷花地湿地保护小区和遂昌小平殿湿地自然保护小区。

【木材加工企业管理】根据控制粗加工、鼓励精深加工，防止木材经营加工单位重复建设、浪费资源和污染环境等要求，进一步规范木竹经营加工核准证的审核审批。截至2013年年底，全县共有木竹加工企业249家，按主要产品分类：木制品加工企业154家，竹制品加工企业53家，竹炭制品加工企业42家。

【林业行政执法】严厉打击各类涉林违法犯罪案件，先后组织开展了打击破坏野生动物资源违法犯罪“亮剑一号”“亮剑二号”专项行动，以及侦破火灾案件大会战、打击占用林地、保护候鸟等一系列专项行动。全县共查处各类林政案件125起，行政处罚125人次，罚没款48.4万元；侦破涉林刑事案件6起，涉林案件与2012年同期相比下降了20%。

林业体制改革

【家庭林场建设】根据省林业厅《关于做好林场有关情况统计工作的通知》要求，遂昌县对乡镇、村、家庭林场情况进行了调查摸底。据初步统计，全县乡镇、村、家庭林场共有69家，林地面积5133.3公顷，投入资金5435万元，林权资产达15034万元。其中乡镇林场11家，面积2266.6公顷；村林场12家，面积466.7公顷；家庭林场46家，面积2400公顷。

【林权抵押贷款】2013年，在原有4家金融机构开展林权抵押贷款的基础上，新增工商银行、富民村镇银行、泰隆银行3家银行，全县共有7家金融机构开展林贷业务，有效推进了林权抵押贷款的增量提质。全县累计发放林权抵押贷款11.4255亿元，惠及全县林农12238户，其中免评估林权小额循环贷款8.8755亿元，占贷款总额59.3%，贷款林农12177户，占99.5%。林权抵押贷款余额达到3.7187亿元，占市下达任务3.6亿元的103.3%。

【林权流转】2013年，遂昌县国有、集体的森林资源资产全部进入森林资源交易平台进行交易。累计组织国有和集体森林资源社会公开招标拍卖163起，流转森林面积1886.7公顷，成交金额7192.12万元，实现资产增值28%。其中2013年度组织林权流转交易18起，面积167.9公顷，成交价542.5万元，增值率15.8%。

【林权登记管理】全年共办结林权变更登记559件，其中林权分立办结153件、林权流转办结21件、其他变更办结335件、林权证遗失办结50件。

【林贷财政贴息】完成2013年度林业小额贷款中央财政贴息的申报工作。2012年10月至2013年9月期间，全县符合中央财政贴息的林业小额贷款额为19984.3万元，可享受中央财政贴息571.99万元，惠及林农2243户，贴息资金同比增长57.6%，林农户数同比增长26.2%。

【林业经营主体建设】按照《丽水市新型林业经营主体认定标准(试行)》的要求，经审核审查，全年共培育14家新型林业经营主体，其中林业专业合作社6家、家庭农场5家、林业观光园3家。创建省级森林食品基地2个，培育省级林业龙头企业1个。

【林权纠纷调处】全年共调处林权纠纷40起，解决权属争议面积11.6公顷，及时排除了一批影响林区稳定的不安全因素。

【国有林场改革】在2011年定编定性改革的基础上，解决了国有林场退休人员生活补贴费等相关问题，从2014年1月开始，白马山、牛头山、湖山、桂洋等4个国有林场现有事业退休人员及以后新增事业退休人员，基本退休费和生活补贴费全部由社保中心发放，解决了退休职工的老有所养问题。

林业产业

【现代林业园区建设】2013年，县林业局组织实施以现代林业园区建设为中心的项目建设工作，“三仁省级现代农业综合区林业园区”项目累计完成投资9392万元，占规划总投资8824万元的106.4%，基本建成以三仁乡坑口村为中心的竹笋生产、采收等农事体验活动的竹林生态旅游观光园和四个核心示范区，建成示范基地1433.3公顷。园区毛竹覆盖冬笋示范技术示范点冬笋最高亩产达886千克，冬笋产量再创历史新高。该园区成为遂昌县精品林业的展示窗口。

【毛竹“百、千、万”工程建设】2013年，在巩固原有9133.3公顷高效竹林基地的基础上，全县新建高效竹林基地2040公顷，其中毛竹高效示范基地426.9公顷、辐射推广高效竹林基地1613.1公顷。全年竹产业产值达12亿元，其中第一产业3亿元、第二产业7亿元、第三产业2亿元。

【竹文化旅游业】在完善现代林业园区设施建设的基础上，依托丰富的竹林资源，扶持投资者开发竹文化休闲养生业。初步规划了以三仁乡坑口村为中心的竹笋生产、采收等农事体验活动的观光园6万平方米，二期工程完成投资200余万元，新建管理房及培训中心990平方米。

【油茶产业】遂昌县以建设省级油茶主导产业示范园区为抓手，积极实施木本油料产业提升工程。2013年度全县完成油茶新造林示范基地180公顷，占计划133.3公顷135%，其中木本油料产业提升项目68.6公顷、油茶国家示范林项目66.7公顷、农户自发种植44.7公顷；完成油茶低产林改造653.3公顷，占计划533.3公顷的123%，其中垦复施肥200公顷。争取扶持政策，加强品牌建设，“回龙寨”牌山茶油在2013年北京举办的第八届国际高端健康食用油产业博览会上获得金奖，在第十届中国（上海）国际食用油产业博览会上获得金奖。2013年全县油茶产值达9600万元，同比增长11.5%。

【香榧产业】实施“香榧南扩”工程，新建香榧基地100.5公顷，全县香榧累计种植面积达383.5公顷。

【林产品推介活动】组织35家企业、65个展位参展第六届中国义乌国际森林产品博览会。此届森博会中，遂昌县荣获32个奖项，获奖产品位于全市第一，其中金奖13个、银奖1个、优质奖18个。组织3家林工企业参加“浙江省笋竹产品齐鲁行”活动。通过一系列活动，为遂昌县森林产品走向世界奠定了基础。

【林业招商引资】2013年，县政府下达县林业局招商引资合同任务7000万元、实际到位任务3000万元。县林业局着重从配齐配强招商队伍、强化信息搜集追踪、推出招商引资项目、优化提升投资环境四个方面入手，全程跟踪督查，全力推进招商引资工作，实际完成合同数17200万元，实际到位资金3200万元，超额完成县政府下达县林业局的招商引资任务。一是引进吉林长春客商开发桂洋林场，依托优良的生态环境和独特的气候资源，重点打造以“仙霞岭度假”为核心，高山运动和农业观光为补充的生态休闲养生综合项目。项目总投资1.22亿元，到位注册资金1200万元。二是引进武义客商对白马山旅游区进行开发建设，前期项目总投资5000万元，到位注册资金2000万元。

生态公益林建设

【概况】截至2013年年底，全县纳入省森林生态效益补偿范围的省级以上公益林共有16014个小班，面积13万公顷，位居全省前列。其中国家级公益林面积3.5万公顷，省级公益林面积9.5万公顷。分布全县20个乡镇街道、4个国有林场和九龙山国家级自然保护区。

【护林队伍建设】7月，县林业局专门下发《关于规范公益林护林员队伍管理的通知》，进一步明确了护林队伍在用人制度、护林补贴发放等方面的管理，并对退休和退职的护林员办理了相应的手续，进一步完善、规范护林员队伍建设。

【考勤系统建设】充分利用护林员考勤系统，加强全县409名公益林护林员巡山管护的日常监管。在浙江农林大学和浙江移动遂昌分公司的支持下，对全县2010年启用的护林员考勤手机进行全面更换，共更换考勤手机230部，有效解决了全县公益林护林员的监管问题。新更换的考勤手机，较之前使用的相比，定位功能更稳定，电池续航时间也更长，具有防水、防摔、防尘等功能，更适合护林员野外巡山使用。

【保障制度建设】为更好地保障护林员的切身利益，进一步调动公益林护林员工作积极性，遂昌县建立健全护林员保障制度。2013年，县林业局按社保部门的有关规定，投入专项资金89.21万元，为公益林护林员办理了相关保险，解决了护林员的后顾之忧。其中：缴纳团体意外险19.17万元，购置城镇职工养老保险67.33万元，投保工伤保险2.71万元。

【生态效益补偿】切实做好森林生态效益补偿资金发放工作。按照2013年每亩25元的补偿标准，遂昌县落实到位森林生态效益补偿资金4734.99万元(省补助4325.25万元、县配套409.74万元)，其中直接给林农的损失性补偿资金达4071.60万元，涉及全县31050户公益林经营户，林农正在从公益林生态效益补偿政策中普遍受惠。

【开展成片人工杉木林调查】根据省林业厅《关于对省级以上公益林中成片杉木林采伐管理存在问题进行调研的通知》要求，县林业认真组织对全县省级以上公益林中成片杉木林进行了调查。据调查，遂昌县省级以上公益林中成片杉木林涉及全县20个乡镇街道、4个国有林场和九龙山自然保护区，共计3765个小班、面积1.96万公顷。

【公益林提升工程】2013年，县林业局切实加强13万公顷公益林管理，实施生态公益林示范提升工程，加强低效林的改造和抚育管理，扩大重点公益林优质林分比例，不断提高公益林建设质量。截至2013年年底，全县累计建成公益林优质林分9.5万公顷，占公益林面积的73.2%，其中2013年度建成0.2

万公顷。

林业科技

【概况】按照"实际、实用、实效"的原则，与浙江农林大学、省林科院、浙江大学以及南京林业大学开展科技合作，围绕兴林富民工程，选拔市场广、投资少、见效快的项目技术，开展课题研究，实施林技推广项目。在林技推广队伍中全面推行责任林技推广制度，建立了以首席专家为龙头，林技指导员为骨干，责任林技员为基础的三级联动新型林技推广体系。

2013 年，县林业局所承担的科研课题和所获得的奖项有 11 个，分别是："竹炭生产关键技术集成与产业化"荣获国家星火项目奖；"毛竹现代高效经营技术集成创新与产业化应用"荣获梁希林业科学技术奖；"遂昌县公益林建设管理体系研究"荣获浙江省林业厅、林学会第十三届科技兴林奖三等奖；"噻虫啉防治板栗主要害虫技术研究"荣获浙江省林业厅、林学会第十三届科技兴林奖三等奖；"遂昌县生态公益林有害生物综合防治技术研究与推广项目"荣获浙江省林业厅、林学会第十三届科技兴林奖三等奖，荣获丽水市第三届科技兴林奖二等奖；"竹林灾后恢复及林地增效关键技术集成与示范" 荣获浙江省林业厅、林学会第十三届科技兴林奖三等奖，荣获市科技兴林奖一等奖；"笋竹两用毛竹林生态经营关键技术提成与集成"荣获浙江省林业厅、林学会第十三届科技兴林奖三等奖；"遂昌县竹产业综合提升关键技术研发与应用"项目荣获 2012—2013 年度遂昌县星火奖二等奖；"遂昌县森林抚育规划"项目荣获丽水市科技兴林奖三等奖，荣获遂昌县科学技术进步奖三等奖；"竹炭基功能材料研制及制品开发"项目荣获 2012—2013 年度遂昌县科技进步一等奖；"浙南山区农业可持续发展关键技术集成与示范"项目荣获 2012-2013 年度遂昌县科学技术进步二等奖。

（程筵寿）

九龙山国家级自然保护区

【浙江九龙山原始森林旅游推介暨保护区成立三十周年大会】10 月 21 日，浙江九龙山原始森林旅游推介暨保护区成立 30 周年大会在保护区黄坛淤举行。保护区管理局局长张少啸就原始森林旅游作推介，向在保护区工作 30 年，默默无闻、艰苦创业、无私奉献的 10 位同志授予"青春守护"奖荣誉称号。

【景区免费对外开放】根据自然保护区环境承载能力和推动社区发展的要求，保护区管理局积极探索保护与开发的平衡点，创新管理模式。10 月 21 日以后，罗汉源景区免费对外开放。在省内国家级自然保护区生态旅游方面首次提出了不收任何门票，但每天限定 100 人（节假日适当放宽）入区旅游考察的管理模式，把大量的游客分散到保护区外围的农家乐消费，推动周边社区产业的转型升级。

【完成集体林租赁工作】2012 年，省林业厅、财政厅联合发文要求，在省级以上保护区核心区、缓冲区开展集体林租赁。九龙山保护区管理局把实验区 2100 公顷集体林也纳入租赁范围。2013 年，完成 609 户（总户数 615 户）林农和村组集体户的租赁合同签订工作，对每一位集体林林农建立独立账户，每年发放租赁资金 188 万元。通过"三区合一"集体林租赁工作，解决了保护区与周边社区的历史遗留问题，使生态效益补偿机制得到进一步完善，提高了保护区林权所有者的收益，外部环境对资源安全的影响得到改善。该项工作走在全省其他保护区的前列。

【科普宣教活动】2013 年，利用"野生动物保护宣传月""爱鸟周""九龙山原始森林旅游推介会"等载体，进一步开展野生动物保护暨爱鸟活动宣传，张贴宣传挂图，分发宣传资料，普及科普知识，增强保护意识。标本室全年免费向社会开放，全年共接待 1500 多名青少年学生及社会各界人员参观学习。

【《九龙山国家级自然保护区志》出版】2012 年年初，九龙山自然保护区管理局启动《九龙山自然保护区志》编纂工作。通过全体编纂人员共同努力和相关人员的配合支持，在 2013

年6月完成了20余万字的《九龙山自然保护区志》初稿，10月由方志出版社正式出版发行。同时，还制作完成了一套九龙山风光宣传片、九龙山宣传画册。

（蔡臣臣）

水 利

【概况】2013年，遂昌县水利局着力构建“城市与农村统筹，保护与利用兼顾，建设与管理齐抓，防汛与抗旱并举”水利工作格局，积极落实防汛防台责任，实现安全度汛，成功战胜60年一遇的旱灾。以河道综合整治工程、农村饮水安全工程、小型农田水利重点县工程建设为重点，抓好各项水利项目建设，不断提高城市防洪安全保障、饮用水安全保障和农业抗御自然灾害的能力。实施最严格的水资源管理、水土保持监督管理、渔船安全监管，水政渔政执法能力不断加强，渔业水产特色养殖效益显著。全年完成水利建设投资2.08亿元。

成功申报全国第五批小型农田水利重点县、全国规模化节水灌溉增效示范县、全国山洪易灾地区综合整治试点县3个中央投资水利重点县项目。被评为全省农村饮水工程长效管理达标县，获全省河道保洁长效管理工作一等奖，全省农田水利标准化建设优秀奖，全省小型农田水利重点县项目绩效考评优秀奖，全省基层防汛防台体系管理考核合格县，全省第十九届水利“大禹杯”竞赛活动优胜单位，全省优秀水政监察大队，全市中小河流治理工作先进单位，全市水利信息工作先进单位等。河道管理和小型农田水利重点县建设工作管理经验作为经验交流在全省推广；农村饮水工程长效管理工作入选水利部《全国农村饮水安全工程典型建设模式》，面向全国推广建设模式和管理经验。

水利建设

【水利规划】2013年，县水利局完成《乌溪江干流住溪段（遂昌境内）水电开发规划方案调整报告》《遂昌县十八里翠国家水利风景区总体规划》与《遂昌县水土保持规划》编制及审查；完成《遂昌县水利发展“十二五”规划》中期评估。

【小型农田水利重点县建设】遂昌县被列入2010年中央财政第二批小型农田水利建设项目，于2013年全面完成并通过水利部的专项稽查。共完成山塘综合整治107座，恢复山塘库容55万立方米，增加有效蓄水量151万立方米，改善灌溉面积2258公顷，新增灌溉面积447公顷，有效保护人口3.39万人；建成高效节水工程4处，年可节水140万立方米，受益面积200公顷；实施灌区改造工程2处，受益面积647公顷；总投资6295.3万元。有效改善了县域农业生产条件，初步实现基本农田“旱能灌、涝能排、不靠老天吃饭”目标。

【山塘水库管理】12月，铁路岭水库除险加固工程完工并通过验收；完成岩后源、吴处、处石玄、麻洋口、平坑等水库大坝技术安全认定；完成9座山塘、1处灌区的维修养护以及省水利厅要求的282座山塘标绘工作。

【农村饮用水安全工程】2013年完成中央投资项目兴云等19个新农村安置小区和龙祥等11个行政村的饮水安全工程建设，总投资1097万元，有效解决和改善了1.78万农村人口的饮水安全问题；完成东峰等13个新农村安置小区、仙岩等12个行政村饮用水安全工程建设，总投资860万元，受益人口3400余人。完成三仁畲族乡集中供水改造工程建设，总投资260万元，改善和提高4500余人的用水需求。

【河道综合治理工程】2013年完成中小河流治理整治河道8.25千米、农村河道整治50.07千米。中小河流治理重点县及水系连通试点工程项目湖山-蔡源项目区于11月10日开工建设。三溪综合整治县城建成区6个生态堰坝启动实施，建成北溪新桥头生态堰坝1座。

【水电建设管理】9月，省重点工程乌溪江干流大溪坝电站主体工程完工，下闸蓄水。马头一、二级电站增效扩容工程已完工，交塘水电站自动化改造项目通过机组启动验收投入运行。成屏一级水电站完成增效扩容改造后增效明显，2013年电站发电量为改造前三年平均发电量的134.56%，创电站近20年同期新高，得到水利部绩效评价检查组的充分肯定。2013年全县累计发电量6亿千瓦时，发电产值3亿元，税收近5000万元。

防汛防台抗旱

【防汛抗旱】2013年，遂昌县防汛防台工作全面落实以行政首长负责制为核心的各项防汛工作责任制，健全完善基层防汛组织体系。水利部门强化局领导联系片区、各科室联系乡镇、基层水管站联系工程的水利工程防汛安全监管“三联系”制度；国土、安监、交通等部门对地质灾害隐患点、矿山（尾矿坝）、交通工程等重点防汛部位也都落实监测巡查等防汛责任。始终坚持“以人为本、安全第一，科学防控、常备不懈”的工作方针，实现了“水库不垮坝、城镇不进水、人员不伤亡”的安全度汛目标。

在汛前组织开展防汛大检查，从2月中旬到3月初，县、乡、村三级防汛组织分别开展了防汛检查活动，共检查各类工程400多处，填发水工程安全检查表300多份，向工程管理单位发放安全隐患整改通知书150多份，提出整改意见300多条（次）。全年共启动防汛防台应急响应4次，发布山洪灾害和水库泄洪预警书面传真通知36份（次），发送电话、短信预警信息8.1万多条（次），为各地的灾害防御提供了及时准确的水雨情信息。

7月中旬至8月，面对60年一遇的旱灾，县防指及时启动抗旱Ⅳ级应急响应，在最短的时间内集中采购50余台水泵、发电机等设备发送到重点旱区投入抗旱，县水利局派出6个技术服务小组深入田间地头指导抗旱。对全县水电企业发电调度实行临时干预，科学调度电站水库1800万立方米发电用水支持抗旱；对全县700多座山塘实行有序管理，通过实行限放、轮灌等措施，尽量提高山塘用水效率和有效灌溉面积；全县共有40多支抗旱队伍18400多人奋战在抗旱第一线。

【洪涝灾情】6月，受梅汛期强降雨、台风的影响，给北界、濂竹等乡镇造成了一些损失，部分地区水利、农业等基础设施受损严重。据统计，共造成全县13个乡镇4200多人受灾，先后转移626人进行避险；农作物(含水稻、水果、蔬菜等)受灾面积1.16千公顷，成灾面积0.53千公顷；多处乡村机耕路基塌方；损坏堤防、护岸50多处，损坏渠道、堰坝等水利灌溉设施52处。共造成直接经济损失估算达1850万元，其中水利设施水毁损失920万元。

【旱情】7月中旬以来，受副热带高压控制，县域各地持续晴热高温，导致旱情发展迅猛，大部分地区受灾，云峰、新路湾、大柘、石练、湖山、金竹等主要产粮区尤其严重，使全县作物受灾面积达到4333公顷，其中成灾面积3800公顷，绝收面积2167公顷，林业受旱面积21133公顷，其中竹林面积12000公顷，油茶、苗木受旱面积9133公顷，全县经济损失约1.1亿元，其中在田作物损失5400多万元，牲畜饮水困难525余头。

水土保持与水资源管理

【水土保持监督管理】2013年，完成遂昌—诸暨山海协作产业园龙板山区块项目的水土保持方案的编制，审查审批遂昌县异地任职干部宿舍楼、遂昌县桂洋林场场部搬迁工程、遂昌育才中学建设工程、云峰镇中心学校教学综合楼、遂昌县城市文化综合体项目、遂昌县“1208”工程、遂昌县黄沙腰水文站办公楼、石练镇绿色农产品加工园区一期（宏岗区场地平整及市政配套）工程、遂昌石练镇爱丰小区建设工程项目、遂昌儿童公园修建工程、遂昌县黄沙腰水管站业务用房、万向中学宿舍楼工程项目、遂昌县2013年度保障性安居工程、遂昌县溪边路拆迁安置工程、遂昌县金竹镇下山脱贫安置小区（二期）建设工程、遂昌县龙谷路二期道路工程、遂昌县连直线云峰段公路改建工程项目、遂昌县云峰供水加压泵站工程、遂昌县龙谷路沿街商住楼建设项目、遂昌县制水厂4万立方米/吨规模建设工程及配水干管工程项目、遂昌县养老中心一期项目等开发建设项目水土保持方案21项，征收水土保持设施补偿费11.42万元。完成水土流失治理面积16.01平方千米。

【水资源管理】为严格控制水资源开发利用，实施最严格水资源管理制度，县水利局加强对工业企业和其他用水户的取用水管理。认真抓好取水计量设施安装、取水许可证办理和取水实时监控系统建设，严格执行国家水资源有偿使用制度，加大水资源费征收力度，共征收水资源费471万元。

水政渔政

【渔业管理】2013年，全县鱼产量1278吨，渔业水产产值5196万元；特色渔业养殖渔民人均纯收入突破2万元，年增幅27%。增值放流投放鲢鳙鱼夏花198.424万尾，光唇鱼30万尾；瓯江彩鲤21.82万尾；唇䱻9.45万尾，甲鱼1.1万只；棘胸蛙蝌蚪1万只。生态养殖特色渔业乌溪江库区有机鳙鱼产量达360吨，渔民实现增收780万元。人工培育光唇鱼苗100余万尾，渔民实现增收180万元。

【水政渔政执法】2013年，县水利局联合当地乡镇政府、派出所，对乌溪江沿线、周公源等河道管理范围进行禁渔专项整治行动，其间共查处水事渔事违法案件78件，缴获渔获物78公斤以及非法网具97副、电瓶等非法捕鱼工具76余套，发出整改通知书75份。对妙高三溪河道整治，出动挖机35台次，拆除涉河违法建筑物构筑物5户约605平方米，劝离居住在桥拱和栈桥下所流浪人员3人，结合“三改一拆”“ 三清三化”拆除涉河违章建筑4706平方米。与水上治安管理大队联合破获王村口特大毒鱼案，并以全省首例非法捕捞水产品罪对5名当事人进行了判决，判处罚金及渔业资源补偿费17.92万元。开展了清淤疏浚项目全面排查摸底，共查出需清淤项目61个。

【水文概况】上半年，遂昌县降雨量较常年同期偏少。1月至2月，多阴雨天气；3月至4月，降雨量较常年持平；5月气温比常年偏低，雨量雨日较常年偏少。浙江省于6月7日入梅，7月1日出梅，梅期24日。遂昌县平均梅雨量243毫米，最大柘岱口乡373.5毫米。梅雨期间，遂昌县共出现两次集中暴雨天气过程，分别出现在6月19日至21日和6月26日至29日。7月中旬以来，受副热带高压控制，遂昌县各地持续晴热高温，7月全县平均降雨量44毫米，比常年同期偏少七成。特别是7月15日至8月21日37天时间总降雨量仅78毫米，平均气温28.9℃，比往年同期平均气温高1.3℃。其中大于35℃以上的高温天气27天，最高气温42.5℃，突破历史记录。受高温少雨影响，用水、蒸发加大，水库、河道水位快速下降，截至8月21日，全县中型、小（一）型水库总蓄水量为5952.26万立方米，占正常库容的53.03%，山塘大部分干涸，河网水位低于常年枯水期水位。8月下旬受第12号台风“谭美”的影响，给遂昌带来了57毫米的降雨，旱情有所缓解。9月，天气持续晴好。10月，第23号台风“菲特”给县域部分地区造成了一些损失，其中北界镇苏村降雨量最大163毫米。11月至12月上旬天气以晴为主，15日至17日受西南气流和冷空气影响，有一次较明显的降水和持续降温过程。据水雨情自动监测站点数据统计，全县累计年平均降雨量1583毫米，其中降雨量最大的站点是安口桂洋站2002毫米，最少的站点是云峰龙口站1259毫米。总体上看，2013年的降水呈现出前期正常、中后期较少，西南及北部地区正常、中东部地区偏少及强度不大、时空分布较为均匀的特点，全县汛情总体平稳。

【水产品送检全部合格】8月，按照省、市业务主管部门的安排，县水利局送检的10个批次的鲤鱼、鲫鱼等样品，由丽水市水利局委托杭州市农业科学研究院检测，水产品药物残留量全部符合标准要求。

【标准化工地创建通过市级评审】11月19日，遂昌县成屏一级水电站增效扩容改造工程项目标准化工地创建工作通过市水利局组织的评审，成为遂昌县首个丽水市水利建设工程安全文明施工标准化工地。

【河道长效管理】修订完成

《遂昌县河道保洁实施方案》。清理河道16千米，实施河道保洁1596千米，河道绿化38千米，清除河障、种植物等1.2万立方米，依法拆除涉河违章建筑6018平方米，完成了市水利局下达指标的197.31%。

【水利行政审批】全年行政许可受理57件，办结57件。换取水许可证92本。行政审批服务事项承诺时间从原来的累计835个工作日提速到累计80个工作日，提速率90.41%。

【水利部稽查组到遂昌稽查指导工作】10月21—27日，水利部稽查组到遂昌，稽查第二批小农水重点县建设项目。稽察组肯定遂昌在地方财政紧张的情况下，配套资金足额落实，资金管理规范，工程建后管护工作落实到位，项目实施过程中积极推行“四制”，工程质量总体较好，并在抗御台风、旱灾时发挥了巨大作用。（夏建军）

气象

【气象观测】全年地面观测总基数13127.5个，无出站错情，各月报表出门合格。完成观测场道路、网络、供电、防雷等改造，安装气温、雨量、风向、风速等新型站仪器，实现主要气象要素观测双套运行。12月31日顺利实现新型站切换。修编完成《遂昌县气象探测环境保护规划》。完成全县区域自动站探测环境评估工作。

【预报服务】全年预报质量超过省定指标。制作发布气象服务材料152期，其中《气象信息内参》69期、《专题气象服务》7期、《重要天气报告》3期、《气象旬月报》48期、《台风快报》25期。发送手机预报预警短信130多次。发布2013年公共气象服务白皮书。柘岱口森山北洋猕猴桃通过省气候中心优质农产品气候品质认证。编写《2011至2013年遂昌县城市热岛效应强度评价报告》，发布《2012年灰霾监测报告》。7月5—6日，邀请嘉兴市气象环境监测车到遂昌各大景区开展环境监测，并形成环境监测分析报告。针对6月19—21日和6月27—29日连续暴雨、7—8月历史罕见的高温干旱、8月21—22日12号台风“潭美”、10月6—7日23号台风“菲特”、12月底严重冰冻等重要天气过程，县气象台都作出了较为准确的预报。

【项目建设】针对7月至8月出现的历史罕见高温干旱天气，争取资金，首次购置人工增雨作业设备，建立人工增雨作业队伍，并于8月11日、15日和19日，开展3次人工增雨作业，取得了一定的效果。推进南尖岩灰霾监测站建设，于11月完成设备招投标、签署供货协议。监测设备采用德国格林公司生产的EDM180-E型气溶胶质量浓度监测仪，配置监测方仓。编制完成《遂昌县山洪地质灾害防治气象保障工程实施方案》，于10月通过省、市发改、财政和气象部门专家评审。11月8日，县发改、财政、气象三部门联合向省气象局上报要求审批实施方案的请示。12月13日，省气象局批复同意遂昌县实施方案，总投资633万元，其中中央投资300万元、省投资135万元。年内还完成省、市、县高清视频会商系统建设项目。完成气象观测场基础改造。

【气象均等化服务】年内，妙高、云峰、大柘、金竹、北界、焦滩、应村、柘岱口、垵口9个乡镇（街道）和高坪新村、奕山村、城中社区3个行政村（社区）成功创建省级气象防灾减灾标准乡镇（街道）和示范村（社区）。至此，遂昌20个乡镇（街道）全部建成省级气象防灾减灾标准乡镇（街道），实现省级气象防灾减灾标准乡镇全覆盖。

印发《关于加强气象灾害监测预警及信息发布工作的实施意见》，明确提出提升气象监测预警能力、健全信息发布系统建设目标和任务，有力推动监测预警工作。5月10日，召开全县气象监测设施普查会议，部署气象监测设施普查工作，5月底完成普查任务。“防雷安全和气象防灾减灾”连续3年列入县政府对乡镇的综合考核。年内，二次组织乡镇气象协理员进行气象知识培训。与县水利、环保、民政、交通4部门签署合作备忘录，加强部门合作，推进设施共建、信息共享，努力形成防灾减灾合力。12 月，印发《关于公布首批遂昌县气象灾害防御重点单位的通知》，首批公布包括学校、景区、社区、客运站在内的 10 家重点单位。年内，县气象局首次成为县防汛防旱指挥部副指挥单位。

【防雷监管】防雷安全管理是“平安县”考核内容之一。县气象局认真履行职责，做好防雷安全监管工作。1 月 18 日，向县政府上报《2012 年度全县防雷安全监管工作情况报告》。5 月，联合县安监局、平安办，公布全县防雷重点单位 98 家，全年防雷重点单位检测面达 100%，全年无重大的雷灾事故。全年受理气象行政许可项目 87 件，其中防雷装置设计审核 50 件，防雷装置竣工验收 37 件。防雷所出具检测报告 449 份，其中定期检测 338 份、竣工检测 111 份，出具技术评价书 55 份。

【气象宣传】5 月 24 日，邀请省气象局局长黎健为县委理论学习中心组作《气候变化、防灾减灾与科学发展》专题辅导报告。利用防雷科普进校园、“3·23”世界气象日、“5·12”防灾减灾日、科技活动周、安全生产月等活动，开展气象科普宣传。与县教育局一起组织中、小学生参加省气象学会举办的“我与气象”征文比赛，全县有 11 篇作品得奖。11 月 23 日，《处州晚报》遂昌小记者一行 60 余人参观气象台，参观体会整版刊登在 12 月 7 日的《处州晚报》上。 （杨 柳）

工 业

工业经济

【概况】2013年，遂昌县坚持以科学发展观为指导，深入实施“加快转型跨越，推动强县富民，奋力开创遂昌科学发展新局面”发展战略，全力以赴抓工业。虽然面临着欧债危机、外需市场疲软、经济下行，企业生产和经营困难的压力，但全县上下奋发有为，共克时艰，确保了全县工业经济健康、平稳运行。

全年完成工业总产值215亿元，同比增长21.4%，完成年度计划的100.96%。其中2000万元以上规模企业实现产值180.9亿元，同比增长21.6%。全年实现工业增加值28.4亿元，同比增长22.4%。全年完成工业投资18.13亿元，同比增长18.9%。完成工业技术改造投资12.77亿元，同比增长44.8%。

全年实现进出口总额15086万美元，比上年增长18.55%。其中出口13230万美元，增长19.09%，进口1856万美元，增长14.87%。全县实现社会消费品零售总额28.9亿元，比上年增长16.7%。合同利用外资1375万美元，实际利用外资800万美元，分别完成市政府下达考核任务的250%和228.5%。全县新开发工业用地100公顷，实际出让工业用地52公顷。全县单位GDP能耗下降4%；单位工业增加值能耗下降8.7%。

【工业经济稳步发展】全年完成工业总产值215亿元，工业产值首次突破200亿元，其中2000万元以上规模企业产值180.9亿元。规模以上企业销售产值173.5亿元，同比增长22.7%。实现新产品产值36.4亿元，增长50.4%。实现规模以上工业增加值28.4亿元，同比增长22.4%，增幅全市第一。其中装备制造业增加值12.2亿元，增长30.9%。新兴产业增加值6.2亿元，增长21.4%；高新技术产业增加值2.6亿元，增长3%，工业经济得到稳步发展。

【重点项目进展顺利】2014年，遂昌县以“重点项目破冰清障大提速”活动为契机，深入推进项目建设。全年完成工业投资18.13亿元，其中新开工项目28个，累计完成投资6.63亿元，在建重点项目11个，完成投资5.57亿元。元立集团年产60万吨五金制品材料生产线和年产40万吨热镀锌板带两个重点项目进展较快，顺利投入生产。

【推进“四换”工作】结合关停淘汰落后，积极推进“腾笼换鸟”。淘汰了防护距离不足的铅酸蓄电池生产线，对关停淘汰落后的生产车间、作业场所二次开发综合利用。积极引进并推行新技术、新工艺，努力实现“机器换人”。规划上马一批围绕节能减排的技改项目。永化和利化两家民爆企业开展了防“四超”（超员、超时、超量和超运），在胶质乳化炸药生产线全面开展机器换人工作。开展“空间换地”，抓好节约集约用地。制定以“亩产论英雄”的系列激励政策，亩税达2万元以上的给予一定比例的土地使用税返还政策，企业新上厂房建设超过三层以上的建筑，对第三层以上的建筑给予一定的技术改造土建补助。鼓励企业向空间要土地，同时积极盘活存量土地。实现“电商换市”，打造全新农村电子商务模式“遂昌模式”。遂昌县“电商换市”主要以乡村休闲旅游、原生态精品农业为主体的山区生态产业与电子商务营销手段结合，以建立县级线下安全保障机制为突破口，打造全新的农村电子商务模式“遂昌模式”。

【加强企业服务】完善政策扶持。针对企业存在的困难和问题及政策的不足方面，修改完善县委1号扶持工业发展的政策文件，使政策更加优惠、科学。为解决中小微企业融资难、担保难，县财政安排3000万元，并出台了《企业家协会应急转贷周转金政府扶持办法》。自办法实施以来，为全县72家企业32户个人解决217笔，共计5.95亿元，有效缓解了县域中小企业转贷难的问题。进一步优化软环境建设，为企业发展做好服务。将服务企业、服务基层与企业服务年有效结合起来，在推行县领导和部门联系重点企业制度的基础上，经济商务局领导及相关科室开展联系拟上规企业制度，及时解决企业在生产经营过程中存在的困难和问题。

【发展新兴产业】金属制品产业从以生产母材为主转向深加工、高附加值的产品延伸，随着元立新宏年产60万吨金属制品材料生产线、新恒热镀带等项目建成投产，以及钉、丝、焊接材料、带钢、焊管、不锈钢制品、大型辗扩法兰盘等产品的生产工艺不断改造升级，使得产业结构不断优化，金属制品产业整体水平得到有效提升。抓好战略性新兴产业发展，重点帮扶以池河科技为代表的纸及纸制品的深加工，鼓励池河科技加快皮革转移膜项目的产业化。积极发展各种新材料产业，引进国家鼓励类产业—鸿浩科技年产8000吨无卤型磷系列阻燃剂项目，发展生物医药产业的探索取得新成效。惠康药业高档注射用甘油项目基本建成，大德龙红豆杉开发研制工作取得了新进展。

【商贸流通与外贸出口】出台新的外贸扶持政策，增设外贸出口“初创奖”，提高出口实绩奖励，增加外贸企业上台阶奖，加大对外贸扶持力度。商贸流通业投资进展顺利，中石化遂昌石油支公司特种商贸项目基本建设完成，通过消防、安监、气象等部门的专项验收。遂昌成联商贸有限公司仓储用房新建项目进展顺利。做好屠宰场迁建协调工作，多次组织相关部门召开东方食品有限公司屠宰场迁建工作协调会，研究解决迁建工作中遇到的问题。兴飞屠宰点土地指标省厅已经下批，土地出让流程进行中，东方食品有限公司屠宰场启动征地。加强对成品油市场管理，协调做好成品油市场供应，推进加油站建设，对成品油经营企业进行年检。

【“两化”融合】发挥县网店协会、浙江遂网电子商务有限公司在电子商务发展中的领路人作用，引导企业深度应用电子商务，提升企业管理水平。以信息技术改造提升传统产业推进主导行业、重点领域“两化”融合。结合技术改造和新技术推广，抓好重点领域和重点企业“两化”融合，促进节能减排。推进主导行业信息化，以凯恩特材MES项目实施为契机，围绕金属制品、造纸等产业，实施工业数字化提升工程，做好相关的政策引导和扶持工作。探索建立两化融合公共服务平台方案，鼓励和支持企业依托两化融合平台研究和开发共性的信息技术，形成资源共享、优势互补的两化融合公共服务体系和两化融合支撑体系。（经济商务局）

特色工业

【金属制品】金属制品产业是遂昌县工业经济的支柱产业。2005年10月，遂昌县被中国五金制品协会授予“中国建筑五金产业基地”称号，2010年被省政府列为第二批块状经济向现代产业集群转型升级示范区试点。金属制品产业占全县工业总量的70.7%，浙江元立集团是该行业的龙头企业，占全县总产值的60%。遂昌县金属制品品种丰富，2013年生产镀锌铁丝32万吨，各种规格黑铁丝40万吨，二氧化碳气保焊丝7.6万吨，工业缝纫机旋梭40万套，各种五金工具、家具五金等产量1000多吨，大型法兰接触件2000多吨，各种规格品种的精密铸件产品2.5万吨。

【特种纸】以凯恩特种材料

股份有限公司为龙头的特种纸产业，是遂昌县的传统优势产业之一，也是丽水市特有产业。产品主要有电解电容器纸、茶叶滤纸、浸渍纸、皮革转移纸等。2013年全县有造纸及纸制品加工规上企业5家，实现产值8.3亿元，占全县工业总产值3.9%。浙江凯恩特种材料股份有限公司完成6.65亿元，实现销售5.6亿元，比上年增长16.29%。

【精细化工】精细化工产业是遂昌传统优势产业，产品除乳化炸药等火工产品外，还有医药中间体、农药中间体、化妆品中间体、手机用高档涂料等。2013年全县精细化工行业有规上企业9家，其中利民化工和永新化工是代表性企业。利民化工除了生产炸药外，又涉足生物医药行业的发展，上马了茶多酚和竹叶黄酮提取项目，2013年研究开发保健品项目—牛樟芝。2013年，全县精细化工规上企业实现产值7.92亿元，占全县工业总产值3.68%。

【竹木加工】遂昌是林业大县，有林地面积22万多公顷，其中竹林面积1.77万公顷。2013年，全县有各类竹木加工企业1067家，实现产值7.5亿元，实现利润8700多万元，上缴税金2500多万元。遂昌县竹木企业开发出五大类100多个品种2000多个规格的系列产品。“遂昌竹炭”成为一张响当当的品牌，在国内外市场享有盛誉。

（经济商务局）

金属制品产业集群

【概况】2010年9月，遂昌县金属制品产业被省政府列入块状经济向现代产业集群转型升级示范区试点。近年来，遂昌县金属制品产业规模持续扩大，技改投入不断增加，创新能力有所提高，节能减排成效明显，整个产业在转型升级的道路上阔步前行，示范区各项指标较好完成。2013年，全县金属制品规上企业实现总产值135.7亿元，实现销售产值131.59亿元。

【产业发展规划和扶持政策】2013年，编制完成《遂昌经济社会发展“十二五”规划》《遂昌工业发展“十二五”规划》，明确工业发展“一大四特四新”发展目标，确定“十二五”末工业总产值330亿元，金属制品行业发展规模230亿元，占全县工业总产值70%。遂昌县修订完善工业扶持政策，以县委1号文件发文实施，更加突出对金属制品主导产业和骨干企业的支持，在示范区建设中创造良好的政策环境。

【平台拓展】遂昌县大力拓展工业空间，规划东城工业空间36平方千米，开发建设毛田区块、洋浩湖边区块和龙板山区块，征迁总面积1000公顷。至2013年底，已开发建设347公顷，启动开发240公顷，东城是遂昌县今后工业发展的主要平台。

【产业改造提升】2013年，遂昌县对五金和金属制品产业进行改造提升，先后完成元立年产10万吨气保焊丝生产线建设、30万吨黑铁丝加工生产线改造、冈本公司年产20万吨建筑用材生产线改造等10多项金属制品产业的技术改造和技术创新项目，开发生产出填补省内空白的高档金属轧辊生产线，实现全自动电脑设计雕花。同时，在金属制品行业中全面推广新技术、新工艺，冈本公司新上提高建筑用材产品品质的新工艺得到应用，全面打开了市场。对钉、丝、焊接材料、优带、焊管、不锈钢制品、大型辗扩法兰盘等产品的生产工艺进行全面改造，产量大幅提高，品种数量明显增加，优质品率提高5%以上。鼓励社会上的有识之士积极参与到金属制品的研发上来，掀起全民创业的高潮。有两个自然人围绕金属制品行业的发展，针对企业生产中的薄弱环节先后发明了钢筋轧机、山洞掘进机等设备，获得发明专利。2013年全县金属制品规上企业研发投入占主营业务收入1.4%以上。全县17家金属制品规上企业新产品产值15.77亿元。

【行业有效投入】2012年6月，元立集团年产100万吨金属制品材料生产线破土动工，一期工程于年底投产，二期工程于2013年6月试生产。本项目的完成为遂昌县钢管、钉丝生产每年新增100万吨以上原材料。元立公司又投资1.5亿元上马热镀带项目。此外，高档轴承生产线、新元焊材二期年产10万吨气保焊丝生产线、冈本公司高强度建筑用材生产线改造、翱力机械年产5万辆厂用小型液压推车生产线、裕诚五金扩产技改等一批项目全面进入实施阶段或顺利投产。遂昌县全面开展产业招商和以商引商工作，先后从永康、温州等地引进各类五金制品、高档铜加工企业、高档建材钢构产品以及高档铸锻生产企业10多家落户毛田区块，使毛田区块成为以金属制品产业为主，建材、竹木制品加工、新能源等产业相结合的复合型产业区块，使遂昌县金属制品企业的队伍不断扩大，产业集群示范区的集聚效应进一步显现。同时，依托产业集群示范区这一品牌，积极做好中国建筑五金产业基地的申报并通过复评。

【循环经济】2013年，完成冈本公司冶炼工序粉尘治理，投资建成电网谐波治理，推广应用电机调频节电新技术，和中介公司合作推行节能合同管理。对全行业强制推广水幕除尘和脱硫工艺，完成遂钢金属制品公司电镀行业的整治，在全行业推广一系列节能减排新技术、新工艺。全行业万元工业增加值综合能耗下降6%以上。

【降本增效】2013年，遂昌县金属制品企业降成本增效益成效明显。峰力公司通过引进高晶模生产工艺，模耗、电耗、辅助材料及工人劳动强度明显降低，生产效率和产品质量大大提高。镀锌厂引进新的在线切断工艺，每吨产品降低成本100元以上。新立焊材引进辊模拉丝工艺，提高线材进线直径，降低成本，每吨节约成本180元。许多企业实现机器换人，新宏制管减少员工100人以上，全年节约人工工资300万元以上。2013年，全县金属制品规上企业通过各种挖潜手段节约成本1600万元以上。（经济商务局）

招商引资

【概况】2013年，全县招商引资新增项目63个，续建项目51个；完成合同内资59.6亿元，实到内资33.6亿元，分别完成年度任务199%和198%，分别比上年增长124%和103%；完成合同外资1375万美元，实到外资800万美元，分别完成年度任务250%和229%；新增浙商回归项目11个，实到资金9.6亿元，完成年度任务192%；引进大项目15个，完成年度任务188%。

【续建大项目】全县2012年度引进的大项目10个，全部开工建设。

浙江新宏钢制品年产60万吨金属制品项目，2012年6月开工建设，2013年新增投入1.98亿元，于6月份投入生产，累计完成投入3.48亿元。

浙江新恒金属制品有限公司年产40万吨热镀锌板带项目，1月开工建设，完成投入2.02亿元。厂房、办公楼以及环保、电力等附属设施完成建设，设备完成选型和购置，部分设备到场进行安装调试。

凯恩特材年产1.1万吨电气用纸和年产1.4万吨滤纸生产线技改项目，2013年新增投入8850万元，累计完成投入3.09亿元。

浙江一洲铜业有限公司年产1万吨铜制品生产线项目，2013年新增投入4510万元，累计完成投入9860万元。厂房、办公大楼、职工宿舍以及环保、配电等附属设施完成建设，设备完成购置，部分设备安装调试。

浙江荣凯化工科技有限公司年产400吨噻吩乙醇及300吨氟萘等医药中间体项目，2013年新增投入2850万元，累计完成投入5038万元。项目主要以厂区的工程基建为主，已完成水塘的填方工程以及污水处理厂建设，一号厂房完成建设，设备投入安装调试。

遂昌德鑫铸造有限公司年产7000吨特种铸造项目，2013年新增投入2389万元，累计完成投入2660万元。项目主要是在建土建工程。

浙江遂金特种铸造有限公司年产8000吨精密铸件项目，2013年新增投入360万元，累计完成投入1360万元。11月初开工建设。

原生态农业开发项目，2013年新增投入446万元，累计完成投入1046万元。完成部分地块的平整以及牲畜栏、职工房和生态园大门建设。

浙江德昌工贸有限公司年产30万台型材切割机、20万台电钻项目，2013年新增投入60万元，累计完成投入2089万元。

浙江平昌石材有限公司石材园区建设项目，2013年新增投入10284万元，累计完成投入12284万元。完成场地平整工程和部分地基硬化工程，部分厂房的水泥支柱完成浇筑。

【新建大项目】2013年全县新增大项目15个，已开工建设项目10个。

遂昌凯新文化发展有限公司遂昌全民体育健身中心项目（已开工）。项目总投资2.75亿元，占地面积49亩，已经完成投入2.5亿元。体育健身中心的场馆主体工程已经完成建设，正在进行场馆的粉饰工程以及一些配套附属工程建设。该项目被省发改委列入浙江省重大建设项目。

浙江炭语堂生态科技有限公司渡船头竹炭总部经济项目（已开工）。总投资2亿元，占地面积50亩，其中一期用地20亩完成出让手续，租用竹炭园区2000多平方米场地的项目一期工程（部分）大卖场项目完成装修并投入营业。

浙江鸿基五金制造有限公司年产3万吨管桩端头板生产线项目（已开工）。项目总投资1.25亿元，占地面积35亩，2013年到位资金1310万元，正在进行项目土建工程的基础建设。

浙江新昌纸业有限公司年产4000吨特种纸项目（已开工）。项目总投资1.45亿元，2013年到位资金7670万元。1月份开工建设，其中4个标准化特种滤纸生产车间、污水处理站、白水回用工程以及配电等附属设施完成建设，一号厂房生产线已投入生产。

浙江新元焊材有限公司年产10万吨新型焊接材料项目（已开工）。该项目是新元焊材的二期项目，总投资1.5亿元，占地面积50亩，3万多平方米的钢结构厂房已经完成建设，设备全部完成订购。

浙江宝莲纤维科技有限公司年产1万吨耐高温差别化氨纶纤维项目（已开工）。项目总投资3.6亿元，占地面积82亩，已开始土建工程建设。

凯恩集团有限公司基金合作项目（已开工）。该项目是凯恩集团与浙江科浪能源有限公司、杭州锦亮实业有限公司战略合作项目，合作资金为3亿元，已到位资金1.2亿元，主要用于项目运作。

浙江利民药业有限公司年产400吨竹叶黄酮、茶多酚生产线项目（已开工）。项目总投资1.5亿元，占地面积78亩，已到位资金6000万元，主厂房，机修房、检测中心完成建设，茶多酚生产线进行联动试车。

浙江平昌石材有限公司装饰石材综合利用开发项目（已开工）。项目总投资3亿元，占地面积90亩，项目紧邻一期工程地块，正在进行场地平整工程建设。

浙江遂昌-诸暨山海协作产业园开发有限责任公司中小企业创业基地建设项目（已开工）。该项目为山海协作共建产业园项目，注册资金为2.5亿元，其中从诸暨方引进注册资金1.25亿元，项目正进行场地的平整以及水、电等基础设施建设。

遂昌聚福昌农业开发有限公司遂昌县民俗文化产业园项目。总投资10亿元，占地面积500亩。项目一期投资5亿元，占地面积100亩，2013年12月份完成其中23亩用地出让手续，项目着手地块的场平工作。

遂昌金湖旅游开发有限公司湖山温泉小镇项目。总投资10亿元，占地面积500亩，其中一期投资2.5亿元，占地面积100亩。至年底，完成土地出让面积12亩。

浙江凯兴置业有限公司古院五星级酒店商业综合项目。项目总投资5亿元，占地面积45亩，主要建设五星级酒店以及商业综合体等。项目用地完成挂牌公示，可研及相关的规划编制评审已经完成。

遂昌千佛山景区有限公司4A级佛文化景区二期开发项目。项目总投资2.5亿元，注册资金1亿元。

遂昌县天然气有限公司天然气综合利用项目。项目总投资2.16亿元，天然气总站用地面积

20亩，其中一期8亩已经完成出让手续。该项目正在进行天然气网络管网建设，其中新开发的凯兴花园小区和园区部分管道已开始铺设。 （招商局）

重点工业企业

【浙江元立集团】浙江元立集团（前身遂昌钢铁厂）成立于1991年，2001年企业改制组建浙江元立集团，2003年至衢州进行异域技改，成立衢州元立金属制品有限公司，形成集矿山、炼铁、炼钢、轧材及金属制品为一体的现代化大型企业。集团产业链之长为国内之最，是国内钉、丝类生产总量最大的企业。

2013年，元立集团遂昌本部技改投资4亿多元，上马了一条年产60万吨直径5.5～42毫米的高速线材生产线，顺利投产。此外，企业还投资2亿元上马了一条酸洗生产线、2条冷轧生产线和2条热镀生产线，形成了年产镀锌带钢40万吨的生产能力。投资1.5亿元，开工建设了年产43万吨的石灰厂项目，改变了石灰质量不稳定、供应受制于人的现状。

2013年，浙江元立集团遂昌本部实现产值127.7亿元，实现出口创汇5807万美元，上缴税收1.39亿元，全年生产钢材68万吨、金属制品116万吨。

【浙江凯恩特种材料股份有限公司】浙江凯恩特种材料股份有限公司成立于1998年（前身遂昌造纸厂），是一家生产和开发高性能特种纸的高新技术企业。2004年7月，公司股票在深圳交易所成功上市，成为丽水市首家上市公司。2013年公司在省内有5家控股子公司，分别为浙江凯恩纸业销售有限公司、浙江凯丰纸业有限公司、浙江凯恩电池有限公司、衢州八达纸业有限公司、浙江凯晟锂电有限公司。公司主导产品有：电解电容器纸、无纺壁纸、茶叶滤纸、烟用接装原纸、吸尘器袋纸等。

2013年，公司实现营业总收入9.83亿元，比上年增长14%。实现归属上市公司股东净利润1617万元。母公司完成产量2.72万吨，实现产值6.65亿元，产品销量2.53万吨，销售收入6亿元，利润总额4243万元。

【遂昌金矿有限公司】浙江省遂昌金矿有限公司创建于1976年，是一家集采、选、冶炼为一体，日处理300吨原矿的省属国有黄金矿山企业，隶属于杭州钢铁集团公司。遂昌金矿有限公司是上海黄金交易所首批会员单位，公司通过ISO9001：2008质量体系认证。

浙江省遂昌金矿有限公司旗下拥有：浙江遂金贵金属有限公司、浙江遂金特种铸造有限公司、龙游昌业房地产开发有限公司、遂昌金矿矿山公园有限公司、遂昌县遂金旅行社有限公司5家全资子公司和西藏方辉矿业有限公司1家控股子公司。公司业务涉及矿业开发、贵金属冶炼、金银深加工、房地产、铸造、旅游等行业，主要产品有金、银、金银制品、精密铸件、氰化亚金钾、铅锌精矿、旅游商品等。

2013年，遂昌金矿有限公司实现营业收入3.74亿元，实现利润2288万元，营业收入创历史新高。公司井下避险“六大系统”建成投入使用，酸性水综合治理整改项目验收合格，氰渣堆场堆坝通过验收，贵金属公司综合楼土建工程开工。

【浙江永联民爆器材有限公司遂昌永新分公司】2013年，浙江永联民爆器材有限公司遂昌永新分公司生产炸药1.80万吨，总量比上年增长9%；销售炸药1.84万吨，比上年增长13%；完成工业总产值1.08亿元，实现销售收入9597万元，实现利润1277万元，上缴税收1184万元。

【浙江利民化工有限公司】浙江利民化工有限公司前身是1965年创建的“小三线”军工企业，1987年下放到浙江省遂昌县成为县管国营企业，1998年改制为股份合作制民营企业。公司主营业务分为民爆炸药产品、医药化工产品、植物提取产品三大系列，可向国内外客户提供爆破器材产品生产、爆破设计和爆破施工一条龙服务，其中炸药产品的生产与销售仍是公司主导产业。

2013年，公司升级改造了乳化炸药生产线，淘汰了粉状乳化炸药产品。 （经济商务局）

中小企业

【概况】2013年，全县小微工业企业总数490户，从业人员19427人。产值26.01亿元，占全县工业总产值12.09%。

（经济商务局）

工业园区

【概况】2013年，县工业园区内入驻企业125家，建成投产企业81家。实现工业总产值158.27亿元，比上年增长25.9%，占全县工业总产值73.59%。

【固定资产投资】全年共完成固定资产投入17.64亿元，创建区以来新高。其中企业投资项目共完成投入13.69亿元，基础设施完成投入3.96亿元。

【空间平台】全年新开发工业用地100公顷，累计出让工业用地16宗，出让面积41.8公顷。

【园区—云峰联席会议制度】4月，建立园区—云峰联席会议制度，有利于推进工业新城各区块、各点位的基础设施建设及企业项目落地建设政策处理遗留问题的解决，保障并加快工程建设进度。

【遂昌—诸暨山海协作产业园】遂昌—诸暨山海协作产业园位于云峰街道。产业园开发面积5.2平方千米，分洋浩区块（202公顷）和龙板山一期（320公顷）两个片区。2013年7月，遂昌—诸暨山海协作产业园管理委员会成立，9月，成立浙江遂昌—暨阳山海协作产业园开发有限责任公司，遂昌、诸暨两地共同出资2.5亿元，双方各占50%比例。

（叶圣补）

电力工业

【概况】2013年，国网浙江遂昌县供电公司固定资产投资5738万元。社会用电量6.84亿千瓦时，比上年增长15.11%；完成售电量6.43亿千瓦时，增长14.72%。最高负荷13.97万千瓦时。营业收入4.27亿元，比上年增长7.13%。全员劳动生产率49.18万元/人·年。当年电费回收率100%，连续6年实现"双结零"。到2013年底，连续安全生产日2987天。

【推进主网建设】2013年，修编了《遂昌县域电力设施布局专项规划》，制定了遂昌县电网建设三年总体思路和工作目标。全年电网建设项目投资共3564万元。投产10千伏线路34.27千米，低压线路245.68千米，配变67台共17600千伏安。

【电气化村建设】2013年，全县电气化村项目投资1522万元，农村排灌线路改造项目投资978万元。全县建成30个电气化村，改造13条农用线路，通过市经贸局组织的第二批新农村电气化乡镇验收。

【电力便民服务】开展"阳光助企"主题活动，选派客户经理担任企业"用电顾问"，提供管家式服务，走访大客户95户（次）、完成18户优化用电建议方案。开展"春风惠农"活动，开辟用电业务绿色通道，组织共产党员服务队提前谋划春茶加工、春耕备耕、小作坊加工用电等方案。停电审批和停电通知程序规范，全年带电作业463次，带电作业率93%。完善台区经理制度建设，推行使用电力便民服务卡。

（辛普林）

商贸 旅游

国内贸易

【概况】2013年，全县社会消费品零售总额33.65亿元，比上年增长16.5%；批发业、零售业分别实现商品销售额25.24亿元和37.24亿元，增长17.4%和26.2%；住宿业、餐饮业分别实现营业额1.89亿元和6.61亿元，增长19.5%和24.1%。

【电子商务稳步推进】2013年，出台《遂昌县扶持电子商务发展实施意见》，以电子商务产业政策体系，推动县域电子商务规模化、标准化、产业化发展。年初，与淘宝网合作推出全国第一个淘宝县级馆，在淘宝网上开辟专门频道销售遂昌县农特产品，推出春茶节、土猪肉聚定制、网上卖红提等系列主题活动。8月，成功创建浙江省“电子商务示范县”，成为浙江省首批7个“电子商务示范县”之一。

【商贸流通业】2013年，中石化遂昌石油支公司特种商贸项目总投资额800万元，基本建设已全部完成，10月，通过消防、安监、气象等部门验收，上报省经济商务厅，申请发放成品油经营许可证书。另外，遂昌成联商贸有限公司仓储用房新建项目总投资2800万元，2013年完成投资1000万元。

【社会消费品零售总额增速放缓】1月至11月，全县限额以上餐饮业营业额2864万元，比上年下降25%。大型餐饮企业下降幅度较大，元立国际饭店下降17.5%、汤公酒楼下降34.4%、千佛山酒店下降28.6%。

（经济商务局）

粮食安全

【概况】2013年，全县轮出早籼谷2079吨、晚籼谷1225吨，储备粮补库早籼谷2254吨、中晚籼谷1050吨。2013年中晚稻储备2247吨（含100吨成品粮），占储备粮总量29.76%，达到晚稻谷（米）储备不低于储备总量25%的要求；成品粮储备100吨全部为晚稻米，达到晚稻米储备不低于储备成品粮总量85%的要求。

编制完成粮食安全应急预案操作手册。精心组织粮食应急预案演练，开展粮食应急管理培训。辖区内每个乡镇、街道基本达到不少于一个粮食应急供应网点，应急供应网点个数和应急加工能力达到粮食安全责任书要求。

完善县中心粮库基础设施，开展粮食仓储管理规范化建设，创建“星级粮库”，连续6年通过三星级粮库复验，“一符四无”合格率100%。县中心粮库学习研究先进的充氮气调技术，制订充氮气调技术实际应用方案。开展放心粮油进农村活动，发放《农户安全储粮使用手册》，推广农村科学储粮技术。

（发改局）

烟草专卖专营

【概况】2013年，全县卷烟销量10685箱，实现销售额3.1亿元，比上年增长6.87%，实现税利7101万元，比上年增长12.91%，实现利润5679万元，比上年增长14.87%，三项费用1912万元，费用率7.2%。

全国三类烟以上重点骨干品牌销售5958箱，比上年增长

1.43%；单箱销售额2.9万元，比上年增长7.66%；焦油含量6毫克以下卷烟销售177箱，比上年增长38.3%，占总销量比重1.65%。

全县建成现代卷烟零售终端店129家，占零售客户总数7%。以开展现代终端形象试点工作为契机，发挥零售终端的“六大功能”，形成了一支讲诚信、懂经营与行业保持稳定合作关系的零售终端队伍。

【专卖管理】坚持“点、线、面、网”立体打假理念，加大力度查处物流和互联网涉烟案件。成功破获“4•24”无证经营卷烟案，三人因非法经营罪被判刑，实现打假破网“四连冠”。罗樟水被评为浙江省卷烟打假工作成绩突出个人。开展“利剑1号”专项行动，与公安、工商、运管等部门联合执法，形成有效监管合力。执行合理布局规划方案，完善行政许可准入机制，开展“证照不全”“证址不符”“人证不符”等专项整治活动。完成全县1800多户零售客户的换证及“一户一档”建档工作。开展内管委派制监管新模式探索创新课题，固化专销联席工作机制，实现内管监督常态化运行。在全市年度行政执法评议和行政执法案卷评查工作中分获第一名、第三名。相继举办专卖法律法规及劳动法律法规培训。

【基础管理】组织开展管理体系知识培训及2013年管理体系评审，建立覆盖企业、部门、岗位三级目标指标体系，加大结果运用比重。严格执行定额控制标准，建立和完善《医疗费管理办法》《补充医疗个人账户建账方案》等制度，严把费用过程管理。2013年业务招待费、会议费及差旅费同比均大幅度下降。以经营管理中的短板为突破点，加大创新力度，保持创新工作在全市领先优势。在2013年行业内外QC小组成果评奖中，遂昌烟草公司QC成果获省烟草系统二等奖1个、三等奖1个，获省质协一等奖2个，获省质协杯一等奖1个、二等奖1个，获市烟草系统一等奖1个、二等奖1个，获市质协一等奖1个、三等奖1个。开展安全培训、应急预案演练等系列安全工作，安全生产标准化建设达到“国二级”水平。

【规范管理】按照“应招尽招、真招实招”要求，深化打包采购、集中采购，着力降低采购成本。在全市系统率先完成车辆维修定点公开招标工作。2013年公开各类信息71条，公开内容正确率100%。开展“三重一大”决策制度和中央八项规定执行情况自查，及时整改巡视问题，对发现的问题深刻分析原因，逐项分解落实，有效整改解决了门卫用工和员工医疗费用支出等问题。（陈　芳）

供销合作

【概况】2013年，全县供销社系统上交国家财政总额77万元，同比增长18.5%；实现利润-50万元，同比减亏10万元；社会贡献总额312万元，同比增长19.5%；总经营收入25236万元，同比增长14.91%（其中专业合作社销售15257.7万元，同比增长22.64%；综合服务社销售992万元，同比增长23.85%）。

【有机肥生产供应销售“一条龙”服务】 3月21日，丽水市首家有机肥配送中心—遂昌县惠农有机肥配送中心在大柘镇成立，该配送中心集仓储、配送、销售为一体，占地面积1180平方米，能储备5000吨的有机肥。有机肥配送中心的建成，大大方便和满足遂昌县农民群众在种植有机茶、有机水果、蔬菜、有机水稻等对有机肥的需求，为遂昌县原生态精品农业发展提供物质保障。

5月7日，全县首家有机肥生产企业—遂昌绿金生态有机肥厂正式投产。遂昌绿金生态有机肥厂由县供销社下属资产运营中心参股组建，坐落在北界镇，占地9000平方米，年产1万吨商品有机肥。项目建成填补了遂昌县有机肥生产企业的空白。

【农资供应网络建设】2013年，县供销社诚合资产运营中心投资105万元，入股组建“遂昌县农哈哈农资有限公司”。该公司注册资本300万元，供销社占35%股权。该公司的成立，壮大了社有企业，完善了农资供应网络建设，使供销社在全县农资供应网络的主渠道作用得到进一步发挥。

【“保障供应、支援春耕”服务活动】2013年，县供销社下属保丰、新兆丰农资公司超额完成县政府委托的1600吨淡季化肥储备任务。为确保全县春耕生产农资供应，两家农资公司依托92家配送网点，积极开展“保障供应、支援春耕”服务活动，向种粮大户、专业社和贫困户代表送肥下乡，并举办技术咨询服务。遂昌供销社被省社授予“保障供应、支援春耕”服务月活动先进单位荣誉称号。

【专业合作社、综合服务社提升发展】2013年，各专业合作社经营形势严峻。县供销社专门召开农民专业合作社工作会议，帮助供销社参办、领办的19家专业合作社进行总结分析，寻找对策。各专业合作社按照县社的部署，转变经营思路，调整经营策略，搞好规范化管理，走市场化，大众化发展道路。从下半年的经营情况看，各专业合作社逆势而上，超过了预期目标，取得了较好的经济效益和社会效益。通过优胜劣汰机制，2013年新发展专业社9家，累计发展29家；发展综合服务社2家，累计发展13家。

【组织茶叶产销大户参加评奖】为把遂昌优质红茶推向市场，县供销社积极组织下属茶叶产销大户参加评比“茶叶博览会”和“浙茶杯”红茶评比活动，遂昌县天堂源农产品专业合作社生产的“夏鸿”牌红茶获金奖，遂昌精诚茶叶有限公司生产的“精诚”牌金缕芽获银奖，浙江福光茶叶有限公司的“黄云飞”牌、遂昌永安茶叶专业合作社生产的“珍华”牌红茶分获优质奖。

【10家合作社产品入住遂昌馆】按照省供销社“中国特色馆”电子商务建设要求，县供销社与遂昌县网店协会进行了对接。2013年，县供销社下属10家专业合作社产品入住遂昌馆。

【农产品经纪人培训】为提高农产品经纪人的组织化程度，帮助从业人员的提升专业技能。2013年，县供销社先后组织了专业合作社、家庭农场及种养殖大户150多人次，参加了由市供销社组织的农资经营网点负责人培训，农产品营销电子商务培训，农产品经纪人中级职业资格培训，评茶员资格培训。12月初，县供销社又与县农业局、浙江经贸职业技术学院联合举办“农产品安全与标准化指导培训班”，全县共有44位来自专业合作社、家庭农场及种植大户和技术人员到杭州浙江经贸职业技术学院参加培训。

【民生档案建设】1998年全县供销社系统24家企业推行“两彻底”改革。改制完成后留存了大量的改制企业档案。24家改制企业有会计凭证80000多册，报表账簿9000多册，文书档案600多卷。2013年下半年，在档案局业务指导下，县供销社着手开展24家改制企业档案整理工作，完成了总计340个年份的档案清理工作，装订立卷会计及文书档案143卷。该项工作的开展受到了县、市档案部门的肯定和赞赏。 （罗正阳）

2013年遂昌府前中心市场交易情况表

表22 单位：万元

类别	金额	类别	金额
粮食类	308	蔬菜类	1640
油脂油料类	174	干鲜果类	188
肉食禽蛋肉	5873	工业品类	3620
水产品类	1852	其他	3443
		合计	17098

全县各乡镇集市日期及点位一览表

表 23

乡镇（街道）	集市日期	点位
妙高街道	农历每月 2、7、12、17、22、27 日	荷花滩
大柘镇	农历每月 1、6、11、16、21、26 日	大兴街
石练镇	农历每月 5、10、15、20、25、30 日	石练村
北界镇	无	
新路湾镇	农历每月 5、15、25 日	新路湾村
云峰街道	农历每月 3、8、13、18、23、28 日	云峰街
金竹镇	农历每月 2、7、12、17、22、27 日	金竹村
王村口镇	农历每月 4、9、14、19、24、29 日	桥东村
黄沙腰镇	农历每月 4、14、24 日	黄沙腰村
三仁乡	无	
垵口乡	无	
濂竹乡	无	
湖山乡	农历每月 3、8、13、18、23、28 日	湖山新街上
应村乡	无	
焦滩乡	无	
龙洋乡	无	
蔡源乡	农历每月 2、12、22 日	蔡和村
西畈乡	农历每月 5、15、25 日	西畈村
高坪乡	无	
柘岱口乡	农历每月 3、13、23 日	柘岱口村

对外及港澳台贸易

【概况】2013 年遂昌县进出口总额 15086 万美元，同比增长 18.55%，高于全市平均水平 2.93 个百分点。其中出口 13230 万美元，同比增长 19.09%，低于全市平均水平 1.01 个百分点。进口 1856 万美元，同比增长 14.87%。全年有出口实绩的企业 36 家，其中正增长为 20 家，负增长为 16 家。全年共组织企业参加各类国内外展会 25 次。

【运行特点】外贸累计出口总额增幅在“市场采购”方式带动下转负为正。1 月至 11 月，全县外贸出口连续 11 个月下滑。为转变现状，遂昌县参照金华、衢州及周边县市做法，通过“市场采购”贸易方式带动出口增长。2013 年度，遂昌县遂发贸易有限公司就是以“市场采购”方式出口 3694 万美元，扭转了持续低迷的现状，全年实现出口总额 13230 万美元，同比增长 19.09%。

三大龙头企业出口均呈下滑态势。遂昌县出口贸易多年来都是靠元立、凯恩特材、凯恩电池 3 家龙头企业拉动为主。2013 年 3 家企业出口贸易都出现了负增长。其中元立金属制品集团有限公司 5772 万美元（含遂钢），与上一年 6625 万美元同比下降 12.88%；凯恩特材出口总额 875 万美元，与上一年 1024 万美元同比下降 14.49%；凯恩电池出口总额775万美元，与上一年1287万美元同比下降39.81%。

机械产品出口额最大，纺织服装增幅最快。2013年，全县机械产品出口总额9025万美元，增长1.37%；纺织服装出口73万美元，增长180.84%；轻工产品出口额和增幅分列第二，出口3777万美元，增长101.35%。

出口市场以亚洲为主，北美洲市场增幅最大。1月至12月遂昌县出口亚洲8104万美元，同比下降0.49%；出口北美洲1392万美元，同比增长1018.98%。

【利用外资】2013年，全县新批外商投资企业1家，增资项目2个，合同利用外资1375万美元，同比增长32.6%。实际利用外资800万美元，同比增长31.06%。历年累计合同利用外资8993万美元，累计实际利用外资7094万美元。

2013年遂昌县企业出口及销往港澳台情况一览表（出口100万美元以上）

表24　　单位：万美元

序号	企业名称	总额	增幅%	主要产品	主要市场
1	浙江元立金属制品集团有限公司	3249	-27.41%	镀锌铁丝、镀锌电焊丝网、元钉、地板钉等	中东、迪拜、非洲、巴西、印尼等
2	浙江遂昌遂刚金属制品有限公司	2523	+17.39	镀锌铁丝、螺栓、螺母	中东、迪拜、巴西等
3	浙江凯恩特种材料股份有限公司	875	-14.49	茶叶滤纸、电解纸等	斯里兰卡、俄罗斯、波兰、韩国、印度印尼、马来西亚等
4	浙江凯恩电池有限公司	775	-39.81	镍氢电池	香港、瑞典、匈牙利、美国
5	浙江遂昌天马有限公司	282	-22.78	木制户外家具、马车、沙滩椅等	美国、日本、德国、欧洲等
6	浙江星宇旅游用品有限公司	210	+32.24	木制户外家具、沙滩椅、木制别墅等	欧盟、德国、荷兰、丹麦等
7	浙江正圆不锈钢管业有限公司	367	+29.11	不锈钢管等	台湾
8	浙江遂昌华润竹木器有限公司	116	+24.14	木制户外家具、沙滩椅、木制别墅等	香港
9	遂昌县兴昌纸业销售有限公司	107	-15.51	茶叶滤纸、双面胶带原纸等	港澳台地区、北美、南美、东南亚、非洲、中东等
10	浙江双海贸易有限公司	233	-30.90	电动自行车及其配件等	中东、亚洲、欧美
11	遂昌县遂发贸易有限公司	3694		市场采购方式出口企业	

遂昌县外商及港澳台商投资企业一览表

表25　　单位：万美元

序号	企业名称	投资国别（地区）	成立时间	合同资金	实际资金	经营产品	备注
1	浙江遂昌万事德工艺制品有限公司	中国香港	1993年4月	14.2	14.2	竹、木制、铁工艺品	已转为内资

序号	企业名称	投资国别（地区）	成立时间	合同资金	实际资金	经营产品	备注
2	浙江遂昌华润竹木器有限公司	德国	1993 年 12 月	4	4	户外家具	
3	浙江遂昌石练菊米有限公司	比利时	2000 年	36.24	36.24	菊米	
4	遂昌绿源木业有限公司	英国	2003 年 8 月	250	250	木材加工	
5	丽水市欧华武昌水电开发有限公司	奥地利	2003 年 9 月	120	120	水电开发	
6	遂昌精诚茶业有限公司	日本	2005 年 4 月	15	15	茶业	
7	浙江遂昌佳洋金属制品有限公司	印度尼西亚	2005 年 5 月	35	35	金属制品	
8	遂昌德鑫铸钢有限公司	美国	2005 年 9 月	655	215	五金工具	2012 年增资
9	遂昌裕诚建筑五金有限公司	中国台湾	2005 年 12 月	208	202	建筑五金	
10	遂昌金石门旅游开发有限公司	荷兰	2006 年 5 月	83.76	83.76	旅游开发	2013 年 4 月已转为内资
11	浙江遂昌欧华武昌旅游开发有限公司	奥地利	2006 年 12 月	120	80.9	旅游开发	
12	遂昌县九龙山水电开发有限公司	英国	2008 年 1 月	4670	3083	水电开发	
13	浙江泰运通家居礼品有限公司	德国	2008 年 3 月	8	8	家居礼品	
14	遂昌县周公源水电开发有限公司	英国	2009 年 11 月	1360	1360	家居礼品	
15	浙江雅居户外用品有限公司	中国香港	2010 年 10 月	38	31	户外家具	
16	浙江新恒金属制品集团有限公司	中国香港	2012 年 12 月	597	597	金属制品	
17	遂昌聚福昌农业开发有限公司	中国香港	2013 年 6 月	600	600	农业开发	

（经济商务局）

旅 游

【概况】2013 年，遂昌旅游共接待国内外游客 991.28 万人次，实现旅游综合收入 46.45 亿元，按可比口径分别增长 27.22%和 31.11%。全县景区全年门票收入 5161 万元，同比增长 25.22%。

2013 年，遂昌旅游连获新荣誉，将“2012 浙江年度旅游发展十佳县（市、区）”收入囊中；“遂昌首创拍卖清新空气”登上“2012 浙江十大旅游新闻”；南尖岩景区获浙江省综合品质十佳景区；遂昌县风景旅游局获得浙江省五一劳动奖状；省旅游经济强县复核顺利通过复核，获得优秀等次。

【旅游综合改革试点】2013 年是遂昌县省级旅游综合改革试点工作的第三个年头，也是全方位推进省旅游综合改革试点的关键之年，县风景旅游局编制了遂昌县 2013 年旅游综合改革试点工作行动计划和考核办法，明确改革的目标、方向和工作分工。一是完善旅游管理体制改革。8 月 16 日，批复成立遂昌县旅游委员会，增设旅游执法大队、乡村旅游管理中心、旅游教育培训与信息服务中心等下属机构，新增人员编制数 18 个。二是加大政策支持力度。出台《关于加快旅游业发展的实施意见》《关于加快旅游项目开发的若干意见》，明确了“把旅游业培育成我县战略性支柱产业和人民群众更加满意的现代服务业”，在“旅游发展专项资金、旅游新业态培育、旅游项目建设”等方面加大扶持力度，政策中明确规定：县财政每年安排不少于3000万元旅游发展专项资金，并逐年增加。三是创新旅游管理机制。建立旅游重大项目联席会议制度，协调旅游重大项目审批、用地、建设、规划、征地拆迁等前期工作，研究旅游重大项目配套政策，提出项目建设的政策意见和建议。每月由县领导召集至少召开一次联席会议，并建立联席会议督办机制。建立了旅游重大项目领导包干制度，实行旅游重大项目由县领导包干负责。

【旅游贡献度调查试点】制订并印发遂昌县《旅游产业贡献度统计指标体系试点工作方案》，将贡献度调查工作列入乡镇部门考核，确保试点强力推进。年底前，已完成居民旅行前后消费调查、非营利性单位游客比重调查和旅游业务费用结构调查等三项基础数据调查工作和数据初步推算工作，各项工作完成情况位于全省各试点县(市)前列，遂昌县在全省旅游产业贡献度统计指标体系试点工作中期研讨会上作典型发言。

【旅游经济强县复核】一是完善台账资料。协调和督查相关部门和单位按照复核标准得分点报送台账资料，经强县复核办统筹整理，完成了完整的、系统的强县复核工作资料台账，并编印了强县复核汇编本，得到了复核组专家的好评。二是落实复核任务。对乡镇（街道）、部门任务进行再分解、细化，将任务层层下达。召集13家旅游企业开会，对强县复核中涉及旅游系统的任务进行重点落实。三是提升城市旅游功能。通过强县复核，旅游城市基础设施不断完善，新建和改造三星及以上旅游公厕14座，规范了旅游标识标牌，提升了旅游饭店、旅行社的服务品质。11月，遂昌县顺利通过省旅游经济强县的检查复核，获优秀等次。

【旅游项目建设】2013年，全县实施旅游建设项目24个，完成旅游建设固定资产投资4.72亿元，比上年增长23.6%。其中通景公路等旅游基础设施类完成投入0.91亿元，旅游建设项目完成投入3.81亿元，比上年增长47.4%。旅游招商引资工作取得较大成果。进入实质阶段的旅游项目15个，其中签订正式开发协议4个，合计合同引资28亿元，全年实际到位资金3.74亿元，是2012年实际到位资金的288%。

“造月工程”遂昌金矿创5A工作加速推进，文山区块工程完工，新游客接待中心工程前期工作全面启动，创5A规划方案编制完成，向省市旅游主管部门提交创建报告；黄金省级旅游度假区申报工作进展顺利，可研报告通过市级专家和部门论证，上报省政府组织评审；汤沐园景区创4A工作完成三期水上乐园工程和茶山山地自行车运动基地路基工程，开展四期海啸馆和游客综合服务中心工程前期；千佛山景区启动三期未来寺、禅修区和度假酒店工程；红星坪温泉度假村实施扩建工程。总投资10亿元的古院养生养老基地项目完成项目规划建设方案编制，开展供地前期；总投资5亿元的古院新区五星级酒店项目正在编制规划设计方案；总投资10亿元的湖山温泉小镇项目完成规划方案编制，进入供地阶段；总投资3亿元的遂昌旅游商品展示展销中心项目完成一期供地，开展详细规划方案编制。

【旅游培训】2013年共开展13期旅游培训，参训人员5000余人。开展省导资格证培训，新增省导51人；组织开展国导考证培训，共76人报名参加；积极开展《中华人民共和国旅游法》培训，从法律层面引导行业规范；加强对县旅游咨询服务中心人员进行知识提升培训。

【导游大赛】开展2013年遂昌县“南尖岩杯”导游大赛暨“微笑旅游之星”评选活动，从比赛中发现人才、培养人才、树立榜样。组织导游参加丽水市金牌导游大赛决赛，遂昌县范丽娟和徐蕾获“金牌导游”称号，虞巧玲和雷美萍获“优秀导游员”称号。

【评星评级】指导基础较好的酒店饭店创三星级旅游饭店、绿色饭店。引导实力较强的旅行社创建品质旅行社。2013年，红星坪温泉度假村通过三星级旅游饭店评定，汤公度假酒店通过银叶级绿色饭店评定；联合旅游、绿谷旅行社通过四星级旅行社评定。

【安全监管】通过“3·15”消费维权广场咨询、“5·19”全国旅游日等活动，大力宣传行业规范。加大监督检查力度，多次开展黑导、野导专项检查。联合公安、消防、工商、安监、质监等部门开展节前安全大检查；抓好汛期等特殊天气或重点时段的旅游安全，及时发布安全预警和出行提示，严防突发安全事件的发生；举办丽水市星级饭店消防应急演练观摩会，提升全行业应急处置意识和能力。

【县域旅游满意度调查】2013年，遂昌县委托第三方—浙江旅游职业学院，独立开展县域旅游满意度调查活动，把空气、水质、生态环境都列入了调查元素，调查共选取17个典型抽样地，包括金矿、南尖岩等7个核心景区，住宿酒店和农家乐景点各5个，调查结果每季度与省市报告同期发布，于7月30日发布中国首份县级游客满意度调查报告。通过游客客观真实的反映，了解遂昌旅游的优势和不足，扬长补短。从调查结果看，游客总体满意度为96.71%。

【旅游营销】一是制定2013年联合营销方案，由政府和企业共同筹资300余万元营销资金，在主要客源市场投放各种形式的广告。先后在杭州、温州、金华、台州等地投放了公交车广告；在杭州投放了高档社区道闸广告、自行车停放点广告；在常州、无锡、福建等地与旅行社合作投放线路宣传广告；在《中国旅游报》、《新民晚报》、《钱江晚报》、《华东旅游报》、《江南游报》、浙江电视台、浙江在线、旗胜网络营销、浙江交通之声、浙江电台城市之声等媒体投放广告。二是结合大型展会活动，凸显遂昌旅游形象。先后参加2013中国国内旅游交易会、2013浙江省（湖南）旅游交易会、无锡旅游休闲产业博览会、第五届中国国际旅游商品博览会、2013丽水（温州、金华）旅游推介会、上海旅游节、宁波旅游节、2013年第6届义乌森林产品博览会、温州旅游产品交易会等。通过参加各大展会，发放遂昌旅游资料、推介遂昌特色旅游。三是积极举办营销活动，开展“遂昌旅游进高校”、大型企业老总、工商企业高管走进遂昌踩线活动；推出“四季遂昌”旅游宣传主题，3月初在绍兴成功举办“山花烂漫金遂昌”专场旅游推介会，6月在上海宝山区举办“清凉遂昌、山里天堂”旅游推介暨旅游进社区活动，9月在常州举办“养生美食品遂昌”旅游推介会，12月开展“到遂昌乡村过大年”活动。四是借力优质资源，开展专题营销。4月邀请上海海派知名画家走进遂昌采风；5月冠名参加无锡旅游休闲产业博览会，在无锡刮起了遂昌旅游的“小旋风”；9月组织参加上海房车嘉年华活动，并签约成为房车自驾营地建设意向单位；10月联合浙江在线举办“寻找中国好空气”活动，组织全国百家网络媒体记者走进遂昌。五是夯实境外市场，扩大遂昌旅游国际知名度。3月组织韩国国家观光公社、主流媒体以及旅行社高管走进遂昌。同时还组织韩国摄影协会、韩国书法协会等相关团体的交流活动。4月，美国ICN国际卫视《游在中国》栏目慕名前来拍摄遂昌旅游专题节目，在美国地区播放。5月和7月，韩国EBS电视台《宽恕》和《世界文化纪行》栏目组分别在遂昌拍摄专栏节目。中央电视台《快乐汉语》栏目在遂昌金矿景区拍摄节目。六是借助网络力量，拓展营销手段。借助淘宝遂昌馆的品牌影响力，在淘宝网开通遂昌旅游旗舰店，开展网上营销，入驻淘宝旅游首页。相继开通遂昌旅游官方微博、公众微信等新媒体宣传平台，开展“微”营销。

（吴 喆）

乡村休闲

【概况】2013年，遂昌县把农家乐提升作为解决农村发展的薄弱环节来抓，倾力打造高山避暑农家乐综合体，农家乐乡村休闲旅游实现跨越提升。制定出台《关于提升发展农家乐休闲旅游业的实施意见》《农家乐综合体创建工作的实施意见》和《农家乐管理办法》等文件，推进全县农家乐健康有序发展。编制《遂昌县农家乐综合体创建规划》，重点打造高坪和长濂两个农家乐综合体。推广“高坪模式”，发展王村口镇半岭、石练镇大茂坑、三仁乡坑口、濂竹乡刘坑4个农家乐村（点）。

2013年，全县农家乐累计接待游客196.4万人次，同比增长34.5%；经营收入1.9亿元，同比增长35.5%。

【创建农家乐综合体】遵照丽水市委关于创建农家乐综合体的要求，编制《遂昌县农家乐综合体创建规划》，明确到2017年，确保建成5个、力争建成7个农家乐综合体。2013年重点打造高坪和长濂2个农家乐综合体。高坪乡以茶树坪、高坪新村、箍桶丘村3个村集合，提升打造以浪漫花事带动避暑养生类农家乐综合体。长濂村依托鞍山书院和村落深厚的明清文化，整合省级历史文化村落保护利用，加强对历史文化景观的包装和文化休闲旅游项目的设计，打造文化休闲养生类综合体。

【四星级以上农家乐和农家乐特色村（点）】

五星级（2个）

温泉山庄（红星坪村）

鞍山书院（长濂村）

四星级（7个）

竹海休闲山庄（十三都村）

三井明贡茶庄（三井村）

龙谷丽人茶叶观光园（大田村）

刘坞银庄（银都村）

蘑菇园（银都村）

茶香苑（大田村）

青年旅社（红星坪村）

省级特色村（7个）

新路湾镇三井村、王村口镇石笋头村、高坪乡茶树坪村、大柘镇大田村、云峰街道刘坞村、安口乡大山村、蔡源镇大柯村

省级特色点（4个）

竹海休闲山庄（十三都村）

长濂鞍山书院（长濂村）

湖山温泉度假村（红星坪村）

中国竹炭博物馆（上江竹炭园）

市级特色村（17个）

应村乡田铺村、小金竹村；湖山乡红星坪村、白坛下村；濂竹乡小岱村；石练镇黄皮村；安口乡徐村、桂洋村；新路湾镇大马埠村；王村口镇大坑村、半岭自然村；焦滩乡焦石娄村；妙高镇麻洋村汤山头自然村；高坪乡箍桶垅村、高坪新村；龙洋乡西滩村茶园自然村；大柘镇车前村

市级特色点（11个）

毛田山庄（毛田村）云水居山庄（弓桥头村）天翼农庄（社后村）龙谷丽人茶叶观光园（大田村）蘑菇园（银都村）三墩山庄（高碧街村三墩桥自然村）老家农家乐（根竹口村）云龙寨（井东村）金柏木花园（成屏二级电站）茂源农家乐（大茂坑村）亲农谷山庄（三仁乡坑口村）

【农家乐（部分）简介】

万亩杜鹃—茶树坪：距遂昌县城60千米，位于高坪乡海拔1000米的高山上，年平均气温15℃，夏季最高气温27℃。村后桃源尖海拔1438米。山峰边天接云，每年5月，杜鹃花开漫山红遍，方圆十里一片花海，被称为“万亩杜鹃”。村中民居高低错落，山泉叮咚从房前流过。全村有农家乐47户，床位420个，餐位1000余个。

茶香汤沐—大田村：距遂昌县城20千米，是通往南尖岩、千佛山、神龙谷、湖山温泉和红色古镇王村口的必经之地。村边有汤沐园温泉和龙谷丽人茶叶观光园。村里有旅游接待中心，全村有农家乐48户，床位718个，餐位2000余个。

千年银都—刘坞村：距遂昌县城16千米，村口是通往国家级矿山公园遂昌金矿的必经之路。村东的黄岩坑是宋代“永丰银场”旧址。生态农庄有“千年银都”文化展示区、农业观光区、农家体验区、垂钓娱乐区、健身活动区。有床位140个，餐位300余个。

梯田古韵—大柯村：距遂昌县城56千米，村庄坐落在海拔560米山坡梯田间，黄墙黛瓦的民居错落有致。蔡和文化，梯田景观，是摄影爱好者的神往之地。全村有农家乐18户，有床位108个、餐位200余个。

高山流水—三井村：距遂昌县城37千米，村庄坐落在白马山麓，海拔975米。年平均气温在18℃左右，年最高温度28.3℃，负氧离子含量20000个每立方米。全村有农家乐31户，有床位349个、餐位800余个。

云海仙境—石笋头村：距遂

昌县城50千米，村庄坐落于南尖岩景区中心，海拔1040米。梯田古村、奇峰怪石、云雾林海、飞瀑流泉美不胜收，是“国际摄影创作基地”。年平均气温18℃，夏季最高气温27℃。全村有36家农家乐，有床位800个、餐位1000余个。

乡野漂流——、大山村：距遂昌县城25千米，是通往神龙谷景区的必经之地。村边有电影“千年湖”的拍摄基地，“6636”军事基地，惊险刺激的神龙谷漂流穿村而过。全村有15户农家乐，有床位90余个、餐位600余个。

明代市井—长濂村：距遂昌县城10千米，是通往国家矿山公园—遂昌金矿的必经之地。村周青山环抱，濂溪九曲，风景怡人。村里有明清古建筑30多处，村东有明代的鞍山书院，出过状元和多位进士，被誉为“状元文化”村。全村共有农家乐9家，有床位72个、餐位300余个。

红星坪温泉度假村：距遂昌县城50千米，村庄坐落于乌溪江库区沿岸。湖山温泉是浙江四大温泉区之一，以天然淡温泉著称，正常水温41℃。度假村有床位160个，餐位300余个，有54座豪华游艇和45座画舫，可游览乌溪江库区美景。

畲乡乐园—竹海休闲山庄：竹体系休闲山庄—凤凰山庄距遂昌县城8千米，园内名贵树木、盆景根雕琳琅满目，楼亭池竹交相辉映。山庄有床位18个、餐位300余个。

中国竹炭博物馆：距遂昌县城5千米，位于上江竹炭园区，是国内首个炭文化专题博物馆。设炭文化历史展区、炭综合应用展区、炭科学体验区，竹炭特产购物区，炭缘客栈和炭缘人家等。有床位140个、餐位500个。

梧桐仙迹—蘑菇园：距遂昌县城12千米，是通往国家级矿山公园遂昌金矿的必经之路。有木屋、水榭包厢和大厅，可同时接待200人用餐。

清凉山居—高坪新村：距遂昌县城53千米，高坪乡政府所在地，海拔850米，年平均气温13.4℃，夏季平均气温24℃左右。当地盛产水昌花，被评为全国“山桠皮之乡”。新村有别墅式的农家屋40户，有床位308个、餐位800余个。

红豆养生—汤山头：距遂昌县城14千米，海拔800多米，红豆山庄坐落在百年古树红豆杉群中，村中有农家乐8户，有床位42个、餐位600个。

果蔬农家—黄皮村：距遂昌县城30千米，位于千佛山景区东南麓，是通往红色古镇王村口和独山古寨的必经之地。全村13户农家乐，以黄瓜、西瓜、冬瓜、香瓜、辣椒等果蔬命名，有床位98个、餐位700余个。

焦滩鱼头—焦石娄村：距遂昌县城35千米，是通往红色古镇王村口和独山古寨的必经之地。全村有农家乐15户，床位110个，餐位800余个。特色名菜“焦滩鱼头”味道鲜美，远近闻名，被称为“鱼头一条街”。

戏曲情韵—三墩山庄：距遂昌县城6千米，是通往南尖岩景区、千佛山景区和神龙谷景区的必经之地。山庄依山傍水，建筑古色古香，有餐位200多个。

武术之乡—茶园村：距遂昌县城83千米，村庄坐落于九龙山麓。2009年茶园传统武术被列入省级“非遗”名录，建立“茶园武术传习基地”。茶园村边石壁高耸，古树成林，风光秀丽。有农家乐7户，床位80个、餐位200多个。

金柏木养生花园：距遂昌县城5千米，利用成屏二级电站旧厂房、旧宿舍改建而成，以各种各样花卉为主题，废旧材料结合，构筑成高尚典雅的集餐饮、住宿、观光、体验为一体的休闲娱乐度假场所。有床位10个、餐位300个。

汤沐园森林温泉：距遂昌县城20千米，是亚洲第一家建立在森林里的温泉。园中有鱼疗池、中药池、多功能水疗池等50余个，室内温泉大池1个。夏天有水上乐园。有床位168个、餐位1000余个。

悬崖古寨—车前村：距遂昌县城30千米，海拔900米。村周围峰峦环绕，梯田层叠，民居错落，云雾缭绕，是摄影爱好者的神往之地。有农家乐12户，有床位120多个、餐位200余个。

（农办）

金融 财税

金 融

【概况】2013年，遂昌县贯彻稳健的货币政策，加大窗口指导，强化金融监管，深化金融改革，创新金融服务，引导金融机构对外拓展，对内挖潜，总量适度，调节供给，维护金融稳定，支持地方经济平稳发展，推动金融工作迈向新台阶。7月11日，遂昌县富民村镇银行开业。

至年末，县域银行机构10家，本外币各项存款余额95.61亿元，增加8.84亿元，增长10.19%；本外币各项贷款余额89.77亿元，增加14.83元，增长19.80%，不良率2.85%，年末存贷比93.89%，提高7.5个百分点。县域保险机构14家，全年保费收入2.29亿元，增加0.18亿元，增长8.5%；各类理赔和给付0.65亿元，增加0.09亿元，增长16.1%。县域证券机构1家，年交易额156.48亿元，增长36.90%。

2013年年末遂昌县银行业本外币存贷款情况表

表26 单位：万元

机构	各项存款				各项贷款	
	各项存款		其中：个人存款			
	余额	同比%	余额	同比%	余额	同比%
工行遂昌支行	134552	-2.48	43496	6.35	137041	8.32
农行遂昌支行	84373	-6.82	39039	0.84	77764	8.13
中行遂昌支行	89263	-5.61	27427	4.10	132784	0.57
建行遂昌支行	162793	9.75	58010	3.50	214389	38.69
遂昌农信联社	322201	19.33	256488	18.73	236573	21.01
邮储行遂昌支行	89707	13.71	75519	18.11	41766	14.67
稠州银行遂昌支行	49652	10.78	25089	-5.35	35786	10.63
泰隆银行遂昌支行	16336	531.22	14427	457.46	8793	—
遂昌富民村镇银行	7218	—	5375	—	12800	—
合计	956120	10.19	544869	15.67	897696	19.80

金融监管

【概况】2013年，人行遂昌县支行和银监遂昌监管办两家金融监管机构，贯彻执行稳健的货币信贷政策，加强窗口指导，引导金融机构优化信贷结构，增加对实体经济、小微企业、企业转型升级、农村经济等重点领域信贷投放，确保融资总量适度增长，加强合规经营监管，保护存款人和金融消费者权益，维护地方金融稳定，推动经济平稳较快发展。深化金融改革和创新，推进农村信用体系建设，加强支付结算管理，强化经理国库，突出金融营运监控，实现金融安全运行，努力构建和谐遂昌。

【贯彻货币政策】人行遂昌县支行把握货币政策规律，发挥窗口指导作用，推进信贷政策倾斜，助推经济稳健发展。出台《遂昌县2013年货币信贷指导意见》和《加大金融支持经济转型升级及现代农业发展的意见》，引导支持金融创新，突出支持重点，优化信贷结构，加强合意贷款额度管理，促进均衡合理投放，多渠道解决支农资金和小微企业融资问题，发放支农再贷款3409万元。年末中小企业贷款余额35.5亿元，同比增长11.94%；票据贴现4.69亿元，增长236.72%；政府性项目贷款余额8.50亿元，同比增长42.18%。低丘缓坡开发贷款（含表外）8.1亿元，比上年增加2.6亿元。

【强化市场准入监管】2013年，丽水银监分局遂昌办事处完成对建行叶坦自助银行和邮储行黄沙腰支行的迁址更名，农信社三川分社的升格，以及富民村镇银行开业等行政许可事项审查和验收。对辖内机构21名拟任高管人员任职资格审查，实施拟任人员测试和任前谈话。对遂昌农信联社增办贷记卡业务初审。年末，银行金融机构9家，营业网点（含自助）52家，自助设备96台，基本满足市民金融服务需求。

【综合监管管理】2013年，人行遂昌县支行做好落实银行机构重大事项报告制度，加强新设机构开业指导和管理，确保金融机构平稳运行。组织开展对工行、中行、建行机构执法检查，规范金融机构业务营运操作。按“先试点、后推广”和“五个一”标准，进行农村金融消费权益保护站建设试点，建成好川、焦川等5家示范站，接受63人次金融消费投诉和咨询，保护金融消费者权益。

【银行合规经营】2013年，丽水银监分局遂昌办事处会同上级实施完成遂昌联社员工行为专项疑点数据、工行遂昌支行贷款五级分类现场真实性、稠州银行联动检查及新设机构业务、泰隆银行遂昌支行新设机构回访及业务合规等4个检查（核查）项目。通过现场检查，加大银行机构纠错整改力度，促进银行合规经营，提高监管有效性。

【加强风险监测】2013年，人行遂昌县支行加强辖内金融机构运行情况监测。重点加强银行流动性、整体性风险跟踪和民间融资监测，关注不良贷款动态变化，要求金融机构及时报备重大风险情况。做好企业景气和物价监测，分析异常数据，根据金融运行特点，开展企业调研，为上级决策提供参考。强化重点大户借款风险管理，对1000万元以上借款企业进行信用等级评定，配合县经信委对56户小微企业资信评定；向上级报送风险专题报告2次。

【金融风险（案件）防控】丽水银监分局遂昌办事处把抓银行内控制度执行建设，作为风险防范日常监管的重要内容。通过金融形势分析、情况通报、工作交流等政策传导，加强机构案防协调和督促，落实风险防控。组织法人机构案防工作现场风险防控评估，发现问题和隐患，提出整改措施，督促及时整改。加强与公安部门配合，实施重要节假日辖内网点安保检查，确保外部环境安全。8—9月对辖内52家银行网点安保状况全面检查，提出整改意见，把“防盗窃、防诈骗、防抢劫、保平安”安保工作落到实处。

【推进农村金融改革深化】2013年，人行遂昌县支行加强农村金融改革推动，引导金融机构办理林权抵押贷款，办理行社7家，新增3家。配合政府发挥财政贴息、风险补偿等政策引导作用，稳固林权抵押贷款基础，实现扩面增量，全县林权抵押贷款3034笔，余额3.72亿元，超额完成上级任务。深化银行卡助农取款服务，指导有序推进转账代理，帮助农户缴费，修订完善助农取款服务优惠政策和考核奖励办法，落实奖励资金35万元。至年末，助农取款服务点累计取款2.62万笔，金融1594.96万元；183个服务点开通了转账业务，代理转账4.84笔，金额283.03万元；“一卡通”发放涉农补贴10636.7万元；建立小额取款、金融宣传、金融维权、消费保护、农户信息采集为一体农村金融服务站227家。做好农户信息更新，采集农家乐信息341户，更新农户基本信息3.56万户，农行、中行、泰隆、富民等机构开通使用。引导涉农金融机构开展“整体批发、集中授信”便民服务，5034户农户获得贷款1.66亿元。

【配合建立企业应急转贷周转金】2013年5月20日，丽水银监分局遂昌办事处加强对小微企业金融支持，探索建立市场化运作为主体，政府指导为辅的企业应急转贷周转金运作模式，配合县政府，由县企业家协会会员自筹3000万元，财政配套3000万元，成立县企协企业服务有限公司，委托放款给还贷企业用于应急归还贷款周转。全年累计发放101笔2.88亿应急周转金，帮助解决企业续贷难题，提升转贷效率，为服务实体经济、助推企业转型升级提供有益探索。该模式为丽水市首创。

【加强金融服务】2013年，人行遂昌县支行创建“刷卡无障碍示范县”建设工作，优化支付结算环境；实施“网上支付应用示范”工作，提高企业网银开通率和使用率，为农村电商发展创建良好环境；加大基层网点支付系统接入，扩大支付系统覆盖，20个乡镇及县以下金融机构实现支付系统全覆盖。加强同财政协调配合，强化经理国库职能建设，做好财政资金经收拨付，加速税款入库进度，维护财政纪律，支持经济稳健发展。

【组织银行民主评议】2013年，丽水银监分局遂昌办事处督促银行提高服务效率，提升服务水平，做好合规经营，将“勤廉遂昌建设大家评”与提高金融服务结合，组织银行机构开展行风民主评议。在《钱瓯遂昌》上公开服务承诺，接受公众监督，会同县监察局组织百名代表对8家银行机构服务现场评议，通过机构展示、代表现场提问、行长现场回答，代表对银行服务、合规经营、服务效率、服务态度4个方面评价，并将结果公示，督促和促进银行提升综合服务，搭建银行客户沟通渠道。

银行业

【概况】2013年，遂昌银行业在县委、县政府和监管机构领导下，贯彻执行国家货币信贷政策，加快农村金融改革步伐，调整信贷结构，金融产品创新，提高服务质量，加大对实体经济支持，增加支农资金投入，促进县域经济稳定健康发展。年末，本外币各项存款余额95.61亿元，同比增长10.19%；其中个人存款54.49亿元，同比增长15.67%；本外币各项贷款余额89.77亿元，同比增长19.80%，年末存贷比93.89%。全县涉农贷款余额62.01亿元，增长18.49%，占全部贷款69.07%，林权抵押贷款超额完成任务；中小企业贷款余额35.50亿元，增长11.94%；中长期贷款余额33.30亿元，同比增长15.31%。

【农业发展银行遂昌信贷组】2013年，中国农业发展银行遂昌信贷组坚持政策性、开发性农业金融为主业务方针，巩固传统业务，加大支农力度，维护业务平稳开展。年末，各项存款余额0.60亿元，各项贷款余额2.85亿元，其中政策性贷款余额2.71亿元。

2013年，农发行遂昌信贷组认真做好县级粮油储备贷款发放，储备粮油轮换资金及时到位，支持开展调控粮调销，落实政策性贷款资金监督，确保粮油储备“四相符”。做好峡湖金竹公路改建项目续贷，保障重点项目贷款资金供应；拓展政策支持范围，加强农业开发支持力度，金融服务延伸到农林牧渔，新增林海农业流动资金贷款800万元。

【工商银行遂昌支行】2013年，中国工商银行股份有限公司遂昌支行加大特色产业投入，创新金融产品拓展业务，调整信贷结构，支持中小企业发展，加强风险防控，业务平稳发展。年末，各项存款余额13.46亿元，同比减少0.34亿元；各项贷款余额

13.70亿元，同比增加1.05亿元，增长8.32%；办理承兑汇票3.12亿元，票据贴现4.35亿元；贷款不良率1.73%。

2013年，工行遂昌支行采取灵活采用信托、转让、融资、表外等多种方式，对正常企业不抽贷不压贷，困难企业做好沟通帮扶，新企业上门服务，中小企业贷款稳中有升。加大对农村产业、电商、服务业、特色市场等行业信贷支持，个人贷款余额4.10亿元，增加0.30亿元。使用国内贸易、信用证、票据融资等新兴工具，帮助企业解决融资、降低成本、加快周转，拓展存贷业务，办理承兑汇票3.12亿元，签发国内信用证8.94亿元，票据贴现4.35亿元，贸易融资余额4.01亿元。完善内部管理，落实风控责任制，建立风控分析制度，加强监督检查，确保业务营运安全。

【农业银行遂昌县支行】2013年，中国农业银行股份有限公司遂昌县支行坚持审慎经营原则，按调整结构、防控风险、持续稳定要求，开展业务工作，经营效益明显提升。年末各项存款余额8.44亿元，同比减少0.62亿元，降低6.82%；各项贷款余额7.78亿元，增加0.58亿元，增长8.13%；签发承兑汇票6.27亿元，余额2.70亿元；不良贷款率0.36%，实现利润4085万元。获省银行业文明规范服务示范单位称号。

2013年，农行遂昌县支行按分类指导、区别对待原则，不以规模论大小，调整存量结构，严格信贷准入，主动防范信贷风险，确保业务质量，调整资金投向，向国家政策鼓励产业倾斜，为不良率最低银行机构。开展创建信贷“三化三无支行”活动，提高风控意识，实施业务培训，完善规章建制，规范操作流程，强化考核监管，严格服务建设，提高服务质量，实现新放贷、对公业务无不良优良成绩。

【中国银行遂昌县支行】2013年，中国银行股份有限公司遂昌县支行加大对经营实体投入，强化金融服务，发挥中行优势，帮助规避汇率风险，促进业务稳定开展。年末，本外币各项存款余额8.93亿元，减少0.53亿元；本外币各项贷款余额13.28亿元，增加0.08亿元，增长0.57%；办理承兑汇票6.92亿元，开立国内信用证0.72亿元，国际信用证1.65亿元。

2013年，中行遂昌县支行调整信贷结构，向中小企业等实体经济倾斜，支持休闲旅游业发展，为生态农业、林业、水利等特色项目贷款1.5亿元，新增园区企业5家，为汇金有色金属公司报增贷款0.4亿元。加强金融服务，发挥国际业务优势，加大远期结售营销，帮助规避汇率风险，办理1100万美元远期转收款Ⅱ业务，人民币汇率产品2983万美元，与元立集团达成1.3亿元进口开证业务，增加业务收益。

【建设银行遂昌支行】2013年，中国建设银行股份有限公司遂昌支行推进业务结构调整，夯实客户基础，提高服务质量，从小微企业特点出发，创设“信贷工厂”模式，支持企业转型升级，加大对重点项目和企业的支持，推进经济发展。年末，各项存款余额16.28亿元，同比增加1.45亿元，增长9.75%；各项贷款余额21.44亿元，同比增加5.98亿元，增长38.69%；票据贴现4.65亿元；实现利润6143万元。2月，东街分理处升格更名东街支行。

2013年，建行遂昌支行进行职能整合，推行事业部制，内设机构减少2个。按小微企业“短频快”特点，实行营销和信贷分离，减少环节，运用“信贷工厂”模式，采用小贷、速通、e贷、综合等融资，帮助解决企业融资难题，支持小企业发展，提高服务效率。加大低丘缓坡开发项目信贷投放，推行城市“东拓西进”进程，夯实地方发展基础。推出“善融商务”电子服务平台，元立集团和5家竹炭企业入住，提升金融服务内涵，元立集团通过平台实现4000多万元销售。

【遂昌县农村信用合作联社】2013年，遂昌县农村信用合作联社坚持支农支小服务宗旨，支持“三农”，提升服务水平，创新金融产品，拓宽农村融资渠道，推进普惠金融，加大农村经济投入，支持农村经济发展。年末，各项存款余额32.22亿元，增加5.22亿元，增长19.33%；各项贷款余额23.66亿元，增加3.91亿元，增长21.01%；上缴税收3450.68万元，增长32.72 %。林权抵押贷款获省银行业服务“三农”十佳金融产品品牌。

2013年，遂昌农信联社加大农业企业、合作社和小微企业投入，推动农村产业调整，促进农村经济发展。年末，涉农贷款余额21.32亿元，同比增长24.32%。其中：农户贷款14.71亿元，增长20.58%；小企业贷款6.67亿元，增长13.43%；农村创业、小额扶贫、农家乐、下山脱贫四项贷款1.29亿元。小额贷款卡授信6.90亿元，贷款5.66亿元；林权抵押贷款2.13亿元、增长26.79%。推进“整村批发、集中授信”便民措施36个村，对5960农户授信5.18亿元。完善服务设施建设，新增ATM机4台、自助机具69台，丰收卡增发4.58万张。加强银企对接，在服务实体推进会对149家小微企业集中授信6.65亿元。与义乌、温州遂昌商会签署授信1亿元的合作协议，惠及商会200余名会员，帮助解决异地创业融资难题。创新普惠金融产品，合建工业园区市级网上支付示范区，开办3450户网银及手机银行客户。12月31日，在政府支持下召开农信普惠金融推进会，实施普惠金融三年行动计划，打造“基础金融不出村，综合金融不出镇”普惠金融服务体系，推进农村普惠金融。银行卡助农取款1.40万笔、金额610.62万元，刷卡消费6.09亿元。

【邮政储蓄银行遂昌县支行】2013年，中国邮政储蓄银行股份有限公司遂昌县支行坚持支农工作定位，深入农村、小微企业，开展金融服务，实施合规经营大讨论，促进业务平稳发展。年末，各项存款余额8.97亿元，同比增加1.08亿元，增长13.71%；各项贷款余额4.18亿元，增加0.53亿元，增长14.67%;实现利润1157.45万元。7月17日，黄沙腰支行迁址更名石练支行，开办信贷业务，提高乡村金融服务能力。

2013年，邮储行遂昌县支行按“提升信用品质、服务实体经济”要求，组成7个小组，走访小微企业、工商户205家，落实资金1685万元。开展小贷助农服务，加大对农村、小企业宣传，提升品牌形象，新增小贷客户25户，贷款112.5万元，存款260万元，新增其他客户81户。开展全员学习教育，进行合规经营大讨论，找问题补漏洞，树立合规经营观念，完善岗位规章建制，组织业务培训和“合规履职”主题演讲，提高服务质量，促进业务持续发展。

【稠州银行遂昌支行】2013年，浙江稠州商业银行股份有限公司丽水遂昌支行顺应形势变化，调整信贷结构，创新产品和服务，加大对小微企业和“三农”支持，实现业务平稳发展。年末，各项存款余额4.97亿元，增加0.48亿元，增长10.78%；各项贷款余额3.58亿元，增加0.34亿元，增长10.63%。

2013年，稠州银行遂昌支行发挥城商行“灵活、简便、高效”优势，加强客户业务营销，新增信贷向县域中小企业和个体工商户倾斜。参与农村金融改革试点，创新银村合作模式，推出“无缝对接”信贷业务，满足农户资金需求。强化机制建设，简化业务流程，提高金融服务水平，缓解小微企业贷款难题。

【泰隆银行遂昌支行】2013年，浙江泰隆商业银行股份有限公司丽水遂昌支行坚持小微市场定位，发展电子银行业务，弥补网点缺陷，支农之小，服务小微企业，扶持商户、农户发展。年末，各项存款余额1.63亿元，各项贷款0.88亿元；网银客户3294户。

2013年，泰隆银行遂昌支行做好金融服务，保持信贷合理增长与均衡投放，以服务小微企业、农村经济为导向，推动业务发展。以实体经济为载体，加大产品创新、技术创新、节能环保等领域为重点，推进整村授信便民服务，服务地方经济。年末，小微企业贷款141户，余额2857万元，开发村居49个，支农贷款4706万元。从严治行，强化内部管理；提高企业文化认可，打造泰隆品牌；有效让利客户，减免53项项目收费。

【遂昌富民村镇银行】浙江遂昌富民村镇银行股份有限公司系办理存款、贷款、结算等银行业务的独立法人银行机构，内设综合管理、风险管理、业务管理、营业等4部。2013年7月11日成立开业。由浙江温州鹿城农商银行为发起行，遂昌成屏水力发电、翱力机械、信和机械、凯恩特种材料、利民化工、圣豪矿业、温州和丰园商贸、环宇集团浙江金属等8家企业共同发起设立。是以服务“三农”为己任，面向三农，服务城乡，为公众、小微企业提供金融服务的县域银行机构。年末，各项存款余额0.72亿元，其中城乡居民个人存款余额0.54亿元；各项贷款余额1.28亿元。

保险业

【概况】2013年，遂昌保险机构秉承服务经济发展，服务百姓宗旨，结合农村金融改革，探索保险服务民生途径，着力提高企业和民众应对自然灾害和意外事故能力，促进各项业务发展。县域14家机构全年保费收入2.29亿元，同比增加0.49亿元，增长27.2%；各类理赔和给付0.65亿元，同比增加0.09亿元，增长16.1%。其中：全年财险保费收入1.03亿元，各类理赔支出0.47亿元；全年寿险保费收入1.26亿元，各类理赔和给付支出0.18亿元。

【人保财险遂昌支公司】2013年，中国人保财产保险股份有限公司遂昌支公司以“人民保险服务人民”为使命，坚持“忠诚服务、笃守信誉”宗旨，探索保险服务民生途径，优化服务，提升服务地方经济能力。全年保费收入6408万元，同比增加839万元，增长15.08%；提供保险保障224亿元；保险理赔3909万元，同比增加1514万元，增长63.22%；占县财产险市场62.07%。

2013年，人保财险遂昌支公司提高保险服务，探索服务民生途径，让百姓享受改革发展成果，开办企业财产、家庭财产、机动车辆、货物运输、建安工程、信用保证、公众责任、意外伤害和责任保险100多个险种，提高企业和市民应对灾害和意外能力，提升公众保险意识，为经济发展和百姓安居乐业作出努力。为养殖业、种植业、林业、农房等农业产业提供政策性农保，保费收入550万元，保障农业风险14亿元，理赔226万元；开办公众责任保险，为19.3万农村户籍人口提供每人4万元风险保障；实现县域医疗责任保险覆盖；启动理赔绿色通道，给予“救火英雄”尹智慧家属4万元通融赔偿金。

【人寿保险遂昌支公司】2013年，中国人寿保险股份有限公司遂昌支公司以业务竞赛为抓手，加强自营销售和队伍建设，差异化经营，适应新形势下监管要求，各项业务平稳发展。全年保费收入5583万元，提供保险保障58.42亿元，全年理赔支出163万元，满期给付699万元，占全县寿险的44.26%。

2013年，人寿保险遂昌县支公司实施“飞扬2013”“国寿锦标赛”等业务竞赛，拓展新客户，提高保险服务，个险保费490.57万元，三康险保费69.82万元。强化自销，在驻点销售取消情况下，进差异化经营策略，适应新形势下监管要求，促进银保期交业务发展，全年保费367.03万元，实现期交保费134.96万元,同比增长13.37%。加强政保合作，拓展“通泰”和“电瓶车”意外险等小额短期险。补充医疗险和学生平安险有所突破，参保学生7989人，提供人身保障7.98亿元，保费收入41万元；为两家企业员工提供福利保障，保费收入70余万元。

证券业

【银河证券遂昌营业部】2013年，中国银河证券股份有限公司遂昌北街证券营业部按上级要求，实施营业部标准化服务及规范化管理，规范投资服务，开展上线非现场开户，方便客户参与证券投资，与有关部门合作在汤显祖纪念馆举办“贯休书画院首届院展暨全国书画名家邀请展”，提升营业部知名度。全年，证券年交易量156.48亿元，增加42.18亿元，增长36.90%；代客管理证券资产7.76亿元，全年融资融券授信1.45亿元。（唐少景）

财政与税收

【概况】2013年，遂昌县实现生产总值84.54亿元，比上年增长10.1%。其中第一产业增加值9.94亿元，增长3.1%；第二产业增加值39.55亿元，增长14.2%；第三产业增加值35.05亿元，增长7.3%。三次产业结构由上年的12.2∶45.9∶41.9调整为11.7∶46.8∶41.5。全县人均生产总值45028元，增长10.7%。全县财政总收入9.25亿元，增长10.4%，其中公共财政预算收入5.52亿元，增长18.1%，占财政总收入的比重为59.7%；税收收入4.85亿元，占公共财政预算收入的87.7%；非税收入0.68亿元，增长36.2%。公共财政预算支出17.82亿元，增长16.8%。当年财政收支平衡。

【组织财政收入】强化税源跟踪管理。完善重点企业跟踪管理机制，将93户重点企业监管责任落实到人，定期开展收入动态预测分析，重点监控税收占全县税收的70%以上；加强建筑业跟踪管理，对25个重点项目实行重点监控，全年建筑营业税入库4181万元，同比增长27%。细化税种精细化管理。加强所得税汇算清缴后续管理，对18户年销售收入1000万元以上企业开展辅导式检查，自查阶段查补入库税收150万元；通过房产税、土地使用税涉税信息比对，增收700万元；深化国土、住建等部门协作征管机制，入库自建房营业税412万元、耕地占用税超5000万元。深化查补清欠管理。建立欠税信息共享和部门协作机制，有效避免新欠发生；对历年欠税进行集中清理，通过书面催缴、发票控管、部门协作、限制离境等措施，清缴欠税900余万元；开展金融、小水电、建筑等行业专项检查，共查补入库40万元以上的案件7件，增长250%；共查补入库1324万元，同比增长18%。

【支持经济发展】积极向上争取资金。全年共争取到省补专项82898万元,同比增长11.2%；遂昌被列入全国“一事一议”财政奖补促进美丽乡村建设试点县，积极探索政府购买服务、政企合作发展农村电子商务模式。完善财税扶持政策。参与制订县委发展总体经济、原生态精品农业、加快工业创业创新等扶持政策，及时兑现税费优惠政策，共减免税费6000万元、拨付企业扶持资金7700万元；投入1.25亿元成立遂昌暨阳山海协作产业园开发有限责任公司，打造遂昌—诸暨山海协作产业平台；注资成立全省首家农村集体经济发展有限公司，创新县域统筹发展物业经济模式。推动农村金融改革试点。出资参股成立首家村镇银行，完善金融机构考核办法，推动地方金融产业发展；投入3000万元设立企协应急转贷周转金，全年累计发放217笔共计5.95亿元转贷资金，缓解企业融资困难。

【保障社会民生】从严控制“三公”支出。出台“三公”经费总量控制、函告和约谈等制度，严把支付审核关，实行支出动态监管，大幅压缩行政经费和一般性支出；2013年全县“三公”经费比2012年下降15%，其中招待费下降21.1 %，节约资金重点用于保障民生。大力发展社会事业。投入1.2亿元开展“六边三化三美”“双清”等行动，启动农村垃圾分类工作试点；实施“3527”教育资源优化布局方案，金岸小学建成投入使用，梅溪小学、育才中学启动建设；建成24个农村文化礼堂，开展乡村系列文化节庆活动。全县民生支出10.7亿元，增长17.1%，占当年新增支出84.2%。健全社会保障体系。参与制订《遂昌县大社保体系建设实施方案》，将新型农村合作医疗和城镇居民基本医疗并轨运行，设立县城乡居民医疗保险统筹专项基金，健全“五保合一”大社保体系；深化医疗卫生体制改革，完善公立医院财政补偿机制。

【深化财政改革】完善公共财政管理体制。加快国库集中支付和公务卡改革步伐，推动教育系统和试点乡镇上线运行国库集中支付系统；实行协议优惠利率定存1.92亿元，全年增加利息收益超500万元；深入开展往来款清理工作，出台财政借款管理办法建立长效机制，创新农发项目以乡镇为项目单位管理模式和“取芯”工作方法。加强乡镇财政建设。20个乡镇（街道）均挂牌成立乡镇财政所，确立专职或兼职工作人员68名；确定北界镇、石练镇作为乡镇财政公共服务平台建设试点乡镇，实现机构、场所和人员的“三到位”。启动国资整合盘活专项行动。制订《遂昌县行政事业单位国有资产整合盘活专项行动实施方案》，大力推行“统一产权、集中管理、授权使用”的行政事业单位国有资产管理体制，建立“县政府—财政局—资产使用单位”三层次管理模式，促进国有资产保值增值。（叶晓晖）

国有资产管理

【行政事业单位国有资产整合盘活】2013年，遂昌县启动行政事业单位国有资产整合盘活专项行动。派人专程赴义乌市、苍南县、龙泉市、云和县等地考察学习，用时3个月完成国有资产整合盘活的前期调研、审查材料、初设方案、方案审定和组织实施等工作。大力推行“统一产权、集中管理、授权使用”的行政事业单位国有资产管理体制，建立“县政府—财政局—资产使用单位”三层次管理模式，促进国有资产保值增值。10月，正式启动行政事业单位国有资产整合盘活专项行动。根据方案步骤，先成立清产核资工作组，赴各单位开展国有资产清查工作。至年底，完成169家单位1490宗资产清查、76家单位520宗无证资产的测量工作。下一步，将着力开展产权纠纷处置、“两证”办理和经营性资产调拨划转工作。

【行政事业单位国有资产信息系统管理】建立行政事业单位资产管理动态数据库，推进资产管理信息化，实现“财政部门—主管部门—行政事业单位”三级资产信息共享、业务流程全面协同的动态监管。针对行政事业单位国有资产管理信息系统、单位财务固定资产管理和单位财务列支等事项之间所存在的问题，由国资科和国库支付局商讨并决定，各财政科室间积极配合，加大对各行政事业单位国有资产在资金支付、国定资产入账和国有资产信息系统管理等方面进行协作，规定各行政事业单位在支付固定资产购置费用时必须由单位先行在国有资产信息系统中录入信息后打印有关资料，经国企科审核确认签章后方进行资金的支付，确保了单位国有资产在账证、实物、信息管理上的统一和完整。

（国资公司）

国家税务

【概况】2013年，遂昌县国家税务局入库国税收入46510万元，完成年度计划41930万元的110.92%，同比增收4995万元，增长12.03%，其中增值税入库37978万元，同比增收1761万元，增长4.86%，所得税入库5898万元，同比增收2952万元，增长100.2%，车辆购置税收入2528万元，同比增收11.96%。

【国税税收征管】开展网络发票查验核实工作，督促企业落实发票真伪查验，共查验136户企业发票8654份，查验金额16654万元，发现异常票94份，涉及金额107万元，其中发现4份“克隆”发票，涉及金额8.24万元，发现2份挂失发票，涉及金额36.23万元，已移交稽查立案处理。同时开展企业所得税汇算清缴及后续审核工作，全年共清缴企业690户，清缴面达100%，调增应纳税所得额10968万元，入库税收1251万元。汇算清缴结束后，按照后续审核办法，开展后续审核工作，全年共审核户数43户，其中有问题户数38户，转稽查进一步检查1户，转评估2户。调增应纳所得额512.37万元，弥补亏损额352.8万元，补缴企业所得税37.31万元，补缴增值税1万元。

【落实税收优惠政策】2013年，县国税局共征前减免销售额或应纳税所得额43914万元，同比增18376万元，增长71.96%，其中支持农副产品销售征前减免销售额21501万元。共办理减免、退税22555万元，同比增3825万元，增长20.42%，其中固定资产抵扣税额5331万元；资源综合利用增值税退税938万元；支持对外贸易退税8700万元；支持“三农”免税农产品抵扣4488万元；福利企业增值税退税841万元；未达起征点减免税收803万元。

【国税依法行政】全年发生执法行为11909户次，经申辩调整后，执法过错为零，实际准确率100%；纳税申报率为99.84%，税款平均入库率为96.75%，平均处罚率按户次为100%，按金额为50%，欠税增减率为0，保持连续17年无新欠。共对成品油批发零售、出口退（免）税、培训服务等行业的35户企业开展督导自查和立案检查工作，入库税款、滞纳金及罚款共计216.73万元，其中税款162.08万元,滞纳金21.86万元,罚款32.79万元。稽查选案准确率100%,案件结案率100%,查补收入入库率100%,金税协查按期回复率100%。

【“个转企”工作】2013年，县国税局成立“个转企”工作领导小组，加强与工商、地税部门联系，落实各项扶持政策和服务措施，对重点培育对象进行跟踪，密切与工商、地税等部门协作，全县共完成“个转企”424户，完成年度计划的481.81%，完成进度名列全市首位。

【办税服务厅达标建设】2013年，县国税局实行一窗统办，扩大窗口办税功能，增设咨询导税台，更新自助办税区设备，增加自助服务导航系统“营改增”内容,全年预约服务近150次，延时服务近500次，通过“纳税人之家”QQ群及12366纳税服务热线电话解决纳税人涉税问题500余个，加入QQ群的纳税人达到165户，办税大厅被省局命名为第二批标准厅。

【创建“税昌4E服务”品牌】2013年，遂昌县国家税务局积极开展“一局一特色，一局一品牌”纳税服务品牌创建活动，创建“税昌4E服务”品牌，包含纳税服务全面、简易、高效、热情的含义，促使办税大厅在全县34个行政服务窗口参评的“服务群众大家评”评议中获得第3 名的成绩。（管雯洁）

地方税务

【概况】2013年，遂昌县地税部门共组织各项收入7.34亿元，同比增长12.53%。其中税收收入4.52亿元，增长9.91%，完成省局计划100.4%。非税收入2.83亿元，占地税部门组织各项收入的38.49%，同比增长16.98%。农村居民人均纯收入10224元，增长12.9%；城镇居民人均可支配收入30370元，增长10.3%。

【帮扶发展】落实各项结构性减税政策，全年地税部门税收优惠5467万元，增长32.4%，其中营业税减免增长131.98%，个人所得税减免增长124.91%，契税减免增长58.84%。发挥税收服务经济职能，出台《遂昌县加快旅游项目开发的若干意见》《遂昌县加快养老服务事业发展的实施意见》等与地方经济发展相关的重大政策，促进经济转型升级。重点支持个体户、企业发展，4月1日成立个转企与规范企业升级工作领导小组，全年办理“个转企”工商登记424户，税务登记353户。印发《关于开展支持浙商创业创新“服务推进年”活动的实施方案》，向企业和部门发放《支持浙商创业创新税收优惠政策汇编》，有针对性地开展政策宣传和专项辅导。

【税费征管】强化税源跟踪管理。完善重点企业跟踪管理机制，将93户重点企业监管责任落实到人，定期开展收入动态预测分析，重点监控税收占全县税收70%以上；加强建筑业跟踪管理，对25个重点项目实行重点监控，全年入库建筑营业税入库4181万元，同比增长27%；开展税务登记验证工作，提前一个月完成1563户验证企业，进度排名全市第一。细化税种精细化管理。加强所得税汇算清缴后续管理，对18户年销售收入1000万元以上企业开展辅导式检查，自查阶段查补入库税收150万元；通过房产税、土地使用税涉税信息比对，增收“两税”超700万元；深化国土、住建等部门协作征管机制，入库自建房营业税412万元、耕地占用税5000万元。深化查补清欠管理。建立欠税信息共享和部门协作机制，避免新欠发生；对历年欠税进行集中清理，通过书面催缴、发票控管、部门协作、限制离境等措施，清缴欠税900万元。加强非税收入征管。在享受税费优惠政策的企业率先开展社保费结算试点工作，巩固和完善“五费合征”工作机制，全年入库社保基金2.37亿元，同比增长20.63%。

【纳税服务】结合县委“两比两问强执行”“聚焦执行力”等深化作风建设活动的开展，严格落实限时办结制、一次性告知制、一站式办结制、首问责任制、上门服务等特色服务措施，进一步打造“同心汇聚”地税品牌，在全县“服务群众大家评”中，办税服务大厅和行政审批中心地税窗口评议均名列前茅，局机关获“服务项目大家评”第一名。开展“家”系列税收宣传和“六五”普法活动，首创方言说税法宣传活动《遂昌大讲客》获省地税局十佳创新宣传项目；共发送纳服宣传短信2500条，电话访问962次，实地走访804次，发放宣传资料10000份。

【税务稽查】4月8日，印发《关于开展2013年度税收专项检查的通知》，围绕以查促管、以查促收的目标，开展金融、小水电、建筑等行业专项检查，共查补入库1324万元，比上年增长18%；其中查补入库40万元以上的案件7件，同比增长250%。发挥举报中心职能，共受理举报案件3件，全部立案查处，另查处上年遗留省地税局督办案件1件，共查补收入451万元。

【税收法制】梳理本单位行政权力事项，录入至县政务服务平台权力库予以公开。对规范性文件的制定进行审查和监督，实行规范性文件统一登记、统一编号、统一公布的“三统一”制度。在税友龙版上制订计算机考核方案，导入32个计算机考核指标，实行计算机执法责任制的考核，防范执法风险。5月23日，成立《税友龙版》廉政效能风险防控模块上线工作领导小组，印发实施方案，随即举办业务培训，并于6月1日正式上线。遂昌县财政地方税务局先后被评为“遂昌县依法行政工作优秀单位”“丽水市依法行政示范单位”“全省地税系统依法行政工作优秀单位”。（叶晓晖）

住房公积金管理

【住房公积金缴存】2013年，丽水市住房公积金管理中心遂昌分中心开展住房公积金扩面工作，调整住房公积金缴存基数，全县实际缴存职工人数12330人，新增1063人，比上年净增505人。全年归集公积金16344.33万元，比上年增加1755.55万元，增长12.03%；归集余额53715.45万元，比年初增加6428.74万元，增长13.60%。

【住房公积金提取】2013年，全县职工提取公积金本息9915.6万元。其中购房提取2789.51万元，偿还贷款本息提取4966.71万元，两项合计占提取总额的78.22%；与单位终止劳动关系、退休、调离本县销户等支取2159.37万元，占21.78%。提取额比上年增加1974.89万元，增长24.87%。

【住房公积金贷款】2013年，共为301户职工发放住房公积金贷款10152万元，共回收贷款本息5552.65万元，年底公积金贷款余额44137.69万元，公积金存贷比82.17%。逾期率为0.00014%。

【住房公积金增值收益】2013年，全县住房公积金实现增值收益901.71万元，比上年减少25.75万元。全年上缴县财政城市廉租住房建设补充资金270万元，累计上缴财政廉租住房补充资金1050万元。

（包铭富）

2011年以来遂昌县住房公积金缴存和提取情况一览表

表27

年度	缴存比例	正常缴存人数	缴存金额(万元)	提取金额(万元)
2011	12%	11317	13717.56	7041.31
2012	12%	11825	14588.78	7940.71
2013	12%	12330	16344.33	9915.6

交通 电讯

交通运输

【概况】2013年，全县道路运输完成客运量469万人次，客运周转量14588万人千米；完成货运量486万吨，货运周转量37692万吨公里。各公路站出动各类机械车辆4400余台次，人工24000余人次，较好地维护了路面洁化。县交通局获丽水市"模范集体"荣誉称号。以"强服务，促发展，全力打造通景区文明示范路"为内容的公路品牌建设，被命名为丽水市优秀公路品牌。

【规划设计】遂昌县综合交通规划立足一基本点，突出一亮点。一基本点，即立足于遂昌县交通系统自身建设，实施新举措，谋划新局面，促进交通转型发展，加快遂昌县综合交通体系建设，逐步提高遂昌县区域一体化和城乡统筹发展水平。重点是推进公路、水路、铁路等交通基础设施建设，提高运输服务保障等现代化管理水平。一亮点，即突出遂昌县交通系统如何服务于地方经济，特别是如何为工业布局和旅游开发服务。遂昌坚持"工业是第一经济"不动摇，把握县级旅游改革试点机遇，重点发展休闲旅游，将遂昌努力打造成为全省休闲旅游的示范县，成为依托旅游发展实现富民强县、跨越发展的典型。

【重点项目】峡口门至湖山至金竹公路改建工程于2010年5月开工建设，路线全长15.961千米，按二级公路标准设计。至2013年底，已累计完成投资33600万元。完成路基工程98.89%，完成桥涵工程97.9%，完成隧道工程99.27%，完成路面工程43.6%。

51省道遂昌县王村口至老虎跳段公路改建工程：于2011年4月开工建设，至2013年底累计完成投资19210.68万元，占总投资89.7%，其中2013年度完成投资3100.14万元。整体形象路基完成96.91%，桥涵完成96.34%，隧道完成95.85%。

乌溪江大桥建设工程：于2011年3月开工建设，全长1.32千米，按二级公路技术标准设计，路基宽度10.0米，路面宽8.5米，桥梁宽12.0米。大桥372米/1座，隧道355米/1座。2013年路基工程累计完成量占年计划78.28%；桥涵工程完成量占年计划136.06%；隧道工程完成量占年度计划74.95%。

【公路管理】全年总投资5201.1万元，完成了省道和农村公路路面大中修、路面预防性养护、公路安全保障、危险桥梁加固改造、水毁修复等6个项目的施工建设，续建城东养护中心和黄沙腰公路站房，开工建设湖山养护站等。

路政大队共出动路政巡查3367人次/334天、发放各类宣传资料3000余份。组织专项整治28次，发放张贴联合通告300余份，发放清障通知书900余份，清除堆积物8469立方米，拆除违法建筑物、构筑物8430平方米，拆除非公路标志牌144块。查处路产损坏案件60件、处罚案件16件，答复信访案件8件，查处率、答复率为100%，收取赔（补）偿费12.5万元，罚款4.5万元，较好地保障了公路的安全畅通。

公路服务站建设全面完成。

县公路局投资近20万元在新路湾公路站（路政中队）内空地上新建了便民休息亭、公共厕所等设施。并在新路湾公路站（路政中队）、大柘公路站（路政中队）腾出了休息室，配备了药箱、开水、打气筒等设备提供过往司机使用，此举得到了广大驾驶员的一致好评。

遂昌县区域干线交通网络布局规划线路一览表

表28

交通方式	序号		线路名称	主要控制点	里程（公里）	规划等级
铁路	铁	1	衢宁铁路	北界、新路湾、妙高	30	一级
		2	衢丽铁路			一级
公路	高	1	龙丽高速（遂昌段）	北界、新路湾、小马埠、株树窟、妙高	29	高速
		2	遂（昌）江（山）上（饶）高速	规划研究阶段	70	高速
	省	1	龙游—莲都（S225）遂昌段	北界、新路湾、小马埠、连头、云峰	35	一级
		2	遂昌—庆元（S226）遂昌段	上江、妙高、三仁、大柘、石练、焦滩、王村口、龙洋	81	二级及以上
		3	常山—遂昌（S228）遂昌段	峡口门、湖山、左肩、西畈	70	二级
			50、51省道连接线	三墩桥、枫树突、阴樟源	15	二级
	射	1	三墩桥—垵口—龙泉（城北）	三墩桥、阴坑、垵口、坝头	48	二级
		2	金岸—连头—金华（婺城区）	金岸、连头、半坑、门阵、小洋坑	30	三级及以上
		3	湖山—金竹—北界—金华	湖山、金竹、汀溪、应村、北界、苏村	61	二级
		4	西畈—黄沙腰—柘岱口	西畈、黄沙腰、柘岱口、尹家	68	三级及以上
	九联	1	连直线公路	连头、云峰、濂竹、直坑口	40	二级
		2	新路湾—白马山—汀溪	新路湾、远路口、白马山景区、汀溪	39	三级及以上
		3	应村—高坪	三十萝、洋溪、双溪口、高坪、长树源	25	三级及以上
		4	金竹—衢州界	金竹镇、官坞、上坪头、长树源、牛岭岙	20	三级及以上
		5	甲门坑口—左肩	甲门坑口、姚岭、左肩	23	二级
		6	石练—南尖岩—神龙谷	石练、双坑口、南尖岩、神龙谷	40	四级及以上
		7	焦滩—黄沙腰	焦滩、蔡源、大坑源、上定	32	三级及以上
		8	黄沙腰—九龙山和九龙山—西坑口	黄沙腰、九龙山、黄基坪、西坑口	30	四级及以上
		9	王村口—南尖岩	王村口、关塘、坑里	36	三级

【交通运输管理】2013年，全县道路运输完成客运量469万人次，旅客周转量14588万人千米；完成货运量486万吨，货物周转量37692万吨千米。完成机动车驾驶员培训2035人次。推进城乡客运一体化工作，优化公交线路1条，新增行政村通达3个，一体化率27.2%，开通遂

昌至毛田工业园区的公交车。健全和理顺公交管理体制，公交收归国有经营方案制订上报县政府；开展旅游客运专题研究；完成启用新包车客运管理系统的应用工作。

【客货运站场建设】 2013年，遂昌县物流中心完工验收，东城物流中心开工建设，龙洋凉潭口货运站、北界王坞客货运一体站、蕉川客运站通过验收并投入使用。大洞源客运站和西畈客货运一体站等待验收。全县建设港湾式停靠站15个。

【前期项目开展】 228省道遂昌至江山段公路工程，全长32.379千米，按二级公路技术标准建设，设计速度60千米/小时，路基宽10米。至2013年底，该项目处于工程可行性研究报告编制阶段。

【出租车和黄包车管理】 2013年，全县有出租车27辆、黄包车616辆。出租车未实行打表收费，采用车主和旅客协议收费的办法。由于遂昌县城区域不大，出租车市场狭小，1998年以后出租客运审批进入调控审批阶段，并数次对出租车市场进行整顿，但效果不明显。

遂昌客运站发车时刻及票价表

表29　　单位：元

	票价	发车时间	到达地	票价	发车时间
		08：00	上海	171 （5.5小时）	11：45
		09：45		经：杭州100　临平103　嘉兴148	
	100	11：40	湖州	113 4.5小时	10：25
	3.5小时	12：25		经：12：25杭普(建德38　桐庐路口64	
杭州		13：00		富阳路口78　杭州90)　武康100	
		15：05	萧山	100	10：00
		16：30		4小时	13：30
	98	21：30	景宁	453小时	08：30
		06：30			13：10
		07：20		经：靖居口18　南山26　石塘31	
		08：10		小顺32　云坛36（大港头27早上经）	
丽水		09：00	龙泉	54	08：50
	35	09：35		2小时	12：35
	1.5小时	10：25	柯桥	104	09：55
		11：10		经：诸暨83　绍兴100	
		12：00	金华	48	08：45
		12：40		2小时	12：40
	南山30	13：20		经：湖镇25　白龙桥39	
丽水		14：10	义乌	66	08：25
		15：00			11：35
		15：45		3小时	14：20
		16：35		早上经：湖镇23　金华48	

	票价	发车时间	到达地	票价	发车时间
		17：40		下午经：金华 48　　中午直达	
		18：40	温州	79	08：00
龙游		06：30	温州	2.5 小时	10：30
		07：20	温州	青田 56	13：25
		08：05	温州		15：30
		08：40	瑞安	84 3.5 小时	08：55
	22	09：45	瑞安	经：青田 56　温州 73	
	1 个半-2	10：30	永康	43	08：15
		11：00	永康	52	12：30
		11：40	永康	早上（走武义）经：宣平 20　王宅 28　武义 33	
		12：20	永康	下午（走缙云）经：缙云 46	
	溪口 14	13：10	武义	27	07：15
		14：15	武义		12：40
		14：50	路桥	112	09：35
		15：40	路桥	经：仙居 74　临海 90　黄岩 105	
		16：20	宁波	128 4.5 小时	09：35
		17：00	宁波	经：东阳 66　嵊州 91　奉化溪口 113	
衢州	34	07：35	北仑	146 6 小时	08：20
		09：00	北仑	经：永康 48　东阳 70　嵊州 95	
		10：15	隔天开	上虞 110　慈溪 125　镇海 143	
	1 个半	11：35	庆元	79	13：00
		13：00	隔天开	经：小梅 66	
	占家 23	14：20	隔天开	52	
	安仁 24	15：50	千岛湖	经：白沙 42	13：25
		17：20	松阳	9.5	6：40—18：40 20 分钟一班
					44 班/日
	票价	发车时间		票价	发车时间
杭州		08：00	上海	171 （5.5 小时）	11：45
		09：45	上海	经：杭州 100　临平 103　嘉兴 148	
	100	11：40	湖州	113 4.5 小时	10：25
	3.5 小时	12：25	湖州	经：12：25 杭普(建德 38　桐庐路口 64	
		13：00	湖州	富阳路口 78　杭州 90)　武康 100	
		15：05	萧山	100	10：00

	票价	发车时间	到达地	票价	发车时间
		16：30		4 小时	13：30
	98	21：30	景宁	45 3 小时	08：30
		06：30			13：10
		07：20		经：靖居口 18 南山 26 石塘 31	
		08：10		小顺 32 云坛 36（大港头 27 早上经）	
丽水		09：00	龙泉	54	08：50
	35	09：35		2 小时	12：35
	1.5 小时	10：25	柯桥	104	09：55
		11：10		经：诸暨 83 绍兴 100	
		12：00	金华	48	08：45
		12：40		2 小时	12：40
	南山 30	13：20		经：湖镇 25 白龙桥 39	
		14：10	义乌	66	08：25
丽水		15：00			11：35
		15：45		3 小时	14：20
		16：35		早上经：湖镇 23 金华 48	
		17：40		下午经：金华 48 中午直达	
		18：40	温州	79	08：00
		06：30		2.5 小时	10：30
		07：20		青田 56	13：25
		08：05			15：30
		08：40	瑞安	84 3.5 小时	08：55
	22	09：45		经：青田 56 温州 73	
	1 个半-2	10：30	永康	43	08：15
		11：00		52	12：30
龙游		11：40		早上（走武义）经：宣平 20 王宅 28 武义 33	
		12：20		下午（走缙云）经：缙云 46	
	溪口 14	13：10	武义	27	07：15
		14：15			12：40
		14：50	路桥	112	09：35
		15：40		经：仙居 74 临海 90 黄岩 105	
		16：20	宁波	128 4.5 小时	09：35
		17：00		经：东阳 66 嵊州 91 奉化溪口 113	
州	34	07：35	北仑	146 6 小时	08：20

	票价	发车时间	到达地	票价	发车时间
		09：00		经：永康 48 东阳 70 嵊州 95	
		10：15	隔天开	上虞 110 慈溪 125 镇海 143	
	1 个半	11：35	庆元	79	13：00
		13：00	隔天开	经：小梅 66	
	占家 23	14：20		52	
	安仁 24	15：50	千岛湖	经：白沙 42	13：25
		17：20	松阳	9.5	6：40—18：40 20 分钟一班
					44 班/日

【公交线路及停靠站】

1 路线（源口—利化）：10 分钟/班

源口—交警队—吴乐—兴居花园—上南门桥—下南门桥—平昌广场—钟楼—人民公园—龙潭—水泥厂—渡船头—上江—下杭—工业园区—金岸—高路—元立厂区—利化

早班：6：00

末班：21：10

3 路线（株树窟—大毛头）：20 分钟/班

株树窟高速路口—黄马坞口—叶定口—水阁村委—梅缘路口—戏曲公园—北街老桥—审批中心—影剧院（妙高派出所）—财政局—遂昌大厦—移动公司（国税）—南门中路（西）—体育馆—职教园区（职高）—大毛头村委会

早班：6：30

末班：18：40

4 路线（兴居花园—茗月山庄）：20 分钟/班

兴居花园—西街广达地产—巷弄口—教堂—地税局—遂昌大厦—新世纪影院（人民医院）—国土局—环卫大楼—月亮湾—茗月山庄—源古路（北）

早班：6：30

末班：18：40

5 路线（茗月山庄—大桥）：60 分钟/班

茗月山庄—大桥 此线路为城乡公交，部分站点与其余路线重叠，重叠线路站点相同，其余路段招手即停

早班：6：30

末班：17：30

2 路线（叶坦—永化）：30 分钟/班

叶坦—车站—海天门口—办证中心—文明路口—人民医院后门—北街 15 弄—北街 23 弄—北街 29 弄—北门桥头—月亮湾—茗月山庄—古院—五突头—后江—三墩桥—石板桥—高碧街—周村—凤凰山庄—前村—十三都—永化

早班：6：30

末班：17：40

6 路（县城—云峰）：30 分钟/班

北门桥头—云峰（社后）此线路为城乡公交 部分站点与其余路线重叠，重叠线路站点相同，其余路段招手即停

早班：6：10

末班：17：50

（钟 璐 叶 圩）

邮 政

【概况】2013 年，全县共有 58 条城乡投递邮路，担负着 23 万城乡人民群众的邮政通信服务。全年完成业务收入 1554.27 万元，完成计划 101.65%，同比增长 13.52%，增长率丽水市排名第三。其中函件业务完成收入 107 万元，同比增长 24.88%。包件业务完成收入 11.02 万元，增长 166.13%。集邮业务完成收入 220.98 万元，同比增长 15.03%。代理金融业务完成收入 839.05 万元，同比增长 20.32%。

全年组织各种培训 23 期。4

月，为全局41名外勤人员，每人购买了一份团体意外伤害保险，为外勤人员新增一份保障。11月,成立遂昌县邮政局迎接国家三类城市语言文字工作评估领导小组，制订《遂昌县邮政局迎接国家三类城市语言文字工作评估实施方案》。

【提升邮政服务功能】完成焦滩乡和三仁乡的邮政局所建设工程。8月底，完成应村、龙洋、高坪、蔡源、焦滩、三仁6个空白乡镇补建邮政局所工作。全年有序开展村邮站升级工作，完成全县三类村邮站助农取款叠加业务，健全完善全县203个村邮站及村邮员信息。7月，完成全部商易通机具升级工作。8月，完成全县1100多只信报箱的安装工作。

【抓质量强服务】2013年，县邮政局两次对全县支局所开展投递服务质量专项自查活动。制定国内小包投递、平常函件跟段检查、投递信息反馈、KPI运行指标的考核办法。规范投递、及时妥投，使投递服务质量显著提升。前后3次开展安全生产大检查，确保邮件寄递安全和服务质量。11月16日，遂昌局召开公园路网点转型启动会，正式启动县邮政局第一个网点的转型工作。

【打造特色集邮文化】2013年，县邮政局打造特色集邮文化。成功发出《五行遂昌·五行之金》《金生遂昌，梦回大唐》邮票册与千佛山景区年画，提升了遂昌县在全国的知名度和美誉度。又以独特的品牌优势成功定制县电力工业局30周年纪念银币900枚，开发银河证券春节台历8000册，签订旅游局世界地球日景区宣传单页14万张等。

【硬件环境建设】县邮政局重视储蓄网点硬件环境建设，改善用户的用邮环境。7月，完成北门、公园路自助设备用房改造。9月，完成金竹网点的装修改造。10月，完成了县局6楼办公室改造，并顺利搬迁。12月，北界网点完成改造，重装开业。

【继续开展走访活动】2013年，各网点继续开展进村入户、进市场、进社区等走访活动，走访“三农服务站”“六大户”“五大群体”，收集客户资料，摸清农村邮政服务的现状与需求。通过走访、摆摊、发放宣传材料等方式，加大业务宣传力度，提高邮政知名度。（叶淑芳）

电信

【概况】2013年，中国电信遂昌分公司运用电信网络优势、技术优势和服务优势，推进光网城市建设和农村信息化建设，强化移动通信建设和光纤带宽型基础建设，加快公司战略转型步伐。创新机制，坚持品牌统领和融合发展，以提升全业务运营能力为目标，发挥信息化建设主力军作用，促进和助推全县综合信息化更好更快地发展。2014年主营业务收入4047万元，累计同比增长8.8%。其中宽带净增800户，宽带电视用户11000户，宽带光纤用户7500户，智能手机用户新增5500户。

【网络建设情况】2013年，在县城承诺区域完成6028线FTTH改造，覆盖率从2012年年底的64.84%上升至99.24%。农村FTTH建设完成大畈畈、大安、社后小区、洋浩、石板桥、樟坪、车床、前山、官坞、黄泥岭、连头、范村等，覆盖率从2012年的10.80%上升至20.09%。完成一、二期LTE光缆建设共18个基站及C网光缆建设。对117个主干层、配线层、FTTH光交进行跳纤整治，共整治跳纤5060条，落实了覆盖地址清查和数据修改合并工作。因地制宜采用FTTH、FTTB、EPON、ADSL2+等多种接入技术，解决高宽带业务需求。线路完成总投资464.25万元，其中FTTH建设266.65万元、客户光缆建设29.8万元、管道建设42万元、C网及LTE建设95.8万元、中继光缆建设30万元。完成6028线FTTH改造，覆盖率从2012年的64.84%上升至99.24%。全面落实快装快修，宽带平均修复时长6.02小时，比上年缩短三个小时，平均安装时长28小时，比上年缩短20个小时，装移机48小时内竣工率92%。装移机、修障录音使用率达98%，用户满意度达99.8%。

【中国电信十项服务承诺】 2013年，浙江电信对原“五个一服务承诺”、“宽带宽心五项服务承诺”进行修正优化，形成十项服务承诺，于2013年10月1日起正式对外发布，具体内容如下：

承诺一：客户协议，公正规范；承诺二：自助服务，办理便捷；承诺三：查询便捷，透明消费；承诺四：宽带宽心，五项举措（无条件受理、48小时装机、24小时修障、7×24小时专家在线、超时双倍补偿）；承诺五：固话服务，始终如一；承诺六：一声提醒，温馨关怀；承诺七：业务定制，二次确认；承诺八：收费误差、双倍返还；承诺九：垃圾短信，专线受理；承诺十：投诉服务、限期回复。

【便民服务】 2013年，中国电信遂昌分公司大力发展便民服务建设，已建成核心门店9家，专营店8家、电脑门店25家、二级网点56家，力保全县主要街道、各乡镇均有移动业务、宽带销售和服务网点。

【教育信息化】 2013年，中国电信遂昌分公司助理教育信息化建设，携手县教育局举办全县教育信息化现场会，签署战略合作协议，致力全县教育光纤升级项目建设，开展校园监控项目建设，承接全县115辆校车监控项目，于年底开通使用。

【助残扶残活动】 2013年，丽水电信分公司制定了对残疾人的电信业务优惠政策：从8月1日起，凭残疾人身份证件、残疾人证到电信营业厅办理宽带，免收初装费用，免收设备押金，享受电信员工同等待遇，6M宽带600元/年。手机通信费享受电信网内畅打优惠。聋哑人享受短信优惠，1元包200条/月。

（电信公司）

移 动

【概况】 2013年，中国移动遂昌分公司有效推进“政企收入”倍增计划、网络赶超计划，市场指标平稳发展，全年销售额8230万元，实现利润4030万元。遂昌分公司获“省级巾帼文明岗”“市级文化建设示范单位”“市级先进工会小组”等称号。

【市场发展】 2013年，公司开展优质服务感恩行服务领先工程，以感恩为主题开展各种惠民活动。从客户感知出发，了解客户真实诉求，以优质服务和细致营销回报客户，积极做好客户的维稳和拓展工作，提升用户价值。截至12月累计通话用户数148231户，日均通话市场份额89.44%，新增放号32329户，终端销售完成25975台，宽带净增发展3968户。

【网络建设】 2013年，公司网络建设与维护工作成效显著。全县2G基站320个，除个别自然村外均覆盖。3G基站159个，城区及乡镇均覆盖。WLAN热点100个，AP300个，覆盖大型酒店、宾馆、影院等场所。4G基站2013年规划建设32个宏站和3个LTE室分，主要位于主城区，信号覆盖范围包括城区东面渡船头以内，西面至兴居花园以内，北面至北门桥头至茗月山庄以内，南面至枫树突以内。至12月19日，32个宏站已全部开通。驻地网建设城区户籍覆盖率90%，10个乡镇77个行政村区户籍覆盖率68%，在建龙口片区和上旦片区，已完成基础设施建设。

【优质服务】 全面实施全网服务责任制。全岗全员中，客户找到谁，就由其负责并协助相关部门解决客户问题，优化流程，简化程序，使客户的需求能在第一时间得到解决，大大提高了为客户服务的办事效率；优化营业厅资源配置，提高服务便捷性。在客户等候期间为客户提供业务咨询服务、为客户办理证件复印、实施客户服务关怀，加强产品与营销活动的管理，优化产品和营销活动的设计方案，简化办理流程，缩短客户业务办理时间；完善营业厅服务设施，在营业厅内增设自助终端、体验台等设备，为客户提供更为丰富便捷的业务办理渠道。

（移动公司）

联 通

【概况】 2013年，中国联通遂昌分公司完成通服收入1069万元，居全市第五名。固网收入332.61万元，居全市第五名。KPI绩效考核指标较年初有明显提升，10月绩效考核排名居全市第四名。移动网开通焦难鱼头、白马大酒店两个基站。固网工程建设顺利完成2013年网络工程建设，开通了云峰、大桥工业园区、叶坦小区等铜退光进固网工程。迁改完成焦滩独山移民小区、石王公路二期龙洋段、云峰工业园区、古院新开发小区等的杆线迁改工程项目。

【市场促销活动】新增1家西街营业厅。南街营业厅通过新装修，面貌焕然一新。但两厅人流量少，成交量较差。公司员工集思广益，开展开业促销、节日营销等，塑造卡通人物造型发放单页，开展游戏PK，精彩影片免费看等活动吸引人气。白天空班营业员在主流街道及郊区工业园区发放单页，结合流量与宽带的宣传。通过系列宣传活动，营业厅的产能逐步提升。除此之外，公司携手终端厂商、代理商，深入社区、农村、厂区开展主题营销路演活动，助力推进遂昌农村信息化建设。

【提升客户服务水平】2013年，中国联通遂昌分公司把“满意在联通”服务活动和行风评议紧密结合起来，加快实体客户服务的发展，促进企业形象的改观，推进行风转变和服务水平的改善。在自有营业厅建设上，把营业厅作为遂昌联通对外服务的文明示范窗口，本着“心系用户，服务优先”的服务宗旨，切实做到更好地服务客户。在渠道网点上，不断提高服务水平，做好深度服务拓展。公司所代理店、服务网点均可实现便利、快捷的话费充值，号码宽带销售入网等基础服务。

（胡丽琴）

科学技术

自然科学

【科技服务】2013年，县科技局制定出台《遂昌县科技计划项目管理暂行办法》和《遂昌县科技计划项目验收管理暂行办法》，完善《遂昌县科技局岗位职责和内部管理制度》，新编《科技创新政策汇编》。开展"企业出题、科技破题"专项调研活动，共走访调研100家企业，梳理出六个方面的问题。另外通过富民强县项目扶持北界镇周村村10万元，用于发展壮大村集体收入。与浙江省科技信息研究院建立"浙江省科技文献共建共享平台—遂昌县科技文献服务站"，举办多场次培训班。成功申报国家高新技术企业2家、市级高新技术企业1家。成功申报省科技型中小企业5家，省级创新基地1个，省级农业科技企业研发中心1个。积极探索科技与金融结合，推动科技型企业对接多层次资本市场、拓宽科技型企业直接融资渠道。帮助惠康药业向省科技厅争取科技贷款300万元，帮助碧岩环保股份公司进行股改，并推荐到浙江省股权交易中心挂牌。

【科技产业引领】继续抓好省百万亩竹产业提升工程，2013年举办30场有3000余人次参加的培训会。《毛竹笋用林竹笋促生剂集成与示范》《毛竹促成冬春笋多发技术示范与推广》等项目通过验收。建成年产50万立方米竹炭皮、年产70万立方米竹炭装饰砖生产线。顺利通过国家科技富民强县计划项目中期检查验收。茶产业科技派员深入农村，建基地，搞示范，搞培训，传技术，为茶农致富、茶产业健康发展发挥重要作用。遂昌精诚茶叶有限公司的高效生态茶叶示范园区建设成功，试制开发红茶系列等多个产品。

【科技宣传】5月12日，结合第5个防灾减灾日宣传活动，在育才小学进行地震应急疏散演练。协助社区开展宣传活动，发放宣传资料2500余份。开展日常宣传教育活动，推进防震减灾知识"六进"活动。做好遂昌地震遥测台的日常维护，确保监测信息及时有效上报。组织防震减灾助理员队伍开展培训交流。参加遂昌县城市文化综合体、遂昌县育才中学等项目可行性审查。5月20日，2013年科技（科普）活动周在大柘镇开幕，30多个部门单位参加，发放资料1.7万份，接受咨询2600人次。活动期间在全县各乡镇（街道）开展了科普画廊大展示、科技下乡等活动。

【深化合作】1月，遂昌县人民政府—浙江农林大学法人科技特派员工作推进会暨共建山区科学发展示范区签约仪式在浙江农林大学举行，双方开启了更高、更深层次的全面合作框架。10月，遂昌县与浙江大学举行合作项目签约仪式，双方签订《关于加强县校合作协议书》，共7个项目合作协议。同日，浙江大学遂昌技术转移中心成立。2013年，首批企业法人科技特派员入驻遂昌碧岩竹炭有限公司。

2013年，县科技局通过网上技术市场，共发布技术难题20项，签订合同10项，成交总额420万元。11月，组织遂昌碧岩竹炭有限公司等4家科技型企业参加2013浙江省技术成果拍卖交易暨网上技术市场活动周。浙江凯特化工有限公司利民分公司以155万元的金额，成功竞拍到“竹叶黄酮提取物系列产业化集成技术”。

【项目带动】2013年，县科技局共向上级申报项目54项，其中申报国家重点新产品2项、火炬项目2项、星火项目2项，申报省级项目45项，申报市科技特派员项目3项。共获得经费502.5万元（其中凯恩产业技术战略联盟280万元）。年内专利申请388件，专利授权225件，开展3次专利执法活动。完成2012年度专利奖励兑现工作。

【种子生产和储备】2013年，遂昌县种子加工中心按照“稳定发展面积，加强质量管理，提高经济效益”的发展思路，落实杂交稻制种基地1333公顷，总产量246万千克，总面积和总产量均创历史新高，为农户增收2595万元。完成救灾备荒种子储备35万千克。

【科技特派员获荣誉称号】2013年是浙江省实施科技特派员制度的第10个年头，派驻遂昌县的科技特派员严少君、郭华伟分别被授予省“功勋科技特派员”和“突出贡献科技特派员”荣誉称号，曾在遂昌县担任科技特派员的金爱武被授予“突出贡献科技特派员”荣誉称号。

（李建瑞）

科学技术协会

【实施《全民科学素质行动计划纲要》】2013年，县科学技术协会学习贯彻浙江省2013年全民科学素质行动计划实施工作会议精神，开展全国科普示范县中期评估自查工作。配合中国科协开展全国科普“站栏员”抽样调查工作。从6月开始向全县主要领导干部和科普工作者发送科普知识短信每周一期共20期1万余人次2.2万余条。

【院士专家工作站建设】3月22日，遂昌县竹产业院士专家工作站在文照竹炭博物馆举行成立仪式，中国工程院院士张齐生揭牌。随后，举行院士及其团队与遂昌竹产业企业发展研讨会。张齐生院士还在县委理论中心组学习会上作题为《坚持科技创新，实现竹林加工产业的可持续发展》报告。院士专家工作站成立半年来，为遂昌县竹炭企业攻克了许多技术难题，其中文照竹炭企业攻克的一项技术难题，使该企业产生新的较大的经济效益。11月11日，市委、市政府举办市级院士专家工作站授牌仪式活动，文照竹炭院士专家工作站正式成为丽水市院士工作站。

规范利民化工院士专家工作站管理工作。该站院士及各位专家简介、各项制度公开上墙，建站后与汪旭光院士及其团队的科研合作项目。5月23日，县委书记杜兴林就遂昌县人才工作到利民化工院士专家工作站进行调研。该站已通过评估考核，成为丽水市合格院士专家工作站。

【加强学会建设】2013年，县竹产业协会举办科技咨询和科普讲座等活动12期，培训810人次，发放技术资料1000余份，选送37位科技示范户参加丽水职业技术学院为期6天的培训，取得了丽水市毛竹经营管理技术培训结业证书。县茶叶产业协会开展科技培训28期，受训茶农4210人次，发放技术资料6000多份。县畜牧产业协会采取有效措施，努力降低人感H7N9禽流感给禽业带来的损失。县反邪教协会围绕“六个进”（进学校、进厂矿、进农村、进社区、进乡镇、进农村）开展反邪教宣传工作。6月17—21日，与公安、司法、民宗等部门联合举办为期四天“实际神”邪教人员法制培训班，收到良好效果。

【加强科普设施建设】2013年，县科协集中力量建设大型科普设施，在进城口人流较多的显著位置（科技大楼外墙）建立长18米、高2米红色户外电子显示屏，创建一个科普工作崭新平台，受到省、市科协的肯定，从11月1日开始，已向市民开展每日一条科普知识宣传。

【科技（科普）周活动】5月21日，遂昌县2013年科技活动周开幕式暨大型科普广场活动在大柘镇举行。县四套班子领导出席，30家单位的科技专家服务组和科普工作者共计200

余人参加开幕式。开幕式结束之后，来自农业、林业、水利、卫生、教育、计生、司法、工商、环保、气象、质监、药监以及电信、移动、反邪教协会、城中社区等单位的各条战线的专家、服务人员为群众开展现场咨询和服务活动。科普广场现场共接受咨询2600多人次，展出各类展板150多张，宣传资料1.7万世流芳余份。

【防灾减灾宣传】2013年，县科协积极开展防灾减灾宣传活动。5月10日，在遂昌育才小学进行了地震应急疏散演练。2时30分，警报声响后，全校近900名师生在3分钟内全部撤离到了空旷区域。演练结束后，向学生赠送了由浙江省地震局主编的《中小学生防震避险教育读本》和《防震减灾实训手册》。此外，还展出了防灾减灾等科普宣传画板。

【送科技下乡】2013年，县科协从农业生产的实际需要和农民的技术需求出发，组织有关学会到乡镇开展实用技术培训活动。一年来共举办培训班50余期，现场指导100余次，发放资料4300多份。深入新路湾、应村、北界、高坪等乡镇了解科协组织情况，走访科技示范户、走访科技工作者，考察中草药、红心猕猴桃基地、吊瓜等科普示范，对示范辐射作用较大、社会效益较好、土地综合利用较合理的产业加以引导和支持。10月14日，邀请专家在应村乡猕猴桃种植培训班上作《猕猴桃产业发展与营销》讲座。

【青少年科技创新大赛】1月17日，遂昌县第十届青少年科技创新大赛评选结束，大赛共收到各中小学校上报的科技创新项目39项，科技实践活动5项，少儿科学幻想绘画作品156幅。共评选出科技创新项目一等奖10项；科技实践活动一等奖3项；少儿科学幻想绘画一等奖20幅等；评选出优秀科技辅导员11人，优秀组织单位5个。获得一等奖的作品被推荐参加市、省级评选，获得市级3项一等奖和省级3项二等奖的好成绩。

【科技示范户培训提升和农函大农民技术职称评定】选送县高山蔬菜产业协会和县畜牧产业协会各2人参加省科协的有关师资培训。选送猕猴桃种植示范户和石蛙养殖示范户参加市科协培训。举办县级科技示范户培训班20余期，培训各类科技示范户500人次。推荐两位科技工作者参加全市联评，其中一位被评为浙江省优秀科技工作者。同时对星火带头人、星火示范项目和重点科技示范户给予一定的资金扶持鼓励。开展2013年遂昌县农村实用人才技术职称申报评定工作，经过培训、考试、审核，由业务主管部门推荐，县评委会评审，共评出农民技师12名、农民助理技师26名。

【《科技进农家》和《科普万象》专栏】2013年，县科协与县广播电视台继续举办《科技进农家》和《科普万象》广播专题栏目，分别为44期12小时和45期11小时。邀请涉农专家作农技讲座，向广大听众解答生产、生活中的疑难问题。使之成为有声有色、群众喜爱的科普惠民栏目。这两个栏目在全市科协系统中都是唯一的，其中《科普万象》已坚持举办26年。

（县科协）

社会科学

【概况】2013年，遂昌县有经济、金融、教育、财税、文化、管理等社科类学会、协会和研究会16个，国家级、省级社科普及示范基地1个，县级社科研究基地4个。县社科学联在日常组织管理、课题申报评奖、社科知识普及、课题研究等方面提供必要的指导和帮助。2013年，经过申报和评选，鞍山书院、独山古寨、王村口红军挺进师纪念馆、遂昌县图书馆被确定为县级社科普及示范基地。

【以汤显祖文化为媒，扩大对外文化交流】2013年，遂昌县社会科学界联合会围绕区域特色汤显祖文化建设，扩大对外文化交流，做好基础工作，打响县域文化品牌。一是继续做好与英国斯特拉夫德市的沟通和联系工作。双方经过协商，决定于2014年共同举办汤显祖—莎士比亚文化论坛。县社科联与浙江大学人文学院合作，共同做好前期准备工作。二是《启航—汤显祖-莎士比亚文化交流合作》正式出版。该书全面总结汤显祖—莎士比亚文化交流合作，历经3年，经过资料收集、精心编纂、设计装帧、认真校对，这本介绍全面、资料齐全、图文并茂、装帧精美的书籍于2013年8月正式出版。三是积极做好“汤显祖和莎士比亚文化交流合作网”（www.1616theater.com）维护、及时更新工作。网站内容分为活动报道、剧坛大观、剧家故里、原创圣地、作品在线、论文选读、影音在线和研究名家等，中文版本维护和运转工作正常，为文化交流、传播提供更便捷的渠道。

【深入挖掘地方文化】一是遂昌系列丛书《诗话遂昌》《五行遂昌》出版发行。《诗话遂昌》选取讴歌遂昌诗作近三百首，涵盖面广，图文并茂，于8月正式出版发行。《五行遂昌》介绍遂昌金、木、水、火、土“五行”旅游资源，10月出版。二是完成“一诺千金”征文活动。4月1日正式启动，经时5个月的征稿、评选环节，产生二等奖3名、三等奖2名、优秀奖若干。三是挖掘汤显祖文化的深刻内涵。经过广泛搜集、调研和研究，历时半年，经过研究者的努力，《汤显祖的善政》已经定稿。

【开展社会科学活动】一是协调、组织“健康生活，绿色发展”论坛会务工作。来自国内外专家学者共40余人参加论坛，国务院发展研究中心原副主任侯云春，省委政研室副主任郭占恒等参会并作演讲。二是整合宣传部、党校、史志办、档案局、遂昌中学、汤显祖研究会等力量，积极开展社科研究。2013年遂昌县参加丽水市第十九次（2011－2012年度）社会科学优秀成果申报工作项目共有19项。三是继续办好刊物《遂昌社会科学》。（肖冬丽）

文体 传媒

文 化

【基层文体设施建设】遂昌县城市文化综合体项目11月28日开工建设。全民健身中心项目进展顺利，完成投资2.22亿元，主体工程结顶。垵口乡文化站项目投入使用，西畈乡文化站即将竣工。图书馆石练镇分馆完成设备购置、图书采编、借书卡制作等基础工作。创建省级文化示范村（社区）2家，创建市级文化强镇1家，县图书馆成功升格为国家二级图书馆。将文化站场地不得挤占挪用的要求纳入乡镇工作考核，提高基层文化阵地开放率和利用率。

【群众文体活动】春节期间，举办了“新春大舞台”春节系列广场文化活动，从正月初二至十四，婺剧专场、越剧专场、戏曲专场、体育舞蹈专场、文艺晚会、音乐晚会等轮番上演，文艺骨干和普通群众登台演出。举办第十届亚非国际当代艺术展暨洛齐国际当代艺术馆开馆活动、“遂昌县学习宣传十八大精神”文艺晚会、“幸福文化大舞台”系列活动、“共圆幸福梦”文艺晚会、2013越剧下乡巡回展演、丽水市邻居节遂昌开幕式大型文艺晚会、“寻找丽水好声源”遂昌赛区选拔赛、“绿色悦读、七彩童年”未成年人读书节等活动。全年送戏下乡151场，送电影下乡1707场，送书下乡13539册。完善农家书屋后续建设管理，为全县农家书屋发放8000余册书籍。石练镇淤溪村、柘岱口乡尹家村等农家书屋通过省五星级农家书屋初验，县文广出版局被评为省农家书屋工程建设先进单位，三仁乡排前村农家书屋被评为省示范农家书屋。县图书馆积极推广“全民数字阅读”，进行专题资源推介，开展各类网络主题文化活动5次。图书馆、文化馆、汤显祖纪念馆、“非遗”中心共举办各类讲座展览82次。积极开展文化走亲活动，遂昌县被评为全省15个“文化走亲”先进单位之一。在全省基层公共文化服务评估中，遂昌县获三等奖。积极推进全民健身活动，先后举办桥牌邀请赛、“民族健身操”推广交流赛、中国象棋公开赛、乒乓球赛、“全民健身日”自行车骑行活动、“纳福尔杯”应村自行车爬坡赛、体育嘉年华暨中美职业男子篮球对抗赛等赛事。承办丽水市第三届运动会竞技体育部游泳、乒乓球比赛、大众部乒乓球比赛等赛事。遂昌县被国家体育总局评为“2009—2012年度全国群众体育先进单位”。

【文化人才队伍建设】全县24个新建的文化礼堂配备了指导员、管理员。县文化局分3批对农村业余文化员进行培训，内容分别为农村文化活动管理、器乐戏曲培训、排舞培训。县文化馆、乡镇文化站等积极开展文化骨干培训工作，共组织各类培训26期，培训骨干5134人。继续加大对优秀文艺团队的扶持力度，为53个优秀团队配备了音响、乐器等器材，遂昌紫蝶广场舞负责人沈继群被评为浙江省百名群众文艺带头人，朱可风、柴国军、谢红娟等7人被评为浙江省千名群众文艺骨干。组织“琴圩仙韵”首期古琴少儿兴趣班，选送12名小学生拜古琴家陈雷激为师，组织学员参加躬耕书院"古琴雅集"活动。组织实验小学"2013牡丹亭之声"夏令营昆曲辅导活动，培训学员90名，其中学员程丹妮成功入选浙江昆剧团第六代"代字辈"昆曲传承人（全国只招50名，丽水市唯一一名）。

【特色文化品牌培育】努力打造以汤显祖文化为核心的遂昌文化品牌，为旅游业发展增添丰富内涵。邀请省婺剧团国家一级演员吴淑娟前来助阵编排婺剧版《牡丹亭》，到丽水大剧院参加"处州古韵""非遗"演出。石练"七月秋赛会"、北界红提节、高坪乡杜鹃节暨民俗美食节、遂昌县首届乡村爱情节、应村乡自行车爬坡赛暨生态猕猴桃节、大柘镇车前国际摄影文化节、遂昌县第六届邻居节、垵口乡"十八里翠"旅行节暨森林音乐会、王村口妈祖文化节、"炭祖赐福"庙会等地方特色文化节庆活动轮番上演。"非遗"项目昆曲十番、遂昌黑陶代表遂昌县参加丽水文化精品天津展览会，提升了"五行遂昌、一诺千金"旅游品牌的知名度和美誉度。

【文化精品战略】遂昌茶灯戏、昆曲茶艺、昆曲牡丹亭参加2013中国·丽水国际摄影文化节颁奖典礼。广场舞《七彩竹炭》参加丽水市"第六届乡村艺术节"开幕式广场舞展演获银奖。《畲娃颂畲乡》参加畲族飘香第五届中国畲族民歌节大赛获三等奖；昆曲折子戏《牡丹亭—游园》参加浙江省首届职工文化艺术节获铜奖；婺剧《牡丹亭》赴丽水大剧院"处州古韵"非遗演出。选送22件美术、书法作品参加第六届乡村文化艺术节农民美术、书法、摄影展。包国民油画作品获浙江省第三届群星视觉艺术大展优秀奖，山水画获全省优秀书画作品展优秀奖。

【文化遗产保护】3月，好川文化遗址成功申报为全国重点文物保护单位，文管办重新按照国保单位要求，对好川遗址的保护和规划进行了进一步的探讨和研究。组织省内专家组对长濂滋德堂、宝俭堂维修工程进行验收，赤山古塔维修工程全面完工。启动全国第一次可移动文物普查工作。做好各级名录体系和传承人体系建设，完成省第四批非物质文化遗产代表性传承人、市第四批非物质文化遗产代表性传承人和第二批"非遗"传承基地申报工作。完成浙江省"非遗"代表作丛书《昆曲十番》定稿，充实了省"非遗"数据库。制定省级"非遗"项目"八个一"保护措施，一项一策，分类指导，加强管理。通过座谈和实地走访，对"非遗"传承教学基地、"非遗"生产性保护基地、"非遗"旅游景区、春节文化特色地区等 "非遗"载体现状和存在问题进行深入了解，商定了解决方案。走访慰问省级"非遗"传承人，详细了解传承人在生活中所遇到的困难和问题，聆听传承人对 "非遗"保护工作的意见和建议。年初，石练镇被评为浙江省春节文化特色地区。

【文化市场】深入开展扫黄打非行动和出版物市场专项行动、动漫市场专项整治，加强重点时段文化安全管理工作，加强对网吧、游戏娱乐、演出、歌舞娱乐市场的检查执法。全年共受理举报13件，出检376人次，检查经营单位551家次，出动次数150次，开展突击执法检查24次，零时后行动4次，查获违规经营单位15家次，下发责令改正通知书15份，一般程序立案调查8件，结案8件。联合工商、烟草部门取缔无证经营游戏4家，查扣游戏机5台。立案查处网吧超时经营案件5起，责令整改5家次，联合工商部门取缔黑网吧1处，查扣电脑2台，市场良好率97%。

昆曲十番古乐坊

2008年初，政府出资140余万元，由县非物质文化遗产保护中心筹建遂昌县昆曲十番古乐坊有限公司，属国有企业单位。当年12月，古乐坊对外开放。2013年有演员10名。古乐坊的建立，有利于昆曲十番遗产的保护、传承与普及，提供了昆曲艺术人才培育的平台。自昆曲十番古乐坊对外开放以来，每年承载县委、县政府所有节庆演出，接待专家和领导，宣传遂昌汤显祖文化。配合县政府和文广局送文化下乡演出120场。公司遵循"让文化走向市场，让市场来养活队伍"理念，不断创新发展。目前遂昌昆曲十番古乐坊已成为集旅游观光、古乐欣赏、休闲品茗等高雅文化和地域文化特色的民间艺术展演、展示场所。

紫蝶踏歌健身舞蹈队

2009年5月，遂昌县人沈继群（网名紫蝶）带头创立“紫蝶踏歌健身舞蹈队”跳广场舞，该舞具有简洁明快、舒缓柔美的特点，特别适合中老年人群健身、娱乐。2009年创编第一支《红雨伞》舞，在广场教跳，得到大众的喜爱与肯定，拍成视频上传网络，点击率很高。为了传播广场舞文化，紫蝶与跳舞姐妹们先后自编自演220多支广场舞，并拍成视频上传到56视频网站，在全国传播。2011年、2012年紫蝶踏歌健身舞蹈队先后两次受邀赴北京，参加“全民广场健身舞”系列教学节目的拍摄，演示创编的24支广场舞蹈。教学片在全国数十家有线电视台播出，教学DVD碟片在全国发行。

2013年2月，紫蝶踏歌健身舞蹈队应邀参加央视五频道《健身状元榜》广场舞挑战赛，荣登状元榜。

四年多来，紫蝶队员们上传的踏歌舞视频总播放次数达到2.72亿人次，被转载和下载播放人次更是无以计数，其中单支舞蹈《像蝴蝶一样飞》日点击率高达6万多人次，舞友空间留言共计6.8万多条，得到著名作曲家赵海远肯定，称其“真是奇迹”。至年底，该团队已成为全国最有影响力的健身舞蹈团队。

遂昌县物质文化遗产一览表

表30

名称	级别	类别	时代	地理位置	公布时间	批次
好川遗址	国家	古遗址	新石器时代（四千年前）	三仁乡好川村	2013年3月	第七批

遂昌县非物质文化遗产名录

表31

编号	“非遗”名称	级别	公布时间	批次
1	遂昌昆曲十番	国家	2008年	第一批扩展
2	班春劝农	国家	2011年	第三批扩展
3	昆曲十番	省	2007年	第二批
4	茶灯戏	省	2007年	第二批
5	黑陶烧制技艺	省	2007年	第二批
6	班春劝农	省	2009年	第三批
7	竹炭烧制技艺	省	2009年	第三批
8	豆腐制作技艺	省	2009年	第三批
9	茶园武术	省	2009年	第三批
10	台阁	省	2012年	第三批扩展
11	白曲酒酿造技艺	省	2012年	第四批

文艺创作

【文艺服务社会】2013年，县文联与县委宣传部、县电力工业局、县工业园区等部门联合举办了“春之声”文企结亲文艺晚会、遂昌企业家迎春晚会，在两次晚会中，为企业专题创作文艺节目近十个；为县信用合作联社编印《遂昌文学·信合风采》专刊。2013年，县文联印制发放《跟着“吃货”逛遂昌》宣传折页；“‘南尖岩’杯我与遂昌美食有个约会”征文大赛圆满完成；出版《遂昌游记》文学专刊1份，游记以图文并茂的形式介绍遂昌各景点。

【办好两本刊物】2013年完成《汤显祖研究通讯》总第17期、18期的出版及总第19期的组稿。为增强《遂昌文学》的可读性，着重对版面风格进行美化，力求更具时代感和文学性。年内完成3期《遂昌文学》（其中2期为专刊）。

【文学创作】组织廉政小说大奖赛参赛作品15篇，其中唐昌跃的《保密》得优秀奖；组织2013年丽水市文学创作大赛稿件15篇，有2篇长篇。其中银色流星（真名“吴楠”）的长篇小说《生死簿之三世承诺》获得铜奖，吕勇军的长篇小说《越界》获得优秀奖，遂昌县文联获最佳组织奖。

【各协会278人次获奖】2013年，县文联所属14个协会、学会、研究会，取得累累硕果。据统计，有278人次在国家、省、市各级比赛中获奖。县舞蹈协会编排的《牡丹亭·游园》团扇舞参加全国“星星火炬”青少年艺术英才推选活动总决赛，获金奖；县诗词学会会员们在龙板山和三仁坑口村采风创作诗词200多首，部分作品发表在《钱瓯遂昌》及《中华诗词》《诗词月刊》《当代诗词》《诗词世界》等刊物上；县汤显祖研究会2013年所出版的《启航—汤显祖—莎士比亚文化交流合作》一书，以其高超的学术水准已被美国哈佛大学、中国浙江大学等名校图书馆收藏；县美术协会与上海长三角油画艺术交流中心合作，举办生态遂昌写生活动，相关作品在上海举办美丽中国“生态遂昌油画作品展”。还有书法协会举办了三地书法展，剪纸研究会举办了剪纸展，摄影协会结合县节庆活动开展车前摄影大赛等系列展赛活动。个人得奖方面也是成绩喜人，苗华龙继《童年趣事》获第十四届中国丽水国际摄影节铜奖后，作品《迷思》专题参加平遥国际摄影大展四人联展及丽水国际摄影展十人联展；夏小芳的两幅作品入围第四届PSA中国国际摄影大赛；王海瑛的油画作品“一个老裁缝的记述”组画入选国家级展览，填补了遂昌县的空白；章基勤老师《弼马温》在晋城市“廉政文学”大赛中获优秀奖；县文学协会年纪最小的会员余小叶的作品获得鲁迅青少年文学奖优秀奖。（黄小康）

体 育

【概况】2013年，遂昌县参加第三届丽水市运动会22个项目的比赛，其中青少年部参加田径、游泳、羽毛球、跆拳道等9个大项的比赛，大众部参加五人制足球、门球、中国象棋、围棋、钓鱼等13个大项的比赛。其中大众部获得19枚金牌、1枚银牌、11枚铜牌，总分261.44分，金牌数、奖牌数、总分均列第五名。青少年部夺得46.9枚金牌、45.5枚银牌、35.5枚铜牌，总分993分，奖牌数、总分均列第三名。在丽水市2013年青少年田径锦标赛中，遂昌县获得9枚金牌10枚银牌9枚铜牌。县武术木兰单圈队参加全省武林大会获第一名，代表丽水市参加全省第九套广播体操总决赛获事业组一等奖。

【开设少体班】遂昌县政府于年初召开教体结合工作座谈会。7月，教育局出台关于遂昌三中少体班招生自条例和制度，解决体育中心少体校运动员升学问题。少体校针对青少年运动员队伍不全、尖子少、严重青黄不接的情况，多次召集教练员商讨应对措施，解决办法，针对性强化训练，取得一定的效果。

【全民健身活动丰富多彩】春节期间开展迎新春桥牌邀请赛；“三八”、“五一”、全民健身日等节日，开展民族健身操推广交流比赛、县气排球赛、职工趣味运动会、乒乓球赛、自行车骑行活动等比赛；10月，举办体育嘉年华暨中美职业男子篮球对抗赛，体育嘉年华活动历时一个多月，内容有全县男子篮球赛、全县中小学体育运动会、全县羽毛球公开赛、全县中小学乒乓球赛、丽水市学生乒乓球赛、全县五人制足球赛、全县钓鱼比赛、全市气排球比赛等；成功举办2013中国•浙江自行车系列公开赛（遂昌站）、“纳福尔杯”应村自行车爬坡赛，承办丽水市第三届运动会竞技体育部游泳、乒乓球比赛、大众部乒乓球比赛；组织3500人参加庆祝全国老年体协成立30周年健步走活动。

【基层体育设施进一步完善】2013年，全县建成小康体育村55个、村级体育俱乐部3个、老年活动中心1个、体育休闲公园2个，创建省体育强镇2个（黄沙腰、金竹）、先进街道1个（妙高街道），强乡镇复查1个（应村乡），先进社区1个（叶坦社区）。

至2013年年底，全民健身中心土建主体工程已完成，田径场地面、足球场草坪、运动场灯光、音响、自动计时装置、电子显示屏、网架、拉模、强弱电配置等，以及训练馆、网球场、篮球场、门球场的体育专业工程陆续开始建设。

【运动休闲养生基地建设】加强体育休闲与旅游相结合，打造运动休闲养生基地。倡导自行车绿色运动，开展自行车运动各类竞赛，让体育元素进入景区成为时尚。2013年指导应村乡申报丽水市运动休闲旅游精品线路，成功打造“美丽桃溪、运动应村”原生态乡村旅游区，打造集自行车训练、休闲、养生、比赛为一体的运动休闲产业基地。大柘镇启动建设山地户外运动基地，依托茶园建设一条总长约60千米的山地自行车越野赛道，以及与之配套的休憩区、户外运动区、露营区等一系列休闲度假设施。同时，指导神龙谷漂流景区、中国竹碳博物馆野战CS申报优秀项目。

【体育彩票宣传销售】2013年，县财政单设体育彩排宣传工作经费，确保彩票宣传经费专款专用。同时，拓宽宣传渠道，在县门户网站、县电视台和县平昌广场显示屏等县域主要媒体进行体彩宣传。参与举办体彩顶呱刮宣传周活动。12月4—7日，丽水市体彩顶呱刮宣传周遂昌站活动在县府广场举行，4天销量47万元。（王玥）

广播电视

【概况】2013年，遂昌县广播电视台坚持“新闻立台、事业强台、实干兴台”的工作思路，认真履行舆论导向和社会文化服务的职能，全力推进新闻改革创新，全面推进数字电视双向网改工程，拓展数据增值业务，各项工作都保持了积极向上的发展态势。

【宣传舆论引导】2013年，县广播电视台先后开设“打造文化强县”“大兴干事文化”“最美遂昌人”“直击三改一拆”“我们在项目现场”等21个专栏，反映县域一、二、三产发展中的亮点和成效。与此同时，记者深入一线让新闻报道更接地气，让主题报道更加鲜活，做“权威、好看、有用”的新闻。对全县干部大会、县十五届人大二次会议和“三改一拆”动员会进行现场直播，对婺剧版牡丹亭演出予以全程录播和制作。2013年度，《遂昌新闻》栏目共播出电视191档1765条、广播215档1930条、对农专题广播117档。

【新闻外宣保持领先】2013年，遂昌县广播电视台新闻部连续第十二年蝉联9县市外宣第一，并被评为市劳动模范集体。本年度在省级以上媒体发稿15条，其中1篇记者感悟被省新闻协作周报采用作为交流内容。在市总台电视发稿916条，总分11494分，名列全市1名。在市总台广播发稿1446条。

【提升自办节目质量】2013年度，县电视台分别播出专题节目《平昌视野》《农村新天地》《科技进农家》《和谐新农村》等40期。1月，遂昌方言节目《乡音遂昌》开播，至10月播出45期。同时，加强公益广告的制播工作，播出“传统节日—清明节”“多彩假期”“六一宣传”“传统节日——端午节”“路边花儿不要采”“防溺水”“五行遂昌一诺千金”等，深受社会各界人士好评。

【广播电视数字化】县广播电视台坚持以数字化改造为基础，以业务开发为核心，以科技创新为动力，不断提升广播电视数字化发展水平。全县累计整转用户50474户，比整转前增加30%左右。城区有线用户基本实现网络双向化覆盖，90%乡镇所在地实现网络双向化覆盖，部分宾馆、酒店、数字电视用户开通互动点播业务。农村用户近80%办理银行代扣手续，解决了过去电视用户续交费时扎堆排队的现象。

【广告管理】2013年，县广播电视台加强对广播电视广告节目的播出管理，继续开展净化广播声音、电视屏幕行动，杜绝违规节目播出。同时，根据广大群众收听广播节目的习惯，对节目进行合理编排，调整了广播的播放时间，使广播节目更加符合群众心声。（杜丽萍）

新闻传媒

【概况】2013年，遂昌县新闻传媒中心遵循“把握导向、弘扬正气，报道真实、针砭时弊，深入实际、反映民意，敬业奉献、肩担道义”主旨，以宣传政策、交流信息、指导工作、服务群众为己任，围绕县委、县政府工作主线，架起政府与百姓之间沟通的桥梁。2013年，县新闻传媒中心出版纸质报249期，每期发行1.2万份，均为免费赠阅。其中向外地遂昌籍人士、在遂昌工作过的老领导和知名人士邮寄赠阅400份。

【试行采编分离】5月1日起，县新闻传媒中心试行采编分离，调动了记者、编辑的主观能动性，促进了报纸提质提速提效。在加强版面策划工作中，规定每月一、二版不少于两个策划，三、四版不少于五个策划。其中“三改一拆在行动”“打造最佳旅游服务县”“实干共筑中国梦”“王村口换届选举”等专栏、专题、专版都广受好评，增强了报纸的可读性和美观度。

【开辟网上采编平台】2013年，县新闻传媒中心开辟网上采编平台，新开辟的平台包括远程投稿、远程审稿、采编管理等模块，实现了记者在线投稿，编辑、值班编委在线改稿和审稿，提高了稿件的处理速度，效促进了采、编、审之间的交流和对接。

【新闻网站】2013年，县新闻传媒中心网站格局不断拓展，更具新闻性、本土性、服务性、互动性、娱乐性。网页新闻发布质量明显提高，日均点击量不断上升，访问者遍及全国各地。既及时反映县委、县政府中心工作，又博采众长，发挥网站全面、及时的优势，发挥新闻网站时效性强、互动性强、表现形式多样的特点。

【网络新闻实时发布】2013年，县新闻传媒中心实现网络新闻实时发布，让读者第一时间获悉最新资讯，当天新闻当天发布，网络新闻比报纸更快。结合时下流行通讯方式，创办中国遂昌新闻网微信平台，第一时间发布当天新闻资讯，提高了遂昌新闻网的点击率。

【修订稿件打分标准》】2013年，县新闻传媒中心修订《〈钱瓯遂昌〉稿件确定范围和打分标准》，对记者增加外宣和下乡数量考核指标，每位记者每月《丽水日报》录用稿不得少于2篇、每月下乡不得少于3次。加强业务培训，每月选派1名记者到丽水日报社跟班学习培训，回来撰写1篇学习体会，作30分钟以上的心得交流。为提升记者业务水平，还邀请市记协秘书长王信本就如何采写好新闻作专题讲座。

【被授予“先进基层报道单位”称号】2013年，县新闻传媒中心被丽水日报社授予“先进基层报道单位”称号。记者采写的稿件在年度新闻奖评选中多次获得省市县区域报道新闻奖一、二、三等奖。全年记者在省市报刊共发表新闻稿件近300篇。县新闻传媒中心1名记者被评为丽水日报优秀通讯员，7名记者被评为丽水日报积极通讯员。（陈飞凤）

教 育

概 述

2013年，遂昌县有各类学校139所，其中幼儿园108所，小学24所，初中4所，普高2所，职高1所。共有教职工2455人，在校学生29871人，其中幼儿园6199人，中小学18429人，高中5229人，特殊教育14人。

2013年教育经费投入43152万元，比上年增加4568万元，增长11.84%，其中县财政性教育经费35049万元，比上年增长18.45%，占当年财政支出的比例为20.39%。

2013年，全县推行“一校一品”特色校园建设，遂昌中学的“师生德育论坛”、职业中专的“扬帆文化”、育才中学和育才小学的“育才核心价值观”、遂昌三中的“勤廉文化”、实验小学的“白马文化”、妙高小学的“行知文化”、万向中学的“万向文化”、北界小学的国学教育、大柘小学的泉湖艺术教育、湖山小学的婺剧、王村口小学的“红色文化”、三仁小学的“民族特色文化”等均具学校特色，“一校一品”的格局形成。

2013年，遂昌县教育继续实施“教育质量提升行动计划”，出台《关于全面提升教育教学质量的若干意见》和《遂昌县义务教育学校教学质量评价方案暨教学质量奖励暂行办法(试行)》。全县参加普通高校考生1084人，总上线人数978，其中本科551人，专科427人，上线率90.2%；全县录取958人，录取率88.4%，其中本科529人，专科429人；初中升普高、职高比例95.14%；小学升初中比例100%。

2013年，遂昌县教育局获丽水市教育科学和谐发展考核二等奖，市教育局安全考核第一名，全市教育宣传工作一等奖等。

【市“书香校园”创建会在遂昌召开】4月23日，丽水市“书香校园”创建工作面貌会议在遂昌县三仁小学召开。各县(市、区)教育局分管局长、教育技术中心主任、中小学校长代表、图书管理员代表等70余人参加会议，并观看了该校学生畲族传统体育项目表演和阅读展示。

【实验小学举行“杭遂”教学联谊活动】 5月16日至17日，杭州—遂昌“新课标下的高效课堂策略探究”教学联谊活动在县实验小学举行。这是杭州拱墅区和遂昌两地为贯彻落实“新课标”（2011版）的精神，以实现“以生为本、以学为重、以导为引”的课堂转型，提高课堂教学有效性而举行的一次专题合作讨论会。

【遂昌中学举行高中发展共同体座谈会】5月18日，高中发展共同体成绩分析座谈会在遂昌中学举行。青田中学、龙泉一中、遂昌中学3所学校的校长，分管教学副校长，教务处负责人和年段长共20余人参会。座谈会上就是高一、高二期中联考和高三第三次模拟成绩进行分析，就联考的命卷、组织、评价等环节提出诸条意见。

【“浙派”中职名校长集中培训】8月2日，由浙江省教育厅主办的首届“浙派”中职名校长培训在遂昌职业中专举行。浙江工业大学教科学院副院长胡斌武、教师教育与培训中心副主任孙国良、职业教育与区域经济发展研究中心办公室主任刘晓、全省“浙派”中职名校长20余人参加了集中培训。培训历时10天，培训内容包括专题讲座、专题论坛、学校参观及问题会诊。

【美国格林斯堡市长到遂昌考察】9月16日，美国印第安纳州格林斯堡市长加里·赫伯特先生到遂昌，先后考察实验小学和育才中学；参观“汤显祖文化”长廊，观看白马少年艺术团表演的十番演奏《昆韵》和昆曲选段《皂罗袍》，并同育才中学签署开展中美“千校结好”活动协议。

【“百村助学”遂昌站捐助仪式起动】9月20日，由苏酒集团贸易股份有限公司主办、遂昌明月商贸有限公司承办的浙江“百村助学”公益活动遂昌站捐助仪式起动。全县50名贫困学生获得人均一次性资助2000元，共计10万元。

【托马斯到遂昌考察教育工作】10月15日，美国印第安纳州格林斯伯市学区主任托马斯•亨特先生及夫人洛丽•亨女士到遂昌考察教育工作。美国印第安纳州格林斯伯市是遂昌县友好结对意向城市。

【语言文字工作评估通过】12月26—27日，国家三类城市语言文字工作评估组对遂昌县党政机关、学校、新闻媒体、公共服务行业四大领域的语言文字工作进行考查评估，实地查看受检单位的用语用字和用字规范一条街东街的用字整改情况，听取15家单位的语言文字工作情况汇报，召开14个问卷座谈会，对15家单位共146名员工进行语言文字知识测试，遂昌县通过评估。

教育管理

【概况】2013学年，全县有教职工2455人。其中：学前教育教职工545人；小学教职工949人，其中专任教师789人；普通中学教职工782人，其中专任教师664人（初中462人、高中202人）；职业高中教职工179人，其中专任教师145人。

【首届“钱瓯名师”评选】2013年，依照《遂昌县中小学“钱瓯名师”评选办法》标准，县教育局通过系列考核和评选，于9月份评选出首届功勋教师、学科首席教师、名师名校长、学科带头人、教学能手等“钱瓯名师”172人。县政府拨付100万元用于名师补贴发放和名师送教活动。

【教师培训】2013学年，全县教师培训平台注册1904人，参加平台自主学课4277人次，参加培训222887学时，人均117学时，占五年一轮培训周期应参加培训人数的41%。教师参加国培38人次，参加省培50人次。4月24日至25日，实验小学鲍宗武、育才小学王晶、妙高小学周昌明和雷秋香四位老师在“省教育厅‘百人千场’名师送教进我县” 活动中登台讲课，全县小学语文、数学、英语、科学等学科560余名教师参加听课培训。

【名师名校长培养工程】6月，县示范幼儿园王朝红、遂昌育才中学毛卫华、县实验小学鲍宗武、遂昌育才小学蓝仙宝四位老师被确定为名师名校长培养对象，培养项目分别为名园长、初中名校长、小学语文名师、小学体育名师。省教育厅启动实施的中小学浙派名师名校长培养工程，由省财政设立专项补助经费。培训期2年，名师培养经费3万元/人，名校长培养经费5万元/人。

2013年遂昌县专任教师学历基本情况一览表

表32

类 别	专任教师人数	学历合格率	超学历人数	超学历率
学前教育	357	97.48%	225	63.03%
小 学	789	100%	729	92.4%

类别	专任教师人数	学历合格率	超学历人数	超学历率
初中	462	100%	441	95.45%
普高	202	99.5%	13	6.44%
职高	145	100%	4	2.76%

教育基础设施建设

【实施“3527”规划优化方案】2013年，按照“高中集中县城，初中以县城为主、乡镇（街道）为补充，小学、学前幼儿适度就近入学”的思路，出台《遂昌县学校布局规划优化方案》（即“3527”：3所高中、5所初中、27所小学）。金岸小学扩建工程完工，项目投资2495万元，用地面积22920万平方米，建筑面积12268平方米，设计24个班级，能容纳1080名学生，9月投入使用。投资6404.41万元，用地面积33634平方米，建筑面积15472.9平方米，36个班级、可容纳1620人的梅溪小学新建工程，按省二级小学标准建设，教学楼主体工程结顶；万向中学运动场建设项目完工、学生宿舍建设项目开工；云峰中心学校教学综合楼建设项目起动；遂昌第二中学建设项目开工。

【教育装备投入】2013年，全县教育装备投入800余万元，其中县财政投入420余万元、省财政补助380余万元。建中小学实验室和音美专用教室45个；改造提升校园网络工程，全县计算机配备4325台，其中小学2204台，初中916台，普通高中535台，职业高中670台。全县各类学校有图书708739册，其中小学330890册、初中189821册、普通高中91241册、职业高中90645册。

学前教育

【概况】2013年，全县有幼儿园108所，比上年减少4所，在园幼儿6199人，比上年减少285人，学前三年入园率95.02%，比上年提高1.94%，其中省三级以上等级幼儿园29所，在园幼儿5941人，三级以上幼儿园入学覆盖率60.38%，比上年增长5.92%。学前教育教职工544人，其中园长70人，专任教师357人，专任教师学历合格率与超学率分别为97.48%和63.03%，教职工中具有学前教育专业学历的233人，占42.83%。创建市学前教育达标乡镇一个，累计市学前教育达标示范乡镇比例达到35%。全年培训幼儿教师800余人次。

【投资幼儿园建设】 2013年，投资476万元，建筑面积2671平方米的大柘镇中心幼儿园和投资300万元，建筑面积750平方米的新路湾镇中心幼儿园均完工。全县学前教育三年行动计划园舍建设规划实施的项目，总投资3268万元，建筑面积20809平方米，到年底，除蔡源乡中心幼儿园新建项目因选址和土地指标问题未解决，受搁置，其余项目均已完工。

【遂昌县示范幼儿园】是遂昌县规模最大、师资最强的公办幼儿园。前身是遂昌县城关小学附设幼儿班，创办于1952年，1986年更名为遂昌县示范幼儿园，原址在县城公安路，2008年搬迁到公园路新园区。2013年有大中小班18个，浙江省“巾帼建功”标兵、市功勋教师王朝红担任园长。幼儿园坚持以“立足于儿童一生的可持续发展”为办园宗旨，以“孩子快乐、家放心、员工幸福”为办园目标，以“务实为本、细节为魂、人和为根”为办园理念，以打造“爱满示幼”的家文化为办园策略，以“快乐阅读、精彩童年”早期阅读为品牌特色，坚持在细节中挑战传统，在细节中凝聚信誉，在细节中成就完美。学校先后被评为全国五一巾帼标兵、浙江省首批园本教研示范幼儿园、浙江省教科研先进单位、浙江省巾帼建功示范岗、浙江省女职工建功立业标兵岗、浙江省一级幼儿园。

义务教育

【概况】2013年，全县小学24所，在校生12346人，比上年减少278人。招生1873人，比上年减少187人。毕业2103人，比上年减少130人。校均人数514人。入学率、巩固率均为100%。全县初中4所，在校生6083人，比上年增加17人。初中招生2040人,比上年减少188人。初中入学率、巩固率均为100%。

2013年，县教育局按“创义务教育均衡县”要求，进行学校标准化建设,申报创建省义务教育标准化学校7所，创建率67.9%；申报创建市现代化学校1所，累计5所。进行书香校园建设,全年完成3所书香校园示范学校和4所书香校园达标学校的申报；用民间慈善基金，建五所“蒲公英乡村图书馆”，分别为石练小学、湖山小学、三仁小学、西畈小学、高坪小学。

【“1818黄金眼”走入蔡源小学】9月11日，“1818黄金眼”节目组进入蔡源小学，采访蔡源小学“蔡和韵”艺术社团的创建、发展情况，拍摄小乐手现场表演,摄制组还带着该校学生到大柯摄影基地进行室外拍摄。

【中小学生汉字听写赛】9月下旬,遂昌县举行首届中小学生汉字听写大赛,全县200多个代表队、1000余名选手参加比赛。育才中学、育才小学和新路湾中心小学代表队分获中学组、700人以上小学组、300～700人小学组冠军。

【首座国学讲堂设立】9月28日，孔子诞辰纪念日，遂昌县首座国学讲堂—北界小学国学堂开堂授课。60多位身穿传统服饰的一年级新生，在国学堂内，叩拜孔子像，接受“启智礼”。国学堂开堂后，学校定期开展国学经典讲座、国学体验、国学文化交流、传统文化研究等活动。

【万向中学举行助学金发放仪式】12月5日，万向中学举行万向集团“四个一万”工程助学金发放仪式。15.12万元助学金全部发放到位， 115位万向中学贫困学子获得资助，其中包括11位疑似孤儿。

【育才中学】育才中学的前身是遂昌二中，2011年7月，遂昌县政府与杭州育才中学签署“联合办学”协议，改制为一所民办初级中学。2013学年，省一级重点中学升学率97.29%，总分平均分、优秀率全市第一名，其中罗丽婕同学总分597分，获丽水市中考第一名；2012—2013年，连续两年获丽水市教学质量保优奖、遂昌县教学质量特等奖。

【遂昌县第三中学】遂昌县第三中学创办于1999年。2013年有44个班级，在校生2013人，教职工158人，其中高级教师34人，一级教师94人。2013年学校获国家级集体荣誉1项，省级荣誉1项；专业教师在各类竞赛中获国家级奖7人次，省级奖5人次；学生在各级学科竞赛中获国家级奖60人次，省级5人次；年度学能检测全县第一。中考上省一级重点中学（遂昌中学）206人。

【遂昌县实验小学】遂昌县实验小学创办于清光绪三十二年（1906）。2013年有34个班级，在校生1689人，教职工105人，其中特级教师5人，高级教师70人，本科学历71人， 省级名师培养对象1人，丽水市教学名师2人、学科带头人4人、明星教师12人、教坛新秀15人，遂昌县功勋教师1人，首席名师1人，县“钱瓯名师”9人。

【育才小学】前身为遂昌县新世纪实验学校，2011年8月与浙江省育才教育集团联合办学，重组改制为遂昌育才小学。2013年有30个班级，900名学生，教职工80人，其中浙江省教坛新秀2人，丽水市学科带头人4人，丽水市明星教师5人，丽水市教坛新秀8人，遂昌县首席名师1人，县“钱瓯名师”4人、名校长1人。

【遂昌王财贵经典学校】遂昌王财贵经典学校位于大柘镇，创办于2009年7月，是一所全日制寄宿型经典学校。学校以四书五经等中华传统经典文化为教学主干，同步进行英文、书法、武术、数理、生活自理教学，培养学生的综合素质和自主学习能力。每年暑假定期举办读经夏令营。现有级6个班级、在校生118人、教职工36人。

普通高中教育

【概况】全县有普通高中2所，为遂昌中学和遂昌县第四中学，在校学生总数为2967人，比上年减少143人，其中遂昌中学2381人，遂昌第四中学586

人。招生932人，比上年减少72人。普通高中教职工244人，其中专任教师202人，专任教师学历合格率99.5%；专任教师超学历（研究生及以上)13人，占专任教师比率6.44%。普通高中退学22人，辍学率0.71%。高等教育入学率为36.51%，比上年提高了0.59个百分点。

【遂昌中学】遂昌中学创办于1944年。2013年有48个班，2166名学生，教职工215人，其中高级教师114人，硕士研究生9人。高考第一批上线人数130人，第二批上线361人，创县高考第一批上线总数、理科第一批上线总数、文科第一批上线总数三项历史新高，董成杰同学考入北京大学。

【斯特拉夫德艾文学院代表造访遂昌中学】4月7日，遂昌中学拟结对学校英国斯特拉夫德艾文学院副院长Kay Taylor(泰乐爱)一行4人造访遂中。座谈交流中，Kay Taylor和Tim Astbury重点介绍了英国斯特拉夫德艾文学院的运作形式和办学特点，特别向遂昌学子推介了留英预科班的功能。

【省厅“百人千场”名师送教到遂中】12月12日，省厅“百人千场”名师送教到遂昌中学。杭州市教研室刘诚平，杭二中倪耀辉、陈海玲，杭师大附中吴昱，萧山中学瞿少华5位名师上讲台授课，同时还对遂昌中学教师课堂教学进行点评、高考备战给予指导。遂昌中学50多位专任教师们接受了免费培训。

中等职业教育

【遂昌职业中专】遂昌县职业中专2013年开设机电技术应用、电子与信息技术、电子商务、竹炭工艺、旅游管理等品牌专业。现有教师190人，在校生2262人，招生732人，毕业916人，其中就业733人，升学183人，就业、升学率100%。2013年，参加职业中专高职高考人数220人，24人被丽水职业技术学院“3+2”数控技术专业录取；196人报名参加高职单考单招考试，20人被各大专院校的自主招生考试提前录取；139人上单考单招控制分数线，总上线率达83.2 %。中专考试总平均分和优秀率居全市第二。

【获欠发达地区考核一等奖】2013年，遂昌职业教育在省财政补助与市县职业教育发展挂钩考核中，获欠发达地区类挂钩考核一等奖，为全市第一，列全省10县（市）第二名，获得职业教育发展奖补资金750万元。该次考核包括事业发展成效、学校布局和专业结构调整、实训条件建设、教师队伍素质提升、学生综合素质提升、深化校企合作、成人继续教育和经费保障八个部分，26项考核内容。

成人教育

【概况】2013学年，全县有妙高、北界、大柘、石练4所中心成技校，服务全县20所乡镇街道农民、移民培训等工作。现有专职教师25人，兼职教师38人。常年进行职业技能培训，包括家政服务、电动缝纫操作、茶叶初制、砌筑工、中式烹饪师、钳工、电工、电焊工、计算机操作、车工等，以及种养殖能手、各类新型农民培训等。以及成人“双证制”教育和农村预备劳动力培训等。全年脱盲4707人，完成计划441%，办各类培训班153期，培训人数9180人。

2013年遂昌成技校劳动力培训一览表

表33

培训项目	培训人数	培训时间	承办单位
企业培训	58	4.25-4.26	妙高中心成技校
市残疾人培训	50	7.16-7.20	妙高中心成技校
双证制	109	6月	妙高中心成技校
双证制	83	11月	妙高中心成技校

培训项目	培训人数	培训时间	承办单位
嘉兴秀洲	35	11 月	妙高中心成技校
预备劳动力—电子商务培训	58	4.3-10.2	妙高中心成技校
社区面点班	60	10.16-10.31	妙高中心成技校
民办幼儿园保安培训	81	11.16-11.18	妙高中心成技校
家政服务	61	5.6-5.26	妙高中心成技校
坑口村面点培训	72	11.26-11.29	妙高中心成技校
中级电工	55	5．28-6.26	妙高中心成技校
农家乐提升创业班	36	11.7-11.12	妙高中心成技校
预备劳动力-园林绿化培训	45	4.3-10.2	妙高中心成技校
村级规划	60	6.27-7.15	妙高中心成技校
村级规划	56	10.08-10.18	妙高中心成技校
预备劳动力-文秘培训	40	4.3-10.2	妙高中心成技校
退伍军人	45	3 月-4 月	妙高中心成技校
残疾人	45	10 月-11 月	妙高中心成技校
预备劳动力-市场营销培训	49	4.3-10.2	妙高中心成技校
家长培训	258	5.8-5.9	妙高中心成技校
社区烹饪班	51	5.31-6.30	妙高中心成技校
电焊班	60	11.8-12.11	妙高中心成技校
12 年退伍军人创业培训	45	3.5-3.16	妙高中心成技校
苍畈茶叶培训	64	3.14-3.15	妙高中心成技校
农业专项技术培训	99	4.2-4.3	妙高中心成技校
县新一轮低收入农户和扶贫重点村调查认定工作培训会	91	4.1	妙高中心成技校
农业专项技术培训	155	4.19-4.20	妙高中心成技校
企业园林专业员工培训	40	4.25-4.27	妙高中心成技校
农业专项技术培训	118	4.26-4.27	妙高中心成技校
农业专项技术培训	94	5.15-5.16	妙高中心成技校
县扶贫重点村资金互助组织培训	40	5.14-5.17	妙高中心成技校
县扶贫重点村资金互助组织培训	36	5.14-5.17	妙高中心成技校
初级电工	61	5.20-7.19	妙高中心成技校
企业经营人才培训	53	6.18-6.20	妙高中心成技校
初级电焊工	48	6.10-7.24	妙高中心成技校
后江片扫盲	94	7.7	妙高中心成技校
敬老院扫盲班	45	7.8	妙高中心成技校

培训项目	培训人数	培训时间	承办单位
妙高街道扫盲对象调查摸底培训会	43	7.17	妙高中心成技校
初级电工班	26	6.17-7.18	妙高中心成技校
濂竹乡扫盲对象调查摸底培训会	14	7.23	妙高中心成技校
安口乡扫盲对象调查摸底培训会	13	8.1	妙高中心成技校
云峰街道扫盲对象调查摸底培训会	22	7.25	妙高中心成技校
社区矫正人员培训班	31	8.27	妙高中心成技校
残疾人濂竹山桠皮种植培训	38	9.6	妙高中心成技校
峰力公司员工技能培训	50	9.14-9.15	妙高中心成技校
残疾人中式面点师培训	50	9.22-9.27	妙高中心成技校
县2013年环境保护政策法规培训班	57	9.26-9.27	妙高中心成技校
移民茶叶制作技能培训班	47	10.10-10.11	妙高中心成技校
下马村文化生活知识学习培训	48	10.13-11.22	妙高中心成技校
安口片文化生活知识学习培训	118	10.15-10.16	妙高中心成技校
徐村片文化生活知识学习培训	98	10.17-10.18	妙高中心成技校
庄山村文化生活知识培训班	45	10.29-10.30	妙高中心成技校
云峰街道移民中式面点班	52	11.6-11.8	妙高中心成技校
叶坦社区家政服务员培训	48	11.12-11.14	妙高中心成技校
云峰街道移民中式烹饪师培训	54	11.14-11.16	妙高中心成技校
东峰片文化生活知识培训班	116	11.17-11.18	妙高中心成技校
城北社区家政服务员培训	47	11.27-11.29	妙高中心成技校
峰力公司初中双证制教育培训	28	12.18-12.20	妙高中心成技校
上石马市民集体舞培训	80	9.1-12.15	妙高中心成技校
合作社组织	58	6.18-6.22	大柘中心成技校
乡村导游	60	10.28-10.31	大柘中心成技校
种植能手	61	11.27-11.30	大柘中心成技校
养殖能手	60	11.4-11.30	大柘中心成技校
大柘镇家政	65	11.5-11.7	大柘中心成技校
乡村导游	63	6.25-6.27	大柘中心成技校
金竹镇中西式面点	66	10.12-10.14	大柘中心成技校
大柘镇白菊米种植	52	5.11-5.14	大柘中心成技校
三仁乡计算机	53	11.9-11.30	大柘中心成技校
三仁乡电子商务	53	11.8-11.9	大柘中心成技校
湖山乡来料加工	50	11.20-12.10	大柘中心成技校
名优茶制作与开发	31	8.26-8.29	大柘中心成技校

培训项目	培训人数	培训时间	承办单位
手工来料加工	44	10.23-10.25	大柘中心成技校
阳光工程5班	375	5.12-5.30	大柘中心成技校
三仁乡果蔬种植技术	95	9.24-9.25	大柘中心成技校
金竹镇中西式烹饪	71	5.3-6.3	大柘中心成技校
红提种植技术培训班	65	4.2	石练中心成技校
红提种植技术培训班	53	4.3	石练中心成技校
大茂坑农家乐提升班	81	4月—5月	石练中心成技校
名优茶种植与加工培训	153	5.5	石练中心成技校
名优茶种植与加工培训	85	5.6.	石练中心成技校
名优茶种植与加工培训	72	5.7	石练中心成技校
有机菊米种植与加工培训	75	5.7	石练中心成技校
有机菊米种植与加工培训	102	5.8	石练中心成技校
有机菊米种植与加工培训	52	5.9	石练中心成技校
山地蔬菜标准化生产技术	72	5.26	石练中心成技校
山地蔬菜标准化生产技术	69	5.27	石练中心成技校
山地蔬菜标准化生产技术	60	5.28	石练中心成技校
山地蔬菜标准化生产技术	69	5.29	石练中心成技校
库区移民茶叶生产培训班	132	5.16	石练中心成技校
移民农家乐经营培训班	62	6.11-6.14	石练中心成技校
中石化员工电脑培训考证	71	6.19-6.20	石练中心成技校
企业职工、农民双证制培训	68	6.20-6.23	石练中心成技校
石练镇企业员工安全培训	53	6.26	石练中心成技校
石练镇移民食品卫生安全培训	56	6.26	石练中心成技校
小水果种植培训班	84	10月	石练中心成技校
电子商务班	65	11月	石练中心成技校
砌筑工培训班	68	11月	石练中心成技校
农广校	50	12月	石练中心成技校
扫盲培训班	169	7.12	北界中心成技校
健康知识讲座（饮食与健康）	80	10.12	北界中心成技校
红提种植春季管理培训	59	3.19	北界中心成技校
红提种植施肥及病虫害管理培训	60	3.25	北界中心成技校
养猪技术培训班	50	6.18	北界中心成技校
应村乡科技富民强县竹产业培训班	72	3.14	北界中心成技校
应村乡红心猕猴桃培训班	96	3.15	北界中心成技校

培训项目	培训人数	培训时间	承办单位
沼气实用技术培训班	61	11.22	北界中心成技校
计划生育员实用技术培训班	45	5.16	北界中心成技校
茶叶种植实用技术培训班	152	9.26	北界中心成技校
省残疾人红提种植技术培训班	50	4.22-4.24	北界中心成技校
山地蔬菜标准化种植培训班	121	5.29	北界中心成技校
山地蔬菜标准化种植培训班	105	5.29	北界中心成技校
遂昌县公益林护林员培训	420	2012.12.18-2013.1.18	北界中心成技校
应村乡种植能手培训	54	9.27-10.16	北界中心成技校
高坪乡农家乐提升培训	58	10.15	北界中心成技校
学校服务型人才岗位技能培训	55	11.2	北界中心成技校
初级电焊工培训班	46	3.28-4.28	北界中心成技校
初级电焊工培训班	40	3.28-4.28	北界中心成技校
电动缝纫培训班	69	10.2-11.1	北界中心成技校
农村预备劳动力培训班	35	4月-10月	北界中心成技校
双证制（高中）培训（一）	20	6月起	北界中心成技校
双证制（高中）培训（二）	20	6月起	北界中心成技校
双证制（高中）培训（三）	28	全年	北界中心成技校
社区扫盲班	3320人次	全年	遂昌各成技校
合计	11999		

（周顺华）

卫 生

【概况】2013年，全县有各级各类医疗卫生机构171家，其中县级公立医院2家，疾病预防控制机构1家，卫生监督机构1家，妇幼保健机构1家，卫生进修学校1家，“120”急救指挥中心1家，乡镇卫生院（社区卫生服务中心）21家，卫生分院（社区卫生服务站）29家。民营医院1家，民营综合门诊部1家，村卫生室81家，个体诊所17家，厂校医务室14家。全县共有编制床位482张，实有床位577张，每千人实有床位数2.49张。其中县级医院编制床位380张，实有床位475张，乡镇卫生院编制床位102张，实有床位102张。全县医疗卫生单位共有在职卫技人员964人，每千人医生数1.78人；每千人拥有注册护士数1.68人。

【基层卫生管理新体制】2013年，县政府第26次常务会议讨论通过《关于继续深化完善医疗卫生体制改革，促进我县医疗卫生事业健康持续发展》的报告。完善县院管乡院模式，将乡镇卫生院人财物划归县卫生局管理，县社区卫生总院与县医管中心合署办公，县级医院将管理、技术、设备、人员等资源通过托管、协作、支援方式支持乡镇卫生院，提升乡镇卫生院医疗服务水平。完善基层绩效工资分配和考核制度，县财政增加100万元投入，并从绩效工资总额中列出150万元、累计250万元作为调节资金，按基本医疗和公共卫生各项任务完成情况和考核结果核拨；支持乡镇卫生院按区域、专业、诊疗人次等因素计算个人绩效工资，完善实施70%奖励性绩效工资分配制度，调动基层卫技人员积极性；按各乡镇的偏远程度设置50元至450元山区补贴，稳定边远山区医疗卫生队伍；县财政对乡镇卫生院人员工资、运行经费、基本建设进行全额保障，强化了乡镇卫生院的软件建设，也确保基层卫技人员收入同比有一定幅度增长。

【县级公立医院改革】县人民医院、县中医院2家县级公立医院按要求配备和使用基本药物，基本药物品种数占比在60%以上；完善实施预约诊疗、临床路径管理，60%的病区达到优质护理要求。浙二医院定期派出骨科和监护室专家到县人民医院，省中医院定期派出骨伤科和乳腺外科专家到县中医院长期坐诊。全县共有省级重点学科2个，市级重点学科2个。实施阳光用药工程，在县政府门户网站公示4期阳光用药信息；2家县级医院的门急诊人次和出院人次平稳增长，2013年2家县级公立医院门急诊人次56.1万人次，同比增长4.06%，出院人次1.74万人次，同比增长10.24%。

【中医药管理】组织实施遂昌县“十二五”中医药事业发展规划（2011—2015年）。有16家乡镇卫生院设置中医科、中药房，开展中医药服务，配备中医药适宜技术的设备，开展中医适宜技术服务；黄沙腰、王村口和湖山卫生院被授予“中医药参与社区卫生服务市级示范单位”称号；县中医院肝病科被省卫生厅授予浙江省重点中医药专科，成功举办“冬病夏治”“中医膏方节”活动，服务400余人次。

【建立城乡居民医疗保险

制度】6月30日，根据市政府统一部署，将新农合管理办公室移交至县人力资源和社会保障局，新型农村合作医疗和城镇居民医疗保险进行合并，建立城乡居民医疗保险制度，形成城乡居民医疗保险资金筹集、管理、使用之间的无缝对接。

【基本公共卫生服务】2013年，遂昌县17家符合条件的卫生院全部完成省级规范化卫生院（社区卫生服务中心）创建，创成率100%；对基层卫技人员开展《浙江省基本公共卫生服务规范》全员培训，开展定期绩效评估；全县乡镇卫生院（社区卫生服务中心）开展全科医生签约服务，与13095名服务对象进行签约；建立家庭电子健康档案59138户，个人电子健康档案153188份，建档率80.54%；高血压规范管理13996人，糖尿病3293人，重型精神病管理432人。开展新一轮农民健康体检工作（省政府十件实事），成人体检6.6万人，完成任务数的106%，60岁以上老年人体检率达82%，超出任务指标2个百分点，全县共检出疑似恶性肿瘤60人、疑似糖尿病1313人。

【疾病预防控制】推进规范化接种门诊创建工作，2013年新申报创建的黄沙腰中心卫生院、三仁乡卫生院等6家规范化接种门诊通过市卫生局初审，全县83名从事预防接种人员和26名从事免疫规划信息管理人员均持证件上岗，未发生疫苗接种事故；加强H7N9禽流感、麻疹、手足口病等重大传染病防控，未发生甲、乙类传染病暴发流行；开展疟疾消除工作，全年血检729人次，11月底遂昌县顺利通过省评估组消除疟疾工作的考核评估；重视卫生应急工作，有效处置金竹中心小学学生群体性心因性反应等卫生应急事件，对报告的可疑突发公共卫生事件进行及时、规范的处置，全年无突发公共卫生事件报告。

【卫生监督】利用三级公共卫生网络和基层医疗卫生机构前哨作用，健全横向到边、纵向到底，覆盖城乡的卫生监督网络体系。实施“依法执业守护健康”回头看活动，检查医疗机164家。严厉打击假医、游医、“黑诊所”及生活美容场所非法行医，7月和公安部门协作，取缔一批在农村走家串户的游动牙医。对医疗废物处置情况进行专项监督检查。完善卫生监测工作。公共场所样品监测合格率97.5%；各饮用水监测点水源水、出厂水合格率100%；管网水合格率83.3%；二次供水合格率100%；集中消毒餐具监测合格率100%。分别以传染病防控、环境卫生和饮用水为重点开展3次校园卫生安全健康行动，检查结果及时向县教育局反馈。

【妇幼保健】2013年，孕产妇系统管理1599人，系统管理率93.84%，3岁以下儿童系统管理5450人，系统管理率94.18%；全年无孕产妇死亡事件；5岁以下儿童死亡11人，死亡率6.46‰；婴儿死亡8人，婴儿死亡率4.69‰。将妇幼公共卫生工作纳入对县级医院年终考核范围，对县人民医院和县中医院妇幼公共卫生工作进行督查。2013年剖宫产活产724人，剖宫产率占45.79%，同比下降2.34%。全面完成重大公共卫生工作妇幼项目，农村孕妇住院分娩补助1211人，补服叶酸1428人，宫颈癌筛查20747人。10月1日起实施新生儿疾病筛查免费项目。落实临床与保健重度高危联管和信息报告制度，做好危重孕产妇抢救、转诊，危重孕产妇抢救2例，成功2例。

【卫生基础设施建设】8月18日，县人民医院新住院大楼顺利结顶，进入室内装修阶段。10月31日，总投资98万元，建筑面积547平方米的濂竹乡卫生院新门诊大楼投入使用，停办7年的濂竹乡卫生院得到恢复。开展村卫生室标准化建设，全县规范化村卫生室61家，占总数的68.54%。建立以乡镇卫生院（社区卫生服务中心）为骨干、社区卫生服务站和村卫生室为基础、驻村责任医生巡诊服务点为补充的乡村两级医疗卫生服务体系，全县基本医疗和公共卫生服务功能全覆盖。

【卫生队伍建设】2013年，全县卫生机构通过人事公开招聘、人才引进共77人（其中县级39人，基层38人），定向培养20人，8名定向培养毕业生分配到乡镇卫生院。开展网络视频授课23次，培训近6000人次，2家县级医院医务人员赴三甲医院进修22人，初级技术岗位培训培训89人；基层卫技人员培训90人；住院医师规范化培训新录取17人，累计36人参加培训。对2家县级医院督查，促进继续医学教育项目的规范化管理，县人民医院承办省级继教项目1个，市级继教项目5个，培训1200多人。

【爱国卫生】积极开展爱国卫生月活动，全面完成省市卫生乡镇创建任务。2013年石练镇通过省级卫生乡镇考核验收；金竹镇、蔡源乡、安口乡通过市级卫生乡镇考核验收，卫生乡镇占比达72.2%，4个省级卫生村、13个市级卫生村创建稳步推进。石练、新路湾、北界、应村4个乡镇8个行政村建设1100户无害化厕所。县人民医院成功创建省级无烟单位，云峰中心卫生院等16家单位成功创建市级无烟单位，县人民医院周方萍被评为省级控烟积极分子。

（李新标）

遂昌县人民医院

【概况】2013年，遂昌县人民医院有职工475人，其中专业技术人员434人，高级技术职称69人，中级技术职称123人。全年门急诊375382人次，比上年增加11057人次，增幅3.03%；出院12619人次，比上年增加496人次，增幅4.09%；完成各类手术3584例（含门诊）。业务收入1.64亿元，增长幅度11.67%，其中医疗收入9691万元，增长幅度11.89%，药品收入6673万元；全院药比40.78%，较上年下降0.11%。

2013年，县人民医院成功创建省级节约型公共机构示范单位、获评省无烟单位。有5人被评为省级单项先进个人，14人获得“丽水市劳动模范”“绿谷名医”等荣誉称号，10人为县级先进。全年投入600多万元购置了激光治疗仪、自体血回输机、彩色三维多普勒超声诊断仪、动脉硬化测定仪等医疗仪器。增设移动门诊输液系统和合理用药软件。对医保、农保财务软件、病案首页进行系统升级。

【科研论文】麻醉科潘立东主任发明的皮下潜行针管套件获得国家级新型专利。《可吸收肋骨钉在治疗多发性肋骨骨折中应用价值的研究》获得2013年度丽水市科技进步奖三等奖、遂昌县科学技术进步奖三等奖。ICU、急诊科2个课题获得县级申报立项。药剂科一篇论文获县药学优秀论文一等奖。全年共发表论文33篇，其中国家级5篇。

【医疗质量管理】开展科室医疗质量持续改进评比活动。设立季度质量管理奖、医疗质量奖，各科室运用PDCA管理方法，针对医疗质量和管理方面存在的问题和薄弱环节进行原因分析、持续改进、评估、再改进，质管科牵头每季度对科室持续质量改进项目进行评比，推进全院医疗质量持续改进。开展合理用药检查，加强对抗菌药物临床合理应用督查力度，对Ⅰ类切口预防性使用抗菌药物情况进行每季度抽查并评估分析。每季召开全院医师大会，对质量、处方检查结果进行点评、分析，落实奖惩，处方点评工作在全市各医院处方点评评比中获得第一名。

【“志愿服务”利民工程】组织开展省级专家送医送药到遂昌义诊服务5次，党员、知联会成员送医下乡活动8次；参加农村“春泥书库”，为山区贫困学生捐赠图书1次；到焦滩乡前山村调研帮困2次；配合老龄委组织的全县白内障送光明活动，共为30名患者进行白内障复明手术。组织全院干部职工在全民慈善捐赠月活动中捐款人民币29250元，组织党员为“爱心超市”捐款1次、为困难患者捐款2次、全院医务人员集体献血1次。通过各种惠民活动，提升了医院社会效益。

【“四合理”工程】2013年，县人民医院推行合理检查、合理治疗、合理用药、合理收费“四合理”工程，规范诊疗，降低病人费用。一是推进医疗服务阳光工程，开展临床药师常态化处方点评、全院性处方点评、大处方的限额、点评通报、绩效考核,促进临床医师合理用药；二是加强和规范临床路径与单病种管理工作，临床路径病种增至20多个，全年临床路径与单病种管理病人数占出院病人总数的 14.6%，同比上升 5%；三是修改、完善医院抗菌药物管理制度，调整组织，改善流程，落实考核指标，使住院病人抗菌药物使用率达 60%以下，门诊病人抗菌药物使用率较去年明显下降；四是强化医保管理，清理了与医保不匹配的诊疗项目，逐条重新对应。对住院病人挂床情况进行督查整改，促进床位的周转。每月对出院病历进行“四合理”检查，将检查结果进行分析反馈，对存在的问题制定措施进行整改。降低药品收入占业务收入比重，降低高值耗材支出占医疗支出的比重，严格监控医药费用，减轻患者就医负担。

（汤红芳）

遂昌县中医院

【概况】2013 年，遂昌县中医院有职工 203 人，其中卫生技术人员 179 人，管理人员 9 人，工勤人员 15 人。医院核定床位 100 张。2013 年，内科分为内一、内二病区，开放康复综合病区，增加床位 20 张，全院实际开放床位 145 张。全年医疗业务收入 6635.6 万元，比上年增长 31%；门急诊量 18.4 万人次，比上年增长 4.3%；累计出院人次 4867 人次，比上年增长 30.7%；床位使用率 105%；开展手术 2541 人次。

2013 年，县中医院被确定为丽水市县级中医系统首批二级甲等中医医院、浙江省职业病医疗救治网络医院，被评为丽水市医疗机构依法执业守护健康活动先进单位。

【医疗卫生体制改革】 10 月，根据遂昌县委、县政府工作安排，遂昌县社区卫生总院职能移交至县卫生局管理。贯彻落实医改政策精神，住院病人抗生素使用率下降 4.5%，住院人均西药费下降 3.9%；中药均贴费用下降 6.9%，医保控费工作得到市、县医保部门的肯定。

【中医药特色优势】2013 年，中医门诊服务人次 6.3 万人次，比上年增加 7%。全院中药饮片贴数 33.6 万贴，比上年增加 33%。护理部推广并增加中医护理项目，共服务 1 万余人次。在全市二级医院全处方点评检查中，成绩仅次于丽水市中医院，列第二名。配合浙江省中医药学会培养 31 位中医药科普宣传人才，指导 3 家乡镇卫生院创建 “中医药参与社区卫生服务市级示范单位”。

【医疗技术水平】2013 年，遂昌县中医院肝病科通过浙江省中医药管理局组织的“浙江省中医药重点专科”验收以及“丽水市第三批医学卫生重点（扶持）学科终期评估”工作，与浙江省新华医院共同合作开展肝病课题。申报 2014 年市级继续教育项目获得成功，实现申报零突破。外科新开展门体静脉断流+食道横断吻合术、内镜下直肠狭窄扩张术等，肛肠专科手术 458 人次，比上年增长 124%；骨科新开展肱骨骨肿瘤切除+重建术、股骨颈骨折牵引床闭合复位空心钉内固定术等；麻醉科新采用腰硬联合麻醉技术；检验科率先开展厌氧血培养及生殖道标本支原体培养与衣原体检测。糖尿病专科举办 2 期糖尿病病友联谊会，服务近 400 位糖尿病病友；眼科手术 361 例次，同比增长 45%，其中白内障超声乳化手术 110 人次。

【优化诊疗服务】完善医疗管理，修订收住院病人、批量病人抢救流程，出台老年病人的管理规定。实行无处方差错、缺陷上报制度，定期召开医疗及护理质量安全分析会。通过改进工作流程、合理利用床位等方法，成功应对病人大幅增长所带来的压力。后勤服务中心采取措施加强水、电、耗材管理，办公耗材下降 27%，全年电费下降 1.3%。

【借力发展】浙江省中医院乳腺科专家每月一次到遂昌县中医院指导，全年实施乳腺科手术 200 人次，其中麦默通微创手术 99 人次。浙江省中医院骨科专家到院帮扶，骨科能独立完成多类III、IV类手术。邵逸夫医院泌尿外科专家每周两天到院指导，形成一定的品牌效应。

【人才队伍建设】2013 年，选派 8 位医护骨干到上级医院进修学习，102 人次参加短学习及学期术交流，选送 5 位临床一线医护人员在职研究生攻读。医院 5 位同志被推荐为遂昌县科技专家库成员，王育平、李雪萍获“最美遂昌人”之美德医务人员称号。

（潘爱萍）

综合监管

发展和改革

【概况】2013年，遂昌县发展和改革局围绕“十大行动计划”，对重点工作倒排时间、细化方案、全力以赴、狠抓落实，各项工作成效显著。围绕“固定资产投资增长20%以上”的年度目标，攻坚克难，全力以赴，在做好各项工作的基础上，创新建立项目建设责任倒查机制，专题研究部署服务业发展工作，为推动县域服务业整体发展积极出谋划策，在全市率先将服务业工作纳入县委、县政府年度综合考核。

扩大有效投资

【概况】2013年，全县完成固定资产投资40.64亿元，增长25.5%，增幅全市排名第三，完成投资总量排名第六，完成投资总量占年度固定资产投资82.44%。3个“411”项目均开工且进展顺利。前十个月，华东花岗岩集聚加工综合循环利用产业示范区（一期）完成投资1.2亿元，占年度投资计划的80%。中国建筑五金产业基地项目完成投资3.42亿元，占年度投资计划的126.7%，遂昌黄金休闲旅游度假区完成投资0.255亿元，占年度投资计划的245%。三个项目共计完成投资5.175亿元，完成年度计划113.72 %。

2013年，全县列入市重点建设项目15个，年度计划投资8.73亿元。截至10月底，累计完成投资10.47亿元，占年度计划投资119.91%。年度4个新建项目，梅溪小学、北门桥头至三墩桥道路拓宽工程、低丘缓坡开发古院区块（一期）、华东花岗岩集聚加工综合循环利用产业示范区（一期）均已开工建设，开工率100%；1个完工项目，浙江新宏钢制品有限公司年产60万吨金属制品材料项目已顺利完工投产。

【机制保障和责任落实】创新建立项目建设责任倒查机制，强化项目责任追究问责，深入实施重点项目领导包干制。包干领导必须每月走访、调研项目，推动有关项目的审批、土地、融资等难题解决。强化包干领导“五个一”汇报制度，每季度召开例会对项目进展情况进行点评，对包干项目制订出个性化推进方案。深入开展全县重点项目宣传工作，联合县广播电视台、新闻传媒中心奔赴26个重点建设项目施工现场，跟踪采访报道全县重点项目建设情况，8月开始分期进行详细报道，助推全县项目建设。全面启动扩大有效投资暨项目推进“破冰清障大提速”活动，组织开展了“项目启动周”“政策处理攻坚”“百日攻坚”“重点项目督查”等专题活动。

【前期谋划和审批提速】开展2014年四大投资计划预排工作，梳理出固定资产投资42亿元，计划申报市重点项目21个，计划申报市重大前期项目18个。修编完成《遂昌县“十二五”重大建设项目五年规划三年行动计划（2013—2015）》，储备项目221个，规划总投资868.2亿元，“十二五”规划投资332.29亿元，完成《“十二五”重大建设项目规划（2011—2015）》中期评估工作。开展一年一度的“发现遂昌”活动，对2012年度5个优秀项目和9个优秀金点子进行承办，同时征集2013年度项目和金点子，11月15日完成征集工作。完成2013—2017年重大项目库建设，形成一个重大项目总库和“411”重大项目子库、国省批重大项目子库2个子库，入库项目129个。

2013年，对发展和改革局所有行政许可和非行政许可事项重新进行认真清理审核，行政审批事项总数由原来的21项减少为20项。其中，行政许可事项由12项减少2项，现为10项；非行政许可事项由9项增加1项，现为10项。

【国债项目稽查】至10月底，遂昌县共有21个批次33个项目纳入中央投资项目稽查监管信息系统，项目总投资33753万元，其中中央计划投资4003.5万元，累计完成投资22948万元，完成投资比例68%。开展4次共9期中央投资项目稽查监管信息系统培训，全县64人次参加培训。加强项目督查工作，对全县中央投资项目、省市联合督查项目及县级重点项目开展全面督查，已开展中央投资项目督查3次、省市联合督查2次、市“四办”督查1次和县“五办”督查3次，督促项目建设单位攻坚克难，加快项目建设进度。

发展现代服务业

【服务业集聚区建设】2013年，遂昌县在全市率先将服务业工作纳入县委、县政府年度综合考核。中国（遂昌）竹炭产业综合服务集聚区被列为2013年市、县重点服务业集聚区建设计划，2013年计划投资2800万元，前十个月实际完成投资2831万元。竹炭博物馆二期开展土地征迁工作。金石门度假村区块整体规划方案编制完成，金钻大酒店启动酒店内部硬装修工程。网店协会仓储服务中心开工建设，实施土地平整和基础工程。《中国（遂昌）竹炭产业综合服务集聚区规划》通过专家评审并发布实施，积极申报省级第三批服务业集聚示范区。

2013年列入浙江省服务业重大项目2个。遂昌县汤显祖文化国际交流中心（牡丹亭）2013年计划投资1500万元，前十个月完成投资2046万元。遂昌县城市文化综合体项目完成施工图图审、预算审价等工作，开展施工、监理招投标工作。汤显祖文化国际交流中心获得2013年省服务业发展引导财政专项资金补助100万元。列入市服务业重点行业项目计划12个，2013年计划投资2.4亿元，前十个月完成投资2.52亿元。列入省市服务业重点项目共计17个（含市服务业重大前期项目3个），项目数为九县（市、区）首位。其中省服务业重大项目比上年增加1个，市重点项目增加2个，市重大前期项目增加2个。

遂昌县养老院服务标准化试点项目成功申报2013年第一批省级服务业标准化试点项目，遂昌生态农产品电子商务标准化、遂昌县东城物流中心服务标准化2个项目列入市级服务业标准化试点项目。遂昌金矿国家矿山公园申报省级服务业名牌，浙江凯宇物流有限公司、浙江省绿通物流有限公司2家企业列入市级服务业名牌。获得中国驰名商标2件，分别是遂昌碧岩竹炭有限公司、遂昌雄泰木业有限公司。牵头开展新增限上企业工作，累计新增17家，其中11家为2013年新注册企业。

【养生（养老）产业发展】深入挖掘优势养生资源，重点推进12个重大基地建设，大部分项目进展顺利。开展首批养生企业、养生产品及“五养”特色品牌评比工作。联合相关部门对全县养生（养老）产业及“五养”行业做摸底调查，共收集养生企业、产品等230余种（个），并根据类别进行梳理汇总形成遂昌县养生企业、养生产品目录。对养生重点企业、养生企业“五养”特色品牌进行推选，评选出浙江遂昌纳福尔茶油有限公司等13家企业为首批遂昌县生态休闲养生（养老）产业重点企业；浙江遂昌纳福尔茶油有限公司、遂昌汤溪生态温泉开发有限公司、遂昌文照竹炭有限公司、浙江石练菊米有限公司4家企业入选首批丽水市生态休闲养生（养老）产业重点企业；44家企业，39种产品入选丽水市生态休闲养生企业（产品）初选推荐目录。

重点领域改革

【深化改革方案】开展深化

改革方案调研，制订并印发《2013—2014 年遂昌县深化改革实施方案》。推进山区科学发展示范区工作。发布实施了《遂昌县创建山区科学发展示范区发展规划》（以下简称《规划》），并将《规划》的部门责任分解落实。通过努力，遂昌县被列为全省首批循环经济示范县。开展山海协作共建产业园工作，遂昌是首批列入省级山海协作产业园县，确定和诸暨市合作共建产业园，签订了《诸暨—遂昌山海协作产业园区协议》。

【农村住房和农业保险】完成 2013 年度政策性农村住房保险投保工作，全县有 53780 个农户参加保险，参保率 95%。开展政策性农村住房保险附加室内财产保险调研；开展提高政策性农业保险覆盖范围和保障水平等工作，全县水稻保险保额从 2012 年每亩 400 元的提高到 600 元，并实行全县水稻统保。

【基本公共服务均等化行动计划试点】稳步推进以改善民生为主要内容的基本公共服务均等化建设，遂昌在公共安全、教育、文化体育、医疗卫生、环境保护等项目的财政投入从 2008 年的 5.67 亿元增加到 2012 年的 12.9 亿元，走出了一条差异化、特色化的新路子，实现了经济社会平稳较快发展。

【公共资源交易管理】以“政府引导市场，市场公开交易，交易规范运作，运作统一监管”为改革目标，构建交易项目审批、项目进场、交易实施、受理举报投诉等全程监管体系，确保交易活动公开、公平、公正。至 11 月 15 日，县公共资源交易中心累计完成交易项目 839 项，交易额 77735.37 万元，增收节支 19559.93 万元。

资源要素争取

【争取资金】积极争取中央预算内资金。重点加强市政基础设施、农林、水利、社会事业、资源环境等领域项目的包装，至 10 月底，共争取中央预算内投资项目 19 个，争取中央资金 3447 万元。切实做好省专项资金争取工作。2013 年共争取省公共建设投资计划项目 12 个，争取省公建资金 790 万元。争取列入省服务业重大项目计划 2 个，分别是遂昌县汤显祖文化国际交流中心（牡丹亭）和遂昌县城市文化综合体项目。积极创新融资平台。遂昌县溪边路安置房项目采取 BT 方式，由遂昌县南方建筑工程有限公司公司承担建设施工。该项目拟建拆迁安置房 89 套，建成后所有建筑物全部由遂昌县城市建设发展有限公司整体回购。该项目已经开工建设。

【争取土地】2013 年组织 2 次重大产业项目申报工作，新增省重大产业项目 1 个（为遂昌汤显祖文化国际交流中心项目）。新增省重点建设项目 2 个，分别为遂昌县低丘缓坡开发古院区块一期工程、遂昌县北门桥头至三墩桥道路拓宽工程，项目均已开工建设；9 月申报增补省重点建设项目 2 个，分别为第二中学、城市文化综合体项目，项目完成初步设计，于 11 月开工建设。

【争取政策】积极开展衢宁铁路项目前期工作。县编委批准设立县铁路办工作机构，核定了人员编制。配合铁四院开展衢宁铁路遂昌段线路外业测量及两条线路对比优化，做好设计对接。11 月，第一测段勘测队初步完成衢宁铁路遂昌境内的线位优化方案。加快推进县域新能源开发。开展遂昌县天然气利用工程项目前期，完成《遂昌县天然气综合利用规划》编制和审批，完成《遂昌县天然气利用项目用地近远期布置设计》编制和《遂昌县天然气利用工程可行性研究报告》编制，完成天然气利用工程核准前审查。推进空白乡镇邮政所补建工作。遂昌县列入空白乡镇邮政所补建项目 6 个，分别为应村乡、龙洋乡、三仁乡、焦滩乡、蔡源乡、高坪乡邮政所，2012 年完成应村、龙洋、蔡源、高坪乡 4 个邮政所建设，完成应村、高坪乡 2 个邮政所验收。2013 年，三仁乡、焦滩乡 2 个邮政所项目完工，完成所有项目的验收工作。

价格监管

【概况】2013 年，县发展和改革局认真执行《丽水市重要商品和服务价格监测报告制度》，对成品粮、副食品、建材、能源、农业生产资料五大类 50 种主要商品市场价格实行定期监测，完成监测报表10期；开展成品粮市场批发和零售价格应急监测，完成监测报表30期；开展菜篮子价格专项监测，对肉禽蛋、水产、蔬菜、豆制品、白砂糖等21种居民生活必需品价格进行旬监测，完成监测报表30期；及时启动防控H7N9禽流感及相关商品应急价格监测，开展市场价格巡查，并实行每周二、五定期报告制度。

及时落实各项清费减负政策，取消、暂停、降低行政事业性收费和经营性服务性收费，每年为全县企业和群众减轻经济负担130万元以上。完成2008-2012年行政事业性收费清费减负政策评估调查，落实国家和省出台的停、缓、免、减行政事业性收费政策，涉及工商、教育、公安等18个系统56个收费大项，累计清费减负金额14039.24万元（不包括执收单位一直未收或自行免征的部分收费）。按时完成行政事业性收费验审工作，全年共审验收费单位50家，行政事业性收费55项，收费总额5716.97万元，比上年减少48.84万元，下降0.85%。

部署开展教育、医疗等专项价格检查，完善“12358”价格举报机制。全年共查处价格违法案件3件，退还用户0.406万元，没收违法所得4.915万元，罚款0.7万元。部分景区“五一”、“十一”国庆假期实行门票价格优惠，此举得到上级价格主管部门的肯定和游客的好评。

（发改局）

审计

【审计成果】全年共完成审计项目27个，查出管理不规范金额18094万元，违规金额152万元，损失浪费金额80万元；提出审计建议66条，被采纳32条；向纪检和有关部门移送案件和事项4件，涉案人员2人。

【审计理论研究】总审计师陈樟林在2013年度全省审计系统“三创三评”活动中被评为全省十名“分析研究高手”之一，其撰写的《欠发达地区乡镇经济责任审计量化评价的思考》被评为全省十篇“被刊登的调查报告”之一。

【审计信息化建设】连续三年获全市审计信息化组织推进先进奖，选送参评的审计项目中，1个获得审计署2012年度AO应用实例鼓励奖、《遂昌县2011年度预算执行情况审计》被市审计局评为2012年度优秀计算机审计项目，1篇计算机审计方法入选审计署计算机审计方法目录。

【财政同级审提出五项整改措施】根据2013年财政同级审中发现的公共财政、税收征管、国资管理三方面10个具体问题，提出5项整改措施。一是精简账户数量，财政部门已将原来的53个银行账户精简至35个；二是补缴房产税金，县地税部门根据审计建议对相关企业纳税情况进行了核实，7家企业共补缴税收和滞纳金20万元；三是提高存款利率，建议与各商业银行就政府非税收入结算专户签订《人民币单位协定存款合同》，办理协定存款业务后，政府非税收入结算户账户存款的利息将提高5倍；四是盘活固定资产，县国资管理部门开展第一期国有资产盘活拍卖活动，18套住宅和20套商铺全部拍卖成功，取得资产拍卖所得3000多万元；五是完善管理机制。根据审计建议，县国资管理部门起草《遂昌县行政事业单位国有资产管理暂行办法》《遂昌县行政事业单位资产处置管理办法》和《遂昌县国有资产出租出借管理办法》。

【农民专业合作社专项审计调查】在全县农民专业合作社运营发展情况专项审计调查中，发现丽佰、景鸿两个合作社在项目实施过程中以假冒他人领取工资、重复列支设备购置款、虚假报账等方式套取财政补助项目资金，并有部分流向公职人员等问题。审计局及时将两个合作社涉嫌犯罪线索移送县纪委，后由县检察院立案侦查。

审计发现燕军合作社以购置14台茶叶加工机械为由获得农机购置补贴，而实际购入仅1台，涉嫌套取农机购置补贴资金9100元，县审计局将该案件线索移送县农业局，县农业局追回补贴资金，并对该合作社作出了五年内取消享受农机购置补贴政策资格的决定。

审计发现绿都合作社在两年建设期内未完成产业化经营项目建设任务，部分设备未到位、未安装验收，且设备购置存在问题，但已经获取财政补助资金60万元。县审计局将该问题移送县农发办处理。

（审计局）

统 计

【城乡住户一体化调查】2013年是开展城乡住户一体化调查的第一年，为保障该项工作的顺利开展，县统计局强化基层调研指导，由局分管领导带队与专业人员深入基层走访记账户，检查指导账页登记，提高调查户的记账质量，完成206户基础账户。为提高调查员的业务水平，县统计局加大培训力度，共开展5次对辅助调查员培训，切实提高调查员工作水平，从而提高其对记账户指导水平。县统计局严格做到严审细录，认真做好编码工作，确保数据逻辑性平衡，确保账机数据一致。

【文化产业统计】成立遂昌县文化产业统计工作领导小组，强化对文化产业"三核查"工作，核查文化产业法人单位数，查漏补缺，规范单位基础资料。核查全县文化产业单位行业分类，确保行业归类正确。核查主要文化行业和重点文化单位增加值情况，提前做好调研，掌握真实情况。2013年，全县共有文化产业法人单位133家，占全市文化产业单位数的5.1%，文化产业增加值2.5亿元，同比增长17.6%，文化产业增加占GDP比重为3.11%。

【服务业统计】3月12日，县统计局召开乡镇（街道)和部门服务业统计工作会议，部署2013年服务业统计工作。深入分析遂昌县服务业发展的现状，提出服务业工作"目标项目化、考核数据化"的建议，获得了县政府领导的肯定。加强部门工作对接，走访了县建设局、教育局、经商局、旅游局、交通局、人力社保局等服务业发展工作领导小组成员6家单位，就限下扩面和限上单位增量及项目投资等工作进行了对接，摸清了经济增长点。印发了《遂昌县推进服务业发展工作机制》，将服务业统计工作考核纳入县委、县政府对部门年度考核体系，进一步明确各有关部门的工作职责，形成分工负责、合力推进县域服务业发展的工作格局。

【统计基础工作】2013年，县统计局加强统计基础工作，一是开展乡镇(街道)统计基础规范化建设"回头看"，巩固乡镇(街道)统计基础建设成果。二是进一步完善部门统计管理制度。建立国民经济核算部门联席会议制度和监测指标部门联审制度。通过国民经济核算部门联席会议制度，建立部门间统计信息和资料交换共享平台，加强各部门的统计信息沟通交流，分析研究相关部门提供的各项统计数据，向县政府提出统计分析和工作建议。通过监测指标部门联审制度，开展服务业、文化产业、农民增收等各类综合统计监测评价研究。三是启动企业统计基础规范化建设，加强和规范固定资产投资统计。

【统计法制建设】2013年，县统计局加强统计法制建设，提升统计法律保障水平。制订2013年度统计法制工作计划和统计普法宣传计划。以"六五"统计普法为契机，开展形式多样的统计法制宣传教育活动，把统计普法渗透到统计报表布置、统计业务培训、统计咨询服务和统计执法检查中。通过统计督查、专项检查和统计巡查等手段，着力查处在网络直报条件下拒报、屡次迟报、虚报和瞒报等统计违法行为。全年共稽查36家单位，查处统计违法案件10件。突出开展统计人员继续教育和统计从业资格考试及统计专业资格考试三项教育，基层统计业务素质有力提升。全年统计继续教育411人，统计从业资格考试50人，统计专业资格考试9人。

全国第三次经济普查工作

【开展情况】2013年，遂昌县统计局按照国家、省、市的统一部署，高效推进第三次经济普查工作，顺利完成了前期筹备、经费落实、普查启动、机构组建、"两员"选调、地图核绘、规范单位基础信息试点、部门核查、"地毯式"清查、工作记录表和工作台账的数据录入、查漏补缺、差错修改、数据分析上报、PDA操作员培训和普查底册加载及经普宣传、物资保障等前期准备工作，为2014年的正式普查登记工作提供了扎实的基础。

【普查成效】至2013年12月31日止，全县规范单位基础信息工作记录数14385家，其中法人单位2361家（数据为0的法人有552家），产业活动单位数563家（数据为0的产业有21家），分别比第二次经济普查增加1100家和169家；个体经营户11413家，减少881家。

【工作举措】一是及早谋划，组织落实到位。县统计局根据三经普的业务需要，向县财政局争取到150万元经费，为普查工作的顺利开展奠定了经费基础。成立了遂昌县第三次经济普查领导小组，及时完成各级普查机构的组建工作。二是立足“两员”，强化素质。针对“两员”选调难的问题，遂昌县经普办通过实地调研，确定按乡镇行政村数和调查单位数多少、登记难易程度划分为3个类别，精选“两员”，“两员”选调体现“精、青、专”特点。在清查摸底阶段，全县共选调“两员”总数270人，其中指导员有80人，普查员有190人。三是全面覆盖，深化宣传。县经普办始终将宣传工作贯穿普查全程，宣传形式多样，载体丰富，不仅有宣传海报、告知书、宣传手册、《致普查对象的一封信》和宣传车等传统的实物宣传方式，而且还结合QQ、广播电视媒体、短信、LED灯滚动播放经济普查宣传标语、微博等网络方式全面开展普查宣传，增进了广大市民对经普工作的认知度、理解度和支持度。并利用从业资格继续教育、清查等契机全方位开展普查宣传。四是规范清查，强化把关。突出规范单位基础信息工作，完善底册信息。制订了各部门制度及数据理方案，规范各环节质量管理标准，设立普查质量管理小组，建立经济普查数据质量控制岗位责任制，对经济普查实施中的每个环节实行质量控制和检查验收。同时，在规范单位基础信息全过程，严格把关，对重要的经济指标，分片负责，通过电话询问、网络查询等方式，一一核实。

（统计局）

市场监督管理

【概况】2013年，全县新设内资企业489家，个体工商户1403户，农民专业合作社132户。在册市场主体总数10453家，其中内资企业1679家，个体工商户8170户，农民专业合作社604户。办理股权出质39户，出质股权11250万股，融资金额2.137亿元，办结企业动产抵押登记40件，融资5.23亿元。1月4日办理首份“个转企”营业执照，全年累计办理“个转企”营业执照408份。实施商标品牌战略，新认定浙江省著名商标2件，续展7件；新认定丽水市著名商标3件，续展1件。

全年办结案件345件，下降4.4%，案值1807.39万元，增加61.6%。查处假冒伪劣案186件，虚假宣传案12件，“两虚一逃”案1件。查处反不正当竞争案件26件，消保案件11件，商标案件37件，产品质量案件6件，广告案件25件。全年共出动检查人数5065人次，检查经营主体7630个（次），检查各类重点市场114个（次）。“12315”申诉举报中心共受理消费投诉108件，调解108件，为消费者挽回直接经济损失10.75万元。

2013年，为推进遂昌县中心市场商圈的消费者权益保护工作，设立遂昌县府前中心市场消费维权举报、申诉受理中心。

2013年，全县20个乡镇（街道）全部通过“药品安全示范乡镇”创建验收。

【食品安全监管】9月1日至10月8日，县工商行政管理局、县食品药品监督管理局开展全县食品安全强网清源执法活动，查处各类违法行为148起，责令整改233家次，取缔无证无照单位11家，立案148起，涉案金额58.806万元，罚没款65.7404万元，移送公安机关2起，追究刑事责任5人。

【药品医疗器械监管】2013年，县食品药品监督管理局开展保健食品“四非”专项行动，行动共出动执法人员241人次，检查各类保健食品经营户133家次，查处保健食品广告案件5件，罚没金额25.8万元。

查处了周某等人生产销售假冒创可贴案。其生产的假冒品牌创可贴销售至全国多个省市，涉案货值达1600万元。2013年12月，遂昌县人民法院对13名案犯作出有期徒刑一年至十年不等、并处罚金2万元至12万元不等的一审判决。此案被浙江省食品药品监督管理局评为2013年度药品医疗器械化妆品领域十大典型案件。

【餐饮安全监管】全面启动“学生饮食放心工程”。完成学校食堂大米、面、食用油的统一招标；新增7所学校食堂达到量化等级管理B级；实行学校食堂食品安全状况“周自查、月报告”制度；将学校供水纳入城镇自来水管网；7家学校食品商店全部通过了食品安全示范店创建，民族中学和云峰镇中心学校商店引进万佳商贸公司加盟经营。学生食品安全知识知抽测知晓率达83.7%。

（市场监管局）

国土资源管理

【概况】2013年，全县新增建设用地计划指标73.8公顷（其中农用地67公顷），上报9个批次334个项目（地块），总面积73.6公顷（其中农用地67公顷）。完成城乡增减挂钩1个批次并获省政府批复，面积3.16公顷。完成吴乐畈地块盘活指标2个地块报批，获新增建设用地指标13.3公顷。全年完成土地预审项目30个，面积22.5公顷；完成供地141.9公顷（其中工业用地成交52.4公顷）；盘活存量建设用地45公顷；消化1999年以来批而未供土地91.4公顷。前三年（2010—2012年）土地供地率分别为100%、98.05%和67.15%，1999年以来总供地率95.92%。全年共筹措各类涉土资金10.63亿元，较2012年翻一番。

2013年，矿产资源管理积极推进，萤石资源综合利用示范基地建设完成柘岱口横坑坪萤石矿采选联合项目，盘活低品位、高钙难选萤石资源1000万吨；完成省级绿色矿山创建1家；完成云峰洋浩口建筑石料用花岗岩矿出让，出让价款120万元；开展云峰石材制砂行业专项整治，强制关停5家砂场，4家砂场整改后补办相关审批手续。

2013年，完成《遂昌县农村土地开发整理实施办法》的修订。全年垦造耕地新立项项目51个，面积326.8公顷；累计实施项目73个，规划新增耕地面积588.3公顷；完成垦造耕地291.2公顷。完成农村土地整治新立项项目6个，面积8公顷。完成高标准基本农田建设1533.3公顷。

2013年，县域地质灾害防治不松懈，重新调整确认重要地质灾害（隐患）点43个，其中A类1个、B类18个、C类24个；完成地质灾害避让搬迁81户312人。

【遂昌县发现上亿年前树化石】8月2日，在濂竹乡治岭头村土地整理项目区施工过程中，发现了类似树杆状的石化物质。经鉴定，是距今有1亿多年历史的树化石，属于白垩纪时期。该树化石对研究县域地质演化具有一定的科学价值。这是遂昌县首次发现树化石。

【纪念“世界地球日”活动】4月22日，浙江省纪念第44个“世界地球日”活动在遂昌金矿国家矿山公园举行。本次纪念活动以“促进生态文明，共建美丽浙江”主题，通过国家矿山公园这个平台，倡导矿山环境保护治理、矿山遗迹保护与旅游开发相结合，转变矿山发展理念，促进人与自然、发展经济与保护地球的和谐统一，全力打造“绿色矿业、五行遂昌”。此次活动还充分利用新媒体扩大宣传，与腾讯微博合作策划实施“遂昌金矿世界地球日网络会客厅”微访谈项目。半天时间，共专题广播4万条，相关话题广播共9万条，总阅读量44万。遂昌金矿国家矿山公园还特别在腾讯官方微博举办微作品征集大赛，这是全国首个地球日“微作品”征集大赛，共征集到1万余篇作品，25万余次阅读量。

【刘连和到遂昌调研萤石开发利用工作】9月14日，以国土资源部矿产开发司司长刘连和为首的调研组深入遂昌濂竹、云峰、湖山等乡镇，实地调研了遂昌金矿国家矿山公园建设、查勘了浙江遂昌正中萤石精选有限公司、遂昌县湖山萤石矿等地，调研矿山公园建设和萤石开发利用工作。

【龙丽高速遂昌段地籍确权测绘工作完成】11月6日，在充分利用省国土厅组织的龙丽高速公路土地成果的基础上，县国土局测量人员对龙丽高速公路遂昌段的土地面积、土地权属和界址等进行严格核实，绘制成龙丽高速公路遂昌段地籍图、宗地图，线路全长29千米，确权面积124万平方米，龙丽高速公路遂昌段地籍确权测绘工作已全面完成。

【县土地利用总体规划通过省厅批复】11月，《遂昌县土地利用总体规划（2006—2020）实施评估报告》成果通过省国土资源厅批复。该成果符合国土资源部和浙江省关于县级土地利用总体规划实施评估的工作要求，省厅同意遂昌县规划实施评估成果通过审查，同意对遂昌县土地利用总体规划进行修改。

【遂昌争取到2013年省重大产业项目计划奖励指标】12月，根据《关于建立我省重大产业项目用地保障机制的意见》和《浙江省重大产业项目用地计划指标奖励办法（试行）》等文件要求，结合遂昌县2012年度已列入省重大产业项目情况，省国土资源厅同意追加遂昌县省重大产业项目计划奖励指标4公顷。（濮东杰）

环境保护

【概况】2013年，遂昌县深入开展清洁空气、清洁土壤、清洁水源、节能降耗、循环经济、绿色县城、洁净乡村、绿色殡葬等11项建设行动。对钢铁、砖瓦、造纸、化工、竹木等企业实施综合整治，加强机动车尾气污染防治，划定黄标车限行区域，治理电镀、建筑工地扬尘污染，治理餐饮油烟污染，全面开展“烟控区”和“高污染燃料禁烧区”建设，鼓励农作物秸秆综合利用，禁止露天焚烧秸秆等农作物废弃物。继续加大电镀企业整治提升力度，12月辖区通过丽水市电镀行业整治区域验收。

编制实施《遂昌县乌溪江流域水污染防治规划》，在县城饮用水水源道路入口设置3块禁止运输危险物品车辆驶入的交通标志牌。开展重点污染场地排查，确定土壤污染隐患重点区域，建立主要农产品产地土壤环境质量监测制度，加强源头防控。全面启动国家生态文明建设试点示范县建设，完成《遂昌县生态文明建设试点示范县建设规划》编制等各项试点前期工作。

开展审批制度改革，依托电子政务服务平台公开行政许可项目办理进程。全年共受理环评审批85件，其中新建项目76件，无重污染敏感性技改项目，29个建设项目通过环保设施竣工验收，督促8个省审批项目按要求完成目标任务。

探索一站式管理模式，加强对建设项目“三同时”全过程监管，建设之前快审批、建设过程勤检查、建成运行严监督。完成排污申报登记和相关核定、征收工作，76家排污申报企业征收、入库排污费205.59万元。

2013年，争取到省级环保专项资金90万元，对大柘、妙高、新路湾、北界、金竹、王村口、黄沙腰7个国家级生态乡镇、乌溪江有机花白鲢基地、金竹镇王村山圣山有机油茶基地和国家级有机食品生产基地创建项目进行奖励。开展“811”生态文明推进行动专项资金申报工作，荣凯化工、兴昌纸业、惠同纸业、永翔纸业四家造纸企业共获得环保专项资金补助50万元。

结合“世界环境日”“浙江生态日”等环境宣传节日，组织开展遂昌县2013年生态环保宣传月活动，策划“‘六五’世界环境日广场宣传咨询活动”、“6·30”浙江生态日“生态家园·美丽遂昌”主题文艺晚会、遂昌县环保公众开放日活动、“遂昌环保宣传月”微博话题宣传活动、“浙江石练菊米有限公司绿色企业文化进校园活动”、“全县中小学生‘环保小卫士’行动”、“科技活动周环保下乡宣传活动”、“三八节深入结对街道环保宣传活动”等系列活动。举办全县生态环保和洁净乡村工作成果展，展出展板24块，分发“生态文明·环保生活”小手册3000多份，赠送环保袋2000多只。组织全县中小学校参加“丽水市护水环保绘画大赛”，获得一等奖1名、二等奖1名、三等奖4名、优秀组织奖2名。举办全市首届环境保护政策法规培训班，全县50家企业的60多名从业人员参加了培训。

【节能减排】2013年，全县工业废水排放1305.76万吨，工业源主要污染物化学需氧量排放1866.19吨、氨氮排放17.67吨、二氧化硫排放2223.05吨、氮氧化物排放516.39吨。根据丽水市减排办《关于通报2013年主要污染物总量减排数据结果的函》，经丽水市减排办核算，全县2013年四项主要污染物与上年相比：化学需氧量削减2.5%，氨氮削减3.4%，二氧化硫削减13.5%，氮氧化物削减3.14%，圆满完成年度减排任务。

【污染治理】制订实施《遂昌县造纸化工行业整治提升实施方案》，深入开展造纸、化工行业专项整治，督促指导8家造纸、9家化工企业制定“一厂一策”整治策略，明确企业整治时间节点和工作要求。关停开泰纸业、恒安造纸和诚信纸业3家企业，凯恩特材、永翔纸业、惠同纸业、兴昌纸业实施整治提升，东源纸业落实搬迁提升措施，天赐高新材料和利民化工两家化工企业通过现场验收，基本完成年度目标任务。加强铅酸蓄电池、电镀行业的日常监管，严肃查处环境违法行为，深入推进电镀行业整治扫尾工作，12月19日，县电镀行业整治区域通过丽水市重污染高耗能行业整治专家组现场验收。

开展三项重点环境污染整治工作，改善区域环境，缓解交界断面水质压力。一是开展云峰石材园区污染整治。联合国土、工业园区管委会等16个部门，对云峰区域花岗岩开采加工、采砂制砂行业进行专项整治，制定整治督察方案，采取两班轮流值班制，加强对濂溪流域和花岗岩加工企业、采砂制砂企业的巡查暗访。春节后及时查处了2家擅自恢复生产的采砂制砂企业和3家违法排污的花岗岩加工企业。此外，畅通群众来访来电与暗访检查双项信息源，通过行政处罚、暂扣查封、断电处理等措施，及时查处偷排、漏排、违规排放、行政处罚未批先建、私设管道、不正常使用污水处理设施等违法行为。全年共监察企业31家70余次，出动执法人员130余人次，关停环保不达标采制砂企业6家，行政处罚4家，缴纳罚没款10万元。投入资金587万元，责成9家企业进行污染处理设施提升改造。二是开展竹木制品加工企业污染整治。对全县40余家竹炭加工及小型木加工企业进行专项整治，增强竹木加工企业的环境保护意识，补办环境保护相关审批手续，改造提升污染物处理设施，严格控制污染物的排放。三是开展农村面源污染整治前期工作。深入北界、应村、新路湾等畜禽养殖场聚集乡镇开展调研，掌握全县畜禽养殖行业污染物治理状况，制订方案，全面开展规模化畜禽养殖场污染整治，对新建养殖场严格把关，严格执行项目建设环保“三同时”制度，对已建养殖场强化粪便、污水无害化处理工作，千方百计减轻对水源的影响。

【执法监察】2013年，县环保局开展全县饮用水源及交接断面水质巡查、河道周边工业企业环境监察专项行动、整治违法排污企业保障群众健康专项行动、绿色护考等行动。全年辖区未发生重特大环境突发事件。全年共立案查处环境违法案件12件，实施行政处罚案件11件，其中责令停止生产6家，共处罚没款33万元。全年现场监察企业106家共800余家次，出动2000余人次，对存在各种环境违法行为的排污企业下达限期改正通知书79份。采取持续不定期巡查、“5+2”、白加黑、恶劣天气必查等措施，配合开展云峰区块矿砂行业污染整治行动，及时查处2家采砂制砂企业擅自恢复生产和3家花岗岩加工企业违法排污事件。完成全年“绿剑”环保执法专项行动，立案查处2起。开展以造纸、集中式污水处理厂为重点的春季环保专项执法检查行动，立案查处一家造纸企业。加强矿山资源开发的生态环境保护监管，出动人员80余人次开展矿山行业整治专项行动，对8家矿山企业、6座尾矿库进行体检式检查，发现问题8个，立案查处1起案件。开展全县2个街道、18个乡镇级饮用水源后督查，联合公安部门排查成屏水库饮用水源，制止6起县城一级饮用水源地库区游泳行为，保障全县人民饮用水安全。开展环境安全隐患治理排查工作，立案查处遂昌旺坑萤石矿业有限公司未经环评审批擅自投产的环境违法行为，关停遂昌县鑫星活性炭有限公司上定活性炭生产线及遂昌县新路湾镇官溪村废塑料炼油作坊，确保区域环境安全。全力维稳，共受理群众举报、来信、来访、来电投诉78件，查处78件，查处率100%，群众满意率96%。

洁净乡村

【概况】2013年，全县“洁净乡村”工作进入巩固提升阶段。2月，全县干部大会对“洁净乡村”工作进行专题剖析和部署，5月召开专题会议，提出6条工作要求和措施。县人大组织“洁净乡村”工作视察，县政协开展农村垃圾收集清运处理模式专题调研，县水利、农办、农业等部门主动融入，各乡镇（街道）全力以赴，广大群众共同参与，全县“洁净乡村”建设不断巩固提升。

【创新举措】制定出台《遂昌县打造“中国最洁净乡村”实施方案》，明确提出今后三年“双清”工作及打造“中国最洁净乡村”建设总体目标和任务，围绕“一年抓提升，两年出成效，三年树品牌”工作时序，重点加强乡、村两级日常保洁、监管、奖惩考核等长效管理机制落实，确保洁净常态化、实效化、可持续化。启动7个保洁站试点建设和垵口乡22个村农村垃圾分类处理试点建设。

【优化资金补助】县财政局、环保局在开展农村垃圾集中处理补助资金使用情况调研的基础上，对2013年农村生活垃圾集中收集处理补助资金进行调整，将原来的河道保洁与日常保洁经费整合成日常保洁经费，根据各乡镇(街道)的不同区域、流域及“三边”不同的保洁难度和要求实行分类补助。

【日常督查】2013年，县环保局调整“洁净乡村”工作督查考评方案，实行乡镇（街道）村月督查考评、排名计分制度。县里设立月督查组，县环保局、农办、水利局、农业局根据职责分工分别对乡镇（街道）、村的“洁净乡村”工作进行现场督查并打分，对20个乡镇（街道）进行排名，在乡镇（街道）自查的基础上，督查评出全县排名最后10名的村，督查结果在县主要媒体上进行公示。

【注重宣传引导】采取报刊、广播、电视、网络和标语、宣传车、宣传栏等多种形式开展生态宣传活动，设立宣传专栏，及时总结提炼各乡镇（街道）、村中涌现出来的先进经验和做法；从6月开始，将每年季节交替日定为全县“洁净家园行动日”，在全县上下组织开展以“清洁河道、清洁田野、清洁空气、洁净家园”为主题的环境卫生集中整治活动；以创建洁净乡镇、洁净村庄、洁净家庭等有效载体为抓手，积极倡导生态、绿色、健康的生活习惯和生活方式。

生态县建设

【概况】2013年是遂昌国家级生态县考核验收之年。2012年7月，遂昌县通过国家生态县工作技术评估后，县委、县政府全力推进国家级生态县创建工作，围绕国家级生态县创建目标和市委“绿色崛起、科学跨越”战略总要求，坚定生态之路，突出工作重点，加大资金投入，完善环保基础设施建设，建立长效管理机制，努力提升环境管理水平。把创建国家级生态县作为推进产业转型升级、激发县域发展活力、提升群众幸福指数的重要抓手，扬生态之长，做山水文章，兴绿色产业。全县生态环境保护工作明显加强，环保基础设施日益完善，生态经济快速发展，生态理念深入人心。2013年4月，遂昌通过环保部国家级生态县考核验收。10月14日，遂昌被环境保护部列为第六批全国生态文明建设试点县。

【生态环境质量】全县森林覆盖率82.3%，负氧离子每立方厘米平均含量9260个，高出世界清新空气标准6倍以上，位居全省前列。县城和各乡镇政府所在地的污水处理设施全部建成，303个村（自然村）建成村级生活污水集中处理设施，农村生活垃圾集中收集处理实现全覆盖。全年县内水域各监控断面、交接断面水质达标率均达到100%，出境水质常年达到Ⅱ类。2013年，全县生态环境状况指数（EI）为101，生态环境状况级别全为优，从上一年的全省第六位上升到第四位，生态环境质量一直居于全省领先地位。

【生态细胞工程】2013年，县环保局以生态文明建设、绿色创建系列工作为抓手，开展生态细胞工程建设。生态主题实践活动蓬勃开展，生态、健康的生活方式深入人心，全社会呈现出“生态兴、产业兴、文明兴、品牌兴”的良好发展态势。至年底，创成国家级生态乡镇16个、省级生态乡镇19个、市级生态乡镇20个、市级生态村171个、县级生态村174个，省级绿色企业3家、绿色社区5家、绿色家庭19户、绿色学校11所、绿色医院1家、绿色饭店2家，省生态环境教育示范基地2个。

【生态环保工程】全面完成国家级生态县创建八大攻坚工程建设任务。县城污水处理厂二期工程、污水处理配套管网工程、垃圾填埋场二期工程等项目有序推进。一大批农村污水处理、垃圾处理等环保基础设施建成并投入使用。县政府制定《关于进一步加强饮用水水源保护工作的实施意见》，全面加强饮用水水源保护，设立饮用水水源保护专项资金，在饮用水源保护区设置警示牌、宣传牌、禁止游泳标识牌等，在进入县城饮用水源路口安装禁止危险化学品运输车辆通过的交通标志牌，切实加强危险化学品运输车辆的安全管理，做到防患于未然、治患于萌芽。

【“811”生态文明推进行动】2013年，遂昌县全面实施“811”生态文明推进行动。围绕省、市“811”生态文明建设目标，开展清洁空气、清洁水源、清洁土壤、节能降耗等11项专项行动。对钢铁、砖瓦、造纸、化工、竹木加工等企业开展综合整治；开展工业企业治污治水、城乡环境基础设施建设、农业面源污染治理、水源涵养修复、农村生活污染治理等工程，加强县城饮用水源保护区日常监管。

【有机食品基地建设】全面实施原生态精品现代农业“5522”工程，90%以上的原生态基地农产品通过“三品”认证。组织实施《遂昌县国家有机产业发展基地县建设规划》，加大有机食品基地建设力度，组织开展国家有机食品基地申报，根据《关于第四批国家有机食品生产基地的公告》，遂昌县金竹镇王村山圣有机油茶基地和遂昌县乌溪江（遂昌段）有机花白鲢基地榜上有名。（曹烨晔）

质量技术监督

【概况】2013年，遂昌县制定《2013年质量强县建设行动方案》，把质量监管工作列入乡镇及部门的责任制考核目标。2013年度省市县三级定检抽查产品批次合格率97.1%。生产环节食品安全监督抽查批次合格率97%，药品95.6%。遂昌县成屏种植场的枇杷、浙江凯宇物流有限公司的物流、浙江省绿通物流有限公司的物流3个产品获丽水市名牌产品。县质量技术监督局获省质监系统工作创新奖、市依法行政示范单位，工业园区质监所获省质监系统文明规范基层站所。

【质量示范创建】推进质量强业、强（乡）镇、强企活动，指导石练镇创建质量品牌示范乡镇，凯恩特材申报市级质量管理孵化基地，卖炭翁企业开展质量损失统计试点工作。完成第二届县长质量奖评定工作，浙江金矿矿山公园有限公司、遂昌林产化工有限公司2家企业获奖，李大方（浙江凯恩集团）、江伟峰（浙江元立集团）、戴建毅（浙江利民化工有限公司）3个人获奖。李大方还荣获市长质量奖。

【质量教育培训】县质量技术监督局与县职业中专合作设立“遂昌县质量管理（标准化）教育培训学校”，通过质量管理、标准化、计量管理等新课程实施质量知识教育，培训3000余人次。此项工作得到国家质检总局的肯定。

【省级农业综合标准化示范县建设】从制定地方标准入

手，开展农业标准化工作，抓源头、抓基地、抓精品农业，加快省级农业综合标准化示范县建设。2013年，全县有3个国家级农业标准化示范区、12个省级农业标准化推广实施示范项目、4个市级农业标准化推广示范项目和6个县级农业标准化推广示范项目。

【帮扶企业标准化建设】县质监局全力服务工业主导产业发展，帮助两家造纸企业分别申报《咖啡滤纸》行业标准和《纸、纸板表面PH值测定》国家标准的制定项目，竹炭制品检测中心项目通过省质监局科技立项。以遂昌县城东物流中心服务业标准化试点项目为载体，通过引入标准化方法，推行物流中心仓储管理标准化、物流信息服务标准化、运输标准化、商品经销、代理、配送标准化、包装加工标准化的建设。

【食品质量安全监管】2013年，县质监局重点对山茶油、黄酒、肉制品、饮用水、粮食加工品等食品生产企业进行集中整治，对6张许可有效期届满的QS证提出注销申请，指导9家QS企业进行申报换证，帮扶4家企业开展食品生产许可证申报工作，指导6家目录外小作坊开展示范点创建。全年出动执法人员300余人次，检查生产企业和小作坊144家次，下达责令整改通知书34份，立案查处8起违法案件，罚没款3.43万元，对产品不合格企业进行隐患跟踪检查。

【特种设备安全监察】以隐患排查整治和现场安全监察为主要手段，清除安全监管的盲区和死角，县质监局全年出动监察人员405人次，检查企业135家次，检查设备657台，整改隐患38处。培训企业负责人和管理员、操作工110余人次。开展法律法规宣传咨询，发放宣传资料1000余册；向企业安全负责人发送特种设备安全知识500余条。

【产品质量安全执法】强化产品质量监督，研究制定全县重点产品监督抽查计划，围绕群众关心、社会关注、问题突出的食品、农资、建材等产品，开展打假专项行动，查办案件17起，查获涉案货值13.42万元。

【检验检测平台建设】2013年，质检所完成产品检验98批次，培训企业检测人员20余人次，为企业解决技术难题，提供产品技术参数10个。计量所积极开展技术机构能力达标建设，投入资金90万元，改造实验室面积100平方米。完成6个新建项目的仪器设备采购，完成分光光度计、酸度计2项计量标准建标。开展计量强制检定工作，检定计量器具1039台（件）。

（雷先土）

安全生产监督管理

【概况】2013年，遂昌县域发生各类上报事故26起，死亡21人，直接经济损失28.85万元，与上一年相比，事故起数下降25.71%，死亡人数下降22.22%，直接经济损失下降84.06%。其中：工矿商贸企业事故2起，死亡2人，直接经济损失20万元；道路交通事故24起，死亡19人，直接经济损失8.85万元。未发生火灾死亡事故、水上交通和渔业船舶事故。

【安全生产打非治违专项行动】2013年，县安全生产监督管理局以“预防为主、加强监管、落实责任”为重点，通过精心组织、严格监管、严厉打击、有效执法，及时发现和打击各类非法违法生产经营建设行为。组织各类检查组465个，出动检查人员4265人次，受检企业1238家次，打击非法违法行为318起，立案31起，罚款49.19万余元，其中事故案件立案3起，收缴罚款39万元，非事故案件立案28起，收缴罚款10.19万元，完成事故案件与非事故案件1∶5的目标。

【安全生产大排查大整治专项行动】6月开始，全县开展为期3个月的安全生产大排查大整治专项行动，县安委办对各乡镇（街道）、部门安全生产隐患排查和治理情况每半个月进行一次汇总，分乡镇（街道）、部门一一量化通报。县政府领导组成8个督查组，开展不定期督查。至9月30日，全县共排查出各类安全生产隐患1967条，完成整改1912条，整改完成率97.2%。其中乡镇（街道）和工业园区排查出各类安全生产隐患835条，完成整改786条，整改完成率94.13%。部门排查出各类安全生产隐患1132条，完成整改1126条，整改完成率99.47%。全年完成市级挂牌督办重大隐患整改2处。

【安监站所规范化建设】 2013年，全县20个乡镇（街道）和工业园区安监所全部开展规范化创建工作。县安委办积极探索安全管理创新，制定执行《遂昌县乡镇（街道）安全生产对口检查办法》，开展2次乡镇（街道）和工业园区片区安全生产对口检查，邀请有关行业部门专业人员进行指导，参加检查人员380余人次，有效促进规范化建设。此外，通过县安监局及其他行业主管部门业务骨干带领安监员深入企业一线查隐患、查台账等，进一步规范安监站安全生产工作台账，2013年全面完成乡镇（街道）安监站规范化建设。

【淘汰落实工艺设备】 2013年，县安监局按照《国家安监总局关于发布金属非金属矿山禁止使用的设备及工艺目录（第一批）的通知》要求，开展矿山企业安全生产落实工艺设备淘汰工作。通过动员部署，广泛宣传，充分利用日常监督检查，专项执法检查，以及换证审查，标准化评审等途径，督促矿山企业落实落后工艺设备淘汰工作。2013年，完成了上级下达的落后生产工艺和设备的淘汰任务。

【安全生产标准化建设】 2013年，遂昌县将规上企业安全生产标准化创建工作作为一项重点工作来抓，在6月21日第二季度安全生产工作例会上，部署规模以上工贸企业安全生产标准化创建工作。县政府出台奖励措施，对达到市、省和国家级标准的企业分别奖励1万元、2万元和5万元。全县工贸规上、限上企业43家企业，矿山企业16家，危化生产企业7家，均已经开展创标工作，通过评审机构评审60家，未通过评审机构评审的6家，评审通过率达90.90%。

【化工装置设计诊断】 2013年，县安监局按照《浙江省安全生产监督管理局关于开展未经正规设计在役化工装置安全设计诊断工作的通知》要求，开展全县范围内未经正规设计的化工装置安全设计诊断工作。通过前期调查，全县共有3家危险化学品生产企业的3套生产装置未经正规设计。县安监局通过转发文件，主动联系企业，考前服务，帮助企业解决设计诊断过程中遇到的困难，2013年有2家企业完成设计诊断工作。

【安全生产教育培训】 2013年，县安监局抓好企业“三类人员”的培训考核工作，通过企业三级安全教育，以“送教进企”等方式对企业员工开展安全教育。全年开设安全生产教育培训班18期，培训一般企业负责人和安全管理人员771人，烟花爆竹负责人和安全管理人员214人，电工、电焊工特种作业人员401人，焊接、热切割特种作业新取证人员74人。

【企业安全生产诚信机制建设】 2013年，开展企业安全生产诚信等级评定，实施分级指导、分类管理，着力推动企业自觉履行安全生产主体责任。在2012年基础上，对企业进行新一轮评定，重点对C、D两类企业进行跟踪复核，对整改较好的企业进行晋升等级；对A、B两类企业进行抽查复核，对生产安全状况有滑坡的企业进行降级处理。采集和完善企业安全生产基础数据，不断健全“一企一档”，建成449家企业安全档案。

【事故防范体系创新】 2013年，确定遂昌龙谷名茶市场和农家乐管理作为事故防范创新体系建设试点，制定《遂昌龙谷名茶市场安全生产管理办法》，建立安全生产例会制、安全生产教育和培训制、安全生产检查及事故隐患整改、劳动防护用品管理等19个制度，制定冷藏库、色选机等设备操作规程，与市场经营户签订安全生产管理协议书。制定《农家乐管理办法》，要求各相关部门在各自职责范围内制定相关监督管理政策和服务措施，将农家乐消防设施配备、公安信息网安装、证照齐全等列入示范户建设重点内容，建立农家乐安全巡视、农家乐消防安全等相关制度，举办安全专题培训班，开展农家乐安全专项整治等活动。 （叶勇飞）

城市建设与管理

【概况】2013年，县住房和城乡建设局承担规划、设计和项目前期共36项，政府性投资项目29个。古院新区各类规划编制全面启动，荷花滩、上溪滩、二车间、三车间、水阁居住用地、叶坦凯恩地块的规划编制有序推进。围绕全县13个省级中心村培育开展村镇规划工作，低丘缓坡开发古院区块一期工程、北门桥头至三墩桥道路拓宽工程、溪边路道路工程、污水处理厂二期工程等4个重点项目完成预期。6月初，溪边路景观工程动工，2014年春节前完工，已开放使用。北街“白改黑”道路改造、公园路改造提升、眠牛山游步道建设均完工。10月18日，龙谷路保障房开工建设。

【白蚁防治】2013年，签订新建房屋白蚁合同50份，预防面积53万平方米，民居住房好和直管公房蚁害检查面积18万平方米。

城市规划

【规划制定】2013年，县住房和城乡建设局组织规划编制《荷花滩地块修建性详细规划》《上溪滩地块修建性详细规划》《控规图集》。县城停车场、汤公园、东城分区、云峰区块、县域绿道网、中心城区地下空间利用均作规划，制定了凯恩路拓宽改造工程、东桥路道路工程、园丁路工程、龙谷路二期道路工程项目前期工作方案，对临时展览馆建设相关事宜作了规划。

【规划实施】全年审批核发建设用地规划许可证23份，用地面积28.04万平方米，审批核发建设工程规划许可证29份，建筑面积18.64万平方米。审批核发农民建房选址意见书92份，建设用地规划许可证89份，用地面积0.63万平方米。核发建设工程规划许可证301份，建筑面积6.62万平方米，审批核发商住等公建项目选址意见书20份，用地规划许可证17份，用地面积297.77公顷，建设工程规划许可证28份，建筑面积32.48万平方米。

城市更新

【城市建设】2013年，全县共完成城市基础设施投入4.94亿元，新增城市道路3.6千米，新增城市公共绿地面积10.16万平方米。先后开展并完成或阶段性完成2013年度保障性安居工程、人民武装部射击训练场二期工程、污水处理厂二期工程、溪边路景观工程、溪边路安置房工程、龙谷路二期工程、上坑垃圾填埋场渗滤液处置技改工程、城市夜景灯光工程等项目的前期工作。溪边路东桥桥梁工程、凯恩路南段修缮工程、龙潭湾边坡治理工程、垃圾填埋场二期工程、妙高山公园修缮等工程完工。完成官碧路、北街1#、2#等9处停车场建设并投入使用，新增车位304个。为创建旅游县城，改善城市面貌，突击完成9座新建改建公厕项目。人武部射击训练场二期、2013年保障房等工程开工建设。

【供排水设施建设】全年完成城市供水设施投资1800万元，新建城市供水管网2.84千米，改造供水管网12.38千米。其中投资929万元，用于县城大毛头区块、梅溪庵地块保障房性住房给水及加压泵站管道安装；2012年度保障性安居工程给水及附属（金溪地块）设施建设和北溪安置房给水工程；力其桥头至洋浩DN400供水管道安装。投资810万元，完成县城太和路、官碧路供水支管网改造；大毛头、古院二次增压设施建设。投资80万元，对全县1044户进行了一户一表的改造。投资完成制水厂扩容、云峰泵站前期工程，启动云峰泵站遂昌县云峰供水加压泵站DN800、DN600配套出水管道工程建设。

村镇规划与建设

【乡镇规划】2013年，对大柘镇总体规划和控制性详细规划进行了编制，于8月完成规划初审。应村乡南塘村、石练镇溪於村5个中心村和新路湾镇新路湾村、龙洋乡龙洋村和西滩村茶园、北界镇苏村村、云峰街道长濂村5个保留村进行规划编制，并已通过评审。同时完成了黄沙腰小区、焦滩独山新村、湖山龙珠岗新村、石练爱丰小区、金竹小区二期等规划设计，推进了遂昌的乡村建设。

【农房改造示范村建设】2013年，遂昌县首个农房改造示范村长濂村，围绕村口区域和村落居住区两大区域进行整治，该项目投资1901万元，年内完成进度68%。另外，县住房和城乡建设局以村庄地域地貌、示范效应、村级集体经济收入等综合因素为标准，选定独山村和高坪新村作为2013年农房改造建设示范村试点村。

【农村危旧房改造】2013年，遂昌县农村危旧房改造总任务数为480户，到年底全县512户农村危旧房改造完工，完成率106.67%，全县发放农村危旧房改造困难户救助资金381.72万元。困难户危旧房新建、修缮、加固进行技术指导，按省厅要求将住房改造资料档案录入电脑，住房救助工作实行动态管理。

城建监察

【数字化城市管理】2013年县住房和城乡建设局进行全县城市综合管理、数字城市管理中心探索信息、采集业务外包，出台“12319”热线服务，建立专业部门联动机制。全年接收案卷15386件，其中监督员上报15139件，有效立案14390件，立案率95.05%；“12319”热线反映246件，核实立案69件、领导交办1件。各专业部门应处理案卷14023件，已处理14000件，处理率99.84%，应结案13983件，已结案13960件，结案率99.84%。

【市容管理】2013年，县住房和城乡建设局对城区市容进行精细化、标准化、网格化管理，全年共清理流动摊位3650个、店外店3320家、乱堆放300处，拆除沿街雨篷、乱缠乱挂545处，共办理审批693件，城区面貌得到改善。

【违章建筑监管】2013年，全县强力推进“三改一拆”和“两违”查处工作，办理“两违”案件195件，占应查处案件的85.2%；查处违法建设414起，面积51455.14平方米；核发责令停止违法行为通知书96件、限期改正违法行为通知书92件，立案查处违法建设226件，面积45583.18平方米；全年联合执法30次，拆除违法建筑8933平方米。

测绘工作

【概况】2013年，全县开展测绘法规宣传5次，落实基础测绘经费88万元。4家测绘机构测绘资质检查，业务、质量、档案管理体系考核工作完工，上报年度资质注册。GNSS卫星定位连续运行设备和测绘机构s86trtk先进测量设备投入使用，县域城乡测绘、勘测技术得到改善。1∶500地形图新测、补测项目30余个完工，测绘成果目录上报省测绘局档案馆。低丘缓坡开发利用项目，龙板山区块、湖边洋浩区块施工项目测绘、放样完工。三仁石板桥区块、古院区块31万多平方米的征迁地测绘工作完工。

建筑业

【概况】全县有建筑业企业22家，其中施工总承包三级资质企业10家、二级资质企业1家、专业承包8家、劳务分包企业1家、监理企业2家。全年实现建筑业产值4.53亿元，比上一年增长47.8%，入库地方税收8378万元，比上一年增长69%。

【建筑施工安全管理】2013年，检查房建、市政基础在建工程156个次，发现各类安全隐患1700余条，下发安全隐患整改指令书136份，办理行政处罚案件9起，共处罚金11万元；简易处罚16起，共处罚金5600元；查封处罚存在安全隐患的

24台起重设备。依据《丽水市建筑业类企业及从业人员违规记分管理办法》对10家施工、监理企业，20名从业人员予以记分，公示了2名从业人员上报丽水市建设市场不良行为记录。全年参加安全教育培训500多人次，安全生产月期间，遂昌全民健身中心工程施工现场进行建筑工程火灾、高处坠落事故应急预案演练。

【节能减排】2013年，县住房和城乡建设局按节能减排审查遂昌县房屋建筑、市政基础设施工程施工图设计，开展新建民用建筑节能设计及项目节能评估审核，节能减排环保设施审查率100%。

【工程质量监督】2013年，县住房和城乡建设局规范工程质量监管，全年办理质量监督注册手续工程52个，总建筑面积36万平方米，总造价6.6亿元，建筑工程质量合格率100%，市政基础设施工程施工图设计文件审查率100%。

【建筑市场管理】2013年，县辖建筑企业产值4.53亿元，办理施工许可证49份，建筑面积39.4万平方米，项目设计图审率100%。66名二级建造师进行网上初始注册，变更工作；58名“三类人员”安全生产合格证变更，并作延期换证工作；38名“三类人员”申请考核报名取证工作；112名“三类人员”继续教育培训报名工作、36名“五大员”继续教育培训报名工作、61名二级建造师继续教育培训报名工作均落实。1家企业由三级总承包升二级总承包资质，协助追回农民工欠薪61.56万元。

土地和房屋征收

【概况】2013年，遂昌县人民政府土地和房屋征收工作办公室发出拟征地任务通知书17份，涉及集体土地约25.55公顷，征收土地82万平方米，支付补偿款9476万余元。征收房屋53户（家），征收面积3万多平方米。其中，后江村麻下自然村19户房屋，征收面积约8000 平方米；低丘缓坡开发项目区内28户 （14家企业），征收面积约21304平方米；溪边路三车间后6户房屋，征收面积约1043平方米。

【规划编制】2013年，县征收办结合县政府投资项目和非政府投资项目建设需要，出台2013年度《征收土地和房屋计划》，计划涉及22个项目，拟征收土地面积46.52万平方米；拟征收房屋108户，面积2.5万平方米。组织制定《遂昌县土地和房屋征收项目申报工作规程》并发文实施。依法规范征收程序，实行征地拆迁阳光工程建设，制定了《遂昌县征地拆迁阳光工程建设实施方案》，制作了《遂昌县阳光征地工作流程图》。

【征地程序规范】征收办征地程序规范，履行国务院关于征地报批前的“告知、确认、听证”程序，按照《征收土地公告办法》，编制征收方案时，召开村民大会、户主会或者村民代表会议，明确土地四至、面积、征地补偿标准。按照国土资源听证规定，签订土地征收合同或者补偿协议时，举行听证会，让被征地集体经济组织和农民有知情权、参与权、监督权、生存权和发展权。全年批后实施“两公告一批复”9个批次，编制土地征收方案和农转用报批件8个批次。

【拆迁安置工作有序开展】县征收办按文件落实低丘缓坡开发项目迁建安置户的选地、建房管理。古院、龙板山、湖边洋浩3个区块230户迁建安置地落实，建房一层及以上的176户、建基础的37户、未开工的17户。公寓安置房3.9万平方米建筑，采用商品房开发回购和拆迁业主自建两种模式，古院小区和龙板山小区采取土地出让开发，安置房采取政府回购的模式，此项目规划设计、土地出让程序，回购房面积、单价确定皆完工。配合东城公司自建的湖边小区，进行房屋建筑设计工作，配合相关单位做溪边路、峡湖金公路、小水电开发等项目拆迁安置工作，配合“三改一拆办”制定政策、计划。

【旧城改造前期摸底工作】2013年，县征收办抽调建设、国土、妙高街道、国资、发改、经贸、交通等部门工作人员，成立调查工作组，做“两滩两路”前期调查摸底工作。发放《荷花滩、上溪滩区块旧城改造基本情况调查表》400余份，两区块调查范围约60万平方米，涉及私房户388户，企业50家。吴突头至三墩桥道路拓宽、金岸三角坛、双剑公司及旅游产品展示展销中心等零星地块作了前期地籍调查摸底。

【建立数据库】2013年，县征收办建立了土地和房屋征收数据库。收集土地和房屋征收数据，并进行电子扫描存档，低丘缓坡开发以来土地和房屋征收的重要数据和测绘图全部录入电脑，实行纸质和电子双重档案管理。委托县档案馆整理土地征收档案260卷，整理低丘缓坡开发项目档案200多卷。

住房保障

【房地产开发】2013年，全县房地产开发投资4.75亿元，比上一年增长315.7%。施工面积28.48万平方米，比上一年增长151.2%，全年新开工建筑面积12.42万平方米，比上一年增长934.6%；房屋竣工建筑面积10.14万平方米，比上一年增长529.8%；商品房销售面积3.06万平方米，比上一年增长105.1%。办理二手房转让1289宗，比上一年增长49%，成交金额77589万元，比上一年增长32%。二手房价格走势上升，比上一年增长7.1%，每平方米上涨500元左右。

【保障性住房】2013年，审定增加享受廉租房家庭15户，租金补贴15户，租金补贴退出7户。开工建公共租赁住房62套，约3500平方米，项目地点在金溪地块，为2012年金溪地块保障性安居工程项目结转，完成率为155%；旧住宅区改造项目开工，125套，约13750平方米，完成率为156%，地点在二都街农民安置公寓和溪边路拆迁安置用房。2011年开工建设的梅溪庵保障性安居工程218套住房，3月竣工，完成率为100%。

市政园林

【园林设施改造】县城原医疗厂道路、君子路4弄道路、叶坦老桥至转盘道路、北溪路二期道路年内均进行了改造提升，北街“白改黑”改造工程动工，合计改造工程量1.47万平方米。

【城市绿化】2013年底，全县建成区绿地覆盖面积257万平方米，现有绿地面积224万平方米，年内增绿地面积10公顷，妙高山公园、儿童公园、人民公园、平昌广场、好川公园、戏曲公园、汤公园公园均进行绿化，绿地面积88万平方米，人均公园绿地面积11.92平方米（县城人口按7.38万人计），建城区绿地率30.56%，建成区绿地覆盖率35.69%。

【市政公用事业管理】完成《遂昌县中心城区绿线规划》《遂昌县中心城区蓝线规划》《遂昌县中心城区紫线规划》《遂昌县中心城区公园避险规划》《遂昌县生物（植物）多样性保护规划》《遂昌县湿地保护与利用规划》，省级园林城市创建前期准备工作落实。先后5次对全县3家燃气经营企业，下属39个液化气瓶装供应站点进行燃气生产安全检查（城区3次、乡镇2次）。加强既有城市桥梁管理评价工作，检测了县城6座桥梁，更新桥梁数据动态。

市容卫生

【环卫基础设施建设】2013年，城区实验小学、大毛头、荷花滩菜市场、北溪路、株树窟、北街指导站、北门7座公厕先后进行改造升级。建人民公园公厕、龙潭公厕、溪边路公厕、君子路公厕，购移动公厕2座，改造垃圾房5座，溪边路垃圾直运站开工建设，建筑垃圾处置场项目开始前期准备工作。县城37座公厕实行日常保洁，其中10座星级公厕实行24小时保洁，14座二类公厕实行18（16）小时保洁，13座三类公厕实行8小时保洁。编制《遂昌县中心城区环境卫生专项规划说明》，初稿完工。

【环境卫生管理】全年清扫保洁城区道路面积约134万平方米，城区一、二、三、四级道路分别实行18小时、16小时、13小时、8小时清扫保洁制度。城区55.86万平方米河道，实行8小时日常保洁。新购扫地车1辆，巡逻车1辆，实行机械清扫面积61.72万平方米，机扫率45.97%，县城主干道机扫率从76%提升到100%。全年填埋处置生活垃圾44085.03吨，处置建筑垃圾15.5万立方，城区生活垃圾清运率、无害化处理率均达100%。（廖彬）

社会民生

劳动与社会保障

【概况】2013年，遂昌县城镇登记失业率3.01%。新增城镇就业2852人，城镇下岗失业人员实现再就业1249人，其中困难人员再就业398人；农民转移就业2682人；创业培训161人，农村劳动力转移就业技能培训4150人。举办各类招聘会11场次，提供就业岗位10750个，求职登记6200余人，其中达成协议3200余人，当场录用1200余人。公益性岗位进村达标率100%，审核就业困难人员社会保险补贴398人，发放社会保险补贴85万元。

社会保险继续扩面，全年新增基本养老保险3837人，医疗保险新增2273人，失业保险新增1581人，工伤保险新增343人，生育保险新增1156人，新增社会保障卡持卡人数38654人。企业退休人员工资平均增资250.9元/月，城镇居民医保人均筹资达到460元（其中政府补贴310元），住院报销比例75%以上。审批精简退职人员享受生活困难补助费75人，审批原享受精减退职人员生活补助费和遗属生活困难补助费920人。受理工伤认定案件480人，劳动能力鉴定207人。办理正常退休（职）760人，特殊工种提前退休（职）52人。组织召开劳动关系三方会议3次，书面审查企业1891家，主动巡查380家。劳动争议结案率100%，劳动争议调解率为90%。

劳动就业

【村级社保员全员持证上岗】4月，县人劳社保局对203个行政村和七个社区的社保员进行为期两个星期的劳动保障平台业务技能培训。通过国家统一职业技能考试，考试合格者发给证书，实现村级社保员全员持证上岗服务。

【启动“新山区充分就业县”创建工作】7月26日，县政府召开全县新山区充分就业县创建工作动员大会和业务培训会。县政府和相关部门签订了《遂昌县创建新山区充分就业县工作目标责任书》，与会人员参加了《遂昌县创建新山区充分就业县工作实施方案》等5个文件的业务培训。县、乡（镇）分别成立级创建工作领导小组，制订了实施方案。

【高考生志愿填报对接会】6月21日，县人社局组织参加高考填报志愿的学生，召开遂昌县高考志愿填报对接会，向他们介绍家乡的经济社会发展、本县的人才政策及未来人才需求，介绍就业形势和职业发展分析，为高三学生和家长填报志愿上了生动的说明课，从源头上做好引进人才工作。

【就业形势分析会】7月26日，组织100多名遂昌籍在读大三学生举办就业形势分析会，分析当前全国大学生就业形势和遂昌县的人才需求，介绍家乡的经济社会发展状况和发展趋势，最新出台的人才政策和就业政策，讲解大学生们最关心的近几年机关企事业单位公开招聘情况，诚挚邀请大学生们回乡工作。

【十万农民素质培训工程】2013年，县人社局认真落实省政府《关于加强农村实用人才队伍建设和农村人力资源开发的实施意见》，实施“十万农民素质培训工程”转移就业培训，开展农村实用人才培训工作，举办村级资金互助组织资金管理培训班、“农家乐”经营管理提升班、退役士兵创业培训班、残疾人来料加工培训班、水稻制种培训班、名优名茶开发与制作培训班、乡村导游培训班、家政培训班等共计55期，培训人数达4150余人。

社会保障

【“大社保体系”建设】县人社局推进“五保合一”大社保体系建设，初步搭建完成乡镇（街道）大社保服务平台和部分村（社区）大社保服务平台。完成了妙高街道等20个乡镇（街道）社会保险专网的部署和乡镇大社保网点建设。开通了城乡居民医疗保险网上征缴系统，避免了不同乡镇之间的重复参保问题。

【医疗付费总额控制】根据《遂昌县基本医疗保险付费方式改革实施意见》《遂昌县基本医疗保险医疗费用总额预算管理暂行办法》，2013年，县人社局完成了两家县级公立医院2012年的清算工作，对县级公立医院医保付费方式进行初探。

【城乡居民健康体检】2013年，新型农村合作医疗和城镇居民医疗保险合并为城乡居民医疗保险，由县人力社保局主管。是年，城乡参保居民健康体检为省委、省政府为民办实事的重要内容，列入2013年省政府“十件实事”。人社局高度重视，专门召集乡镇、社区卫生院负责人进行部署，全县60周岁以上体检率达83.8%，中小学生体检率达98%。

【社保基金内控检查】2013年，印发了《遂昌县社会保险经办机构内控管理制度》，核查了2010年至2013年的大额医疗保险报销发票2000余份，查出不符合领取人员6人，追回各项医保基金7万余元，有效防止医保基金流失。

【微笑志愿服务队社会保险分队】为进一步将党和政府的社保政策落到实处，为群众提供力所能及的服务，5月27日，人力社保局组织全局年轻干部成立了遂昌县微笑志愿服务队社会保险分队。社会保险分队坚持服务基层、独立活动的原则，积极开展进村入企宣传社会保险政策、送服务上门等活动。

（唐根金）

民政工作

【概况】2013年，县民政局贯彻“以人为本，为民解困，为民服务”的宗旨，着力构建现代大民政，推进民政事业城乡一体化，健全民生保障机制，创新基层社会治理机制，拓展为民服务平台，切实发挥民政社会建设的骨干作用，为加快转型跨越、推动强县富民，全力建设山区科学发展示范区做出了新贡献。

【低保工作】3月13日，县府办发文出台低保提标文件，从1月1日起，最低生活保障标准调整为农村居民人均3528元/年，城镇居民人均5184元/年。县民政局查找和纠正低保工作中存在的错保、漏保、人情保等情况，全县共新增低保387人，死亡或通过核对等共取消低保315人。对部分低保人员提高补差标准，实行分档补差,人均每月最低补差不低于100元。至第四季度，全县共有低保户4516户5127人，其中城镇低保184户213人、农村低保4332户4914人，全年发放低保金915.3万元。

【医疗救助】完善重特大疾病医疗救助政策，县府办出台《关于进一步加强城乡困难人员重特大疾病医疗救助工作的通知》。全年共进行3期救助，救助575户，受益1723人，发放救助金222.45万元。精神病人累计送治72人次，精神病人医疗救助57人，发放救助金26.14万元。

【社会救助】春节期间慰问困难群众11156人次，发放慰问金279.59万元。全年共救助1847人次，发放救助金77.65万元。定期定量救助对象，其中享受原工资40%救济的精减退职职工7人，武警37人，精减下放人员18人，居民孤独老人3人，计划生育1人，社团1人，敬老4人，无军籍5人，老交通员23人，退职补助4人，全年发放补助97.70万元。至第四季度，全县共有孤儿26人，其中机构代养孤儿3人、社会散居孤儿23人，全年共发放孤儿生活补助费20.76万元。

【防灾减灾】5月，开展防灾减灾宣传周活动，城中社区、叶坦社区、城东社区开展救灾应急演练。10月31日，在湖山乡开展救灾应急演练。按省民政厅统一部署完成城乡避灾安置场所标识牌和指示牌统一设置工作，完成2个减灾示范社区和9个新建避灾场所的建设。10月22日至25日，分2期举办全县灾害信息员培训。全年下拨各乡镇（街道）100万元救灾资金。

【养老服务】设立遂昌县养老服务指导中心，编制2名。出台《遂昌县人民政府关于加快推进养老服务事业发展的实施意见》，对养老机构运营机制、养老服务需求评估、养老服务补贴制度、经费投入机制、用地保障、税费减免等政策措施作出明确规定。印发《遂昌县养老服务需求评估办法（试行）》《遂昌县养老服务补贴制度实施细则》，对城乡最低生活保障家庭中的60周岁以上的失能、失智等生活不能自理的老年人实行养老服务补贴。加快城乡社区居家养老服务照料中心建设，完成28个城乡社区居家养老服务照料中心建设任务，其中建成妙高街道城东社区、庄山村、王村口镇对正村3个居家养老服务照料中心示范点。加强养老机构人员业务培训。5月14日，全市民政局局长工作例会暨养老服务专题培训会在遂昌召开，60余人参加培训。

【遂昌县养老中心项目建设】遂昌县养老中心项目原选址于三仁乡忠山下移民新村对面，小地名坛田。由于土地征用工作无法正常开展，造成该项目停滞不前。9月下旬重新选择地处妙高街道上江村钓鱼岭道路边地块，项目总占地面积30000平方米，分两期实施，第一期占地面积9999平方米，建筑面积9996平方米，总投资4238万元，建设普通老人公寓和配套服务用房，共设220个床位。2013年完成选址意见、环境评估、水土保持、土地预审、可研报告评审、地质灾害评估等工作。

【优抚工作】全县共有重点优抚对象810人，60周岁以上农村籍退役士兵931人。全年发放优抚对象各类资金累计737.11万元，其中优抚对象抚恤金和定期生活补助531.72万元，春节前一次性生活补贴57.17万元，第一季度价格补贴15.69万元，6、7月、9月价格补贴4.6万元，优抚对象丧葬补助、临时困难补助等40.20万元；社会各界慰问驻遂部队、优抚对象慰问金5万余元；强化优抚对象医疗保障工作，发放重点优抚对象门诊费40.56万元，通过优抚对象医疗费补助一站式结算平台，报销医疗费用39.3万元，切实减轻优抚对象负担。为2012年在部队立功受奖的70名官兵发放奖金合计2.87万元。

【安置工作】为2012年度退役的103名退役士兵发放一次性经济补助81.62万元，将新接收符合安排工作的2名转业士官分别安置在事业岗位。创新退役士兵免费职业技能教育培训工作，投入资金6.579万元，开设创业技能培训班，51名退役士兵参训，43人取得相应的技能等级证书，参训学员就业率达90%以上。鼓励退役士兵参加免费的高等院校学习，3名退役士兵通过单招单考，被高职院校录取。

【婚姻收养登记】全年办理结婚登记1820对，离婚登记500对，办理弃婴儿童收养登记31件。县民政局婚姻登记窗口被评为2013年度遂昌县“三星级勤廉站所”。

【殡葬管理】2013年，县民政局殡葬管理结合“六边三化三美”行动，加大对“二沿五区”坟墓治理力度，对省道、县道、乡道及高速公路沿线坟墓进行清查，利用迁移、绿化或覆盖等办法进行治理。三墩桥至王村口公路沿线11穴，三墩桥至垵口公路沿线5穴坟墓全部治理。全县“二沿五区”范围内需治理坟墓目标1400穴，完成迁移2000穴，迁移治理率142.9%。配合县政府做好龙板山区块、汤公园、古院区块、梅溪小学等区块坟墓迁移工作，共新建6个安置点，完成迁移安置坟墓4558穴。累计建成378个村级生态公墓10199穴，完成生态墓提升工程

25个村544穴，累计完成提升工程156个村3749穴，生态葬法覆盖率97.4%。县公墓建墓穴181穴，销售117穴，绿化苗木450余株。出台《遂昌县人民政府办公室关于实行殡葬基本服务项目免费的通知》，从2013年10月1日开始，实施基本殡葬服务免费政策，实行遗体火化费、遗体接运费、遗体冷藏存放费、骨灰寄存费四项基本殡葬服务全民免费。2013年共火化遗体1524具，减免资金31.106万元，赠送骨灰盒39个。

【地名管理】2013年，遂昌县制定出台《遂昌县地名管理办法》。县民政局完成《政区大典》浙江卷·遂昌篇编写工作，县、乡级词条分别于5月30日和11月1日通过省编纂办公室审核。另外，与毗邻县市签订“平安边界”共建协议书，加强行政区域界线的日常管理工作。

【社会组织管理】全县应参加年检的社会组织104家（社会团体85家，民办非企业单位19家），100家完成年检，年检率96.1%。办理社会团体成立登记15家，办理民办非企业单位登记6家。8月31日，召开由社会组织负责人和业务主管单位负责人参加的社会组织负责人培训会议，选举产生了促进会领导班子，讨论通过了社会组织促进会章程，组建了促进会，成立了社会组织促进会党委。遂编委批复设立遂昌县养老服务指导中心，增加设置内设科室社会组织服务科，正常开展社会组织各项工作。

【筹建“96345”社会公共服务中心】2013年，《遂昌县“96345”社会公共服务中心建设实施方案》发文实施，采用前台接线与“110”应急指挥中心整合办公，后台管理设在民政局，“110”前台4人，民政后台管理3人。完成人员培训、制度制定、办公场所，与宁波公司签订设备采购协议、电信光纤接入，加盟企业和一技之长者的资料搜集和签订试用协议，12月3日完成设备安装调试。

（项丽君）

居民生活

【城镇居民生活】2013年，浙江省全社会单位在岗职工年平均工资为44513元，比2012年增加4426元，同比增长11.0%。遂昌县全社会单位在岗职工年平均工资（含私营经济单位）为30792元，比2012年增加2280元，同比增长8%。

2013年遂昌县城镇居民人均可支配收入30370元，比上一年增长10.3%。其中工资性收入18842元，比上一年增长19.6%；经营性收入2733元，比上一年增长9.0%；财产性收入3341元，比上一年增长5.7%；转移性收入7592元，比上一年下降5.7%。城镇常住居民生活消费支出19921元。其中食品烟酒支出7197元，占生活消费支出36.1%；衣着支出2766元，占生活消费支出13.9%；居住支出1700元，占生活消费支出8.5%；设备用品及服务支出1200元，占生活消费支出6.0%；医疗保健支出1931元，占生活消费支出9.7%；交通和通信支出2526元，占生活消费支出12.7%；娱乐文教服务支出2124元，占生活消费支出10.7%；其他商品和服务支出477元，占生活消费支出2.4%。人均现住房建筑面积56平方米。每百户拥有家用汽车25辆。

【农村居民生活】2013年，全县农民人均纯收入10224元，比上一年增长12.9%。其中工资性收入4643元，比上一年增长23.7%；经营性收入4559元，比上一年增长1.1%；财产性收入307元，比上一年增长20.4%；转移性收入715元，比上一年下降32.9%。农民生活消费支出7675元。其中食品消费支出2866元，占生活消费支出的37.3%；衣着支出524元，占生活消费支出的6.8%；居住支出1098元，占生活消费支出的14.3%；设备用品及服务支出559元，占生活消费支出的7.3%；医疗保健支出936元，占生活消费支出的12.2%；交通和通信支出678元，占生活消费支出的8.8%；娱乐文教服务支出843元，占生活消费支出的11.0%；其他商品和服务支出171元，占生活消费支出的2.2%。人均住房面积57平方米。每百户拥有家用汽车7辆。

2013 年城镇居民收支情况表

表 34

指标名称（年人均）	单位	金额
人均现住房建筑面积	平方米	56.05
家庭总收入	元	32508
其中：可支配收入	元	30370
（一）工资性收入	元	18842
（二）经营净收入	元	2733
（三）财产性收入	元	3341
（四）转移性收入	元	7592
消费支出	元	19921
1.食品	元	7197
2.衣着	元	2766
3.居住	元	1700
4.设备用品及服务	元	1200
5.医疗保健	元	1931
6.交通和通信	元	2526
7.娱乐文教服务	元	2124
8.其它商品和服务	元	477

2013 年农村居民收支情况表

表 35

指标名称（年人均）	单位	金额
年末人均居住住房面积	平方米	57.00
生活消费支出	元	7675
1.食品	元	2866
2.衣着	元	524
3.居住	元	1098
4.家庭设备、用品	元	559
5.交通和通信消费	元	678
6.文化教育、娱乐	元	843
7.医疗保健	元	936
8.其他商品和服务	元	171
全年人均纯收入	元	10224
一、工资性收入	元	4643
二、家庭经营纯收入	元	4559

指标名称（年人均）	单位	金额
三、财产性收入	元	307
四、转移性收入	元	715

（统计局）

老龄工作

【概况】2013 年，遂昌县户籍人口 60 岁及以上老年人 42551 人，占总人口数 18.30%。65 岁及以上老年人 28457 人，70 岁以及以上老年人 19972 人，80 岁以及以上老年人 7478 人，90 岁以及以上老年人 612 人，100 岁以上老年人 4 人。全年发放高龄老龄一次性奖励金 32 万元，其中 90 岁高龄老人奖励金 28.5 万元，100 岁老龄老人奖励金 3.5 万元。

2013 年遂昌县百岁老人一览表

表 36

乡(镇、街道)	村（社区）	姓名	性别	出生年月
云峰街道	东姑村	罗樟星	男	1908-01
妙高街道	小学路 9 号	周瑞祥	男	1912-07
北界镇	登埠村	徐樟娣	女	1913-08
妙高街道	城西社区	叶碎贤	女	1913-10

【老年电大】2013 年，遂昌县老年电视大学招生 4100 名，占全县老年人口的 10.02%。成立讲师团，把老年电大教育与开展健康教育、形势教育、法制讲座、公民道德建设讨论等相结合。开展老年电大、老年活动中心资助项目的验收与申报工作，县老龄办会同县财政、乡镇对项目申报点逐个检查验收，扶持资金专款专用。省福彩公益金资助遂昌县 4 个老年电大教学点、2 个乡(镇)老年活动中心项目资金 23 万元。

【“敬老月”系列活动】举办形式多样的活动庆祝九月第 26 个老人节。各单位、部门开展“知感恩践孝行”孝老行动、主题志愿敬老行动以及“老年维权”助老行动。各乡镇（街道）、部门走访慰问特困、高龄、“空巢”、残疾以及五保老人 3000 余人次。

【经络操展演】10 月 11 日，县老龄办、县老年体协在平昌广场举办全县“经络操”展演，各乡镇（街道）、社区及企事业单位的 23 支代表队近千名老年人参加。

【“丽水十大孝贤”】10 月 10 日，市老龄办举办丽水市第二届“夕阳红”歌手比赛暨首届“丽水十大孝贤”颁奖仪式，遂昌的雷兴华获得“丽水十大孝贤”称号，周珠媛获孝贤提名奖。

【省级老龄工作示范县创建】3 月 7 日，省民政厅老龄综合处处长陆长根一行到遂昌考评省级老龄工作示范县创建工作。考评组听取了遂昌创建工作汇报，实地察看了妙高街道庄山村、大柘镇老年协会活动中心、大柘镇双溪新村文化活动室等。经过考核，遂昌被省老龄委授予“省级老龄工作示范县”称号。

【“送光明”活动】11 月 4—6 日，浙二医院眼科专家来遂进行第四次“为革命老区特困老人送光明”活动，为 30 位老人实施了复明手术。

（许绿萍）

慈善工作

【概况】2013 年，遂昌县慈善总会按照总会章程和慈善基金管理办法的要求，严格各项善款审批程序，规范善款的募集、使用、管理和公开，强化捐赠收入和援助支出管理，接受审计，及时向理事会和相关部门公布，实行公开透明、阳光操作。县慈善总会在开展日常捐助工作的同时，继续开展“造血型”援助项目。2013年慈善本金累计2130万元，资金盘子持续增大，救助能力逐步增强。

【“全民慈善捐赠活动月”活动】2013年，遂昌县慈善总会组织开展一年一度的“学习雷锋、学习郭明义，争做最美遂昌人”为主题的第六个全民慈善捐赠月活动。5月24日在县府大院内举行启动仪式，县委书记杜兴林、县长何卫宁、县人大常委会主任毛建华、县政协主席尹建中率先捐款，浙江遂昌圣豪矿业有限公司董事长包圣民倾情回报社会捐赠善款30万元，活动现场全县各部门、企事业单位干部职工踊跃捐款、奉献爱心，此次活动月募集善款共计100.62万元。全年募集慈善资金163.03万元。

【慈善救助】2013年，县慈善总会全年救助1825人次，发放救助金173.31万元。其中助学137人，发放助学金31.43万元；助医573人，发放救助金103.18万元；助困772人，发放救助金15.74万元；安老赈灾、助孤扶残等343人，发放救助金22.96万元。

【项目救助】2013年“华星助学金”“丽水市慈善总会助学金”资助遂昌县70名大学新生，发放助学金35万元；“胜华慈善基金”“爱心援孤（贫）结对助学金”资助遂昌县24名中、小学生，发放助学金3.45万元；发放丽水市慈善总会春节慰问金5万元，帮助遂昌县75户农户；推荐20位特困病人纳入丽水市慈善总会大病援助项目，发放援助金20万元。

【“造血型”救助项目】2013年是县慈善总会开展“造血型”救助项目的第二年，全年的项目资金为10万元（市慈善总会5万元、县慈善总会5万元）。项目共为357户困难户免费发放灰天鹅苗1330只、土鸡苗3580只。除去饲养成本，每只灰天鹅可为困难户增收约140元，每只土鸡可为困难户增收约110元，共计可为困难户增收约536590元，平均每户增收约为1500元。

（毛莉丰）

人口和计划生育

【概况】2013年，遂昌县出生人口1963人，计划生育率94.19%，婚检率90.23%，孕检率92.56%，出生婴儿性别比106.2，人口计生各项指标保持正常范围。启用通用出生人口信息采集交换系统，加强信息采集和管理，被评为省级阳光统计示范县。

【督导检查】5月和9月开展两次县级计生工作暗访检查，6月开展“排查整改、夯实基础”专项活动，8月进行统计质量抽查。9月，县综合督查组对全县各乡镇（街道）的重点工作进行专项督查，通过督查、反馈和通报，督促重点工作整改落实到位。

【惠民导向】全年发放放弃生育奖124人，独生子女父母一次性奖励322人，社区失业（无业）人员独生子女父母奖励费170人，享受中考加分268人，独生子女家庭医疗保险补助15052人共150.52万元，住院分娩补助1211人共60.55万元，全县奖扶1443人、特扶124人。落实困难计生家庭公益金补助制度和计划生育手术安康意外伤害保险。

【计生宣传教育】在《钱瓯遂昌》开设“三优之窗”宣传栏，开展“送戏下乡”演出40余场，发放宣传资料5万余份。向上级报送录用信息180余条。部门网站发布信息155条，公开文件26份，编发简报22期。印发《遂昌县人口计生工作先进典型和经验做法荟萃集》。

【依法行政】2013年共审核计划生育情况4024个，其中集体154个，否决6个；个人3870人，否决89人（其中村干部绩效考核不称职65人）。社会抚养费征收案卷集中评查1次、暗访检查2次。组织相关人员参全省“两非”案件信息系统操作培训。全县再生育审批596件，其中特殊情况生育审批43件，复通2件，换证104件；病残儿鉴定初审确认12件。人口与计生信访189件，其中求决

96件，举报10件，咨询83件，办结率达100%。

【流动人口服务管理】春节期间开展“五个一”活动，即与返乡的已婚育龄妇女见一次面、为育龄妇女办理或更换《婚育证明》、发放一份宣传资料、开展一次“三查”服务、核对一次联系方式。流动人口大排查共查出新增流出人口4200余人，流入人口2300余人。实现流动人口计划生育服务的“宣传教育、技术服务、优生优育、生殖保健、生育关怀、奖励优待”6个方面均等化。

【技术服务】2013年，全面实施国家免费孕前优生健康检查项目工作，发放宣传小折页2万余份。测定全县孕前优生健康检查目标人群3000人，全年完成检查3104人，占目标人群数的103.47%。县“三优”指导中心每月定期开展小班化培训服务，完成石练镇计生服务站标准化建设项目及西畈、龙洋、应村的“三优”指导中心建设项目。

【“幸福家庭”创建活动】5月27日，举行“幸福家庭”创建活动全县启动仪式和现场会；4月27日遂昌县计生工作在全省“增进计生关爱、促进家庭幸福”活动现场会上做了交流；11月14日全市“两进”现场会在遂昌县召开推广遂昌经验。全县创建幸福家庭示范村22个，开展幸福家庭评选活动145个村，评选出幸福家庭示范户281户。

【计生协会活动】2013年，全县各级计生协会开展培训280期，34647人参加学习。开展流动人口青春健康“三进”活动22次，参加学习1691人，进村入企走访124次。推荐县职业中专老师周云蓉参评青春健康教育省级师资认证。开展关爱女孩行动31人，送慰问金17300元，走访计生特殊困难家庭64户，发放慰问金20180元。“春苗计划”助学30人，发放助学金28000元。申报“生育关怀—少生快富”4个项目，落实扶持资金10万元。落实企业冠名基金1个。“5·29”全国计生协会会员活动日，悬挂大型横幅和张贴标语158条，展出展板70块，开展咨询等服务。

（胡霞洁）

移民工作

【概况】2013年，遂昌县有大中型水库移民24707人，全年规划大中型水库移民项目256个，总投资3211.08万元，安排移民资金1744.08万元，发放大中型水库移民后期扶持直补资金869.94万元。遂昌县移民办被评为2013年浙江省“水库移民工作考核优秀县（市、区）”。

【滩坑移民安置后续工作】全面启动并完成石练景新村、云峰街道社后和东姑村安置小区二期道路建设，共投资460余万元。

【开展“和美移民村”创建】按照环境优美、生活富足、乡风文明、和谐稳定的目标要求，投入210万元，在湖山乡红星坪村开展了“和美移民村”创建工作。

【移民创业基地和专业合作社建设】2013年，县移民办加大对移民生产扶持性项目的扶持，共扶持项目82个，投资558.11万元，占总投资比例的32%。重点扶持了应村山茶油基地、圣农中草药种植创业基地、妙高源坪蔬菜种植基地、黄泥岭土鸡专业合作社的土猪发展项目、遂昌县白马山中药材专业合作社温郁金种植项目、胡家村和东亭村两个纯移民村的来料加工点等项目。

【大中型水库移民突出问题调查摸底工作】选择生产生活环境差、贫困面大的湖山乡黄泥岭、福罗淤村和金竹镇王川村作为移民突出问题先行调查村，逐户对移民的居住环境、居住条件、基础设施和生产资料情况进行全面调查，进一步疏理乌溪江库区移民村特殊困难移民存在问题，提出解决问题的思路、建议和资金筹措方案，为全省出台解困政策提供可行的基础资料。

【移民劳动技能培训】联合成技校开展移民劳动技能培训，全年举办电子商务、家政服务、来料加工、电焊、乡村导游等特色培训班20期，培训移民1120人。

【开展“服务项目大家评”活动】开展了“服务项目大家评”活动，通过开展行风评议和项目绩效评议、完善单位内部管理制度、规范水库移民扶持项目管理程序、办领导公开服务承诺、举办移民系统廉政建设专题讲座等措施，推动了机关干部工作作风的转变、提高移民干部办事效率、规范项目实施程序、提高移民资金使用效益，从源头上加强了移民工作廉政建设。对所有的移民项目进行规范化管理，下发《遂昌县水库移民扶持项目规范化管理服务手册》；规范内部管理制度，下发《遂昌县库区移民工作办公室规章制度》。

（程希明）

残疾人事业

【概况】2013 年，全县有持证残疾人 5274 人，其中肢体残疾 3061 人、视力残疾 592 人、听力残疾 680 人、言语残疾 86 人、智力残疾 370 人、精神残疾 247 人、多重残疾 237 人。持证一、二级重度残疾人 1210 人。全县乡（镇、街道）残联 20 个、残疾人专门协会 5 个、村级残疾人组织 203 个。

残疾人生活得到基本保障。全县有 1481 人纳入低保。全年总计纳入托（安）养人数 379 人，其中新增 124 人，属于二级残疾的 53 人，集中托养 50 人。对 18～60 周岁无固定收入的残疾人实施月生活 100 元的补贴，纳入补贴人数 588 名。

残疾人康复服务。年内实施白内障复明手术 320 人、验配助听器 90 台、助视器 10 台，安装假肢 12 条。对 0-6 岁儿童实施残疾儿童抢救性康复工作。为 11 名儿童进行脑瘫康复训练，2 名智力残疾儿童康复训练、2 名自闭症儿童康复训练和 4 名听力语言儿童康复训练，救助人工耳蜗患者 1 名。在北界、新路湾、妙高三地建成 3 所残疾人康复示范站。其中北界建成省级残疾人康复示范站。

残疾人困难救助。春节期间走访慰问贫困残疾人 262 人，发放慰问金 7 万元。补助生活困难残疾人 105 人，补助金额 5 万元。对刚考上大学的残疾人或残疾人子女给予一次性奖励，共奖励 19 人，奖励资金 2.7 万元。补助特殊学校就读学生 25 人，资金 1.25 万元。落实残疾人基本社会保险。免费为一、二级重度残疾人缴纳最低额度的社会养老保险金，每人每年 100 元。为全部持证残疾人全额缴纳新农合医疗个人支出部分的费用，补助人数 3252 人，每人补助 170 元。对 18 名个体工商户缴纳养老保险每人每年 1521 元，总资金 2.73 万元。补助全县因灾因病导致严重困难的家庭 11 户，落实浙江省救助对象。申报了 10 户因病因灾致贫的残疾家庭，争取省级救助资金 10.1 万元。对所有持证精神病人给予每人每年 600 元的服药补助。

残疾人创业就业。举办来料加工技能培训、中式面点培训班、来料加工培训和山榧皮种植培训班各 1 期，共有 187 名残疾人参加。承办了全省残疾人红提栽培技术培训班和全市名优茶培训，共 83 位残疾人参加。输送 2 人参加盲人按摩培训、1 人参加电脑培训。推荐残疾人异地就业 11 人，新增按比例就业 7 人，本地集中就业 360 人。新建残疾人扶贫基地 3 家：遂昌仙女山原生态产品专业合作社（应村）、遂昌北界村毛竹基地、遂昌桃源山野香榧合作社。其中桃源山野香榧合作社和仙女山原生态产品专业获得市级扶贫示范基地的称号，补助资金 4 万元。省级扶贫示范基地建明制衣厂再次得到省级扶持资金 7.8 万元。全年补助残疾人贴息 76 人，一次性创业扶持 19 人，共扶持资金 19 万元。残保金入库为 372 万元；对超比例安置残疾人就业的 9 家福利企业给予 7.7 万元资金奖励。

2013 年，遂昌县残联在全市残疾人工作综合考核中获得优秀奖，被县委、县政府评为社会管理综合治理工作先进单位。

【启动脑瘫儿童康复项目】为做好对 0～6 周岁残疾儿童抢救性康复工作，对全县 0～6 周岁的残疾儿童进行全面的摸底调查，建立残疾儿童档案。对 13 名 0～6 周岁脑瘫儿童走访座谈，了解他们的康复意向，并向他们解读残疾儿童的康复政策，鼓励儿童家长及时为孩子进行康复。通过走访了解，有 5 名儿童已在外地进行抢救康复，花费了家庭大量的人力、财力，给家庭带来极大的负担，所有家长都愿意将自己的孩子放在本县的康复。为此县残联在残疾人综合服务设施--残疾人康复指导中心设立了脑瘫儿童康复项目，并于12月正式开设了脑瘫儿童康复训练，参加康复训练的儿童11名。争取县委、县政府重视，新增康复中心脑瘫儿童康复师编制2个，编外康复师1个。

【开展无障碍进家庭活动】为帮助残疾人融入社会，方便残疾人生活，开展残疾人无障碍设施进家庭活动。根据摸底调查确定帮扶对象，根据各个家庭的不同情况，确定无障碍改造项目清单，制订"一户一册"的改造方案。完成大柘、石练、北界等乡镇（街道）12户残疾人家庭的无障碍设施改造，共投入建设资金7.2万元。

【举办残疾人趣味运动会】5月，举办了全县残疾人趣味运动会，20个乡镇（街道）92名残疾人代表参加活动。运动会设置了象棋、跳棋、扑克、飞镖等项目。通过比赛共50人获得前6名，其他的均给予纪念奖，营造残疾人体育活动的氛围。

【成立"阳光残疾人艺术团"】5月，挂牌成立了"遂昌阳光残疾人艺术团"，吸收热爱民间乐曲的残疾人艺术骨干28人。艺术团在各节假日在敬老院、阳光庇护中心等开展演出4场，组织开展"十八大宣传"专场演出4场，选送《七彩竹炭》节目参加全市"唱丽水歌、跳丽水舞"排舞比赛获银奖，多次参加县级组织的公益文艺晚会表演宣传活动。市残联向艺术团赠送了扬琴、琵琶、大提琴、二胡等30多件价值2万多元的乐器。还为遂昌县艺术团开展为期3天的指导培训，联合举办了"共圆幸福梦"文艺演出。

【开展"暖冬行动"】遂昌县西畈等乡镇的寄宿孩子，在寒冷的冬天用不上热水。县残联和浙江日报联合倡议创业有成的残疾人献爱心，20余名残疾人慷慨捐助，为西畈中心小学孩子捐助资金6320元，建淋浴房2间。八代雄城家电有限公司举办了爱心家电助残活动，为全县4716名残疾人寄送优惠券，设助残专供展区，每样家电为残疾人让利30～600元不等，降低了残疾人购置家电的门槛。

【残疾人小康阳光庇护中心良好运转】在云峰、大柘、妙高等地新建3所残疾人小康·阳光庇护中心，为81名精神、智力残疾人提供庇护场所。3家庇护中心均获得市级残疾人庇护中心称号，其中大柘阳光庇护中心获得省级庇护中心称号，共获得省市扶持资金共50万元。

（曹月球）

乡镇 街道

妙高街道

【概况】妙高街道位于遂昌县东部，因妙高山得名，自建县以来即为县署（县人民政府）驻地，是全县政治、经济、文化和交通中心。距杭州255千米，距丽水市区96千米。辖区面积192平方千米，辖27个行政村、7个社区。街道办事处驻地北街262号。

境内水系属瓯江支流，主要有南溪、北溪、襟溪。大小水库39处，其中最大为成屏一级电站水库，库容5230万立方米，供应妙高街道生活、工业、农业灌溉用水。全街道山林面积14333公顷，耕地面积731公顷。

2013年全街道户籍23280户，其中农业户10155户；总人口61591人，其中农业人口25616人。全年出生611人，死亡394人，人口自然增长率3.52‰。

全年实现工农业总产值101892万元，比上年增长7.22%；财政总收入2345万元，增长0.69%。农村经济总收入2.81亿元，增长11.74%；农民人均纯收入10968元，增长13.94%。

妙高街道自然和人文景观丰富，有妙高山、唐山、含晖胜境、成屏水库、汤显祖纪念馆、陈家大屋、中国竹炭博物馆等。明万历年间，文学家、戏剧家汤显祖曾任遂昌县令（1593—1598），撰写名著《牡丹亭》；南宋绍兴年间建三台寺，辟含晖洞景区；清道光八年(1828)建妙高书院；抗战时期，成为浙江抗日救亡后方基地，曾两度遭受日军入侵。

2013年妙高街道各村基本情况一览表

表37

村名	自然村数（个）	户数（户）	人口（人）	耕地面积（公顷）	林地面积（公顷）	集体经济（万元）	人均收入（元）	村书记	村主任
合计	151	10155	25616	731	14333	585	10968		
西街	2	495	1149	20	212	27	11871	李土水	叶伟奎
南街	2	267	630	1	310	12	12066	林昌彪	俞松福
东街	7	189	384	13	195	17	12018	傅猛良	傅猛良
北街	4	300	617	2	130	5	12050	翁祝林	包振枫
龙潭	4	145	330	2	164	16	12071	林保贵	杜文明
东峰	6	350	967	54	787	27	10660	雷文彬	雷文彬
新东	5	48	132	5	36	10	11313	徐的胜	胡黎明

村名	自然村数（个）	户数（户）	人口（人）	耕地面积（公顷）	林地面积（公顷）	集体经济（万元）	人均收入（元）	村书记	村主任
后 江	6	375	1023	30	211	46	10837	雷仙贵	蓝明生
古 院	10	328	882	4	205	21	12483	雷文举	雷关仓
北 门	1	588	1460	49	1001	13	10856	江振海	郑青河
井 东	3	332	840	42	525	34	11198	蓝庆发	项仙土
东 红	7	42	102	6	35	15	10966	汪卫忠	郑宏辉
含 晖	3	716	1805	16	372	5	11060	吴小平	叶林福
上 江	4	440	1158	10	480	15	11326	朱晓华	朱晓华
黄 庄	4	284	767	20	737	10	10615	何永宏	何永宏
金 溪	6	497	1219	38	393	16	10800	李陈法	谢舜贤
庄 山	4	341	930	24	416	15	10919	田明良	余小华
金 岸	6	488	1173	7	168	35	12030	王 强	徐瑞华
大 桥	1	555	1331	15	536	15	10834	陈 法	姜立华
苍 畈	4	443	1154	57	429	3	10436	鲍新长	鲍樟法
源 坪	9	542	1416	84	558	13	10430	纪 律	陈金华
余 家	3	152	381	0	46	9	11971	朱智平	余文星
上南门	17	614	1576	63	779	34	11343	张永能	张文瑞
螺蛳垵	4	216	519	23	260	15	10826	何仕田	孟永福
源 口	14	708	1853	50	3789	111	11409	李君平	叶袁良
仙 岩	8	338	923	44	875	29	8022	李土和	翁金水
七山头	7	362	895	52	684	17	7927	张关良	周根胜

街道发挥区域资源优势，引导东峰、后江、七山头等村围绕服务城市，调整农业种植结构，发展生态蔬菜、土猪养殖、茶叶等特色农业项目。七山头品牌土猪养殖辐射到全县6个乡镇18个村，实现年销售额750万元。配合淘宝网开展“安全肉放心购”网上销售活动，共售出200多头土猪（妙高范围），销售额75万元。新建东峰钢架大棚1.5万平方米，扩建井东、西源头保障型蔬菜基地3.33公顷，钢架大棚2.1万平方米。引导农户发展各类蔬菜基地53.33公顷，钢质大棚8万多平方米，实现产值1740余万元。

通过城镇带动、资产经营、借力政策等形式，增进村集体经营性收入的项目源和增长点。针对城中村固定资产集中的特点，采取承包、股份合作、租赁、集体经营等方式，盘活集体资产。七山头等偏远村，推行农户采取土地入股、分散养殖等方式成立猕猴桃、土猪养殖等专业合作社。仙岩村成立旅游开发公司，发动70%的农户入股，增加村集体和农户收入。培育来料加工产业，共培育来料加工经纪人46人，加工队伍3400人，发放加工费3000万元。

推行“输血促造血”原则，共完成2398户5558人的资料收集和申报工作，确定仙岩村等6个村为重点扶贫村，新东等4个村为村庄整治提升村，井东等3个村为污水处理村。规范农村专业合作社管理，进行街道所属53家专业合作社统一资料录入和数据化管理。丽水市生态精品农业示范乡镇（街道）、东峰生态蔬菜基地、七山头土猪基地等13个项目申报为市级生态农业示范基地、合作社等，开展金溪防洪坝修复工程，进行街道所属各山塘水库全面巡查，进行8个山塘水库加固修复。

2013年，街道完成工业生产总产值5.06亿元。其中规模以上企业3家（和新科技有限公司、林产化工有限公司、翱力机械有限公司），产值分别为6289万元、2577万元、5372万元，产值500万元以上企业8家（遂昌富丽人造板有限公司、剑光酒业有限公司、双剑医疗有限公司、维康竹炭有限公司、浙江欧博特有限公司、遂昌老翁竹炭厂、遂昌万事达铸造厂、遂昌田氏茶叶合作社）。

2013年，妙高街道便民服务中心办理各类证件610件，受理政策咨询3700人次，核实发放各类医保、低保、困难救助等413万元，无一起群众投诉发生。排查化解矛盾纠纷，开展群众来信来访和重点人员、重点时段、重点项目、特殊利益群体的稳控工作。实行安全生产责任考核制度和奖惩措施，配合安监等部门进行辖区内400多家企业安全巡查，依法处理招投标工作中的重大事项，共进行招投标9宗，标的700余万元。

构建“社会养老保险、医疗保险、社会救助”三大保障体系全覆盖的“大社保”体系。全年街道农村参保总人数24247人，总缴费金额300万元，参保率98.10%。非居民参保总人数9568人，总缴费金额130.6万元，参保率97.80%。全年费用报销（给付）申报637人次，金额合计523.7万元。

2013年，妙高街道被评为国家级生态街道、浙江省气象防灾减灾标准乡镇，获遂昌县项目推进工作服务优秀奖等。

【首个文化礼堂建成】5月，妙高街道东峰村获立项审批，在原址上建设文化礼堂，该项目总投入60余万元，获农村基础建设“一事一议”项目补助。8月，综合大楼、文化礼堂、廊桥及室外活动场所全部竣工。文化礼堂占地面积230平方米，建筑面积450平方米，分设两层，第一层是活动大会场，可同时容纳500人参与活动，舞台，音响、灯光设备一应俱全。第二层是老年协会的活动场地，晚上老年人都会聚此开展文艺活动。

【龙潭村综合农贸市场建成运营】2013年，妙高街道龙潭村在项目返还地上，以226名村民、村集体入股和上级补助收入的方式，筹资1200万元建设综合农贸市场，开创了村级留用返还地开发利用的新模式。该市场于2010年下半年动工建设，2013年9月竣工投入营业，总占地面积2210平方米，建筑面积10300平方米，总投资1200万元，每年能为股民带来200多万元的收入。这是遂昌县首个以村民股份合资建成的农贸综合市场，成为增加村集体经济收入的一条新渠道。

【“三改一拆”工作】2013年，妙高街道推进“三改一拆”工作，全年共查处违法用户4614宗，违法占地面积23.7万平方米，违法建设面积28.3万平方米，拆除违法建设面积1.09万平方米，完成三年确保任务的79.49%。同时，结合“双清行动”“中国最洁净乡村”建设活动，突出重点区域的整治工作，对景区公路沿线的广告牌、乱搭乱建行为进行集中整治。

【实施洁净乡村督查考评制度】2013年，制定实施《妙高街道洁净乡村督查考评制度》，实行月督查考评，对所辖村每月组织开展自查，按照自查得分从高到低进行排名。建立街道洁净乡村督查办，每月对各村洁净情况进行打分，对排名靠后的村和驻村干部亮出“红黄牌”。每月督查组将东城区块（二都街—庄山）城乡接合部、源口村骆村各自然村为每月县督查组必查对象，在必查对象的基础上，县督查组再从街道自查排名中至少随机抽查10个村，现场督查至少延伸到该行政村所辖30%的自然村。

【加强社区规范化建设】2013年，妙高街道严格按照县纪委提出的“十有”标准，选取城中社区、城南社区进行居监会规范化建设试点，并在试点的基础上完成所有社区居监会的选举工作。为营造和谐的社区环境，10月，举办了第六届邻居节，该届邻居节以“微笑邻里 欢乐社区”为主题，七大社区结合自身特色，开展了老年趣味运动会、包饺子比赛、百家宴、文艺会演等活动，为社区居民搭起连心桥梁。（蓝文丽）

云峰街道

【概况】云峰街道位于县境东部，牛头山西麓，辖区面积214平方千米，街道办事处驻地社后村，距离县城17千米。全街道耕地面积1092公顷，山林面积12557公顷。境内主要河流为濂溪，流程25千米，贯穿全街道，注入松阴溪。云峰素有遂昌“粮仓”之称，近年来又大力发展工业，成为遂昌工业重镇。

全街道辖17个行政村、31个自然村。2013年总户数9290户，其中农业户8757户；总人口22957人，其中农业人口22562人。年内出生265人，死亡194人，人口自然增长率3.09‰。

全年实现工农业总产值7.7亿元，比上年增长25.94%；财政总收入1871万元，增长6.55%，其中地方财政收入813万元；上缴国税、地税1103万元，增长-4.75 %。农村经济总收入40668万元，增长10.6 %；村级集体经济总收入330万元，增长8.2 %；农民人均纯收入10865元，增长13.83%。

遂昌县最大的企业浙江元立集团，老牌企业利民化工有限公司，以及新开发的东城工业园区都坐落在云峰街道境内。景观和名胜古迹有：门阵国共合作谈判旧址、天堂水库、鞍山书院、郑氏宗祠等。

2013年云峰街道各村基本情况一览表

表38

村名	自然村(个)	户数（户）	人口(人)	耕地面积（公顷）	林地面积（公顷）	集体收入（万元）	人均收入（元）	村支书	村主任
合 计	31	8757	22562	1092	12557	330	10865		
社 后	1	461	1631	48	40	11.6	11521	刘起贵	石德华
湖 边	1	511	1348	23	53	12.3	11996	黄小英	王文军
洋 浩	1	362	897	4	207	12.8	11605	陈祎雄	姜志华
古 亭	1	520	1342	40	67	63.2	11572	王仙平	阙卫林
东 亭	1	161	380	11	0	16.4	11816	余广生	汪智龙
长 濂	1	434	1093	38	380	28.6	12516	郑宗长	张黎明
银 都	3	506	1308	68	1021	26.1	10917	钟言明	刘良伟
东 姑	2	855	2122	93	429	63.2	11734	鲍富华	潘石金
下 马	2	642	1636	94	2967	8.5	9945	刘和军	丁慧法
龙 口	2	885	2158	125	210	10.5	10950	陈根明	叶升俊
龙 祥	3	812	2028	152	801	11	9862	赵建华	华金其
门 阵	2	303	790	12	1142	7.9	9709	张志贵	张百燕
连 头	1	339	868	36	227	7	12177	郑宝良	吴柏林
范 村	2	521	1333	109	360	15	9850	陈小海	余青山
马 头	2	427	1077	79	236	17.2	10994	华兆良	张安华
隔 溪	3	411	1070	73	290	11.7	9449	王冠华	刘永岳
同 心	3	607	1481	87	4127	7.1	9223	陈根林	王爱法

2013年，街道实现农业总产值1.43亿元，比上年增长14.91%，粮食生产播种总面积2376.1公顷，总产量5933吨；茶园总面积629公顷，茶叶产量355吨，产值3230万元；生猪养殖存栏8852头，出栏12392头，产值3232万元。

山地人工造林（更新）16片共105公顷，规划并上报中央植补造林50.9公顷，建成长防林工程47公顷，建成中幼林抚育566.7公顷。4个村实施3000株“珍贵树种进万村”行动。

4个村庄“一事一议”项目共投资630余万元。铺建25.75千米墩头至门阵公路，累计完成投资2020余万元，墩头至门阵公路路基全线贯通。建设清水源至蚱蜢殿联网公路。完成龙口村九溪山塘、古亭村双利源山塘、龙祥村外垵山塘和连头村桃树坞山塘的修复工作。进行银都村燕塘、刘坞山塘，社后村下坑山塘以及连头村连头山塘加固。建成马头村1.7千米防洪堤、范村1.1千米防洪堤。进行马头村、隔溪村饮用水工程提升。实施同心青和小区、银都岩里自然村、龙祥墩头自然村、社后青云小区饮用水改造工程。建成龙祥墩头盘坑口渠道、范村徐岙渠道、长濂提子园滴灌、马头下马头自然村堤防、龙口下坑潭山塘、范村龙坑山塘、长濂村堰坝。

推进“三改一拆”工作，2013年全街道共拆除违法建筑面积5万平方米，涉及农户387户。拆除社后大顺小区50户违建物，面积1022平方米；拆除社后大街50户违建物，面积1619.7平方米；拆除马头小区19户违建物，590.5平方米，拆违工作零伤亡。

2013年，全街道工业企业176家，从业人数1391人。来料加工集中点35个，来料加工经纪人41人，加工从业人员1499人，发放加工费2155万元。企业进行扩建和技术改造，完成技改投资4780万元。全面启动招商引资1号工程，完成招商引资合同数2.28亿元，实际到位资金1.23亿元。

推行发展集生态、休闲、观光、农家乐一体的乡村休闲旅游业，全街道共有各类休闲农家乐53家，年接待游客32.9万余人次，总计营业额5732万元。发掘晚明文化、状元文化，依托明清古建筑群，长濂村建成鞍山书院；发掘刘基文化、生态文化，依托金矿国家矿山公园延伸段区位优势，银都村两委在刘坞村建成“千年银都”农家乐，岩里村完建梧桐仙迹·蘑菇园。

云峰中心学校涵盖幼儿园、小学、初中3个阶段教育，其中小学阶段共有18个班级，学生885人；初中阶段共有9个班级，学生454人。马头小学共有小学教育班6个，幼儿园班级3个，共有218名学生在读。

全街道低保户460户共470人，申领最低生活保障金98.8万余元，医疗救助金27万元；全年城乡居民医疗保险参保人数9832人、参保率98.40%；共有6321人参加城乡居民社会养老保险，已有3511人享受待遇。

2013年，全街道共排查不稳定因素13件，受理各类纠纷326起，调解成功325起，成功率99.7%；受理信访件45件，接待信访群众53人次，无越级上访事件发生。

2013年，街道被评为县级先进基层党组织、生态环保工作先进单位、平安街道、社会管理和综合治理先进集体、优秀基层武装部、先进计划生育协会；获乡镇街道全面考核一等奖。

【长濂村与重庆市金龙村缔结友好村】 10月28日，云峰街道长濂村与重庆市南川区大观镇金龙村正式签订友好村合作协议，缔结为友好村。长濂村生态环境优美，历史底蕴深厚，是全国文明村，首批省级历史文化保护利用重点村，省级小康示范村和文化示范村。金龙村地处国家现代农业示范区、重庆市生态农业示范区核心，新农村建设起步早、标准高、进度快，观光农业享有盛名。两村都是新农村建设的标杆、示范，但发展重点不同，具有很强的互补性。此次结为友好村，两村将取长补短、互通有无。长濂村积极帮助金龙村发展乡村旅游，金龙村则帮助长濂村更好的规划和建设新农村。两村在完善信息沟通，实现优势互补、互惠互利、共同发展的同时，促使长濂村早日成为山区经济发展示范村、新农村建设的样本村、乡村休闲旅游的标杆村。

【洛齐国际当代艺术馆落户长濂村】10月27日，第十届亚非国际当代艺术展暨洛齐国际当代艺术馆开馆仪式在云峰街道长濂村举行，标志着洛齐国际当代艺术馆落户长濂。意大利、法国、澳大利亚、马来西亚、泰国、韩国及中国的37名国际艺术家参加开馆仪式，遂昌县委书记杜兴林，县委副书记、县长何卫宁出席。开馆仪式由洛奇国际艺术馆馆长洛齐主持。洛齐国际当代艺术馆位于长濂村明代古居内，艺术馆内展示亚非艺术家作品，包括大洋洲土著艺术，意大利米兰画家作品，旨在通过画展搭建起亚非艺术家之间沟通的桥梁。洛齐国际当代艺术馆长期免费向广大游客开放，2013年共接待游客3000人次，成为遂昌县继“汤显祖文化”之后又一国际文化旅游品牌，也为长濂文化旅游领域打造又一优质品牌。

【兴昌纸业被认定为浙江省高校毕业生见习基地】 8月21日，由县人事劳动社会保障局、县财政局主办，通过自愿申请、仔细审核、严格把关等层层筛选环节，云峰兴昌纸业有限公司、遂昌金矿有限公司、浙江省利民化工有限公司、浙江池河科技有限公司4家单位被认定为遂昌县优秀高校毕业生见习基地。兴昌纸业是一家专业从事高品质滤纸生产的本地企业，建厂19年来，不断优化造纸工艺，生产出了各种规格的高品质滤纸，从16.5克到45克都能以优质的品质适应目前世界上各种生产工艺的要求。从2006年开始，兴昌纸业公司就致力研发新产品，让低端纸张走向高端滤纸。通过不断的更新换代和技术改进，公司生产的热封型茶叶滤纸，产品质量获得国际上多家茶叶生产商的肯定，在欧美以及东南亚市场受到青睐，为公司赢得了良好的信誉。公司每年接受实习生5人，主要提供化工专业及营销等方面的实习机会。

【村级组织换届选举】2013年云峰街道换届选举工作于11月5日正式启动。至11月20日，全街道17个行政村完成村级党支部换届选举工作。在村党组织换届选举工作中，共有800名党员参加选举，参选率82%，共选出村党组织班子成员79人，其中大学生村官2人，妇女7人。选举产生支部书记17名，副书记14名，委员49名。11月21日至12月25日，全街道集中进行村民委员会换届正式选举，登记选民18561人，参加投票选民17862人，共选出村委成员69人。

【“百日攻坚”行动】8月，云峰街道启动重点项目“百日攻坚”行动，全面助推重点项目建设。全力推进长濂公路拓宽（加压泵房建设）、龙板山区块征迁扫尾等重点项目政策处理工作。长濂公路拓宽及加压泵房建设项目涉及3个生产队73户农户，征地面积13.33公顷。为推进该项工作的政策处理工作，街道组织10多名具有丰富农村工作经验的优秀干部，分3个小组包干项目，通过百日攻坚，户主会议召开后5天时间里，完成63户农户签约，签约率86.3%。

龙板山区块是遂昌县东城工业园区的重要组成部分，也是遂昌县有史以来一次性征迁面积最大的区块。征迁工作于2012年5月14日启动，共涉及7个行政村72个生产队，农户2056户，征迁面积414公顷、拆迁房屋140幢、企业18家、建筑面积3.7万平方米。由于征迁资金分配难度大，小区建房管理难等原因，工程进度一度受阻。为确保工作顺利推进，街道专门抽调精干人员成立项目攻坚组，深入调查摸底，了解群众诉求，解决高弄峡水库等历史遗留问题，调解村级内部矛盾，做好征迁资金分配。龙口征迁资金分配方案已进入公示阶段。

【“远教大广场” 建设】 2013年，在街道便民服务广场即远教广场投入15万元建成广场影院，设户外全彩LED显示屏，面积19.53平方米，显示器显示尺寸3.1米，用于播放宣传片、新闻、远教电影等内容，可进行活动视频直播。街道组织播放《雨中的树》《忠诚与背叛》等具有深刻教育意义的电影，把中共十八大、十八届三中全会精神宣传贯彻到农村最基层，发挥了很好的宣传教育作用。

（范星宇）

大柘镇

【概况】大柘镇位于遂昌县中部，遂昌县西部4镇6乡通往县城必经大柘镇。全镇辖区面积123平方千米，耕地面积675公顷，山林面积8492公顷，其中水田面积676公顷。镇政府所在地柘溪上村，距县城20千米。

全镇辖12个行政村133个自然村。2013年总户数4920户，其中农业户4559户；总人口14641人，其中农业人口14142人。年内出生150人，死亡118人，自然增长率0.22‰。

全年实现工业总产值32689万元，比上年增长12.56%，农业总产值16911万元，增长6.22%；财政总收入1999.35万元，增长8.82%。农民人均纯收入12046元，增长13.86%。全年用电量13.6万千瓦时。年末银行存款余额23879万元。

浙西南第一个中共支部旧址泉湖寺、汤沐园温泉度假村、大田农家乐村、龙谷丽人茶叶观光园、茶山自行车赛道、车前摄影文化村、大田金山景点等，均在大柘镇境内。

2013年大柘镇各村基本情况一览表

表39

村名	自然村（个）	户数（户）	人口（人）	耕地面积（公顷）	林地面积（公顷）	集体收入（万元）	人均收入（元）	村支书	村主任
合计	133	4559	14142	675	8492	67.1	12046	12	12
车前	3	162	508	25	668	0	9730	范建武	范程忠
双溪新村	14	413	1349	69	399	10.1	11029	熊马能	熊夏君
柘溪上村	12	648	2090	110	2546	21.6	13015	傅跃斌	黄松恒
柘溪下村	12	566	1752	68	1026	4.1	13274	王志平	邱先富
永安	11	302	996	45	60	17.3	12056	罗时长	叶樟洪
黄安	9	298	936	54	145	4.2	11987	朱文学	谢黎锋
新旦	12	587	1782	83	1232	0.1	11475	周仙余	吴丹梅
北山	14	278	902	43	325	2.4	12058	包陈元	王樟明
后垅	10	251	780	55	395	0.5	12275	蓝根林	肖志水
大田	15	557	1520	65	445	0	13980	高桂松	张全光
华洋	10	222	660	28	734	6.3	9771	王建洪	王新华
梭溪桥	11	275	867	30	517	0.5	9516	王松平	王建军

大柘镇为全县重点茶叶生产基地，2013年实现茶叶总产量1600吨，产值超1亿元。有竹林面积1333公顷。发展山地蔬菜面积500公顷，总产量1.5万吨，实现产值5700万元。杂交稻制种面积133公顷，实现产值670万元。

全年接待游客总量40.3万人次，其中汤沐园共接待游客20万人次，大田村农家乐接待游客17.2万人次，车前村接待游客0.9万人次，实现旅游综合收入3680万元。

2013年，峡湖金公路改建工程完成主体工程；推进柘溪上村省级中心村建设，完成防洪堤建设；完成柘溪上村、柘溪下村2个小区建设土地征收工作，占地面积5.33公顷；完成茶叶博览园项目一期工程土地征收工作，该项目占地 33.3 公顷，建成后，集旅游、度假、购物、休闲于一体；完成总投资 150 万元的柘溪上村茶山自行车赛道建设项目一期 30 千米；完成总投资 215 万元的集镇污水处理工程；完成大兴街路面改造项目；完成汤沐园大桥至横源桥防洪堤工程；完成泉湖寺至大毛弄段加固防洪堤工程；总投资 4800 万元完成汤沐园水上乐园并于“五一”开业。

全年审批建房 107 户，占地面积 10934 平方米，建筑面积为 38267 平方米。

2013 年全镇 13617 人参加城乡居民医疗保险，参保率 100%；共发放医疗救助金 6.89 万元、低保救助金 31.2 万元、五保救助金 16.7 万元、重度残疾人基本生活保障金 7.2 万元；养老保险代缴代扣签约率 99%，增城乡居民养老保险人数 120 人，发放养老金 320.2 万元。

有大柘中心小学、大柘成技校、王财贵经典学校 3 所学校。大柘中心小学有 18 个班级 789 名学生。大柘成技校 2013 年开办各类培训 32 次。王财贵经典学校以诵读古今中外的经典之作为教育特色，有 6 个班级 131 名学生。

2013 年，大柘镇体育健身工程被国家体育总局评为全国乡镇体育健身示范工程，被环保部评为国家级生态乡镇，被省气象局评为 2013 年浙江省气象防灾减灾标准乡镇，被评为浙江省老龄工作先进集体。

【镇政府综合楼修缮】大柘镇人民政府综合办公楼因年久失修，破烂不堪，2012 年 10 月动工修缮，历经 5 个月于 2013 年 3 月修缮完毕，建筑总面积 4700 平方米，共投入资金 167.5 万元。修缮后提升镇政府形象，方便群众办事。

【“云天之巅 魅力车前”国际摄影文化节】4 月 29 日，在大柘镇车前村举办“云天之巅 魅力车前”国际摄影文化节。此次摄影文化节由浙江省摄影艺术学会、浙江省遂昌县大柘镇党委政府、浙江遂昌中青旅旅游有限公司主办。摄影节为时 2 天，穿插丰富多彩的民俗文化展示、民间农活趣味展示、高山之巅文化摄影比赛等活动，来自全国各地摄影爱好者 2000 余人参加了该活动。12 月，评选出 15 幅优秀作品，其中一等奖、二等奖、三等奖各 1 幅。

【遂昌阳光残疾人艺术团成立】5 月 17 日，遂昌阳光残疾人艺术团在大柘成立。该艺术团由遂昌县优秀残疾人文化艺术骨干共 32 人组成，廖菊梅任团长。艺术团全年开展活动 38 次，丰富了残疾人的精神文化生活。艺术团的成立，可以更好地组织残疾人开展健康向上、形式多样、特色鲜明的文化艺术活动，为残疾人文化艺术才能和特殊艺术成果的展示提供“温馨”的家园。

【汤沐园水上乐园开业】5 月 28 日，汤沐园水上乐园开业。水上乐园位于大柘镇大田村，距县城 22 千米，由遂昌汤溪生态温泉开发有限公司开发建设，总投资 4800 万元。拥有目前国际最流行的水上娱乐项目，乐园环境独特，内设多人高速竞赛滑道、太空漩涡滑梯、速度直线滑梯、潮汐漂流河，儿童水寨、儿童戏水池等游乐项目。2013 年共接待游客 20 万人次，营业收入 800 万元。

【大田农村文化礼堂建成】2013 年，为丰富群众精神文化生活，大田村两委出资修缮文化礼堂。8 月，大田农村文化礼堂竣工。文化礼堂建设共投资 20 万元，总面积 920 平方米。礼堂建成投入使用后，大田村全年在此开展文化活动 12 次，其中大田春晚成功举办。文化礼堂已成为群众文化娱乐主阵地。

【第十届村级组织换届选举】2013 年大柘镇换届选举工作于 11 月上旬正式启动。全镇 12 个农村党支部 633 名党员，选举产生新一届支部委员会 44 人。选举产生第九届村委会成员 61 人，其中两委交叉兼职 2 人。

（朱 珊）

石练镇

【概况】石练镇位于遂昌县中部，辖区面积 109 平方千米。镇政府驻地石练村，距遂昌县城 28 千米。全镇山林面积 9485 公顷，耕地面积 699 公顷，其中水田面积 624 公顷。

全镇辖12个行政村79个自然村。2013年末总人口4232户12370人。年内出生124人，死亡88人，人口自然增长率2.91‰。

全年实现工农业总产值4.54亿元，比上年增长18.0%；农村经济总收入1.78亿元，增长8.54%；农民人均纯收入10980元，增长14.61%。年末信用社存款余额1.82亿元，增长15.1%。

石练镇文化底蕴深厚，有被列入国家级非物质文化遗产名录的班春劝农、昆曲十番，列入省级非物质文化遗产名录的石练台阁、七月会等。国家AAAA级景区千佛山在石练镇境内。辖区主要企业有惠康药业有限公司、高盛木业有限公司、纳福尔茶油有限公司等。

2013年石练镇各村基本情况一览表

表40

村名	自然村数（个）	户数（户）	人口（人）	耕地面积（公顷）	山林面积（公顷）	集体经济（万元）	人均收入（元）	村支书	村主任
合计	79	4232	12370	699	9485	291.5	10980		
石练	3	526	1521	64	242	12.8	11695	朱香荣	朱海虹
淤溪	18	525	1512	84	1635	57.2	11218	张小波	龚明德
宏象	9	416	1228	88	430	1.8	11328	顾卫平	黄志润
迎新	15	371	1184	99	1389	61.3	9761	叶春球	胡育飞
柳村	4	402	1148	88	146	3.2	11238	陈方明	姚明根
竹溪新村	8	320	1056	70	1238	4.1	11058	肖汉水	罗富红
景新	1	295	1012	34	0	16.6	10050	张顺治	朱万根
姚埠	4	306	927	54	216	24.8	11375	黄桂兰	叶金宝
金练兴	3	268	764	42	392	13.7	10916	陈根辉	陈永明
黄皮	6	222	748	48	1204	21.6	11290	罗建军	朱文清
大茂坑	7	204	588	19	2544	70.7	10312	叶志建	余盛隆
爱丰	1	66	183	9	49	3.7	10840	胡镇	陆昌德
居委会		311	499					占登山	程爱萍

2013年，全镇农业总产值10718万元，比上年增长5.94%，其中茶叶产值0.62亿元，增长26%；菊米产值0.08亿元，增长18 %。

全年举办农民实用技术培训班11期、培训1000人次。发放国家农作物粮种补贴12.2万元，受益农户3271户。改善基础设施条件，实施“一水（自来水厂建设工程）两网（集镇雨污水管网改造工程、110千伏石练变扩建工程）三桥（园区桥、柳村桥、坪墟桥）三路（集镇道路改造、石坑坪水库改线公路、景新村区间道路）三中心（公共财政服务中心、老年体育休闲中心、农副产品交易中心提升）”工程。

2013年，全镇工业总产值34658万元，比上年增长22.17%。以打造绿色农产品产业基地为目标，开展宏岗绿色农产品加工园区选商引资工作，与6家企业签订入园协议，纳福尔山茶油等2家企业于2013年年底摘牌新园区土地。全镇有来料加工集中点25个，来料加工经纪人29人，从业人员1169人，发放加工费857.1万元。

2013年，全镇旅游综合收入1.42亿元，比上年增长20%，编制完成《石练镇旅游开发总体规划》，启动千佛山AAAA景区三期工程前期。石练—南尖岩换乘中心全年换乘游客7万人次，旅游收入150万元。大茂坑茂源休闲山庄建成并投入运营，太虚观竹隐养老院、农家乐精品一条街主体工程完工。

完成中心镇项目建设投资2.04亿元，同比增长168%，其中政府性投资1.45亿元。

城乡居民医疗保险参保人数10880人，参保率97.6%；发放医疗救助12.08万元，低保救助40.98万元，养老保险代扣代缴签约率87%，新增城乡居民养老保险90人，发放养老金263.87万元。

受理各类纠纷105起，调解成功105起，成功率100%；受理信访件38件，接待信访群众56人次，无越级上访事件发生。

【石练镇文化中心落成】1月6日，石练镇文化中心举行落成典礼。石练镇文化中心占地面积861平方米，建筑面积1944平方米，设有图书馆、阅览室、小剧场、多功能活动室等，其中图书馆为遂昌县图书馆分馆，馆内图书阅览室面积112平方米，藏书量10230册。

【门球场区块19宗土地拍卖】1月31日，举行石练镇门球场区块部分土地拍卖会。该区块位于柳村大桥桥头，毗邻镇政府，总占地面积9095平方米，建筑占地4033平方米，总建筑面积16228平方米，该次拍卖门球场区块内19宗土地，其中18宗是住宅用地，1宗是商服用地，共有65位竞标人参与竞标，最高成交价为每平方米6666元。

【大茂坑村茂源休闲山庄对外营业】4月28日，大茂坑茂源休闲山庄正式对外营业。茂源休闲山庄由闲置多年的原村办公楼旧址改建，山庄内建有停车场、健身活动场所等配套设施，用地面积1000平方米，拥有28个标准客房、46个床位，可接待100人同时用餐

【石练镇纪念建党92周年暨“最美石练人”表彰大会召开】7月1日，石练镇召开纪念中国共产党建党92周年暨“最美石练人”表彰大会，全镇400名党员参加。经过群众、单位推荐，组织会审、组委会评审等程序，评选并表彰了美德新石练人、美德企业家、美德搭档等10类最美石练人共11人。

【110千伏石练变扩建工程开工建设】经过前期准备工作，2013年7月，110千伏石练变扩建工程开工建设。项目总投资3306万元，其中变电部分1551万元，线路部分1755万元，计划增主变1台31.5兆伏安，新建110千伏线路17.5千米，新建铁塔48基，塔基总面积3110.2平方米。工程途径石练镇、焦滩乡、蔡源乡3个乡镇，主供大柘、石练、湖山、金竹、王村口、黄沙腰等10个乡镇负电。

【石练镇归国华侨联合会成立】8月15日，石练镇侨联成立大会暨第一次归侨侨眷代表大会召开。会议选举产生了第一届委员会委员6人，主席1人、副主席2人、秘书长1人。侨联的成立有利于充分发挥在外华侨的侨力、资历、财力，促进石练镇项目建设和中心镇发展。

【被评为全国五好基层关工委先进集体】9月10日，石练镇关工委被评为全国五好基层关工委先进集体。石练镇关工委自成立以来，配齐配强领导班子，充分发挥“五老”作用，完善健全各项制度，使关心下一代工作朝着正规化、制度化、经常化运转。在青少年中开展传统教育、法制宣传、爱心助学、扶贫济困等方面发挥了重要作用，深受群众好评。

【王伟鸿被评为“十佳美德新丽水人”】2013年，石练镇三鸿副食品有限公司总经理王伟鸿被评为“十佳美德新丽水人”。王伟鸿是福建莆田人，2010年到石练镇创业，在企业发展壮大的同时，没有忘记回馈社会，积极帮助需要帮助的人。慰问困难群众，慰问敬老院老人，给石练中心小学捐电脑等。王伟鸿助人为乐、奉献爱心的善举，得到了群众和社会的认可。

【绿色农产品加工园区宏岗区块一期项目】10月，石练

镇绿色农产品加工园区宏岗区块一期项目正式开工建设，该项目占地面积9.2公顷，总投资3500万元，是遂昌县2013年26个重点项目之一。该建设项目对于石练中心镇人口集聚、进一步拓展石练工业用地空间将发挥非常重要的作用。

【朱可风入选浙江省第四批非物质文化遗产传承人】11月4日，浙江省文化厅印发《关于公布第四批浙江省非物质文化遗产项目代表性传承人的通知》，石练村朱可风入选。朱可风，男，1949年12月出生，石练台阁传承人，他将传统的固定式方台，设计成了旋转式圆台，用现代技术把各支撑钢筋更巧妙地隐藏在服装和道具中，同时在演出内容上不断创新，进一步丰富和提高拥有400多年历史的石练台阁的艺术内涵。

【石练菊米获省农博会金奖】2013年，浙江石练菊米有限公司生产的石练菊米获浙江农业博览会金奖，这是“石练菊米”第十次获得此项奖励。浙江石练菊米有限公司是浙江省外资企业（侨资）唯一从事开发绿色农产品的农业龙头企业。

【被授予“丽水市文化强镇”称号】12月23日，丽水市文化广电新闻出版局印发《关于命名表彰11个“丽水市文化强镇（乡、街道）”的通知》，遂昌县石练镇被授予“丽水市文化强镇”称号。

【石练镇被评为浙江省卫生镇】12月26日，石练镇被评为浙江省卫生镇。2013年，石练镇结合“三改一拆”“四边三化”“无违建镇”等工作，全面实施环境整治、公共卫生、爱国卫生工作，有效推进了卫生事业的发展，切实提高了人民群众健康水平。

【淤溪村农家书屋被评为浙江省五星级农家书屋】12月27日，淤溪村农家书屋被评为浙江省五星级农家书屋。淤溪村农家书屋筹建于2011年，共有各类书籍2205册，内容涵盖政策法规、农业科技、幼儿教育、家庭医疗、文学作品等方面，并配有专职图书管理员。

（周牡花）

新路湾镇

【概况】新路湾镇位于遂昌县北部，辖区面积136平方千米。镇政府驻地新路湾村，距离县城8千米。全镇山林面积10946公顷，耕地面积786公顷，其中水田714公顷。

辖12个行政村，86个自然村。境内有新溪、蕉溪，两村在新路湾村汇合后称官溪。50省道穿境而过，龙丽高速设有新路湾出口处。

2013年，全镇总户数4500户，其中农业户4251户；总人口11922人，其中农业人口11701人。年内出生115人，死亡109人，人口自然增长率0.50‰。

2013年，全镇实现工农业总产值31051万元，比上年增长14.5%；财政总收入1306.62万元，增长5.37%。农村经济总收入16104.4元，增长8.07%；农民人均纯收入9915元，增长14.58%。年末银行存款余额200万元，增长11%。

景区名胜和传统文化有：白马山国家森林公园、蕉川村古代土建筑群、常乐山法云寺、大马埠村泰船、蕉川大板龙等。

2013年新路湾镇各行政村基本情况一览表

表41

村名	自然村数（个）	户数（户）	人口（人）	耕地面积（公顷）	林地面积（公顷）	人均收入（元）	村支书	村主任
合　计	86	4251	11701	786	10946	9915		
新路湾	9	385	1130	65	1014		朱利荣	张亚君
官　溪	12	416	1232	61	1196		王惠雄	华渭锋
新双溪	5	267	740	41	1156		吴根法	卜标明

村名	自然村数（个）	户数（户）	人口（人）	耕地面积（公顷）	林地面积（公顷）	人均收入（元）	村支书	村主任
新　溪	8	400	1122	80	1294		周瑞亮	叶小华
远路口	7	238	742	47	1274		宋亦坪	潘利军
三　井	1	89	254	6	835		潘法琪	潘瑞雄
社　杨	18	414	1265	78	1716		陈耀斌	林旭升
蕉　川	11	910	2203	172	1335		张仓松	周海平
大马埠	2	284	758	58	491		上官春清	朱水松
小马埠	2	346	931	49	358		吴群强	杨春明
夹路畈	10	280	832	94	263		雷根林	上官英华
胡　家	1	222	492	36	14		胡严国	胡荣贵

2013年，新路湾镇推行“米袋子”“菜篮子”工程。粮食作物种植面积679公顷。杂交稻制种面积205公顷，较上年新增26.7公顷，制种产值超1200万元。蔬菜种植面积272.7公顷，产值1790万元。香榧本土化嫁接技术取得成功。推进以“三井毛峰”为品牌的茶产业发展，实现产量299吨，产值1487万元。全镇中药材种植面积333公顷，其中木本中药材厚朴种植面积266.7公顷，草本中药材（温郁金、元胡等）等种植面积66.7公顷。遂昌县最大的蛋鸡养殖基地绿成养殖场，通过国家级蛋鸡标准化养殖示范场复验。“龙谷神凤”养殖场被命名为浙江省标准化规模养殖场。全镇生猪出栏8420头，各种禽类存栏6.55万羽，出栏13.56万羽，产禽蛋597.2吨。夹路畈、小马埠村100公顷粮食功能区项目完工并通过验收。新溪源粮食功能区项目已完成机耕路、水渠等基础设施建设，育秧中心已结顶。全年共修整小马埠等村山塘水库6处，新建设粮食功能区2个，共133.3公顷。

2013年，全镇实现工业生产总值1.25亿元。推进来料加工业发展，引进童装厂1家，培育来料加工专业村5个，培育经纪人39人，带动12个村1239名农村闲散劳动力从事来料加工，实现加工费1137万元。

依托白马山森林公园的辐射效应和良好的生态优势，推进三井村农家乐发展，形成避暑、养生、休闲乡村旅游特色村，初具规模，有农家乐经营户26户，其中四星级农家乐1户、三星级农家乐10户。

2013年，城乡居民医疗保险参保总人数10675人，参保率99.21%，经镇农医办报销发票总额998万元，报销金额623.7万元。开展农民健康体检工作。全面完成60周岁以上人员养老保险登记造册工作，领取养老金人员2134人。核查调整低保对象，全镇享受农村低保318户364人，其中重残53户53人。

全镇计生率95%，期内长效避孕节育率85.71%。胡家村被评为幸福家庭创建示范村。全年共排查矛盾纠纷62件，调处成功62件，成功调处率100%。

【大马埠村文化礼堂竣工】 6月，大马埠村文化礼堂动工建设，投资19万元，占地面积380平方米。8月竣工，文化礼堂融礼堂、常乐学堂、文化展示廊和文化活动场所等为一体。大马埠村成为遂昌县第一个建成非示范村文化礼堂的村庄。全年该村参加乡镇文化走亲活动1次，举办文艺晚会2次。文化礼堂的兴建丰富了村民的文娱生活。

（陈　玺）

北界镇

【概况】 北界镇是遂昌县的“北大门”，是遂昌、松阳通往龙游、金华和省城杭州及北上京津沪等地的交通要道。50省道穿境而过，龙丽高速设有北界进出口处。辖区面积83平方千米。镇政府驻地北界村，距县城27千米。全镇山林面积6829公顷，耕地面积398公顷，其中水田面积361公顷。境内有属于钱塘江水系的3条河流：桃溪、官溪、桃源，在北界村汇合后流入龙游灵山港。

全镇辖9个行政村48个自然村。2013年，全镇总户数3232户，其中农业户3006户；总人口9349人，其中农业人口9016人。年内出生80人，死亡94人，人口自然增长率-1.51‰。

全年实现工农业总产值3.38亿元，比上年增长13.36%；财政总收入457.07万元，增长-9.7%。农村经济总收入0.87亿元，增长7.4%；农民人均纯收入10400元，增长14.29%。

名胜古迹和建筑有：白水村毕氏宗祠和王氏宗祠、王坞村王氏宗祠、苏村苏氏家庙和苏姓大屋、北界窑址、坑里潘村烟铺应樌墓等。

2013年北界镇各村基本情况一览表

表42

村名	自然村（个）	户数（户）	人口（人）	耕地面积（公顷）	林地面积（公顷）	集体收入（万元）	人均收入（元）	村支书	村主任
合计	48	3232	9349	398	6830	159.2	10400		
大谷岭	10	212	640	23	607	12.4	10527	周成雄	王新林
北界	5	580	1680	63	1025	16.2	10630	雷春华	雷利民
周村	5	313	955	38	306	18.4	10155	余小平	潘宝福
淤弓	7	317	1047	42	408	17.3	10440	华朝华	潘怡仙
白水	6	460	1315	56	897	17.2	10025	郑仕军	毕维阳
王宅桥	5	238	747	42	1106	25.4	10500	王长松	邓朝平
苏村	2	248	708	37	652	17.6	10651	华素萍	苏樟洪
登埠	5	308	991	46	1162	22.4	10323	周仙宏	徐玉俊
王坞	3	330	933	51	667	12.3	10418	王冬洪	王华明
北界机关		226	333						

2013年，新增红提种植面积13.3公顷，全镇红提区域种植面积136公顷，总产值3000余万元。北界红提市场收购价格每千克10元。全镇猕猴桃种植面积23.3公顷，生态蔬菜种植面积170.3公顷，香榧种植面积33.3公顷，油茶种植面积280公顷。增生猪养殖场3个，全镇共有生猪养殖场48个，年均生猪存栏8768头。遂昌绿金生态有机肥厂正式投产，项目占地面积9000平方米，首期投资145万元，年产量3600余吨，实现产值220多万元。

全镇毛竹加工厂7家，全年实现产值1.57亿元。全镇有28个来料加工集聚点，6个来料加工专业村，44名来料加工经纪人，从业人员1340人。2013年，全镇累计发放来料加工费2178万元，比上年增长13.7%。

完成集镇供水管网改造提升，实现集中供水正常运行，完成小区排污管网建设、道路硬化等小区公建项目。完成北界农贸市场改造提升工程，拆改建农贸市场2366平方米。完成大谷岭村金竹坞、淤弓村柘树2个垦造耕地项目，增耕地面积6.7公顷。

完成北界、淤弓两村文化礼堂建设。镇一级成立大社保工作站，村一级全部建立“大社保服务室”。2013年全镇报销新型合作医疗费用667人次，312万元；困难人员医疗救助26人，8.8万元；发放临时困难救助162人，3.8万元；最低生活保障救助203人，39.8万元；缴纳农村养老保险1644人，198万元。

全镇共调解各类纠纷47件，调解成功45件。完成上级转交办理或协助办理件7件，其中县长信箱2件、省长信箱1件。

2013年，北界镇被评为国家级生态镇。北界小学被评为丽水市示范家长学校。

【第五届红提节】 8月12日，北界镇、应村乡、高坪乡联合举办“欢乐桃溪”活动暨第五届北界红提节，活动内容包括红提节开幕式、果蔬采摘之旅、桃溪晚会等。红提节通过三乡镇联合办节，吸引了1万余名游客及媒体的关注，北界红提观光园接待红提观光游、红提采摘游1万余人次。

【两文化礼堂通过验收】 9月23日，北界、淤弓村两村文化礼堂通过县级验收。北界村、淤弓村文化礼堂建设融入了本村特色文化，充分体现群众意愿、村内文化内涵。礼堂醒目位置设有国旗、村文化礼堂等全省统一标识以及当代浙江人共同价值观，配有舞台、灯光、音响、桌椅等设施，礼堂具备召开村民大会、举办节庆活动、舞蹈排演、文体活动、电影放映等功能。

【村级组织换届选举】 11月4—20日，全镇9个行政村完成村级党支部换届选举工作，共有357名党员参加选举，选出村党组织班子成员33人，选举产生支部书记9人。11月21日至12月25日，全镇集中进行村民委员会换届选举，登记选民7462人，参加投票选民6815人，共选出村委成员37人。

【全国第三次经济普查】 10月28日，北界镇全国第三次经济普查工作正式启动。北界镇共组织21名工作人员进行调查，受调查户共计539户。11月6日，完成全镇各经济单位的摸底调查工作。11月15日完成444家个体户，33个产业活动单位以及62个法人单位的数据录入工作。

（李晨希）

金竹镇

【概况】 金竹镇位于遂昌县西北部，辖区面积140平方千米。镇政府驻地金竹村，距县城48千米。境内主要河流有金竹溪、梭溪、亦溪，属钱塘江水系。有大小山塘、水库37处，其中最大的为金梭、交塘电站水库。中共遂昌县委旧址（傅氏公祠）在境内梭溪塘岭村。2013年，全镇有耕地面积953公顷、林地12059公顷。

全镇辖14个行政村、128个自然村。2013年总户数5359户，其中农业户5050户，总人口14442人，其中农业人口14067人。

2013年，全镇工农业总产值27822万元，比上年增长13.72%。其中工业总产值17230万元，农业总产值10592万元；农民人均纯收入10250元，增长15.8%。

2013年金竹镇各村基本情况一览表

表43

村　名	自然村数（个）	户数（户）	人口（人）	耕地面积（公顷）	林地面积（公顷）	集体收入（万元）	人均收入（元）	村支书	村主任
合　计	128	5359	14442	953	12059	330.4	10250		
岭　内	5	199	608	37	201	10.7	11489	王伟明	李金根
早　坞	6	385	1107	94	507	27.5	9883	包万水	范应文
王　川	9	398	1063	72	693	24	10887	吴声武	吴育强
金　竹	7	558	1517	110	894	7.6	9833	周宝贤	罗育并
百　胜	7	287	793	57	511	13.2	10688	王建武	吴小军

村　名	自然村数（个）	户数（户）	人口（人）	耕地面积（公顷）	林地面积（公顷）	集体收入（万元）	人均收入（元）	村支书	村主任
叶　村	7	356	1031	64	630	17.7	10995	赖素蓉	涂志光
夏　东	8	324	929	74	821	21.8	8646	包法根	曾国民
古　楼	19	619	1702	100	1176	24.3	10341	罗永仁	卜水文
龙　溪	7	211	586	46	370	15	10352	朱志新	翁建兵
茶竹岭	16	365	1056	62	1436	22.3	10384	谢金伟	宁文兵
王　村	12	342	944	90	1521	42.3	9471	曹般平	蓝席财
兰　蓬	12	304	842	43	1916	39.8	10986	谢贵贤	黄永寿
交　塘	5	248	689	31	523	27.5	10257	郑长川	郑全辉
梭溪塘岭	8	454	1200	73	860	36.7	10035	唐承宗	傅根才

2013年，金竹镇粮食播种面积1405公顷，总产量7145吨，其中杂交稻制种面积96公顷，产值450万元；蔬菜种植面积461公顷，产值1700万元，其中山地蔬菜种植面积244公顷，产值1196万元；山油茶面积1733公顷，产值超2000万元。全镇发展茶叶546公顷，总产值2310万元，板栗种植面积1000公顷，产值超700万元。

县级异地转移农民安置小区二期项目完成青苗补偿款、土地征用补偿款发放、征用地清表和场地平整。投资200万元完成百胜、龙溪、岭内和梭溪塘岭饮用水安全工程建设。投资300余万元推进金竹灌区水利设施建造和山塘水库修复项目。投资1196万元开展金竹溪山区小流域农业生态工程建设。投资260万元开展粮食生产功能区项目建设。土地开发整理工程立项14个，已开工建设项目12个，全年完成土地开发52公顷。共拆除违法建筑面积3.21万平方米，完成“两违”处置114宗。

2013年，全镇有农村居民最低生活保障对象10人，发放低保对象救济金和春夏荒、冬令救济等民政救济款项共计126.67万元；城乡居民医疗保险参保率100%，农村居民社会养老保险工作参保率93%。

2013年，建立王村、交塘、兰蓬、金竹等来料加工专业村，全年共发放来料加工费870.9万元，从业人员959人。

2013年办理信访件14件，办结率100%，化解各类矛盾纠纷74起，调处68件。镇纪委全年共办理纪检信访件8件，查办党员违纪违法案件3起，组织参与镇、村两级招投标监督32次，实行全镇7个“美丽乡村项目大家建”项目监督管理。

2013年，金竹镇被评为国家级生态乡镇、省级体育强镇、市级卫生乡镇。

【峡湖金公路改建项目竣工】峡湖金公路改建工程是省重点建设项目，也是规划228省道的重要组成部分。2010年6月正式开工建设，全长16千米，总投资3.8亿元。线路始于大柘镇峡口门，与三际线(新51省道)相接，经湖山乡，终于金竹镇，路线全长16千米，概算总投资3.81亿元，按二级公路标准建设，设计行车速度每小时60千米。改建后的峡湖金公路比原有路程缩短了9千米，行车时间减少1/2，极大方便了当地百姓的出行。

【“农超对接”基地建成】2013年，由梭溪高山蔬菜合作社牵头，金华华联超市与金竹梭溪塘岭等村签订购销协议：由金华华联超市提供甜玉米种子，并实行最低保护价前提按市场价收购甜玉米。梭溪塘岭、王村、交塘、兰蓬4个行政村“农超对接”基地共发展高山蔬菜22公顷、中药材基地13公顷、茶叶18公顷、红叶石楠24公顷、吊瓜8公顷，香榧苗木基地7公顷，形成以合作社进行土地承包，加快土地流转，促进产业升级的又一新模式。4个村共计110户试种，平均年收入增加6000余元。

【第五届金竹山茶油开榨节】1月20日，金竹原生态山油茶第五届开榨节暨迎新春文艺晚会在金竹镇叶村村文化礼堂举行。本届山茶油开榨节由金竹镇人民政府和叶村村委会主办，参加开榨节暨迎新春文艺晚会总人数有650余人，文艺晚会由群众共同参与，节目形式多样，有村民自导自演的小品、妇女朋友们的舞蹈和民族健身操、镇干部出演的唱歌和诗朗诵、小朋友表演的民乐二胡等。金竹镇山油茶种植面积1800公顷，山茶油价格从2008年的每斤8元上升到每斤35元，形成2000万元的年产值，成为惠及全镇广大群众的支柱产业，增加了农民收入。通过挖掘当地传统文化，金竹镇借势将农民的山茶油推向市场，开辟农村致富新渠道。

【油茶产业示范区创建】11月21日，浙江省林业厅现代林业园区验收组第三组8人对遂昌县金竹区块的省级油茶产业示范区创建点进行考核验收。验收组实地走访茶竹岭、古楼、百胜、叶村等村油茶基地，各创建点基础设施、科技应用、产业化水平良好、综合效益高，顺利通过验收。国家级油茶栽培标准化示范项目于2010年被列入第七批全国农业标准化示范区项目，实施期为2011—2013年，该项目共建设完成油茶栽培标准化示范基地712公顷，其中金竹共建成项目基地267公顷。项目的顺利实施将进一步促进金竹油茶产业的健康发展，也为金竹市级中心镇发展打下坚实基础。

【文化礼堂建设】5月，金竹镇叶村村开始筹备实施文化礼堂建设，项目从7月开工建设，8月竣工，成为遂昌县首个竣工的非示范型文化礼堂。建设项目包括涂氏宗祠的修复、文化长廊及叶村学堂的建设，其中文化长廊包含了励志廊、成就廊、村史廊、民风廊、文化廊、党建廊和时政廊。文化礼堂建成以来，开展排舞、舞龙、文艺演出等多种文化活动，丰富了群众的文娱生活。礼堂是在原来涂氏祠堂的基础上修建而成的，总投资20万元。文化礼堂总建筑面积416平方米。　（华文建）

王村口镇

【概况】王村口镇位于遂昌县西南部，九龙山东麓。辖区面积165平方千米，镇政府驻地桥东村，距遂昌县城58千米。全镇有山林面积15241公顷，耕地面积586公顷，其中水田面积435公顷。主要河流为乌溪江，自南向北流经焦滩乡，注入湖南镇水库。乌溪江上游有住溪源、碧龙源、对正源和关川源数条支流。

全镇辖13个行政村、125个自然村。2013年年末总户数3276户，其中农业户2974户；总人口9392人，其中农业人口8921人。年内出生82人，死亡80人，人口自然增长率0.21‰。

2013年，全镇实现工农业总产值23053万元，比上年增长11.57%；财政总收入1357.07万元，增长28.28%；农村经济总收入9319.93万元，增长12.74%%；村级集体经济总收入492.3万元，增长12.31%；农民人均纯收入10388元，增长14.05%。年末信用社存款余额1.2亿元，增长13.2%。

王村口被称为红色古镇，1935年至1937年，粟裕、刘英率领中国工农红军挺进师转战着西南，创建了以王村口为中心的浙西南游击根据地。宏济桥、天后宫、蔡相庙、工农红军挺进师师部旧址、白鹤尖战斗遗址，以及挺进师后方基地等革命遗址一直保存完好。20世纪80年代以来，陆续建成粟裕同志纪念碑亭、月光山公园、中国工农红军挺进师纪念馆、张麒麟烈士纪念碑等，王村口红军挺进师革命旧址群是浙江省爱国主义教育基地。辖区内南尖岩景区为国家AAAA级旅游风景区，被联合国教科文组织评为“国际摄影创作基地”。

2013年王村口镇各村基本情况一览表

表44

村　名	自然村（个）	户数（户）	人口（人）	耕地面积（公顷）	林地面积（公顷）	集体收入（万元）	人均收入（元）	村支书	村主任
合计	125	2974	8921	586	15241	492.4	10388		
桥东村	18	284	769	48	1736	23.7	10341	冯礼会	季建斌
桥西村	8	348	922	47	1832	65.7	10396	华秋长	方法林
钟根村	7	182	501	19	848	11.6	10330	季伟松	季海斌
山枣坪村	6	175	537	59	369	52.9	10298	刘根林	刘立新
石笋头村	1	128	322	22	452	38.6	10470	毛立伟	徐连松
大坑村	7	172	608	38	794	54.2	10758	吴伟明	吴永斌
山前村	13	313	899	66	1610	11.2	10391	朱志明	毛立文
吴处村	18	185	627	35	2195	24.5	10608	雷飞峰	叶良瑞
对正村	9	242	706	45	831	51.3	10421	刘建彬	刘李英
后塘村	12	226	766	59	820	23.7	10163	袁国强	卢心红
官塘村	7	200	643	43	1096	14.8	10294	毛必翔	刘吉富
弓桥头村	13	372	1145	76	1897	113.5	10381	毛仁松	毛卫强
尹坞村	6	147	476	29	761	6.7	10247	毛水根	吴建华

2013年，王村口镇实现农业总产值7945万元，比上年增长6.3%，粮食作物播种面积801公顷，总产量4135吨；种植高山生态蔬菜240公顷，产值1550万元；茶园总面积190公顷，茶叶产量147吨，产值960万元。发放粮食综合直补资金65万元，受益农户2624户；发放低收入农户补助资金17.5万元，受益农户1216户；完成农村困难群众住户改造31户，发放补助资金23万元。

改善农村基础设施条件，投资1300多万元开展小流域治理项目，投资56万元开展4个村庄整治提升工程，投资70万元进行小型农田水利项目，投资80万元对3个山塘进行整治。安装王村口到突头、王村口至山枣坪公路护栏6.9千米。进行农村饮用水提升工程申报。

启动集镇建设项目，推进古镇街道、外立面恢复改造、游客接待中心建设、生态停车场工程建设。生态停车场防洪堤项目开工建设，完成40幢民房外立面改造第二期工程。完成吴处村、桥东村27公顷土地开发项目。

2013年，全镇实现工业总产值1.5亿元，同比增长14.55%。全镇有工业企业95家，从业人数580人。有来料加工集中点21个，来料加工经纪人19人，从业人员1165人，全年发放加工费644.3万元。

全镇共有各类休闲农家乐53家，全年接待游客3.8万余人次，总计营业额1450万元。

王村口中心小学有12个班级372人。王村口幼儿园有6个班级班108人。王村口中心小学获第七届“环保之星”全国小学生科技大赛优秀组织奖、被评为丽水市2012—2013年度教育科研先进集体。

举办王村口镇首届“电信智能手机杯”红舞秀排舞大赛和天后宫三月会文艺活动。弓桥头村农村文化礼堂建设竣工投入使用。完成省委党校2013年春、秋两季中青班学员社会实践活动接待工作。集中开展13次洁净乡村大行动，动员各类人群参与洁净乡村集中行动5500余人次。"七一"期间，组织党员干部进行"七个一"活动，全镇有1200多名党员、干部、群众参加。

2013年，全镇有低保户121户132人，申领最低生活保障金13万余元，实施医疗救助金8.5万元。全镇享受城乡居民医疗保险住院报销补偿633人次，报销补偿金额292.3万元。城乡居民医疗保险参保人数8443人，参保率98.94%，共有5638人参加城乡居民社会养老保险，已有1599人享受待遇。全年共施行计生手术91例，期内长效避孕节育率86%，综合避孕节育率90%，计生率96%。开展农村实用技术培训278人次，实施就业引导性培训197人次和农民职业技能培训201人次。

2013年，全镇共排查不稳定因素4件，受理各类纠纷301起，调解成功301起，成功率100%，受理信访件3件，接待信访群众 470人次。

【首个农家乐理事会成立】1月14日，王村口镇大坑村半岭自然村农家乐理事会成立，选举产生了大坑村半岭自然村农家乐第一届理事会理事长、秘书长、常务副理事长及副理事长。第一届理事会有13家农家乐入会，农家乐理事会承担组织半岭村经营户定期开展业务培训、技术咨询、信息交流、品质推介，规范农家乐服务内容、服务标准、服务质量，促进农民增收和农村经济发展的义务。

【创新"树型"基层组织管理模式】3月，王村口镇党委出台《关于在全镇推行树形管理模式的实施意见》，在全镇干部大会上布置落实。该模式由10个联系领导和13个驻村干部落实具体联系户名单，镇里统一制作13块"树型管理模式"牌并公示于各村。全镇3246户农户紧密联系在一起，由王村口镇党委、政府作为主树干，各村党支部书记和村委会主任分别作为主要的分枝干，而村党支部书记扩展出去的分树枝均为党员，村委会主任扩展出去的分树枝则均为村民代表，每位党员和村民代表每人又分别联系3～4户农户。同时，制作13个村情民情记录簿，要求13个村驻村干部及时掌握、记录相关村情民情，详细记录被联系户的户主情况、家庭成员社会关系、联系方式等基本情况，注明被联系户的特殊困难及存在问题，并在下年度调整驻村干部时交接使用。

【便民服务中心投入使用】3月14日，王村口镇便民服务中心举行揭牌仪式。镇里通过与水利局协调，租用水管站用房，投入10多万元，建成面积150平方米的标准化便民服务中心，设有8个服务窗口，10名工作人员，形成民政、社保、文化、安全监管、人口计生等服务为一体的服务平台。全年办理事件7000件，提供咨询1万人次。

【"集体摆摊、贴心服务"活动】4月24日，由县纪委主办、王村口镇政府承办的基层站所"集体摆摊、贴心服务"活动启动仪式在王村口镇弓桥头村便民服务中心举行。活动当天，王村口国土所、派出所、卫生院等9个基层站所50余人参加了服务，为当地群众200余人次咨询、办理相关问题。活动范围涉及1镇3乡（王村口镇、蔡源乡、焦滩乡、龙洋乡），由1镇3乡国土所、派出所、卫生院等10个基层站所每月在1镇3乡轮流，定时定点开展1～2次组团服务，服务内容与百姓的切身利益相关，服务对象覆盖2万余人。

【红舞秀排舞大赛】4月25日，王村口镇在蔡相庙举办首届"电信智能手机杯"红舞秀排舞大赛，全镇有12支队伍、72名文艺爱好者参赛。该次排舞比赛由评委现场打分，评委由业内资深专家、群众文化专家组成。王村口小学代表队获一等奖，钟根村大树下代表队、军鼓队代表队获二等奖，镇政府代表队、钟根村代表队、桥东村代表队获三等奖。

【浙江省干部教育培训现场教学示范基地创建】2013年，王村口镇在县委组织部、县委党校的指导和帮助下，经4个多月筹备，于5月25日挂牌成立"浙江省干部教育培训现场教学示范基地"。基地总面积1000平方米，投资总额200万元，以党的群众路线教育实践活动为主题，以体验式、互动式为教学形式，以开展与群众“同吃同住同劳动、进村进户进民心”为教学内容。5月20—25日、11月28日至12月4日，共51名学员在王村口镇开展社会实践活动。基地活动的开展，为镇村发展提升了知名度、美誉度，同时也让各村得到项目、资金等形式的帮助、扶持。

【廉政文化教育基地创建】 5月20日，王村口镇依托红军挺进师纪念馆优势，建成勤廉文化教育基地。该基地以古今、正反典型人物事件为例，集文字、图形、场景于一体，突出红色、正面、勤政内容，全方位、多角度展示反腐倡廉方针政策、法律法规、古今反腐倡廉事例等。基地建成后，全年共接待90余批次3000名党员群众参观并接受廉政文化教育。

【梅花鹿养殖基地成立】 2013年，吴处村党支部书记雷飞峰与村民赖义富共同投资130万元，在该村小坞石自然村创建遂昌福禄鹿业养殖场。该养殖场地处山区，海拔超800米，厂房用地总面积2000平方米，总投资300万元，首批饲养有梅花鹿33头。1千克鹿茸销售价1万元至1.5万元不等，每头公鹿每年可以割2次鹿茸，加上小鹿和鹿的胎盘、鹿血酒的销售，每年毛收入40万元。

【完成村级组织换届选举试点工作】 8月，王村口镇被确定为遂昌县2013年村级组织换届选举试点乡镇，9月9日至10月20日，全镇13个行政村完成村级组织换届选举工作。全镇登记选民7605名，共选出村两委班子98人，其中女委员18人，大学生村官2人。连选连任支部书记10人、村委会主任7人。

（蓝晓娟）

黄沙腰镇

【概况】 黄沙腰镇位于遂昌县西部，九龙山北麓。辖区面积169平方千米，镇政府驻地黄沙腰村，距遂昌县城85千米。全镇山林面积13088公顷，耕地面积574公顷，其中水田面积284公顷。

全镇辖7个行政村66个自然村。2013年总户数2889户，其中农业户2642户；总人口8418人，其中农业人口8129人。年内出生53人，死亡65人，人口自然增长率-1.43‰。

全年实现工农业总产值8118万元，比上年增长4.90%；财政总收入1613万元，增长72%。农村经济总收入7451.20万元，增长11.9%；农民人均纯收入10003元，增长15.98%。年末信用社存款余额6656万元，比上年增长1181万元，增长21.57%。

国家级自然保护区九龙山在辖区内。

2013年黄沙腰镇各村基本情况一览表

表45

村名	自然村（个）	户数（户）	人口（人）	耕地面积（公顷）	林地面积（公顷）	集体收入（万元）	人均收入（元）	村支书	村主任
合计	66	2642	8129	574	13088	117	10003		
上定	20	585	1780	111	3857	20.8	9920	郑锋	郑英胜
仙人坝	5	299	932	54	1523	16.7	10082	刘文剑	杨永林
大熟	9	349	1093	77	899	22.9	9890	黄邦定	黄邦荣
黄沙腰	10	373	1184	66	988	20.8	10239	李子林	黄邦祥
邵村	12	391	1230	91	3009	14.7	9780	刘景垣	叶启波
大洞源	6	466	1371	132	2158	16.5	10222	蓝培发	林文寅
小洞源	4	179	539	43	654	4.6	9803	唐隆银	唐昌铭

2013年，黄沙腰镇以黄、红、黑、绿、蓝“五色”产业为引领发展特色精品产业。“黄色”实烤薯产业：实现种植面积213公顷，产量650吨，产值超1200万元。“红色”产业是高山红提和红花油茶：高山红提种植面积13公顷，红花油茶种植面积67公顷。“黑色”产业是石蛙和光唇鱼养殖：投入130万元扩建石蛙养殖基地，托省科技特派员的技术支撑，推进现代渔业项目光唇鱼养殖。“绿色”产业是高山蔬菜、公益林、小水电：高山蔬菜种植面积167公顷。2013年发放公益林补贴241万元，人均2916元。全镇区域内小水电装机容量7.2万千瓦时。“蓝色”产业是萤石：黄沙腰辖区内有旺坑萤石矿业有限公司和遂昌德氟萤石矿业有限公司两家。

出台《黄沙腰镇农业产业化三年（2013—2015年）扶持政策实施意见》。综合利用土地开发等重点项目积累原始资金，利用开发后的场地发展农业特色产业，增加村集体经济收入。种植中药材31公顷，部分已投产。大洞源村试种食用百合面积3公顷，已实现产值7万元。

2013年，全镇有来料加工经纪人17人，从事来料加工人数950人，发放加工费283万元。

全面启动大洞源等7个村土地开发项目，规划土地开发面积113公顷，总投资4250万元。完成投资600万元的黄沙腰养护中心建设和投资120万元的大洞源车站建设。完成总投资255万元的铁路岭水库除险加固工程。洋溪源山区小流域农业生态工程(大洞源、小洞源片中低产田改造项目)竣工，项目总投资190万元。完成总投资245万元的水文站建设。

完成大熟、黄沙腰、大洞源3个村休闲公园建设；完成黄沙腰村李家大屋周边石子路、仙人坝村活动中心、上定村移民小区道路、大洞源廊桥及部分村庄道路硬化，以及渠道、凉亭等基础设施建设。完成15户农村危旧房改造并通过验收。调整7个省级扶贫重点村，全年补助金额21万元，下拨低收入农户项目扶持资金19万元。完成农家书屋、春泥书库、老年活动中心等文体活动场地建设。创建市五星级农家书室1个，大洞源文化礼堂建成使用。

完成上定、邵村、仙人坝3个村便民服务中心创建，全镇示范型便民服务中心6个，引进村级便民服务中心“政企共建”运营模式，大熟、黄沙腰、上定和大洞源4个村有专职代办员入驻。建立大社保工作站和7个村大社保工作室。全年参保人数7453人，参保率98.6%；落实低保人员167人，发放医疗救助5万元。完成2014年度城乡居民社会养老保险扩面和2014年度政策性农村住房保险保费征缴工作；完成农村参合农民免费体检工作，参检率89%。计生工作实现综合避孕节育率90%，计划生育率94.9%。

黄沙腰中心小学有6个班级163名学生，教职工21人。有仙人坝村、黄沙腰村2个幼儿园，教师和保育员4人。

投资20余万元，修缮了黄沙腰中心卫生院老病房、上定服务站、大洞源服务站。卫生院职工18人，开设公共卫生、防疫、注射、药房、中医、西医、妇保、儿保等科室，床位10张。开展农民健康体检1400余人。

2013年，全镇低保户177户共179人，申领最低生活保障金10.78万元，重残低保金9.17万元，医疗救助金10万元。养老院在院老人46人。护理人员4人。

2013年，全镇共受理各类纠纷176起，调解成功176起，成功率100%，受理信访件10件，接待信访群众200余人次。

2013年，黄沙腰镇被环境保护部授予“国家级生态乡镇”称号，被浙江省体育局命名为浙江省第九批体育强镇。

【黄沙腰新区建设】2013年黄沙腰新区(农民异地转移小区)规划方案通过评估，规划用地总面积20870.5立方米，估算总投资5872.57万元，入住总户数69户，报县发改局并获项目通过。完成“黄沙腰新区（农民异地转移小区）建设方案和土地征用政策处理等工作，签字率

82%。集镇建设的完成将使黄沙腰成为经济发展片区的枢纽，成为区域经济集散中心和文化休闲旅游特色镇。（郑建红）

三仁畲族乡

【概况】三仁畲族乡位于遂昌县城西郊，辖区面积 79 平方千米。乡政府驻地高碧街村，距遂昌县城7千米。辖8个行政村、64 个自然村。全乡有山林面积 5817 公顷，其中竹林面积 2015 公顷；有耕地面积 550 公顷，其中水田面积 522 公顷。

2013 年年末全乡总户数 3067 户，其中农业户数 2941 户；总人口 8457 人，其中农业人口 8306 人。年内出生 98 人，死亡 73 人，人口自然增长率 2.96‰。

2013 年，全乡实现工农业总产值 2.5 亿元，比上年增长 4.38%；财政总收入 929 万元，增长 33.67%。村集体经济收入 19 万元，增长 73.68%；农民人均纯收入 11008 元，增长 14.94%。年末银行存款余额 0.92 亿元，增长 35.87%。

三仁乡是全县畲族人口比例最高的乡，也是全省 18 个少数民族乡镇之一。2013 年畲族人口 2071 人，占总人口的 24.49%。

好川古文化遗址位于三仁畲族乡好川村，距离遂昌县城 12 千米。1997 年发掘面积 4000 平方米，清理墓葬 80 处，随葬品 1028 件（组）。经专家鉴定，属于良渚文化晚期，在浙西南地区是首次发现，被评为 1997 年全国重大考古新发现。2013 年，好川古文化遗址被国务院核定为第七批全国重点文物保护单位。

据《遂昌县志》载，清光绪年间，小忠冬笋被列为贡品。境内名胜古迹另有精进院遗址、蓝氏宗祠、坑口百丈坑、十三都老鹰岩沿等。

2013 年三仁畲族乡各村基本情况一览表

表 46

村名	自然村数（个）	户数（户）	人口（人）	少数民族人口(人)	耕地面积（公顷）	山林面积（公顷）	集体经济（万元）	人均收入（元）	村支书	村主任
合计	64	3067	8457	2071	550	5817	19.1	11008		
高碧街	15	545	1542	394	59	508	6.2	11010	应水寿	罗小海
十三都	6	260	712	17	49	1201	10.5	11950	邹光瑞	吴根松
大觉	5	311	991	302	67	345	0	10800	叶金源	尹土松
坑口	10	332	1072	259	79	1090	0	11000	蓝法松	项小华
小忠	9	567	1344	181	84	697	0.1	11010	尹伟锋	吴根青
好川	10	361	1039	286	81	1051	0.5	10850	雷永伟	占锋
沙口	5	284	787	106	69	439	0.8	10800	骆锦伟	王利明
排前	4	281	819	491	62	486	1	10850	王东豪	雷月新
三仁机关		126	151	35						

2013 年，实现农业总产值 7561 万元，比上年增长 6.34 %。粮食作物播种面积 507 公顷，杂交稻制种面积 109 公顷，外出承包制种面积 119 公顷，实现产值 991 万元。茶叶种植面积 465 公顷，产值 4191 万元。种植西瓜 7.7 公顷，四季豆 195 公顷，三叶青 13.3 公顷。

大觉生态养殖场为遂昌县生态循环农业示范点，2013 年启动兴飞屠宰点建设。

完成竹山道路建设 12 条 11.57 千米，开展送有机肥助农扶农服务；完成通过验收造林计划14.8公顷；发放林权抵押贷款269户2303万元，较上年增长482万元。

投资400多万元完成坑口村忠村自然村至好川村际上自然村3.2千米联网公路建设。启动大觉村至十三都村联网公路硬化工程。完成小忠、高碧街、好川村3个山塘水库修复工程及溢洪道改造工程。

2013年，实现工业总产值1.8亿元，比上年增长3.60%。辖区内有工业企业52家，其中500万元以上规模企业2家，竹木加工企业15家。全乡来料加工经纪人13人，加工队伍740人，实现加工费1194万元，其中竹制品加工854万元。

坑口村以茶园、竹山等村集体资产和土地入股的形式引进企业，村企共建成立“亲农谷农业生态观光园”，依托畲族文化、竹文化和农耕文化，发展休闲养生旅游，全年接待游客3.6万人次，收入300万元。

三仁畲族乡中心小学有8个班295名学生。畲乡教育立足实际，在民族文化传承、民族体育普及等方面因地制宜开展创新与拓展。举办重阳畲族歌会，全市各地畲族歌手40人进行了畲歌对唱和畲族体育展示。

年内集中开展16次洁净乡村大行动，共动员参与洁净乡村集中行动5400余人次。

全乡低保户115户共133人，申领最低生活保障金26万元，医疗救助金10.9万元；享受城乡居民医疗保险住院报销760人次，报销补偿金额678万元。城乡居民医疗保险参保人数7835人，参保率98%，实际筹资金额106万元。共有5637人参加城乡居民社会养老保险。

2013年，全乡排查矛盾纠纷98起，成功调处97件，调处成功率99%。受理信访件3件，无越级上访事件发生。

三仁畲族乡被评为2013年浙江省实施“春泥计划”活动先进乡、县基层组织先进单位，获全县计生考核一等奖、安全生产考核一等奖。乡中心小学选送的“畲娃颂畲乡”在中国畲族“三月三”民歌大赛获原生态铜奖。

【全省“一事一议”财政奖补促进美丽乡村建设试点工作座谈会】11月28日，全省“一事一议”财政奖补促进美丽乡村建设试点工作座谈会在三仁畲族乡举行。国务院农村综合改革工作小组办公室主任王卫星，浙江省财政厅副厅长王广兵，遂昌、安吉、龙游、玉环、永嘉5县领导20余人到坑口村调研美丽乡村建设试点工作，并召开座谈会，与会代表对该村美丽乡村建设取得的成绩表示肯定。

【石板桥区块土地征用工作】5月，三仁畲族乡重新启动石板桥区块土地征用工作，该区块作为遂昌县乡村旅游配套项目，规划建设三墩文化创意园和戏曲小镇。通过50天工作，完成土地签约率95%，征用耕地面积31.84万平方米，其中水田面积28.56万平方米，征用山林面积846平方米，涉及农户208户500余人。

【坑口村和小忠村文化礼堂建成】2013年，坑口村结合“四边三化”和“三改一拆”，投资50余万元，把村里闲置的500平方米旧厂房改建成文化礼堂，成为遂昌县首批5个示范性农村文化礼堂之一。小忠村结合中心村建设，投资60万元修缮原村大会堂，完成县级重点村文化礼堂建设。文化礼堂建成后两村都配备专职管理人员，每月安排开展1次活动，做到每天开放，方便了群众参与文体活动。

【亲农谷农业生态观光园对外营业】2013年7月，三仁畲族乡坑口村“亲农谷”农业生态观光园对外营业。坑口村引进遂昌酒园家庭农场，以茶园、竹山等村集体资产入股，村企共建成立亲农谷农业生态观光园。投入资金500万元，建成山庄1座，可容纳100人就餐和36人住宿。并流转毛竹山12公顷，流转耕地种茶叶5.3公顷。生态观光园2014年营业收入150万元。该观光园依托畲族文化、竹文化和农耕文化，走出发展休闲养生旅游的一条新路子。

【中心小学被授予畲族文化传承基地】三仁畲族乡中心小学创建畲族文化传承基地。6至7月，该校举办第四届“畲乡仁娃体艺节”展示活动，承办遂昌县首届畲族民俗体验夏令营，引起媒体关注。该校挖掘整理畲族体育项目，成立畲娃山歌会，参与学生100多人。8月，三仁畲族乡中心小学被县民宗局、县文体广电局授予遂昌县畲族文化传承基地学校。（方丽红）

垵口乡

【概况】垵口乡位于遂昌县南部，与松阳县玉岩镇、龙泉市城北乡毗邻，辖区面积163平方千米，乡镇府驻地根竹口村，距遂昌县城35千米。51省道穿境至龙泉市。全乡有属于瓯江水系的河流两支，徐村源（又称小菇溪），注入龙泉溪；十四都源注入成屏一级水库，成为遂昌县城的饮用水源。

全乡有山林面积13786公顷，其中竹林面积2198公顷。有耕地面积379公顷。

全乡辖9个行政村65个自然村。2013年总户数2290户，其中农业户2178户；总人口7340人，其中农业人口7208人。年内出生69人，死亡63人，人口自然增长率0.80‰。

全年实现工农业总产值1.1亿元，财政总收入1277万元，比上年增长45.5%。农村经济总收入10640.5万元，村集体经济收入323.7万元，农民人均纯收入10353元，增长11.26%。

AAAA级景区神龙谷坐落在垵口乡境内，神龙谷漂流备受游客青睐。另有“6636”战备油库遗址、明成化年间开采过的银坑洞、小岩龙井奇观、石仓石柱峰、抗战时期遂昌县委党员培训班基地千佛山等。

2013年垵口乡各行政村基本情况一览表

表47

村　名	自然村（个）	户数（户）	人口（人）	耕地面积（公顷）	林地面积（公顷）	集体收入（万元）	人均收入（元）	村支书	村主任
合计	65	2178	7208	379	13786	323.8	10353		
根竹口村	8	289	939	51	2236	52.9	12157	周水海	谢世福
垵口村	6	255	832	37	2101	32	11798	林斌勇	周关火
大山村	9	145	517	22	2120	41.4	10606	邹根林	陈先明
乐山头村	3	144	498	21	1295	5	10341	李明亮	李根松
小岩村	5	151	496	17	1441	4.6	9485	范子忠	尹　冰
石仓村	6	175	553	24	2098	33.3	12135	徐家明	周立文
桂洋村	11	340	1191	62	1505	43.3	9263	周土高	廖承东
蒿程村	10	413	1315	82	620	63.1	8444	卓丽平	李彬连
徐村村	7	266	867	63	370	48.2	10618	彭昌华	翁兆肖

2013年，垵口乡实施“生态立乡，旅游兴乡”发展战略，以“纯净垵口，自驾心灵”为区域定位和形象口号，加大一、三产业培育。全乡实现农业总产值7016万元，同比增长6.2%，粮食作物播种总面积408.6公顷，总产量2008吨；种植高山蔬菜153.2公顷；茶叶总面积53.9公顷产量35吨，产值178万元。新种植猕猴桃3.3公顷、香榧40公顷。全乡共有毛竹面积2198公顷。在石仓村建立原生态竹笋示范基地833.8公顷，其中以春笋和竹材为主的核心示范基地235公顷，辐射至小岩、桂洋、林山头等村。石仓村以农产品专业合作社为纽带，开发竹笋加工产品10余种。全乡养殖黄金鸡7000余只，生猪1340头。改善农村水基础设施条件，投资100余万元综合整治3个山塘水库工程竣工，投资90余万元建设小型农田水利项目，大山村实施农村饮用水提升工程。发放粮食综合直补资金34.3万元，受益农户1903户。

全乡实现工业总产值4116万元，有工业企业35家。来料加工集中点5个，来料加工经纪人14人，加工从业人员726人，发放来料加工费427万元。

推进集生态、休闲、养生为一体的乡村休闲旅游业，全乡共有农家乐35家，全年累计接待团队客人1.4万余人次，直接为农家乐创造营业额200余万元，间接创收350万元。

启动集乡项目建设。实施大山村、垵口村、石仓村3个村庄整治提升工程；对根竹口村至根竹坑联网公路4.75千米路基进行拓宽；桂洋村、根竹口村农家乐提升工程通过验收；启动徐村村休闲公园、葛程村香榧套种白茶基地、乐山头村白茶基地、桂洋村农业生产道路建设等4个扶贫重点村项目建设；总投资1800余万元的根竹口村、石仓村、桂洋村、小岩村56.6公顷土地开发项目完工；实施洁净乡村行动计划，石仓村、大山村开展垃圾分类试点。2013年，全乡审批新建房屋10栋，总面积1160平方米。

举办2场大型文化旅游推介活动。举办“十八里翠”旅行节和“杭城万人进垵口，空气养生亲健康”深呼吸之旅活动。乡便民服务中心和大山村大社保服务窗口投入运转，徐村村农村文化礼堂建设竣工投入使用。开展残疾人象棋比赛。发放安心奖教资金3万元。开展免费医疗体检等农村医疗卫生服务，全乡7000多名群众的医疗服务得到保障。垵口卫生院年门诊1.43万次，门诊业务收入82.5万元。医疗救助21人8万元，全年城乡居民医疗保险参保人数6843人，参保率99.7%，上缴金额93.60万元，住院报销金额283.48万元。

2013年全乡受理各类矛盾纠纷28起，调解成功28起，成功率100%，无刑事案件、越级上访事件发生。

2013年，垵口乡被评为市级卫生乡、浙江省农村合作金融省级信用乡、省级气象灾害预防标准化乡、省级规范化卫生院。

【开展垃圾分类试点】为改善农村生产生活条件，提高农村环境质量，2013年3月，垵口乡大山村、石仓村开展遂昌县首个垃圾分类试点工作，为每位农户发放2只家用垃圾分类桶和印有编码的垃圾袋，共为284户农户发放印有编码的垃圾袋5.68万只，实现了农户垃圾源头分类处理、减量处理。

【“十八里翠”旅行节】6月22日，垵口乡“十八里翠”旅行节在县城平昌广场举行。本次旅行节由垵口乡政府、遂昌旅游网、遂昌机车俱乐部共同主办。以打造江南最佳自驾骑行线路和推广汽摩文化有机融合为基础，进一步推介垵口旅游。省内外嘉宾、新闻记者、旅游爱好者，自驾爱好者及垵口乡工作人员600余人参加此次活动。旅行节除名车展示、开幕式仪式外，设有山地车百人骑行、摩托车车技表演、农事体验活动、森林音乐晚会等，给广大观众切身感受到“纯净垵口，欢乐自游”的魅力。

【“杭城万人进垵口，空气养生亲健康”空气养生活动暨深呼吸之旅推介会】 7月12日，“杭城万人进垵口，空气养生亲健康”深呼吸之旅推介会在神龙谷景区举办。来自省内外的嘉宾、新闻媒体记者、省内知名旅行社代表、旅游爱好者共500余人参加此次活动。活动以新闻媒体、旅行社负责人踩线深呼吸之旅开始，踩线队伍先后访问被称之为“江南生态第一漂”的大山神龙谷漂流景区、被称之为“神龙谷底，红豆故里”的仙霞徐村景区，以及深呼吸之旅首选之地神龙谷景区等。晚上，浙江体育舞蹈协会常青分会和垵口乡群众在神龙谷景区联合举办深呼吸之旅主题文艺晚会。7月13日，深呼吸之旅推介暨垵口旅游发展研讨会在神龙谷景区举办。研讨会上，与会人员围绕发展休闲养生旅游、农家乐经营主题进行了深入交流、探讨。通过旅游推介，进一步打响了垵口乡村旅游的知名度和美誉度，各旅行社负责人表示，将把更多的旅游客源引进垵口。

【省级信用乡镇创建成功】2013年，垵口乡实施“讲究信用远离廉耻”省级信用乡镇创建工作，通过开展净化社会风气民心行动，加大对农村信用社工作支持力度，建立"一户一档"信用农户档案和健全完善乡、村两级干部"信用乡"建设考核机制等举措，促进垵口乡风、民风的建设，提高农户的信用素养，推动全乡社会稳定工作平稳有序。4月，垵口乡被评为浙江省信用乡镇，是丽水市仅有的2个乡镇之一。

（叶 珠）

濂竹乡

【概况】濂竹乡位于遂昌县城东部，东北与武义县交界，南与松阳县毗邻。乡政府驻地治岭头村，距遂昌县城23千米。全乡有山林面积5217公顷，耕地面积224公顷。

全乡辖9个行政村、18个自然村，2013年总户数1489户，其中农业户1421户；总人口4188人，其中农业人口4144人。年内出生61人，死亡35人，人口自然增长率6.21‰。

全年实现工农业总产值4.5亿元，比上年增长10.52%；实现财政总收入793.62万元，增长16.45%。村集体经济总收入125万元，增长14.04%；农民人均纯收入9598元，增长13.77%。

县道连直线穿过9个行政村，是遂昌县通往武义县的主要通道。开采始于唐代，素有"江南第一矿"之称的遂昌金矿位于境内。另有保护完好的古树群22片，散生挂牌保护树龄100年以上古树115株。遂昌金矿至今延续开采，并已建成国家AAAA级旅游景区—遂昌金矿国家矿山公园，名胜古迹另有：黄金谷漂流景区、牛头山景区、黄岩坑古矿址、小岱古松长廊和散落于各村的建于明清的13座宗祠。

2013年濂竹乡各行政村基本情况一览表

表48

村名	自然村（个）	户数（户）	人口（人）	耕地面积（公顷）	林地面积（公顷）	集体收入（万元）	人均收入（元）	村支书	村主任
合计	18	1421	4144	224	5217	125.1	9598		
治岭头	2	152	307	19	854	18	10049	潘万根	周海斌
苏旺	1	42	112	9	139	4.7	9281	雷水松	钟金福
黄石玄	2	128	356	21	755	19.2	10557	潘土元	潘水德
刘坑	3	138	435	22	367	28.1	9281	刘朝旺	刘文旺
大竹小岱	2	274	807	41	758	7.2	9263	鲍月英	周发贵
柘坑	1	80	278	12	374	13	9972	郑永忠	郑永南
瓦窑岗	2	161	495	26	438	8.5	10215	郑兆岳	郑起旺
横坑	2	258	818	44	796	18.2	9274	潘增慧	潘周沅主持
千义坑	3	173	536	33	736	8.2	9286	刘建明	刘先华

2013年，濂竹乡高山蔬菜种植面积147公顷，产值880万元；有茶园面积68公顷，其中富民星火科技茶园6.67公顷，产值560万元；板栗基地113公顷，实行自然熟采拾板栗；培育吊瓜基地33公顷、金银花基地13公顷、黑番茄基地2公顷、猕猴桃基地4公顷、铁皮石斛中草药材基地1.33公顷、百合和西红花基地1.33公顷，生态猪养殖1300头。农民采摘野生箬叶产品95吨，产值150万元。

长期外出创业务工人员1268人，外出务工人群实行抱团创业模式显现团队优势，从事开办工厂、组队装潢、连锁超市、戏剧演出等，群体增收效益明显，外出务工产业收入 1700 万元，比上年增长 10%以上。

全面实行限额采伐，全乡生态公益林面积 2816.47 公顷，森林生态效益补偿资金 98.6 万元。

投资 500 万元的黄金谷漂流建设项目启动，完成拦水坝、漂流道、临时游客接待中心、停车场和相关附属设施建设，6 月投入试运行。投资 294.5 万元总面积 8.4 公顷的叶家田、治岭头村黄麻洋点位土地开发建设项目 12 月竣工验收。投资 150 万元总面积 4 公顷的瓦窑岗村上下田土地开发建设项目，12 月底前完成总投资的 30%。开通治岭头村 1 千米通村公路，实施刘坑村直源 2 千米机耕路硬化工程，实施柘坑村 300 平方米老年活动中心建设项目。实施治岭头村山塘修建和大竹小岱村自来水修建项目，申报完成柘坑、瓦窑岗、治岭头等村山塘修建项目。投入 30 万元实施治岭头村文化礼堂项目建设，修建 300 平方米文化活动中心。

全乡从事来料加工企业 13 家，从业人员 480 人。全年工业产值 850 万元。

2013 年城乡居民医疗保险参保率 98.5%；发放扶贫慰问资金 7.2 万元 285 人、党员关爱资金 4950 元 40 人、贫困生助学资金 6000 元 4 人。

全年组织 8 次安全生产检查活动，发现 8 处安全隐患点，全面落实整改措施，杜绝安全事故的发生。全年排查和受理社会矛盾纠纷 17 件，调解率 100%，成功率 100%。

完善行政服务中心和村便民服务中心运行机制，简化办事程序，实行全程代办制，开通网上受理审批，全年受理便民服务代办件 3265 件，办结率 100%。

推出“按月检查、按月公示、按月督导或约谈”工作机制，党员干部和群众义务参加“清村庄、清河道、清田野”为主的“三清”活动 290 人次，苏旺村开展垃圾分类试点工作。

2013 年，濂竹乡被评为“国家级生态乡镇”。治岭头村、苏旺村、刘坑村、柘坑村、大竹小岱村、千义坑村等 6 个村被县洁净办命名为“最洁净村庄”。

【“三改一拆”工作】2013 年，全乡拆除违法建筑面积 4275 平方米，完成“三改一拆”3 年行动计划任务数的 122.1%。处罚查处住宅 11 宗。柘坑村完成 5 户危旧房改造。

【黄金谷漂流景区】“黄金谷漂流”景区由刘坑村返乡创业青年周志斌引进黄山春暖花开文化有限公司落户投资开发，地点位于濂竹乡牛头山主峰东南方向的刘坑直源峡谷之中，景区于 2013 年 2 月开工建设，建成 3 千米漂流道、游客接待中心，配置相应漂流设备等，投资总额 500 万元。漂流道落差 160 米，有落差段落 20 多个，单级落差最大 16 米。2013 年 6 月，景区开始试运行，年内接待游客 1 万人，营业收入 150 万元，带动刘坑村村民在家门口就业 60 人。（黄兴法）

湖山乡

【概况】湖山乡位于遂昌县西北部，辖区面积 187 平方千米，乡政府驻地香炉岗村，距遂昌县城 40 千米。全乡山林面积 13900 公顷，耕地面积 634 公顷，其中水田 475 公顷。境内最大河流为乌溪江，支流有周公源、金竹溪和湖山源等。1979 年乌溪江下游建成湖南镇水库，是县域最大的淡水鱼养殖基地。

湖山乡有“板栗之乡”“萤石之乡”美誉，板栗山面积 1667 公顷，萤石矿分布在黄兆、香炉岗、朱村畈、奕山、角坑弄一带。

全乡辖 11 个行政村 127 个自然村。2013 年总户数 3536 户，其中农业户 3212 户；总人口 10203 人，其中农业人口 10076 人。年内出生 123 人，死亡 72 人，人口自然增长率 5.0‰。

2013 年，全乡实现工农业总产值 25825 万元，比上年增长 13.95%；其中工业总产值 15189 万元，农业总产 7474 万元；村级集体经济总收入 24.33 万元；农民人均纯收入 10302 元，比上年增长 13.8%。

境内有湖山国家森林公园、红星坪温泉度假村、黄泥岭躬耕书院、羊坞里温泉等，县级文物保护单位有赤山塔、湖山窑址、奕山朱氏宗祠、奕山朱氏谷仓、大畈吴氏宗祠等，另有县级文物保护点 6 处。

2013年湖山乡各村基本情况一览表

表49

村名	自然村（个）	户数（户）	人口（人）	耕地面积（公顷）	林地面积（公顷）	集体收入（万元）	人均收入（元）	村支书	村主任
合计	127	3212	10076	634	13990	24.4	10302		
湖山	19	478	1377	92	1205	8.4	10465	梁根文	包立水
珠村畈	8	226	617	52	583	0.4	10485	邱恒文	梁国强
湖方	9	182	686	45	1405	1.1	10483	彭火贤	彭小林
三归	9	270	880	54	1320	1.5	10477	翁利群	谢春旺
长安	15	512	1547	89	652	0.1	10141	邱金源	华如贤
奕山	8	461	1590	100	1002	2.9	10146	朱可军	朱建华
坪峰	11	161	546	22	2490	3.7	11062	谢木荣	罗裕建
红星坪	7	210	657	35	793	6.3	11398	曾清土	曾观明
黄泥岭	19	331	945	60	1369	0	10054	傅先强	何祝海
福罗淤	15	212	671	49	1799	0	9476	王文瑞	叶启祥
姚岭	7	168	560	36	1372	0	9479	赖义忠	孔林杰

2013年全乡粮食播种面积716公顷，产量2990吨；茶叶种植面积668公顷；生猪出栏3359头，牛出栏271头，羊出栏694头，活禽出栏27702羽。板栗种植面积1667公顷。绿化造林面积71公顷。

9条总长41.8千米的机耕路竣工，硬化道路9条，共15.9千米，修建渠道2.4千米，修复和除险加固15座山塘水库。实施安装道路安全设施8千米，修复桥梁3座。湖山码头观景台、钟秀塔游步道、台湾岛景区观景台和码头完成设计。投资3000多万元的黄泥岭躬耕书院书画分院工程竣工，签约湖山温泉小镇项目，注册公司资金2000万元。建成坪峰村和黄泥岭村文化活动中心。

全乡有各类企业95家，工业产值全年1.768亿元，其中规模以上企业4家产值1.3亿元。共有来料加工经济人17人，来料加工从业人数1213人，发放来料加工费570万元。

全乡共有幼儿园（所）3所在园幼儿109人，专任教师8人；小学1所在校生420人，专任教师26人；敬老院1所，在院五保老人61人。开展大社保工作，城乡医保参保人数10041人，参保率99%；全年排查矛盾纠纷177件，化解170件；接受来信来访6件，办结5件。

【“琴圩仙韵”古琴夏令营】 8月3日至8日，湖山乡红星坪琴圩书斋举办“琴圩仙韵”古琴夏令营，20名小学生在夏令营受训。该夏令营开设古琴知识、演奏、经典诵读、乐理及形体等学习课程，古琴演奏家陈雷激、上海九派琴院院长梁惠君等5名教授、老师受邀任教。

【遂昌广场健身舞沙龙城乡交流】 9月26日，遂昌广场健身舞沙龙城乡交流（第一站）在湖山街头举行。遂昌巾帼志愿者健身队、遂昌石马乐韵健身队、遂昌紫蝶健身队、金竹健身队、红星坪渔舟唱晚健身队、湖山温泉之都健身队6支队伍共102人参加了17个曲目的展演交流，在场2000余人观看表演。交流活动后，全乡共建立起了10支健身队，带动群众在业余生活中参与健身。（雷雨涵）

应村乡

【概况】 应村乡位于遂昌县

西北部，辖区面积 83 平方千米，乡政府驻地应村村，距遂昌县城 37 千米。全乡有山林面积 6258 公顷，其中竹林面积 2800 公顷，居全县第一。有耕地面积 340 公顷。境内主要河流为桃溪，上游建应村水库，总库容 2349 万立方米，水电站装机容量 32000 千瓦，为全县最大的水电站。

全乡辖 9 个行政村 71 个自然村。2013 年总户数 2797 户，总人口 8490 人。年内出生 92 人死亡 80 人，人口自然增长率 1.41‰。

2013 年，全乡工农业总产值 20677 万元，比上年增长 18.95%，其中工业总产值 15659 万元，增长 23.52%；农业总产值 5018 万元，增长 6.62%；农民人均纯收入 9885 元，增长 15%；年末信用社存款余额 7350 万元，比上年增加 1250 万元，增长 20.7%。

2013 年应村乡各行政村基本情况一览表

表 50

村 名	自然村（个）	户数（户）	人口（人）	耕地面积（公顷）	山林面积（公顷）	集体经济（万元）	人均收入（元）	村支书	村主任
合计	71	2797	8490	340	6258	134.6	9885		
东 源	8	294	847	35	811	22.7	10300	李根宁	傅英林
桃 溪	8	389	1126	59	504	10.8	9850	雷有金	肖建春
西山头	7	149	533	32	368	6.3	9500	刘裕生	杨军
应 村	9	482	1346	66	425	43.7	10450	周岳运	傅俊杰
天师石玄	8	246	856	30	442	8.3	9250	郑春耕	邹书翔
竹 溪	11	279	817	23	1032	18	9800	张良友	周根亩
双 里	5	335	1040	25	555	12.2	9950	雷勇跃	周春芽
定 溪	8	264	789	19	667	4.4	9600	周根泉	傅长良
高 棠	7	359	992	51	1454	8.2	9800	钟熙清	周焕兰

2013 年，应村乡建设高效生态红心猕猴桃核心示范区，联合周边猕猴桃种植户 96 户，形成种植面积 38.67 公顷，年产值 60 余万元。为确保产品质量，该乡全面实施农产品质量提升三大行动，严格统防统治、推广五户联保，在全县率先启用二维码，实现了农产品质量溯源。同时，借势自行车爬坡赛事，开展生态猕猴桃节，助力鲜果销售和品牌推广。承办全县猕猴桃产业发展论坛，邀请农业达人、专家领导为猕猴桃产业问诊把脉。加快“电商换市”步伐，合作社成为淘宝网·遂昌馆红心猕猴桃产品指定供应商，销售 20 余万元。借力市科技局和市林科院，实施高等院校农业科研成果推广基地项目，打造“猕猴桃之乡”品牌。

2013 年，应村乡发放来料加工费 1289 万元，新发展来料加工经纪人 3 人，全乡共有 24 名来料加工经纪人，加工队伍 1470 余人。

2013 年，完成应村小区一期建设，新建占地面积 350 平方米的农产品质量检测中心大楼 1 幢，建成 1700 平方米的体育活动广场，硬化道路 2 千米，完成小区水、电、绿化、护栏等基础设施建设并通过验收，总造价 480 余万元。应村村成为全县 13 个省级重点中心村建设进度最快、最早得到验收的创建村之一。天师坛小区新建房屋 12 幢。

全年共拆违建面积 13551 平方米，完成三年任务的 159%。

共查处两违案件28起，完成两违处置总任务93.3%。完成重点区域竹溪村、桃溪村、应村村、双里村等点位，改善了农村环境。洋溪自然村结合“三改一拆”，将旧住宅区改造成新的中心村小区2万多平方米。

应村乡推广运用“西山头工作法”。建立健全村级月考核机制，全年计生率98%，期内长效措施落实率87.18%，出现计划外生育1例，无计划外多孩。

2013年，应村乡重新整合了“老娘舅”调解队伍，开展矛盾纠纷排查工作，及时把矛盾纠纷化解在萌芽状态。开展“两排查一促进”专项行动，坚持每月一次的平安维稳形势分析，及时协调解决出现的新情况新问题。以“一心五化”（团队建设协作化、村务运行规范化、服务联系亲情化、矛盾化解初始化、村民教育常态化）工作法为基础，总结提炼“民事村了”工作机制，在村级组织平台上，架起干群之间的“连心桥”。《平安浙江》杂志整版、《浙江法制报》头版头条作了报道。

妥善处置“4·18”恒安造纸厂偷排污水致群体上访、“6·13”应村水库有人意外溺亡、南塘和半岭2个自然村饮水纠纷等突发事件，避免了群体性事件发生。

9月，投资200余万元，占地490平方米，建筑面积1480平方米的应村乡中心幼儿园竣工并交付使用。完成应村村、桃溪村、竹溪村便民服务中心标准化建设，桃溪村便民服务中心被评为市级示范性便民服务中心，应村村便民服务中心被评为省级示范便民服务中心和县十佳便民服务中心。全乡9个行政村全部建成农家书屋，增书籍1000余册。参加浙江省全民健身浙西片区活动，举办农民趣味自行车赛和农民运动会。

（吕　骁）

高坪乡

【概况】高坪乡位于遂昌县西北部，辖区面积48平方千米，乡政府驻地高坪新村，距遂昌县城55千米。全乡耕地面积297公顷，其中水田面积227公顷；林地面积3467公顷，其中竹林面积1233公顷。高坪乡有山榧皮面积934公顷，是浙江省“山榧皮之乡”。

高坪乡平均海拔870米，所有自然村海拔都在500米以上，千米以上的山峰有30座，是全县海拔最高的乡镇。最高桃源尖海拔1438米。

全乡辖6个行政村、49个自然村，2013年总户数1955户，其中农业户1866户；总人口5976人，其中农业人口5874人。年内出生71人，死亡54人，人口自然增长率2.84‰。

全年实现工农业总产值4080万元；财政总收入1126.73万元。农村经济总收入6711万元，比上年增长10.5%；农民人均纯收入9568元，增长13.86%。年末信用社存款余额5874万元，增长18.79%。

境内有北斗崖景区、万亩杜鹃林景点，文化遗产有高坪茶灯戏表演。

2013年高坪乡各村基本情况一览表

表51

村　名	自然村（个）	户数（户）	人口（人）	耕地面积（公顷）	林地面积（公顷）	集体经济（万元）	人均收入（元）	村支书	村主任
合　计	49	1955	5976	297	3467	42	9568		
乡机关		89	102						
高坪新村	5	433	1326	79	899	6.3	9868	祝水源	祝建鸿
茶树坪村	11	309	949	44	416	7.2	9788	黄久富	陈吉生
湖连村	13	374	1202	33	748	5.9	9550	李石法	罗志峰
淡竹村	4	190	558	31	332	6.3	9558	周黎仁	周有根

村 名	自然村（个）	户数（户）	人口（人）	耕地面积（公顷）	林地面积（公顷）	集体经济（万元）	人均收入（元）	村支书	村主任
石坪村	11	294	1011	67	509	9	8970	罗文贤	罗金福
箍桶丘村	5	266	828	43	563	7.3	9569	张传荣	何长根

全乡实现农业总产值3290万元，同比增长6.85%，粮食作物播种总面积279公顷，总产量148万千克。种植高山生态蔬菜236公顷，产值177万元；茶叶面积25公顷，产量6万千克，产值46万元；山榧皮种植934公顷，产值1075万元。发放粮食综合直补资金23.24万元，受益农户1636户。

2013年全乡饲养生猪1036头、羊371只、牛218头。全乡畜牧业总产值390万元，占农业总产值的11.85%。成立石坪村土牛专业合作社，发展土牛养殖。

全乡造林面积25公顷。全年油茶籽产量15万千克，笋干0.5万千克，野生药材采集量7.5万千克，野生纤维原料36万千克。

扩建改造停车场1个，平整硬化2个停车场路面。提升高坪新村、茶树坪村、箍桶丘村3个村游客接待中心服务功能。6个行政村建成公厕，改造栏舍132宗、露天厕所214间，购置180只农田废弃物收集箱，建成沤肥池200立方米。建成鹊桥、绣楼、亲水平台、廊桥、公厕、休憩亭等娱乐休闲设施。安装路灯275盏，村庄内主干道路硬化1.31千米。

箍桶丘村石门塘生活污水处理提升工程竣工。启动高坪山区小流域农业生态工程项目。启动箍桶丘村“国和塘”、石坪村“蛇鱼仓”2个土地开发项目。推进“三改一拆”专项行动，全乡拆除和处罚违法建筑145宗10370平方米，拆除和处罚违法用地面积8364平方米。审批新建房屋33栋面积11182平方米。启动高坪信用社营业大楼项目建设。北斗崖（石姆岩）景区建成通景公路路基。

关停1家造纸厂。以“桃源尖”系列为主的高坪农特产品网店进驻淘宝遂昌馆，“五一”劳动节和端午节期间在遂昌馆销售农家别墅和高坪长粽。

全乡有农家乐经营专业村4个，97户农家乐经营户，1100多个床位，从业人员1451人，年接待国内外游客24.9万人次，实现旅游综合收入2560多万元，同比分别增长64.5%和63.7%。组织10余人次先后赴上海、杭州、永康参加旅游推介会。打开韩国旅游市场、省工行VIP高端客户市场。先后4次组织农家乐经营户进行安全培训和烹饪培训，培训人数500余人次。

高坪中心小学有7个班级272名学生。学校“茶灯戏”特色项目为遂昌县非物质文化遗产传承教学基地。

2013年，先后举办全省中老年人高坪生态休闲活动暨门球友谊赛、2013“走进新农村，体验家乡美”绿色科普夏令营、第五届杜鹃节暨民俗美食节、首届乡村爱情节、第二届年货节暨“到遂昌乡村过大年”活动。茶树坪村、石坪村2个农村文化礼堂建设竣工投入使用。

2013年，高坪乡成功创建国家级生态乡。全乡共聘请34名保洁员，集中开展4次洁净乡村大行动，共动员各类人群参与洁净乡村集中行动1900余人次。建成高坪新村、箍桶丘村、淡竹村新农村电气化村；高坪新村建成省级气象防灾减灾示范村。

全乡享受农村低保118户138人，申领最低生活保障金11万元，医疗救助金6万元。享受城乡居民医疗保险住院报销补偿384人次。全年城乡居民医疗保险参保人数5526人，参保率96.43%。全乡建成1个示范型、3个标准型便民服务中心，共配备普通代办员18名、9名专业代办员。

全年受理各类纠纷42起，调解成功41起。受理信访件2件，县长信箱投诉5例，接待信访群众120余人次，无越级上访事件发生。

2013年，高坪乡成功创建国家级生态乡，被评为浙江省十佳避暑胜地、浙江省十大老年养生旅游示范基地，获中国最美村镇传承奖，2013首届浙江省私家车主最喜爱的十佳自驾线路。

【高坪获评“中国最美村镇”】10月21日，“中国最美村镇”评选结果在上海揭晓，遂昌县高坪乡获中国最美村镇“传承奖”。高坪乡在发展乡村休闲旅游的同时，深度挖掘本土文化，注重将传统艺术、古朴村落、民俗美食、民间传说融入休闲农业和乡村旅游景观之中，提升了高坪旅游的文化内涵。通过规划建设乡村爱情主题园、玫瑰观赏园、圣塘梯田等以乡土文化为背景的特色景观，举办民俗美食节、乡村爱情节、年货节等活动，将农事活动体验、农耕文化教育、乡村民俗融入其中，最终获得“传承奖”。

【原生态食材甄选基地落户石坪村】12月13日，“云上古村”首个原生态食材基地落户高坪乡石坪村岱岭自然村。《上海壹周•浙壹周》“云上古村”项目是一家原生态食材网店，一直都在传递和讲述源头甄选地的地理特质和农人故事，呈现生长水土、制作方法、分享农人过程中，回归食物原意。因原汁原味的乡土味道落户岱岭，与石坪村签署了数十亩梯田的期货包销合同，全力打造高坪“户籍米”“户籍豆”的产品推介方式，为农人提前解决销售问题。“云上古村”将第一块“原生态食材甄选地”授予高坪乡。

【美国国际卫视到高坪拍摄】3月19—25日，美国ICN国际卫视《游在中国》栏目组一行5人到高坪乡拍摄旅游专题片。摄制组对高坪乡特色农家、高山有机蔬菜、万亩杜鹃、年货节、丹霞地貌等进行了拍摄。通过美籍主持人大卫的视角，介绍了美国人眼中不一样的中国乡村形象—高坪新村农家乐，以及美国人最感兴趣的中国健康美食—高山有机蔬菜等，节目在美国当地中英文双语播放，每周二周四同时段重播2次，宣传了高坪乡村休闲旅游，提升了高坪的知名度。

【韩国EBS电视台在高坪取景】7月27日，韩国EBS电视台《世界文化纪行》栏目组一行11人到高坪取景，摄制组先后拍摄了北斗崖景区、圣塘梯田、农家乐及茶灯戏，把高坪的自然风光与民俗文化相结合，重点展现高坪的农耕文化、茶灯戏文化，让韩国游客了解高坪乡独特的景致、悠久的文化，同时也为高坪乡村休闲旅游进一步走进韩国市场奠定基础。该节目以韩、英文两种语言在EBS电视台每周四17时播出，每期60分钟。

【上海直通高坪散客旅游专线开通】7月7日，满载80多名上海游客的2辆旅游大巴从上海发车直达遂昌高坪，这是遂昌县首条面向上海散客市场推出的旅游班车专线。首批游客在高坪进行8天清凉之旅，整个行程安排有欣赏石姆岩风光、采摘高山蔬菜、参观原生态古朴村落、厨艺大比拼、露天卡拉OK比赛、游览遂昌多个景区等活动。该散客旅游班车7月至9月为常态班线，每周发班，行程为高坪8天避暑度假美食游。《新民晚报》《今日旅游》等报纸、杂志3个月内每周都刊登活动宣传，上海遂昌旅行社负责在上海市场接收客户。近年随着高坪乡旅游的发展，上海市场已成为高该乡村旅游的重要客源之一。此次散客旅游专线的开通，方便了上海游客到高坪避暑度假，提升了高坪乃至全县旅游在上海市场的整体形象，对深入开拓和大力培育长三角旅游市场产生积极的推动作用。

【田园骑行驿站竣工】11月27日，高坪田园骑行驿站竣工投入使用，驿站共拥有双人休闲自行车、山地自行车等各类自行车30辆。骑行线路覆盖高坪全乡各村，线路中有高坪新村蔬菜基地、龙井瀑布、乡间小路、箍桶丘村爱情主题园、玫瑰园、圣塘梯田、茶树坪村万亩杜鹃和蓝莓基地、淡竹村百年古树群、石坪村红花油茶基地。休闲骑行核心线路以高坪新村塘下80余公顷田园蔬菜基地为主，乡间小路穿梭其中，沿途可登里高原生态蔬菜基地观景台，一览基地全景；山地骑行核心线路以小平坑乡间小路为主，途中穿过田园、溪流、竹林、群山，终点是龙井瀑布。

【高坪乡村旅游参展义乌国际森博会】11月1—4日，第六届中国义乌国际森林产品博览会在义乌国际博览中心开幕，高坪乡组织村农家乐协会、专业合作社等相关组织机构3家6人参展，参展期间高坪乡共发放各类宣传资料1000余份，接受韩国以及国内游客的咨询2000余人次。

【全省中老年人高坪生态休闲活动暨门球友谊赛】全省中老年人高坪生态休闲活动暨门球友谊赛7月12日在高坪乡箍桶丘村举行，浙江省门球协会副秘书长杨爱桢、杭州大成疗休养旅行社总经理胡宪章等参加活动开幕仪式。该次友谊赛分2批进行，每批活动时间为6天5晚，第一批时间安排为7月11—16日；第二批为7月17—21日。从活动报名开始，1000名门球爱好者报名参加友谊赛。

【"走进新农村，体验家乡美"绿色科普夏令营活动】7月23日，由遂昌成果教育培训中心举办的2013"走进新农村，体验家乡美"绿色科普夏令营活动在高坪新村举办。该次夏令营先后分6期进行，每期3天，全县900名小学生分批参加了活动。夏令营围绕"走进新农村，体验家乡美"主题展开，设参观高坪生态农业观光园、农事体验、徒步石姆岩景区、观看茶灯戏表演、开展真人CS野战、制作植物标本、实践农家传统美食等活动，孩子在享受高坪清凉世界的同时，亲近大自然，发现自然之美，学到课堂上学不到的生活知识，体会生活中从未有过的经历。

【山寨版"爸爸去哪儿"游高坪活动】11月30日，杭州一奶爸俱乐部7名爸爸带着7名孩子到高坪开展山寨版"爸爸去哪儿"游高坪亲子活动，爸爸和孩子们开展田间放羊、打麻糍、炸油豆腐等活动，在海拔千米的山村度过1个周末。通过活动，增进了父女、父子之间的感情，同时形成了高坪新旅游热点，对高坪旅游的推广具有深远意义。

【第五届杜鹃节暨民俗美食节】4月30日，高坪乡第五届杜鹃节暨民俗美食节开幕，开幕仪式在高坪小区举行，杜鹃节共吸引全国各地游客10万余人次，旅游综合收入87万元。活动主要内容有高坪民俗美食的推介、销售活动，高坪美食文化和高坪万亩杜鹃旅游的展示，活动的开展有意于高坪民俗传统美食文化的传承和发扬。

【首届乡村爱情节】8月13日，遂昌县首届乡村爱情节在高坪乡箍桶丘村石门塘举行。爱情节活动内容设石姆迎江郎七夕会高坪民间表演、石姆江郎抛绣球、七对爱情老人金婚仪式、七对新人集体婚礼、爱的祝福、篝火狂欢品烧烤美食、喝清凉啤酒、享劲爆乐队、狂爱情歌舞及放爱情花灯等活动。300余人参与，成功牵线了6对单身男女。

【第二届年货节暨"到遂昌乡村过大年"活动】12月28日，高坪乡举行第二届年货节暨"到遂昌乡村过大年"活动。本地和外地嘉宾、媒体记者、游客、村民共计1000余人参加了活动启动仪式。活动主要内容有杀猪宰羊，制作麻糍、油豆腐、黄米粿和粽子等各类小吃，现场有山茶油、冬笋、自制土酒等农特产品销售，活动获得巨大成效，农户准备的年货被抢购一空。高坪乡各农家乐经营专业村与前来参加活动的旅行社签订了2014年旅游合作战略协议，其中大成职旅与箍桶丘村、石坪村签订合作协议，申江国旅与茶树坪村签订合作协议，而高坪新村与上海遂昌旅行社签订协议。

【高坪新村农家乐小区开业】5月，集农业观光、避暑休闲、高档餐饮住宿为一体的综合功能型高坪新村农家乐小区开业，该小区高坪新村麻洋工程于2010年10月开工建设，2012年7月建成一期工程10幢20户农户综合楼，每户两层半，楼高13米，所有房间按酒店标准间进行装修，可同时接待200人住宿和400人用餐。小区入口的农家乐接待中心总投资320万元，建筑面积1500平方米，一楼由接待大厅、农产品展示销售区和农产品检测交易区组成，二楼由会议培训中心和办公区域组成，三楼是酒店式农家乐接待客房。小区占地面积13200平方米，建筑面积7500方米、总投资1220万元。

（刘颖、吴霁菲）

焦滩乡

【概况】焦滩乡位于遂昌县西南部，辖区面积85平方千米，乡政府驻地焦娄村，距遂昌县城45千米。全乡有耕地面积161公顷，山林面积6759公顷。主要河流乌溪江由南入境往北注入湖南镇水库；蔡溪经蔡口村流入乌溪江。过境县道公路西通蔡源、黄沙腰、西畈等地，南达王村口、龙洋。乌溪江水路设有码头，可北通湖山及湖南镇水库大坝。

全乡辖5个行政村33个自然村。2013年总户数1083户，其中农业户891户；总人口3058人其中农业人口3023人。年内出生38人，死亡32人，人口自然增长率为1.96‰。

全年实现工农业总产值8790万元，其中农业总产值3305万元，比上年增长6.92%，工业总产值5485万元，增长25.10%，农民人均纯收入10056元，增长13.9%。

境内独山村为浙江省首批历史文化名村，村中有明隆庆石牌坊、叶氏宗祠、未名古井、明代一条街、寨墙等古迹，风景秀丽的天马山、青城山矗立在乌溪江畔。焦滩鱼头声名远扬，辟有鱼头一条街，蛋皮和梅干菜扣肉等特色菜肴均为游客所青睐。

2013年焦滩乡各行政村基本情况一览表

表52

村名	自然村（个）	户数（户）	人口（人）	耕地面积（公顷）	集体经济（万元）	人均收入（元）	村支书	村主任
合计	33	1083	3023	160	61.7	10056		
独山村	9	250	619	25	15	10110	张卫成	罗岳清
蔡口村	4	171	431	29	3.5	9906	江雪峰	叶尚芳
焦石娄村	4	198	537	19	15.7	10154	江利明	彭建斌
大路沿村	9	187	585	38	13.7	9991	曹昌根	叶根法
前山村	7	277	851	49	13.8	10121	巫瑞松	巫春明

2013年，焦滩乡依托龙峰茶业带动，推进茶叶产业发展，全乡茶叶投产总面积401公顷，总产量263吨，产值1599万元。依托纳福尔公司带动，推进油茶产业发展，新种油茶3.24公顷，完成油茶低改1.11公顷。

投资34万元建成蔡口、前山、大路沿3个村堰坝、渠道工程，投资58万元的大路沿村洋义口山塘综合整治工程和投资53万元的焦娄村、前山村的饮用水安全工程竣工。独山村文化礼堂建成并投入使用。

2013年，全乡农家乐经营户30余家，“鱼头一条街”17家农家乐经营户实现经营收入450万元。举办2期农家乐经营提升培训，通过提升农家乐业主的经营理念和服务水平，推进打造焦滩鱼头品牌，提高焦滩鱼头的美誉度和影响力，增加业主收入。

开展“洁净乡村”工作，推行“村自查、乡督查、县抽查”的督查办法，每月由乡班子成员轮流牵头组织相关人员开展各村洁净乡村情况督查。乡洁净办组织试点村村干部以及保洁员到衢州市垃圾分类先进村贺田村考察学习贺田经验，促进乡垃圾分类试点工作的开展。

2013年参保群众2159人，其中领取养老保险金人员616人，年发放养老金78万余元。城乡居民医疗保险累计参保人数 3147 人，参保率 100%，全年办理医疗保险报销 291 人次，报销金额 148 万余元。

【茶产业转型升级发展论坛在焦滩举行】10 月，遂昌县茶产业转型升级发展论坛在焦滩乡独山村龙峰茶厂举行。全县分管茶叶工作干部 20 余人参加会议。干部们在论坛交流会上共同探讨了遂昌县茶产业转型升级中遇到的困难和问题，挖掘茶文化、弘扬茶文化。

【独山国际艺术文化村开工建设】12 月 24 日，独山国际艺术文化村开工典礼在焦滩乡独山村举行。独山国际艺术文化村项目规划面积为 12.8 公顷，计划投资 5 亿元，通过历史文化遗产的保护和合理利用、古宅复建、民居修复，建设文化区、休闲区、住宿区和农耕体验区，主要开发建设文化展示展览馆、休闲会所、乡村农庄和休闲度假设施等，建成融古建筑观光、文化交流、艺术展示、农耕体验和休闲度假为一体的旅游区，项目承建方为遂昌县大地广告有限公司。

【独山村被列为省级农房改造示范村】7 月，独山村被列为浙江省 2013 年度省级农房改造示范村，该次农房改造示范村建设为期 3 年，计划在独山村投资 2457 万元，建设项目涉及村庄规划设计、拆违、拆危、拆旧、美化、洁化、绿化等项目。独山村是省级历史文化名村，几百年来，独山村古建筑得到较好保护，整个村庄仍保持着古色古香风貌。村内有“明代一条街”，清康熙重修的叶氏宗祠及葆守祠，明隆庆三年(1569)建石牌坊等 9 处古建筑。（叶慧佳）

龙洋乡

【概况】龙洋乡位于遂昌县西南部，地处遂昌、龙泉、福建省浦城县两省三县市交界，辖区面积 148 平方千米，乡政府驻地龙洋村，距遂昌县城 67 千米。全乡有山林面积 12096 公顷，耕地面积 163 公顷，其中水田面积 150 公顷。乌溪江由龙泉市住龙镇入境，自南向北流经王村口镇、焦滩乡注入湖南镇水库。境内碧龙源电站总库容量 735 万立方米。

全乡辖 6 个行政村、70 个自然村。2013 年总户数 1407 户，其中农业户 1339 户；总人口 4380 人，其中农业人口 4312 人。年内出生 45 人，死亡 34 人，人口自然增长率 2.50‰。

全年实现工农业总产值 9795 万元，比上年增长 2.98%；财政收入 728.2 万元，增长 35%。农村经济总收入 4677 万元，增长 18%；农民人均纯收入 10089 元，增长 14.78 %。

境内有非物质文化遗产茶园武术、凉岭下花鼓和中共遂昌县“一大”旧址等。

2013 年龙洋乡各村基本情况一览表

表 53

村　名	自然村数（个）	户数（户）	人口（人）	耕地面积（公顷）	林地面积（公顷）	集体收入（万元）	人均收入（元）	村支书	村主任
合　计	70	1407	4380	163	12096	215.5	10089		
凉潭口	7	240	827	34	1596	18.1	9944	陈祖能	朱建友
九龙口	23	391	1136	43	2801	62.2	9436	张小良	戴向伟
龙　洋	7	178	583	18	1543	23.4	10244	尹高兴	项伟华
西　滩	10	118	368	9	2410	43.9	10639	张根信	罗启根
埠头洋	16	316	906	36	1804	31.9	10235	吴继玮	汪松根
黄　赤	7	164	560	23	1915	36	10870	程昌贵	杨连英

全年粮食播种面积356公顷，粮食总产量1628吨。种植黑木耳245万袋、高山黄秋葵1公顷、高山四季豆120公顷；发展原生态茶叶生产基地15公顷；培育深山野蜂蜜、九龙山老茶婆等原生态品牌；以合作社带动农户形式养殖石蛙，年产量1500千克，产值50万元。

省重点工程51省道王村口至老虎跳段公路改建工程全线土地征用、杆线和坟墓迁移工作完成，共征用土地12公顷，迁移坟墓78穴，杆线481根，拆迁房屋30幢。实施龙洋村安岱、外龙口2个点位的征迁工作。

九龙口村7公顷石盘土地开发项目通过验收；美丽乡村大家建项目凉潭口村综合楼、凉潭口村供水工程竣工；乌溪江干流和埠头洋内龙口段2处防洪堤工程竣工；龙洋梅树洋小区、九龙口小区、凉潭口村、黄赤村自来水提升工程正在实施当中；全面启动省级特扶项目九龙口中心村建设。

2013年，全乡共拆除违法用地面积8800平方米，拆除违法建设面积8900平方米，提前完成三年确保5400平方米的县政府目标任务，完成率164.52%。推进九龙口小区项目建设，小区占地42000平方米，规划建设住宅147幢，外立面统一采用徽派建筑风格，小区已建房屋17幢，小区初见雏形。

工业销售产值5110万元，增长24%；其中500万元以上规模工业企业销售产值1854万元，增长12.7%。有来料加工专业村2个，经纪带头人14人，从业人员813人，全年发放来料加工费430.5万元。

全乡共接待游客2100余人次，实现旅游收入41万元。

开展低收入农户和扶贫重点村认定工作，确定凉潭口村、九龙口、龙洋、黄赤等4村为扶贫重点村，全乡共确定低收入农户518户1299人。养老保险缴费人数增加63人，全年发放养老金101.45万元。城乡居民医疗保险参保率100%。发放医疗救助5万元、低保救助20万元，报销城乡医保费用369人次204.5万元。开展企业家与留守儿童结对帮扶活动，建立帮扶资金2万元，结对留守儿童20人。

全年共排查纠纷97件，组织调处97件，调处成功94件；排查出各类安全隐患38件并化解。全乡6个行政村分成25个网格，组建产业建设、矛盾纠纷调处、留守人员关爱、社区矫正管理等服务团队8个。

全面完成6个村支部、村委会、村监会换届选举工作。

【“一会四机制”区域党建共建】7月，龙泉市住龙镇建明村、周调村、碧龙村、白岩村和龙洋乡的埠头洋村、西滩村、龙洋村等7个村在龙洋乡政府三楼会议室开展了以“党建互促、产业共建、生态共护、文化共融、美丽共享”为主题的基层区域党建工作座谈会，龙洋乡和住龙镇的党政班子成员，7个村的支部书记、主任参加座谈会。与会人员对村级党建联席会和党建互学互比互促、美丽乡村建设、社会管理、产业发展、党员服务机制为主要内容的“一会四机制”模式进行了深入探讨交流，一致认为要将两乡镇建成村容整洁、邻里和睦、村风文明的美丽乡村。会议结束后，7个村14名村干部代表共同签订了《遂龙基层组织区域共建美丽乡村倡议书》。

【村干部“三自查”行动】2013年，龙洋乡党委开展“三自查”（查工作业绩、查承诺兑现、查廉洁自律）活动，续力村干部创业。通过村干部自我评价、群众评议、组织评分等方式，引导全乡48名村两委干部“三自查”，促进村干部队伍建设，督促村干部再续力完成届末村级工作，保障村级组织换届有序推进。

【乌溪江干流大溪坝电站下闸动态调试】9月12日，乌溪江干流大溪坝电站成功进行下闸动态调试，试运行发电。乌溪江干流大溪坝电站总装机容量1万千瓦，投资概算2.55亿元，实际投资需3.6亿元。乌溪江干流大溪坝电站工程于2006年开始基础详查筹建，2008年被列入省重点项目，该项目由遂昌乌溪江水电开发有限公司开发建设，电站大坝建在龙洋村村口下游500米处，该工程从2008年开始进行西坑口引水支洞施工建设，2010年开始实施大坝建设。

【浙闽老区第七届文化艺术节暨文化走亲活动、2013年龙洋茶园礼树节暨武林大会】 7月27日，浙闽老区第七届文化艺术节暨文化走亲活动、2013年龙洋茶园礼树节暨武林大会在龙洋乡西滩村茶园自然村举行。活动由浙闽毗邻的遂昌县龙洋乡、王村口镇，龙泉市住龙镇、岩樟乡、宝溪乡，福建省浦城县忠信镇共同主办，龙洋乡承办，遂昌县武术协会协办。活动由礼树活动、武林大会、浙闽老区毗邻6乡镇文艺会演3部分组成，共吸引1000余人参加活动。活动中，茶园村民和游客100余人在司仪和西滩村中长老的引领下，三拜三绕神树进行礼树活动，真心祈福；武林大会上，由衢州、丽水、温州永嘉、龙泉、松阳、遂昌等地武协选送的9支代表队进行了16个拳术、剑术、扇术、圈术、混合器械表演，展现了各类武术或刚或柔的魅力；浙闽毗邻6乡镇的演员进行了舞蹈、音乐剧、二重唱、歌伴舞、萨克斯演奏等12个节目表演。（游海珠）

蔡源乡

【概况】蔡源乡位于遂昌县西南部，辖区面积56平方千米，乡政府驻地蔡和村，距县城51千米。全乡有5个行政村、44个自然村。2013年总户数1280户，总人口4231人。年内出生31人，死亡34人，人口自然增长率 -0.7‰。

2013年，全乡实现工农业总产值4039万元，同比增长4.88%；财政总收入723万元，同比增长10%。农村经济总收入3143万元，村集体经济收入38.8万元。农民人均纯收入10021元，同比增长14%。年末信用社存款余额3294万元，贷款余额1996万元。

创办于明末（一说清康熙年间）的蔡和班是遂昌最早创建的民间职业戏班。另有蔡和脸谱、米塑等传统技艺，名胜古迹有大柯摄影基地和蔡王殿。

2013年蔡源乡各村基本情况一览表

表54

村名	自然村（个）	户数（户）	人口（人）	集体收入（万元）	人均收入（元）	村支书	村主任
合　计	44	1280	4231	38.8	10021		
双　溪	13	280	930	11.8	10076	巫根卫	肖德军
蔡　和	3	330	934	11.6	10145	黄家春	郑惠仁
大　柯	10	238	830	6	9796	罗齐建	罗建明
永　兴	10	248	885	1.2	10099	刘金荣	林建明
甚　坑	8	184	652	8.2	9948	黄祖仁	巫孔启

2013年蔡源乡推进农业产业结构调整，全乡种植猕猴桃6.7公顷。茶园面积299公顷，产值792万元，同比增长11.8%。增建竹林34公顷，种植百合4公顷。

中小河流治理重点县综合整治工程，蔡源段建设总长度3.45千米，总投资945万元，11月启动建设。移民安置小区规划总面积3.5万平方米，可安置128户400余人。小区已建房71户，安置256人，住户为蔡源乡偏远村和附近乡镇的农民下山脱贫安置户。投资270余万元的蔡源小区市政一期工程竣工投入使用。信用社新大楼建成。中心幼儿园建设进入地质勘查阶段。投资140万余元的蔡和文化长廊建成投入使用。新建机耕路6条，涉及4个行政村，投资70余万元。总投资330万元的大柯村和蔡和村电气化改造工程实施中。双溪村和永兴村实施总投资80余万元的自来水提升工程，双溪村全面完工。

2013年，全乡有来料加工经济人12人，来料加工从业人员701人，比上年增29人。全年发放来料加工费270万元，增长11%。年末，信用社存款余额4134万元，增长10.9%，贷款余额2509万元，增长31.5%。

2013年，蔡源乡中心小学教学质量排名全县乡级学校第1名。乡卫生院通过省级规范化卫生院验收。开展农民健康体检，全年体检937人，其中60岁以上老人622人，完成87%；妇女病普查460人；儿童体检206人；学生体检109人。城乡居民医疗保险参保率100%，城乡居民养老保险参保率98.5%。累计报销医疗费163万元。共发放困难群众补助45万元。

蔡和村文化礼堂建成投入使用。成功举办“蔡源乡、焦滩乡心连心文化走亲晚会”“蔡和文化礼堂启动晚会”“蔡和文化节”等活动。完成《蔡和村志》编撰工作。蔡和村被确定为历史文化村，并启动规划设计工作。乡文化站完成修缮工作。

2013年“三改一拆”工作完成拆除违章建筑面积3836平方米，完成县委、县政府下达年度指标的383.6%，是遂昌县唯一创建“无违建”示范乡。

（黄丽莉）

西畈乡

【概况】西畈乡位于遂昌县西部，与江山市、衢州市交界，辖区面积135平方千米。乡政府驻地西畈村距遂昌县城109千米，距江山市区69千米。西畈是遂昌县最偏远乡镇，被称为“遂昌县的西藏”。全乡有耕地面积115公顷，林地面积11708公顷。主要河流洋溪源自西南流向东北，注入湖南镇水库。

全乡辖7个行政村、52个自然村。2013年总户数1470户，其中农业户1356户；总人口4517人，其中农业人口4418人；年内出生49人，死亡27人，人口自然增长率4.65‰。

2013年，西畈乡实现工农业总产值6579万元，比上年增长3.67%。其中工业总产值1533万元；农业总产值5046万元；全年财政总收入665万元，增长26.9%；集体经济总收入63.29万元，农民人均纯收入9047元，增长9.8%。年末信用社存款余额3871万元，比上年增加424万元，增长12.31%。

著名版画家杨可扬（1914—2010）是西畈乡举淤口村人。

2013年西畈乡各村基本情况一览表

表55

村名	自然村（个）	户数（户）	人口（人）	耕地面积（公顷）	山林面积（公顷）	集体经济（万元）	人均收入（元）	村支书	村主任
合计	53	1470	4418	115	11708	63.3	9047		
举淤口	3	162	494	11	970	26.3	9125	杨昌兴	廖吉峰
渡口	6	216	632	18	912	3.8	9063	唐圣珉	罗富江
西畈	8	375	1133	31	340	10.2	9162	罗华增	吴果财
湖岱口	20	379	1080	30	3390	12.9	9264	邓万根	刘祖华
上西坑	9	159	451	8	4470	0.5	8823	廖水金	邓莲法
独坑	5	139	468	12	732	7.1	8627	张布祥	程良龙
渡坑	2	40	160	5	894	2.5	8406	黄名利	廖永昌

2013年，西畈乡茶叶种植面积1403公顷，产值735万元；毛竹基地347公顷，种植金银花4公顷、油茶33公顷、山桠皮3.3公顷；引进新型食用菌，培育海鲜菇35万袋。畜牧业年产值800余万元，其中外二元母猪规模养殖场20个，存栏母猪475头，年出栏生猪5755头，产值600余万元；獭兔、土鸡等畜牧业产值200余万元。增专业合作社1家、家庭农场3家。

全年发放来料加工费195万元，从业人员452人，人均增收4321元。开展就业、劳动力转移和劳动力培训工作，转移劳动力就业42人，组织各类技能培训6期462人次。全乡外出务工1440人，实现外出务工收入4320万元。

2013年，洋溪源小流域堤防加固工程和洋溪源小流域农业生态工程、乡文化中心和客货一体站建设工程、西畈村小型公益事业项目工程全部竣工，西畈集镇集中供水和湖岱口村农民饮用水提升工程竣工。开展基层文化阵地建设，举淤口村农村文化礼堂通过改建后，建成投入使用通过相关审批。

西畈乡中心小学共有7个班161名学生。全乡适龄儿童入学率、巩固率100%。

2013年，西畈乡共排查矛盾纠纷58起，调解成功58起，成功率 100%；受理信访件2件，接待信访群众 21人次，无越级上访事件发生。

全乡低保58户112人，申领最低生活保障金18.47万元；城乡居民医疗保险参保3669人，参保率98.9%。全年享受住院报销补偿216人次，报销补偿金额61.98万元。城乡居民社会养老保险参保2640人。开展2013—2017年新一轮扶贫认定工作，全乡共有低收入农户621户，扶贫重点村行政村7个，为下一步落实各项扶贫政策，开展低收入农户和扶贫重点村增收工作奠定基础。改善农户居住环境，救助困难群众住房20户。乡移办向上级争取资金58万元，完成移民项目10个。

【“双清双美”整治活动】 2013年，西畈乡提出“村村是典型，户户是示范，人人是标杆，全力建设美丽洁净示范乡镇”目标，开展“双清双美”（清理河道、清洁乡村，美化环境、美化家园）专项整治行动。通过1个月时间，全乡机关部门和7个行政村党员干部205人分队开展西畈辖区内河道、村庄、农户的环境卫生集中整治，全面清理打捞河面废弃漂浮物、河岸垃圾和河道障碍物，全面清理乱堆乱放垃圾和卫生死角，结合“美丽家庭”创建活动，深入农户开展卫生整治活动。该次活动共清理垃圾5吨，洋溪源3条河道全面得到清理整治。2013年，西畈乡获全县洁净乡村年终考核排名第一。

【“彩虹西畈”计生方案】 2013年，西畈乡制订“彩虹西畈”计划生育实施方案，“彩虹西畈”指红、绿、蓝3种颜色，分别代表温暖、无忧、亲情。红色“温暖”服务指以老人和未成年人为主要对象，不定期走访各村空巢老人，帮助打扫卫生、进行精神抚慰等；组织留守儿童开展有益身心健康的课外兴趣活动，丰富儿童课余生活，每周走访空巢老人5人留守儿童4人。蓝色“亲情”服务指乡党委、政府通过开通“一信通”短信平台，建立流动人口通讯录，向外出人员发送计生政策、奖励制度、健康保健知识、“三查”通知、办证须知等内容。2013年共建立外出流动人口通讯录665人，发送短信2660条。 绿色“无忧”服务是指乡计生办推出加快办证的“绿色通道”：领取一孩证件的，资料齐全者当场办理；审批再生育者，15个工作日内办结。办证所需资料通过短信平台广泛通知，尽量让群众1次完成办理，少跑冤枉路，减少群众负担。

【“一听三访五服务”机制】 2月，西畈乡建立“一听三访五服务”工作机制（一听，指倾听群众呼声、意见和建议；三访，指访民情、访民意、访民忧；五服务，指服务到村、服务到户、服务到人、服务到点、服务到底，构建全方位、立体化、一竿到底的服务管理网络。）通过该管理模式，全乡社会服务管理工作实现了“大事不出乡、小事不出村、矛盾不上交”，辖区内社会治安形势良好，杜绝了各类上访事件的发生，维护了社会安全稳定的局面。全乡全年共排查出各类矛盾纠纷25起，调处25起，调处率100%。接待群众来访10起，15人次，接县信访转入信访件1件，并及时进行办理。无越级访、非正常访等情况发生。

【杨昌兴“走”进国家级讲坛】7月，举淤口村支部书记杨昌兴受国家行政学院张孝德教授邀请“走”进国家级讲坛，出席在北京举办的首届中国乡村文明发展论坛，成为遂昌县偏远山村首个登上国家级讲坛的人物。论坛上，杨昌兴做了《如何做好一名村干部》的典型发言，会后中国乡村文明促进会会长、国家行政学院教授张孝德号召全国乡村向举淤口这个文明标杆村学习。该村先后吸引上海高校师生、美国、意大利、周边县（市）和兄弟单位等海内外客人写生创作、观光旅游、考察学习3000余人次。《丽水日报》、浙江卫视等新闻媒体分别进行乡村文明建设典型宣传报道。环保部生态司司长朱广庆专程莅临考察指导，对举淤口村的村庄品位与乡风文明建设给予高度评价。2013年举淤口村成功创建为省级森林村庄。

【五字法则打造“三心三能”干部队伍】西畈乡加强干部队伍管理，开展“精心谋事，用心干事，合心成事，站起来能说、坐下来能写、走出去能干”的“三心三能”干部队伍建设。实施“五字法则”，即通过制度“管”人，建立和完善干部考勤、请销假、绩效考核等制度；通过岗位“带”人，实行年轻干部老同志结队帮扶；通过文化“养”人，坚持每周一讲座、每月一论坛、每季一述学；通过借鉴实践“育”人，采取“走出去、请进来”的方式加强教育培训，学习先进经验，拓宽视野和思路；通过创新“激”人，推出系列干部考评机制。乡班子7人参与结对13名乡干部，并开展每月一次的培训学习，通过该活动的开展，西畈乡干部队伍精神风貌、实践工作能力提升，形成“你追我赶、奋勇争先”的工作学习氛围。（周维维）

柘岱口乡

【概况】柘岱口乡位于遂昌县西南浙闽交界处，境内际下村与福建省浦城县忠信镇际洋村毗邻。辖区面积169平方千米，乡政府驻地柘岱口村，距离县城90千米。全乡山林面积1.53万公顷，耕地面积249公顷，其中水田面积202公顷。生态公益林面积7027公顷，2013年森林生态效益补偿资金158万元。

全乡辖5个行政村、70个自然村。2013年总户数2513户，其中农业户2513户；总人口7157人，其中农业人口7105人。年内出生68人，死亡58人，人口自然增长率1.4‰。

2013年，柘岱口乡实现工农业总产值13995万元，比上年增长39.16%；实现财政总收入897万元，增长14.86%。农村经济总收入5895元，增长6.02%；农民人均纯收入9870元，增长13.08%。

主要河流为周公源，建有梯级电站。名胜古迹有柘岱口村古寨墙、庙柘滩摩崖石刻、尤家墩神仙叠石、五星村龙山老殿等。

2013年柘岱口乡各村基本情况一览表

表56

村名	自然村（个）	户数（户）	人口（人）	耕地面积（公顷）	林地面积（公顷）	集体收入（万元）	人均收入（元）	村支书	村主任
合计	70	2513	7157	249	15340	224.9	9870		
柘岱口	23	652	1808	55	5083	96	10192	黄家南	黄家田
毛阳	7	367	1043	39	1332	35.9	9243	周志卫	张芳明
尹家	13	456	1349	33	4485	25.8	10183	张建军	尹德辉

村名	自然村（个）	户数（户）	人口（人）	耕地面积（公顷）	林地面积（公顷）	集体收入（万元）	人均收入（元）	村支书	村主任
际　下	14	353	1011	29	2596	58.7	10426	宋松法	黄孔明
五　星	13	685	1946	93	1844	8.5	9306	赖忠华	袁礼荣

柘岱口乡水力资源丰富，省级重点工程周公源梯级水电站建成并蓄水。电站分三级开发，总装机容量 53.6 兆瓦。工程主要建筑物有大坝、泄洪建筑物、发电引水系统、发电厂等，基本建设支出总额 5.49 亿元。

浙江大金庄矿业有限公司年产 25 万吨萤石矿浮选项目落户五星村，厂址占地面积 2300 余平方米，计划总投资额 1.2 亿元。

举办各类农业技术培训班 10 余次，受训农户 400 余人，发放各类技术指导资料 1000 余份。

2013 年，全乡累计发放粮食综合补贴 45.4 万元，家电下乡补贴 21.6 万元。城乡社会养老保险参保人数 5071 人，代缴代扣签约 3962 人，签约率 78.1%。城乡医保参保率 98%，报销 215 万元。累计发放民政救济资金 31 万元。

全乡共排查受理各类纠纷 142 起，调解成功 142 起，成功率 100%；受理信访件 8 件，接待信访群众 30 人次，无越级上访事件发生。

2013 年，柘岱口乡被评为“国家级生态乡”，际下村入围全省“群众最满意的平安村”评选。

【“六五”世界环境日宣传活动】6 月 5 日，柘岱口乡开展“六五”世界环境日宣传活动，活动中，全乡各行政村张贴标语 150 张，悬挂横幅 10 条，发送相关短信 300 余条，并向小学生发放倡议书 230 份。

【“清洁家园”活动】2013 年，柘岱口乡开展了以“清洁河道、清洁田野、清洁空气、洁净家园”为主题的“洁净家园行动日”活动，参加活动的有乡干部各员，乡属各部门代表，各村党员干部和广大群众，县林业、团委、公积金中心、联通公司等联系部门领导，共计 150 余人参加活动。

【柘岱口村健身长廊建成使用】柘岱口村健身长廊位于柘岱口乡政府边，与学校、医院、居民小区相邻，全长 550 米，总投资 30 余万元，采用美丽乡村项目大家建模式施工，3 月 20 日开工建设，8 月 10 日全面完成道路硬化和花岗岩护栏的安装并投入使用。

【乡政企共建便民服务中心投入使用】10 月 9 日，随着全乡便民服务中心专职代办员的到岗工作，标志着柘岱口乡政企共建便民服务中心正式运营。乡便民服务中心分布 5 个行政村，有 10 名代办员，所有代办员中高中、中专学历 4 人，专科学历 2 人，本科学历 1 人。

（雷美钗）

社会新闻

【谎报假警自食恶果】因为上班受了点气，日前，遂昌县一年轻小伙陈某，竟干出谎报假警泄私愤的傻事。都快要过年了，这么一折腾，不但被公安机关罚款200元，而且还受到了行政拘留10日的处罚。

1月21日1时40分，县公安局“110”指挥中心接到报警，一名男子自称在下班回家途经妙高街道二都街村高速桥下时，遭到4名不明身份男子持刀抢劫。接报后，妙高派出所民警迅速出警赶到现场展开调查。然而，在调查过程中民警却发现众多疑点，对案情的真实性存在很大疑义。

次日，县公安局刑侦大队民警在查看事发路段监控时，不但未发现陈某所说的4名可疑男子，而且监控上面反映出的时间差也存在争议，初步判断陈某在说谎。随后，陈某被通知询问，但他根本无法自圆其说，最终承认了自己报假警的事实经过。

原来，当天陈某在上班期间遭到顾客辱骂，事后其经理不仅没有安慰的话语，还让他独自打扫卫生到凌晨1点多钟，陈某在回家途中越想越气，为了发泄对工作的不满，拨打“110”报警谎称在回家路上遭到他人持刀拦路抢劫。（1月29日《钱瓯遂昌》第三版）

【买卖仿真枪获刑】“当时只是觉得好玩，并不知道买卖仿真枪犯法，我非常后悔......”一名青年男子低头啜泣着。近日，遂昌县人民法院公开审结首例买卖仿真枪案。

该名男子姓邱，只有小学文化程度，2010年至2011年期间，先后通过互联网购得六支类枪物，自己持有一支步枪造型的类枪物，其余五支转卖给朋友潘某。潘某持有的其中两支仿真枪，被公安机关查获。案发后，邱某于2012年7月14日向县公安局网监大队投案。经鉴定，邱某和潘某持有的步枪造型的类枪物都是以气体为动力发射弹丸的枪支，均具有杀伤力。另外4支仿真枪因不能正常击发，不具备鉴定条件。

法院审理后认为，被告人邱某违反枪支管理法规，非法买卖以气体为动力发弹的枪支两支，其行为已构成非法买卖枪支罪。鉴于被告人邱某有自首情节，退出赃款，可酌情从轻处罚。县人民法院依法判处被告人邱某有期徒刑二年，缓刑二年，并没收违法所得人民币70元。（4月10日《钱瓯遂昌》第三版）

【两豪车狭路相逢互不相让】一座窄桥上，两车交会互不相让，开始“顶牛”堵路……近日，在县城北门一座单向行驶的桥上，凯迪拉克车主和丰田车主僵持90分钟互不退让，造成交通堵塞。

当晚8点左右，张某驾驶的凯迪拉克车从县城君子路驶往北街方向，与对向由陆某驾驶的丰田车在北街老桥上交会，因老桥桥面较窄，两车不能通过，两位驾驶员言语不和，上演了开头一幕。

记者看到，现场已聚集了许多群众，交警正在维持秩序。据目击群众介绍，双方僵持已久，警方劝说无果。“我是从官碧街过来，而这辆车从车站方向过来，这里是单行线禁止左转，他属于违规行驶。”丰田车主陆某怒气难平。

北街老桥立有禁止左转弯标志，张某从前山加油站沿着君子路驶往北街方向时是左转弯，属于逆向行驶。交警大队城区中队中队长吴善银说：“张某的车违反禁令，屡劝不听，我们只能强制拖移，并将按照相关规定进行处理。”

最终，交警劝退丰田车后，将逆向行驶的凯迪拉克车强制拖移。交警提醒，交通道路安全畅通，需靠大家自觉维护，出行还须文明礼让。（5月7日《钱瓯遂昌》第四版）

【夫妻口角竟抱煤气罐自杀】“县城东街农业银行楼上一居民家中有人要自杀！”近日凌晨2时39分，县“110”指挥中心接到报警，民警紧急出警救援。

当民警到达该居民家中后，发现房门竟然是反锁的。事不宜迟，出警民警毫不犹豫地破门而入。迎面而来的是一股强烈刺鼻的煤气味，只见十几平方米大的卧室内躺着一名男子，卧室内的煤气罐还是开着的。

民警快速将该男子带出卧室并关闭煤气罐阀门，然后打开门窗进行通风，将男子送往县人民医院进行抢救。到达医院不久后，该男子家属也赶到了医院，经医生及时抢救，目前该男子已脱离生命危险。

事后，从该男子妻子杨女士口中了解到，该男子缪某因喝醉酒与妻子发生争吵。缪某将煤气罐搬至卧室并反锁房门，声称要自杀，杨女士劝说无效，只能求助“110”。（5月14日《钱瓯遂昌》第三版）

【妻子开车撞进家门丈夫身亡】5月28日晚，三仁畲族乡高碧街村的张某开车回家，因操作不当，汽车直接冲进房子，将在一楼客厅看电视的丈夫撞死。

当晚8时40分左右，张某开着自己的自动挡汽车，从县城回家。张某家是自建的整幢洋楼，一楼被开辟出来作为饭店经营。张某打算将车子停靠到饭店一侧，可是，原本应该缓慢停靠的车子突然加速，直接向房子内部冲了过去，撞开了玻璃及堆在边上成堆的啤酒饮料之后，直接撞上了正在一楼看电视的丈夫应某。应某在强大的冲击力之下被撞至楼梯边后大量出血。随后，应某被立即送至医院抢救，经抢救无效死亡。

据分析，车子突然加速可能是因为张某操作不当，将油门误当成刹车，一时没有控制住才酿成惨剧。张某驾驶的是买来才两个月的新车，车上还贴着实习标志。（6月5日《钱瓯遂昌》第三版）

【妻子有外遇 男子闹市行凶】5月14日晚，县前街发生一起命案。案发后，犯罪嫌疑人徐某向警方自首。近日，公安部门已对此案初步侦查终结，犯罪嫌疑人徐某被检察院依法批准逮捕。

徐某是黄沙腰镇人，与妻子在县城附近一家企业上班，夫妻感情一般。去年以来，徐某发现妻子行为举止有些不正常，怀疑妻子有外遇。后发现，妻子与同在一起工作的云南人宁某关系暧昧，因而怀恨在心。

5月14日，徐某发现妻子又在与宁某约会时，一时气愤行凶杀人，宁某被捅伤后抢救无效死亡。（6月5日《钱瓯遂昌》第三版）

【野猪没电到 自己中了招】近日，云峰街道的刘某带着外甥上山铺设俗称“电猫”的电子捕捉器，准备电野猪，没想到自己和外甥双双触电，一死一伤。

刘某得知最近村子后山上有野猪出没，便想到山上铺设“电猫”，捕捉野猪。可是自己的“电猫”坏了，他想到外甥小刘刚购买了一组大功率的“电猫”设备，于是，刘某找到小刘一起将“电猫”抬到山上。不料在铺好线路之后，连接电源时因操作有误，引发触电，两人被高压电流击中，小刘当场被电昏迷，刘某被电伤。刘某连滚带爬下山求救，但小刘被电击得太重，经抢救无效死亡。

县公安局民警对整个事件展开了调查，最终排除了刘某的刑事责任，但对刘某私设“电猫”

的违法行为，警方将作出相应处罚。（7 月 18 日《钱瓯遂昌》第三版）

【男子遇查酒驾跳入河中】 一位中年男子站在河中央，任凭周围群众和交警怎么劝说，就是不肯上岸。僵持了近 40 分钟后，才终于上了岸。近日，交警在龙潭路段设卡查酒驾时，出现了这惊人的一幕。

当天下午 1 点 20 分左右，该男子骑着摩托三轮车路过该路段，看到交警检查，便立即停车，往龙潭鑫城河边跑去。交警见他异样，正准备上前检查时，他已跳入落差四五米的河里，试图从河对岸逃跑，但都被交警堵截。见无路可走，该男子就站在河中央，时而用河水洗把脸，时而喝口河水，和交警打起了拉锯战。经交警再三劝说，僵持近 40 分钟后，男子才上了岸。

交警立即将该男子王某送至医院进行抽血检验，并将其血液样本送往丽水化验。经了解得知，该男子姓王，柘岱口人。当天中午，他喝了酒，原本不准备开摩托车，但客户要求他去拉货，所以还是骑着三轮摩托车出了门。由于前两个月已经有过一次酒驾行为，该男子害怕再次被查处，就做出了如此危险而又荒唐的举动。（9 月 11 日《钱瓯遂昌》第三版）

【女子网上散布谣言被拘】 近日，在网上传得沸沸扬扬的“一女子被乞丐强奸”案告破，原来，这是市民叶某为了博人眼球，散布的一则谣言。

8 月 20 日，有人在茗月山庄业主群等 QQ 群发表了“一名女士被乞丐强奸”的谣言，并且谣言中的女士有明确所指。很快这个谣言传播得满城风雨，造成恶劣影响，给谣言中所涉及的女士带来巨大的心理压力。之后，该女士到公安机关报案。

经侦查，散布谣言者是本地人叶某。因叶某的行为违反了相关法律规定，构成“捏造事实诽谤他人”的违法行为，县公安局依法对其作出治安拘留 4 日的处罚。（10 月 8 日《钱瓯遂昌》第三版）

人物 先进

浙江省五一劳动奖状

【遂昌县风景旅游局】没有条件创造条件，没有优势创造优势。遂昌县风景旅游局16位干部，在局长徐建林的带领下，以特有的执着和智慧，让原本先天不足的遂昌旅游业赢得了“天时、地利、人和”，实现从无到有、从小到大，从默默无闻到走向全国。遂昌县风景旅游局围绕“全县是个大景区”的工作理念，以大景区建设为抓手，每年均有十多个项目在建设，三年成功创建南尖岩、遂昌金矿、神龙谷、千佛山4个国家AAAA级旅游景区，数量之多、创建时间之短全国瞩目。这充分彰显了遂昌旅游建设的速度。现在，遂昌处处是景区，村村可旅游，山区旅游的遂昌模式被认为是全国乡村旅游发展的典范。连续7年获评全省、全市年度旅游工作先进单位、全县部门工作全面考核前三甲。2013年4月获得浙江省“五一”劳动奖状。

丽水市模范集体

【浙江元立金属制品集团有限公司】浙江元立集团前身是遂昌钢铁厂，成立于1991年，在董事长叶新华的带领下，经过20多年的艰苦创业，发展成为拥有员工1.6万多人，集矿山、高炉炼铁、转炉炼钢、轧材、金属制品加工为一体的大型现代化工业企业。2012年，在低迷的市场形势下仍取得较好的经营业绩，实现销售收入225亿元，出口创汇6838.59万美元，利税12.51亿元。2012年，元立集团列中国制造业企业500强第277位，中国民营企业500强第154名。2013年4月被评为丽水市模范集体。

【遂昌县公路管理局】遂昌县公路管理局，在局长吴瑾秋的带领下，以省局“建设大路网，打造五型路”的目标要求，以“五型机关”为抓手，深入贯彻落实科学发展观，加强队伍建设，班子建设，落实安全生产责任和党风廉政建设，坚持科技创新，节能减排，不断强化制度建设，维护单位和谐稳定。大力开展省道遂龙线、县道三际线等文明示范路创建；积极向省、市等上级部门争取养护资金近3亿元，用于公路路面大中修、安保工程、危险桥隧改造、边坡治理、站场建设等民生工程，优化路况，提升公路品质。2008年被交通部评为抗灾保通先进集体(国家级)；2012年被省委省政府命名为省级文明单位；2013年4月被评为丽水市模范集体。

【遂昌县广播电视台新闻部】遂昌县广播电视台新闻部，是一支充满朝气，极具战斗力的团队；是一支甘于奉献，勇于拼搏的团队；是一支吃苦耐劳，无所畏惧的团队；是一支刻苦钻研，创新不断的团队。现有23人从事记者、编辑、后期制作、主持人、通联等工作。新闻部全体工作人员爱岗敬业、勇于担当、永争一流，发挥了先锋模范和示范带动作用。13年来，在新闻导向和安全生产上没有出现一次重大责任事故，在新闻宣传报道上掀起一个又一个高潮，宣传党的主张、弘扬社会正气、通达民情民意、引导社会热点、疏导公众情绪，发挥了“对内凝聚人心，对外树立形象”的作用。

2000年起，外宣工作连续12年获得丽水市电视、广播新闻协作一等奖；1999年至2012年被评为“市青年文明岗”；2013年4月被评为丽水市模范集体。

丽水市劳动模范

【谢旭峰】男，汉族，1958年1月生，遂昌县人。现任遂昌县政协副主席，浙江元立集团董事、副总经理。目前主管元立集团遂昌本部生产经营管理工作。作为一名管理者，在集团公司的正确领导和广大干部员工的支持下，谢旭峰带领全体员工在激烈的市场竞争中，以降成本、控质量、保安全为宗旨，克服了一道又一道难关。2012年，集团本部实现销售收入70.73亿元，上缴税收1.8亿元，出口创汇6838.59万美元。2008年获得第六届丽水市优秀创业企业家荣誉称号；2009年被评为浙江省污染减排工作先进个人；2009年被评为丽水市第三届优秀中国特色社会主义事业建设者；2011年获县长质量奖；2011年被评为浙江省“十一五”节能降耗工作先进个人；2013年4月被评为丽水市劳动模范。

【云文景】女，汉族，1962年5月生，遂昌县人。现任遂昌县人民法院民一庭庭长，共审理民事案件千余件。在十多年的审判生涯中，她始终铭记“司法为民”的宗旨，恪守法官职业道德，公正高效办案，工作业绩突出。云文景法官坚持与慎独为伍、与廉洁为伍、与公平正义为伍，从未接受过当事人的吃请，从未办过一件“关系案”“人情案”“金钱案”，廉洁为民的先进事迹被广为传颂，成为遂昌县党员干部学习的楷模。1997—2000年被评为市县先进工作者；1998年荣立个人三等功；2006年荣立个人三等功；2011年被省高院评为全省民事审判工作先进个人；2012年被评为遂昌县政法系统十佳政法干警；2012年被评为遂昌县十佳勤廉干部；2013年4月被评为丽水市劳动模范。

【余慧英】女，汉族，1962年3月出生，中共党员，遂昌县人，现任遂昌县人口和计划生育局政策法规科科长。1979年进入计生队伍以来，她三十多年如一日，始终保持高度的工作热情，脚踏实地的工作作风，乐于奉献的精神风貌，为扛起遂昌县计生工作这面“浙西南的红旗”发挥了骨干作用，成为计生岗位上的杰出代表。真情服务，倾心于民。她把群众满意作为工作的第一标准，热情接待每一位群众，耐心倾听诉求，细致解答疑惑，为育龄群众提供优质、高效的计生服务，细心、耐心、热心的工作态度让她成了广大育龄群众的贴心人。1986年被国家计生委授予全国计划生育先进个人称号；2001年被中宣部、国家计生委授予全国婚育新风进万家先进个人称号；1997年被省委宣传部、省计生委授予全省计划生育宣传教育先进个人称号；2013年4月被评为丽水市劳动模范。

【葛伟敏】男，汉族，1968年9月出生，中共党员，浙江富阳人。自2007年担任遂昌县国税局税源管理科科长后，负责全县所有税源的日常征管工作，五年来共组织入库税收17.6亿元，为企业办理各项政策性退税2.8亿元，为农产品、农业合作社、农民办理减免税3.5亿元。面对国际、国内经济形势不景气，国税收入面临困难的局面，他全力组织国税收入，年年都圆满完成省局和县委县政府下达的收入任务，为遂昌经济建设和社会发展做好出了应有的贡献，受到广大纳税人和社会各界的一致好评。2009年被浙江省国家税务局评为“全省国税系统优秀税务工作者”；2011年被遂昌县委、县政府评为“遂昌县十佳优秀中层干部”；2013年4月被评为丽水市劳动模范。

【包志斌】男，汉族，1976年6月出生，遂昌县人。于1996年毕业于浙江省水利水电学校，工程建设管理本科学历，水利工程高级工程师，担任水利建设管理站站长职务。16年来一直在水利系统工作，在直接面对“三农”、面对百姓的岗位上，践行着“献身、负责、求实”的普通水利人精神，在遂昌县的“平安水利、民生水利、生态水利”建设上兢兢业业、不畏艰苦、勤奋工作，推进我县重点水利项目建设，规范提升了整体行业管理水平，在推进现代化农业建设，促进农业增效、农民增收，促进新农村建设上成绩突出。2009年被评为省级河道堤防加固建设先进个人；2012年被评为省级农村水电增效扩容工作先进个人；2009年、2010年被县政府评为重点项目推进先进个人；2013年4月被评为丽水市劳动模范。

【宋燕梅】女，汉族，1980年1月出生，中共党员，湖北鄂州人。2004年7月参加工作，现为遂昌县人民医院妇产科主治医师。参加工作以来，她在自己平凡的工作岗位上兢兢业业，任劳任怨，刻苦钻研，得到了患者的赞誉，同事的好评。2011年她积极响应党的号召，报名参加援疆，并被选为第七批援疆医生赴新疆阿克苏新和县人民医院妇产科工作，任新和县人民医院妇产科主任，开始了为期一年半的援疆工作。在援疆期间她多次成功抢救危重病人，大大降低了新和县孕产妇死亡率及新生儿死亡率。2011—2012年获得阿克苏地区“大爱援阿突击手”称号；2011—2012年被评为阿克苏地区优秀援疆工作者；2011—2012年被评为阿克苏地区优秀援疆干部；2013年4月被评为丽水市劳动模范。

【谢迎春】女，汉族，1981年1月出生，中共党员，遂昌县人。谢迎春是遂昌电力局变电运检中心的一名职工，于2002年9月参加工作，现为修试工区主任助理。她十年如一日兢兢业业奋战在遂昌电网继电保护第一线，凭着扎实的专业技能、丰富的工作经验和大胆的创新精神，多个QC、群创项目获市、县电力局创新成果奖。这几年，遂昌县电力工业局的变电检修水平不断提升，成绩不断显现，在同行业中得到广泛的认可，这和谢迎春同志的技术带头作用不可分割。2011年荣获第三届“金锤奖—丽水市十大优秀职工”；2012年被丽水电业局命名为谢迎春“敬业示范岗”；2012年被丽水电业局评为感动丽电十大人物；2013年4月被评为丽水市劳动模范。

【王朝红】女，汉族，1969年1月出生，中共党员，遂昌县人。遂昌县示范幼儿园园长、书记。王朝红园长是一位在平凡的岗位上创造不平凡的具有中华民族传统美德和睿智的优秀女性。她是一位品行先行、专业先行的领头雁，是一位锐意进取、开拓创新的先行者，是示范幼儿园“爱满示幼”和“细节管理”文化的创始人。担任园长以来，她以强烈的事业心和责任感，带领全园教职工齐心协力、开拓进取，使示范幼儿园不断走上规范化、细致化、品质化的科学管理轨道，赢得了社会的广泛赞誉。2009年获浙江省第22届“春蚕奖”；2009年被评为浙江省教科研先进个人；2008年被评为浙江省巾帼建功标兵；2010年获得丽水市十大杰出女性提名奖；2013年4月被评为丽水市劳动模范。

【李君平】男，汉族，1958年2月出生，中共党员，遂昌县妙高街道源口村人。2002年当选源口村村民主任，10多年来，他爱岗敬业、廉洁自律、心系群众，以求真务实的作风，积极投身农村改革发展的各项事业，在村庄交通道路建设、便民服务中心建设、公共环境整治、带领群众发家致富等方面做了大量的工作，使全村面貌发生了翻天覆地的变化。他始终坚持以大局为重，维护班子团结，坚持做到办事公正、处事公平、要事公开，赢得了群众的理解和支持。他抓经济促发展，带领群众走共同富裕的道路。2005年被浙江省人民政府残工委授予全省扶助残疾人就业先进个人称号；2006年被选为第二届丽水市人大代表；2012年被选为第三届丽水市人大代表；2013年4月被评为丽水市劳动模范。

【华志新】男，汉族，1985年6月出生，中共党员，遂昌县新路湾镇官溪村人。两岁时他不幸得了小儿麻痹症，导致左下肢残疾。2010年2月，华志新被选中参加市第二届残疾人运动会，取得F44男子铁饼、铅球两项金牌和F44男子标枪第四名的优异成绩。在比赛中他一鸣惊人，良好的身体素质和突出的平衡能力受到省体育专家的青睐，被选去参加省集训队赛艇项目集训。2011年，全国第八届残疾人运动会，获得LTA级男子四人有舵手1000米、500米赛艇比赛的两枚金牌，以及LTA级男子单桨有舵手1000米、500米两枚金牌；2013年4月被评为丽水市劳动模范。

烈　士

【尹智慧】男，遂昌县大柘人，1993年8月出生，2011年12月入伍，生前系杭州市公安消防支队萧山区大队市北中队战士，武警上等兵警衔。

2013年1月1日凌晨2时30分许，杭州市萧山区一家机械厂发生火灾。萧山区消防大队市北中队遂昌籍战士尹智慧作为“一号战斗员”，从东侧厂房架设九米拉梯，进入三楼内部布置水枪阵地堵截火势。

面对熊熊大火，尹智慧始终坚守在一线，毫不退缩，同火魔展开顽强斗争。连续战斗近两个小时后，火场风向骤变，火势急速蔓延，深入火场内部的尹智慧尚未撤至安全地带，便倒在了烈火中……

尹智慧牺牲后，公安部批准尹智慧为烈士并颁发献身国防金质纪念章；浙江省公安厅追记他一等功，追认为中共党员；萧山区委、区政府追授他萧山区“人民卫士”荣誉称号。遂昌县上万民众自发上街，迎接烈士魂归故乡；遂昌县委专门发文《关于开展向尹智慧烈士学习的决定》，号召全县党员干部向尹智慧烈士学习，争做名城先锋。

（史志办）

2013年遂昌县获得高级专业技术职务人员

表57

单　位	姓名	性别	出生年月	何种专业资格	确认时间
县中医院	张建生	男	1967.11	主任医师	11.27
县人民医院	张丽青	女	1973.7	副主任医师	11.27
县人民医院	朱俊锋	男	1977.10	副主任医师	11.27
县人民医院	汤红芳	女	1979.2	副主任医师	11.27
县人民医院	徐国民	男	1975.6	副主任医师	11.27
县人民医院	洪利明	男	1978.6	副主任医师	11.27
县人民医院	俞　欧	男	1974.7	副主任医师	11.27
县人民医院	叶黎军	男	1971.12	副主任医师	11.27
县人民医院	苏　敏	男	1976.9	副主任药师	11.27
县人民医院	周桂媛	女	1975.8	副主任护师	11.27
县人民医院	雷根梅	女	1971.8	副主任护师	11.27
县人民医院	翁迎弟	女	1976.5	副主任护师	11.27
县人民医院	朱香红	女	1974.9	副主任护师	11.27
县人民医院	黄声旗	男	1977.9	副主任技师	11.27
县中医院	刘友和	男	1978.3	副主任医师	11.27
县中医院	王育平	男	1965.3	副主任医师	11.27
县中医院	李庆梅	女	1978.9	副主任中医师	11.27
县中医院	李雪莲	女	1976.2	副主任中技师	11.27
县中医院	张红兵	女	1976.2	中西医结合副主任医师	11.27

单 位	姓名	性别	出生年月	何种专业资格	确认时间
北界中心卫生院	潘昌和	男	1967.4	社区副主任医师	11.27
妙高中心卫生院	雷丽英	女	1970.11	社区副主任医师	11.27
妙高中心卫生院	黄丽球	女	1967.12	副主任药师	11.27
妙高中心卫生院	毛文英	女	1973.8	社区副主任医师	11.27
县职业中专	王雪敏	女	1974.8	中学高级	12.17
遂昌育才中学	徐伟连	女	1973.9	中学高级	12.17
遂昌中学	徐慧萍	女	1975.7	中学高级	12.17
遂昌中学	吴运通	男	1972.3	中学高级	12.17
遂昌中学	张台君	男	1978.9	中学高级	12.17
县民族中学	叶洪高	男	1971.2	中学高级	12.17
遂昌中学	曹素舞	男	1977.4	中学高级	12.17
遂昌育才中学	范宏民	男	1970.10	中学高级	12.17
遂昌育才中学	柴香美	女	1969.9	中学高级	12.17
遂昌中学	唐根林	男	1975.11	中学高级	12.17
遂昌中学	郑志文	男	1976.12	中学高级	12.17
县第三中学	叶建青	男	1974.9	中学高级	12.17
县万向中学	潘丽英	女	1978.11	中学高级	12.17
县职业中专	姜望远	男	1973.9	中学高级	12.17
县示范幼儿园	王朝红	女	1969.1	中学高级	12.12
县幼儿教育管理中心	李卫文	女	1970.7	副研究员	12.12
县住房和城乡建设局	徐彤彪	男		高级经济师	12.28
县农村经营管理站	潘祥德	男		高级经济师	12.28
县实验小学	叶性武	男	1969.1	中学高级	8.29
丽水广播电视中专遂昌	江海英	女	1975.9	高级讲师	12.12
县文化馆	李慧清	女	1968.9	群众文化副研究员	12.17
县农技“110”服务中心	涂依琴	女		高级农艺师	12.18
县公路勘察设计所	罗　超	女	1980.9	高级工程师	12.30
浙江池河科技有限公司	陈跃祖	男		高级工程师	11.17
浙江凯恩特种材料	邵卫勇	男		高级工程师	11.17
县广播电视台	华青平	男		高级工程师	11.15
县计量检定测试所	陈华瑛	女		高级工程师	11.29
县水利局水产技术站	巫一安	男		高级工程师	12.28
县森林资源管理总站	郑林水	男		高级工程师	12.31
县建筑设计室	张文华	男		高级工程师	12.26

单　位	姓名	性别	出生年月	何种专业资格	确认时间
县公共资源交易管委会	徐雄壮	男	1970.7	高级工程师	12.26
县森林资源总站	翁益明	男		教授级工程师	12.31
湖山水利管理站	朱建武	男		高级工程师	12.24
县水利电勘测设计所	张跃强	男		高级工程师	12.24
县广播电视台	曾玉梅	女	1964.5	副研究馆员	6.18
县中医院	张全军	男		高级会计师	2014.5.24
县中医院	骆月英	女		高级会计师	2014.5.24
九龙山国家级自然保护区	夏　平	男		高级会计师	2014.5.24

获省部级以上表彰的先进集体、先进个人和市委市政府表彰的先进集体及县委县政府部分表彰文件

一、获省（部）级以上表彰的先进集体

1.遂昌县被中共浙江省委、浙江省人民政府授予平安县荣誉称号

2.遂昌县被浙江省人民政府授予浙江省集体林权制度改革模范县荣誉称号

3.遂昌县被中共浙江省委办公厅、浙江省人民政府办公厅评为省“千村示范、万村整治”工作先进单位

4.遂昌县被浙江省个体工商户转企业及小微企业规范省级工作领导小组办公室评为2013年度“个转企”优秀县

5.遂昌县被省水利厅评为2013年浙江省农村饮用水工程长效管理机制达标县

6.遂昌县被省老龄委授予浙江省老龄工作先进集体称号

7.县消保委被中国消费者协会授予“全国消协组织消费纠纷处理先进集体”荣誉称号

8.县老促会被中国老促会评为“支持和促进革命老区建设先进单位”

9.妙高街道、大柘镇、新路湾镇、北界镇、金竹镇、王村口镇、黄沙腰镇、柘岱口乡、蔡源乡、高坪乡、应村乡、龙洋乡、濂竹乡被环保部授予国家级生态乡镇

10.大柘镇体育健身工程被国家体育总局命名为全国乡镇体育健身示范工程

11.石练镇关心下一代工作委员会被中国关心下一代工作委员会授予创建五好基层关工委优秀组织奖

12.县委政法委被中共浙江省委、浙江省人民政府授予浙江省维护国家安全先进集体荣誉称号

13.妙高街道、云峰街道被中共浙江省委、浙江省人民政府授予省文明镇(乡、街道)称号

14.遂昌东城建设有限责任公司被浙江省人民政府授予浙江省重点建设立功竞赛先进集体称号

15.县质监局被浙江省全面推进依法行政工作领导小组评为浙江省依法行政示范单位

16.县林业局被浙江省林权制度改革领导小组办公室、省林业厅评为2012年度林权信息管理优胜奖

17.遂昌县人武部被浙江省军区评为2013年度“安全管理工作先进单位”

18.遂昌县民兵应急连被浙江省军区评为2013年度“基层建设标兵单位”

19.县公安局被省公安厅授予集体二等功

20.县公安局禁毒大队被省公安厅授予获集体二等功

21.县公安局被省公安厅授予打击侵财犯罪专项行动优胜单位称号

22.县人民法院被浙江省高级人民法院授予全省法院商事审判工作先进集体荣誉称号

23.县人民法院被浙江省高级人民法院授予全省法院刑事审判工作先进集体荣誉称号

24.县检察院反渎职侵权局被省检察院评为严肃查办危害民生民利渎职侵权专项工作先进集体

25.大柘镇双溪村、石练镇石练村被省体育局命名为2013年中心村体育休闲公园

二、获省（部）级以上表彰的先进个人

1.县检察院吴征峰被最高人民检察院评为“严肃查办危害民生民利渎职侵权犯罪专项工作先进个人”

2.县农办吴善琪、妙高街道黄梦怡被省委、省政府授予“省千村示范、万村整治工作先进个人”

3.县育才中学毛卫华被浙江省人民政府授予“第六届浙江省功勋教师”荣誉称号

4.县委上官国明、县农办罗会贤被浙江省贫困地区和革命地区建设领导小组评为“低收入群众增收行动计划”先进个人

5.新路湾镇夹路畈村蓝荣光被浙江省农家书屋工程建设协调小组评为“全省优秀农家书屋管理员”；县文广新局徐雪峰被浙江省农家书屋工程建设协调小组评为“全省农家书屋工程建设先进个人”

三、获市委市政府表彰的先进集体

1.遂昌县人民政府获丽水市2013年度工业有效投资和技术改造考评一等奖

2.遂昌县人民政府获丽水市2013年度招商引资特等奖

3.遂昌县人民政府被丽水市人民政府授予2013年度集体林权制度改革工作先进单位称号

4.遂昌县人民政府获丽水市人民政府2013年度工业三千亿行动计划目标责任考核空间拓展奖

5.遂昌县人民政府被丽水市人民政府授予2013年度“六边”绿化先进单位称号

6.遂昌县人民政府被丽水市人民政府评为2013年度商务自营进出口考核三等奖、利用外资考核二等奖、社会消费品零售总额考核二等奖

7.县公路管理局被丽水市人民政府授予丽水市模范集体称号

8.濂竹乡人民调解委员会被丽水市委、市人民政府授予市级“大调解工作先进集体”称号

9.蔡源乡被丽水市人民政府授予丽水市抗洪(台)救灾先进集体称号

10.县财政(地税)局、县农村信用联社被丽水市人民政府评为丽水市体育工作先进单位

11.妙高街道人武部、石练镇人武部被丽水市人民政府、丽水市军分区评为2013年国防后备力量基层建设先进单位

12.县林业局森林消防应急中队被丽水市人民政府森林消防指挥部评为“丽水市十佳森林消防队”

13.县质监局被丽水市全面推进依法行政工作领导小组命名为“丽水市依法行政示范单位”

14.金竹镇、垵口乡、蔡源乡被丽水市爱国卫生运动委员会命名为2013年度丽水市卫生乡镇

15.妙高街道被丽水市推进生态精品现代农业发展领导小组评为2013年度丽水市生态精品现代农业示范乡镇

四、县委县政府部分表彰文件

1. 遂委发〔2014〕2号《中共遂昌县委 遂昌县人民政府关于表彰2013年度乡镇 街道工作全面考核先进单位的通报》。

一等奖：云峰街道、大柘镇

二等奖：石练镇、柘岱口乡

三等奖：高坪乡、妙高街道、垵口乡

2.遂委发〔2014〕3号《中共遂昌县委关于表彰2013年度先进基层党组织的决定》

通过评比，云峰街道党工委、石练镇党委、三仁乡党委、金竹镇党委、王村口镇党委、焦滩乡党委、遂昌县住房和城乡建设局机关党委、遂昌县财政局机关党委、遂昌县环境保护局机关党

支部、遂昌县人民法院机关党委、遂昌县农村工作办公室党支部、浙江元立金属制品集团有限公司党委等12个单位被评为2013年度先进基层党组织，现予以通报表彰。

3.遂委发〔2014〕4号《中共遂昌县委 遂昌县人民政府关于表彰2013年度项目推进工作优秀单位和先进个人的通报》

经考核，决定对2013年度项目推进工作优秀单位、先进个人予以通报表彰。

综合优秀奖： 县发改局、县水利局、县建设局。

单项奖：固定资产投资优秀奖：县工业园区管委会、县经济商务局；重大项目前期工作优秀奖：县旅委

县教育局；重点项目建设工作优秀奖：县交通运输局、县国土资源局。

服务奖：部门服务优秀奖：县统计局、县公安局；乡镇街道服务优秀奖：妙高街道、石练镇。

周根旺等19人获项目推进工作先进个人。

4.遂政发〔2014〕1号《遂昌县人民政府关于表彰2013年度纳税大户的通报》

经审核评选，县人民政府决定授予66家企业、单位为“2013年度遂昌县纳税大户”称号，现予以通报表彰。他们分别是：

纳税超6000万元：国网浙江遂昌县供电公司

纳税超4000万元：浙江遂昌遂钢金属制品有限公司、浙江凯恩特种材料股份有限公司

纳税超3000万元：遂昌县农村信用合作联社

纳税超2000万元：浙江利民化工有限公司、浙江遂昌废旧金属回收有限公司、丽水市烟草公司遂昌分公司

纳税超1000万元：浙江元立金属制品集团有限公司、浙江遂昌正中萤石精选有限公司、遂昌万丰废旧金属回收有限公司、浙江新宏钢制品有限公司、遂昌县恒汇有色金属回收有限公司

纳税超800万元：浙江永联民爆器材有限公司遂昌永新分公司、浙江遂昌圣豪矿业有限公司

纳税超500万元：浙江省遂昌金矿有限公司、浙江新元焊材有限公司、浙江天金房地产集团有限公司遂昌分公司、遂昌县九龙山水电开发有限公司、浙江池河科技有限公司、浙江凯兴置业有限公司、浙江龙川水利水电开发有限公司、浙江和新科技有限公司

纳税超300万元：遂昌峰力金属制品有限公司、遂昌华泰实业有限公司、浙江遂金特种铸造有限公司、遂昌县周公源水电开发有限公司、遂昌大发铸造有限公司、遂昌绿源木业有限公司、遂昌鑫五机械有限公司、浙江丽康鞋材有限公司

纳税超200万元：浙江凯恩纸业销售有限公司、中国移动通信集团浙江有限公司遂昌分公司、遂昌德氟矿业有限公司、浙江丽水泰豪市政园林建设工程有限公司、浙江凯恩房地产有限公司、遂昌县绿源小额贷款股份有限公司、遂昌凯新置业有限公司、浙江遂昌城兴房地产有限公司、遂昌县明盛电业有限责任公司、浙江正圆不锈钢管业有限公司、遂昌碧龙源水电开发有限公司、浙江遂昌成屏水力发电有限责任公司、浙江遂金贵金属有限公司

纳税超100万元：浙江省遂昌县清水源水电开发有限公司、遂昌新立焊接材料有限公司、遂昌天赐高新材料科技有限公司、浙江利化爆破工程有限公司、遂昌县长濂经济开发有限公司、中国电信股份有限公司遂昌分公司、遂昌元立国际饭店有限公司、浙江大金庄矿业有限公司、浙江裕诚建筑五金有限公司、浙江大德龙生物技术有限公司、浙江罗邦建设有限公司、遂昌县林产化工有限公司、遂昌县汇元小额贷款股份有限公司、遂昌宏信废旧物资回收有限公司、浙江凯恩电池有限公司、浙江荣凯化工科技有限公司、浙江双海光电有限公司、丽水中正建设有限公司、遂昌县成屏二级电站有限责任公司、遂昌县南方建筑工程有限公司、遂昌县遂金废旧物资回收有限公司、遂昌凯恩大酒店有限公司、浙江剑光酒业有限公司。

外地媒体看遂昌

丽水市遂昌县“集中集约集聚”践行科学发展

2012年5月14日，遂昌县委县政府召开低丘缓坡开发征迁动员大会，通过前期准备、中期调度和后期监督，取得了阶段性成效。在三个月内基本完成征迁工作，征迁工作总计涉及土地面积约10768亩，房屋348幢，建筑面积约16万平方米，涉及2个街道14个行政村，农户3319户及近上万名城镇居民。

在三个月征迁中，遂昌县土地征收和房屋拆迁的合同签约率均达到90%以上，项目建设于2012年8月底顺利破土动工。截至目前，古院和龙板山两个区块土地征收和房屋拆迁的合同签约率分别达96.6%和95.1%，洋浩湖边区块土地征收合同签约率达98.5%，房屋拆迁合同签约率达95.5%。

以低丘缓坡为主平台，遂昌县列入了浙江全省首批山海协作共建产业园试点县，主动和发达县市“自由恋爱”，与诸暨市成功签约全省首个山海协作共建产业园项目。目前，龙板山区块低丘缓坡开发利用项目场平工程已累计完成挖填方两百余万方，面积2000亩左右。古院区块道路和场平工程也已开工建设，2013年将完成道路、水电等市政配套设施工程建设，为该区块项目建设奠定基础。

拓宽发展空间
培育城市经济

作为浙江省率先开展低丘缓坡综合开发利用工作试点的区域，对于长期饱受土地要素制约的遂昌而言，低丘缓坡开发带来的是前所未有的发展机遇，也为遂昌拓展工业空间、培育城市经济、推进“强县富民”等工作提供了基础要素的保障。

由于遂昌县山多地少，耕地资源稀缺，低丘缓坡开发利用项目的区块选取尽量避开了耕地，区块内的耕地比例控制在26%以下，低于上级规定的耕地比例
30%的控制要求，由此将最大限度地减少对耕地，尤其是平原地区优质耕地的占用，将全县最好的耕地资源保护起来。

低丘缓坡开发未利用耕地，而是向坡地山地要空间，是遂昌因地制宜走出土地资源需求刚性增长与供给刚性制约这一矛盾的重要途径。通过低丘缓坡合理、有序、滚动开发，在未来5至10年内，可以满足遂昌城镇化建设和工业发展的用地需求，有效破解建设用地的发展制约。

目前遂昌的“城市经济”分布偏散、规模偏小、层次较低。而低丘缓坡项目龙板山区块的定位就是建设工业新城，未来将在该区块引进优秀的金属制品、节能环保、电子工业、农业龙头企业等，打造遂昌工业经济的战略支点。

同时，在古院区块建设城市新区，完善城市功能布局，提升城市的投资吸引力，推动休闲旅游、商贸物流、住宿餐饮、夜间经济、电子商务、房地产等现代服务业发展，加快县域经济转型升级。

遂昌县委书记杜兴林指

出，低丘缓坡综合开发利用项目的开发建设，将推动新型城镇化与新农村建设齐头并进。近期来看，开发区块范围内村民将通过集中安置转化为城镇居民，开发区块周边的新农村依托便利的基础设施将加速发展。远期来看，项目的开发带动产业提升，创造更多的就业机会，加快中心城区、中心镇、中心村三级梯度发展的新型城镇化进程，提升城乡一体化发展水平。

直面开发难题
促进三产发展

遂昌县低丘缓坡综合开发利用试点工作遇到的主要困难是：

用地指标缺口较大。当前国家对新增建设用地审批严格，遂昌县低丘缓坡开发项目规划面积 584 公顷。上级下达给的指标只有 300 公顷，缺口达 284 公顷，新增建设用地指标严重不足。

项目融资压力较大。整个项目计划总投资 16.6 亿元，其中银行贷款 12 亿元，尚需自筹资金 4.6 亿，遂昌县每年地方财政收入只有 4 个多亿，资金方面的压力巨大。

招商引资压力较大。遂昌的区位优势不明显，产业基础不强，如何引进高端、绿色、集约的企业入驻，如何提高土地使用效益，都是遂昌面临的巨大考验。

征迁扫尾任务艰巨。低丘缓坡项目是遂昌县有史以来规模最大、涉户最广、任务最为繁重的征迁项目。虽然目前征迁工作基本完成，但后续的资金分配、人地纠纷调处、特殊个案问题解决、历史遗留问题化解等工作还有待进一步破解。

杜兴林谈到，2013 年遂昌县将围绕“目标强县富民、空间东进西拓、产业扬长补短、民生与时俱进、社会和谐幸福、发展科学持续”的战略路径，明确了“城市拉开框架，承担强县责任；乡村增收为本，坚定生态之路”的工作主线，以“项目建设年、产业提升年、基层关爱年”为工作载体，稳步推进三大试点工作，全力建设山区科学发展示范区。

在建设山区科学发展示范区的征程中，低丘缓坡综合开发利用、农村金融改革、山海协作共建产业园三大试点意义重大。低丘缓坡综合开发利用试点解决平台问题，农村金融改革试点解决的是资金问题，山海协作共建产业园解决的是产业问题。

杜兴林指出，金融是遂昌实现强县富民不可替代的力量，开展农村金融改革试点，将有利于解决中小企业融资难的问题，有利于盘活农村资产，解决农民创业贷款的需要。而山海协作共建产业园是浙江省扶持欠发达地区加快发展的有力举措，遂昌将通过此平台引进发达地区的企业、技术、人才、资金等支撑产业发展的关键要素，带动低丘缓坡项目开发建设。

在农村金融改革试点中，遂昌县在浙江全省率先创新开展林权改革抵押贷款，到目前累计发放林权抵押贷款 7.78 亿元，惠及全县 8187 户林农。通过创业贷款，遂昌的原生态精品农业、生态林业、农村电子商务产业等都得到飞速发展。2012 年，在浙江省银监局的支持下，遂昌获得全省村镇银行最后一张门票，温州富民村镇银行将在近期开业。

做强旅游优势
补足发展短板

休闲旅游业已经成为遂昌的引领产业、富民产业和品牌产业。遂昌围绕打造中国最佳旅游服务县，全力推动旅游业转型发展。2012 年，全县接待游客 727.71 万人次，实现旅游综合收入 33.03 亿元，“五行遂昌，一诺千金”的县域旅游品牌初步打响。

低丘缓坡开发为遂昌县的旅游产业发展带来了新契机。

遂昌旅游是典型的乡村休闲旅游，城市旅游配套设施比较落后，尤其是缺少购物、娱乐场所。通过低丘缓坡古院区块城市新区的建设，将打造一个具有山水特色、浓郁文化氛围的生态旅游城市，提高中心城区与旅游强县的匹配度。

通过低丘缓坡项目开发建设，发达地区的工商资本将会更加关注遂昌旅游发展，从而吸引城市企业与个人投资遂昌旅游业。

2012 年，遂昌启动了投资

总额超百亿元的13个旅游项目，为助推项目加速落地，遂昌县委县政府提出“每年度安排旅游项目用地计划指标不少于全县年度用地计划指标的30%，且优先安排”的政策。低丘缓坡开发建设，将有助于解决用地计划指标问题。

要实现强县富民，离不开产业的支撑。遂昌县始终坚持“扬长补短、多轮驱动、接力创业”的发展思路，促进不同产业平衡协调发展，实现山区转型跨越。一方面，扬“休闲旅游业、原生态农业”之长，做强乡村经济。以提质扩面优服务为核心，推动旅游由观光型向休闲度假养生养老型转变，实现旅游业可持续发展。原生态精品农业也是遂昌的一大特色产业，遂昌县90%以上的原生态基地农产品通过“三品”认证，茶叶、土鸡、山茶油等原生态产品成为具有标志性的区域产业品牌，遂昌将以培育原生态精品农业五大主导产业和五大特色产业为核心，壮大原生态农业规模，提升农业发展效益。

另一方面，补“生态工业、现代服务业”之短，做大城市经济。遂昌具有良好的工业基础，是浙江省金属制品产业集群转型升级示范区，拥有全国制造业五百强企业元立集团。但是，总体发展速度不快、规模不大，通过三大试点工作，引进一批优质企业，加快提升县域综合实力。

同时，遂昌县以农村电子商务服务平台为载体，不断加强和阿里巴巴集团淘宝网的合作，以“特色中国—遂昌馆”为平台，通过农产品电子商务带动物流、商贸等现代服务业发展。

确保生态品质
合理规划布局

生态是遂昌最大的优势，也是遂昌的立县之本，绝不以牺牲环境为代价谋求发展。

合理规划产业布局。把环境承载能力作为首要前提，将全县划分为优化建设区块、重点建设区块、限制建设区块，在限制建设区块不再进入工业项目，原有的工业企业也要逐步引向工业园区，促使产业发展与环境保护达到动态平衡。

选择节能环保产业。遂昌拥有国内最长的金属制品产业链，在这个基础上引进相关企业，进一步延长产业链，提高产品附加值。同时，将着力引进高新技术产业、原生态农产品加工企业等与县域发展密切相关的环保产业，减轻环境压力。

加强环境保护。我们将继续通过洁净乡村建设、公益林保护、节能减排、下山移民等环保措施，进一步提升我县的生态优势，提高生态承载能力。

在谈及对工业发展有哪些标准与要求，杜兴林指出，

一是发展高效工业。遂昌是个“九山半水半分田”的地域，低丘缓坡项目区块可以说是遂昌最重要的工业发展平台，要在有限的空间内实现更多的产出、更好的利润、更高的税收，必须重点引进低消耗、低投入、低排放、高科技、高产出、高效益的工业企业。

二是发展生态工业。传统工业发展片面追求经济效益，忽略了对生态效益的重视，导致“高投入、高消耗、高污染”的局面发生。因此，在引进项目时要坚决避免“两高一资”项目落户遂昌，确保在遂昌落户的所有项目环保问题都是在可控可治范围之内，实现环境保护和资源的集约、循环利用，提升工业产业发展与城市环境的相容性。

三是发展集约工业。一方面产业要集聚，要在低丘缓坡区块集中发展工业产业，通过招商引资和浙商回归工程，引进、培育、壮大产业，形成产业链，培育产业集群。另一方面园区要集约，通过“腾笼换鸟”等形式，提高园区资源利用效率。要通过引导企业走“低耗能、高效能”之路，鼓励企业推进清洁生产，推动企业对能耗高的生产设备进行改造，实现可持续发展。

四是发展科技工业。通过鼓励发展新能源、电子产品等高科技企业，提升工业发展层次。同时，通过健全和完善技术创新体系，支持骨干企业加强技术改造、研发高新技术、培育自主品牌；通过发挥科技成果的孵化功能，培育高新技术产业；通过培养和引进一批科技领军人物，提升企业创新能力。（《中国改革报》5月30日4版）

特产网上卖 农民增收快

浙江省遂昌县妙高街道七山头村的养猪户周金秀，养猪8年多了。前些日子，她的3头土猪在县里组织下，参加淘宝土猪聚划算活动，一天就全部卖完。

“这在以前可不敢想！”周金秀乐呵呵地说：“原来除了每年养几头猪，还要出去打零工再赚点钱。以后我准备专心在家养猪，反正不愁卖。”

守着“金山”没饭吃，曾是浙江欠发达山区县遂昌面临的窘境。近年来，蓬勃兴起的电子商务为农产品流通带来转机。如今和周金秀一样的农户们，靠着“淘宝遂昌馆”，迅速找到了市场，走上了网络销售的新路。

政府联手淘宝搭平台，全县农产品上网卖

让周金秀们安心生产原生态农特产，帮助他们在网上卖出好价钱—去年开始，遂昌县政府筹备在淘宝网上成立全国首家县级农特产品特色馆。

位于浙南山区的遂昌县，素有“八山一水一分田”之称。山多地少，使得这里的生态农业颇具特色：高山云雾茶、竹炭、石练菊米……与此同时，交通不便，远离大城市群的地理位置，也让遂昌农户难以走出大山。

去年9月开始，遂昌县政府主动联系淘宝网开设县级特色馆，商定只卖农特产品。这是淘宝成立的第一家县级特色馆，为此，淘宝派出一个专门小组负责建馆，而遂昌县政府也高度重视：县委书记和县长分任正副组长，20个单位部门组成领导小组统筹协调，办公室设在团县委，负责日常工作和各个小组的协调以及与淘宝网团队的对接等，遂昌县网店协会负责项目的策划、开发及运营维护。

县委书记杜兴林说：“民间组织网店协会最灵活，他们经营一线；政府出政策出资金做协调，部门做服务做监管，政府、协会、网商、合作社、农民各司其职，将各自优势、特长发挥到最大化。开业半年来，销售越来越好，不仅让遂昌农民信心倍增，甚至引来了跨市合作社要求加盟，可见吸引力巨大。”

今年1月8日开馆当天，遂昌农特产品在淘宝网上销量达2.7万单，销售额255万元。山区小县的创新获得成功：相继推出了“年货节”、“遂昌乡村过大年”、“春茶节”、两批“全国农人生态农业遂昌行”和近期的“土猪节”等活动。除了产品快速畅销，广告效应更不可小视：“春茶节”推出5000份遂昌龙谷垂柳茶，在5天时间里抢购一空，遂昌茶叶的知名度得到快速推广，引起了全国消费者和北京茶周刊等媒体的关注。此次“土猪节”活动也打出了遂昌土猪的名气，让周金秀们卖猪变得容易。

农民保证品质，网站负责营销，政府协调管理

网店开起来了，信誉如何保证？遂昌的思路是：让农民只做他们擅长的事—生产好产品，管好基地；其他的交给网站协会，政府再总体管理，以这种模式，保护农民的守诚意识，保护遂昌馆的整体品牌。

负责遂昌馆运营的县网店协会会长潘东明觉得压力大了：“我们的优势是生态，农产品最终就是靠品质说话。要保证‘生态产品’的好信誉，原先我们只管卖，现在按县里要求，要进企业、到田头，从生产标准、基地建设到包装、分量通通得管。”

去年10月，遂昌网店协会对全县农特产品做了一次详细摸底调查，挖掘出100多家遂昌馆的潜在供应商，发现了很多条件良好、有开发潜力的优质农产品。比如柘岱口乡的黑木耳，西畈乡的香菇、红提等。

柘岱口乡，遂昌最偏远的乡镇之一，从县城出发要坐两个小时车，一半以上是山路。淘宝遂昌馆的黑木耳基地就在这里，现在乡里和遂昌馆的基地建设合作框架、合作内容已经敲定，就等签约。说起来，乡长叶松华最高兴：“以前交通不便利，黑木耳多靠商贩上门收购，农民没有议价权，效益很差。今后我们只管种出好东西，网上价格铁定比商贩的高。柘岱口乡有生态环境优势，发展的潜力大着呢！”他说，除了黑木耳，柘岱口乡还有700多亩猕猴桃、350多亩百合、5000亩茶叶，家家户户种番薯。这些都会逐步纳入到遂昌馆的合作中。而网站协会制定出相应的产品标准，进行品牌化包装，借助电子商务平台营销；乡政府则监督合作社、大户等组织或个人，按照产品标准，严格落实好生产。

现在，黄沙腰镇的烤薯专业合作社专门种植地瓜及加工地瓜干，有相应的种植、加工标准，合格产品全部交由遂昌馆销售，目前带动当地农户109户。

政府也没闲着，一份遂昌未来8年的农村电子商务发展规划已显眉目：县财政每年投入电子商务发展的资金不少于200万元；随着市场扩大，县里还要上其他配套设施，如仓储物流中心、配送检测中心等；其他，例如金融部门的支持，预订式（抢鲜购）销售模式和生鲜农产品物流配送体系建设，都将为县里电子商务的跨越式发展打下坚实基础。

不久之后，在遂昌高速出口将建成物流仓储配送中心；在遂昌古院城市新区，涵盖电子商务创业大厦、配送检测中心等在内的网商创业园将落户其中。

网商经营理念不断更新，生意越来越红火

上网卖产品让山区农户们迎来全新的经营理念。

1月年货节、冬笋节，2月过大年，3月春茶节，4月土猪聚划算……遂昌农民从对网络基本陌生，到现在不但熟悉，而且学会营销。

网络给农民们带来了理念的彻底革新，他们开始适应网销，懂得包装出适销产品。

当地人江俊经营着一家油茶公司。春节前，他在网络协会的帮助下，把原来里外三层的豪华包装改成了铁罐3升装，一个铁罐7元，不仅成本比原来省了20多元钱，销路立刻上升。江俊恍然大悟："网络市场的特点是试好再回头，所以喜欢小包、简装。我们农民的习惯就是讲客气、喜欢大件，所以必须改变过去的旧习惯，适应新市场。"

因此，网店协会增设了包装设计部，专门为企业和合作社服务。进入淘宝网遂昌馆，里面有250克透明罐装竹炭花生、50克听装遂昌菊米、3升铁罐装山茶油……都是小分量、实惠又不失时尚的简包装。

农民也在努力跟上网络的步伐。做了20多年油焖笋的翁方荣，从前只加工竹笋。成为协会供应商会员后的这一年多里，翁方荣发现，网上卖100克15元的油焖笋，单价偏高。"我今年改变单一结构，新增酸菜、咸菜腌笋两种产品，价位稍低，更适合网上销售。"翁方荣的羽峰加工厂原来一直像家小作坊，2012年销售额一下达到500多万元，比前一年多出200万元，全部通过网络销售实现。

现在，网店协会吸纳了110家供货商会员，90%为遂昌本土供货商。在协会的各种培训下，在与网络市场的磨合中，他们逐渐找对了感觉。供货商的命运共同体—网商队伍也逐渐扩大到1500多家，涵盖了农民、失业工人、刚毕业的大学生等多个群体。那些销售上百万、几十万元的网店，不仅实现了单个小家庭富裕，还带动了不少老人、妇女等弱势群体就业。据统计，遂昌农村电子商务目前带动县城2万人就业，人均增收3万元。

"生态"理念的不断传播，也为遂昌带来更多游客。今年1—10月，遂昌共接待国内外游客787.95万人次，同比增长29.91%。遂昌县县长何卫宁告诉记者："下一步，要真正做到网商线下管理地方自治、产品品质控制监管到位，需要政府相关部门及网店协会等自治组织齐心协力。特别是对农产品的品质安全监管，政府将给予更多的关注和投入。"

山区借道电子商务正当时

一个淘宝遂昌馆，开辟了该县农特产面向全国的网络专业大市场，也引来了全国高度关注。

今年春节后，前往遂昌取经者纷至沓来。10月30日，中国社会科学院信息化研究中心和阿里研究中心联合主办"中国农产品电子商务高峰论坛暨遂昌模式研究报告发布会"，并正式发布《遂昌模式研究报告》，这是国内首份从县域经济角度研究农产品电子商务的研究成果。该县借道电子商务实施的融商业、就业和生产于一体的集成创新，成功走出农村电子商务的

"遂昌模式"。

高度关注，因为事关"三农"。

从去年下半年开始，遂昌县在网络市场上打出了一套组合拳：别人还没意识到的时候，他们及时结盟阿里巴巴，在淘宝网上开出了全国首家县级农特产品特色馆；在网民最需要食品安全感时，他们大声叫卖经营多年的县域原生态品牌并实现了网络变现；在很多政府忙着做全能领导时，他们把民间组织网店协会推到前台，政府出政策出资金做协调，部门做服务做监管，充分调动各方积极性，使得政府、协会、网商、合作社、农民在各司其职中找到定位，将各自优势、特长发挥到最大化。这套组合拳一打出，不仅让遂昌农民信心陡增，甚至引来了跨市合作社要求加盟，可见引力巨大。

网购时代到来，为昔日叫好卖难的山区农特产提供了一个平等舞台：再远的距离，快递费相差有限；开始没有知名度，但好品质和性价比会吸引消费者回头。我省山区有着良好的生态环境与各具特色的优质农产品，遂昌县的有效探索值得借鉴。

（《人民日报》7月21日10版）

遂昌发起"清洁革命"100%河流可下河游泳

路上扫不到一点垃圾，捡不到一根烟头，要清除的只有一点杂草和灰尘……8月7日上午，地处钱瓯之源、浙江生态屏障地区的遂昌发起"清洁革命"，欲将其打造成"中国最洁净乡村"。

遂昌县委书记杜兴林透露，如果仅考虑水质问题，目前，该县100%的河流都可下河游泳。

洁净乡村 路无垃圾

2010年起，遂昌发起的"洁净乡村"行动，不仅改善了农村环境，提升了农民素养，而且提高了县域知名度和美誉度。

然而，在今年7月份之前，该县规划中最大的工业集聚区所在地—云峰街道，却还是存在着诸多问题。"鸡鸭乱跑，东西随手乱扔，不少角落都有垃圾。"村民濮老伯说，甚至前几个月，街道还在遂昌全县的"洁净乡村"中，排在了末尾。

这让街道的干部倍感压力，7月份，他们开始狠抓整改，终于摆脱了末端，进入了正数第8名。

8月7日上午，遂昌在云峰街道举行该县首个"洁净家园行动日"的启动仪式时，路上已经扫不到一点垃圾，捡不到一根烟头，要清除的只有一点杂草和灰尘……这让准备参与扫洁净活动的县委书记杜兴林有些"不满"。

"拿着扫帚，四处闲逛，无从下手，没地方好扫。"他说。不过最后，杜兴林还是给自己找了活：帮助一户人家整理了易拉罐。

建立长效激励机制 打造"中国最洁净乡村"

"乡村日扫日清，一周一督查""全县一季一大扫，一月一排名"……

从2013年开始，遂昌开始将每季的季节交替日——立春、立夏、立秋、立冬；确定为"洁净家园行动日"，副县以上领导联系各自乡镇(街道)，开展洁净乡村"帮扶行动"，清扫洁净活动。

在遂昌，建设"中国最洁净乡村"成了大家共同的理想。

为此，遂昌每年投入不少于1000万，用于"洁净乡村"建设，而且创造性地推出了县乡村三级"月榜单"，进行张榜公示。

建立"以奖促治"、"奖优罚劣"的激励机制。全年累计得分排名前三名乡镇(街道)的，通报表彰，并一次性奖励5万元；累计得分排名最后一、二、三名的乡镇(街道)则分别扣除10%、8%、5%的县补资金，用于在洁净乡村、"双清"工作中成绩突出的乡镇(街道)、村和个人奖励。

已命名的洁净乡镇(街道)、洁净村庄(社区)，每三年复评一次，复评不合格的，则由县委县政府给予通报批评，并进行摘牌。

"没有最好，只有更好，这只是一个过程，一个自我完善的倒逼机制。"杜兴林说，他希望，能够通过这个机制，把绝大多数的群众动员、参与到建设"中国最洁净乡村"中来，以环境赢得竞争力，进而助推县域品质发展。（中新网8月8日）

生态理念全面渗透一二三产 遂昌走上国家级可持续发展实验新路

昔日“电老虎”的元立集团如今“零电费”炼钢；曾经“全国污染500强”的凯恩特纸华丽转身为国家重点高新技术企业，与国际巨头分庭抗礼；一根竹子从头到脚全利用，衍生出数百个产品……

在山区遂昌，一场渗透一二三产的可持续发展实验，正成为引领经济转型升级的强大引擎。

“欠发达山区要实现可持续发展、品质发展，生态化、科技化是必由之路。”在遂昌县委书记杜兴林看来，当前遂昌正着力把可持续发展理念融至项目和产业，全力创建国家可持续发展实验区和山区科学发展示范区，走出一条绿色发展的新路子。

峰会对话 实现“借梯登高”

举办“红提论坛”，这是北界镇每年提子红时“雷打不动”的老传统。北界镇党委书记范建文说，请省、市专家来给北界红提“搭搭脉”，就是想找到一个推动产业转型升级的“好方子”。

通过4年来的持续提升，北界镇不仅接连使出数字化管理、“穿衣戴帽”等生态种植“高招”，还不断延伸产业链，开发出体验采摘乐趣、品尝红提佳宴的红提观光游。如今，北界1800多亩红提亩产值高达1.8万元，种植户一举创下了“一年买车，两年盖楼”的致富神话。

像“红提论坛”这种让人颇为受益的高峰对话，最近两年来，遂昌举行了不下十次。中国县域旅游经济论坛遂昌峰会、中国自行车产业高峰论坛、国际竹炭产业论坛、中国建筑五金产业高峰论坛等都成了引智之举。与此同时，遂昌还网罗行业政策领域的专家学者，组建决策咨询委员会，通过召开咨询会议、参加重点项目论证、带课题调研等方式，助力山区科学发展。

正是得益于这种涉及生态经济发展方方面面的“借梯登高”，如今，遂昌已经在县域国家可持续发展实验区建设规划中架构出一个生态经济体系：扬休闲旅游、原生态精品农业之“长”，补新型生态工业、现代服务业之“短”。

“生态经济引领山区未来。遂昌选择绿色发展之路，可以为山区实践生态保护和经济发展双赢探路，积累经验。”专家们这样认为。

绿色技术 两年效益超20亿元

“真是做梦也没想到，像我这样的普通农民，也能当‘明星’。”日前，创造冬笋亩产超万元“传奇”的主人公—三仁畲族乡十三都包根基，被北京一家食品公司聘为形象代言人，聘期15年。

包根基“成名”的背后，是浙江农林大学农林专家团队。从1999年开始，学院专家遍访全县20个乡镇，蹲点农家，引导竹农配方配肥、平衡施肥，进行水分定量管理，竹林覆盖……通过三大关键技术推广，笋个头大了，出笋早了。亩产三四百公斤冬笋，已不算稀奇。

从一产的笋竹产量质量效益三提升，到二产的竹炭加工，到三产的竹炭旅游，随着双方合作不断深入，遂昌竹林面积从24万亩增至35万亩，竹炭企业也从2002年的22家增至54家，产值3亿多元，一举成为国内最大竹炭生产、加工和出口基地。

竹产业不是个例。在凯恩电池有限公司，浙江大学教授潘洪革成功研制出镍氢电池，产品性能国际领先。在遂昌利民化工有限公司，中科院院士汪旭光牵头成立“院士工作室”，助企获得6项发明专利、技术创新。

如今，以浙江大学、浙江农林大学为代表的8家高等院校，成了山区产业转型升级的强力引擎。生态遂昌也一举成为科研院校的绿色实践平台。遂昌县科技局局长傅秋华介绍，两年来，全县和各大高校签订合作项目46项，省级以上项目16个，直接效益20多亿元。

“绿色人才库” 摆脱资源过度依赖

连日来，遂昌县网店协会办公室里忙得不可开交，阿里巴巴淘宝网食品资深经理余玲兵领着10多名骨干，为制作“特色中国遂昌馆”作最后冲刺。“年初将登上淘宝网首页。”余玲兵说，“这是我们在淘宝网上推出的首个县级特色馆，将全方位展示遂昌经济社会、风土人情、自然风光、文化底蕴等。”

这仅仅是遂昌县和淘宝网战略合作的一项内容。根据协议，淘宝网除了宣传寓生态、健康、诚信等于一体的县域形象外，还将助力遂昌一举建成浙西南最大农特产电子交易平台。

在遂昌县委副书记、县长何卫宁看来，借力阿里巴巴淘宝网这样的知名企业，就是在补山区在高科技人才缺乏、网络平台应用上的短板，从而形成一套创新驱动、资源集约高效的运行方式。

正因为如此，目前遂昌出台了专门优惠政策，用于人才队伍的培养、引进、奖励和培训。接下来将进一步推进乡村休闲旅游人才开发、金属制品产业人才集聚、海内外高层次领军人才引进等“六大工程”，建起一个“绿色人才库”，为山区可持续发展提供智力支撑，从而逐步实现从缓解要素压力到逐步摆脱对资源的过度依赖。

（《丽水日报》1月9日1版）

遂昌开创“四位一体”养老新模式

3月21日，3名遂昌县妙高街道庄山村敬老孝老志愿服务队的队员一走进87岁的钟林风老人家中，就拉着老人的手，陪老人聊家常，帮老人打扫卫生，为老人量血压。

自从有了这支志愿服务队后，庄山村的150名居家老人，哪怕行动不便，孤单一人，一样能在自己家中怡然舒坦地养老。

加强机构养老，丰富居家养老，推开休闲养老，引入社会养老，这套“四位一体”的山区养老新模式，不仅让遂昌全县38719名60岁以上老人都能称心养老，还在去年引来近200万人次的外地养老客。

据介绍，遂昌县目前共有6所中心敬老院和一所社会福利中心，480多位老人在这里享受机构养老。

3月20日上午，走进大柘中心敬老院，只见76岁的叶国成老人哼着小曲，在一片绿油油的菜圃里侍卫弄着。吴文章老人则靠在藤椅上读书，为其他老人讲故事。叶国成说：“我身子骨硬朗，就主动要求当了生产组的组长。与别的养老院不同，我们这里的集体生活可丰富了。”

为了达成老人居家幸福养老的愿望，去年以来，遂昌多个村还先后制定多种新办法。庄山村组建志愿服务队为老人上门送服务；云峰街道长濂村制定村规民约，为全村70岁以上的居家老人，每月定时发放养老津贴。妙高街道源口村还聘请退休教师，把老年养生课开在农民家门口，请全村老人“带薪听课”。

在风景秀丽的石练镇太虚观，社会民资建起竹隐养老院，周边村庄数十位老人自发聚集到这里，怡情养老。该县民政局还与西班牙佳俊公司达成初步意向，拟在遂昌建一所大规模的社会养老院，接纳社会老人自费寄养。

据遂昌县旅游局统计，2012年，遂昌吸引来近200万人次的老年游客到该县70多个山村休闲养老。如今，山村老人与都市老年游客结成对子，互助养老成为一道独特风景。

随着越来越多的外地老人慕名而来，这种“四位一体”的山区养老新模式还催生了一个日益壮大的养老产业。去年12月份，杭州大成职工疗休养旅行社以58万元高价，拍走了高坪乡茶树坪村2013年休闲养生服务承包权。旅行社负责人透露，今年，他们将带领上千人次都市老年人，来遂昌休闲养老。

对于遂昌构建“四位一体”养老服务模式，省、市民政局负责人认为，提升了居民养老“幸福指数”，开创了山区养老的新局面。

为民执政的含金量

在许多人的思维中，经济越发达的地区，养老基础设施才能越完善，当地居民才能尽早享受幸福养老。

遂昌“四位一体”的新养老模式对这种习惯思维响亮地说了“不”。有效集中养老资源，实现高效配置，遂昌让当地近4万名老人尽可能早地享受到发展红利，先人一步享受到幸福养老。

偏远山区何以能在这项看似需要大投入的民生事业上走

在前面？究其原因，是遂昌党委政府浓浓的执政为民理念。有了这种理念，遂昌这才能够主动谋划、创新不断，利用好条件、创造出条件，实现这个“奇迹”。

首先，这些新政有效缓解了当地居民的后顾之忧，提高了全县老人的幸福指数，必将大大加强党群的鱼水深情，推动和谐社会的进程。其次，这些新政还夯实了当地新支柱产业——“养生养老”产业的发展根基。因为只有照顾好了当地老人，才能引来外地老人，从而让养老从民生事业走向经济产业。

这件事留给我们的最大启示是：为民执政蕴含着极高的含金量。

（《丽水日报》3月24日1版）

浙江遂昌设“应急转贷周转金”助企缓解资金难

5月20日，浙江遂昌县企协应急转贷周转金合作签约暨企协服务公司成立仪式上，6家企业从企协服务公司获得了一亿六千五百五十万元的转贷资金。这意味着，困扰多家企业的资金链紧张、资金借贷周转困难等问题将得到缓解。

“在企业的发展过程当中，有土地的问题、有人才的问题、有资金的问题，但现阶段特别是金融危机以后的现阶段来说，资金短缺或者说整个资金周转的问题，是目前中小企业整个发展过程当中最重要的瓶颈制约。”遂昌县副县长赵文明说。

对此，遂昌积极寻找破局方法，在丽水首创了“企业互助、政府帮扶、金融创新”的企协应急转贷周转金合作模式，出台《遂昌县企业家协会应急转贷周转金政府扶持办法》，安排3000万元作为专项资金，同时调动企业筹款，自筹资金3000万元。

该周转金项目实行民间独立运作，由遂昌企业家协会作为出资人专门注册成立公司，政府只负责支持和监管，转贷资金的发放和管理工作。

为规范资金使用管理，遂昌县还规定应急转贷周转金资金占用费最高不得超过国家有关规定。每一笔转贷业务都由银行业金融机构以“委托贷款”的方式办理，并由融资性贷款担保机构作为担保人，最大限度降低转贷风险，保障资金安全。同时，政府还将企协服务公司前三年实际上缴税收留县部分奖励给企业家协会，作为风险准备金，以强化财政资金的“四两拨千斤”导向功能。

（中新网5月21日）

浙江遂昌发布中国首份县级游客满意度调查报告

风景美不美、服务好不好？游客来说话。8月6日，记者在浙江遂昌采访时了解到，不久前，该县发布了国内首份县域游客满意度调查报告。与以往不同的是，除常规要素外，这次遂昌还把空气、水质、生态环境都列入了考察元素。

统计的结果，喜忧参半。喜的是，遂昌的空气、水质、景区品质等受热捧，分值分别达9.14分、8.94分、8.60分(满分为10分)，属优秀水平，远高于游客期望值和总体满意度。但对购物点、娱乐等能带动消费的项目上却是短板。

据悉，为确保数据真实、客观，遂昌县风景旅游局委托第三方—浙江旅游职业学院独立开展此项调查，共选取了17个典型抽样地，包括金矿、南尖岩等7个核心景区，住宿酒店和农家乐景点各5个。

问卷既有选择项，也有建议、意见栏。在发出的2300份问卷中，共有2192位游客参与了调查。

对于这次主动的“求挑刺儿”，遂昌县委书记杜兴林表示，遂昌的目标是要成为“中国最佳旅游服务县”，发布这份调查报告，既是为了给公众一个参考，也是为了把握遂昌在游客心目中的地位，同时也想请更多游客参与、监督遂昌旅游发展，更好地提升遂昌旅游综合竞争力。

接下来，遂昌将每季发布一次旅游满意度调查结果，与省市报告同期发布。

（中新网8月6日）

遂昌薄弱村抱团脱贫

繁星点点的夜空下，遂昌县石练镇大茂坑村村支书叶志建拨弄着手中的计算器，兴奋无比。今年5月，大茂坑村利用闲置的两幢楼经营农家乐，短短4个多月，为村集体经济赚回18万元钱。“这是历史性的突破。”叶志建掩饰不住内心的喜悦。

大茂坑村是高山偏远村，一直以来，村集体经济都是“零收入”。县里每年都有3万元扶持资金下拨，但只能维持村集体事务的最基本运行，发展集体经济根本无从谈起。

今年，遂昌创新扶持模式，改分散扶持为“抱团”扶持，注册成立农村集体经济发展有限公司，将上级补助中可用于发展村集体经济的资金进行有效整合，然后由公司统一投资风险小、见效快的项目，收益则由公司根据各村的实际情况进行统一分配，以“活水式”发展、“滚动式”积累来破解经济薄弱村发展困境。

“‘抱团’扶持是以‘县级统筹发展为主，乡镇（街道）统筹发展为辅，村级自谋发展为补充’的扶持发展模式。”分管农业农村工作的遂昌县副县长叶照辉告诉记者，县级统筹能够最大限度集聚财力、物力、人力，找准项目，科学运作，破解项目长效难题、资金难题和主体难题。

年初，遂昌县农村集体经济发展公司前期投入1000余万元，在县城购买了2900平方米的物业资产，对外出租，年租金收入130万元。

大茂坑村就是全县第一批35个受益的经济薄弱村之一。在村集体经济发展公司的帮扶下，大茂坑村依托4A南尖岩景区的区位优势和丰富的生态资源，把原来村供销社闲置的两幢楼房重新装修，发展生态休闲旅游。大茂坑茂源休闲山庄5月1日正式对外营业，短短4个月，接待游客3000多人次，营业收入达18万元。

“‘抱团’扶持，既帮我们科学谋划可持续发展的项目，又有源源不断的扶持资金，村集体经济肯定越来越壮大。”叶志建信心十足。

“以往发展村集体经济都是由村自己选择一些项目，上级补助一定经费，但由于村集体不能科学决策，基本上是上一个项目亏一个，每年几百万元的补助款最终不能让薄弱村集体脱贫。如今采取有限公司的实体化运作，发展村集体经济便有了源头活水。” 遂昌县村集体发展有限公司总经理杨建伟说。

（《浙江日报》9月30日3版）

遂昌书写“三城记”

五行遂昌，一诺千金。坐拥“五行”旅游产品的遂昌，乡村休闲旅游已焕发出勃勃生机。群山沸腾的同时，城市正脱下陈旧的外衣，散发出独有的美丽。

遂昌县委书记杜兴林说：“未来的遂昌，山乡美，城关更丽！”目标很明确：把遂昌建设成为具有浓郁山水特色和深厚文化底蕴的生态旅游城市，力争到2020年，全县城市化水平达到70%，中心城区建设用地面积达到15平方公里，形成以中心城区为核心、中心镇和中心村为依托的城乡一体化发展格局；做法很实际：以老城区为核心，加快“东拓西进”步伐，拉开城市框架，推动建管结合，提升城市品位，以城市为龙头带动山区科学发展示范区建设。

宜居：城市新区扩空间

一边是四面环山的城关，一边要推进新型城市化。如何破题？

2012年，遂昌启动低丘缓坡综合开发利用项目，通过古院和龙板山两大区块数百顷低丘缓坡开发利用，为县城“东进西拓”提供充足的用地保障。作为城市新区的古院区块整体规划约134公顷，其中近期开发72公顷。该区块功能定位为城镇发展及配套用地，以居住功能为主导、以公共服务和旅游服务为特色，将为全县的拆迁安置、下山脱贫及公共基础设施建设等提供用地保障。

去年8月，位于新塘的古院区块I标工程破土动工，一座新城近在眼前。目前场平工作有序推进，新文化综合体、育才中学、公寓房小区和部分单位公建项目都已在筹建中。

“对重点工程而言，项目开工意味着工程建设全面展开，大规模投资得以落地生根，更意味着城市经济得以快速发展，城市化建设进程加快。”遂昌县县长何卫宁认为，古院区块的开工给遂昌城市空间的拓展注入了一针“强心剂”，也给城市经济增添了一股原动力，他相信在不久的将来，一座功能齐全，特色鲜明的新城将在古院区块拔地而起。

宜业：工业东城强产业

遥望遂昌之东，一座工业新城正在崛起！

在低丘缓坡开发中，东面的龙板山区块功能定位为工业开发，为全县工业发展提供用地。该区块规划开发范围约450公顷，其中，近期开发247公顷，分解为2012年至2014年三个年段实施。未来的龙板山区块将与县城的东城工业园区连成一体，形成一个工业新城。

2012年11月，遂昌县与诸暨市签订“山海”协作共建产业园框架协议书，由此成为全省首对全面协作共建产业园的县市。根据协议，两地将投资2.5亿元，携手打造一个总规划15平方公里，以生态型工业为主导，集金属制品、电子、生态农产品加工、高新技术产业和节能环保产业及其生产研发等于一体的产业园。今年8月16日，产业园招商推介会在诸暨举行。

诸暨市委书记钱三雄称此次招商推介会是双方合作走向新阶段的里程碑，更是对遂昌在基础薄弱的条件下大力抓发展的精神，以及利用自有资源发展特色产业的做法表示钦佩，同时表达了双方进一步深化文化、旅游等各方面的交流合作的愿景。

8月底，首批诸暨企业家来产业园实地考察。遂昌今后产业发展有什么规划？园区建设情况怎么样？企业落地有什么优惠政策？在各种问题一一得到解答后，企业家们的脸上露出了满意的笑容。在众多诸暨企业家看来，遂昌丰富的山区资源、低成本投资和优惠政策，与诸暨的资金、先进技术、高级人才、管理理念等有机结合，必将实现优势互补，共同发展，遂昌将成为他们接下来投资创业的“热土”。

目前，园区基础设施建设正在紧锣密鼓推进，园区招商引资工作也在同步进行。项目全部建成后，这里将成为功能布局合理、产业特色鲜明、集聚效应明显的产业转型集群，可吸引制造业投资40亿元，形成产能200亿元以上，税收6亿元，并将直接带动东城规划区36平方公里的新区建设。

宜游：旅游名城富百姓

一座城市的美，仅有可供观赏的风景是远远不够的。

汤显祖纪念馆、牡丹公园、好川公园……漫步于遂昌老城区，青山绿水传递的还有历史的气息和文化的底蕴，它们邀约着人们驻足欣赏，细细品味。把2539平方公里的县域作为一个大景区来谋划，着力打造“长三角休闲旅游名城”，这样的目标从未改变。

去年12月，遂昌13个旅游项目集中开工，计划总投资101.8亿元。项目涵盖创国家5A级景区提升工程、山地户外运动基地、休闲养生度假区及山居文化园等。投资数额最大的为遂昌湖山温泉小镇，达50亿元。该项目将通过改造闲置国有资产和收购旧民居，实施温泉供水管网铺设，建设温泉商业街、温泉广场，建成以温泉为主题，集度假、商业、娱乐、集散等功能为一体的欧式旅游小镇。有人把这次百亿旅游项目集中开工看作是山区旅游综合改革道路上的一步大跨越，遂昌旅游从观光型迈向深度游的“升级跳”。

事实上，这样的转变已然开始。

36岁的遂昌县大柘镇大田村“寻梦山”农家乐经营户王君兰这样讲述她的一天：早上7时起床买菜，接着打理店里的卫生，下午5时开始，母亲当厨师烹制土菜肴，自己和丈夫当服务员招待客人，晚上10时前收工。王君兰说，大多数都是自驾游来休闲的，一来就住好几天。

这和4年前夫妻俩在海宁打工的生活大不相同。用王君兰的话说：“那时只有过年才能回家陪陪老人和孩子，现在能在家门口赚钱，收入稳定，还能照顾家人，这样的日子过得安稳踏实。”去年，夫妻俩的农家乐毛收入有30多万元。

这是打造“长三角休闲旅游名城”，富裕一方百姓的生动实践。告别粗劣的团队餐，烹制天然原生态的土菜肴；告别脏、乱、差的住宿环境，建起单间独卫的农家“标间”，告别千篇一律的纪念品，换上本土气息的土特产，乡村休闲游、原生态精品农业等深度游不仅满足了游客身心愉悦的需求，也鼓起了遂昌百姓的“钱袋子”。

眼下，遂昌正以“美丽遂昌”建设为引领，倾力书写“三城记”，力争做透山区城镇化特色“文章”。

（《丽水日报》12月5日1版）

富民红娘舞山乡

恰逢淘宝“双十二”促销期，遂昌县绿都竹笋产销专业合作社正在建新厂房。负责人翁方荣拿着一叠订单说：“有了网店协会在第一时间反馈的客户喜好信息，我们合作社就能紧跟市场走。去年我们销售额几乎翻番。”

对于像翁方荣这样的110家供应商和1500多家网商来说，遂昌网店协会就是助其发展致富的“红娘”。据统计，2012年网店协会旗下会员实现销售额超1.5亿元。

在遂昌，这样的民间“富民红娘”共有94家。其中，既有像网店协会这样服务于市场一线的，也有服务于诸如竹、茶、高山蔬菜、制种、农家乐等遂昌县域主导产业的。

这些活跃在民间的“富民红娘”们，在反馈市场信息、促进技术升级、建立行业标准等方面发挥出越来越大的作用，有效地弥补了政府管不好、管不到的真空，有力地推动了收入翻番计划，帮农民结出了甜蜜的硕果。

高价水果走出大山

寻访地：北界镇北界村、王坞村

初冬，北界镇北界村的坑里潘红提观光园里，50多亩大棚红提已揭去塑料薄膜，许多土鸡在园子里活跃地跑来跑去。尽管是农闲时节，负责人祝小水仍忙着给红提修剪枝条，希望来年3月能更好萌芽。

几天前，从遂昌网店协会传来一个好消息：在淘宝遂昌馆里今年的年度销售总结里，北界红提成为好评率最高的农副产品之一。这个好评，也深深地印在了祝小水的心里。

祝小水的另一个身份是绿山沟果业合作社的社长。50多个社员分布在9个村里，一共管理着5000多亩的种植面积。今年，除了正常的销售途径外，他首次带领合作社尝试网上卖红提，成果喜人，共卖出了20000斤红提。

“每一袋从网店卖出去的红提都有质量保证，产品源头可追溯到种植户的名字、地址、电话，让大家吃得既安全又放心。”祝小水说，“听说明年全镇的红提订单已达到20万斤以上，还要进入杭州的连锁超市里呢！”

北界镇从2003年开始，依托气候、土壤、水源等优势资源发展红提种植，主要有青提、红地球等20多个品种。“推广实施滴灌技术，施用有机肥，每串果实都实行了套袋技术，品质自然不在话下。”遂昌红提协会联络员应波说，通过标准化管理，技术不断升级，北界红提种植基地、红提葡萄生产、标识、销售及营销体系通过了国家级有机转换食品认证，产出的红提质量很好，亩产值达到1.5万元至1.8万元，除去管理成本，每亩平均效益可达万元。

今年夏天，包括“绿山沟”在内的几大红提合作社合力举办了“红提节”，来采摘游的小汽车把村道堵得水泄不通，不仅红提卖得价格喜人，同时也带动镇上的农家乐生意兴隆。应波补充说：“最夸张的时候，农民家里的土鸡蛋也供不应求。”

在北界镇王坞村，30多幢清一色的小别墅构成了一个“红提新村”。当地农民说，现在，红提种下去很省心，合作社会统一管理，统一施肥，统一销售，碰上什么技术难题，一条龙服务那是没话说。只要种上五六亩红提，一年就能买车，两三年就能盖上一幢新房。

“绿山沟组织分散果农，实行统一生产标准、统一操作规程、统一包装、销售，打造优质品牌，推行绿色生产。”祝小水得意地说，在合作社带动下，北界镇“原生态、自然红”的红提品牌一炮打响，种植户们可享受到生产、管理、销售等全程服务。据统计，几年下来，该镇红提区域面积达3000余亩，总产值达3000万元。

北界镇镇长杨慧说："在北界镇，像绿山沟这样发挥管理功能、带动红提销售的合作社还有很多，下一步，我们准备将几个合作社整合起来，成为一个规模更大，组织化程度更高的联合社，更好地为农户服务。"

"种子兄弟"播种希望

寻访地：新路湾镇蕉川村、新路湾村

来到新路湾镇蕉川村，一问起农技专家叶成淼和程远平，村民先蹦出一句："你找种子兄弟啊，现在不是制种季，这两个'黑炭头'这会儿该在统计今年的收成了吧。"

叶成淼和程远平不是兄弟，却胜似兄弟。两人今年同为62岁，都来自新路湾镇蕉川村，曾一同分配到新路湾镇农技站工作，一同入党，一同被评为浙江省优秀乡镇农技员，一年四季同在水稻制种田里日晒雨淋，都有一张"黑炭"脸和一双抗病虫农药的"金刚脚"，农民尊称他俩为"种子兄弟"。

7年前，两人一同从镇农技站退休后，又继续发挥余热，当起了镇里的"制种辅导员"。

"蕉川制种基地今年生产面积2422.7亩，总产量329907公斤，产值906.21万元，每亩增值2541元。"翻开程远平的账本，遒劲有力的笔触清清楚楚地显示着今年喜人的成绩。

"很多年前，新路湾镇原本就有个种子公司，后来变成了浙江勿忘农种业集团有限公司遂昌分公司。"问起两人如何走上制种路，还要从1999年说起。那时，叶成淼和程远平被分配到新路湾镇上下源自然村。当时该村人均年收入只有200元，是全镇最贫穷的地方。叶成淼和程远平挨家挨户上门分析制种的好处，经过动员，农民愿意改变生产方式，可是每家连买种子的本钱都拿不出来。于是，叶成淼和程远平东拼西凑，凑到2万多元钱，给20多户村民买种子化肥等生产资料，帮助农民发展了50多亩制种田。如今，制种已成为该村村民的主要收入来源，生产的"中浙优"系列良种通过"勿忘农"公司的订单收购，供应到全国各地。

"老吕啊，今年你效益不错的，明年打不打算多承包点地啊？"被程远平叫住的是58岁的新路湾村村民吕建雄。吕建雄从2006年开始制种，现在承包了七八户农家的13亩地，从对制种一无所知到产量稳定，离不开这对"种子兄弟"的帮忙。"制种比种稻辛苦，管理起来很需要技巧。种子花期相遇前的2个月，老叶老程总是没日没夜地跑到大家的田头，指导、培训、帮忙，关键是所有服务全部是免费的。"吕建雄说，家里还养了几头猪，年底宰了卖钱，算上制种田，现在每年能有六七万元收入，日子过得挺滋润。

在两位能人的带头下，近年来，不少农民在水稻制种中获得了不菲的经济收入。全新路湾镇现在有制种户560多户，制种面积达3600多亩，产值超千万元。

"我们希望这些退休的技术专家能发挥优势，显出'才气'，继续为农民服务。老叶和老程就是我们的'富民红娘'，他们培育的不仅是杂交水稻的良种，更是村集体增收的希望之种。"新路湾镇农业负责人总结说。

民间协会合力富民

寻访地：高坪乡高坪新村、茶树坪村、箍桶丘村

现在，一走进高坪乡茶树坪村桃源自然村，只见农家乐指示牌上，地址、电话等一目了然。村里有个农家乐协会，游客由村农家乐协会统一分配、统一定价。遂昌农家乐协会配合主管部门，在全国率先建立起农家乐服务标准。其中，微笑服务标准、温泉旅游服务规范、乡村旅游服务规范等都均为行业首倡。"所有的经营户都受过培训，微笑要能露齿夹住一根筷子。"村支书黄久福说，"自从旅游服务有了标准，不仅没了恶性竞争，而且我们这里再没收到一起投诉。"

横跨各行各业的民间组织，有时还联合起来富民。在高坪新村的蔬果观光园，县蔬菜产业协会指导建起杀虫灯、防虫网、色板等五道防线，确保原生态时令果蔬的生产和供应。观光园旁边，是一个颇具特色的"高坪农家"，县农家乐协会指导团则从装修风格、内部摆设、特色菜谱等方面给予全程辅导，还花了5万多元购置了30辆名牌山地自

行车，方便游客出行。有了多重保障，这里的农家乐从去年9月开业至今，户均增收3万多元。

“你们的无线密码是多少啊？”走进“高坪农家”，20幢白墙小别墅格外整洁，无论屋内还是屋外，都有无线网络覆盖。这里由村里农家乐协会统一管理，实行统一宣传、统一标准、统一价格、统一接团的“四统一”和“农家乐协会+农户”的模式，农户只需要负责服务，省却了不少心思。9号楼经营户黄土清今年的农家乐刚开张，就赚得令人直羡慕。“光是今年5月至8月，账目上做了5万多元的生意。”随着黄土清手一指，贴在墙上的账目公示上，明确显示着各家各户的收入。协会按期入账，清清爽爽。

“为平衡管理，我们在分配游客时还考虑到均富模式。”高坪乡副乡长、农家乐协会主任蔡捷介绍说，“比如像茶树坪村老房子多，每家的床位数较少，就利用多户联营的模式，将游客集中起来吃饭，每桌12菜1汤的标准，每家轮流烧两顿，既替农户节省了成本，又帮游客增加了新鲜感。”

“只要轻点鼠标，各地农家乐的民俗特色、原生态农产品都可以一览无余。”蔡捷介绍，2009年，遂昌农家乐协会开通了农家乐信息网，所有农家乐经营户都可免费在这个网站发布农家乐信息，宣传自己。

高坪乡党委书记邱根松说：“抱团经营可以让农家乐既把蛋糕做大，又能做‘精’，打出品牌。”

来到箍桶丘村，暖洋洋的冬日午后，云泉农庄的女主人王云正在屋外晒金银花，客厅里挂着一面杭州游客送来的感谢锦旗。“来过的游客都很满意，都说我们是乡情式服务，我们村里的22家农家乐每家都有锦旗。”

说话间，乡农家乐协会打电话通知，月底的年货节即将开办，听说已有1000多个杭州游客报名参加。想起去年年货节才半天工夫，不仅现杀猪牛当场售完，连萝卜、白菜都卖光，王云喜滋滋地说：“这两天得忙着多备些年货了。”

（《浙江日报》12月17日19版）

高坪启示

“若要看懂浙江的美丽乡村建设，你应去遂昌高坪乡走走。”初到丽水，前辈如此提醒。

从遂昌县城向大山里进发，驱车1个多小时，我们终于来到小小的乡村—高坪乡茶树坪村。一路上，我有些疑虑，很难相信有人愿意从沪杭乘五六个小时大巴，赶到如此偏僻的山村，在农家乐住上一个星期。

这里虽然山清水秀，却没知名的景区。这里远离城市，交通不便、资源不多，其中近半的路途，是在大山间蜿蜒穿行，有些单调无趣。然抵达山谷尽头，却不见丝毫荒凉和空寂。

突然，手机“叮咚”提示，已自动连接上无线网络信号。这段山村惊喜之旅，由此开启。

这里很山村 这里很现代

没想到，无线网络还不需要密码，而且全村覆盖。走在村中，看到好看好玩的，随手“咔嚓”，分享到朋友圈，千里之外的友人，立即有了回应：哟，又在哪里游山玩水？这般，即便山水阻隔城市又何妨。

不仅如此，高坪新村每个客房的床上四件套，都由当地农家乐协会，按照酒店标准统一采购和清洁。可见，如今的村民，早已摸透城里人的生活习惯。

高坪乡共有4个农家乐专业村，全乡的床位数1100个。其中高坪新村是于2012年建成的地质灾害迁建安置、旧村改造和农民新村建设项目。与很多新农村建设不同，从规划设计之初，高坪新村就奔着发展农家乐而去。

在村中行走，就好像漫步于一个小型度假村。10栋规格相同的三层白色小洋房，整齐坐落于山坳中。平均每一栋楼房10个房间，都严格按星级酒店的标准间设计。

高坪新村还有一个酒店式的前台。游客不用挨家挨户挑农家乐，只需要像酒店一样，在前台办理入住手续。尔后会有村民领着游客到达住宿地。整个新村所有的客房，都由前台统一分配。

高坪新村1栋的经营户罗彩秀告诉我，从开农家乐的第一天起，她就没担心过客源问题。“协会去找旅行社商洽，这些事情都不用我操心。”说话时，她正坐在自家客厅里摇着蒲扇看电视。

没有壮丽山水
依然吸引目光

到的那一天，茶树坪村正要召开村两委会议。二三十平方米的会议室里，满满当当坐着10多位村两委委员，其中青壮年占了多数。“都不太愿意出去打工，自己家门口办农家乐多好。”黄久富告诉我：“农家乐协会帮忙找客源、做推广，村民只要把家里收拾好，开门迎客就行！”

如今，高坪乡已发展出4个像茶树坪村这样的农家乐专业村，每个村都有自己的农家乐协会。正是这样的协会，让大山里的小村庄，逐渐有了生机和活力。而这种模式，脱胎于村支书黄久富创造的抱团经营理念。

黄久富至今还记得，3年前从上海拉来第一个避暑团的情景。“53个人，正好一辆大巴车！”黄久富说，“人太多了，一户两户接待不了，我就让大家五户联营，组成一个小组来接待。”一个应急的办法，竟慢慢发展成推广高坪乡的统一模式。

如今，高坪乡4个农家乐专业村，都有各自的农家乐协会。每个村都由协会按照“统一宣传、统一接团、统一标准、统一价格”的模式，进行管理和经营。“资源都整合，就有足够资本去接团。”黄久富说，实行统一定价，还避免了农户间的恶意竞争。

目前，高坪乡共有97户农家乐经营户，从2009年至2012年，全乡旅游借贷人次从3.1万人增长到了16.44万人。今年1月至7月，高坪乡共接待游客17.6万人次，旅游收入达1723万元。

在黄久富看来，这一套“四统一”模式，十分适合没有景区资源，交通也不便利的农村地区。“散客很少会去这些地方，但只要自然环境足够好，服务跟得上，把资源整合起来去和旅行社谈，并不难。”他说。

不见城里月光
但见乡村日朗

每年十几万人次的游客，让高坪乡的村民体会到了乡村的价值。

前有山，后有水，朝食五谷，暮啖清茶。38岁的王云如今和丈夫林茂泉一起，在遂昌县箍桶丘村，过着令都市人羡慕的闲适日子。

两口子的三层小楼建在半山腰，一楼自己住，楼上都设计成标准客房开农家乐。

王云是辽宁鞍山人，和林茂泉是通过“网恋”走到一起的。两人当时一直在杭州打工，林茂泉在一家小厂里工作，王云则在饭店里做服务员。曾经，两人的理想是攒够钱，在杭州开家小饭店。2011年底，听说老家石门塘村要建农家乐协会，林茂泉带着王云回乡，在原址上重建小楼，加入协会。没想到，去年5月营业，半年时间居然赚了七八万元，“过过日子肯定够了”。

在城市生活过，就更懂得农村对城里人意味着什么。

王云在自家的前院里，种了一大片波斯菊，花开得五彩缤纷，背后的大山茂林修竹。“游客背着相机坐在我家院子里，可以拍上好半天。”王云说，如今的这份心境，是她在城里打工时，想都不敢想的。

现在，栽花培土，装点小院，是王云每天最重要的事。后山上的菜地，也被丈夫打理得井井有条。“上海游客喜欢去菜地里摘点菜。”王云说。

黄久富也深深感受到了农家乐给村民带来的变化。“以前是热情，现在是开朗！”黄久富说，来避暑游的客人，往往以中老年人为主，他们喜欢唱歌跳舞，还主动教村民才艺表演。开始，村里老百姓什么都不会，还很羞涩，现在能拿出五六个节目了。

离开高坪乡时，我的微信朋友圈里，很巧地出现了朋友分享的一段话：

“当我老了，就住在一个人不多的小镇上。房前栽花屋后种菜。没有网络。自己动手蒸馒头、腌咸菜。养一条大狗。每天骑自行车、散步。几乎不用手机。每天做做手工、喝喝茶。不打扰别人，也不希望被打扰。老就有老的样子，低调从容。所谓的天荒地老就是这样了。一茶、一饭、一粥、一菜，与一人相守。”

回头看一眼这座大山里的乡村，这里的烟火气息，和遥遥在前的迷蒙城市，一切便也了然。

（《浙江日报》9月17日19版）

遂昌下山农民不脱管

在遂昌县腾龙小区，下山移民吴伟君夫妻俩骑着电动车双双上班去。原来一直住在焦滩乡槽碓岭村的这家人，自2011年享受异地脱贫政策，搬进县城的移民小区后，已经慢慢适应县城生活，两夫妻在附近工厂上班，每月能赚四五千元钱。

腾龙小区是遂昌县乌溪江库区第二期脱贫致富工程，也是该县最大的移民小区，计划安置3054户10430人，目前已经建成池莲区块一期、二期工程，安排了300多户2800多人入住。

由于小区规模大，人口多，并且是相对特殊的群体，综合管理工作复杂，该县有关部门特别在社区里设置了农民增收服务岗、综合管理岗、小区服务岗、社会救助岗、综合治理岗等，为下山农民提供就业信息、子女教育、社会保险、纠纷调处等服务。

“下山脱贫是农民的意愿，但若因此脱‘管’，就是政府的失责。”遂昌县相关负责人表示，该县探索集农村和社区管理为一体的创新模式，解决农民异地转移后续管理方面难题，腾龙社区就是这一管理模式的集中体现。

由于大多数移民进城没有职业，该社区即时在小区内张贴招工信息、技术培训信息，并积极联系来料加工事宜等。现在，约有三分之一的社区住户，在附近企业找到了工作，不少妇女在家开展来料加工，贴补家用。

社区还多方为困难群众申请救助，让新住户们感受到温暖。74岁的涂玉燕因儿子伤残，媳妇患病，生活陷入困境。社区工作人员为她申请到困难群众临时救助(补助)金；唐日宗的女儿考上大学，可是学杂费负担沉重，由社区开具证明，为其申请到一笔助学金。

从农民变身“新城市人”，要适应全新的生活秩序。不久前，小区住户谢某沿墙堆积废品，与相邻住户王某发生口角。社区工作人员周晓玲几番上门调解，最终使双方取得谅解。小区住户反映，小区的垃圾房前后有野狗出没，威胁过往人员安全。社区管理人员及时与城区治安队员联系，加强安全管理，让住户住得安心。

据了解，下山农民将户口统一迁移到腾龙社区后，政府参照城镇社区模式进行管理；另一方面，保留农业户口性质，老家的山林、田地权属不变，下山农民可以回村参加选举等，参与村级事务。这种“双重”身份让下山农民更有依靠，对移民政策发自内心的拥护。

（新华网7月3日）

标准化便民服务劲吹勤廉之风

作为全省便民服务、村（居）监会标准化建设的先行者，遂昌致力让“常住村民不出村，便能办成事；外出村民不回村，也能办成事”。

在实现全县203个村便民服务中心、村监会全覆盖基础上，遂昌积极导入企业管理理念，全面部署推进便民服务中心、村（居）监会标准化工作。

标准对企业意味着话语权、竞争力；对政府来说，标准则意味着公信度和亲和力。在遂昌县委书记杜兴林看来，标准化要在与网络化、社会化、品牌化同频共振中，让群众享受如“家”服务，以此推进“勤廉遂昌”打造。

标准引领

遂昌在全省率先制定《遂昌县便民服务中心服务标准》，出台便民服务中心设置导则、服务规范、绩效评价等，实现设置、服务、评价、监督全程标准化。

在推进标准化建设过程中，遂昌按照“群众需要什么服务、中心就提供什么服务”原则，最大限度地把基层站所涉及的民生事项下放到中心，把部门和单位的公共资源纳入到中心，把与群众生产生活密切相关的企事业单位的服务事项进入到中心。目前，全县统一的服务项目有九大类138项。

遂昌在强力推进便民服务中心标准化建设的同时，积极开展村监会标准化建设，实现职能定位、监督程序、监督内容、工作制度、工作保障等六项标准化，研究制定出村级财务监督、村务公开监督、村级三资监督等五类标准化简明流程图，让群众一目了然。

遂昌县监察局副局长林延忠表示，对群众的新承诺，意味着对党员干部、中心工作人员提出了更高标准。而标准化则有效规范了乡村干部的决策行为，力促言行一致。

网络便民

如果说，标准化为便民服务和村监会健康有序运行提供了基础，那么，充分利用遂昌开展全国政务公开和政务服务“百县试点”而建设的县乡村三级便民服务网络化，则让便民服务走向了阳光化。

在北界镇便民服务中心，经高拍仪等专业设备辅助，县乡村三级便民服务网络平台无缝对接。遂昌县审批中心副主任、纪检组长廖立尧介绍，通过三级网络平台，群众在乡村便民服务中心通过网络直接办理的事项达到80多项。

与此同时，这个平台还与县数字电视平台有效配合，把群众社会普遍关心的党务、政务、财务等作为标准化公开事项，向社会开展诚布公，实现电子监察全业务、全流程、全领域覆盖。

前来办事的姚埠村村民林巧妹表示，便民服务中心办事流程化、菜单化，很直观透明，通过网络平台、数字电视，还能了解到办事过程、进度，非常方便。

个性魅力

标准化建设、网络化运行，有效提升了便民服务效能和民主监督效果。不仅如此，遂昌在致力提供基本公共服务基础上，还因地制宜开展个性化、特色化服务。

“政企共建”运行模式就是遂昌寓特色于标准的积极尝试。在公共服务不缺失、服务主体不变的基础上，遂昌在全市率先将农村金融、邮政服务机构纳入便民服务中心，设立村邮站和村级金融服务点，实现平台共建、资源共享、渠道共用，一举填补村级便民服务中心金融和邮政服务空白。全县仅“政企共建”服务就达52项。

基层便民服务中心还因需设项，为百姓提供红提种植、青糕制作、来料加工以及农家乐经营培训等特色服务，直接助农增产增收。

不仅在便民服务领域有创新，村(居)监会也是好招不断。遂昌采取群众“自定自建自享”新机制，全面推行“美丽乡村项目大家建”工作，对体量小、技术不高项目，让群众自议、自做、自督。蔡和村党支部书记郑惠仁表示，此举有效杜绝了串标等“暗箱操作”，还有效提高了资金使用效率，深受基层欢迎。目前，16个已完工相关工程合格率达100%，节约资金79.7万元，节资率超20%。

“村务群言栏”更是发端于乡村，而在全市推广的标准化创新举措。这个去年共收集6571条服务需求和意见建议的平台，集群众意见诉求、受理，村务监督、反馈平台等功能于一体，成为汲取民意、创新村务决策监督的效举措。

品牌效应

标准化、网络化、社会化有效互动，推动便民服务和民主监督联动升级。遂昌又顺势而为，统一推出“办事如办家事、待人如待家人”的“家服务”品牌。

确也如此，检验标准实施成效，考量服务优劣，群众笑脸就是最好标准。每年底，县里还组织开展“十佳村级便民服务中心”“十佳代办员”评选活动，推动便民服务中心成为群众的“温馨之家”。

北界镇是省级示范乡镇便民服务中心，中心负责人阙相华说，服务群众最重要的是换位思考，按照环境清新如家，服务热情如家，管理严格如家的标准，为群众提供温馨便捷服务。

“家服务”品牌打造换来的是群众的拥护与支持，有效激发了群众创业热情，并得到省市领导的褒奖与期许！省委常委、纪委书记任泽民对遂昌做法给予了批示肯定，遂昌村监会做法还在全省现场会上作经验交流。

据统计，2012年，全县村级便民服务中心共受理各类服务事项32806件，办结率98.4%；村监会退回不合理、不规范票据1665余张，涉及金额322.6万元；反映农村干部问题来信来访同比下降50.7%，86.7%的村成为“零信访举报村”，查处农村基层案件39件，同比下降15.2%。而产业发展却是一片红火，全县实现农业总产值15.07亿元，增长14.5%；农家乐经营收入1.3亿元，增长43%；农村居民人均纯收入9203元，增长14%，农村经济社会发展呈现良好态势。

便民服务没有终点，标准化只是起点。遂昌县委常委、纪委书记吴松平表示，接下来，遂昌会深入推进标准化建设，着力打造便民服务升级版，不断提升干部服务群众、服务发展水平。

（《丽水日报》5月15日1版）

遂昌203个村两委干部届末应考

“我在任期内完成的主要工程项目有：超额完成土地开发整理项目、大横岗黄碗至大呑机耕路建设……”日前，遂昌县焦滩乡大路沿村举行的村民代表大会上，村党支部书记曹昌根向44位党员及村民代表一一数起任职期间的业绩。

“村里的财务收支情况有没有详细说明？”“格路口小区二期工程进展怎么样？”听完述职报告，有村民代表马上现场“发难”。

“村里财务收支每季度都在村务监督栏上进行公示，随时可以查询。”“前期工作正在进行中，建设用地问题解决好后马上可以动工。”曹昌根对答如流。

几轮问答结束后，在场的代表马上在测评表上打分，随后，在县委组织部工作人员的监督下，对村两委的承诺兑现事项、工作业绩和考评结果进行公示。

这是连日来遂昌县203个村村两委干部届末迎考的一个缩影。为了提前做好换届选举的相关工作，遂昌县在全县各村开展了查工作成效看业绩、查承诺兑现看信用、查财务开支看廉洁的届末回头“三查看”考评，让1000余名村干部上台晾晒，接受群众检阅。

“做得好不好让老百姓来评价，既是对村干部的压力，也是对村干部的鼓励。”遂昌县委组织部负责人表示，村级组织换届在即，把全县村干部的功过是非全都晒出来，既能解决换届前村级组织中存在的突出问题，又能督促村干部转变观念、积极践诺，避免出现等、拖、懒、散的不良作风。

在此基础上，该县还开展换届展望“三强化”，强化调查研究摸清底数、强化重点整治解决潜在问题、强化干部培养充实后备队伍，树立合理的选人用人导向，让群众把真正能干事，会干事，干成事的人推选到村两委班子中来。

日前，在村级组织换届选举试点乡镇王村口镇，“先定事再选人”的方式正在试行。“启动电站技改项目、增加农家乐点位、下山移民安置、照顾留守老人……”在该镇弓桥头村，十多个事项拟被纳入村未来三年发展规划。规划由现任村两委及村党员、村民代表提出，通过自荐人商议补充，上报镇党委政府审核，最后经新一届的村民代表表决通过。“有了清晰的发展规划，再由此匹配村后备干部，既能做到有的放矢，又能接力发展。”王村口镇党委书记杨全优说。

据了解，目前，遂昌全县已经有189个村完成考评工作，862名村干部考评成绩为优；清理审计历史遗留账目61笔，化解矛盾纠纷101起；村两委届初承诺事件3621件，已兑现3282件，完成率达91%。

（《丽水日报》9月4日1版）

遂昌“能工巧匠”实现100%就业

尽管遭遇“史上最难就业季”，但就读于遂昌职业中专旅游班的涂丽敏，却在毕业前夕就接到了遂昌金矿旅行社的入职通知书。

涂丽敏并非特殊的幸运儿。今年，在遂昌职业中专元立班、遂金班、八代雄成班等“订单班”里，200多名接受“定向培养”的学生，都早早接到了企业抛来的“橄榄枝”，走上了满意的工作岗位。这群根据企业实际需求所培养的“能工巧匠”，目前已经实现了100%的就业率。

尽管接到了不少高校本科毕业生投来的简历，但浙江八代雄成贸易有限公司负责人李美华，仍将目光锁定在只具有职业中专文凭的“能工巧匠”中—这批年轻人掌握着各技术岗位所需的实用知识、技能，加上学习期间经过“无缝对接式”的岗位实习，“一上岗就上手，基本不需要适应期，这正是企业发展最需要的实用型人才。”

企业“按需下单”，学校根据“订单”为学生量身定制培养计划，学什么、怎么学，都由“订单”所罗列的具体要求决定，以确保毕业后可以直接以“熟练工”的身份上岗就业—在遂昌职业中专校长龚林鸿看来，教育理念从“照本宣科”到“因企制宜”的转变，是1437名定向培养的人才能够在5年间从日益激烈“就业大战”中脱颖而出、成功步入各行各业进而成长为技能尖兵的关键。

遂昌县蔡源乡双溪村村民黄海峰，也是“定向培养”的受益人。前些年，这个草根出身的农村能人一直在为创建农产品品牌、实现标准化管理而大伤脑筋，“知识储备不够，什么都靠自学，实在应付不来。”

黄海峰的苦恼通过村两委、乡政府逐级往上传，当同类需求达到一定规模后，遂昌县多部门联合举办了3场定向培训，请来外地专家学者、行业带头人为162名草根能人传授组建专业合作社的各项知识。今年，黄海峰领衔的蔡源果蔬专业合作社已经正式成立，首批采收的高山四季豆，已经分类打包运往温州、杭州等地。

在遂昌，这样的“定向培训班”，每年都举办30多期，受益人总数已超过7000人。随着“订单式培养”的日渐普及，遂昌县还针对不同行业需求，将竹炭、黑陶、旅游、电子商务、昆曲十番等特色人才的培养也纳入“定向计划”。

（《丽水日报》9月20日1版）

附 录

中共遂昌县委关于认真学习贯彻党的十八大精神加快推进山区科学发展示范区建设的决定

（2013年1月17日中国共产党遂昌县第十四届委员会第五次全体会议通过）

中国共产党遂昌县第十四届委员会第五次全体会议，认真学习贯彻党的十八大精神，立足遂昌实际，研究讨论了加快转型跨越、推动强县富民，加快推进山区科学发展示范区建设的重大问题，作出如下决定。

一、认真学习贯彻党的十八大精神

党的十八大精神对于统一思想、凝聚力量，激励全县人民推进创业创新，加快山区科学发展，具有十分重要的现实意义。全县上下要把学习贯彻党的十八大精神作为当前和今后一个时期的首要政治任务。

1.认真学习贯彻党的十八大精神，关键是要把十八大精神与我县具体实际紧密结合，努力使十八大精神融入遂昌未来五年经济社会发展全过程。一是要以中国特色社会主义伟大旗帜指引前进方向。深入推进思想理论、体制机制、管理服务创新，扎实推动中国特色社会主义在遂昌的新实践。二是要把科学发展观作为指导全县工作的强大思想武器。更加自觉地把推动发展作为第一要义，把以人为本作为核心立场，把全面协调可持续作为基本要求，使科学发展观显现出强大力量。三是要围绕全面建成小康社会的宏伟目标努力奋斗。作为发达省份的欠发达县，更要同心协力、埋头苦干、攻坚克难、锐意进取，为加快推进“两富”现代化浙江以及“秀山丽水、养生福地”建设做出积极贡献。四是要围绕建设“美丽中国”再创生态文明新优势。必须把生态文明建设放在突出地位，融入经济、政治、文化、社会建设各方面，坚持举生态旗、走生态路、创生态业，提升生态优势对经济社会发展的贡献率。五是要全面加强党的先进性和纯洁性建设。全面落实党的思想建设、组织建设、作风建设、反腐倡廉建设、制度建设，不断提高党的建设科学化水平。

二、切实提高对加快推进山区科学发展示范区建设重要性的认识

2.加快推进山区科学发展示范区建设，是围绕省委“建设物质富裕精神富有现代化浙江”奋斗目标的积极探索。遂昌作为欠发达山区县，面临的任务更为艰巨，发展责任更为重大。我们要抢抓机遇，凝心聚力，加快把山区生态优势和后发优势转化为发展优势、竞争优势，努力实现绿色发展、后发崛起，真正走出一条符合时代特点、具有遂昌特色的山区科学发展之路。

3.加快推进山区科学发展示范区建设，是落实市委“绿色崛起、科学跨越”战略总要求的生动实践。市委将遂昌列为山区科学发展综合改革试验区试点县，这是为彰显遂昌优势、推动转型发展、提升人民群众幸福感作出的综合考量。

我们必须大胆先行先试，充分放大生态优势，激发生态经济活力，积极探索山区科学发展的新思路、新模式，着力构建富有效率、更加开放的发展体系，建成科学发展示范县。

4.加快推进山区科学发展示范区建设，是遂昌加快转型跨越、推动强县富民的必由之路。建设山区科学发展示范区，是县委切合遂昌实际、顺应全县23万人民加快发展的热切期待作出的战略选择。只有切实加快山区科学发展，才能进一步提升发展质量，促进经济转型升级，增强区域综合实力，在区域竞争中实现后来居上。

三、进一步明确加快推进山区科学发展示范区建设的总体要求

5.推进山区科学发展示范区建设的指导思想：坚持以邓小平理论、“三个代表”重要思想、科学发展观为指导，以山区科学发展示范区建设为目标，按照“目标强县富民、空间东进西拓、产业扬长补短、民生与时俱进、社会和谐幸福、发展科学持续”的战略思路，坚定生态之路，坚持民生之本，力争率先走出一条富有遂昌特色的山区科学发展新路，全力建设全省乃至长三角区域乡村休闲旅游的引领区、生态富民的示范区和科学跨越的先行区。

6.推进山区科学发展示范区建设的奋斗目标：到2020年，全县地区生产总值达165亿元，人均生产总值力争突破8万元，城镇居民人均可支配收入达到62700元，农村居民人均纯收入达18900元以上，努力成为全国生态文明建设的典范、全省山区科学发展的样板、全市绿色跨越崛起的标杆。

全国生态文明建设的典范。生态文明成为发展导向，“天更蓝、山更绿、水更清、地更净”的美丽遂昌成为百姓的幸福家园，国家可持续发展实验区建设全面推进，生态文明建设领跑全国。

全省山区科学发展的样板。山区潜在优势充分挖掘，要素保障能力大幅增强，城乡统筹水平显著改善，内生增长能力有效提升，集聚发展格局基本形成，经济和社会效益实现最大化，山区科学发展综合改革试验区建设引领全省。

全市绿色跨越崛起的标杆。城市生态经济、生态高效农业、生态旅游业全面构建，工业可循环、农业原生态、服务业可持续成为现实，经济结构实现转型升级，县域核心品牌全面打响，生态旅游城市和美丽乡村建设领先全市。

7.推进山区科学发展示范区建设的基本原则：一是坚持解放思想，革新观念，打破习惯势力和主观偏见的束缚。二是坚持创新驱动，推动体制机制创新，加快构建一套富有生机活力的体制机制。三是坚持生态优先，加快推进经济发展方式转变，着力提升生态环境质量。四是坚持民生为本，强化政府社会管理和公共服务职能，解决好人民群众最关心、最直接、最现实的利益问题。五是坚持扬长补短，既扬生态、生态产业、文化之长，又补新型城市化、新型工业化、城乡统筹、干部能力结构、体制机制之短。六是坚持干在实处，大兴求真务实之风，密切联系群众，真抓实干、勇于担责、激情创业、克难攻坚。

四、加快转型跨越、推动强县富民，建设山区科学发展示范区建设的各项举措

8.构筑绿色发展路线图。紧握实体经济培育这一强县富民总抓手，突出质量和效益，致力构建适应山区未来科学发展的生态产业体系、环境体系、人才培养体系。致力培育金属制品集群、高新技术产业园、旅游综合体三大百亿工程，切实把生态优势转化为经济优势和民生幸福指数。

9.做大做强城市经济链。大力发展高档金属制品产业和装备制造业，加速形成一批带动力强、竞争力突出、税收贡献率大的优秀产业集群，重点培育一批技术含量高、市场容量大、发展前景好的新兴产业。突出承载与配套，提升城市品位，重点培育城市夜间经济、房地产、建筑业、现代物流、金融服务、总部经济、电子商务等现代服务业，打造具有山水特色、浓郁文化氛围的生态旅游城市，着力开启内需市场。

10.做靓做精休闲养生圈。推进旅游产品由观光游向休闲度假、养生养老、高端会务等升级，实现与农业、工业、文化、体育等深度融合。加快遂昌金矿创5A景区、湖山琴淤山居文化园等百亿旅游项目建设，打造一批要素完备的旅游产业集聚区。鼓励涉旅企业联合、重组、并购，开展连锁、网络经营。提升发展乡村旅游业，打造一批农家乐综合体。突出村景、韵、特融合，强化生态文化特色村、古村落保护。

11.做特做优乡村经济带。做稳做特农业两区，推进农业规模化经营、标准化生产、精深化加工，着力推进农村居民“收入倍增”计划。加大茶、竹、山地生态蔬菜、生态畜牧业、干水果等五大支柱产业和制种业、食用菌、山茶油、菊米（中药材）、甘薯等五大特色产业培育扶持力度。以提质扩面为抓手，提升发展原生态精品农业。大力发展农产品物流业、休闲观光农业等农业服务业，提高农产品附加值。拓展增收途径，进一步壮大村级集体经济。

12.拓展科学发展新空间。把握低丘缓坡综合开发利用试点和农村土地开发整理政策倒逼机遇，全力开拓城乡发展空间。围绕建县1800周年，打响“项目攻坚战”。实施东进西拓，加快推进新城、东城和老城“三城”组团发展，加快建设石练、金竹等中心城镇。提升工业园区平台，建设共建生态产业园区、文化创意产业园区、网商创业园区。推动与阿里巴巴淘宝网战略合作，运营好淘宝网首个县级馆—特色中国·遂昌馆，打造浙西南最大农特产电子交易平台及县域整体营销平台。

13.打造发展核心竞争力。打造优美城市环境、洁美乡村环境、高效政务环境、温馨服务环境、激情创业环境，以综合环境优势赢得新一轮县域发展主动权。深入实施“811”生态文明建设推进行动和国家级生态县创建。全面打造集洁净家园、水源、能源、空气、田野、森林等于一体的乡村立体环保体系，全面打响中国洁净乡村品牌。完善“遂昌模式”电子商务体系，全面打响中国第一淘宝县品牌。深入挖掘“五行遂昌、一诺千金”人文内涵，打造县域核心品牌。全力推进旅游创优八大工程，打响“中国最佳旅游服务县”品牌。

14.营造体制机制新优势。抢抓低丘缓坡综合开发利用试点、山海协作共建产业园、农村金融改革试点、旅游综合改革试点四大战略性机遇，更大力度推进各领域改革，努力形成叠加优势，以体制机制创新催生新一轮发展“红利”。完善项目推进机制，落实“重点项目县领导包干负责制度”，强化项目跟踪考核，全力优化服务环境。全力推进全省旅游综合改革试点，加快组建“遂昌旅游委员会”，推进省级黄金旅游度假区、湖山旅游度假区建设。深化国有资产管理体制改革，因地制宜推进产权多元化，进一步提高国资总量和质量。

15.强化可持续发展能力。突出人才强县、科技强县，全面推进国家可持续发展实验区建设。创新引才、育才、用才、聚才机制，强化县级领导联系优秀人才制度。强化企业家、科技领军人才和高级技工团队建设。加快推进凯恩高新技术产业园、中小企业创业园、园区企业技术中心、科技孵化基地等新创业创新平台建设，鼓励院士专家工作站、博士后科研工作站、工程（技术）研发中心、重点实验室（试验基地）等建设。以全国首家质量管理（标准化）教育培训学校为载体，深化校企合作办学，打造职教“遂昌样板”。

16.着力完善民生保障网。实施学校网点布局优化，加快推进育才中学、遂昌中学、梅溪小学等项目建设，全面实施教育教学质量提升五年行动计划、学前教育三年行动计划、钱瓯名师培养工程。深化县乡村医疗卫生一体化改革，提高公共卫生服务能力。统筹城乡社保体系建设，建立健全“五保合一”大社保体系和“三位一体”社保基金运行机制。完善社会救助体系，完善住房保障制度。实施更加积极的就业政策。

17.着力强化文化引领力。以培育社会主义核心价值体系为根本，提炼新时期遂昌精神。深入开展孝道文化建设，深化“微笑遂昌”志愿服务。坚持正确舆论导向，壮大主流舆论。大力传承弘扬地方特色文化，强化文化遗产保护、传承和利用，加强档案文化建设。积极推进文化与城市、产业、景观相融。健全公共文化服务体系，深化乡村文化节庆活动，广泛开展全民健身运动。加快优秀传统文化“走出去”，积极推动汤显祖—莎士比亚逝世400周年纪念活动。积极引导民资投入文化产业，推进城市文化综合体、全民健身中心等重大文化工程。

18.突出社会管理有效性。深化县领导大接访、积案包案化解等活动，强化信访源头预防治理，推进信访工作基层基础建设，健全县乡村三级大调解平台。充分发挥人大、政协职能作用，注重视察调研结果运用。深化平安遂昌建设，建立健全重大项目实施、重要政策出台、重点工作推进社会风险评估机制。加强社会面管控，完善公共安全体系，健全应急管理体系。加强村务监督标准化建设，提升“美丽乡村项目大家建”工作水平。夯实武装工作基础，深化常态化民兵应急分队建设。切实维护妇女儿童、未成年人、老年人、残疾人合法权益，统筹做好人口和计划生育工作。

五、全面加强党的建设，为加快推进山区科学发展示范区建设提供坚强保障

19.坚信念，转作风，聚合力。要加强学习型党组织建设，不断增强党员干部推进山区科学发展的自觉性和坚定性。要深入开展党的群众路线教育实践活动，深化党员志愿服务活动，推动县乡村便民服务体系建设等服务群众机制落到实处。要加强发展愿景、发展战略、发展举措的宣传，创新经济社会发展公众参与机制，深入实施“三增三强”计划，用优良的作风凝聚党心民心、带动政风民风。

20讲实话，干实事，求实效。严格执行中央八项规定和省委“六个严禁”，大力弘扬求真务实的工作作风。要下决心改进文风会风，重视基层调查研究，做到依实情办事。要提倡风风火火、立说立行、一诺千金的办事风格，决定必须执行、承诺必须践诺。要大胆创新重点工作推进机制，科学制定工作流程，努力使每个环节、每项步骤可查可控。要建立健全和严格落实领导干部履职结果评价机制，严格执行责任追究制和奖励制，形成“干与不干不一样、干好干坏不一样”的鲜明导向。

21.有激情，敢担当，能负重。要在德才兼备、以德为先的基础上，树立“有激情、敢担当、能负重”的用人导向，努力提升选人用人公信度。要推动解放思想大讨论活动常态化开展，全力激发干部干事创业激情。挖掘、宣传、表彰先进人物典型，让大胆创新、激情创业的干部体验幸福感。要适度积极推进干部人事制度改革，注重在“三重”工作中考察锻炼领导干部，努力形成“人才到基层锻炼、干部从一线选拔”的正确导向。要加强和改进干部教育培训，实施岗位轮换、跨地区交流、上挂下派、到重点工程挂职等锻炼方式，提高干部解决实际问题的能力。

22.抓队伍，强基础，创勤廉。要坚持民主集中制，健全党内民主制度体系，保障党员主体地位。要创新基层党建工作，抓好基层党支部书记队伍建设，落实创先争优长效机制。加强两新组织党建工作，不断增强党组织推动发展、促进和谐的作用。要全面推进惩治和预防腐败体系建设，加强反腐倡廉教育和廉政文化建设，深化重点领域和关键环节改革，严格执行党风廉政建设责任制，加大对干部腐败案件的查处和“庸懒散奢”现象的惩治

力度，着力解决“中梗阻”问题，努力建设“党政清廉、干部勤廉、社会崇廉”的“勤廉遂昌”。

（遂委发［2013］11号）

中共遂昌县委关于全面实施创新驱动发展战略加快建设山区发展示范区的决定

（2013年8月2日中国共产党遂昌县第十四届委员会第六次全体会议通过）

为贯彻落实党的十八大和省委十三届三次全会、市委三届五次全会精神，动员全县上下进一步解放思想、改革创新，加快转型跨越、推动强县富民，中国共产党遂昌县第十四届委员会第六次全体会议，根据中央、省、市关于创新发展的一系列要求，立足遂昌实际，研究讨论了全面实施创新驱动发展战略，加快建设山区科学发展示范区建设的重大问题，作出如下决定。

一、坚持创新驱动发展战略不动摇，加快转型跨越强县富民步伐

1.充分认识创新驱动的重大意义。创新是欠发达山区加快发展的第一驱动力。近年来，县委县政府团结带领全县人民，锐意创新，勤勉创业，经济社会取得了长足发展。但也必须清醒看到，在资源、环境、劳动力成本等制约加大背景下，主要依赖物质资源投入的增长方式越来越难以为继，必须依靠科技进步、劳动者素质提高、管理创新和金融财税创新等，形成创新驱动型的发展方式。当前，全省各地特别是发达县域依靠创新推动经济结构调整和转型升级力度明显加大，我县作为经济欠发达县，必须以更大的决心和勇气实施创新驱动发展战略，提升县域经济可持续发展能力，激活县域比较优势和后发优势，为全面建成小康社会、同步实现现代化打下坚实基础。全县上下务必从全局和战略高度，深刻认识创新驱动的重大意义，切实提升创新发展能力，加快推进山区科学发展示范区建设。

2.牢牢把握创新驱动的总体要求。坚持以科学发展观为指导，认真贯彻省委“八八”战略、“两创”总战略和市委“绿色崛起、科学跨越”战略总要求，围绕干好“一三五”、实现“四个翻一番半”目标任务，坚持“科技第一生产力、创新第一驱动力”理念，将科技和创新贯穿县域发展始终，以提升产业核心竞争力为目标，以强化企业自主创新为核心，以打造高效创新平台为基础，以引进培育创新型人才为支撑，以体制机制创新为保障，深入实施创新驱动五大行动，加快建设创新体系完善、创新人才集聚、创新成效显著的山区科学发展示范区。

3.紧紧抓住创新驱动的主要目标。今后五年，创新驱动的主要目标是：实现“八个翻一番半”，力促“两突破、两提高”。到2017年，R&D经费支出达到1.65亿元（占GDP的1.0%），研发人员数达到800人年，发明专利授权量30件，规模以上工业新产品产值超过69亿元，高新技术产业产值超过33亿元，技术市场交易额达到300万元以上，高新技术企业超过12家，科技型中小企业超过27家；“千人计划”专家2人，绿谷精英和创业创新团队3个；科技进步贡献率达到58%左右，全社会劳动生产率达到11万元/人左右。到2020年，县域创新能力明显增强，创新资源有效集聚，创新平台大幅拓展，创新环境更加优化，创新成为经济增长的基本驱动力，山区科学发展示范区建设取得重大进展。

二、实施战略性新型产业培育行动，构筑高效生态产业体系

4.推动城市经济向科技化现代化方向发展。城市经济是强县之基。坚定不移走新型工业化道路，大力引进培育新兴产业，重点发展新能源、新材料、生物医药、节能环保、先进装备制造、电子信息等战略性新兴产业和高新技术产业。加强重大技术攻关，不断加大对特种纸、锂电池、镍氢电池、环保型聚胺酯革、合成革转移膜、竹炭、茶多酚、特种精密铸件等产品的研发投入，努力突破技术瓶颈制约，掌握核心关键技术。支持传统产业改造提升，引导企业实施现代化技术改造，加快高新技术和先进适用技术在金属制品、造纸、精细化工、矿产开采等传统产业中推广应用，加快“腾笼换鸟”“机器换人”“空间换地”，切实提高企业资源利用率、劳动生产率。着力发展城市现代服务业。重点推行“电商换市”，完善线下安全保障机制，发挥网店协会作用，运营好淘宝网“特色中国·遂昌馆”，巩固提升遂昌在农村电子商务领域领军地位。大力发展现代物流、科技服务、金融服务、信息服务等生产性服务业，努力培育养生养老、休闲娱乐、现代商贸、房地产、公共服务等生活性服务业，积极引进动漫、数字视听等科技文化产业，提升发展竹炭、黑陶等创意文化产业，积极筹建城市文化综合体，大力发展总部经济，不断壮大城市经济，提升县域综合实力。

5.推动乡村经济向生态化精品化方向发展。乡村经济是富民之本。以原生态精品现代农业“5522”工程为目标，统筹推进县域原生态精品现代农业发展，到2016年，原生态精品现代农业产值占农业总产值50%以上，努力创建市级生态精品农业示范县。积极推进土地流转、林权抵押贷款等工作，加大五大主导产业、五大特色产业培育扶持力度。加强农技推广体系建设，促进农业科技成果转化应用。大力发展休闲养生农业，积极创建省级生态循环农业示范县。完善农产品物流配送、农业社会化服务和农村金融保险服务体系。大力发展生态高效渔业。深化旅游投融资体制改革，鼓励更多民间资本投资乡村休闲旅游产业，大力推进遂昌金矿国家矿山公园创5A和汤沐园、石姆岩等景区创4A工程。加快组建旅游委员会，深入实施旅游服务创优“八大工程”，推进旅游佣金明码规范、旅游投诉预赔付、游客满意度发布等行业首创行动，打响“中国最佳旅游服务县”品牌。完善旅游联合营销体制机制，加强各类型旅游主体市场开拓，推进数字景区建设，逐步实现全县景区、农家乐村（点）WiFi全覆盖，开发遂昌旅游APP，开展微博、微信、微电影等自媒体营销，加快建设“智慧旅游”。充分发挥县生态休闲养生（养老）经济促进会作用，加快构建生态休闲养生（养老）产业体系，加快推进12个重大休闲养生（养老）基地建设，培育发展高坪养生（养老）示范乡和11个重点养生村，努力创建长濂、大田等7个农家乐综合体，全力打造“纯净遂昌、养心之地”。

6.推动县域产业向标准化品牌化方向发展。大力实施标准化战略，建立完善技术标准社会公共信息服务平台，引导企业产品采用国内外先进标准，鼓励企业积极参与国际标准、国家标准、行业标准制修订，争取更多标准“话语权”。围绕特种纸、化工、竹炭、建筑五金等产业，制定实施联盟标准，促进块状产业向现代产业集群转型升级。推进省级农业综合标准化试点县建设，深入开展标准化示范基地建设、农产品质量安全认证、地理标志产品保护工作，致力打造农产品质量可追溯体系。积极开展服务业标准化试点，继续深化旅游服务标准制订和实施。大力实施品牌战略，以高技术、高附加值、自主创新、生态环保等为导向，鼓励企业加大技术创新、产品创新和品牌培育力度，打造更多“名企、名品、名家”。支持农业企业创建原生态农产品自主品牌，支持旅游景区、农家乐村（点）打造特色乡村休闲旅游品牌，不断增强县域特色生态产业的核心竞争力，全面打响“五行遂昌、一诺千金”县域品牌。

三、实施创新能力提升行动，提升企业整体创新水平

7.鼓励企业成为创新主体。进一步强化政策导向，推动企业成为技术创新决策、研发投入、科研组织和成果转化应用的主体。全面落实国家、省鼓励企业创新的各项优惠政策，特别是企业研发费用形成无形资产的按其成本150%摊销、未形成无形资产的按研发费用50%加计扣除的税收优惠，并拓展应用到中小企业购买技术和发明专利、企业在大学和科研机构设立实验室费用支出领域。鼓励更多企业申报高新技术企业和国家、省认定企业技术（研发）中心，落实有关奖励政策和税收优惠政策。持续加大政府对企业科技创新的投入，2012—2015年，县财政安排创新强县专项资金2400万元，主要用于支持以企业为主体的科技创新、科技成果转化应用，此后在绩效评估基础上逐年递增。鼓励和支持以企业为主体、产权为纽带、项目为依托，联合高校、科研院所组建产业技术创新战略联盟，财政优先支持产业联盟组织实施的重大科技项目，对科研成果在本县实现产业化的项目予以优先立项扶持。

8.大力培育创新性企业。实施创新型领军企业培育计划，对具有较强创新实力、具备发展潜质的骨干企业，采取“一企一策”方式，鼓励领军企业加大核心技术和关键技术攻关力度，加快形成自主知识产权和核心竞争力。鼓励有条件的企业加大研发投入，建立高水平研发机构，争取成为国家级高新技术企业和科技型上市企业。坚持以创业促创新，大力引进高新技术企业和科技型企业，实施科技型初创企业培育计划、科技型中小企业成长计划，引导创业投资机构和社会资本投资科技型中小企业，推动科技型中小企业发展成为高新技术企业。对符合条件的初创期科技型中小企业，鼓励申请国家和省科技型中小企业创新基金。积极鼓励企业“走出去”，利用发达地区科技、人才、管理等方面的优势，设立技术研发中心和工业设计中心。

9．大力推动企业管理创新。加快培养一批具有国际眼光、战略思维的创新型企业家队伍，使企业家真正成为管理创新的实践者。引导企业通过调整优化人、财、物等管理要素配置结构，优化企业内部组织结构，强化企业业务流程整合，推动企业基础管理标准化、科学化，逐步建立完善现代企业制度。引导企业根据自身条件建立有效的激励机制，通过事业引导、学习培养、绩效评估等激励措施，切实加强人力资源开发与管理，充分调动每个员工的积极性和主动性。鼓励企业通过环保、安全生产、食品安全、用工制度等各种体系认证，推动企业创建精细化管理示范企业。

四、实施创新平台拓展行动，加快创新要素开发集聚

10.建设科技创新平台。完善科技创新平台建设的体制机制，跨部门整合科技资源，强化公共服务，促进科技资源的集聚、优化和共享。建立与区域经济相适应的区域科技创新服务中心、公共技术服务平台、产品检测中心、创业服务中心（孵化中心）等，着重推进金属制品、竹炭等区域特色产业创新服务中心建设，力争建成国家和省级区域或行业创新服务平台。凡被认定为国家、省级行业科技创新平台的，县财政给予一定奖励。加强对外科技合作平台建设，进一步提升与浙江大学、浙江农林大学等科研院校合作平台的作用，设立对外合作专项资金，提升项目合作水平。充分利用区域技术市场平台，促进产学研合作、科技成果转化。进一步健全网上技术市场体系，规范交易行为，促进网上网下协同发展。积极培育一批科技服务业、中介机构和技术经纪人，完善科技服务体系，促进优秀科技成果到遂昌交易、转化。对通过科技市场交易并实现转化、产业化的项目，县财政给予一定的补助。

11.提升产业创新平台。发挥工业园区在转型升级中的核心阵地作用，高规格、高起点谋划建设山海协作共建产业园，积极引进培育科技项目、人才和企业，成为工业创新的新平台。推进“农业两区”和“农业精深加工园区”两大平台建设，推动农业企业、农民专业合作组织、家庭农场实施特色农业项目。加快黄金旅游度假区、湖山旅游度假区等核心旅游平台建设，提升产品竞争力，推动观光游向休闲养生（养老）度假游转型。加快三墩文化创意产业园区、上江竹炭休闲养生基地、古院网商创业园区、东城物流中心等平台建设，大力提升服务业发展水平。加强与阿里巴巴集团战略合作，打造浙西南最大农特产电子交易平台及县域整体营销平台。

12.优化生态承载平台。生态是遂昌实现可持续发展的战略依托。要以国家级可持续发展实验区建设为目标，加强生态环保技术攻关和管理创新，推进空气、水、森林等生态承载平台持续优化，争创国家生态文明建设试点示范县，打响“中国最洁净乡村”品牌。积极推进节能减排，鼓励企业开展节能竞赛和清洁生产，加大乡村环保投入力度，健全PM2.5和空气负氧离子监测网络。推进水资源保护利用，加强县城“三溪”综合整治和乡村“美丽河道”建设，抓好十八里翠水利风景区、乌溪江库区水源保护，强化清洁水能开发环保评估及生态修复。推进森林资源保护利用，加大林相改造力度，健全管护网络、效益监测、信息管理、投入保障体系，推进九龙山国家级自然保护区、遂昌国家森林公园建设管理，保护生物多样性，促进资源永续利用。

五、实施创新型人才开发行动，强化创新发展智力支持

13.强化高端人才引进。加大领军人才和创业创新团队引进培育力度，对领军人才牵头实施的项目，经政府评审按类别给予100万～500万元的创业启动补助，对顶尖创新团队实行“一事一议”。全力做好“千人计划”申报推荐工作，在遂工作期间入选国家、省“千人计划”的，县政府一次性分别给予100万元、50万元的人才专项奖励。深入实施重大人才工程，着力引进高层次高技能人才和重点领域急需紧缺人才，重点引进我县主导产业、新兴产业、重点项目所需的各类高端人才。全面推进柔性引才工作，深入实施山海协作共建产业园人才计划，以院士专家工作站和科技特派员为平台，以项目为载体，提高项目合作质量。

14.加快本土人才培养。建设好职业中专、成人技校等人才培训基地，深化旅游、黄金、竹炭等特色班建设，推进县域主导产业、优势产业与职业教育深度融合，加快培养一批适应遂昌发展的应用型高技能人才和本土特色人才。积极探索“定点选才—定向培育—定岗招录”的委培方法，引导优秀高中毕业生报考遂昌发展紧缺急需专业。深化以“丽水农师”为主体的“1+X”农村实用人才品牌打造，设立农业十大产业领域首席专家制度，开展新农村创业带头人评选，培养各类农村实用人才。加强竹炭、黑陶、旅游、电子商务、昆曲十番等特色人才开发力度，制订并实施网上创业人才、旅游人才、遂昌技工培养规划，建立本土技能型人才大师工作室。积极推进“杰出人才”支持计划，组织人才培养项目资助和“拔尖人才”“138人才”“绿谷新秀”研修活动，推进本土人才资源开发，力争到2017年，全县本土人才数量实现翻番。

15.打造人才政策洼地。牢固树立“对人才的投入就是对县域发展的投资”理念，切实加大人才专项投入，力争3年内，县级财政人才专项投入年度增幅不低于当年本级公共财政支出增幅，全县人才专项投入达到当年公共财政收入的2%。积极落实高层次人才购房补助和柔性引才专项补助等优惠政策，畅通人才子女就学和家属工作绿色通道，加快推进人才公寓建设，优化人才工作生活环境。建设高层次人才发展平台，鼓励园区、有条件的企业在人才管理体制和政策机制创新上先试先行，充分调动人才积极性和创造性。创新“双招双引”机制，把招才引智与招商引资、项目引进、民企发展等有机结合，在招商中引智、在招才中引资，促进人才、项目、资金一起落户。

六、实施体制机制创新行动，营造崇尚创新社会环境

16.建立创新驱动推进机

制。要切实加强组织领导，坚持“一把手”抓“第一生产力”，建立全县实施创新驱动发展战略的组织领导体系，强化整体指导和统筹协调，制定行动方案，分解落实任务，明确工作责任。各相关部门要健全工作体系，按照任务分工，尽快制定完善相关配套政策和操作办法，强化政策和制度创新，形成全县上下共同推进创新发展的强大合力。建立以创新驱动、转型发展为导向的绩效考核办法，突出创新发展能力的考核权重，加强考核检查，确保工作落到实处。

17.完善政府创新投入机制。健全财政科技投入稳定增长机制，确保财政科技投入增幅高于同级财政经常性收入增幅，到2015年，县财政用于科学技术经费占本级财政经常性支出的比例达到3.2%以上。坚持以“成果换支持”导向，制定支持创新类财政资金综合管理办法，完善创新投入财政经费监督管理，构建体现实际贡献的科技成果评价机制和激励机制，切实提高财政资金使用绩效。强化财政资金的整合、统筹和优化配置，大力支持重点企业，重点支持富民产业，推动优势资源向重点产业、重点企业和重点项目集聚。

18.健全创新服务支持机制。积极推进行政审批精简，建立有利于创业创新的政府管理服务体系。探索建立“宽入严管”的企业登记管理制度，简化注册办理手续。申请设立科技型企业，其资本注册实行“自主认缴”或“零首付”办理注册登记，出资额可在两年内缴足。扎实推进科技与金融紧密结合，进一步健全投融资保障机制，搭建科技型企业融资平台，规范企协应急转贷周转金、中小企业担保公司等运作，鼓励金融机构创新科技金融服务，引导民间资金支持科技创新和人才创业，积极引进风险资本运作机构，加快形成多元化、多层次、多渠道的科技创新投融资体系。鼓励和支持通过转让、许可等多种方式，促进知识产权的产业化、商用化，加强知识产权保护力度。鼓励科技人员以自主科技成果入股创办企业，以商标、专利和非专利技术等知识产权出资最高可占注册资本的70%。进一步推进诚信体系建设，维护企业技术安全，努力打造“一诺千金”诚信创业之地。

19.加强社会发展领域创新。以“智慧城市”建设为努力方向，逐步完善电子政务、社会治安、公共交通、市政设施等管理信息系统，建立健全突发公共安全事件的预警、预报和快速处置体系，鼓励信息消费，推动光纤网络覆盖，支持“光网城市”、“智慧家庭”计划。实施省教育现代化县创建工作，创新优化合作办学模式，推行“一校一品”发展特色教育。深化医药卫生体制改革，提升医疗卫生服务质量。挖掘弘扬汤显祖文化等地方特色文化，发挥先进文化促进和谐、推动发展的作用。创新推进“五保合一”大社保体系、“四位一体”养老新模式、“城乡一体”就业服务机制建设，提升社会保障水平。进一步完善“以县级统筹发展为主、乡镇（街道）统筹发展为辅、村级自谋发展为补充”的发展模式，确保到2017年年底，全县经济薄弱村经营性收入均达到5万元以上。强化社会管理创新，推广应村“民事村了”工作法，做大求和人民调解平台，优化提升便民服务中心、村（居）监会标准化建设水平。

20.大力营造创新文化氛围。积极挖掘、培育和弘扬具有时代特征、遂昌特色的创新文化，大力营造敢为人先、敢冒风险、勇于创新、勇于竞争、公平公正、宽容失败的良好氛围。深入实施全民科学素质行动，加强科学普及工作，全面提高公民科学素养和创新意识，充分尊重群众首创精神，广泛开展群众性科技创新活动。充分运用各类媒体、各类展示平台，加强对重大科技成果、典型创新人物、创新型企业的宣传，加大对创新创造者的表彰奖励力度，充分激发全社会创新创业创优活力，全面推进山区科学发展示范区建设。（遂委发［2013］20号）

文件目录选编

2013年中共遂昌县委（办公室）部分文件一览表

表58

遂委发文号	发文日期		文件标题
	月	日	
2	1	4	关于开展向尹智慧烈士学习的决定
3	12	27	关于要求申报遂昌县为省级双拥模范县的请示
1	2	16	关于印发《遂昌县进一步加快工业创业创新发展的若干意见》的通知
9	2	16	中共遂昌县委工作规则
10	2	17	中共遂昌县委、遂昌县人民政府二〇一三年工作要点
11	2	18	关于认真学习贯彻党的十八大精神，加快推进山区科学发展示范区建设的决定
15	3	8	关于切实加强和改进乡镇（街道）干部队伍建设的实施意见
17	5	16	关于组织开展“三改一拆”三年行动的实施意见
19	5	23	关于推进原生态精品现代农业发展的实施意见
20	8	9	关于全面实施创新驱动发展战略加快建设山区科学发展示范区的决定
22	11	7	关于完善能上能下机制建设过得硬打胜仗干部队伍的实施意见（试行）
23	11	7	关于认真做好村级组织换届工作的意见

遂委办发文号	发文日期		文件标题
	月	日	
2	1	9	关于印发《遂昌县机关事业单位机构编制实名制管理办法》的通知
6	1	9	关于印2013年遂昌县洁净乡村建设工作督查方案的通知
7	2	15	关于印发《2013年县领导与县级机关调研活动方案》的通知
26	3	22	关于做好2013年“服务企业、服务基层”专项行动工作的通知
27	4	3	关于实行重点项目领导包干负责制度的通知
33	4	16	关于实行遂昌县“三改一拆”工作领导联系督导制度的通知
35	4	16	关于印发《遂昌县各行政事业单位及公营单位和党员干部“零违建”报告公开制度》的通知
36	4	24	关于印发《遂昌县“四边三化”行动方案》的通知
44	5	7	关于在全县开展第六个全民慈善捐赠活动月的通知
45	5	7	关于农家乐综合体创建工作的实施意见
46	5	15	关于印发《2013年遂昌县人才工作要点及责任分工》的通知
50	5	16	关于印发遂昌县查处违法用地违法建设工作联动制度的通知

遂委办发文号	发文日期		文件标题
	月	日	
52	5	21	关于印发《遂昌县重点信访积案化解工作例会制度》的通知
53	5	24	关于印发《遂昌县县级领导信访工作制度》的通知
54	6	4	关于进一步加强党管人才工作的实施意见
56	6	3	关于扶持经济薄弱村发展村级集体经济的实施意见
59	5	27	关于开展国家三类城市语言文字工作评估若干意见的通知
60	5	29	关于印发《县委、县政府2013年重点工作责任分工》的通知
61	5	29	关于印发《遂昌县农村文化礼堂建设实施方案》的通知
63	6	8	关于在全县乡镇（街道）开展“美丽党员”评选活动的通知
64	6	8	关于印发《2013年遂昌县深入开展扩大有效投资暨项目推进“破冰清障大提速”活动实施方案》的通知
67	6	14	关于转发《中共丽水市委办公室关于在全市推广缙云县“事不过夜”做法的通知》的通知
69	6	17	关于印发《遂昌县2013年洁净乡村工作督查考评调整方案》的通知
70	6	20	关于印发《中共遂昌县委2013年党建工作要点》的通知
72	7	10	关于印发《建立社会稳定等级预警工作机制的实施办法》的通知
73	7	15	关于印发《遂昌县2013年普法依法治理工作要点》的通知
74	7	15	关于严肃纪律严格执行外出请假制度的通知
75	7	22	关于在全县开展“两比两问强执行”深化作风建设活动的实施意见
76	7	29	关于做好中国梦主题宣讲工作的通知
79	8	1	关于开展“洁净家园行动日”活动的通知
81	8	14	关于印发《2013年遂昌县落实党风廉政建设责任制、“勤廉遂昌”建设、惩防体系建设重点工作项目化管理责任分工》的通知
83	8	16	关于开展“聚焦落实力”活动的通知
86	8	26	关于开展2013年度“勤廉遂昌建设大家评”活动实施意见
90	9	11	关于印发《遂昌县建设“中国最洁净乡村”实施意见》的通知
92	9	18	关于印发《遂昌县刑满释放解除劳教人员安置帮教工作实施办法》的通知
93	9	18	关于印发《遂昌县社区矫正工作实施办法》的通知
95	9	26	关于印发《遂昌县2013年度招商引资工作目标责任制考核办法》的通知
96	9	26	关于表彰2012年度招商引资工作考核优胜单位和突出贡献个人的通报
97	9	29	关于建立遂昌-诸暨山海协作产业园高层联席会议制度的通知
100	10	8	关于推行投资项目审批代办制的实施意见
101	10	9	关于做好《遂昌年鉴（2011、2012）》编纂工作的通知

遂委办发文号	发文日期		文　件　标　题
	月	日	
102	10	15	关于加强历史文化村落保护利用的实施意见
103	10	21	关于开展2013年度“发现遂昌”活动的通知
104	10	28	关于印发《遂昌县2013年扩大有效投资暨重大项目“百日攻坚”活动实施方案》的通知
109	11	7	关于印发《遂昌县调整不适宜担任现职领导干部实施细则（试行）》的通知
110	11	12	关于切实做好2014年度党报党刊发行工作的通知
111	11	14	关于2013年度综合考核和县属部门专项考核结果运用的实施意见
113	11	19	关于做好第十届村民委员会选举工作的实施意见
114	11	19	关于村务监督委员会换届选举工作实施方案
115	11	21	关于遂昌县村经济合作社换届选举工作的指导意见
117	11	26	关于开展遂昌县第四批中青年专业技术拔尖人才和第三届科技新秀评选工作的通知
120	12	11	关于印发全面推进扶贫改革试验工作方案的通知
123	12	30	关于印发《关于进一步加强全县基层工会建设的意见》的通知
124	12	30	关于开展2013年落实党风廉政建设责任制、“勤廉遂昌”建设、惩防体系建设、执行力建设考核考评的通知

2013年遂昌县人民政府（办公室）部分文件一览表

表59

遂政文号	发文日期		文　件　标　题
	月	日	
2	1	16	关于2012年粮食安全责任制年度执行情况的报告
3	2	21	关于2012年度耕地保护责任目标考核自查报告
10	4	15	关于2011年度特扶资金专项审计整改情况的报告
11	4	15	关于要求扩大遂昌国家森林公园经营范围的请示
12	4	23	关于2012年度能源“双控”目标责任评价考核指标完成情况的自查报告
17	5	8	关于要求将浙江九龙山国家级自然保护区总体规划（2014—2023）上报国家林业局审批的报告
18	5	20	关于申报好川遗址为省级考古遗址公园的请示
27	8	17	关于认定新一轮低收入农户和扶贫重点村的报告
32	10	11	关于贯彻落实低丘缓坡综合开发利用项目专项监督检查整改意见的报告
35	11	4	关于申请创建省级园林城市的请示

遂政文号	发文日期		文件标题
	月	日	
44	11	14	关于上报遂昌县扶贫重点村和低收入农户调查分析材料的报告
46	11	19	关于遂昌金矿国家矿山公园景区创建国家5A级旅游景区的报告
48	12	19	关于“11·19”事故检查报告

遂政发文号	发文日期		文件标题
	月	日	
1	2	27	关于表彰2013年度纳税大户的通报
7	3	21	关于印发《遂昌县农村土地开发整理实施办法（修订）》的通知
15	4	26	关于下达2013年财政收支预算的通知
16	4	26	关于下达2013年政府性基本建设预算的通知
17	4	17	关于同意实施遂昌县关于加快外向型经济发展的补充意见（试行）的批复
18	1	30	关于同意遂昌县西城控制性详细规划的批复
19	4	24	关于印发遂昌县民兵工作调整改革实施方案的通知
20	4	26	关于提升发展农家乐休闲旅游业的实施意见
21	5	2	关于印发遂昌县农家乐管理办法的通知
22	5	2	关于同意实施遂昌县2012年度低丘缓坡开发利用第二批次建设用地征收土地补偿安置方案的批复
23	5	2	关于同意实施遂昌县化工行业安全发展规划（2012—2020）的批复
24	5	8	关于表彰2012年度粮食生产工作先进单位的通报
25	5	24	关于印发推进农业两区建设 发展原生态精品现代农业产业若干政策的通知
27	6	3	关于同意实施遂昌县2012年度计划第六批次建设用地征收土地补偿安置方案的批复
28	6	6	关于同意实施遂昌县2012年度低丘缓坡开发利用第四批次建设用地征收土地补偿安置方案的批复
29	6	6	关于同意遂昌县土地整治规划（2011—2020年）的批复
30	6	9	关于调整全县最低工资标准的通知
31	6	9	关于推行行政规范性文件“三统一”制度的实施意见
32	6	9	关于表彰2012年度遂昌县县长质量奖获奖企业及个人的通报
33	6	20	关于在全县开展第三次经济普查的通知
36	6	20	关于进一步加强和改进统计工作的实施意见
38	6	21	关于同意遂昌县2013年度国有建设用地供应计划的批复
39	7	1	关于同意实施《遂昌县2013年招生计划和招生办法》的批复
41	7	8	关于同意实施遂昌县2012年度低丘缓坡开发利用第三批次建设用地征收土地补偿安置

遂政发文号	发文日期		文　件　标　题
	月	日	
			方案的批复
42	7	8	关于同意实施遂昌县2012年度低丘缓坡开发利用第一批次建设用地征收土地补偿安置方案的批复
43	7	8	关于表彰2012年征兵工作先进单位和个人的通报
45	8	1	关于公布遂昌县第一批重要湿地名录的通知
50	8	21	关于同意实施遂昌县2013年度计划指标第一批次建设用地征收土地补偿安置方案的批复
51	8	21	关于同意实施遂昌县2012年度城乡建设用地增减挂钩实施方案（一）征收土地补偿安置方案的批复
53	8	28	关于2013年征兵的命令
55	9	2	关于加快推进养老服务事业发展的实施意见
56	9	9	关于贯彻落实《机关事务管理条例》的实施意见
58	9	22	关于转发《丽水市工程建设项目招标投标管理办法（暂行）》的通知
60	9	26	关于表彰2012年度十强工业企业和十佳进步企业的通报
61	9	26	关于表彰2012年度亩税贡献先进企业的通报
63	10	9	关于印发《遂昌县地名管理办法》的通知
64	10	9	关于同意实施遂昌—诸暨山海协作产业园发展规划的批复
65	10	14	关于加快旅游项目开发的若干意见
66	10	16	关于加快旅游业发展的实施意见
70	11	12	关于同意实施遂昌县2013年度计划指标第四批次建设用地征收土地补偿安置方案的批复
71	11	18	关于同意遂昌县2013年第四批次垦造耕地项目立项的批复
72	11	18	关于在全县开展第一次地理国情普查的通知
74	11	20	关于同意实施遂昌县林地保护利用规划2010—2020年的批复
75	11	20	关于同意实施遂昌县农村土地综合整治项目用地征收土地补偿安置方案的批复
76	11	20	关于进一步加强饮用水水源保护工作的实施意见
78	12	4	关于同意实施遂昌县域电力设施布局专项规划（修编）的批复
79	12	5	关于培育和提升商品交易市场的若干意见
81	12	12	关于同意实施遂昌县2013年度计划第二批次建设用地征收土地补偿安置方案的批复
83	12	18	关于公布2013年度遂昌县科学技术进步奖星火奖授奖项目的通知
86	12	26	关于印发遂昌县农民异地转移工程实施意见的通知
88	12	28	关于同意增加工业园区化工集中点规划的批复

遂政发文号	发文日期		文件标题
	月	日	
89	12	31	关于公布调整、下放和取消的行政审批事项目录的通知
90	12	31	关于公布县级行政审批事项保留目录的通知

遂政办发文号	发文日期		文件标题
	月	日	
1	1	4	关于切实做好预防和应对今冬明春低温雨雪冰冻灾害的通知
4	1	15	关于印发全县“除隐患、保安全”消防专项行动方案的通知
6	1	22	关于做好2013年春运工作的通知
7	1	22	关于下达2013年度森林采伐限额的通知
10	1	8	关于印发遂昌县公路边“三化”行动方案的通知
11	1	30	关于印发遂昌县突发公共事件应急联动处置暂行办法的通知
14	2	22	关于表彰2012年度遂昌县来料加工专业村和优秀专业村的通报
15	2	22	关于下达2013年营林生产计划的通知
19	2	28	关于切实加强当前消防工作的紧急通知
20	3	1	关于表彰2012年度全县安全生产工作先进单位的通报
21	3	3	关于印发2013年县政府十件实事的通知
26	3	6	关于建立健全保护发展森林资源目标责任制的通知
31	3	13	关于调整最低生活保障标准的通知
32	3	13	关于印发遂昌县学校布局规划优化方案的通知
33	3	28	关于表彰2012年度依法行政工作优秀单位的通报
34	4	2	关于印发《遂昌县行政职权和便民服务网上公开透明运行管理暂行办法》的通知
36	4	7	关于印发《遂昌县土地和房屋征收项目申报工作规程（试行）》的通知
39	4	18	关于开展“五一”节前旅游市场联合大检查的通知
41	4	23	关于切实加强人感染H7N9禽流感疫情防控工作的紧急通知
42	4	25	关于印发2013年遂昌县食品安全工作要点的通知
44	4	26	关于表彰2012年度防汛先进集体和先进个人的通报
45	4	26	关于开展新一轮低收入农户和扶贫重点村调查认定工作的通知
46	4	29	关于印发2013年遂昌县地质灾害防治方案的通知
47	5	3	关于印发遂昌县2013年粮食生产意见的通知
48	5	3	关于加强气象灾害监测预警及信息发布工作的实施意见

遂政办发文号	发文日期		文件标题
	月	日	
49	5	6	关于切实做好“五一”期间消防安全工作的通知
51	5	16	关于印发《云峰工业新城开发建设相关部门事权划分的意见》的通知
56	5	17	关于印发遂昌县企业家协会应急转贷周转金政府扶持办法的通知
57	5	17	关于印发遂昌县创建新山区充分就业县工作实施方案的通知
58	5	17	关于印发创建“无欠薪遂昌”行动实施方案的通知
60	5	23	关于印发遂昌县夜市步行一条街建设实施方案的通知
61	5	23	关于印发《遂昌县迎接“浙江省旅游经济强县”复核工作方案》的通知
62	5	23	关于表彰2012年度消防工作先进单位和先进个人的通报
63	5	30	关于印发遂昌县2013年拟征收土地和房屋计划的通知
65	5	30	关于加强企业退休人员社会化管理服务工作实施意见的通知
67	6	3	关于印发遂昌县2013年政府信息公开工作要点的通知
68	6	5	关于印发《遂昌县个体工商户转企业及小微企业规范升级工作实施意见》的通知
70	6	5	关于印发遂昌县人民政府（办公室）2013年行政规范性文件制定计划的通知
75	6	7	关于印发遂昌县大社保体系建设实施方案的通知
76	6	7	关于印发调整城乡居民社会养老保险部分参保人员待遇政策实施方案的通知
77	6	8	关于成立遂昌县商品交易市场提升发展工作领导小组的通知
79	6	13	关于立即组织开展全县安全生产大排查大整治专项行动的通知
83	6	23	关于印发遂昌县2013年度政府信息公开工作考核细则的通知
85	6	30	关于成立遂昌县社会保障管理委员会的通知
89	7	8	关于表彰 2012年度十万农民素质培训工程先进集体和先进个人的通报
90	7	10	关于印发2013年度遂昌县电子政务工作考核细则的通知
91	7	11	关于印发遂昌县企业安全生产标准化建设奖励办法的通知
94	7	17	关于印发遂昌县造纸化工行业整治提升实施方案的通知
95	7	22	关于公布2013年遂昌县专利示范企业的通知
96	7	22	关于印发遂昌县银行卡助农取款服务优惠政策及考核奖励暂行办法的通知
98	8	1	关于进一步构建畜禽养殖病死动物无害化处理和监管长效机制的通知
99	8	2	关于印发《遂昌县2013年高标准基本农田建设实施方案》的通知
102	8	12	关于印发规划展览馆（临时馆）布展实施方案的通知
104	8	15	关于印发《遂昌县大社保体系建设考核办法》的通知
106	8	23	关于印发遂昌县第一次全国可移动文物普查实施方案的通知

遂政办发文号	发文日期		文件标题
	月	日	
108	8	26	关于下达遂昌县2013年主要污染物总量减排计划的通知
109	8	26	关于印发遂昌县基层水利服务体系改革工作实施意见的通知
110	8	27	关于印发遂昌县旅游产业贡献度统计指标体系试点工作方案的通知
111	8	29	关于实行殡葬基本服务项目免费的通知
114	9	2	关于印发《遂昌县养老服务事业发展三年工作计划（2013年—2015年）》的通知
115	9	2	关于印发《遂昌县居民家庭经济状况核对办法》（试行）的通知
119	9	10	关于印发进一步加强和改进统计工作的实施意见重点任务分解方案的通知
120	9	10	关于开展“中秋、国庆”节前旅游市场联合大检查的通知
121	9	10	关于印发《遂昌县优化政府投资项目审批流程实施办法（试行）》的通知
122	9	10	关于印发《遂昌县优化企业投资项目审批流程实施办法（试行）》的通知
124	9	15	关于印发《“遂昌竹炭”浙江区域名牌推广使用监督管理办法（试行）》的通知
125	9	22	关于进一步加强语言文字管理工作的若干意见
126	9	22	关于印发遂昌县推进服务业发展工作机制的通知
129	9	26	关于印发《遂昌县行政机关合同管理实施办法》的通知
131	10	11	关于开展全县涉嫌非法集资广告资讯信息排查清理的通知
132	10	15	关于印发《加强消防基层基础建设指导意见》的通知
133	10	22	关于表彰遂昌县十佳优秀城市美容师的通报
134	10	22	关于印发遂昌县开展行政事业单位国有资产整合盘活专项行动实施方案的通知
136	10	23	关于印发遂昌县原生态精品现代农业发展实施方案及2013年工作计划的通知
137	10	23	关于进一步加强当前消防安全工作的紧急通知
139			关于印发遂昌县创建省卫生强县工作实施方案的通知
142	11	4	关于印发《遂昌县乡镇公共财政服务平台建设实施方案》的通知
143	11	4	关于调整2014年度遂昌县城乡居民医疗保险部分政策的通知
144	11	4	关于印发《遂昌县“96345”社会公共服务中心建设实施方案》的通知
145	11	10	关于调整住房公积金缴存基数的通知
149	11	13	关于印发遂昌县打击非法行医专项行动实施方案的通知
150	11	13	关于印发遂昌县应急联动处置成员单位考核办法的通知
151	11	13	关于印发《遂昌县自然灾害救助应急预案》的通知
152	11	13	关于转发《遂昌农信联社普惠金融工程三年行动计划（2013—2015年）实施方案》的通知
153	11	15	关于进一步加强城乡困难人员重特大疾病医疗救助工作的通知

遂政办发文号	发文日期		文　件　标　题
	月	日	
154	11	18	关于印发遂昌县行政事业单位土地房产补办权证实施细则
157	11	27	关于印发当前我县政府信息公开重点工作安排的通知
158	11	27	关于印发《遂昌县推进品牌创建与质量建设的若干意见》的通知
160	12	2	关于建立部门统计工作联席会议制度的通知
165	12	18	关于印发遂昌县森林火灾应急预案的通知
166	12	18	关于开展“元旦、春节”节前旅游市场联合大检查的通知
167	12	26	关于做好雨雪冰冻灾害天气应对准备工作的通知
168	12	26	关于印发遂昌县通信保障应急预案的通知
169	12	29	关于公布首批遂昌县气象灾害防御重点单位的通知
170	12	30	关于理顺体制 强化乡镇街道农业公共服务中心管理的通知
171	12	31	关于调整2013年被征地农民基本生活保障发放标准的通知

2013年统计资料选录

生产总值

表60　（2013年）　　　　单位：万元

项目内容	本年实际	同比增长(%)	比重(%)
地区生产总值	845403	10.1	100.0
第一产业	99356	3.1	11.7
农、林、牧、渔业	99356	3.1	11.7
第二产业	395451	14.2	46.8
工业	349173	15.2	41.3
建筑业	46278	6.7	5.5
第三产业	350596	7.3	41.5
交通运输、仓储和邮政业	27847	4.6	3.3
批发和零售业	83116	9.9	9.8
住宿和餐饮业	34068	13.0	4.0
金融业	47138	12.0	5.6
房地产业	34374	4.9	4.1
营利性服务业	30035	-10.6	3.6
非营利性服务业	94017	10.4	11.1

2013年遂昌县社会经济主要指标统计表

表61

项　　目	单位	2013年
一、年末总人口	人	232548
其中：非农业人口	人	37640
常住人口	万人	18.75
年出生人口	人	2364
年死亡人口	人	1811
年末总户数	户	84401
人口自然增长率	‰	2.38
二、年末单位就业人员(不含私营企业、个体户)	万人	2.09
其中：在岗职工	万人	1.92
其中：国有单位职工	万人	0.79
城镇集体单位职工	万人	0.16
其他经济单位职工	万人	1.14
三、生产总值(当年价格)	万元	845403
第一产业	万元	99356
第二产业	万元	395451
其中：工业	万元	349173
第三产业	万元	350596
人均生产总值（按常住人口）	元	45028
生产总值增长幅度	%	10.1
四、工农业总产值(当年价)	万元	2190778
工业总产值	万元	2033237
农业总产值	万元	157541
五、农业		
耕地面积	亩	148015
造林面积	亩	13463
主要农产品产量		
粮　食	吨	68307
其中：谷物	吨	46605
油　料	吨	3789
其中：油菜籽	吨	3382
茶　叶	吨	7548
蔬　菜	万吨	8.44

项　　目	单位	2013 年
水　　果	吨	8174
其中：柑橘	吨	1361
水产品	吨	1054
畜禽肉	吨	11312
猪年末存栏数	万头	7.95
六、全部工业总产值	万元	2033237
规模以上工业总产值	万元	1691843
其中：轻工业	万元	92656
重工业	万元	1599187
规模以下工业总产值	万元	341394
主要工业产品产量		
发电量	万度	26986
饮料酒	吨	
人造板	立方米	178508
机制纸纸板	吨	31077
电动自行车	吨	77535
成品钢材	吨	887172
炸药	吨	
规模以上工业企业家数	家	55
规模以上工业固定资产投资额	万元	
其中：设备购置费	万元	
规模以上工业企业平均人数	人	12430
全社会用电量	万度	76975
其中：工业用电量	万度	60717
七、邮电业务收入	万元	15098
其中：邮政	万元	1555
八、全社会固定资产投资额	万元	
限额以上固定资产投资总计	万元	406353
1. 房地产开发完成	万元	47454
其中：土地购置费	万元	18700
2. 投资项目完成	万元	358899
其中：基础设施投资	万元	133784
工业投资	万元	181379
九、内外贸易、节能降耗		
社会消费品零售额	万元	336512

项　　目	单位	2013年
进口额	万美元	1856
自营出口额	万美元	13230
实际利用外资	万美元	800
单位GDP能耗	吨标煤/万元	0.79
单位GDP能耗降低率	%	3.8
单位GDP电耗	千瓦时/万元	963
单位GDP电耗降低率	%	1.4
单位工业增加值能耗	吨标准煤/万元	1.06
单位工业增加值能耗降低率	%	8.0
十、财政总收入	万元	92526
其中：地方财政收入	万元	55228
财政支出	万元	178212
十一、职工工资总额	万元	101682
其中：国有单位	万元	51892
城镇集体单位	万元	7020
其他经济单位	万元	42770
职工平均工资(含劳务派遣工不含规上私营)	元	51153
职工平均工资(不含规模以上私营企业)	元	52142
其中：国有单位	元	68740
城镇集体单位	元	68155
其他经济单位	元	39156
职工平均工资(含规模以上私营企业)	元	47002
职工社会平均工资(含私营企业)	元	30792
十二、年末金融机构存款余额	万元	956120
其中：居民储蓄存款年末余额	万元	544869
年末金融机构贷款余额	万元	897696
十三、居民收入		
农民人均纯收入	元	10224
城镇居民可支配收入	元	30370
十四、各类专业技术人员	万人	0.7696
其中：中级技术职称以上	万人	0.3061
十五、在校学生数	人	23658
其中：普通中学	人	9050
职业中学	人	2262
小　学	人	12346

项 目	单位	2013 年
初中升高中段比例	%	95.14
十六、卫生机构数	个	138
其中：医院、卫生院	个	23
床 位 数	张	627
其中：医院、卫生院	张	627
卫生技术人员	人	1192
其中：医生	人	509
医院、卫生院诊疗次数	万人次	89.02
婴儿死亡率	‰	4.69
十七、旅游		
旅游总人数	万人次	991.28
旅游总收入	亿元	46.45
国内旅游人数	万人次	990.09
国内旅游收入	亿元	45.95

2013 年全国、浙江省、丽水市、遂昌县经济主要统计指标统计表（一）

表 62

2013 年全国、浙江省、丽水市、遂昌县经济主要统计指标（一）

指 标	单 位	全国		浙江省		丽水市		遂昌县	
		本年	比上年±%	本年	比上年±%	本年	比上年±%	本年	比上年±%
年末人口	万人	136072	0.5	4826.89	0.6	263.92	0.5	23.25	0.1
地区生产总值	亿元	568845	7.7	37568	8.2	983.08	9.2	84.54	10.1
其中：第一产业	亿元	56957	4.0	1785	0.4	84.65	3.4	9.94	3.1
第二产业	亿元	249684	7.8	18447	8.4	497.87	11.2	39.55	14.2
#工业	亿元	210689	7.6	16368	8.7	430.15	12.2	34.92	15.2
第三产业	亿元	262204	8.3	17337	8.7	400.56	8.0	35.06	7.3
三次产业结构		10.0:43.9:46.1		4.8:49.1:46.1		4.8:49.1:46.1			
人均地区生产总值	元			68462	7.8	46383	9.1	45028	10.7
人均地区生产总值(折美元)	美元			11055	-	7490	-	7271	-
农业总产值	亿元			2837	6.7	129.68	6.7	15.75	6.3
全部工业总产值	亿元					2195.51	14.2	203.32	14.7
其中：规模以上工业总产值	亿元			62980	6.5	1793.41	14.7	169.18	18.9
固定资产投资	亿元	436528	19.6	20194	18.1	570.42	20.9	40.64	25.5
其中：房地产开发投资	亿元	86013	19.8	6216	18.9	118.88	39.9	4.75	315.7
工业投资	亿元			7025	15.8	182.97	16.6	18.14	18.9
其中：制造业	亿元			6134	15.6	144.23	8.2	15.11	11.9

2013年全国、浙江省、丽水市、遂昌县经济主要统计指标统计表（二）

表63

2013年全国、浙江省、丽水市、遂昌县经济主要统计指标（二）

指标	单位	全国		浙江省		丽水市		遂昌县	
		本年	比上年±%	本年	比上年±%	本年	比上年±%	本年	比上年±%
社会消费品零售总额	亿元	234380	13.1	15226	12.0	420.80	15.4	33.65	16.5
进出口总额	亿美元	41603	7.6	3358	7.5	25.89	15.6	1.51	18.6
其中：出口额	亿美元	22100	7.9	2487	10.8	23.73	20.1	1.32	19.1
实际利用外资	万美元	11758600	5.3	1415898	8.3	12784	23.1	800	30.9
财政总收入	亿元	129143	10.1	6908	7.8	124.22	10.3	9.25	10.4
其中：地方财政收入	亿元	68969	12.9	3797	10.3	73.70	14.1	5.52	18.1
财政支出	亿元	139744	10.9	4730	13.7	195.38	16.3	17.82	16.8
金融系统人民币存款余额	亿元	1044000	13.8	71987	10.9	1585.12	16.7	95.15	10.3
其中：个人存款余额	亿元	461400	12.3	28923	9.5	846.38	16.5	54.25	15.7
金融系统人民币贷款余额	亿元	719000	14.1	62598	9.9	1286.81	16.9	89.74	19.8
旅游总人数	万人			44305	10.8	4569.67	27.6	991.28	27.2
旅游总收入	亿元			5536	15.3	266.29	29.4	46.45	31.1
全社会用电量	亿千瓦小时	53223	7.5	3453	7.6	77.71	9.6	7.70	10.1
其中：工业用电量	亿千瓦小时	38471	6.9	2545	5.9	53.61	8.8	6.07	10.2
城镇居民人均可支配收入	元	26955	9.7	37851	9.6	29045	10.4	30370	10.3
农村居民人均纯收入	元	8896	12.4	16106	10.7	10024	13.2	10224	12.9